दिलीप कुमार (युसूफ ख़ान), जिन्होंने हिन्दी सिनेमा में 1940 के दशक में एक नौसिखिया के रूप में शुरुआत की, ने बहुत ही कम समय में स्टारडम (नायकत्व) के शिखर को छुआ। अपने 60 वर्ष के लम्बे फ़िल्मी कैरियर में उन्होंने अपनी रचनात्मक योग्यता, दृढ़ निश्चय, मेहनत और अनोखे अन्दाज़ से एक के बाद एक हिट फ़िल्मों में मन्त्रमुग्ध कर देने वाला प्रदर्शन किया। इनकी नकल करने वाले असंख्य हैं, लेकिन वास्तविक तो केवल एक ही है जिसने अपने समय का भरपूर आनन्द लिया है।

इस अनूठी पुस्तक में दिलीप कुमार की जन्म से लेकर अब तक की जीवन-यात्रा का वर्णन किया गया है। इस प्रक्रिया में उन्होंने स्पष्ट रूप से अपनी बातचीत और सम्बन्धों—जो व्यापक स्तर पर विविध लोगों से रहे हैं और इनमें केवल पारिवारिक ही नहीं, अपितु फ़िल्मी दुनिया से जुड़े लोगों के साथ-साथ राजनीतिज्ञ भी शामिल हैं—का स्पष्ट रूप से विस्तारपूर्वक वर्णन किया गया है। वह अनुभव करते हैं कि उनके बारे में जो बहुत कुछ लिखा जा चुका है, वह मिथ्या और भ्रामक है। वह स्पष्ट रूप से बताते हैं कि उन्होंने कैसे सायरा बानो से शादी की, जो कि एक परीकथा की तरह है।

दिलीप कुमार उस घटना के बारे में बताते हैं, जिससे उनकी ज़िन्दगी बदल गयी : बॉम्बे टॉकीज़ की देविका रानी से उनकी मुलाकात होना और उनके द्वारा उन्हें फ़िल्म में अभिनय का आमन्त्रण दिया जाना। उनकी पहली फ़िल्म 'ज्वार भाटा' (1944) थी। वह विस्तारपूर्वक बताते हैं कि उन्हें किस प्रकार सीखना पड़ा और कैसे उन्होंने अपना अभिनय-सम्बन्धी अन्दाज़ बनाया जिसने उन्हें अपने समकालीनों से बिल्कुल अलग कर दिया। इसके बाद उनकी फ़िल्मों, जैसे—'जुगनू', 'शहीद', 'मेला', 'अन्दाज़', 'दीदार', 'दाग़' और 'देवदास' के साथ-साथ उनका क़द भी बढ़ता गया। इन फ़िल्मों में उन्होंने बड़ी तेज़ी से

‘ट्रेजेडियन’ के रूप में भूमिका निभाई, जिससे उनकी मानसिकता पर प्रतिकूल प्रभाव पड़ा। उन्होंने एक ब्रिटिश (अंग्रेज़) मनोचिकित्सक से परामर्श किया, जिसने उन्हें हास्य-व्यंग्य की भूमिका निभाने की सलाह दी। फ़िल्म ‘आज़ाद’ और ‘कोहिनूर’ के अलावा ‘नया दौर’ में किया गया उनका हास्य से भरपूर अभिनय प्रभावशाली रहा। तब उन्होंने अनेक फ़िल्मों, जैसे—‘गंगा-जमना’, ‘लीडर’, ‘दिल दिया दर्द लिया’, ‘राम और श्याम’, ‘आदमी’, ‘संघर्ष’, ‘गोपी’, ‘सगीना’ और ‘बैराग’ आदि में गम्भीर और दिल गुदगुदाने वाले किरदार निभाए।

आगे चलकर उन्होंने फ़िल्मों से पाँच वर्ष का विराम लिया और फिर अपनी दूसरी पारी ‘क्रान्ति’ (1981) से शुरू की, जिसके बाद वे अनेक हिट फ़िल्मों में दिखाई दिये, जैसे—‘विधाता’, ‘शक्ति’, ‘मशाल’, ‘कर्मा’, ‘सौदागर’ और ‘क़िला’।

दिलीप कुमार को अनेक प्रतिष्ठित पुरस्कारों से भी पुरस्कृत किया गया है जिसमें आठ बार फ़िल्मफेयर ‘बेस्ट एक्टर अवार्ड’ है, जो कि अपने आप में एक रिकॉर्ड है। उन्हें ‘पद्मभूषण’ और ‘दादासाहेब फालके अवार्ड’ जैसे प्रतिष्ठित पुरस्कारों के साथ-साथ ‘निशान-ए-इम्तियाज़’ (पाकिस्तान का उच्च नागरिक पुरस्कार) से भी नवाज़ा गया है। उन्होंने बड़ी शिष्टता से अनेक सामाजिक कार्यों में बखूबी भूमिका निभाई है।

लम्बे समय से प्रतीक्षारत यह ‘आत्मकथा’ दिलीप कुमार से जुड़े वास्तविक तथ्यों को अपने में सम्पूर्ण रूप से समेटे हुए है, जो न केवल एक श्रेष्ठ अभिनेता रहे हैं बल्कि कला पारखी; उर्दू, फ़ारसी और अंग्रेज़ी साहित्य के आदर्श पाठक; ओजस्वी वक्ता एवं उच्चकोटि के नकलची और श्रेष्ठ नर्तक रहे हैं।

# दिलीप कुमार

## वजूद और परछाईं

**अभिनय-सम्राट दिलीप कुमार की कहानी, उन्हीं की ज़ुबानी**

प्रस्तुति

**उदयतारा नायर**

अनुवाद

**प्रभात रंजन**

हिन्दी अनुवाद सम्पादन

**युगांक धीर**

**वाणी प्रकाशन**

**वाणी प्रकाशन**

*4695, 21-ए, दरियागंज, नयी दिल्ली 110 002*

फ़ोन : +91 11 23273167 फ़ैक्स : +91 11 23275710

**शाखाएँ**

*अशोक राजपथ, पटना 800 004, बिहार*

*कॉफ़ी हाउस कैम्पस, महात्मा गांधी मार्ग, इलाहाबाद 211 001, उत्तर प्रदेश*

*महात्मा गांधी अन्तरराष्ट्रीय हिन्दी विश्वविद्यालय, वर्धा 442 001, महाराष्ट्र*

*सुल्तानिया रोड, मोतिया पार्क, भोपाल 462 001, मध्य प्रदेश*

www.vaniprakashan.com
marketing@vaniprakashan.in
sales@vaniprakashan.in

Dilip Kumar : Wajood Aur Parchhaien
As told to Udaytara Nayar
*Translated from English to Hindi by* Prabhat Ranjan
*Hindi Translation Edited by* Yugank Dhir

ISBN : 978-93-86799-68-5
Autobiography/Cinema



पेपरबैक प्रथम संस्करण 2017
पेपरबैक द्वितीय संस्करण 7 जुलाई 2021

मूल्य : ₹ 495



*थॉमसन प्रेस (इंडिया) लि. में मुद्रित*

*वाणी प्रकाशन का लोगो मक़बूल फ़िदा हुसेन की कूची से*

*अम्माँ और आग़ा जी के लिए*

*सुकूने-दिल के लिए कुछ तो एहतमाम करूँ*
*ज़रा नज़र जो मिले फिर उन्हें सलाम करूँ*
*मुझे तो होश नहीं आप मशविरा दीजिए*
*कहाँ से छेड़ूँ फ़साना कहाँ तमाम करूँ*

# अनुक्रम

## प्रस्तावना

मैं बड़े उत्साह और ख़ुशी के साथ अपने पति की आत्मकथा की प्रस्तावना लिख रही हूँ, जिसे उन्होंने मेरे बरसों उकसाने के बाद मेरी नज़दीकी दोस्त उदयतारा नायर को एक कहानी की तरह सुनाया। यह हमेशा से ही बड़ा मुश्किल काम रहा है कि उनसे ख़ुद उनके बारे में, उनकी ज़िन्दगी के बारे में या उनकी कामयाबी के बारे में कोई बात की जाये। मुझे इस बात का अहसास है कि मेरे लिए यह न तो उचित होगा और न शालीन कि मैं उस किताब की ख़ूबियों की चर्चा करूँ जो आपके हाथों में है—हालाँकि मेरा मन बहुत कर रहा है कि ऐसा करूँ। इसका एक कारण यह है—और यह बात सभी जानते हैं—कि पिछले कई दशकों के साथ के दौरान मैं अपने शौहर की किस क़दर प्रशंसिका रही हूँ और मैंने कितने फख़्र के साथ उनकी उन बातों को ध्यान में रखा है जो उन्होंने चाहे मुझसे कही हों या मेरी मौजूदगी में दूसरों से। शब्दों और भाषा के ऊपर उनकी बहुत ज़बरदस्त पकड़ है, चाहे वह अंग्रेज़ी हो या उर्दू, और मुझे इसमें ज़रा भी शक नहीं है कि ऐसा कहने वाली मैं अकेली नहीं हूँ।

जब एक पठान फल-व्यापारी के 22 साल के एक शर्मीले-से लड़के को भारतीय सिनेमा की महारानी देविका रानी ने बॉम्बे टॉकीज़ की फ़िल्म 'ज्वार भाटा' का नायक बनाने के लिए चुना, तो उस नौजवान के नाम में ज़रा-सा बदलाव किया गया। यूसुफ़ ख़ान दिलीप कुमार हो गये।

यह भारतीय सिनेमा के परदे पर एक नये सितारे के उभरने की शुरुआत थी या यूँ कहे कि हिन्दी सिनेमा के पहले गम्भीर नायक का जन्म हुआ। दिलीप कुमार ने एक के बाद एक बहुत-सी यादगार फ़िल्मों में अपने बेमिसाल अभिनय की छाप छोड़ी—'शहीद' (1948), 'अन्दाज़' (1949), 'देवदास' (1955), 'आज़ाद'(1955),

'नया दौर' (1957), 'कोहिनूर' (1960), 'मुग़ले-ए-आज़म' (1960), 'गंगा जमुना' (1961), 'राम और श्याम' (1967), 'गोपी' (1970), 'क्रान्ति' (1981), 'शक्ति' (1982), 'मशाल' (1984) और 'सौदागर' (1991)। अपने शानदार फ़िल्मी सफ़र के दौरान उन्होंने अभिनय को एक गम्भीर कला का रूप देते हुए असीम ऊँचाइयों पर पहुँचा दिया। इन तमाम बरसों में हर बड़े अभिनेता ने उन्हें अभिनय-कला की एक मिसाल के रूप में देखा है और उनके प्रति अपना सम्मान प्रकट किया है। उन्होंने अभिनय के किसी स्कूल से प्रशिक्षण नहीं लिया, फिर भी अभिनय का अपना एक ऐसा तरीक़ा ईजाद किया जिसे बाद में देश-विदेश में 'मेथड़ एक्टिंग' के नाम से जाना गया।

अगली बेंच पर बैठकर सीटी बजाने वाले दर्शकों से लेकर सिनेमा के गम्भीर समीक्षकों तक दिलीप कुमार की अभिनय-कला

*स्क्रिप्ट पढ़ते हुए*

के झट से दीवाने हो जाते थे, जबकि कई पीढ़ियों के नायकों ने उन्हें अभिनय-कला के शिखर पुरुष के रूप में देखा और उनसे प्रेरणा ली।

उनके अनगिनत चाहने वालों में से बहुत कम लोग जानते हैं कि दिलीप कुमार को पढ़ने का कितना ज़बरदस्त शौक़ रहा है। कोई उपन्यास हो, नाटक हो या जीवनी, क्लासिक साहित्य से उनका प्यार हर चीज़ से बढ़कर था। उर्दू, फ़ारसी और अंग्रेज़ी साहित्य की कितनी ही किताबें हमारे बुकशेल्फ़ों की शोभा बढ़ाती रही हैं। जब उनकी लाइब्रेरी के बुकशेल्फ़ भर गये तो हमें हमेशा इस बात के लिए तैयार रहना पड़ता था कि उन्हें कब कौन-सी किताब देनी पड़ जाये, जिन्हें हमने बहुत सँभालकर स्टोररूम में सजा रखा था। इतने बरसों से उनके साथ रहते हुए मुझे आदत-सी पड़ गयी है कि उन्हें हर रात टेबल लैम्प की रोशनी में बड़े चाव और लगन से कुछ-न-कुछ पढ़ते देखूँ, कई बार तो भोर फूटने तक। हम मुम्बई के अपने घर में हों या जम्मू और कश्मीर के दूर-दराज के किसी डाक बँगले (डाचीगाम) में—जहाँ किसी जंगली भालू को अपने बरामदे में मँडराते देखना कोई बड़ी बात नहीं थी—या कुल्लू-मनाली (हिमाचल प्रदेश), स्विट्ज़रलैंड या दुनिया के किसी दूसरे हिस्से में, वे पढ़ने का अपना शौक़ नहीं छोड़ते थे। ऐसा लगता था जैसे कोई बच्चा अपने मनपसन्द खेल में मगन हो। मेरे बार-बार कहने और बहुत पीछे पड़ने के बाद ही वे हाथ की किताब छोड़ने के लिए राज़ी होते थे। यह या तो कोई बायोग्राफ़ी होती थी या कोई क्लासिक उपन्यास या नाटक। यूज़ीन ओ नील (Ujin o neil), जोसेफ़ कोनराड (Joshef Konrad), फ़्योदोर दास्तोव्यस्की (Fyodor Dostoevsky) और टेनिसन विलियम्स (Tennys on Willeims) उनके सबसे पसन्दीदा लेखक थे। अगर यह कोई किताब नहीं होती थी तो पक्का मानिए कि वे किसी स्क्रिप्ट या सीन को पढ़ने में डूबे होते थे जिसकी अगली सुबह शूटिंग होने वाली थी।

वे एक समय में एक फ़िल्म में ही काम करते थे और यह किसी फ़िल्म के साथ उनके पूरे जुड़ाव और उनकी लगन का नतीजा था। मुझे याद आता है कि 'सौदागर' की आउटडोर शूटिंग के दौरान वे निर्माता-निर्देशक सुभाष घई के साथ देर रात तक कुल्लू के बर्फ़ीले ठण्डे मौसम में फ़िल्म के एक सीन पर काम करते रहे, उस पर चर्चा करते रहे, और फिर उन्होंने सुभाष घई को अपने

*सायरा की नकल करते हुए*

कमरे में आराम करने के लिए भेज दिया। लेकिन वे ख़ुद उसके बाद भी सीन को उतने ही जोश से पढ़ते रहे। क़रीब साढ़े चार बजे दिलीप साहब को कोई ज़बरदस्त आइडिया सूझा और उन्होंने सुभाष को उनकी नींद से जगाने में ज़रा-भी हिचक नहीं दिखायी, ताकि वे उनके साथ उस आइडिए पर चर्चा कर सकें! वे दोनों उस सीन पर तब तक बातचीत करते रहे, जब तक उन्होंने उसे पूरी तरह से ठीक नहीं कर लिया। और हाँ, अगले दिन वे सुबह की शूटिंग के लिए पूरी तैयारी के साथ पहुँच गये।

इस आत्मकथा के पूरी हो जाने से मैं इतनी ख़ुश हूँ कि लगता है, जैसे कोई सपना पूरा हो गया हो। इस किताब का पहला खण्ड अलग-अलग जगहों के क़िस्सों के माध्यम से आपको उस सुहाने सफ़र का हिस्सा बना लेगा जो ब्रिटिश भारत में उत्तर-पश्चिम सीमा प्रान्त से शुरू होकर नासिक जिले के देवलाली, ग्लैमर की दुनिया मुम्बई, परम्परागत मद्रास और नज़ाक़त भरे लन्दन तक जारी रहता है। उन्होंने यहाँ दिल को दहला देने वाले या ख़ुशनुमा अनुभवों के जो क़िस्से सुनाये हैं, वे आपको दिलीप कुमार नामक 'स्टार' के बनने की कहानी से रूबरू करवायेंगे। जैसाकि इस किताब के शीर्षक से ज़ाहिर है, यह दिलीप कुमार नामक एक सीधे-सीधे, बालसुलभ, सच्चे और ईमानदार इंसान के वजूद और परछाईं का ख़ाका है।

दरअसल, मैं लीक से हटकर लिखी गयी इस प्रस्तावना

के माध्यम से उस महान कलाकार और उसकी शख़्सियत से जुड़े उन अनदेखे-अनजाने पहलुओं को साझा कर रही हूँ जिनको ख़ुशक़िस्मती से मैं 12 साल की उम्र से गहराई से जानती रही हूँ, जब मैंने उन्हें पहली बार देखा था।

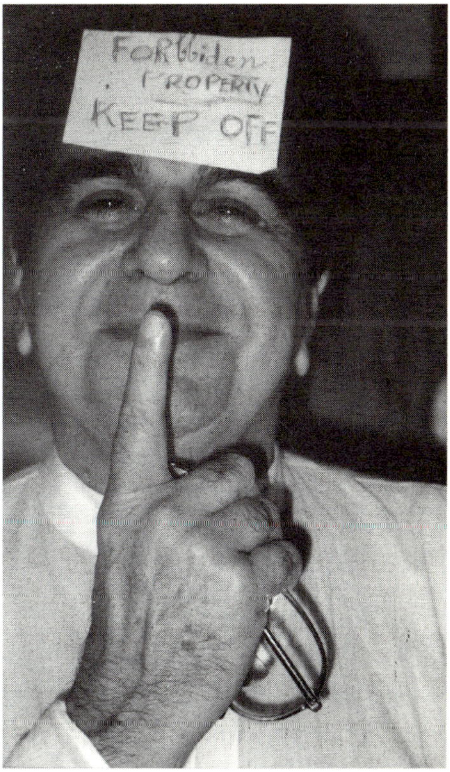


सबसे बड़े शरारती

मैं यह चाहती हूँ कि यह दुनिया, जो उनके चाहने वालों और जानने वालों से भरी हुई है, इस किताब की घटनाओं और टिप्पणियों के माध्यम से दिलीप साहब की अन्दरूनी सादगी, साफ़-साफ़ कहने की आदत और उनके दिल की अच्छाई से परिचित हो सके।

मैं शुरू से ही उनकी बहुत बड़ी प्रशंसिका थी, और यह मेरे लिए ख़ुशक़िस्मती की बात है कि मेरी उनसे शादी हुई और मुझे इन महान इंसान के अलग-अलग पहलुओं और ख़ूबियों से रूबरू होने का मौक़ा मिला। उन जैसे इंसान से मिलने या बात करने का मौक़ा मुझे दुनिया भर में नहीं मिला था, जबकि मैं अपनी माँ नसीम बानो के साथ सात साल की उम्र से दुनिया की सैर कर रही थी। मैं यही कहना चाहूँगी कि दिलीप कुमार साहब जैसे इंसान इस धरती पर कम ही पैदा होते हैं।

हम सब उनकी अभिनय-कला और सूझ-बूझ के बारे में जानते हैं, लेकिन उनकी शख़्सियत हर चीज़ से परे हो जाती है—धरती, धर्म, जाति। वे गोद के बच्चे की खिली-खिली मासूम मुस्कान की तरह हैं। उनकी आँखों में नदी के साफ़ बहते पानी जैसी सच्चाई और ईमानदारी है। मुझे हमेशा इस बात से परेशानी होती थी

कि वे किसी भी इंसान या हालात के बुरे पहलू की तरफ़ देखने से इनकार कर देते हैं। वे जिस आदमी को पसन्द करते हैं, जिस पर विश्वास करते हैं, उसकी ग़लतियों को ऩजरअन्दाज़ कर देते हैं और उनकी इस आदत से कई बार मुझे बड़ी परेशानी होती है। उनका यह मानना है कि उन्होंने अभी तक कोई ऐसा इंसान नहीं देखा जिसमें कोई खोट न हो। जब पहली बार छोटी उम्र में मैं उन्हें शर्माती हुई मिली थी तो मैं यह जानती थी कि वे दूसरे लोगों से अलग क़िस्म के इंसान थे, उनसे बेहतर क़िस्म के इंसान थे। उनके अन्दर एक ख़ास तरह की कुलीनता और शालीनता थी, जिसकी वजह से वे किसी भी सभा-समारोह में एकदम अलग दिखायी देते थे, चाहे वह घर का आयोजन हो, कोई बड़ी फ़िल्मी पार्टी हो या राज-परिवारों या ऊँचे घराने के लोगों का किसी महल में चल रहा कार्यक्रम हो।

उनके धर्म-निरपेक्ष विचार सीधे उनके दिल से निकलते हैं और सभी धर्मों, जातियों, समुदायों और नस्लों के लिए सम्मान की भावना से।

मिसाल के लिए, जैन समुदाय के बच्चों का एक ग्रुप जो कभी महीने भर का उपवास (जिसे मासखमण कहा जाता है) करता था तो कभी आठ दिनों का, यह चाहता था कि जब वे उपवास तोड़ें तो वे आयें और गन्ने का रस चखाकर (यह 1980 की बात है जब वे मुम्बई के शेरिफ़ थे) उनके उपवास के ख़त्म होने का ऐलान करें। वे ख़ुशी-ख़ुशी तैयार हो गये। उनका भगवद्गीता के संस्कृत पदों का ज्ञान पवित्र क़ुरान के उनके ज्ञान और बचपन से याद रहे आयतों के पाठ से ज़रा भी कम नहीं है। उन्होंने अपने जीवन से जुड़े प्रसंगों को रिकॉर्ड करवाते समय बातचीत के दौरान भगवद्गीता के उद्धरणों की क़ुरान और बाइबिल के उपदेशों से तुलना करके उदयतारा को आश्चर्य में डाल दिया था। वे ख़ूब पटाखे चलाकर और चालीस साल पुराने मराठी ख़ानसामे नर्मदा गावडे द्वारा घर में सजाये गये दीयों से दिवाली मनाते रहे हैं। उनको उतना ही मज़ा घर पर परिवार और नज़दीकी दोस्तों के साथ ईद मनाने में भी आता है। उनकी अज़ान सबसे दिलकश होती थी, जो हम सबके लिए अल्लाह की इबादत करने का पैग़ाम होता था। हम सब अपनी-अपनी जानमाज़ों को बिछाकर और मिल-जुलकर इबादत करने लगते।

जब वे कोई भजन गाते हैं (जैसेकि उन्होंने 1970 की फ़िल्म

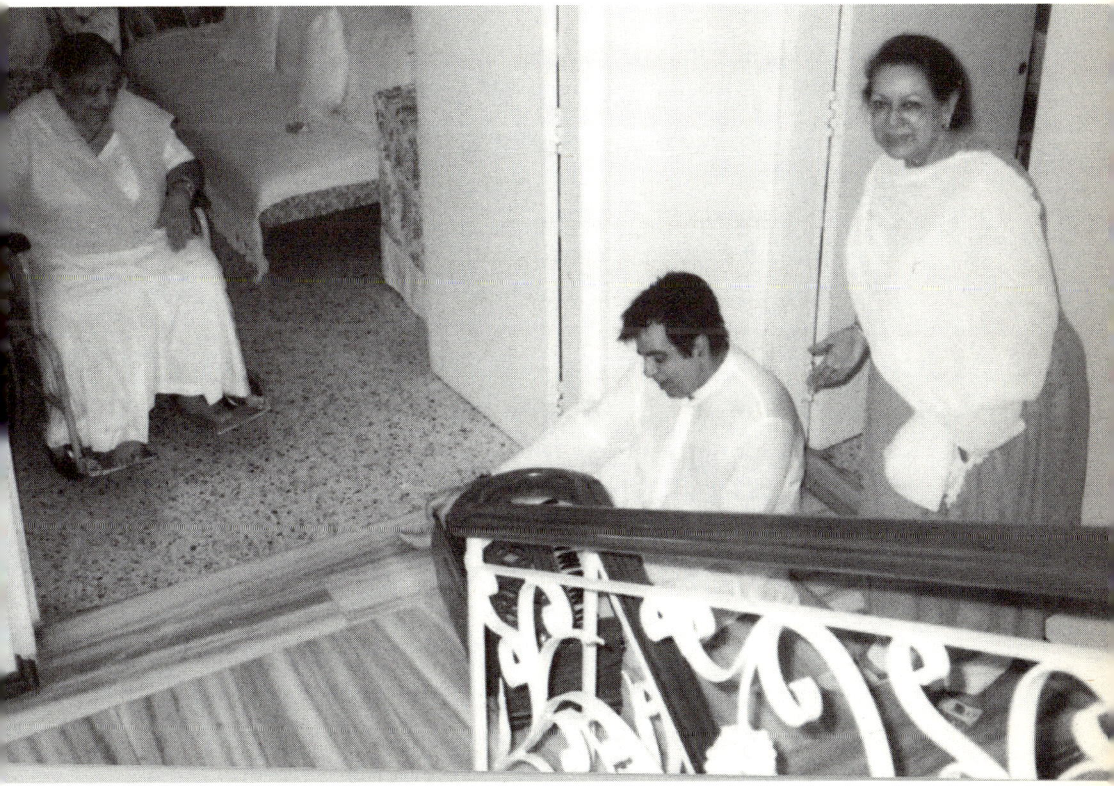

*'नसीब दर पे तेरे आजमाने आया हूँ...' गाते हुए*

'गोपी' में गाया था : सुख के सब साथी, दुःख में न कोय...), तब कोई हिन्दू यह नहीं मान सकता कि दिलीप कुमार मुसलमान हैं, और यह कि इतनी श्रद्धा और भक्ति के साथ भजन गाने वाले का नाम यूसुफ़ ख़ान है। लखनऊ में एक मशहूर पानवाला है, जिसकी दुकान दिलीप कुमार की तस्वीरों से भरी हुई है। वह यह मानने को तैयार ही नहीं है कि दिलीप कुमार साहब हिन्दू नहीं हैं।

मेरे शौहर के क़रीबी दोस्तों में कुछ पारसी भी हैं और उन्हें उन्हीं की तरह पारसी-गुजराती बोलते सुनना मुझे बहुत अच्छा लगता है। कहने की ज़रूरत नहीं है कि उनके बहुत-से सिख दोस्त भी रहे हैं, जिनमें से कई के साथ उनकी दोस्ती खालसा कॉलेज के दिनों से है। यह कहना कि वे पूरी दुनिया के नागरिक हैं, अपने आपमें कोई बड़ा दावा नहीं है।

मैं यह भी चाहती हूँ कि लोग यह जानें कि दिलीप कुमार ऐसे इंसानों में से हैं जो जीने का भरपूर लुत्फ़ उठाते हैं। वे किसी

बच्चे की तरह शरारती हैं। जब मैंने शादी के कुछ समय बाद फ़िल्मों में काम करना छोड़ दिया और घर का कामकाज सँभाल लिया, तो मेरे इस नये रोल की कई बार दिलीप साहब ने ऐसी नक़ल की कि मुझमें और मेरी माँ में झगड़ा करवा दिया। वे सिर पर चश्मा चढ़ा लेते और बाँह के नीचे टेलीफ़ोन डायरी दबाकर एक हाथ में टेलर को दिखाने के लिए कोई कपड़ा उठा लेते और मेरी ही तरह एक पाँव में पाजामा ऊपर चढ़ाकर मेरी नक़ल करते हुए घर में इधर-से-उधर चक्कर लगाते रहते। वह सचमुच देखने वाला नज़ारा होता था।

उनका एक और मज़ेदार रूप तब देखने लायक़ होता था जब वे पूरी ख़ूबी के साथ हेलेन जी के कैबरे की नक़ल उतारा करते थे। 'मोनिका ओ माई डार्लिंग' गाने की वे इतनी ज़बरदस्त नक़ल करते थे कि मैं हैरान रह जाती थी। वे बड़े मादक ढंग से तौलिये से अपनी टाँगें बाहर निकालकर और अपनी घनी भौंहों को नचाकर अपने चेहरे पर जो भाव पैदा करते थे, वह एक तरह से हिन्दी सिनेमा की सबसे मशहूर नर्तकी के लिए उनकी प्रशंसा का प्रतीक था। काश! मैं उस सबकी फ़िल्म बना पायी होती ताकि आप सबको दिखा सकती कि वे कितने ज़बरदस्त नक़लची हैं।

इसी तरह एक बार उन्होंने कत्थक डांसर गोपी कृष्ण द्वारा वी. शान्ताराम की फ़िल्म 'झनक झनक पायल बाजे' में किये गये डांस की, जिसमें कुछ बहुत मुश्किल स्टेप्स थे, बड़ी अच्छी नक़ल उतारी थी। डांस में पूरा खरा उतरने के लिए वे उसके साथ ज़रूरी तबले के बोल भी गाने लगते थे और किसी पक्के डांसर की तरह गाते हुए चक्कर लगाने लगते थे। उनके सिर के बाल माथे पर इधर-उधर बिखरने लगते थे, और अगर आप उनकी आँखों की शरारत को देखते तो हमारी तरह हँसते-हँसते ज़मीन पर लोटने लगते। एक बार ख़ुद गोपी जी के सामने ही उन्होंने यह नक़ल उतारकर दिखायी थी। उस दिन वे मशहूर डांसर सितारा देवी के साथ हमारे घर आये थे।

मुझे दिलीप साहब के प्रशंसकों को उनकी अनगिनत ख़ूबियों को बताने के लिए एक किताब लिखनी पड़ेगी, जिसमें मैं उनके साथ अपने जीवन के अनुभवों के बारे में लिख सकूँ। माशाअल्लाह! उनके साथ अल्लाह के रहम से पाँच दशक से भी अधिक समय बड़े शानदार तरीक़े से गुज़रा है।

दिलीप कुमार, जिसे दुनिया सबसे महान कलाकारों में

मानती है, शतरंज या ब्रिज जैसे दिमाग़ी खेल ही नहीं खेलते हैं, बल्कि अपने परिवार के साथ वे बच्चों की तरह भी खेलते हैं। 'डम्ब शराड' के खेल में उनके भीतर का कलाकार तरह-तरह के हाव-भाव से हमें अजीब तरह की फ़िल्मों के नामों के लिए सुराग़ दिया करता था, जैसे 'पाताल के नीचे', 'शिन शिनाकी बूबला बू', 'हातिम ताई', 'शक' जैसी फ़िल्मों के नाम बूझने का सुराग़।

वे हमेशा से ज़िन्दगी को भरपूर जीना चाहते थे। प्रकृति की सुन्दरता का मज़ा उठाने का वे एक भी मौक़ा नहीं चूकते थे। उनको सूर्यास्त न देख पाने पर बहुत कोफ़्त होती थी। पहले तो वे पास की बेकरी में रुककर ताज़ा गर्म ब्रेड पर 'लाइट बटर' लगवाकर खाते हुए मज़े से सूर्यास्त की दिशा में गाड़ी चलाते हुए बैंड स्टैंड के समुद्रतट पर पहुँच जाते और उस नज़ारे का लुत्फ़ उठाते। जब मैं काफ़ी ज़्यादा काम कर रही थी और मेरे पास खुद के लिए समय नहीं होता था तो जब मैं सेट से निकलती थी तो बाहर अँधेरा हो चुका होता था। एक दिन मैं एक स्टूडियो से दूसरे स्टूडियो में पागलों की तरह भाग रही थी कि दिलीप रास्ते में मिले और उन्होंने मुझसे पूछा, ''सायरा, यह बताओ, पिछली बार तुमने सूर्यास्त कब देखा था?''

उनको अपने सफ़ेद कपड़ों से प्यार है, और हसीन और ज़हीन दिलीप कुमार को अपने जूतों, सूट और टाई के भण्डार पर भी नाज़ है। मैंने उनसे ऐसी चीज़ों को सँभालकर रखने के बेहतरीन तरीक़े सीखे हैं। इन बरसों में, मुझे इस काम में माहिर होने की ख़ुशी होती है। दिलीप कुमार के ख़ास जूतों के लिए सही पॉलिश ख़रीदना भी एक काम है। इन जूतों को टाँगकर और कपड़े में लपेटकर रखा जाता है, ताकि उनमें किसी तरह की नमी न आये। उनके कपड़े रंगों के हिसाब से रखे जाते हैं, 'सफ़ेद सफ़ेद होता है और मटमैला मटमैले रंग का', यह बात उन्होंने हमारे दिमाग़ों में भर दी है। दिलीप कुमार का ध्यान रखने का यह तरीक़ा मुझे मेरी माँ ने सिखाया, और आप इस किताब में पढ़ेंगे कि उनका एक ख़ास धोबी है प्यारेलाल, जो किसी भी अन्तर्राष्ट्रीय क्लीनर से बेहतर तरीक़े से कपड़े साफ़ कर सकता है और जिसको दिलीप साहब तब से जानते हैं, जब वे दोनों ही नौजवान थे।

मैंने दिलीप कुमार से इंसानियत सीखी है। अगर मेरी अपनी प्यारी माँ से ज़रा-सी भी कहासुनी होती तो दिलीप साहब आहिस्ता से मेरे पास आते और मुझे इसके लिए राज़ी करते कि मैं फ़ौरन

अपनी माँ के पास जाऊँ और उनसे अच्छी तरह से माफ़ी माँगूं। वे मुझसे कहते थे, ''तुम कभी भी खुद को जन्म देने वाली माँ के क़र्ज़ से मुक्त नहीं कर सकती हो, जिसने इतने प्यार और त्याग से तुम्हें पाल-पोसकर बड़ा किया है।''

मुम्बई के पाली हिल के अपने घर में हम हमेशा पुराने ढंग की मच्छरदानी में सोया करते थे, क्योंकि हमारे हरे-भरे बग़ीचे के कारण वहाँ ख़ूब सारे मच्छर थे। जब एक बार हम उसके भीतर घुस जाते और मच्छरदानी को अच्छी तरह से दबा देते तो मैं शरारत भरे अन्दाज़ में उनसे अनुरोध करती कि मेरे लिए पानी का गिलास ला दें, जो बिस्तर की दूसरी तरफ़ पड़ा होता था। वे बड़ी आहिस्ता से मच्छरदानी हटाकर बाहर निकलते और मेरे लिए पानी का वह अनमोल घूँट लेकर आते। उन्होंने कभी इसका शिकवा नहीं किया, न ही मुँह बनाया। वे बड़े प्यार के साथ मेरी बग़ल में तब तक बैठे रहते थे, जब तक कि उनके हाथ में ख़ाली गिलास नहीं आ जाता था। मैं उनकी इस अदा के लिए उनके सिर को प्यार से चूम लिया करती थी। पिछले सालों में हम दोनों के बीच यह रोज़ाना की रस्म बन गयी थी।

एक बार हमारे घर में नया रेफ्रिजरेटर आया, और उत्साह के साथ उसे खोलने पर मैंने पाया कि उसके अन्दर का एक रैक टूटा हुआ था। मेरी आँखों में आँसू आ गये कि मेरे नये फ्रिज का एक रैक टूटा हुआ था। दिलीप साहब ने मुझे तसल्ली दी और देखते-ही-देखते उसे अच्छी तरह से जोड़ दिया। वे इसी तरह के हैं, अपनी पत्नी की आँखों में कभी किसी बात पर आँसू न देख सकने वाले। कभी-कभी मैं सोचती हूँ कि ऐसे कितने स्टार पति होंगे या फिर यूँ कहें कि ऐसे कितने पति होंगे जो अपनी पत्नी की आँखों के आँसू पोंछने के लिए ऐसा करते होंगे? सच्चे अर्थों में, दिलीप साहब की महानता उनकी सादगी और पूरी तरह से अहंकाररहित व्यक्तित्व में देखी जा सकती है।

शाम के समय पूरे परिवार के साथ पतंग उड़ाना उन्हें बहुत पसन्द है। हमारे पास देश भर की पतंगों और माँझों का ख़ज़ाना है जिसे हमने एक बड़े बक्से में रखा हुआ है। इन पतंगों और माँझों को अच्छी तरह से काग़ज़ में लपेटकर रखा गया है ताकि वे नमी से बचे रहें और सुरक्षित रहें। आसपास की बिल्डिंगों से तबरेज़ बरमावर (मेरी क़रीबी दोस्त फ़रीदा जलाल के पति) जैसे दोस्त दिलीप साहब की पतंग को काटने की कोशिश करते रहते थे।

यह एक तरह से किसी मज़ेदार त्योहार जैसा हो जाता था। परिवार, दोस्त, मेहमान सभी उस तमाशे का हिस्सा बन जाते थे, जबकि हुनरमन्द रसोइये नर्मदा और कविता लज़्ज़तदार नाश्ता बनाने में जुट जाते। मुझे याद है कि निर्माता-निर्देशक-अभिनेता मनोज कुमार भी दिलीप साहब के साथ पतंग उड़ाने आया करते थे। वे तब उन्हें फ़िल्म 'क्रान्ति'(1981 में रिलीज़) में काम करने का प्रस्ताव देना चाहते थे। उन्होंने एक ख़ास रेसिपी भी दिया था, अचार-ऑमलेट बनाने का, जो दिलीप साहब को बहुत अच्छा लगता था।

दिलीप साहब को बरसों से सिर में माइग्रेन का दर्द होता था। तब हम लोगों को घण्टों उनका सिर दबाते रहना पड़ता था। परदे लगाकर कमरे में अँधेरा कर दिया जाता था ताकि उनको आराम मिल सके। हैरानी की बात यह थी कि आकाश में रंगीन पतंगों को उड़ते देखकर उनको सिरदर्द से आराम मिलता था। टेरेस पर बने किचन में हम पतंगबाज़ी के में शामिल मेहमानों के लिए भजिया और ऑमलेट बनाते थे।

न जाने किस ज़माने से मेरे परिवार को अच्छी शायरी, शास्त्रीय संगीत और नृत्य का शौक़ रहा है। मैं इस मामले में ख़ुशक़िस्मत हूँ कि दिलीप साहब के शौक़ भी इसी तरह के हैं। शास्त्रीय संगीत के महान गायक बड़े गुलाम अली ख़ान साहब, मेरी नानी के साथ गाते थे, जिनका नाम बेगम शमशाद अब्दुल वहीद ख़ान (अम्माँ जी) था और वे ख़ुद भी एक जानी-मानी गायिका थीं। वे ऑल इण्डिया रेडियो, दिल्ली पर लाइव गाती थीं, और कोलम्बिया रेकॉर्ड्स ने उनके कई गाने रिकॉर्ड किये थे। सितार के उस्ताद विलायत ख़ान साहब, गुलाम अली साहब, उस्ताद मेहदी हसन साहब, साबरी ब्रदर्स और रेशमा जैसे गायक-गायिकाएँ, सितारा देवी और मेरी गुरु पद्मश्री रोशन कुमारी, जिन्होंने मुझे बड़े प्यार से शास्त्रीय नृत्य की शिक्षा दी, और कई दूसरे जाने-माने कलाकार हमारे घर में अपने कार्यक्रम पेश कर चुके हैं।

एक दिन जब अम्माँ जी हमारे घर की पहली मंज़िल पर रियाज़ कर रही थीं, तो दरबान ने उनके पास जाकर कहा कि एक फ़क़ीर गेट में घुस आया और वह अम्माँ जी के दर्शन करके उनका आशीर्वाद लेना चाहता है। वह अपने पेटी-बाजा (हारमोनियम) के साथ आया था—दरबान ने बताया। थोड़ी देर में हमने देखा कि साधारण सूती कपड़ों में और सिर पर गमछा बाँधे दिलीप साहब

अपने पेटी-बाजा के साथ धीरे-धीरे सीढ़ियाँ चढ़ने लगे और गाने लगे, अम्माँ जी की नक़ल करते हुए। अम्माँ जी हँसने लगीं और तब तक हँसती रहीं, जब तक कि उनकी आँखों से ख़ुशी के आँसू नहीं ढुलकने लगे! तो ऐसे हैं मेरे शानदार दिलीप साहब! मेरे अनमोल रत्न, मेरे कोहेनूर।

अब मैं आपको इस शानदार इंसान और सीधे-सादे आदमी की ज़िन्दगी की कहानी को पढ़ने के लिए छोड़ रही हूँ। एक ऐसा आदमी जिसे उसे न जानने वाले तो एक पहेली समझते ही रहे हैं, उनके कुछ नज़दीकी दोस्त और सहकर्मी भी ऐसा मानते रहे हैं। उस खण्ड में जिसमें उनके कुछ साथी कलाकारों और प्रशंसकों ने अपनी-अपनी नज़र से उनका एक ख़ाका खींचा है, उनकी शख़्सियत, उपलब्धियों और सामाजिक योगदान के कुछ ऐसे अनजाने पहलू सामने आये हैं जिनके बारे में उन्होंने कभी बात नहीं की। इस खण्ड के कुछ निजी संस्मरणों से मुझे भी बहुत कुछ सीखने को मिला है। अगर इसे शेख़ी न समझा जाये तो मैं कहूँगी कि यह पहले खण्ड की तरह ही दिलचस्प और रोमांचक है।

**–सायरा बानो**

## एक सपने का सच होना

*'मैंने .खूब-सोच-समझकर खुद को अपने दर्शकों पर न थोपने और .ज्यादा फ़िल्में करके उनके सामने बार-बार न आने का फ़ैसला किया था। जब मैं पीछे मुड़कर देखता हूँ तो मुझे लगता है कि इसमें बेहद ख़तरा रहता है कि आप एक फ़िल्म में ही काम करें जबकि दूसरे कलाकार एक समय में दो-तीन या और .ज्यादा फ़िल्में कर रहे होते थे। फिर भी मैंने यह तय किया कि मैं एक समय में एक ही फ़िल्म में काम करूँगा। यह अपने चुने हुए विषय पर मेरा विश्वास था और उस मेहनत पर भी जो मैं उस भूमिका के लिए करता था।'*

वह मुम्बई की गर्मियों की एक उमस भरी दोपहर थी। साल था 2004।

मैं सायरा बानो के बेडरूम में बुकशेल्फ़ पर किताबों को सजाने में उनकी मदद कर रही थी कि दिलीप कुमार साहब ने एक किताब उठायी, जो एक ऐसे लेखक द्वारा लिखी गयी थी जिसका दावा था कि वह उनके बारे में सबसे .ज्यादा जानता है। ''यह मेरी जीवनी कही जाती है और इसमें इतनी फ़ालतू बातें और ग़लत जानकारियाँ हैं,'' उन्होंने सायरा से कहा। ''आप अपने जीवन की कहानी ख़ुद क्यों नहीं लिखते?'' सायरा ने मौक़ा देखकर ख़ुशी-ख़ुशी सवाल किया। वह लगातार इस बात के लिए कोशिश करती रहती थी कि वह उनको आत्मकथा लिखने के लिए राज़ी करे।

सायरा का हमेशा से यह मानना था कि एक आम नौजवान यूसुफ़ ख़ान, जो एक खाते-पीते फल-व्यापारी का बेटा था, के सफलता के शिखर पर पहुँचकर दिलीप कुमार बनने, भारत का पहला सुपरस्टार बनने और जो दुनिया के महान अभिनेताओं में गिने जाने, की प्रेरणादायक यात्रा की कहानी ज़रूर लिखी जानी

चाहिए। उनको पक्का यक़ीन था कि असली कहानी से उन सभी नौजवानों को प्रेरणा मिलेगी जो जीवन के किसी भी क्षेत्र में अपने सपनों का पीछा करते हुए जीते हैं।

एक पल की ख़ामोशी के बाद दिलीप साहब ने हम दोनों की तरफ़ देखा। हम दोनों उनके जवाब का इन्तज़ार कर रहे थे।

"ठीक है, मैं अपनी कहानी सुनाऊँगा। लेकिन इसे काग़ज़ पर लिखने का काम कोई ऐसा इंसान करे जो समझदार हो और जैसा मैं कहूँ, उसके लिए पूरी मेहनत करने को तैयार हो और साथ ही वह हमें अच्छी तरह से जानता भी हो," उन्होंने कहा।

मैं यह सब सुन रही थी और अंग्रेज़ी व उर्दू भाषाओं की कहानियों और कविताओं के उस विशाल भण्डार को ठीक से रखती भी जा रही थी, जिन्हें दिलीप साहब ने बड़ी संजीदगी और ध्यान से पढ़ रखा था। जो पंक्तियाँ उन्हें अच्छी लगीं, उनके नीचे लाइन खींची हुई थी और अपनी सुन्दर लिखावट में पन्नों के हाशिये पर हरी स्याही से कुछ नोट्स भी ले रखे थे।

"वह यहीं हमारे पास है," सायरा ने मेरी तरफ़ देखते हुए जवाब दिया।

दिलीप साहब ने भी मेरी तरफ़ देखा और मेरे चेहरे पर हैरानी के भाव देखकर हल्के से मुस्कराने लगे।

"कब शुरू करें?" उन्होंने मुझसे पूछा तो मैं ख़ुशी और डर के मिले-जुले भाव से इतनी थिरक उठी कि मैं अपने दिल की धड़कन को सुन सकती थी। यह सच है या सपना, मैंने ख़ुद से पूछा, क्योंकि मैं उन जाने-माने लेखकों की होड़ में नहीं थी जो दिलीप कुमार साहब के पीछे पड़े हुए थे कि वे उनको अपनी ज़िन्दगी की कहानी सुनायें।

बेहद निजी क़िस्म के इंसान होने के कारण वे हमेशा अपने बारे में और अपनी असीम उपलब्धियों के बारे में बातें करने में सहज महसूस नहीं करते थे। जैसाकि ज़ाहिर था, उन्होंने इसके लिए किसी को उत्साहित नहीं किया कि वह कोई किताब लिखने के लिए उनके निजी जीवन के बारे में खोजबीन करे। नतीजा यह हुआ कि कुछ किताबें जो उन पर लिखी गयीं, वे ऐसे लोगों द्वारा लिखी गयीं जिनका यह दावा था कि वे उनको अच्छी तरह से जानते थे। ये सब ऐसे लेखक थे जिन्होंने उनकी प्रकाशित भेंटवार्ताओं से अंश उठाकर और दिलीप साहब और सायरा के तथाकथित निजी दोस्तों से सच्ची-झूठी जानकारियाँ जुटाकर उनकी

*उदयतारा नायर और सायरा के साथ*

कहानी लिख दी थी, जो असली कहानी से बिल्कुल अलग थी।

सायरा ने ख़ुशी के मारे दिलीप साहब को गले से लगा लिया और उनका उत्साह बढ़ाते हुए कहा, "आज ही, लंच के बाद शुरू कर देते हैं मेरी जान, इससे पहले कि आपका इरादा फिर बदल जाये।"

"अपनी नौकरी की ज़रूरतों को नज़रअन्दाज़ मत करना," दिलीप साहब ने मुझसे कहा। "मैंने तुम्हें इसलिए चुना है क्योंकि तुम इस मेहनत भरे काम को करने के लिहाज़ से बिल्कुल सही हो और तुम मेरे ख़याालों और बयानों को सही-सही पेश कर सकती हो, साथ ही मुझे इस बात का पक्का भरोसा है कि तुम मेरी बातों को ग़लत तरीक़े से नहीं रखोगी। हम इसे अपनी रफ़्तार से ही करेंगे और अगर उबाऊ लगने लगे तो मुझे टोकने में हिचकना नहीं।"

सायरा पक्के दर्ज़े की 'परफेक्शनिस्ट' है। उसने एक बहुत बढ़िया टेप रिकॉर्डर और लिखने के लिए पैड का इन्तज़ाम कर दिया ताकि अगर टेप रिकॉर्डर ख़राब हो जाये तो उसे काग़ज़ पर दर्ज़ किया जा सके। उसने दिलीप साहब को यह सुझाव दिया कि अच्छा यह होगा कि वे बाहर बग़ीचे के लॉन में बैठकर मुझसे बातें करें, क्योंकि वह उनको और उनकी उस बेचैनी को जानती थी जो उन्हें किसी बात पर टोकने या परेशान करने से हो जाया करती थी। घर में फ़ोन लगातार बजते रहते थे। सबसे बढ़कर,

सायरा यह जानती थी कि उसके पति को प्रकृति और खुले स्थानों से कितना लगाव है। वह इस बात को भी जानती थी कि उनको अपने बारे में बातें करना कितना नापसन्द था और अपनी आत्मकथा को लेकर उनमें किस क़दर बेरुख़ी थी—क्योंकि इसका मतलब होता, 'मैं' का जमकर प्रयोग करना, जिससे वे नफ़रत करते थे। और अब चूँकि वे तैयार हो गये थे तो वह इस बात को पक्का कर लेना चाहती थी कि उनका ध्यान इससे न हटे।

ज़ाहिर तौर पर यह मेरे लिए कोई आसान काम नहीं था। यह माहौल हर दिन बनाना पड़ता था और यह ऐसा काम था जो सायरा ही कर सकती थी। उन्हें अपनी नायिकाओं के बारे में बात करने के लिए उकसाने का काम भी सायरा ही कर सकती थी। यहाँ तक कि यह अनकही कहानी कि 1966 के साल के आख़िरी दिनों में उन्होंने किस तरह सायरा से शादी करने का फ़ैसला किया, जिसकी उस समय फ़िल्मों में बहुत माँग थी और जिसे उन दिनों फ़िल्मों में काम करने के लिए किसी भी हीरोइन से ज़्यादा पैसे मिलते थे। उसके साथ ऊँचे दर्जे का रोमांस और फिर शादी का प्रस्ताव देने के लिए उनको अपने व्यक्तित्व से थोड़ा बाहर आना पड़ा था। यह कहने की ज़रूरत नहीं है कि उन्होंने अपनी यह प्रेम कहानी जिस अन्दाज़ से सुनायी है, वह इस किताब के सबसे अच्छे अध्यायों में से है।

हफ़्ता-दर-हफ़्ता मैं उनके साथ बैठती रही, कभी उनके बग़ीचे में आम के बड़े पेड़ की छाया में, कभी ड्रॉइंगरूम में, कभी बान्द्रा के ओटर्स क्लब के लॉन में समुद्र के सामने, जहाँ से सूरज को अस्त होते देखना उनको बहुत पसन्द था, जब सूरज अपने पीछे सुनहरी और सिन्दूरी रंग की लकीरों को छोड़कर धीरे-धीरे नीचे डूब जाता था। हम जहाँ भी जाते टेप रिकॉर्डर हमारे साथ रहता, और अकसर उनकी अनुमति से वीडियो कैमरा भी लगातार मौजूद रहता था।

जब रिकॉर्डिंग होने लगी तो असली तस्वीर उभरकर सामने आने लगी। मैंने देखा कि उनका दौर ऐसे खुलने लगा, जैसे कोई फ़िल्म सीन-दर-सीन सामने आती है। जब वे अपनी मुलायम आवाज़ में अपनी कहानी सुना रहे थे तो मैंने ध्यान दिया कि पेशावर और देवलाली में गुज़ारे अपने बचपन के दिनों को याद करते हुए उनको कितना मज़ा आ रहा था। मैं उस दर्द को भी महसूस कर सकती थी, जब वे अपने बड़े भाई अयूब ख़ान की

ख़ूबियों और उनकी लगातार ख़राब सेहत के बारे में बातें करते थे, जिसकी वजह से उनकी उम्मीदों भरी ज़िन्दगी का असमय ही अन्त हो गया।

यह सिर्फ़ एक नौजवान स्नातक यूसुफ़ ख़ान की चमत्कारों भरी कहानी नहीं है, जो स्कूल और कॉलेज के दिनों में खेलकूद में बहुत अच्छा था, और जो ब्रिटिश भारत में एक साधारण नौकरी की तलाश में था और जिसने बहुत हिचकिचाते हुए मुम्बई के एक प्रमुख फ़िल्म स्टूडियो बॉम्बे टॉकीज़ में अभिनेता बनने के प्रस्ताव को स्वीकार किया था। यह सिर्फ़ यूसुफ़ ख़ान की कड़ी मेहनत के बारे में ही नहीं है, जिसकी वजह से वे दिलीप कुमार नाम के सुपरस्टार के रूप में उभरकर आये और जो सात दशकों से भी अधिक समय से भारतीय सिनेमा में उच्च अभिनय की प्रतिमूर्ति के रूप में स्थापित हैं। दिलचस्प बात यह है कि मैंने यह भी सीखा कि किस तरह उन्होंने अपनी सहज बुद्धि और कौशल से अपने कैरियर को मैनेज किया और ख़ूब नाम कमाया।

1940 के दशक के आरम्भ में जब दिलीप कुमार साहब ने अपना कैरियर शुरू किया तो जहाँ तक अभिनेताओं की बात है तो उस क्षेत्र में तब तक प्रबन्धन का सिद्धान्त लागू नहीं हुआ था। अभिनेता अपने ढंग से पेशेवर होते थे, और उनको इस बात की कोई ज़रूरत नहीं थी कि वे प्रबन्धन कौशल सीखें या उसके सिद्धान्त को समझें। ज़्यादातर अभिनेताओं का यह मानना था कि अभिनेता का काम निर्देशक के इशारों पर काम करना है। वह जो मेहनत और समय उस काम में लगाता है, उसके लिए पैसा लेना और सिनेमा की सफलता और गुणवत्ता को लेकर किसी तरह की ज़िम्मेदारी न लेना ही अभिनेता के लिए ठीक रहता है। जिन थोड़े-से अभिनेताओं ने अलग तरह से सोचा और काम किया, उनमें दिलीप कुमार भी थे।

एक युवा अभिनेता के रूप में अपनी पहली फ़िल्म 'ज्वार भाटा' (1944) से अपनी पहली हिट फ़िल्म 'जुगनू' (1947) तक उन्होंने एक सफल फ़िल्म बनाने के ज़रूरी नुस्ख़ों को समझना शुरू कर दिया। अपने अध्ययन से और फ़िल्म-निर्माण की प्रक्रिया को देख-समझकर, और अन्त में उस फ़िल्म की मार्केटिंग तक की प्रक्रिया को समझकर वे इस नतीजे पर पहुँचे कि अभिनेता का काम मात्र अभिनय करके ही समाप्त नहीं हो जाता है। फ़िल्म की गुणवत्ता और सुन्दरता में एक अभिनेता का काफ़ी कुछ

दाँव पर रहता था, जिसकी वजह से उसे व्यावसायिक सफलता हासिल होती है। इसका मतलब था कि किसी फ़िल्म के निर्माण में कुशल प्रबन्धन से लेकर एक चुस्त पटकथा या स्क्रीनप्ले की बहुत अहम भूमिका थी, इसलिए एक कलाकार को इन सबका भी ध्यान रखना चाहिए।

उस समय वे सिर्फ़ 22 साल के थे जब 'ज्वार भाटा' बनी और रिलीज़ हुई और वे फ़ौरन इस बात को समझ गये कि अलग तरह से सोचने की क्षमता और साहस से अच्छा नतीजा मिलता है, जैसाकि उन्होंने ब्रिटिश आर्मी क्लब पुणे में काम के दौरान पाया था। क्लब के मैनेजर द्वारा बताये गये काम को करने के साथ-साथ उन्होंने फलों और सैंडविच का एक स्टॉल लगाने के लिए अनुमति ले ली थी। इससे न सिर्फ़ उन्हें अतिरिक्त कमाई हुई और ब्रिटिश अफ़सरों के साथ उनके रिश्ते बने बल्कि इसकी वजह से क्लब में और ज़्यादा लोग आने लगे और उनकी कमाई में काफ़ी बढ़ोतरी हो गयी।

उस उभरते हुए सितारे ने, जिनको रास्ता दिखाने वाला कोई भी नहीं था, ख़ुद से पूछा : 'क्यों न अलग तरीक़े से सोचें और ख़ुद पहल करके फ़िल्म के अलग-अलग विभागों के रचनात्मक प्रबन्धन से जुड़ा जाये ताकि अच्छी फ़िल्में तैयार हो सकें।'

हमारी बातचीत के दौरान दिलीप साहब ने मुझे इस बारे में विस्तार से बताया कि उन्होंने फ़िल्म-निर्माण की रचनात्मक प्रक्रिया की कला के बारे में किस तरह से सीखा जो फाइनेंस मैनेजमेंट की तरह ही मायने रखता है। उन्होंने कुछ देर सोचा और कहा, "एस. मुखर्जी साहब प्रोडक्शन को लेकर काफ़ी सोचते थे और वे ख़ुद को कभी निर्देशक नहीं कहते थे। मैंने उनसे सीखने का फ़ैसला किया।"

1930 और 1940 के दशकों में स्टूडियो के प्रबन्धन के तरीक़े हॉलीवुड के आधार पर तय किये जाते थे। पश्चिमी प्रभावों के बारे में चर्चा करते हुए दिलीप साहब की टिप्पणी थी : "विदेशों में, बड़े प्रबन्धकों की मेज़ पर जब बड़े-बड़े व्यापारी किसी विषय का चुनाव करते थे तो वे यह बात परखते थे कि सफलता की सम्भावना कितनी है, क्योंकि वे सभी व्यापारी थे और वे यह नहीं चाहते थे कि उनका पैसा डूबे। उन्होंने दुनिया भर में यह चलन शुरू किया और हमने उनकी नक़ल करनी शुरू कर दी।"

दिलीप कुमार साहब अपने लिए कहानी की सामग्री का

चुनाव बहुत ध्यान से करते थे। यह बात बहुत आसानी से समझी जा सकती है कि पटकथा के लिए वे जिन भावनाओं का, जिन विचारों का चयन करते थे, उनके अन्दर यह सम्भावना होती थी कि वे दर्शकों को छुएँ और फ़िल्म ख़ूब सफल हो, साथ ही अपनी बुद्धि से वे ऐसे विषयों का चुनाव करते थे जिनका दशकों बाद भी असर बना रहे। आप उनकी किसी भी सुपर हिट फ़िल्म को लीजिए तो उसमें आपको समकालीन प्रासंगिकता की कमी नहीं मिलेगी।

इसलिए यह कोई आश्चर्य की बात नहीं है कि फ़िल्मों के निर्माता-निर्देशक इस बात को समझ गये कि विषय के चुनाव या अभिनेताओं के लिए या संगीत या सिनेमेटोग्राफ़ी या कला निर्देशन को लेकर वे जो भी सुझाव देते थे, वह सिनेमा की

*मोहम्मद रफ़ी के साथ*

गुणवत्ता को लेकर ही होता था। ''मुझे किसी ने यह नहीं सिखाया लेकिन मैं इस नतीजे पर पहुँचा कि मुझे सिनेमा को एक प्रोडक्ट के तौर पर देखना चाहिए। बहुत बाद में जब मैं मैनेजमेंट पर कोई किताब पढ़ रहा था, तब मैंने यह पढ़ा कि अच्छे प्रबन्धन का बुनियादी सिद्धान्त यह है कि फाइनल प्रोडक्ट का ध्यान रखा जाये और उसकी क्वालिटी को पक्का किया जाये,'' दिलीप साहब ने बातों-बातों में मुझे बताया था।

निम्मी (अनेक फ़िल्मों में उनकी सह-अभिनेत्री) ने इस किताब में शामिल अपने संस्मरण में इस ओर ध्यान दिलाते हुए एक उदाहरण दिया है। उन्होंने खुलासा किया है कि दिलीप कुमार ने महबूब ख़ान को यह सुझाव दिया था कि वे प्रेमनाथ को 'आन'(1952) में नकारात्मक भूमिका में पेश करें। सिर्फ़ इस कास्टिंग की वजह से वह फ़िल्म सुर्ख़ियों में आ गयी। मीडिया ने मुहूर्त के दिन से ही उस फ़िल्म को लेकर उत्सुकता जगाना शुरू कर दिया। उस फ़िल्म को लेकर पहले से ही काफ़ी प्रचार था क्योंकि उसमें दिलीप कुमार एक साहसी तलवारबाज़ जय तिलक की भूमिका में थे, एक ऐसा जाँबाज जो मिनटों में किसी घोड़े को पालतू बना सकता था, जो तलवारबाज़ी में किसी को भी हरा सकता था। एक अलग तरह की भूमिका में दिलीप कुमार के जमने या न जमने को लेकर ख़ूब चर्चा थी क्योंकि उनको ट्रेजिडी के हीरो के रूप में जाना जाता था।

लोग कहते थे, ''यह क्या हो रहा है, दिलीप कुमार के हाथ में तलवार थमा दी?'' निम्मी ने बताया है। यह एक ऐसी बात थी जो उस समय सोची भी नहीं जा सकती थी। इसका नतीजा जो हुआ, वह इतिहास बन गया। 'आन', जो भारत की पहली टेक्नीकलर फ़िल्म थी, 1952 की सबसे बड़ी हिट फ़िल्म साबित हुई और यह पहली फ़िल्म थी जिसने एक साल में 75 लाख रुपये कमाये जो कि उस समय के लिहाज़ से बहुत भारी-भरकम रक़म थी।

उन दिनों प्रोफ़ेशनल मैनेजमेंट एजेंसियाँ नहीं होती थीं जो फ़िल्मों का प्रचार-प्रसार करें। यह दिलीप कुमार पर छोड़ दिया जाता था कि वे फ़िल्मों के प्रचार-प्रसार के लिए रणनीति बनायें और वे अपनी शालीन शैली में कल्पना और स्टाइल के साथ उसे अंजाम देते थे, बिना सस्ती लोकप्रियता के हथकण्डों को अपनाये।

''मैंने ख़ूब सोच-समझकर ख़ुद को अपने दर्शकों पर न

थोपने और .ज़्यादा फ़िल्में करके उनके सामने बार-बार न आने का फ़ैसला किया था। जब मैं पीछे मुड़कर देखता हूँ तो मुझे लगता है कि इसमें बेहद ख़तरा रहता है कि आप एक फ़िल्म में ही काम करें जबकि दूसरे कलाकार एक समय में दो-तीन या और .ज़्यादा फ़िल्में कर रहे होते थे। फिर भी मैंने यह तय किया कि मैं एक समय में एक ही फ़िल्म में काम करूँगा। यह अपने चुने हुए विषय पर मेरा विश्वास था और उस मेहनत पर भी जो मैं उस भूमिका के लिए करता था। ज़रूरत से .ज़्यादा बेचना कारोबार का कोई अच्छा तरीक़ा नहीं है। मैं इस बात से सहमत हूँ कि विज्ञापन और प्रचार-प्रसार ज़रूरी होते हैं लेकिन सिर्फ़ यहाँ तक कि आप दर्शकों से यह वादा करते हैं कि यह एक ऐसा प्रोडक्ट है जिसमें आपने अपने घण्टे, दिन और महीने लगाकर कड़ी मेहनत की है और अपना सर्वश्रेष्ठ दिया है। इसलिए मैंने अपने या अपने काम के प्रचार-प्रसार के लिए कभी किसी को नहीं रखा,'' दिलीप साहब ने खुलासा किया।

मैनेजमेंट के गुरुओं द्वारा मानव संसाधन को सफल कारोबार के महत्त्वपूर्ण पहलू के रूप में शामिल किये जाने से बहुत पहले ही दिलीप कुमार ने फ़िल्म-निर्माण से जुड़े लोगों को उत्साहित तथा प्रेरित करने की दिशा में पहल की थी, ताकि जल्दी और सन्तोषजनक परिणाम हासिल किये जा सकें।

इस पुस्तक में दिलीप साहब पर लिखते हुए धर्मेन्द्र ने अपने लेख में कहा है : ''पण्डित जवाहरलाल नेहरू जैसे ऊँचे प्रशंसक से लेकर स्टूडियो में काम करने वाले किसी कर्मचारी तक, जो उनको सलाम कहने के लिए इन्तज़ार करता था, दुआ-सलाम के लिए उनके हाथ हमेशा एक जैसी गर्मजोशी के साथ बढ़ते थे। उन्होंने कभी कुछ झूठ-मूठ नहीं किया, चाहे किसी अभिनेता के अच्छे काम की तारीफ़ हो या मुश्किल में घिरे किसी सहकर्मी के लिए उनकी चिन्ता हो।''

जब मैंने दिलीप साहब से प्रोडक्शन के कर्मचारियों से घुलने-मिलने को लेकर सवाल किया, तो उनका जवाब था :

''दुनिया भर में मैनेजमेंट के सिद्धान्त समान ही हैं। सिर्फ़ उनको लागू करने के तरीक़े में फ़र्क़ है। आपको उन सिद्धान्तों को इस तरह से लागू करना होता है कि उनको कोई भी समझ सके। अगर आप यह कहते हैं कि लाइटमैन यह समझ ले कि आप सीन में क्या चाहते हैं तो यह काम आप उसको आदेश

देकर नहीं कर सकते। अगर आप उसको आदेश देंगे तो वह करेगा ज़रूर, लेकिन अगर आप उससे अच्छी तरह से पेश आते हैं और उसी की ज़ुबान में बात करते हैं तो वह आपके लिए आगे बढ़कर ऐसा काम करेगा जो उसके रोज़मर्रा के काम से कहीं बढ़कर होगा।

"मुझे पता नहीं कि मुझे कैसे 'मेथड एक्टर' कहा जाने लगा। मार्लन ब्रांडो को 'मेथड एक्टर' कहा जाता था...मेरे लिए इस विशेषण का प्रयोग ब्रांडो से काफ़ी पहले से होने लगा था। सच्चाई यह है कि मैं एक ऐसा अदाकार हूँ जिसने एक पद्धति ईजाद की, जिसने मुझे पर्दे पर विश्वसनीय बनाये रखा। मैंने पटकथा और चरित्र को गहराई से पढ़ने के महत्त्व को समझा और उसके आधार पर अपने और दूसरे कलाकारों के बारे में अपनी राय और अहसास क़ायम करने के महत्त्व को भी मेरे लिए उन किरदारों के बारे में जानना भी महत्त्व रखता है जो या तो मेरे क़रीब हों या मेरे ख़िलाफ़। मैं ख़ुशक़िस्मत हूँ कि मुझे ऐसे निर्देशकों के साथ काम करने का मौक़ा मिला जिन्होंने मुझ पर विश्वास किया और मुझे बिना किसी बन्धन के काम करने की आज़ादी दी। वे भी मेरी ही तरह से टीम भावना में विश्वास रखते थे। कला और कौशल के दूसरे माध्यमों से उलट फ़िल्म बनाने में टीम भावना से हौसला बढ़ता है।"

दिलीप साहब से एक और सीखने लायक़ बात यह है कि उनको इस बात की गहरी समझ है कि एक स्टार और नायक के रूप में उनका सामाजिक दायित्व क्या है। उन्होंने अपने कैरियर के शुरुआती सालों वाले अध्यायों में इस बात का खुलासा किया है कि उन्होंने किसी फ़िल्म का चुनाव दर्शकों पर उसके पूरे प्रभाव को देखते हुए किया। उन्होंने बिल्कुल शुरू के दौर से ही हमेशा यह कोशिश की कि ऐसी कहानी हो जिसमें कोई निश्चित सामाजिक सन्दर्भ हो और जिसमें कोई सार्थक सन्देश भी हो। उन्होंने इस बात का भी ध्यान रखा कि परदे पर जो प्रेम के दृश्य हों, उनसे उन दर्शकों को शर्मिन्दगी न हो जो परिवार के साथ फ़िल्म देखने आते हैं।

एक सार-गर्भित बातचीत में उन्होंने स्वीकार किया :

"मैंने इस बात की भरपूर से कोशिश की कि मैं एक अच्छा रोल मॉडल बनूँ। मैं इस बात में पूरी तरह यक़ीन करता हूँ कि एक कलाकार को अपने सामाजिक उत्तरदायित्वों की जानकारी

होनी चाहिए और उसे इसके प्रति सजग होना चाहिए। उसे अपने प्रशंसकों के चरित्र-निर्माण का ध्यान रखना चाहिए जो उसके काम और उसकी शख़्सियत से प्रेरणा लेते हैं।''

मैं जिस दिलीप कुमार साहब को जानती हूँ, वे एक साधारण इंसान हैं जिनकी पसन्द साधारण होते हुए भी बड़ी उम्दा होती है। कभी-कभी दिलीप कुमार यह सोचकर हैरान भी हो जाते हैं कि उन्होंने वह सब कैसे कर लिया जिसके लिए उनको इतना मान-सम्मान दिया जाता है, जबकि उनको न तो कोई सिखाने वाला था और न ही कोई रोल मॉडल जो उनको रास्ता दिखाये। हाँ, दिलीप कुमार की पृष्ठभूमि ज़रूर एक समृद्ध संस्कृति और अच्छे संस्कारों से जुड़ी हुई थी। उनके माता-पिता ने उन्हें यह सिखाया था कि वे जो भी पेशा अपनायें, उसके प्रति पूरी तरह ईमानदार रहें और ईमानदारी से अपना पैसा कमायें। इसलिए उनकी मेहनत और लगन में कभी कोई कमी नहीं आयी। एक पठान ख़ानदान का होने के कारण उनमें एकजुटता, जीवट और सहानुभूति की भावनाएँ विकसित हुईं।

इसलिए यह कोई हैरानी की बात नहीं है कि दिलीप कुमार ने ही अपने समकालीनों को अच्छे कामों के समर्थन और राष्ट्रीय संकट के दौर में सरकार के राहत कोष हेतु चन्दे की उगाही के लिए अपने स्टारडम का उपयोग करने की सीख दी।

1962 में भारत-चीन युद्ध में भारत की हार के बाद सीमा पर तैनात सिपाहियों के उत्साह को बढ़ाने के लिए हिमालय की सीमा पर जाने वाले पहले जत्थे का नेतृत्व उन्होंने ही किया था। उनको उस जटिल यात्रा की हल्की-सी याद है कि उनके दोस्त मोहम्मद रफ़ी का कड़ाके की ठण्ड में गला ख़राब हो गया था और वे बड़े दुखी थे। ''हमने उनका हौसला बढ़ाया और उनको गर्म पानी में शहद मिलाकर देते रहे, जब तक कि उनकी शानदार आवाज़ वापस नहीं आ गयी। रफ़ी शराब को बिल्कुल हाथ नहीं लगाते थे जबकि साथ में गये दूसरे लोग ठण्ड से बचने के लिए रम वग़ैरह का सहारा लेते थे। कहने की ज़रूरत नहीं है कि रफ़ी साहब जवानों और अफ़सरों में सबसे ज़्यादा लोकप्रिय रहे।''

उन दिनों को याद करते हुए पुराने अभिनेता चन्द्रशेखर ने मुम्बई की सड़कों पर ट्रक में निकले जुलूसों, बेनिफिट मैचों, शो आदि में दिलीप कुमार को सबके बीच में ज़िम्मेदारी निभाते हुए देखने का दिलचस्प वर्णन किया है। दिलीप कुमार हमेशा इस

बात पर ज़ोर देते थे कि इकट्ठा हुआ पैसा या तो मुख्यमन्त्री को दिया जाये या प्रधानमन्त्री को।

जब कॉर्पोरेट क्षेत्र के सामाजिक दायित्व के प्रबन्धन शुरुआत नहीं हुई थी तो दिलीप कुमार ने राष्ट्रीय नेत्रहीन संघ के अध्यक्ष के रूप में सेवा की ज़िम्मेदारी ली थी। राष्ट्रीय नेत्रहीन संघ के लिए उनके द्वारा किये गये कामों की जी खोलकर तारीफ़ करते हुए सामाजिक कार्यकर्ता वीरा राव ने लिखा है कि दिलीप कुमार की जब भी ज़रूरत हुई वे आये, चाहे चन्दा उगाहने से सम्बन्धित हो या नेत्रहीनों को प्रोत्साहित करने, शिक्षित करने या प्रशिक्षण देने का काम हो कि किस तरह वे अपने जीवन को उद्देश्यपूर्ण बनायें।

पाठकों के मन में यह सवाल उठ सकता है कि हमने इस किताब में उस खण्ड को क्यों जोड़ा जिसमें दूसरे कलाकारों, निर्देशकों और दिलीप कुमार के मशहूर दोस्तों के अलावा उनके रिश्तेदारों और अन्य लोगों के लेख हैं, जिनमें उन्होंने अपने निजी अनुभवों से दिलीप कुमार साहब के काम करने की शैली के बारे में बहुत-सी दिलचस्प बातें बतायी हैं। इसका कारण यह है कि दिलीप कुमार ने मुझसे अपनी उपलब्धियों और समाजसेवा के कामों का बहुत कम ज़िक्र किया। अपनी तारीफ़ खुद करना उनको न तब पसन्द था और न अब पसन्द है। बहुत पूछने पर उन्होंने थोड़ा-बहुत बताया, जैसे—महाराष्ट्र सरकार से फ़िल्म इंडस्ट्री के लिए फ़िल्म सिटी बनवाने के लिए बहुत-सी ज़मीन लेने के उनके प्रयास या रजनी पटेल के साथ मिलकर मुम्बई में प्रथम श्रेणी का सांस्कृतिक केन्द्र बनाने का उनका प्रस्ताव, जिसके साथ एक विज्ञान केन्द्र हो, जिसका नाम बाद में नेहरू सेंटर रखा गया। दिलीप साहब की एक बेहद दिलचस्प जीवनी लॉर्ड मेघनाद देसाई ने लिखी है, जिसमें उन्होंने बहुत ख़ूबसूरती से यह दिखलाया है कि किस तरह दिलीप कुमार नेहरू के हीरो थे। इस बात के बारे में शायद लोगों को जानकारी नहीं है कि नेहरू भी दिलीप कुमार के हीरो और आदर्श थे।

आख़िर में मैं यह कहना चाहूँगी कि अगर सायरा बानो ने उनसे लगातार इस बात के लिए आग्रह नहीं किया होता कि वे अपने जीवन की कहानी को याद करें और सुनायें तो यह किताब सामने न आयी होती, साथ ही अगर दिलीप कुमार और सायरा बानो के साथ मेरा क़रीब 50 साल का जुड़ाव न होता तो मुझे इन कहानियों को जोड़ने के काम के लिए नहीं चुना जाता। मैं उस

दिन को कभी नहीं भूल सकती, जब दिलीप साहब ने 'स्क्रीन' के सम्पादक एस.एस. पिल्लई के सामने मेरा जमकर हौसला बढ़ाया था। तब मैं पत्रकारिता में नयी-नयी थी और मैंने उन पर एक विश्लेषणात्मक लेख लिखा था। उन्होंने पिल्लई साहब से कहा था, ''इसे सिखाइए, मेहनत करवाइए, यह बहुत आगे जायेगी। इसमें यह क़ाबिलीयत है कि किसी दिन जीवनी लिखने वाली बन जाये।'' उनके शब्द सही साबित हुए और भाग्य ने ऐसा मोड़ लिया कि मुझे दिलीप साहब की बेहद दिलचस्प और ज्ञान भरी बातों को किताब के रूप में दर्ज करने के लिए चुना गया, ताकि मनोरंजन उद्योग में आने वाली पीढ़ियाँ इसे पढ़कर कुछ प्रेरणा ग्रहण कर सकें।

शुक्रिया दिलीप साहब!

**–उदयतारा नायर**

# 1

## जन्म

*'यह बच्चा बहुत मशहूर होने और ग़ैर-मामूली ऊँचाइयों पर पहुँचने के लिए पैदा हुआ है। इसका अच्छी तरह से ध्यान रखना और इसे दुनिया की नज़रों से बचाकर रखना। अगर तुमने इसे बुरी नज़रों से बचा लिया तो यह बुढ़ापे में भी ख़ूबसूरत दिखेगा। इसे एक काला टीका लगाकर और इसका चेहरा बिगाड़कर रखो। अगर तुमने ऐसा नहीं किया तो तुम वक़्त से पहले ही इसे खो बैठोगी। अल्लाह का नूर इसके चेहरे को हमेशा रोशन रखेगा।'*

नॉर्थ वेस्ट फ्रंटियर प्रोविंस (उत्तर-पश्चिम सीमा प्रान्त) के सबसे अहम शहर पेशावर—जहाँ मैं पैदा हुआ—के कई नाम इतिहास में दर्ज हैं। उसे फूलों का शहर कहा गया तो अनाज का शहर भी, और तो और कमल की धरती भी। वह पेशावर, जिसमें मैंने जन्म लिया, मेरे लिए भारत का हिस्सा था और अलग-अलग पेशों से जुड़े अलग धर्मों के लोगों की तरह हम भी अविभाजित भारत के पेशावर में जनमे थे। मुझे अपनी जन्मभूमि पर गर्व है क्योंकि तब इस भारतीय शहर को मध्य एशिया और दक्षिण एशिया के बीच बसे होने के कारण भारत का दरवाज़ा कहा जाता था।

मुझे अपनी जन्मभूमि के अलग-अलग रंगों, ख़ुशबुओं और मौसमों की बख़ूबी याद है। पतझड़ के मौसम का असर बाग़ों में दिखायी देने लगता और ख़ूबानी के पेड़ लाल सुर्ख़ और नारंगी पड़ जाते। जब शाम का धुँधलका घिरता तो आसपास के पहाड़ कुछ और ऊँचे दिखायी देने लगते। ऐसा लगता, जैसे वे मुझे डरा रहे हों। मुझे अब भी याद है कि ऐसे मौसम में मैं कितनी तेज़ी से अपने घर की तरफ़ दौड़ पड़ता था। रास्ते में मुझे कई ऐसे लोग मिलते जो मेरे अम्माँ-अब्बा को जानते थे। वे सब धीरे-धीरे अपने घरों की तरफ़ जा रहे होते और मुझे यूँ दौड़ते देखकर बड़ी हैरत से मेरी तरफ़ देखते।

हमारा घर शहर के बीचोबीच क़िस्सा ख़्वानी बाज़ार में था। उस बाज़ार का यह नाम इसलिए पड़ गया था कयोंकि वहाँ घुमन्तू व्यापारी क़िस्से-कहानियाँ सुनाते

*बाद के दिनों का क़िस्सा ख़्वानी बाज़ार*

रहते थे या स्थानीय लोगों से ऐसे ही क़िस्से-कहानियाँ सुनने के लिए रुक जाते थे। महावत ख़ान मस्जिद, सैनिक छावनी और वे बाज़ार जहाँ मैं घर की औरतों के साथ घूमने जाया करता था, वह सड़क जहाँ अंग्रेज़ साहबों को तरह-तरह के गुलाब बेचे जाते थे और जिन्हें वे बड़ी शान से अपने घर की औरतों के लिए जाया करते थे, आज भी मेरी आँखों के सामने किसी फ़िल्म की तरह घूमने लगते हैं।

नॉर्थ-वेस्ट फ्रंटियर (जिसे आम बोलचाल में सिर्फ़ 'फ्रंटियर' कहा जाता था) में पेशावर के इलाक़े में रहने वालों के लिए जाड़े का मौसम बड़ा सख़्त मौसम होता था, हालाँकि वे सब हट्टे-तगड़े होते थे, इस मौसम की रुखाई को सहन करने वाले। जाड़े के दिनों में बिना सूरज के ही दिन निकलता था और अगर वक़्त न देखा जाये तो पता ही नहीं चलता था कि दिन है या रात। शहर के आसपास शान से खड़े पहाड़ भी अच्छा-ख़ासा दिन निकल आने के बाद ही दिखायी पड़ते थे।

सर्दियों के महीनों में जो लोग मुँह अँधेरे फ़ज्र की नमाज़ (धर्म के पाबन्द मुसलमानों द्वारा अदा की जाने वाली सुबह की पहली नमाज़) के लिए उठते थे, उन्हें पहले मस्जिद के बाहर बड़े-बड़े हौजों में वज़ू के लिए रखे पानी में जमी उस बर्फ़ को तोड़ना पड़ता था जो रात भर में जम जाया करती थी। उस बर्फ़ीले पानी के खाल से चिपकने से जो दर्द होता था, उसकी याद आज भी मेरे दिमाग़ में ताज़ा है। बाहर बाग़ों में या खेतों में काम करने वालों के लिए भी ज़िन्दगी आसान नहीं थी—जाड़े की बर्फ़ीली ठण्ड हो या गर्मियों में अन्धा कर देने वाली धूल भरी आँधियाँ, जो अकसर मैदानों को बुहारने का काम भी करती थीं।

मुझे चाचा उमर की भी बिल्कुल साफ़ याद है, वे हमारे फूफा थे और नज़दीक ही रहते थे। वे ज़्यादातर हमारे घर में ही रहते थे और आग़ा जी (हम लोग अपने अब्बा को इसी नाम से बुलाते थे) के साथ बाग़ों में फलों के पकने

का जायज़ा लेने जाते थे। जाड़े का मौसम आता तो वे शिकायत करते और गर्मियाँ आतीं तो भी शिकायत करते। उन्हें घर में रहना पसन्द था, पर ऐसा हो नहीं पाता था। यूँ वे हर मौसम का सामना करने के लिए तैयार रहते थे। मेरे अम्माँ-अब्बा या दादा-दादी को कुछ मँगवाना होता या किसी को किसी मुश्किल हालात में बुलवाना होता तो उन्हें ही कहा जाता। वे आग़ा जी के रिश्ते के भाई थे और मुझे लगता है कि हर काम के लिए परिवार की उनके ऊपर निर्भरता से वे काफ़ी सन्तुष्ट थे।

चाचा उमर सुनारों की गली के बारे में बात करते नहीं थकते थे। वहाँ सुनारों की दुकानें थीं और उनका काम होता था। इसी तरह वे उस आग के बारे में बात करते भी नहीं थकते थे, जो उस रात लगी थी जिस रात मैं पैदा हुआ था। जहाँ हम रहते थे, वह क़िस्सा ख़्वानी बाज़ार का सबसे व्यस्त इलाक़ा था। वहाँ कई नामी सुनारों के घर थे और उनके कारख़ाने भी, जहाँ दिन भर लोगों का आना-जाना लगा रहता था। जब बाक़ी दुकानों के शटर गिर जाते, तब भी वहाँ देर रात तक चहल-पहल बनी रहती थी। दुकानदार अपनी दुकानें बन्द कर रहे थे कि एक कारख़ाने से आग की एक चिंगारी उठी और अचानक आयी आँधी के कारण तेज़ी से फैल गयी। देखते-ही-देखते यह आग बेक़ाबू हो गयी और दहशत और अफ़रा-तफ़री मच गयी। बहुत-से आदमी बाल्टियों में पानी भर-भर के आग पर डालने लगे। पर यह बड़ा मुश्किल काम था, क्योंकि जाड़े के कारण पानी के ऊपर बर्फ़ जम चुकी थी। कुछ तगड़े पठानों ने मुक्के मार-मारकर हौजों पर जमी बर्फ़ को तोड़ा और नीचे से पानी निकाला।

हमारे घर के सब मर्द भी आग बुझाने के लिए उस गली की तरफ़ दौड़ पड़े थे। औरतों की हिफ़ाज़त के लिए सिर्फ़ चाचा उमर को घर पर छोड़ दिया गया था। ठीक उसी समय मेरी अम्माँ ने मुझे इस दुनिया में लाने की धमकी दी और चाचा उमर को दाई की खोज में निकलना पड़ा। वे पहले एक दाई को सही-सलामत घर लेकर आये और फिर मेरे आग़ा जी को यह बताने भागे कि घर में क्या मज़ेदार घटना हुई थी। एक बार जब वे इस घटना को याद करने के मूड में थे तो उन्होंने मुझसे कहा था, "सच बताऊँ तो उस रात मैं बड़ा ग़ुस्से में था और अपने आपको कोस रहा था...कड़ाके की ठण्ड थी और साथ ही तेज़ हवाएँ भी चल रही थीं। ऐसे में घर से निकलना और उस अफ़रा-तफ़री के बीच दाई को सही-सलामत घर तक लाना किसी सज़ा से कम न था। पर जैसे ही दाई ने अपना काम पूरा किया और हमने तुमको देखा—फ़रिश्तों जैसा एक तन्दुरुस्त बच्चा—तो ऐसा लगा मानो कोई इनाम मिल गया हो और मैं खुशी से झूम उठा।"

चाचा उमर अकसर जन्म के बाद मेरी किलकारियों और मुबारकबाद देने वालों की ख़ुशी को बड़े चाव से याद करते थे। पूरा परिवार आयशा बेगम के उस चौथे बच्चे की आमदगी का स्वागत कर रहा था, जो उस समय जनमा था जब बग़ल की

*मेरी पैदाइश का घर*

गली में आग के कारण इतनी अफ़रा-तफ़री मची हुई थी।

जाड़े के दिनों में एक बच्चे के रूप में मेरे लिए सबसे ज़्यादा ख़ुशी की बात यह थी कि मैं बिना उनका ध्यान खींचे बड़ों के पास आग के पास बैठकर उनकी बातें सुन सकता था। वे शायद ही कभी हल्की-फुल्की बातचीत करते थे। वे या तो अजीबोग़रीब कहानियाँ सुनाते थे जो उन्होंने दूसरों से सुनी होती थीं या उन डरावनी घटनाओं के बारे में बताते थे जो उनके सामने घटी होती थीं। मैं ख़ूब कान लगाकर यह सब सुनता रहता, ख़ासकर तब जब वे अपने बुरे सपनों के बारे में बता रहे होते थे। ऐसे ही एक मौक़े पर मैंने अपनी दादी को मेरी अम्मी आयशा का नाम लेकर फुसफुसाते हुए कुछ बताते सुना। उन्हें ध्यान ही नहीं रहा था कि मैं भी वहाँ मौजूद था। मैं साँस थामकर उनकी बात सुनता रहा। वे पश्तो में बात कर रहीं थीं और उनकी आवाज़ भर्रायी हुई थी। उनकी गोल-गोल आँखें ख़ूब फैली हुई थीं।

अपनी ज़ुबान से कहूँ तो वे कुछ यूँ कह रही थीं, "बेचारी आयशा! उस रात तो वह ठण्ड से जमकर मर ही गयी होती! घर के मर्द बार-बार दरवाज़ा खोल और बन्द कर रहे थे और बेचारी आयशा होंठ भींच अपने दर्द को बर्दाश्त कर रही थी, बाहर तूफ़ान का शोर था और ऊपर से सुनारों की गली में आग लगने से तमाम आमदरफ़्त रुकी हुई थी।"

वे यह घटना इतने डरावने अन्दाज़ में सुना रही थीं कि मेरी हड्डियों में एक कँपकँपी-सी दौड़ गयी। कितनी ख़तरनाक बात थी—तूफ़ान और आग! और मेरी प्यारी अम्माँ को दर्द क्यों हो रहा था?

इसके बाद मेरी सख़्तजान दादी रोने लगीं और ऊपर छत की तरफ़ देखते हुए अल्लाह से दुआ करने लगीं। "दाई ऐन वक़्त पर आ गयी..." उन्होंने आगे कहा तो सुनने वालों ने मानो राहत की साँस ली। "...और आयशा का सोहना बेटा यूसुफ़ तशरीफ़ ले आया!" उनकी इस घोषणा से वहाँ बैठे सभी लोगों में ख़ुशी की लहर दौड़ गयी। मेरा छोटा-सा मुँह हैरत से खुल गया। चाचा उमर के बाद वे घर की एक और सदस्य थीं जो मेरे जन्म के बारे में बात कर रही थीं।

चाचा उमर और दादी ही नहीं, मोहम्मद सरवर ख़ान और आयशा बेगम के परिवार के सभी सदस्य मौक़ा मिलते ही मेरे जन्म की कहानी छेड़ बैठते, क्योंकि वह एक ग़ैर-मामूली घटना थी। वह तारीख़ थी 11 दिसम्बर 1922। मेरा ख़याल है कि पेशावर के इतिहास की किसी फाइल में वह दिन ज़रूर दर्ज होगा। इसलिए नहीं कि उस दिन मेरा जन्म हुआ था, बल्कि इसलिए क्योंकि उस दिन सुनारों की गली में आग लगी थी। ऐसे ठण्ड के मौसम में क़िस्सा ख़्वानी बाज़ार में इस तरह का कभी कोई हादसा नहीं हुआ, न उससे पहले और न बाद में।

दादी के मुताबिक़ उस तूफ़ान और आग के बीच मेरे आने का मतलब था कि कुछ ख़ास होने वाला था। उनके इस विश्वास को मेरे अम्माँ-अब्बा ने तब तक गम्भीरता से नहीं लिया, जब तक कि एक फ़क़ीर हमारे घर में आकर एक अजीब बात नहीं कह गया। उस दिन मैं अपने घर के अगले कमरे में कुछ खेल रहा था कि एक फ़क़ीर हमारे दरवाज़े पर आया। उन दिनों इस तरह के फ़क़ीरों या बंजारा लोकगायकों का घरों के दरवाज़ों पर आना और घर वालों का उन्हें कुछ खाने के लिए और पैसे देना आम बात थी। अम्माँ कुछ खाना लाने के लिए रसोई की तरफ़ चली गयी, जबकि दादी उसी तरह अपनी आरामकुर्सी पर बैठी सुस्ताती रही।

मैं खेलते-खेलते रुक गया था और यह देखकर थोड़ा झेंप रहा था कि वह फ़क़ीर लगातार मुझे घूर रहा था। उसने ऊँची आवाज़ में मेरी दादी से कहा कि मुझे उसके सामने लाया जाये। दादी कुछ झिझकते हुए उसी तरह बैठी रही तो वह फ़क़ीर उत्तेजित हो उठा। उसके भीतर मानो जज़्बातों का कोई तूफ़ान उमड़ रहा था। उसने तेज़ आवाज़ में दोबारा हुक्म सुनाया तो मेरी दादी उठी और मुझे उसके पास ले गयी। पाँच वर्ष के मेरे बालमन में उत्सुकता और भय के मिले-जुले भाव उठ रहे थे। फ़क़ीर ने मुझे बहुत ध्यान से देखते हुए घोषणा की कि मैं कोई आम बालक नहीं हूँ। मैंने घबराकर अपनी आँखें बन्द कर लीं और इस तरह व्यवहार करने लगा मानो मैंने कुछ सुना ही न हो। पहले मेरे जन्म के समय तूफ़ान और आग और अब यह टिप्पणी कि मैं एक आम इंसान नहीं हूँ। मैं मन-ही-मन यही सोच रहा था कि अब आगे यह क्या कहने वाला है!

उसने अपनी नज़रें मेरे चेहरे पर टिकाते हुए मेरी दादी से कहा, "यह बच्चा बहुत मशहूर होने और ग़ैर-मामूली ऊँचाइयों पर पहुँचने के लिए पैदा हुआ है।

*पेशावर में एक छोटे बच्चे के रूप में*

इसका अच्छी तरह से ध्यान रखना और इसे दुनिया की नज़रों से बचाकर रखना। अगर तुमने इसे बुरी नज़रों से बचा लिया तो यह बुढ़ापे में भी ख़ूबसूरत दिखेगा। इसे एक काला टीका लगाकर और इसका चेहरा बिगाड़कर रखो। अगर तुमने ऐसा नहीं किया तो तुम वक़्त से पहले ही इसे खो बैठोगी। अल्लाह का नूर इसके चेहरे को हमेशा रोशन रखेगा।''

मैंने एक राहत-सी महसूस करते हुए अपनी आँखें खोलीं कि चलो, उसने कोई ऐसी-वैसी बात नहीं कही थी। मैंने उसकी तरफ़ देखा तो वह मानो मेरी हिम्मत बढ़ाते हुए हल्के-से मुस्करा दिया। दादी ने मुझे अपनी बाँहों में भरते हुए गले से लगा लिया मानो अगर उन्होंने ऐसा हीं किया तो मुझे खो बैठेंगी। अम्माँ का दिया खाना और पैसे लेकर वह फ़क़ीर चला गया।

इसके बाद मैं घर से बाहर जाकर अपने भाइयों के साथ खेलने लगा, जिन्हें इस घटना का कुछ भी पता नहीं था। मैं ख़ुद भी यह नहीं समझ पाया था कि अगले दिन से क्या शुरू होने वाला था। दादी ने मुझे बुरी नज़र से बचाने का ज़िम्मा अपने ऊपर ले लिया। उन्होंने मेरे बाल मुँडवा दिये और हर रोज़ स्कूल जाने से पहले मेरे माथे पर काजल का एक बड़ा-सा टीका लगाने लगीं। अम्माँ ने उन्हें बहुत समझाने की कोशिश की कि उनके बेटे को ऐसे बदसूरत न बनायें कि दूसरे बच्चे उसे चिड़ायें और उसके मन पर बुरा असर पड़े। आग़ा जी ने भी अपनी हठीली माँ को समझाने की कोशिश की कि इसके क्या नतीजे हो सकते हैं, लेकिन दादी टस-से-मस नहीं हुई। मेरे प्रति उनके प्यार और सुरक्षा की भावना के आगे सब हार गये।

कहने की ज़रूरत नहीं है कि हर सुबह जब मैं स्कूल पहुँचता था तो अपने इस हुलिए के कारण एक देखने लायक़ नज़ारा होता था। पहले दिन ही जिस तरह दूसरे बच्चों की फुसफुसाहटों और मुस्कराहटों ने मेरा स्वागत किया था,

वह बात बहुत गहराई से मेरे मन में बैठ गयी और मैं स्कूल न जाने के बहाने सोचने लगा। कुछ दिन बाद मैंने अम्माँ से अपनी नाख़ुशी ज़ाहिर करते हुए उन्हें बताया कि मेरी क्लास के और दूसरे बच्चे किस क़दर मेरा मज़ाक़ उड़ाते थे। अम्माँ शायद ही कभी अपनी सास से बहस करती थीं। लेकिन मुझे यूँ दुखी देखकर वे तड़प उठीं और मुझे अपने क़रीब खींचते हुए दादी से बोलीं, ''आप मेरे बच्चे के साथ ऐसा नहीं कर सकतीं! देखिए तो, बेचारा कैसा लग रहा है!''

दादी हक्की-बक्की रह गयीं। ''ऐसा मैंने क्या कर दिया, आयशा? उस दिन तुमने भी तो सुना था कि वह फ़क़ीर क्या कह रहा था! उसने सभी बच्चों में से सिर्फ़ यूसुफ़ को चुनकर यह बात क्यों कही? दूसरे भी तो थे उसके सामने!'' दादी लगभग बिफर पड़ी थीं। उन्हें यही लग रहा था कि वे बिल्कुल सही थीं। उन्होंने मुझे अपनी तरफ़ खींचकर मुझे तसल्ली देने और यह समझाने की कोशिश की कि वे मुझे इतना बदसूरत क्यों बना देती हैं। लेकिन मैं इतने ग़ुस्से और तकलीफ़ में था कि मैंने उन्हें पीछे धकेलकर अपना सिर अम्माँ की गोद में छिपा लिया और रोने लगा।

रोते-रोते भी मुझे इस बात का ख़याल था कि मेरे रोने की आवाज़ बाहर न जाये, नहीं तो मेरे भाइयों को मुझे चिड़ाने का मौक़ा मिल जाता। पठान के बच्चों को बचपन से ही यह सिखाया जाता है कि रोना मर्दों का काम नहीं है। खेलते समय अगर हमारे घुटने या टखने में चोट लग जाती और उस पर जलन वाला लेप लगाया जाता, तो भी यही कहा जाता कि मर्द की तरह दर्द को बर्दाश्त करो, न कि औरतों की तरह रोना-धोना मचाओ। आँखों से आँसुओं का ढुलकना तो ठीक था लेकिन आवाज़ के साथ रोना नहीं।

अगले दिन से मेरे माथे का टीका थोड़ा मद्धिम ज़रूर पड़ गया लेकिन वह नियम से लगाया जाता रहा। मैं स्कूल में गुमसुम रहने लगा और खेलकूद में भी बहुत कम दिलचस्पी लेता। मैं अपने आपमें ही सिमटा रहता और स्कूल की छोटी-सी लाइब्रेरी में कलरिंग बुक से खेलता रहता। कुछ अध्यापक मुझे बाहर जाकर खेलने को कहते तो मैं उनकी बात अनसुनी कर देता। पाँच साल की उम्र से ही मैं तस्वीरों वाली किताबों की सच जैसी दुनिया में बहुत ज़्यादा दिलचस्पी लेने लगा था।

मेरी फूफियाँ, चाचियाँ और चाचा दो कारणों से मुझे बहुत ज्यादा प्यार करते थे। एक तो मैं ख़ूब तन्दुरुस्त और गोलमटोल-सा बच्चा था, दूसरे मैं अपनी माँ से चिपटे रहने की ज़िद नहीं करता था और झट से एक चाची से दूसरी चाची की गोद में चला जाता था। इसी बीच अम्मी घर के काम निपटाने में लगी रहती थी। जैसे-जैसे मैं बड़ा हुआ और सुनी हुई बातों को समझने लगा, मुझे यह चिन्ता सताने लगी कि मेरी रोबीली दादी मेरी अम्माँ को बुला-बुलाकर काम बताती रहती थीं, जबकि उनकी बेटियाँ आराम करती रहती थीं। मुझे याद है कि एक सुबह

आग़ा जी ने अम्माँ से पूछा था कि रसोई में अकेली क्यों काम करती रहती हैं, जबकि घर की दूसरी औरतें भी उनका हाथ बँटा सकती हैं।

माँ की वह नरम-मुलायम और शान्त आवाज़ अब भी मेरे कानों में गूँजती है। आग़ा जी की बात का जवाब देते हुए उन्होंने का कि उन्हें रसोई का काम इसलिए दिया गया था क्योंकि वे इस काम में माहिर थीं। उन्हें इस बात की ख़ुशी थी कि उन्हें ढेरों कप चाय बनाने और इसके साथ तरह-तरह के खाने का सामान बनाने का काम दिया गया था, क्योंकि घर की कोई भी दूसरी औरत इस काम में उनका मुक़ाबला नहीं कर सकती थीं। फूफी बाबजान (आग़ा जी की बहन) जब भी यह बात सुनतीं तो ग़ुस्से से लाल सुर्ख़ हो जातीं और माँ को एक कोने में ले जाकर ख़ूब खरी-खोटी सुनातीं।

## 2

## दादी माँ की हुकूमत

*'...इस बात के पीछे कोई ख़ुदाई कारण था कि दादी ने आँख मूँदकर फ़क़ीर की बात पर विश्वास कर लिया था और मुझे बदसूरत बनाकर रखने लगी थीं। इसके कारण मुझे स्कूल में दूसरे बच्चों के हँसी-मज़ाक़ का निशाना बनना पड़ता था और मैं अलग-थलग रहने लगा था। मेरे अवचेतन में कहीं बहुत गहरे बैठा यह दर्द तब उभरकर सामने आया, जब मैं अपने कैरियर की शुरुआत में ट्रेजिक रोल कर रहा था। इससे मुझे उन चरित्रों की गहरी मानसिक तकलीफ़ को समझने और अभिव्यक्त करने में बहुत मदद मिली।'*

दादी को यूँ ही 'आयरन लेडी' नहीं कहा जाता था। उनमें एक रोबीलापन था, जो मेरी बड़ी बहन सकीना आपा में भी आ गया। दादी आग़ा जी से हर विषय पर बात करती थीं और अकसर उनसे देश-दुनिया का हालचाल भी जानती थीं। ऐसे मौक़ों पर उनकी भौंहें ख़ूब तनी होतीं और नज़रें अपने ख़ूबसूरत बेटे पर टिकी होतीं। यह रोज़मर्रा की बात थी, जब वे शाम को मग़रिब की नमाज़ के बाद घर लौटते थे। वे सीधे दादी के पास जाते जो अपने कमरे में उनका इन्तज़ार कर रही होतीं। वे अपनी ख़ास आरामकुर्सी पर बड़ी शान से बैठीं धीरे-धीरे झूल रही होतीं और होंठों से कुछ बुदबुदा रही होतीं। हम सब जानते थे कि वे तस्बीह (अल्लाह की शान को बयान करने वाले छोटे-छोटे वाक्यों को दोहराना) अदा कर रही हैं।

वे लम्बी-ऊँची थीं और उनके कन्धे भी काफ़ी चौड़े थे। जब वे आरामकुर्सी पर बैठतीं तो ऐसा लगता, जैसे वे उसमें पूरी तरह से समा गयी हों। वे ढीली-ढाली पठानी सलवार और लम्बे और खुले-खुले कुरते पहनती थीं, जिसके कारण वे औरत कम और मर्दाना ज़्यादा दिखायी देती थीं। उनका सिर हमेशा दुपट्टे से ढँका रहता था। वे हमेशा एक शाल भी ओढ़े रखती थीं जो किसी चादर जितना बड़ा होता था। मैं जब भी कोई शरारत करके अम्माँ या आग़ा जी की नज़रों से छिपने की कोशिश करता तो उनके शाल की तहों में दुबक जाता, जिसे वे किसी

जादुई तम्बू की तरह मेरे लिए खोल देती थीं। मुझे उस रहस्य और रोमांच भरे मंज़र में बड़ा मज़ा आता था। घर के तमाम लोग इधर-उधर ढूँढ़ रहे होते कि नन्हा यूसुफ़ खो गया है। शायद ही कोई अन्दाज़ा लगा पाता था कि मैं दादी की शाल के अन्दर छिपा हूँ और बड़े आराम से उनकी छाती के उतार-चढ़ाव पर सिर टिकाये लेटा हूँ। सबसे मज़ेदार बात यह थी कि दादी बड़ी चालाकी से अपनी आँखें बन्द किये बैठी रहतीं, जबकि अम्माँ और फूफी बाबजान यह बुदबुदाते हुए उनके कमरे के कई चक्कर लगा चुकी होतीं कि पता नहीं यूसुफ़ कहाँ है।

दादी कुछ ख़ास कारणों से मुझे इतना चाहती थीं। फ़क़ीर की भविष्यवाणी तो एक कारण था ही, इसके अलावा मैं अपने बड़े भाई नूर से भी काफ़ी अलग था। नूर भाई हमेशा कोई मुसीबत खड़ी करने के लिए मशहूर थे, क्योंकि वे रिश्ते के भाइयों और पड़ोस के लड़कों के साथ भिड़ते रहते थे। हालाँकि ये कोई गम्भीर झगड़े नहीं होते लेकिन दादी के पास आस-पड़ोस से शिकायतें आती रहती थीं। ऐसे मौक़ों पर नूर भाई अपनी हल्के रंग की मासूम आँखों और प्यार भरे अन्दाज़ से सारा दोष दूसरे लड़कों पर मढ़ देते और घर की सब औरतों का दिल जीत लेते। पर दादी इस झाँसे में नहीं आती थीं। फिर भी इस बात के लिए दादी की दाद देनी होगी कि उन्होंने नूर मियाँ को कभी भी दूसरे लड़कों या उनके अम्मी-अब्बाओं के सामने नहीं डाँटा। वे उनको तब समझाती थीं, जब वे सब चले जाते और नूर भाई का रोना-धोना बस हमारे ही कानों के लिए रह जाता।

सकीना आपा दादी को नाराज़ करने से दूर ही रहती थीं और जब सकीना आपा किसी से बहस में उलझतीं तो दादी भी बीच में नहीं पड़ती थीं। मुझे लगता है कि उन्हें दिल-ही-दिल में इस बात का अहसास था कि सकीना आपा का ग़ुस्सैल और ज़िद्दी स्वभाव कहाँ से आया था।

मुझसे डेढ़ साल बड़ा अयूब चुपचाप रहने वाला बच्चा था। घर में उसकी मौजूदगी तभी महसूस होती, जब हम दोनों साथ होते थे और आँगन में शोर मचाते हुए खेलते थे या सीढ़ियों पर एक-दूसरे के पीछे भागते थे। उसमें किसी राज़ को बहुत दिनों तक अपने अन्दर छिपाकर रखने की ख़ूबी थी। बचपन का एक राज़ तो पेशावर छोड़ आने के बाद भी उसके दिल में छिपा रहा। एक बार हमारे दादा जी ने हमसे कहा कि अगर हम अपने सिक्कों को सँभालकर रखना चाहते हैं और उन्हें जादू से दुगना करना चाहते हैं तो हमें उन्हें सीढ़ियों के पास एक सुराख़ में छिपा देना चाहिए। उन्होंने यह कहानी बनायी कि उस सुराख़ में जादुई ताक़त थीं और अगर हम सिक्के छिपाने के बाद उस सुराख़ को फ़र्श के टुकड़े से वापस ढँक देंगे और यह राज़ किसी को नहीं बतायेंगे तो सिक्के दुगने हो जायेंगे।

मैंने और अयूब ने दादा जी की यह कहानी बड़ी हैरत और रोमांच की भावना के साथ सुनी। एक दिन जब आसपास कोई नहीं था तो हम दोनों ने

सीढ़ियों के पास फ़र्श के उस हिस्से को ईंट से उखाड़ा और सुराख़ में कुछ सिक्के डाल दिये। दादा जी ने हमसे यह भी कहा था कि हमें उन सिक्कों को तब तक वहाँ रहने देना चाहिए, जब तक हम चाहते हैं कि वे बढ़ते रहें। उन्होंने बिना पलके झपकाये और बड़े गम्भीर अन्दाज़ में फुसफुसाते हुए कहा था, "अगर तुम उसे खोल-खोलकर देखते रहोगे तो यह जादू ख़त्म हो जायेगा।"

मुम्बई आने के बाद मैं उस सुराख़ में रखे पैसों की बात बिल्कुल भूल गया था। कई साल बाद हम स्कूल की छुट्टियों में पेशावर गये तो अयूब ने मुझे उस सुराख़ की याद दिलायी। तब तक दादा जी गुज़र चुके थे पर रोमांचक कहानी पर हमें तब भी यक़ीन था। सीढ़ियों के पास वाली उस जगह पर अब धूल और कूड़े का ढेर जमा हो चुका था। एक रात मैंने और अयूब ने छिपाकर रखे उन पैसों को निकाला तो हमारी समझ में आया कि यह तो हमें ख़ुश करने के लिए गढ़ी गयी दादा जी की एक मज़ेदार कहानी भर थी। हमें अफ़सोस हुआ, इसलिए नहीं कि पैसे दुगने नहीं हुए बल्कि इसलिए कि हमारे साथ हँसने के लिए हमारे प्यारे दादा जी हमारे साथ नहीं थे। वे अपनी दाढ़ी सहलाते हुए और अपनी चमकती हुई आँखों से हमारी तरफ़ देखते हुए ज़रूर यही कहते, "देखो, मैंने तुम्हें कैसा उल्लू बनाया!"

फूफी बाबजान घर में अम्माँ की इकलौती सहेली थीं। वे सच में अपने भाई की प्यारी पत्नी को ख़ूब चाहती थीं। वे हमारे घर के पिछवाड़े में रहती थीं, जहाँ एक नहर भी बहती थी। चाचा उमर का घर भी उसी नहर के पास था, जो दूर से देखने पर एक झील की तरह लगती थी। अपने-अपने घर होने के बावजूद इन दोनों का ज़्यादातर वक़्त हमारे ही घर में गुज़रता था। यह एक ख़ूब बड़ा दुमंज़िला मकान था जो मौसम के उतार-चढ़ाव और चोर-उचक्कों को दूर रखने के लिहाज़ से बनाया गया था।

मैं यहाँ यह भी बताना चाहूँगा कि स्कूल में मुझे जो अकेलापन भुगतना पड़ रहा था, उसका मेरी घर की ज़िन्दगी और गतिविधियों पर कोई असर नहीं पड़ा था। मेरी सबसे बड़ी बहन सकीना आपा लड़कियों के एक स्कूल में जाती थीं। सबसे बड़ी होने के कारण वे अम्माँ का हाथ बँटाती रहती थीं और मैं अकसर उनको अम्माँ या फूफियों के साथ ही देखता था। सबसे बड़ी होने के कारण वे हम पर रोब भी जमाती रहती थीं। मेरे बड़े भाई नूर और अयूब उन्हें तंग करने के लिए मासूम शरारतें करते और उन्हें मकड़ी या कीड़ों से डराने की कोशिश करते। ज़्यादातर लड़कियाँ उनसे डर जाया करती थीं, पर बारह साल की सकीना आपा बड़ी मज़बूत मिट्टी की बनी हुई थीं। वे इन दोनों या रिश्ते के भाइयों की किसी भी शरारत को पकड़ने से नहीं चूकती थीं और सारी जानकारी दादी तक पहुँचा देती थीं। बस, वे मुझे छोड़ देती थीं। उन्हें पता था कि मैं दादा-दादी का लाड़ला था और उनके ख़िलाफ़ होने वाली मासूम शरारतों और साज़िशों में भी शामिल नहीं रहता था। मेरे शौक़ और तरह के थे।

जहाँ तक मेरी बात है, मुझे अम्माँ के पीछे-पीछे चलना बड़ा अच्छा लगता था। मैं उनके उड़ते हुए दुपट्टे को पकड़े रहता था, जिससे वे हर समय अपना सिर ढँके रहती थीं। वे उस ख़ूब बड़े घर में एक कमरे से दूसरे कमरे में तेज़ी से आती-जाती रहती थीं। दादी जहाँ कहीं से भी बुलातीं, वे फ़ौरन उनका जवाब देतीं। वे यह भी समझ जातीं कि दादी कब उन्हें कोई नयी बात सुनाने के मूड में हैं, जो उन्होंने अभी-अभी किसी से सुनी है। मैं अम्माँ के पीछे-पीछे छिपा रहता और शायद ही कभी उन दोनों को इस बात का अहसास होता कि मैं भी वहाँ मौजूद हूँ। आस-पड़ोस की हलचलों की ये बातें कभी तो बहुत डरावनी होतीं और कई बार बहुत मामूली या ऊल-जलूल भी।

एक सुबह दादी ने अम्माँ को आवाज़ लगाकर जल्दी से उनके पास आने के लिए कहा। हमेशा की तरह मैं बिना उनका ध्यान खींचे उनके पीछे-पीछे चल पड़ा। दादी बहुत गम्भीर लग रही थीं—कुछ उदास और परेशान-सी। "फ़ौरन वहाँ पहुँचो," वे जल्दी-से बोलीं, "शायद लाश ज़्यादा देर तक वहाँ न रहे। पता है, यह पुलिस केस है और पुलिस ने तफ़तीश भी शुरू कर दी है। बेचारे माँ-बाप! अल्लाह उनको हिम्मत दे! जल्दी लौट आना!"

पेशावर में घर इस तरह से बने हुए थे कि उनकी छतें आपस में जुड़ी होती थीं। कहीं पड़ोस में जाने के लिए औरतों को बस एकाध छत ही पार करनी पड़ती थी। पर्दा करने वाली औरतें घर से बाहर निकले बग़ैर ही पड़ोस के घरों में जा सकती थीं।

अम्माँ भी एक घर से दूसरे घर के गलियारे में होते हुए तेज़ी से चल पड़ीं। उन्हें इस बात का अहसास नहीं था कि मैं भी चुपचाप उनके पीछे-पीछे चल रहा था। वे जिस घर में पहुँची, वहाँ मुर्दनी छायी हुई थी। अम्माँ एक मोटी-सी औरत के पास जा रुकीं जो ज़ोर-ज़ोर से रो रही थी। उसे दिलासा देने के बाद अम्माँ एक कमरे की तरफ़ बढ़ गयीं, जहाँ तीन लाशें पड़ी थीं। उनके कपड़े कमर के आसपास ख़ून से लथपथ थे और बहुत-सा ख़ून फ़र्श पर भी बिखरा हुआ था। ख़ून की गन्ध सही नहीं जा रही थी। अम्माँ ने अपने हाथों से अपनी नाक ढँक ली। वे पर्दे में थीं लेकिन मैं समझ गया कि वे रो रही थीं।

अम्माँ को इस बात का बिल्कुल भी अन्दाज़ा नहीं था कि मैं भी उनके पीछे-पीछे लाशों वाले कमरे में पहुँच गया था। इतने में वहाँ जाँच करने वाले अधिकारी आ गये और आपस में पश्तो में बात करने लगे। एक के हाथ में एक राइटिंग-बोर्ड था, जिस पर वह कुछ लिखने लगा। दूसरा उसका सीनियर लग रहा था और उसे बता रहा था कि क्या लिखना है। वे दोनों जाँच में इतने खोये हुए थे कि उनका ध्यान अम्माँ की तरफ़ नहीं गया। तभी दोनों दरवाज़ों को पूरा खोलते हुए और अपने जूतों से ख़ूब शोर मचाते हुए अंग्रेज़ अफ़सर अन्दर आया

और उन दोनों से बात करने लगा। मैं बड़ी दिलचस्पी से उनकी हरकतों को देख रहा था। मैं उनकी बातों में इतना खो गया कि मुझे अम्माँ के वहाँ से जाने का पता ही न चला। तभी वे तीनों तेज़ी से बाहर निकल गये और दरवाज़ा धड़ाम से बन्द हो गया। मैं उस बन्द कमरे में लाशों के पास अकेला रह गया। मैं एक मेज़ के पीछे दुबका हुआ था जो लाशों से ज़्यादा दूर नहीं थी।

मैं अचानक ही ख़ौफ़ और घबराहट से भर गया। मेरे मन में इस तरह के ख़याल आने लगे कि अगर किसी को पता न चला कि मैं अन्दर हूँ और वहाँ कोई न आया तो मैं वहीं फँस जाऊँगा। लेकिन फिर मैंने अपने मन को समझाया कि किसी और को मेरा ध्यान आये-न-आये लेकिन मेरे दादा-दादी को ज़रूर यह ध्यान आयेगा कि मैं वहाँ नहीं हूँ—जब शाम को पूरा परिवार मेहमानख़ाने में चाय के लिए जुटेगा!

हर शाम मेहमानख़ाने में चाय का दौर ख़ूब जमकर चलता था। शाम बीतते ही मैं दादा जी की पीठ पर सवारी करना भी नहीं भूलता था। वे फ़र्श पर हाथ-पाँवों पर घोड़े की तरह चलने लगते। अपने पोतों के मनोरंजन का यह उनका ख़ास तरीक़ा था। चूँकि मैं उनका सबसे दुलारा था, इसलिए मुझे ज़्यादा दूर तक सवारी मिलती थी। मैं अपने दोनों हाथों से उनकी दाढ़ी को पकड़ लेता तो भी वे ज़रा भी बुरा नहीं मानते थे।

मेरे मन में तरह-तरह के ख़याल आ रहे थे। पता नहीं अब क्या होगा! अगर चाय के वक़्त दादा जी घर में नहीं हुए तो? और अगर दादी भी किसी कारण कमरे में न हो तो? तब किसे मेरी याद आयेगी? अम्माँ को तो बिल्कुल नहीं, क्योंकि वे चाय-नाश्ते के इन्तज़ाम में लगी होंगी!

मैं जितना ही सोचता, उतना ही मेरा डर बढ़ता जाता। कमरे में उतनी ठण्ड नहीं थी, फिर भी मैं हल्के-हल्के काँप रहा था। अचानक ज़रा-सी खुली खिड़की से हवा का एक झोंका आया और मरने वाले के चेहरे का कपड़ा हट गया। वह एक जवान लड़का था और अकसर बाज़ार में दिख जाता था। उसका पीला पड़ा चेहरा देखकर मैं बहुत डर गया। मुझे ऐसा महसूस हुआ, जैसे उसकी आँखें मेरी तरफ़ मुड़ने वाली हों। मैं चीख़ ही पड़ा होता, पर मेरा गला सूख रहा था और कोई आवाज़ नहीं निकल रही थी।

मैं बस दुआ कर सकता था। जितनी हो सके, उतनी दुआ। तभी बहुत ज़ोर से दरवाज़ा खुला और वही अंग्रेज़ अफ़सर अन्दर आया। मुझ पर नज़र पड़ते ही उसने मुझे घूरा और फिर ज़ोर से चिल्लाया, "यह बच्चा कौन है? यह यहाँ क्या कर रहा है?"

मैं अब डर के मारे काँपने लगा था। तभी दो पुलिसवाले मेरी तरफ़ बढ़े और उनमें से एक ने मुझे गोद में उठा लिया। वे मुझे बाहर ले आये। बाहर अभी भी उजाला था इसलिए मुझे थोड़ी राहत महसूस हुई। आँगन में खड़े लोगों

ने फ़ौरन ही मुझे सरवर ख़ान के बेटे के रूप में पहचान लिया। अंग्रेज़ अफ़सर ने मुझसे पूछा, "तुम अन्दर कैसे गये बेटा?"

अब चूँकि मैं बाहर आ गया था और खुलकर साँस ले रहा था, इसलिए मेरी आवाज़ मानो लौट आयी। मैंने पुलिसवालों को बताया कि मैं अम्माँ के पीछे-पीछे यहाँ आ गया था और ग़लती से कमरे में बन्द हो गया था। कुछ और लोगों ने भी मुझे पहचान लिया तो अंग्रेज़ अफ़सर ने मेरी बातों से सन्तुष्ट होकर मुझे जाने दिया। मैं जितनी तेज़ी से हो सकता था, उतनी तेज़ी से अपने घर की तरफ़ लपका।

घर पर चाय के दौर के लिए मेज़ सज चुकी थी। मेरी दादी ने ही मुझे सबसे पहले देखा। मेरे हुलिए और हाव-भाव से वे फ़ौरन ही समझ गयीं कि न तो मैं नहाया था और न ही मैंने चाय के लिए कपड़े ही बदले थे यानी मैं बहुत देर से घर से बाहर था। वे यह जानने के लिए बेचैन थीं कि पूरी दोपहर मैं क्या कर रहा था। मैं उन्हें सच बताने से कतरा रहा था। लेकिन दादी ऐसी नहीं थीं कि मैं या कोई कुछ भी बात बना दे और वे उसे झट से मान लें। उनके अन्दर यह ख़ूबी थी कि वे घर में घटने वाली किसी भी ग़ैर-मामूली घटना की तह तक पहुँच जाती थीं। जब उन्होंने यह सुना कि मेरे साथ क्या हुआ था तो उन्होंने अम्माँ को बुलाकर ख़ूब डाँटना शुरू कर दिया कि उन्हें मेरी कोई ख़बर नहीं रहती है। सौभाग्य से उसी समय आग़ा जी आ गये और किसी तरह मामला शान्त हो गया।

चाय के दौरान उन्हीं मौतों के बारे में बात होती रही। किसी दुश्मन परिवार के लोग बदला लेने आये थे और पड़ोसी परिवार के लड़के उनके साथ लड़ाई में उलझ पड़े थे। उस इलाक़े में दो परिवारों के बीच ख़ून-ख़राबा होना कोई नयी बात नहीं थी, लेकिन मामला क़त्लेआम तक कम ही पहुँचता था। एक आम पठान परिवार में दर्जन भर बच्चे होते थे और ऐसी लड़ाइयों में एकाध की जान जाने से परिवार सब्र कर लेता था कि चलो, बाक़ी बेटे ज़िन्दा हैं। इसी कारण एक आम पठान परिवार में हर साल-दो साल में एक नये बच्चे की आमदगी की उम्मीद की जाती थी।

आमतौर से चाय के दौर के दौरान काफ़ी ख़ुशनुमा माहौल रहता था। औरतें एक साथ बैठकर गपशप करती रहती थीं, जबकि मर्द किसी गम्भीर चर्चा में उलझ जाते थे। दादी इस पूरी महफ़िल की अध्यक्षता करती थीं और उन्हें यह महारानियों जैसा ओहदा ख़ूब लुभाता था। सच्चाई यह थी कि एक फूफी बाबजान को छोड़कर किसी भी बेटे या बेटी में इतनी हिम्मत नहीं थी कि घर के मामले में कुछ बोले या उनकी बात काट दे। मुझे यह देखकर बड़ी तकलीफ़ होती थी कि अम्माँ वहाँ न होकर मिट्टी के चूल्हें पर बर्तन भर-भरकर चाय बनाती रहती थीं। आग और धुएँ के बीच कभी-कभी उनकी साँस उखड़ने लगती थी, पर वे उफ़ तक न करती थीं। उनके बनाये खाने या नाश्ते की तारीफ़ तो सभी करते थे,

लेकिन उनका हाथ बँटाने के लिए कोई ननद या सास आगे नहीं आती थीं। कभी-कभार फूफी बाबजान ज़रूर उनकी कुछ मदद कर देती थीं।

मैं जब भी अपने बचपन के दिनों और अम्माँ के बारे में सोचता हूँ तो मुझे यही बात याद आती है कि वे बिना किसी शिकायत के घर के काम में जुटी रहती थीं। ऐसा नहीं कि उनकी मदद के लिए कोई नौकर नहीं था, लेकिन अम्माँ को अपना काम अपनी नफ़ासत के साथ ही करना पसन्द था। अगर कोई उनसे पूछता कि वे नौकरों से कोई काम क्यों नहीं करवातीं तो उनको जवाब होता था कि उन्हें ख़ुद वह काम करना पसन्द था या वे कहती थीं कि दादी ने इसीलिए वह काम उन्हें सौंप रखा था क्योंकि वह उनकी ख़ासियत थी। वे हमेशा शान्त और ख़ुश रहती थीं। आग़ा जी को न तो कभी उनसे कोई शिकायत सुनने को मिलती थी और न ऐसे झगड़े निपटाने पड़ते थे जो आमतौर से इकट्ठे रहने वाले परिवारों में होते रहते थे।

अम्माँ एक कुलीन और ऊँची हैसियत वाले ख़ानदान से थीं। उनके माता-पिता और बहनें हमेशा बहुत अच्छे और सलीक़ेदार कपड़े पहनते थे। वे हमेशा घोड़ागाड़ी में आते थे और तोहफ़े के बक्से उठाये एक नौकर भी साथ में होता था। इन बक्सों में मिठाई और रेशमी कपड़े होते थे। उन्हें पता था कि हमारे घर में सूखे मेवों की कोई कमी नहीं थी, इसलिए वे ताज़े फल, मिठाई और नमकीन वग़ैरह लाते थे। अम्माँ वक़्त निकालकर उनके साथ बातें करती रहती थीं, ख़ासकर अपनी बहनों से जो बेहद ख़ूबसूरत थीं, आग़ा जी की बहनों से बिल्कुल अलग जो चौड़े कन्धों और मज़बूत कद-काठी वाली थीं।

अम्माँ ने शायद एक ही बार घर के कामकाज से छुट्टी ली, जब उनकी बहन की शादी थी। मैं तब सिर्फ़ पाँच या छह साल का था, इसलिए वे मुझे भी अपने साथ ले गयीं। मैं स्कूल से लौटा तो मुझे बिल्कुल भी पता नहीं था कि मुझे अम्माँ के साथ उनके मायके जाना है। मैंने दादी को आग़ा जी से यह कहते सुना कि वे और अम्माँ मेरा पूरा ध्यान रखें और मुझे दूसरे बच्चों के साथ बाहर न जानें दें। उन्होंने उन्हें फ़क़ीर वाली बात याद दिलायी। मुझे यह जानकर बेहद ख़ुशी हो रही थी कि मुझे अम्माँ और आग़ा जी के साथ कहीं बाहर जाने का मौक़ा मिल रहा था। लेकिन साथ ही मुझे यह डर भी सता रहा था कि कहीं वहाँ जाते हुए भी मुझे वह बड़ा-सा काला टीका न लगाना पड़े मानो मेरे मन की बात समझकर फूफी बाबजान ने चुपके-से अम्माँ को सलाह दी कि जब तक मैं उनके मायके में था, मुझे दूसरे बच्चों के मज़ाक़ का निशाना बनाने की ज़रूरत नहीं थी।

मुझे वहाँ सचमुच ही बड़ा मज़ा आया। उस ख़ूब बड़े और आलीशान घर में घर की बहू-बेटियों के साथ कुछ मेहमान औरतें भी ठहरी हुई थीं। मैं उन सबकी गतिविधियों को बड़ी दिलचस्पी से देखता रहता था। मैं यह भी महसूस कर रहा था कि वहाँ का माहौल हमारे घर की तानाशाही से बिल्कुल अलग था।

मेरे नाना-नानी बहुत नरम स्वभाव के थे। मैंने यह भी देखा कि अम्माँ का बहुत ध्यान रखा जा रहा था और खाने की मेज़ पर उनके लिए एक ख़ास जगह रखी जाती थी। अम्माँ को यूँ हँसते-मुस्कराते देखकर मुझे बड़ी ख़ुशी हो रही थी। हँसी-ख़ुशी का यह माहौल तब तक जारी रहता, जब तक मैं अपनी रेशमी रज़ाई में दुबककर सो नहीं जाता।

शादी की धूमधाम के बाद अम्माँ ससुराल वापस लौटीं तो मैं मन-ही-मन यही दुआ कर रहा था कि अम्माँ को यहाँ भी वही खुली ज़िन्दगी मिले जो उनके मायके में थी। मैं माथे पर काला टीका लगाकर लौटा था, इसलिए दादी मुझे देखते ही ख़ुश हो गयीं। अम्माँ हमेशा की तरह बिना कुछ कहे, बिना कोई नख़रा दिखाये, घर के कामकाज में जुट गयीं।

मैं फिर से स्कूल जाने लगा। न तो आग़ा जी ने और न ही अम्माँ ने इस बात पर ध्यान दिया कि मैं दिनोदिन गुमसुम-सा होता जा रहा था। स्कूल में दूसरे बच्चों से बात करने के बजाय मैं अपने आपमें ही सिमटा रहता। मैं एक गहरी हीनभावना और अकेलेपन का शिकार होता जा रहा था। मैं यह इन्तज़ार करता रहता कि कब स्कूल की छुट्टी हो और मैं घर में अम्माँ की सुकून भरी और सुरक्षित छाँव में चला जाऊँ। मैं आज पीछे मुड़कर देखता हूँ तो लगता है कि इस बात के पीछे कोई ख़ुदाई (ईश्वरीय) कारण था कि दादी ने आँख मूँदकर फ़क़ीर की बात पर विश्वास कर लिया था और मुझे बदसूरत बनाकर रखने लगी थी। इसी वजह से स्कूल में मुझे दूसरे बच्चों के हँसी-मज़ाक़ का निशाना बनना पड़ता था और मैं अलग-थलग रहने लगा था। मेरे अवचेतन में कहीं बहुत गहरे बैठा यह दर्द तब उभरकर सामने आया, जब मैं अपने कैरियर की शुरुआत में ट्रेजिक रोल कर रहा था। इससे मुझे उन चरित्रों की गहरी मानसिक तकलीफ़ को समझने और अभिव्यक्त करने में बहुत मदद मिली।

जैसाकि मेरी समझ में आया है, इंसानी दिमाग़ में इस बात की ज़बरदस्त क्षमता होती है कि वह अपने अनुभवों और कल्पनाओं को बड़े पैमाने पर सहेजकर रख सके और सही समय पर उनका उपयोग कर सके। बड़े होने के बाद मैंने सीखा कि ऐसे अनुभवों और विचारों को सहेजकर रखने के लिए दिमाग़ को खुला रखने की ज़रूरत होती है। मैंने यह भी सीखा कि ऐसे अनुभवों और विचारों को दूर ही रखा जाये जो दिमाग़ पर एक बोझ की तरह हों और जिनका कोई उपयोग न हो। ऐसा तभी हो पाता है जब हमारा दिमाग़ ज़िन्दगी की पाठशाला की पढ़ाई से परिपक्व हो चुका हो। पर मैं बचपन के उन अच्छे-बुरे अनुभवों के बारे में कुछ भी नहीं कर सकता था जो मेरे अवचेतन में बैठ गये थे और वहीं ठहर गये थे।

3

## मासूम बचपन और ख़तरों का शौक़

*'मुझे इसमें कोई शक नहीं है कि कहानी सुनाने का हुनर मुझमें पेशावर में ही पनपा, जहाँ मैंने अपना बपचन गुज़ारा। ...मैं हर शाम आग़ा जी की उँगली पकड़कर उस चौक पर पहुँच जाता, जहाँ एक मौलाना क़िस्से-कहानियाँ सुनाया करते थे। ...मुझे यह बेहद अच्छा लगता और मेरे कल्पनाशील दिमाग़ में उस कहानी के किरदारों और घटनाओं की तस्वीरें उभरने लगतीं। घर लौटनें के बाद मैं मौलाना की आवाज़ की नक़ल उतारते हुए कहानी के किरदारों के संवाद बोलने की कोशिश करता। तब किसे पता था कि बरसों बाद मैं सिनेमा जैसे माध्यम से 'दर्शकों' को कहानी सुनाने का काम करूँगा।'*

मैं ख़ूब पढ़ाकू बच्चों में तो नहीं था, लेकिन मुझे जानने का शौक़ था और चीज़ों को देखने-परखने में मेरी बड़ी गहरी दिलचस्पी थी। अन्तर्मुखी होने के कारण मुझे अकेला रहना पसन्द था, अपनी चीज़ों के साथ। मैंने अपने रिश्ते के भाइयों और दूसरे बच्चों के साथ खेलना बहुत कम कर दिया था, क्योंकि मैं बेकार के झगड़ों से दूर ही रहना चाहता था। मुझे याद है मैं दादा जी से पूछा करता था कि हमारे घर के पास जो नदी बहती थी, वह हमेशा बहती क्यों रहती थी। और उसका पानी कहाँ से आता था और कहाँ जाता था। वे हँस देते थे और मुझे अपने चौड़े कन्धों पर बिठाकर नदी के पास ले जाते थे। वे पानी की तरफ़ देखते रहते और मैं उनके जवाब का इन्तज़ार करता रहता, जो मुझे कभी नहीं मिला। मैं समझ गया कि उनके पास मेरे सवालों के जवाब नहीं थे। एक बार मैंने उन्हें आग़ा जी से यह कहते भी सुना कि मैं ऐसे-ऐसे सवाल पूछता था जिनके जवाब दे पाना मुश्किल था। उन्होंने आग़ा जी को यह भी कहा था कि मैं दूसरे बच्चों से अलग था और जिन्हें न तो किसी बात पर हैरत होती थी और न ही वे कोई मुश्किल सवाल पूछते थे।

गर्मियों के दिनों में मुझे दोपहर के समय खुली जगहों पर घूमना बहुत पसन्द था। उस समय दादी अपना मनपसन्द लज़्ज़तदार खाना खाने के बाद अपने कमरे

में आराम कर रही होती थीं। उन दिनों बिजली के पंखे नहीं होते थे। छत से टँगे हाथ से चलाये जाने वाले पंखों पर कपड़े लिपटे रहते थे और घर के नौकर इन्हें एक रस्सी से हिलाते रहने में माहिर थे। दोपहर में हम सभी बच्चों को सुला दिया जाता था और बाहर नहीं जाने दिया जाता था। लेकिन मैं सोने का बहाना भी करता और कभी-कभी जब पंखा हिलाने वाले की भी आँख लग जाती तो चुपके-से घर से बाहर निकलकर सड़क पर चला जाता।

सड़कें सँकरी और थोड़ी घुमावदार होती थीं। मैं चलते-चलते खुली जगहों की तरफ़ निकल जाता, जहाँ बेरी के पेड़ होते थे। इन्हें कोई नहीं खाता था, क्योंकि हमसे कहा जाता था कि बेरी अच्छी नहीं होती और इसे चिड़ियों और कीड़ों के खाने के लिए छोड़ देना चाहिए। लेकिन स्वभाव से जिज्ञासु होने के कारण एक दिन मैं एक बेरी के पेड़ पर चढ़ गया और बेरी तोड़ने लगा। मैंने उन्हें अपने कुर्ते की जेब में रखना शुरू किया ही था कि मैंने कुछ आवाज़ें सुनीं और एक आदमी को दूसरे के पीछे भागते देखा। पीछा करने वाले को मैं फ़ौरन ही पहचान गया। उसका नाम ग़नी था। वह ख़ूब लम्बा-तगड़ा था और हमारे सूखे मेवे के बाग़ों की देखभाल करता था। वह उस आदमी को पकड़कर उससे बहस करने लगा तो मैं समझ गया कि उसने उसे हमारे गोदाम में ताक-झाँक करते देख लिया था, जहाँ बादाम, पिस्ता और दूसरे सूखे मेवे रखे रहते थे। वे लोग पेड़ के बिल्कुल नीचे खड़े थे और मैं दम साधे ऊपर बैठा था। मुझे डर लगा रहा था कि कहीं ग़नी मुझे देख न ले और दादी या आग़ा जी से मेरी शिकायत न कर दे। सौभाग्य से, उस आदमी ने माफ़ी माँग ली और ग़नी ने उसे छोड़ दिया। मैंने भी शुक्र मनाते हुए राहत की साँस ली कि चलो, उस चोर के साथ-साथ मैं भी बच गया था। इसके बाद मैं भागकर घर लौट आया।

मेरे सारे भाई ग़नी से बहुत डरते थे। लेकिन मैं जब भी उससे बाग़ में टकरा जाता तो वह बड़े प्यार से मुझे अपने एक कन्धे पर बिठा लेता और दूसरे कन्धे पर ताज़ा तोड़े गये बादामों और अँगूरों की टोकरी लटकाये चलने लगता। दादी इन अँगूरों को क़िस्सा ख़्वानी बाज़ार के चौक पर ग़रीबों में बाँटने के लिए भिजवा देती थीं। उन्हें अँगूर बाँटने का तरीक़ा भी बड़ा मज़ेदार था। रोटी और नान बनाने वाला चाकू से एक बड़े नान के बीच में चीरा लगाकर उसे एक थैली की तरह बना लेता और उसमें अँगूर भरकर उसे वापस बन्द कर देता। कहने की ज़रूरत नहीं है कि इस तरह का अँगूरी नान ग़रीबों के लिए बहुत सेहतमन्द होता था।

ग़नी बहुत सुस्त रफ़्तार से चलता हुआ हमारे घर की तरफ़ जाता था और बड़े आराम से मुझे और टोकरी को नीचे उतार देता था। दादी उससे बहुत नरमी और प्यार से बात करती थीं और उसे खाना व पैसे देती रहती थीं। ग़नी के बारे में डरने वाली बात यह थी कि वह देखने में एक दानव की तरह हट्टा-तगड़ा तो था ही, साथ ही उसकी दिमाग़ी हालत भी ठीक नहीं थी। जब चाँदनी रात में वह

बाग़ की चौकीदारी कर रहा होता तो अचानक नीम बेहोशी की हालत में चला जाता और मुँह से भेड़िए जैसी अजीब-सी आवाज़ें निकालने लगता। ऐसी हालत में कोई भी न तो उसे चुप करा पाता था और न ही सँभाल पाता था। उसे रात भर ज़ंजीरों में जकड़कर रखा जाता और तब तक बाग़ की रखवाली कोई और करता। अकसर सुबह तक वह ठीक हो जाता मानो कुछ हुआ ही न हो। लेकिन कभी-कभी उसे दो-तीन दिनों तक बन्दी बनाकर रखना पड़ता।

ग़नी से सभी को हमदर्दी थी और उसकी इस हालत को लेकर तरह-तरह की बातें कही जाती थीं। कोई कहता कि चाँदनी रात में उस पर भूत आ जाता था और किसी झाड़-फूँक वाले को बुलाकर उसका भूत उतारना चाहिए। कुछ कहते कि वह पागल था और उसे इलाज की ज़रूरत थी। जो भी रहा हो, पर चाँदनी रात में उसके अजीबोग़रीब व्यवहार का इलाज करने की किसी ने कोशिश नहीं की और यह तब तक चलता रहा, जब तक कि वह एक बार ऐसे ही मौक़े पर बीमार नहीं पड़ गया। इस बार उसे ज़ंजीरों से बाँधा गया तो बिस्तर पर ही अचानक उसकी मौत हो गयी।

उसके मरने के बाद आसपास के लोग यह कहने लगे कि उन्होंने रात में उसे साये की तरह चलते देखा था, ख़ासकर पूनम की रात में। यह डराने वाली बात तो थी, लेकिन उतनी ही अजीब भी। इसलिए दोपहर को मेरी चोरी-छिपे की तफ़रीहें नहीं रुकीं। उलटे मैं सोचता था कि अब तो ग़नी मुझे पकड़ भी नहीं सकता। मैं मौक़ा मिलते ही बाग़ में या कहीं भी और घूमने के लिए आज़ाद हो गया था।

एक दोपहर मैं चुपके से घर से निकला तो सबसे पहले अपने गोदाम में जा पहुँचा। मैंने मुट्ठी भर बादाम और पिस्ते अपनी जेबों में भर लिये। अभी मैंने जेब से हाथ निकाला ही था कि मैंने एक बन्दूक़ वाली गाड़ी को गोदाम की तरफ़ आते देखा। मैंने झट से गोदाम का शटर गिरा दिया और ज़मीन पर बैठकर शटर की दरार से उस गाड़ी को देखने लगा। तभी उस गाड़ी से गोलियाँ चलने लगीं और मैंने कुछ भागते हुए कबायलियों को उनका शिकार होते देखा। मैं अन्दर था और बाहर इतनी ख़तरनाक कार्रवाई हो रही थी। मैं कुछ घबरा-सा गया।

तभी मुझे कुछ और गाड़ियाँ भी दिखीं। इन सभी में अंग्रेज़ सिपाही थे और आसपास छिपे कबायलियों को सामने आने का हुक्म दे रहे थे। वे ज़ोर-ज़ोर से चिल्ला रहे थे और उनकी बन्दूक़ें गोदाम की तरफ़ ही तनी हुई थीं। मैं एक बार फिर एक ख़तरनाक हालात में फँस गया था। काफ़ी देर बाद भी जब कबायली अपनी छिपी हुई जगहों से बाहर नहीं निकले तो पुलिस की गाड़ियाँ वापस चली गयीं। अब मेरा डर यह था कि अगर आसपास कबायली छिपे हुए थे तो कहीं मुझे कोई नुक़सान न पहुँचाएँ। अगर उन्होंने मुझे देख लिया तो? उससे कैसे निपटा जाये? मैं जानता था कि पहाड़ी कबायली बड़े ख़तरनाक होते थे और लूटपाट करने

वाले खूँखार अपराधी होते थे। शाम ढलने लगी थी और मेरी घबराहट बढ़ती जा रही थी। मुझे घर लौटना था। उस कम उम्र में भी मेरे अन्दर की किसी ताक़त ने मुझे ख़तरा उठाने के लिए उकसाया और मैं जल्दी से शटर उठाकर गोदाम से बाहर आ गया। इसके बाद मैं सिर पर पाँव रखकर इतनी तेज़ भागा कि घर के दरवाज़े पर पहुँचकर ही मैंने दम लिया। मेरी साँस उखड़ रही थी और मुझे खुद भी हैरानी हो रही थी कि मैं इतनी जल्दी घर कैसे पहुँच गया। मैं सीधा अपनी अम्माँ की बाँहों में जा सिमटा। दादी दुआ करने में लगी हुई थीं और मुझे खोजने के लिए आसपास आदमी दौड़ा दिये गये थे। अम्माँ ने सख़्ती से मुझे गले लगा लिया और खुदा का शुक्र अदा करने लगीं कि मुझे सही-सलामत घर पहुँचा दिया। गोदाम के पास गोलियाँ चलने की बात घर तक भी जा पहुँची थी और अम्माँ यह देखकर धक्क से रह गयी थीं कि मैं घर से ग़ायब था।

मैंने सबको बताया कि मैंने शटर की दरार से क्या देखा था। पहले तो आग़ा जी और दादा जी मेरे ऊपर ख़ूब नाराज़ हुए, लेकिन फिर यह सोचकर कि मैं सही-सलामत घर लौट आया था, उन्होंने चैन की साँस ली।

आग़ा जी लम्बे-चौड़े कन्धों वाले बहुत सुन्दर-सजीले आदमी थे। उनकी मूँछें भी ख़ूब शानदार थीं। उनके और दादा जी के ख़ूब बाल थे, जिससे पता चलता है कि मेरे शरीर में इतने बाल क्यों है। आग़ा जी हमेशा तनकर चलते थे और बहुत सीलक़े से पठानी पाजामा और कुर्ता पहनते थे। वे अच्छी क़िस्म के सूती कपड़े से बने होते थे, जिन्हें उनके ख़ास दर्ज़ी सिलाते थे। उन्हें हल्के रंग पसन्द थे और सफ़ेद रंग तो उन्हें सबसे ज़्यादा पसन्द था।

आग़ा जी अम्माँ से बहुत प्यार करते थे, लेकिन घरवालों के सामने वे इस प्यार को कम ही जताते थे। वे कभी अम्माँ के लिए कुछ लाते तो ऊपर कमरे में चुपके-से उन्हें पकड़ा देते। चूँकि मैं हमेशा अम्माँ के चक्कर काटता रहता था, इसलिए मैं देख लेता था कि वे अम्माँ के लिए कोई दुपट्टा या इंग्लिश पाउडर लाये हैं। अम्माँ इन प्यार के लम्हों को पल भर हाथ में लेकर देखतीं और उन्हें अलमारी में रख देतीं। इसके बाद वे चुपचाप कमरे से बाहर निकल जातीं ताकि दादी उन्हें अपने मियाँ के साथ अकेले न देख लें।

अम्माँ गोरी और दुबली-पतली थीं। मैं जब दो साल का हुआ तो मेरा छोटा भाई नासिर पैदा हुआ और जब चार साल का हुआ तो मेरी बहन ताजू होने वाली थी। मैं हैरान रह जाता था कि हर बार एक भाई या बहन हमसे आ जुड़ते थे। मुझे ग़ुस्सा भी आता था, क्योंकि उन दिनों अम्माँ पूरी तरह ढँकी-लिपटी रहती थीं और अपने बड़े बच्चे को लगभग भूल-सी जाती थीं। हम सब घर के दूसरे लोगों के सहारे रह जाते थे। पर मैं किसी भी हालत में अम्माँ का पीछा नहीं छोड़ता था। यह मेरा हक़ बनता था कि किसी तरह रात में उनकी बग़ल में जगह बनाकर सो जाऊँ। गर्मियों के दिनों में चाँदनी रातों में हम छत पर चटाइयाँ

बिछाकर सोते थे। जब चाँद की रोशनी अम्माँ के चेहरे पर पड़ती तो मैं उनके चेहरे की बेमिसाल ख़ूबसूरती को देखकर हैरान रह जाता। दिन भर कड़ी मेहनत करने के बाद वे उस समय गहरी नींद में होती थीं। मेरी फूफियाँ भी अगल-बग़ल में सोयी रहती थीं और एक मोटी फ़ारसी बिल्ली भी। इन बिल्लियों को सर्दियों में बिस्तर गर्म रखने के लिए पाला जाता था।

सर्दियों की रातें हम बच्चों के लिए मज़ेदार होती थीं। घर की छत पर एक सिगड़ी डाल दी जाती जिसमें आग जलती रहती। सभी लोग उसके आसपास बैठकर आग सेंकते, ताकि सर्द रातों का मुक़ाबला करने के लिए शरीर में गर्मी पैदा की जा सके। हरेक के लिए कम्बल लाये जाते थे; जिनमें पाँवों से लेकर कमर तक का हिस्सा ढँका रहता था। उस समय हरेक के लिए कोई कहानी या गाना सुनाना भी ज़रूरी होता था। कहानी ऐसी होती थी जिससे कोई अच्छी सीख मिलती हो। वहाँ कोई ऐसी कहानी नहीं सुनायी जा सकती थी जो सिर्फ़ बड़ों के लिए हो।

मेरी दादी एक तरह से मेरी ज़िन्दगी की पहली सेंसर थीं। वे किसी ऐसी कहानी को फ़ौरन ही रोक देतीं जिसमें उन्हें लगता कि यह बच्चों और औरतों के सुनने लायक़ नहीं है। मेरी एक ख़ाला (मौसी) की शादी एक ऐसे आदमी से हो गयी थी जिन्हें ऐसी कहानियाँ सुनाने का शौक़ था कि दादा कोंडके भी शरमा जायें। एक बार उन्होंने कहानी सुनानी शुरू की थी कि दादी ने उन्हें फ़ौरन रोक दिया और उन्हें नीचे अपने कमरे में जाकर सोने और दोबारा कभी ऊपर न आने के लिए कहा। यह बैन उन पर ज़िन्दगी भर रहा।

दादी को ऐसी कहानियाँ पसन्द थीं जिनमें बहादुरी का बखान हो और महानता की बात हो। इनमें थोड़ा-बहुत प्यार-मुहब्बत होने पर भी वे बुरा नहीं मानती थीं। अगर उस रात गानों का दौर चल रहा होता तो गानों के बोल साफ़-सुथरे और लोक-जीवन से जुड़े होने चाहिए थे या फिर फ़ारसी के महान शायरों की ग़ज़लें होनी चाहिए थीं। यह आजकल की अंताक्षरी की तरह ही था, फ़र्क़ सिर्फ़ इतना था कि या तो सभी गाने प्यार-मुहब्बत के होते या फिर रूहानी। ऐसा नहीं कि मैं सारी रात गोद में चुपचाप बैठा रहता था। अगर कहानी मज़ेदार होती तो मैं बड़े ध्यान से सुनता, वरना एक गोद से दूसरी गोद में जाते-जाते न जाने कब नींद में लुढ़क जाता। अगली सुबह मैं अपने आपको नरम-मुलायम बिस्तर पर पाता तो आँखें मलते हुए हैरान होता कि यहाँ मुझे कौन ले आया। जब छत पर गानों और कहानियों का दौर चल रहा होता तो फ़ारसी बिल्लियों को बिस्तरों पर सुला दिया जाता, ताकि सोने वालों के आने तक बिस्तर गर्म रहें। यह पेशावर की ख़ास परम्परा थी।

मुझे इसमें कोई शक नहीं है कि कहानी सुनाने की कला मुझमें पेशावर में ही पैदा हुई, जहाँ मैंने अपना बचपन गुज़ारा। मेरी कल्पनाओं को झकझोरने के लिए सिर्फ़ सर्दियों की रातों की महफ़िल ही नहीं थी। क़िस्सा ख़्वानी बाज़ार

का चौराहा भी अपने शाम के मनोरंजन के लिए ख़ूब मशहूर था। वहाँ शाम की नमाज़ के बाद दुकानदारों और व्यापारियों की ख़ूब भीड़ जुटती थी और एक मौलाना अपनी लच्छेदार भाषा में तरह-तरह की कहानियाँ सुनाया करते थे। हर शाम मैं भी आग़ा जी की उँगली पकड़कर चौक पर पहुँच जाता। कहानियाँ बड़ी मज़ेदार होती थीं और मौलाना का कहानी सुनाने का अन्दाज़ भी उतना ही दिलचस्प और नाटकीय था। मुझे उनकी आवाज़ का उतार-चढ़ाव मन्त्रमुग्ध-सा कर देता। जब भी कहानी में कोई नाटकीय मोड़ आता तो उनकी आवाज़ ऊँची हो जाती और कोई नाजुक या दुख भरा प्रसंग आने पर मद्धिम पड़ जाती। मुझे यह सब बेहद अच्छा लगता और मेरे कल्पनाशील दिमाग़ में उस कहानी के किरदारों और घटनाओं की तस्वीरें उभरने लगतीं। घर लौटने के बाद भी मुझ पर उस कहानी का नशा-सा चढ़ा रहता और मैं मौलाना की आवाज़ की नक़ल उतारते हुए कहानी के किरदारों के संवाद बोलने की कोशिश करता। यह सब मैं घर के किसी सुनसान कोने में करता ताकि कोई मुझे खोजता हुआ न चला आये। जब भी मैं उन ख़ूबसूरत शामों के बारे में सोचता हूँ तो मुझे बड़ी हैरानी होती है। मैं किस तरह दादा या दादी की बग़ल में बैठा और हैरत से मुँह खोले कहानी के उतार-चढ़ावों में खोया रहता था। कौन जान सकता था कि मैं कई बरस बाद सिनेमा जैसे माध्यम से दर्शकों को कहानी सुनाने का काम करूँगा।

मेरा एक और भी शौक़ था। जो भी आदमी या औरत हमारे बड़ों से मिलने आता, मैं अकेले में उसकी नक़ल उतारने की कोशिश करता। अम्माँ ने मुझे एक दिन पकड़ लिया और मुझे हल्की-सी झिड़की देते हुए कहा कि किसी की नक़ल उतारना अच्छी बात नहीं हैं। मैं तब ख़ाला मरियम की नक़ल उतारने में खोया हुआ था। मैं अम्माँ से यह नहीं कह पाया कि मैं ख़ाला मरियम का मज़ाक़ नहीं उड़ा रहा था, बल्कि यह कोशिश कर रहा था कि कुछ देर के लिए ख़ाला मरियम बन जाऊँ क्योंकि उनकी शख़्सियत कितनी अच्छी है। शायद मैं अनजाने में उस सबकी तैयारी कर रहा था जो आने वाले बरसों ने मेरे लिए तय कर रखा था।

ख़ाला मरियम हमारे घर की कोयल थीं। उनकी आवाज़ बहुत अच्छी थी और हम सब बपचन से ही उनकी मीठी लोरियाँ सुनते रहे थे। उनकी शादी एक ऐसे आदमी से हो गयी जो छैल-छबीला और रंगीन मिज़ाज था। वही आदमी जिसे दादी ने छत पर आने से मना कर दिया था। वे परिवार के बाक़ी लोगों से अलग क़िस्म के थे और घर के तौर-तरीक़ों का ख़्याल नहीं रखते थे। वे कहीं से सिगार ले आते और पीते जबकि बाक़ी मर्द हुक्का पीते थे। वे दादी जी के साथ बहस करते कि इससे क्या फ़र्क़ पड़ता है कि आपने क्या पीया। ख़ाला मरियम बहुत ख़ूबरसूरत थीं और वे भी होल्डर में लगाकर सिगरेट पीती थीं। उनके और उनके पति के बीच इतने ज़्यादा मतभेद थे कि वे आपस में तभी बात करते थे, जब उन्हें झगड़ा करना होता था। उनके कमरे में बहुत-सी दराज़ें थीं जिनमें क़ीमती

चीज़ें पड़ी होती थीं। ख़ाला के पति इन सबका बहुत ज़्यादा ध्यान रखते। ख़ाला मरियम अकसर उनका मज़ाक़ उड़ाते हुए कहतीं, "आप तिजोरी के ऊपर नाग की तरह फ़न फैलाये बैठे रहते हैं...इसे क़ब्र तक अपने साथ ले जाना।" जब भी वे ऐसा कहतीं तो उनके मियाँ शरारत से मुस्कराने लगते।

उस छोटी उम्र में उन्हें झगड़ते हुए देखना मेरे लिए मनोरंजन की बात थी। लेकिन असली नाटक तब शुरू हुआ, जब ख़ाला मरियम को कुछ दिनों के लिए एक कमरे में अकेले बन्द कर दिया गया। पता चला कि उन पर भूत आता था। एक दिन मैं उस कमरे में छिप गया तो मैंने देखा कि उनकी आवाज़ बदलकर मर्दाना हो गयी थी और वे कुछ ऊल-जलूल बोल रही थीं। कभी वे खड़ी होकर अपने बाल नोचने लगतीं। वे आम दिनों जैसी नहीं लग रही थीं। जब अम्माँ को पता चला कि मैं हमेशा की तरह अज्ञात की खोज करता हुआ उस कमरे में पहुँच गया हूँ तो वे वहाँ आकर मुझे जल्दी से ले जाने लगीं। ख़ाला मरियम अचानक शान्त पड़ गयीं और अम्माँ से बोलीं, "बच्चे को परेशान मत करो। इसे यहीं रहने दो।" अम्माँ कुछ बुड़बुड़ाईं और फिर मेरा हाथ छोड़कर वहाँ से चली गयीं।

अगले दिन ख़ाला मरियम बिल्कुल नॉर्मल हो गयीं और ऐसे बर्ताव करने लगीं, जैसे कुछ हुआ ही न हो। वे अम्माँ के बहुत क़रीब थीं और अपने पति की आवारागर्दी को लेकर उनके साथ अपना दर्द बाँटती रहती थीं।

शुक्रवार को औरतें बाज़ार जाती थीं। मुझे याद है कि अम्माँ ख़ाला मरियम का बहुत ध्यान रखती थीं, जिन्हें तैयार होने में काफ़ी वक़्त लगता था। अम्माँ साधारण सलवार-कमीज़ पहनती थीं जो लम्बी और ढीली होती थीं। उनका सिर हमेशा ढँका रहता था। वे बाहर निकलती थीं तो इस क़दर पर्दे में रहती थीं कि अगर वे दुबली-पतली और छोटे क़द की न होतीं तो मेरे लिए उन्हें पहचानना मुश्किल हो जाता। वे उन लम्बी-तगड़ी, मर्दानी पठान औरतों से अलग ही दिखती थीं जो कपड़े और बुर्क़ा बेचने वालें के पास खड़ी रहती थीं। वे कुछ चबाती रहती थीं, जो मेरे ख़याल से इलायची होती थी।

मैं बाज़ार में हमेशा अम्माँ के पीछे-पीछे चलता था। पर अम्माँ मुझ पर नज़र रखती थीं ताकि मैं भीड़ में खो न जाऊँ। ख़ाला मरियम और फूफी बाबजान की आपस में कम ही बनती थी, हालाँकि दोनों की अम्माँ से ख़ूब छनती थी। ख़ाला रेशमी कपड़े पहनती थीं जबकि अम्माँ को सूती कपड़े पसन्द थे। मैं अम्माँ को कभी-कभी ही अपने लिए कुछ ख़रीदते देखता था। वे हमेशा घर के लिए ख़रीदारी करती थीं। शुक्रवार को बाज़ार में भीड़ रहती थी, क्योंकि बड़ी मस्जिद में जुमे की नमाज़ के बाद मर्द भी ख़रीदारी करते थे। जब कभी अम्माँ चाहतीं कि मैं उनका मनपसन्द साबुन उठाकर दूँ तो कहतीं, "यूसुफ़, मेरा 'पियर्स सोप साबुन' पकड़ाना!" यह साबुन माँगने का उनका यही तरीक़ा था।

बाज़ार में एक तरफ़ खाने-पीने की दुकानें थीं, जहाँ रोटी और अनारदाने

के साथ चपली कबाब मिलता था। इसके अलावा चावल से बनी चीज़ें और हल्के-फुल्के नाश्ते का सामान भी मिलता था। खाने-पीने की इन दुकानों के पास हमेशा भीड़ लगी रहती थी, क्योंकि वहाँ से उठती ख़ुशबू से आने-जाने वालों को ख़ुद को रोक पाना मुश्किल हो जाता था।

कुछ दुकानें ऐसी थीं जहाँ बहुत ख़ूबसूरत रेशमी और सूती कपड़े मिलते थे। हर रंग के फीते, दुपट्टे और पराँदे भी। हम अविभाजित हिन्दुस्तान में रहते थे और बाज़ारों में हिन्दू मर्द और औरतें मुसलमानों से घुलते-मिलते, दुआ-सलाम करते और हँसी-मज़ाक़ करते रहते थे। आग़ा जी के कई हिन्दू दोस्त थे। उनमें से एक बशेशरनाथ जी सरकार में ऊँचे ओहदे पर थे। कई बार उनका बड़ा लड़का भी उनके साथ हमारे घर आता तो घर की औरतें उसकी ख़ूबसूरती देखकर भौचक्की रह जातीं। वे राज कपूर के पिता पृथ्वीराज कपूर थे।

बशेशरनाथ जी आग़ा जी के अच्छे दोस्त थे। मैं अकसर उनके बीच होने वाली बातचीत सुनता रहता। वे होने वाली लड़ाई (दूसरे विश्वयुद्ध) की चर्चा करते और पेशावर के नागरिकों को लेकर चिन्ता प्रकट करते। मैं उनकी बातें तो सुनता था पर इनका मतलब कम ही समझ पाता था। वे बम्बई नामक शहर के बारे में भी बात करते थे, जहाँ करोबार के अच्छे मौक़े थे। कुछ दिन बाद मैंने आग़ा जी को दादा जी से यह कहते सुना कि वे कारोबार के सिलसिले में बम्बई जाना चाहते हैं। लड़ाई शुरू होने वाली थी और उनका असर फलों के व्यापार पर भी पड़ने का अन्देशा था। जल्दी ही एक सुबह आग़ा जी बम्बई रवाना हो गये।

जब आग़ा जी नहीं थे तो घर में एक अजीब घटना हुई। मुझसे उम्र में थोड़ा बड़ा मेरे रिश्ते का एक भाई एक दिन बाग़ में गया तो उसकी आँख में चोट लग गयी। नौकर उसे घर लेकर आये तो सभी फूफियाँ उसके आसपास इकट्ठी हो गयीं। चोट मामूली थी, लेकिन फूफियों ने इसके इलाज का अपना ही एक तरीक़ा सोच लिया। मैं घर के एक कमरे में खेल रहा था कि एक फूफी वहाँ आयी और मेरा हाथ पकड़कर मुझे ज़बरदस्ती कहीं चलने के लिए कहने लगी। वह मुझे छत पर ले गयी और मेरा नाड़ा खोलकर मुझे मिट्टी के एक घड़े में पेशाब करने के लिए बोली। उसके इस व्यवहार से मैं इतना डर गया था कि मेरा जल्दी से सारा पेशाब निकल गया। उसने जैसे राहत की साँस ली और बर्तन लेकर तेज़ी से नीचे दौड़ी। मेरी फूफियाँ उस पेशाब से चोट को धोना चाहती थीं। इसके बाद मैं कई दिनों तक डर और शर्म में डूबा रहा और अपनी फूफियों और उस भाई से आँख नहीं मिला सका।

जैसाकि मैं बता चुका हूँ, मेरे अम्माँ-अब्बा की पहली सन्तान सकीना आपा थीं। वे स्वभाव से अम्माँ से बिल्कुल अलग थीं। जब हम पेशावर में थे तो वे काफ़ी कम उम्र की थीं। वे देखने में आकर्षक तो थीं, लेकिन अम्माँ की तरह ख़ूबसूरत नहीं थीं। वे ज़िद्दी और मनमाने स्वभाव की थीं। अम्माँ के साथ उनकी

हमेशा खींचातानी होती रहती थी। आग़ा जी इन झगड़ों में दिलचस्पी नहीं लेते थे। मेरे ख़याल से उन्हें लगता था कि घर की औरतों का आपसी झगड़े निपटाने का अपना ही तरीक़ा होता है, इसलिए इसमें दख़ल नहीं देना चाहिए।

मैं यह भी बता चुका हूँ कि नूर और अयूब मेरे बड़े भाई थे। नूर मुझसे पाँच बरस बड़े थे और बपचन से ही मनचले स्वभाव के थे। वे अपनी शरारतों से हम सब छोटे भाइयों को परेशान करते रहते थे। कभी-कभी आग़ा जी को छड़ी से उनकी पिटाई भी करनी पड़ती।

ज़ाहिर था कि आग़ा जी इस बात में विश्वास नहीं करते थे कि मारने-पीटने से बच्चे बिगड़ जाते हैं। मुझे जितना याद आता है, पिटाई के बाद मौक़ा मिलते ही नूर साहब वही सब करने निकल जाते थे जिसके लिए उन्हें मना किया गया होता था। हर बार वे कुछ देर के लिए ख़ामोश ज़रूर हो जाते और आग़ा जी के घर से जाने का इन्तज़ार करते रहते। नूर साहब यह बात जानते थे कि वे हम सबसे बड़े हैं, इसलिए उनमें यह बात आ गयी थी कि उन्हें छोटों पर हुक्म चलाने का अधिकार था।

उम्र में फ़र्क़ होने के कारण मैं शायद ही कभी उनके साथ रहता था। कभी-कभार वे मुझे बुलाकर बाज़ार से कुछ लाने के लिए कहते तो मैं झट से उनके हुक्म का पालन कर देता। मैं जानता था कि वरना वे धौंस जमायेंगे। इसमें कोई शक नहीं कि अम्माँ उनसे खीजी रहती थीं, क्योंकि वे पूरी तरह उनके क़ाबू से बाहर थे।

मुझसे डेढ़ बरस बड़ा अयूब और मैं एक-दूसरे के ज़्यादा क़रीब थे। मैं उसे 'अयूब' ही कहता था, हालाँकि इसके लिए कई बार मुझे डाँट भी पड़ती रहती थी। अम्माँ-अब्बा के सामने मैं उसे 'अयूब साहब' कहकर बुलाने का ध्यान रखता था। वह हम लोगों की तरह स्कूल नहीं जाता था। मैं इस बात को कभी नहीं समझ नहीं पाया कि उसे घर पर उर्दू में क्यों पढ़ाया जाता था और उसे कोई औपचारिक तालीम क्यों नहीं दी गयी। शायद उसकी सेहत अच्छी नहीं थी और उसे कोई अन्दरूनी बीमारी थी। साफ़ बात यह है कि मुझे बताया नहीं गया था। अल्लाह की दुआ थी कि 'अयूब साहब' बहुत तेज़ दिमाग़ के थे और उनके अन्दर कुछ ख़ास हुनर थे। अम्माँ और आग़ा जी दोनों ही उन पर गर्व करते थे।

आग़ा जी की ग़ैर-मौजूदगी घर में कम ही महसूस की जाती थी। मुझे यह तो पता था कि वह बम्बई गये हुए थे लेकिन यह नहीं पता था कि क्यों गये थे। मुझे याद है कि मैंने अम्माँ से पूछा था तो उन्होंने कहा था कि किसी ज़रूरी काम से गये थे और जल्दी ही आ जायेंगे। वे हमेशा की तरह काम में जुटी रहती थीं और दादी के कहे अनुसार कुछ-न-कुछ कर रही होती थीं। मैं अम्माँ को अपने सवालों से परेशान नहीं करना चाहता था, इसलिए मैं बिना ज़्यादा ध्यान दिये उनका यह छोटा-सा जवाब सुनकर ख़ामोश हो गया था।

## 4

## बम्बई रवानगी : एक नयी दुनिया की खोज

*'बम्बई में अंजुमन इस्लाम हाई स्कूल में मेरा दाख़िला हो गया। अब न तो मुझे सिर मुँडवाना पड़ता था और न ही काला टीका लगाना पड़ता था। अब मैं घने बालों के ऊपर गोल टोपी पहनने लगा था। माँ से मिलने आने वाली औरतें अकसर मेरी तारीफ़ करतीं। वे मेरे बालों पर हाथ फेरतीं या अम्माँ से कुछ कहतीं। अम्माँ उनके जाने का इन्तज़ार करतीं और फिर दादी के कहे अनुसार मेरी नज़र उतारने का टोटका करतीं।'*

जैसाकि मैंने कहा है, आग़ा जी करारोबार की नयी सम्भावनाएँ तलाशने के लिए बम्बई गये थे। दूसरे विश्वयुद्ध के कभी भी शुरू होने की ख़बरें ज़ोरों पर थीं और वे जानते थे कि लड़ाई छिड़ जाने के बाद पेशावर के बाग़ों के फलों को बाहर के बाज़ारों में ले जाकर बेचना मुश्किल हो जायेगा।

उन दिनों फ्रंटियर मेल से सफ़र करना काफ़ी आसान था। टिकट सफ़र के दिन स्टेशन पर ही मिल जाता था; आज की तरह पहले से नहीं कटवाना पड़ता था। आग़ा जी बम्बई में जहाँ ठहरे थे, वहाँ से हर रोज़ अपोलो बन्दर की तरफ़ घूमने जाते थे। एक शाम को वे इसी तरह अपोलो बन्दर पर टहल रहे थे कि उन्हें एक गाड़ी में एक गोलमटोल-सा और गुलाबी गालों वाला ख़ूबसूरत बच्चा दिखायी दिया। उन्हें अचानक मेरी याद आ गयी। वे अपने आपको रोक नहीं पाये और उन्होंने गाड़ी के पास पहुँचकर और किसी से कुछ कहे-सुने बिना झट से उस बच्चे को अपनी गोद में उठा लिया। जैसाकि स्वाभाविक था, एक लम्बे-तगड़े और अनजान पठान को यूँ अपने बच्चे को उठाते देख उसके माँ-बाप घबरा गये और उनकी तरफ़ लपके। अपनी ग़लती का अहसास होते ही आग़ा जी ने बच्चे के माँ-बाप से माफ़ी माँगी और उन्हें बताया कि पेशावर में उनका भी एक ऐसा ही प्यारा बच्चा था, जिसका नाम यूसुफ़ था।

हमारे परिवार के लोग जब भी मिल-जुलकर बैठते तो आग़ा जी इस घटना को याद करते हुए ख़ूब हँसते। मुझे ईमानदारी से यह विश्वास करने का हक़

बनता है कि हमारे परिवार के बम्बई में आकर बसने का एक बड़ा कारण मैं ही था। अगर यह घटना न घटी होती तो आग़ा जी पेशावर लौटकर अम्माँ और हम सात भाई-बहनों को बम्बई न ले गये होते। इस घटना के बारे में सुनकर ही दादा जी बम्बई में आग़ा जी के अकेलेपन को भाँप गये थे और उनके फ़ैसले से राज़ी हो गये थे।

यूँ दादी इस बात के लिए तैयार नहीं थीं कि उनका बेटा अपने बीवी-बच्चों को बम्बई ले जाये, लेकिन दादा जी इस बात पर अड़े रहे कि उनकी बहू को अपने पति के साथ रहने का अधिकार था।

हम फ्रंटियर मेल से बम्बई आ गये। मुझे याद नहीं है कि कब, पर उस समय मैं बहुत छोटा था। मेरे ख़याल से यह 1930 के दशक के बीच के बरसों की बात है। अगर मुझे ठीक से याद है तो उन दिनों बम्बई का टर्मिनल कोलाबा में था। वह मेरा पहला रेल का सफ़र था और हम सब बच्चों को ख़ूब मज़ा आ रहा था। रास्ते में पड़ने वाले कुछ स्टेशनों पर मेरे अम्माँ-अब्बा के रिश्तेदार और दोस्त खाना लेकर आते रहे। उनमें कुछ हिन्दू भी थे। मुझे उनके द्वारा लायी गयी पूड़ियों और भरवा भिंडी की अब भी याद है। ट्रेन तेज़ी से हरे-भरे मैदानों और घटियों को पार कर रही थी। बीच-बीच में ऊँचे-ऊँचे पहाड़ भी जाते थे। मुझे उन सुहाने मंज़रों की अब भी याद है। कुछ स्टेशनों पर चाय और पानी वाले चिल्लाते थे–'हिन्दू चाय', 'हिन्दू पानी', 'मुस्लिम चाय', 'मुस्लिम पानी'। मुझे याद है कि अम्माँ-अब्बा हिन्दू-मुस्लिम का कोई भेदभाव किये बिना उनसे चाय और पानी लेते रहे थे। डिब्बे के दूसरे मुसाफ़िर भी ऐसा ही कर रहे थे। ट्रेन में एक डाइनिंग-कार भी थी, लेकिन वह सिर्फ़ अंग्रेज़ अफ़सरों और उनके परिवारों के लिए थी।

बम्बई में हम कोलाबा में उतरे। सुबह का वक़्त था और मेरे छोटे भाई-बहन सो रहे थे। आग़ा जी ने एक ताँगा किया और हम उस घर में पहुँचे जिसे आग़ा जी ने किराये पर ले रखा था। यह हम सबकी ज़िन्दगी में एक नये अध्याय की शुरुआत थी। हम एकाएक एक नये माहौल में आ गये थे, हैरानी और उमंगों से भरे हुए।

आग़ा जी ने जो अपार्टमेंट किराये पर ले रखा था, वह नागदेवी स्ट्रीट पर अब्दुल्ला नाम की एक चार मंज़िला इमारत में था। यह क्रॉफर्ड मार्केट के नज़दीक था, जहाँ उन्होंने फलों के थोक व्यापार का काम शुरू किया था। हमारा घर सबसे ऊपरी मंज़िल पर था। हालाँकि हमें पेशावर के भरे-पूरे घर की कमी ज़रूर खल रही थी, लेकिन यह घर भी ठीक-ठाक था। उस पूरे फ़्लोर पर हम बच्चों के लिए एक अलग कमरा था, एक कमरा अम्माँ-अब्बा के लिए और एक कमरा मेहमानों के लिए था। इसके अलावा एक टेरेस भी थी, जो बड़ी बात थी, क्योंकि आसपास के किसी भी घर में ऐसी खुली छत नहीं थी। तब ऊपरी मंज़िल के सभी घरों की छतें ढलवाँ होती थीं।

शुरू-शुरू में अम्माँ को बस यह मुश्किल आयी कि वे हिन्दी नहीं बोल पाती थीं। लेकिन हैरानी की बात थी कि उन्होंने पड़ोसियों से किस क़दर दोस्ती गाँठ ली थी। असल में हमारे इस इलाक़े में आते ही यह चर्चा शुरू हो गयी थी कि एक अच्छा पठानी परिवार अब्दुल्ला बिल्डिंग में आकर बसा है। अम्माँ के अच्छे नयन-नक़्श, गुलाबी रंगत, मझोले क़द और हमेशा बनी रहने वाली मुस्कान के कारण सभी को उनके साथ अपनापन महसूस होता था। अपने परिवार के ज़्यादातर लोगों की तरह हट्टे-तगड़े आग़ा जी को पहले से ही लोग एक अच्छे स्वभाव के पठान के रूप में जानते थे।

अम्माँ की दो सहेलियाँ उनके सबसे क़रीब थीं। आग़ा जी के लिए यह बड़ी हैरत की बात थी कि हिन्दी न जानते हुए भी वे उनसे बात कैसे करती थीं। उनमें से एक के बेटे के साथ मेरे बड़े भाई नूर की अच्छी दोस्ती हो गयी थी। अपने मनमौजी स्वभाव के कारण नूर साहब जल्दी ही उस इलाक़े में मशहूर हो गये। अपनी उम्र के दूसरे लड़कों की तरह वे भी सिगरेट पर हाथ आज़माने लगे थे। खोज और हिम्मत से जुड़े ये सभी कारनामें वे चुपके-चुपके किया करते थे, जैसाकि इस उम्र में वे सभी बच्चे करते हैं जो जवान होने की जल्दबाज़ी में होते हैं।

एक दोपहर अम्माँ के लिए एक बुरी ख़बर आयी। उनकी सहेली के लड़के की अपने कमरे में तकिये से दम घुटने से मौत हो गयी। ज़ाहिर है कि उस लड़के की माँ का बुरा हाल था।

एक बार फिर मेरा एक लाश और पुलिस से सामना हुआ। लेकिन अब मैं थोड़ा बड़ा हो चुका था, इसलिए मुझे उतना डर नहीं लगा। पर अम्माँ बहुत ज़्यादा सदमे में थीं।

नागदेवी स्ट्रीट के उस बड़े और खुले घर में हम सब ख़ुशी-ख़ुशी बड़े हो रहे थे। आग़ा जी भी अपने व्यापार से ख़ुश थे, जो ख़ूब फल-फूल रहा था। उन्हें क्रॉफर्ड मार्केट में अपनी फलों की दुकान पर रोज़ नहीं जाना पड़ता था। उन्होंने माल उतरवाने, उसे बाज़ार तक पहुँचाने और रोज़ाना की बिक्री का काम देखने के लिए आदमी रख लिये थे। वे दिन में सिर्फ़ एक बार यह देखने के लिए दुकान पर जाते थे कि सब कुछ ठीक-ठाक चल रहा है। इसलिए अपने परिवार और दोस्तों के लिए उनके पास काफ़ी समय रहता था। उनके कुछ दोस्त नियमित तौर पर उनसे मिलने आते रहते थे।

हमारे एक घरेलू डॉक्टर थे। वे काफ़ी लम्बे-तगड़े थे और मुझे उनका हमारे घर आना या उनसे उनके क्लीनिक पर मिलने जाना अच्छी तरह से याद है। आग़ा जी अकसर उन्हें फलों के टोकरे भेंट करते रहते थे। एक शाम बड़ी मज़ेदार घटना हुई। अयूब साहब के लिए दवा लाने के लिए आग़ा जी मुझे अपने साथ क्लीनिक पर ले गये। मेरे हाथ में मेरी रबर बॉल थी, जिसे मैं उछाल-उछालकर खेलता रहता था। डॉक्टर के पास दस मिनट बैठने के बाद आग़ा जी कम्पाउंडर

से दवा लेने लगे तो मेरी बॉल उछलकर डॉक्टर के केबिन में चली गयी। मैं उसे लेने के लिए अन्दर गया और नीचे झुककर उसे तलाशने लगा। वह मुझे मिल भी गयी। इस बीच डॉक्टर ने न तो मुझे देखा और न ही मेरी आहट सुनी। इसके बाद मैंने जो कुछ देखा, वह मैंने बाद में बड़ी हैरत से अयूब मियाँ को भी बताया। डॉक्टर की नर्स गोरे रंग की एक मोटी-सी औरत थी, जिसने अपने बालों को कसकर जूड़े की शक्ल में बाँध रखा था। मैंने देखा कि वह डॉक्टर की गोद में बैठी हुई थी और दोनों हँस-हँसकर बातें कर रहे थे। मैं जल्दी से नीचे बैठ गया और घुटनों के बल चलते हुए चुपके से बाहर निकल आया–इससे पहले कि वे कोई ज़्यादा साहसिक कारनामा करते! 'साहसिक' इसलिए क्योंकि दरवाज़ा खुला हुआ था और कोई भी अन्दर आ सकता था!

मैं बहुत प्यार और लगाव के माहौल में बड़ा हुआ। मैं बहुत शर्मीला तो था, लेकिन ऐसा भी नहीं कि मैं नाख़ुश या उदास रहूँ। मेरे अम्माँ-अब्बा पर किसी तरह का कोई दबाव नहीं था। बम्बई में आने के बाद अम्माँ के काम का बोझ काफ़ी कम हो गया था, क्योंकि उन्हें सिर्फ़ अपने पति और बच्चों का ध्यान रखना पड़ता था। वे पहले से ज़्यादा तन्दुरुस्त और खुश दिखायी देती थीं, हालाँकि वे पेशावर को बड़ी शिद्दत से याद करती कहती थीं। 1937 में अंजुमन इस्लाम हाई स्कूल में मेरा पाँचवीं क्लास में दाख़िला हो गया। अब न तो मुझे सिर मुँडवाना पड़ता था और न ही काला टीका लगाना पड़ता था। अब मैं घने बालों के ऊपर गोल टोपी पहनने लगा था। माँ से मिलने आने वाली औरतें अकसर मेरी तारीफ़ करतीं। वे मेरे बालों पर हाथ फेरतीं या अम्माँ से कुछ कहतीं। अम्माँ उनके जाने का इन्तज़ार करतीं और फिर दादी के कहे अनुसार मेरी नज़र उतारने का टोटका करतीं।

आज, जब मैं 92 बरस का हो चला हूँ, मेरी पत्नी सायरा उसी तरह से मेरा टोटका उतारती है। ऐसा तब होता है जब कोई मिलने वाला मेरे चेहरे या मेरी अच्छी सेहत के बारे में कुछ कहता है या जब हम किसी कार्यक्रम में जाते हैं और दर्जनों लोग मेरा ऑटोग्राफ़ लेने लगते हैं या मेरे काम की तारीफ़ करते हैं।

नूर साहब के दोस्तों का अपना एक ग्रुप था। हमारे अपार्टमेंट के ठीक सामने एक बोहरा मुस्लिम व्यापारी का घर था। उनकी लड़की पर नूर साहब का दिल आ गया और उनके लड़कपन के उस इश्क़ में मैं भी शामिल हो गया। अफ़सोस की बात है कि उन दोनों के बिछड़ने में भी मेरा ही हाथ था। मुझे यह कहानी ज़रूर सुनानी चाहिए, क्योंकि बचपन की यह घटना अब भी मेरी यादों में बसी हुई है, किसी रोमांस या रंगीन ख़यालों के कारण नहीं बल्कि जज़्बातों के कारण।

नूर साहब मुझसे अपने काम करवाते रहते थे। वे अपनी बात ज़ोर देकर कहने वाले आदमी थे, जिसे टालना मुश्किल हो जाता था। उनका काफ़ी समय अपने एक पड़ोसी दोस्त के साथ बीतता था। जब उनके दोस्त आते तो वे उनके

साथ छत पर बैठ जाते, जहाँ न अम्माँ उन्हें परेशान करतीं और न सकीना आपा। नूर साहब को अपने दोस्तों की सिगरेट पीना पसन्द नहीं था, इसलिए वे मुझे बुलाकर अपने और अपने दोस्तों के लिए सिगरेट लाने के लिए कहते। उनका मनपसन्द ब्रांड कैवेंडर था। वे कहते, ''जाओ, सिगरेट लाओ फटाफट।'' कभी वे छत पर अकेले होते तो मुझे बड़े प्यार से कहते, ''जाओ, केले लेकर आओ, और हाँ, आराम से लाना!'' मैं बिना कुछ कहे उनकी बात का पालन करता रहता।

बहरहाल, मेरी समझ में आ गया कि छत पर वे अकेले क्या करते रहते थे। शाम के एक ख़ास वक़्त वह सामने वाली लड़की अपनी खिड़की में आकर बैठ जाती थी और हमारी छत की तरफ़ देखती रहती थी। मैं इतना बड़ा तो नहीं था कि सब कुछ समझ पाता, फिर मैं उन्हें एक-दूसरे से नज़रें लड़ाते हुए पकड़ लेता था। वह लड़की खिड़की में बैठकर सिलाई करती रहती थी और नूर साहब मुझे रास्ते से हटाने के लिए केले लाने के लिए भेज देते थे। वे अपनी कापी से एक पन्ना फाड़कर कुछ लिखते और लौटते वक़्त उस लड़की को दे आने के लिए कहते। मैं बड़ी ख़ुशी से नूर साहब का पैग़ाम या कोई कविता लेकर उस लड़की के घर जाता। वह कुछ कहे बिना बड़े प्यार से मेरे बालों में हाथ फेरती और मेरे हाथ में कोई टॉफ़ी, चॉकलेट या पिपरामेंट वग़ैरह रख देती। मेरे छोटे-से दिमाग़ में यह बात तो आ ही गयी थी कि नूर साहब उस लड़की से कोई राज़ की बात कहते हैं और वह लड़की भी ऐसा ही करती है। कभी-कभी मैं शरारत करते हुए जल्दी से केले लेकर लौट आता तो नूर साहब के इश्क़ का मज़ा किरकिरा हो जाता। वे घूरकर मुझे ऐसे देखते, जैसे कह रहे हों, ''बड़े होशियार बनते हो! तुम्हें इसका मज़ा चखाकर रहूँगा!'' इसके बाद वे मुझे चने लाने के लिए भेज देते, जिसकी दुकान और भी ज़्यादा दूर थी।

पर मैं भी हार मानने वालों में से नहीं था। इस बार मैं और भी ज़्यादा तेज़ी दिखाते हुए फटाफट लौट आता। ऐसे ही एक मौक़े पर मैंने उस लड़की को हँसते और शरारती नज़रों से नूर साहब की तरफ़ देखते देखा। पर यह मौन प्रेम-कहानी, जो मेरे द्वारा पहुँचाई जाने वाली चिट्ठियों के माध्यम से आगे बढ़ रही थी, जल्दी ही ख़त्म हो गयी।

हुआ यूँ कि एक दोपहर मैं छत पर बैठा उस लड़की की दी हुई टॉफ़ी का मज़ा ले रहा था कि अम्माँ अचानक मुझे खोजते हुए वहाँ आ गयीं। उन्होंने मेरा भरा हुआ मुँह देखा और जानना चाहा कि यह टॉफ़ी कहाँ से अयी थी तो मेरे मुँह से निकल गया कि सामने वाली लड़की ने दी थी। बस फिर क्या था, नूर साहब के इश्क़ का सारा भेद खुल गया।

अगले दिन ही वह लड़की ग़ायब हो गयी और नूर साहब तनहाई की मूरत बन गये। पर वे मुझसे नाराज़ नहीं थे, क्योंकि वे जानते थे कि उनकी मुहब्बत

की पींगों में मैंने जान-बूझकर आग नहीं लगायी थी। वह महज़ एक मासूम बच्चे का क़बूलनामा था। वक़्त के साथ उनकी समझ में यह बात भी आ गयी कि असली ज़िन्दगी में प्यार की कहानियाँ फ़िल्मों की तरह सुखान्त नहीं होतीं।

उस लड़की को सूरत भेज दिया गया, जहाँ उसकी शादी हो गयी और वह वहीं बस गयी। उसके माता-पिता आग़ा जी और अम्माँ से अच्छे-से मिलते रहे। नूर साहब ने भी सबको राहत-सी पहुँचाते हुए गुज़रे हुए दौर को पीछे छोड़ दिया और ख़ुशियों के नये रास्ते तलाशने लगे।

# 5

## बपचन से जवानी के सपनों भरे बरस

*'यह सब बताने के पीछे मेरा एक ख़ास मक़सद है। मैं उन सब लोगों की ग़लतफ़हमी दूर करना चाहता हूँ जो यह समझते रहे हैं कि राज कपूर और मैं सिर्फ़ दोस्ती की बात भर करते थे और दरअसल, हमारे बीच में गहरा पेशेवर टकराव था। मैं बताना चाहता हूँ कि हमारी दोस्ती सिर्फ़ एक पेशे से जुड़े हुए दो लोगों की दोस्ती नहीं थी। यह एक ऐसा रिश्ता था जो एक-दूसरे के लिए गहरे विश्वास और सम्मान की भावना से पैदा हुआ था।'*

थोड़ा बड़ा होते-होते अयूब साहब को दमे की बीमारी हो गयी, जिसकी वजह से हम सबको देवलाली (मुम्बई से 180 किलोमीटर दूर एक हिल स्टेशन) भेजने का फ़ैसला किया गया। वहाँ की ताज़गी भरी आबोहवा और इलाज की सुविधाओं को देखते हुए उसे दमे के मरीज़ों के लिए एक आदर्श जगह माना जाता था।

फ़ौजी छावनी होने के कारण देवलाली में अच्छे स्कूल-कॉलेज थे। उन्हीं में से एक बर्न्स स्कूल (Barnes School) में मेरा भी दाख़िला हो गया। वहाँ की छावनियों के कुछ सिपाही हिन्दुस्तानी नहीं लगते थे। मुझे बाद में पता चला कि वे तुर्की मूल के थे, जिन्हें लड़ाई में बन्दी बनाया गया था।

मेरी ज़िन्दगी में देवलाली की बहुत अहमियत रही है। एक तो मैंने वहाँ अंग्रेज़ी भाषा सीखी, जिसमें मैं काफ़ी माहिर हो गया। दूसरे, फुटबॉल खेलने का शौक़ भी मुझे वहीं चर्राया।

आग़ा जी हफ़्ते में एक बार बम्बई से हमारे पास आते रहते थे। वे अयूब को बहुत प्यार करते थे और उन्हें उसकी तबीयत की बहुत चिन्ता रहती थी। उन्होंने मुझे अंग्रेज़ी पढ़ते-लिखते देखा तो बहुत ख़ुश हुए। मैंने स्कूल में एक अंग्रेज़ी कविता पढ़ी थी। मैंने वह कविता आग़ा जी को सुनायी तो उन्होंने अपने अंग्रेज़ी जानने वाले दोस्तों के सामने वह कविता सुनाने के लिए कहा, जो कुछ यूँ थी–

I have two eyes-
And I can see the door
The ceiling, the wall
And the big blue sky
Bent over all!

स्कूल की छुट्टियों के दौरान हम सब पेशावर में दादा-दादी से मिलने गये तो हमारे आने की ख़ुशी में आसपास ख़ूब दावतें हुईं। हर महफ़िल में मुझे एक ऊँची जगह पर खड़ा कर दिया जाता और कविता सुनाने के लिए कहा जाता। आग़ा जी को यह बताने में बहुत फ़ख्र महसूस होता था कि उनका बेटा अंग्रेज़ी में बात कर सकता था। उनके सब पठान दोस्त भी बहुत ख़ुश होते थे। वहाँ कोई अंग्रेज़ अफ़सर मौजूद होता तो माहौल और भी रोमांचक हो जाता। हर बार जब मैं ख़त्म करता तो 'मुकर्रर'-मुकर्रर' की आवाज़ें आने लगतीं। मैं जैसे ही फिर से सुनाना शुरू करता तो 'शाबाश यूसुफ़!', 'शाबाश यूसुफ़!' का इतना शोर मचता कि मुझे फिर से शुरू करना पड़ता।

यह सिलसिला तब तक चलता रहता, जब तक कि मैं थक नहीं जाता। हर महफ़िल में इससे बचने के बहाने सोचता, पर ऐसा हो नहीं पाता। स्वभाव से शर्मीला और कम घुलने-मिलने वाला होने के कारण मैं शायद ही कभी चाहता था कि लोगों का ध्यान मेरी तरफ़ जाये। लेकिन लगता है तक़दीर ने मेरी ज़िन्दगी की वह राह तय करनी शुरू कर दी थी, जिस पर मुझे आगे जाकर चलना था। ऐसी जगहों पर जहाँ न खिड़की हो, न दीवार, न छत कविता सुनाना बड़ा मुश्किल काम होता था। पर मुझे आग़ा जी की बात का पालन करना पड़ता था। मुझे लगता है कि जो तालियाँ सुनने को मिलती थीं और 'मुकर्रर-मुकर्रर' की जो आवाज़ें आती थीं, उससे मेरे अन्दर सुनाने का जज़्बा पैदा होता था। मैं यह कल्पना करता था कि आसपास दीवारें भी हैं, छत भी और दरवाज़े-खिड़कियाँ भी। यह कल्पनाओं की दुनिया के साथ मेरा पहला ताल्लुक़ था।

अयूब साहब के पास इसके अलावा कोई चारा न था कि उर्दू साहित्य की जो भी किताब हाथ लगे पढ़ते रहें। उन्हें नये-नये उपन्यास पढ़ना पसन्द था। वे अख़बारों के लेख और कहानियाँ भी ख़ूब रस लेकर पढ़ते थे। जब मैं थोड़ा बड़ा हुआ और मेरी अंग्रेज़ी अच्छी हो गयी तो मैं उन्हें मशहूर फ्रेंच लेखक गाइ दि मोपासाँ (Guy de Maupassant) की अंग्रेज़ी में छपी कहानियों का उर्दू अनुवाद करके सुनाने लगा। यह विदेशी साहित्य से मेरा पहला सम्पर्क था। मैं लेखक की कहानी की कला और क़िस्सागोई का क़ायल हुए बिना नहीं रहा। बर्न्स लाइब्रेरी में मौजूद अंग्रेज़ी और दूसरे यूरोपीय लेखकों की किताबें पढ़ते रहने से मेरे अन्दर कहानी-कला बहुत गहराई से विकसित होती चली गयी।

आग़ा जी एक ख़ास क़िस्म के कश्मीरी फलों में दिलचस्पी लेने लगे थे।

वे साल में कई बार फलों की ख़रीद-फ़रोख़्त करने और इन्हें बम्बई लाने का इन्तज़ाम करने के लिए कश्मीर जाते रहते थे। एक बार; मुझे ठीक से याद नहीं आ रहा कि कब, ऐसे ही एक कश्मीरी दौरे के दौरान वे अपने साथ नूर साहब और अयूब साहब को भी ले गये। अयूब साहब वहाँ घोड़े से गिर गये और उनकी रीढ़ की हड्डी में गहरी चोट लग गयी। इसके बाद एक बरस तक उन्हें बिस्तर या व्हील-चेयर पर ही रहना पड़ा। उन दिनों इस तरह की चोटों के इलाज में काफ़ी समय लग जाता था।

मुझे याद है कि आग़ा जी अयूब साहब के पास बैठकर नम आँखों से उन्हें देर तक निहारते रहते थे और उनके अन्दर का दर्द बाहर छलक आता था। यह उनका वह बेटा था जो कितना होशियार और हुनरमन्द था, लेकिन जो अपनी कुर्सी से नहीं हिल सकता था। हमारे बहुत कम रिश्तेदार देवलाली आ पाते थे। उनमें से एक चाचा ग़ुलाम मोहम्मद भी थे। वे उूर्द शायरी में माहिर थे और अयूब साहब के साथ बहुत-सा समय बिताते हुए उनकी शायरी की तारीफ़ किया करते थे।

मेरा एक सहपाठी था जो हमारे स्कूल का गुण्डा था। वह देखने में मुझसे दोगुना था और आये दिन मुझे और मेरे दोस्तों को धमकाता रहता था। वह एक बेकरी वाले का बेटा था। एक दिन मैं स्कूल से लौट रहा था तो वह मेरे ऊपर पिल पड़ा और मुझे मारने लगा। मैं अकेला था, इसलिए चुपचाप मार खाता रहा।

कुछ दिनों बाद मैंने अपने दोस्तों के साथ उसको पकड़ लिया और उसकी जमकर पिटाई की। यह बात पूरे स्कूल में फैल गयी। उसने जो कुछ मेरे साथ किया था वह सिर्फ़ मैं जानता था, लेकिन उसकी पिटाई के बारे में सबको पता चल गया था। उसके पिता उन दिनों बाहर गये हुए थे, इसलिए हम जानते थे कि बात प्रिंसिपल तक नहीं पहुँचेगी।

उसी हफ़्ते आग़ा जी आने वाले थे और उन्हें लिवाने के लिए अम्माँ ने मुझे स्टेशन भेज दिया था। संयोग से वह गुण्डा भी उसी प्लेटफ़ॉर्म पर खड़ा था, क्योंकि उसके पिता भी उसी ट्रेन से आने वाले थे।

आग़ा जी के साथ-साथ वह बेकरी वाला भी नीचे उतरा। मैं बड़ी शान से लम्बे-तगड़े आग़ा जी के पीछे-पीछे चलने लगा, जबकि वह गुण्डा अपने नाटे पिता के पीछे दुबका धीरे-धीरे चल रहा था। अगले दिन वह स्कूल के रास्ते में मुझसे टकराया तो मुझसे आँख चुराते हुए कन्नी काटकर निकलने लगा। ऐसा लग रहा था, जैसे वह मुझसे डर गया हो। वह पहले तेज़-तेज़ चलने और फिर दौड़ने लगा। मेरे साथ चल रहे मेरे दोस्तों ने भी उसके व्यवहार में आये बदलाव को देखा और ख़ूब हँसते रहे। उसी दोपहर एक बार फिर हमने उसे मज़ा चखाने का फ़ैसला किया। हम एक पहाड़ी के पीछे छिपकर उसका इन्तज़ार करने लगे। कुछ देर बाद वह स्कूल से अकेला लौटता दिखा तो हमने उसे घेर लिया और अपनी बच्चों वाली मुक्केबाज़ी का कमाल दिखाया।

अपनी जीत की ख़ुशी के बावजूद मैं घर लौटकर ख़ामोशी में डूबा रहा। किसी से कोई बात नहीं की। मुझे यूँ गुमसुम देखकर आग़ा जी ने अम्माँ से कहा भी, ''इसकी तबीयत तो ठीक है न? ज़रा इसका माथा छूकर देखो!''

अम्माँ कुछ खोजने में लगी थीं, जो उन्हें मिल नहीं रहा था। वे मुझे आग़ा जी से बेहतर जानती थीं। उन्होंने मेरी आँखों में झाँकते हुए पूछा, ''तुमने कुछ ऐसा-वैसा तो नहीं किया न जो तुम्हें मुझसे छिपाना पड़े? जिसे सुनकर मुझे दुख हो?'' मैंने 'न' में गरदन हिला दी और तब तक अपनी आँखें ज़मीन पर ही गड़ाये रहा, जब तक वे वहाँ से चली नहीं गयीं। हमेशा की तरह उन्हें घर का कोई काम निपटाना था।

मैं सोच रहा था कि अगले दिन स्कूल में क्या होगा। प्रिंसिपल को शिकायत जायेगी और मुझे मेरे दोस्तों के साथ बुलाया जायेगा। मेरा दिल बार-बार यही कह रहा था कि मुझे ऐसा नहीं करना चाहिए था। मेरी सुकून भरी और शान्त आत्मा में एक हलचल-सी मची हुई थी। सबसे बढ़कर मेरा पठानी ख़ून इस बात को स्वीकार नहीं कर रह था कि मैंने यूँ छिपकर और तैयारी का कोई मौक़ा दिये

*अपने भाइयों (बायें से दायें) : असलम, नूर साहब और एहसान के साथ*

बग़ैर उस पर वार कर दिया था। सच कहूँ तो मुझे अपने किये पर शर्मिन्दगी और पछतावे का अहसास हो रहा था।

अगले दिन मैं थोड़ा जल्दी स्कूल पहुँच गया। मैंने बेकर और उसके बेटे को प्रिंसिपल के कमरे में बैठे देखा। कुछ बातचीत के बाद वे बाहर आ गये और लड़के से क्लास में जाने के लिए कहा गया। थोड़ी देर बाद मैंने आग़ा जी को भी सीना ताने स्कूल में आते और प्रिंसिपल के कमरे में जाते देखा। कुछ बातचीत के बाद वे बाहर निकले तो प्रिंसिपल भी उनके साथ थे। मैंने देखा कि आग़ा जी और बेकर हाथ मिला रहे थे और हँसी-ख़ुशी आपस में बात कर रहे थे। बेकर की नज़रों में आग़ा जी के लिए आदर का भाव था। फिर आग़ा जी ने प्यार से उसका कन्धा थपथपाया और दोनों साथ-साथ स्कूल से बाहर निकल गये।

मैं अपनी क्लास में जाकर बैठ गया तो मेरे दोस्त मुझे देखकर मुस्कराने लगे। मैंने उस लड़के की तरफ़ देखा तो मुझे हैरानी में डालते हुए वह भी हल्के से मुस्करा दिया। उस दिन स्कूल ख़त्म होने के बाद वह हमारे साथ ही गया और इस तरह व्यवहार करता रहा, जैसे कुछ हुआ ही न हो।

मेरे पास एक साइकिल थी, जिससे मैं कभी-कभार ही स्कूल जाता था। आमतौर से मैं पैदल और हल्के से दौड़ते हुए स्कूल जाता था, हवा में उछलते हुए। इस तरह लय के साथ उछलकर चलना मुझे बहुत पसन्द था।

देवलाली का हरा-भरा वातावरण मेरे बालमन को ख़ूब भा गया था। पेशावर के खुलेपन के बाद मुझे देवलाली में घूमना-फिरना, खुली हवा में साँस लेना और किसी नदी-नाले के पास कुछ देर रुक जाना बहुत अच्छा लगता था। कभी-कभी मुझे लगता था, जैसे मेरे पेशावर के दिन लौट आये हों। वहाँ की भूरी लाल ज़मीन की महक भी वैसी ही थी, जैसाकि पेशावर में। मानसून में वहाँ के पहाड़ों को देखकर मेरा मन अपने बपचन के दिनों में लौट जाता। देवलाली में हमारे पास एक बग़ीचा भी था, जिसमें हमने तरह-तरह के फूल और फल उगाये थे। बग़ीचे की देखभाल के लिए एक माली भी रख लिया गया था। वह पूर्वी (पूरबी) यू.पी. की भाषा बोलता था जो मुझे मोहित-सा कर देती थी। बरसों बाद जब मैंने 'गंगा जमुना' (1961) के संवादों पर काम शुरू किया तो उसकी पूरबियत बोली मुझे बार-बार याद आती रही।

अम्माँ अकसर मुझे माली के घर भेजती रहती थीं—या तो उसे बुलाने के लिए या कुछ ऐसी चीज़ें पहुँचाने के लिए जो आग़ा जी बम्बई से हमारे लिए लाये होते थे। अम्माँ हमारी ख़िदमत करने वालों पर हमेशा बहुत मेहरबान रहती थीं। वे उनके साथ बहुत प्यार और आराम से बात करती थीं। अगर कभी वे ग़ुस्सा भी होती थीं तो इस बात का ध्यान रखती थीं कि उनकी ख़ुद्दारी को कोई चोट न पहुँचे।

जब मैं 'गंगा जमुना' का स्क्रीनप्ले लिखते हुए इसकी लोकेशन पर काम कर

रहा था, तब भी देवलाली के ख़ूबसूरत मंज़र मेरी कल्पनाओं में कौंधते रहते थे। मुझे वहाँ के पहाड़, मैदान, झरने और जंगल याद आते रहते थे। अगर मैं पीछे मुड़कर देखूँ तो यह कहा जा सकता है कि देवलाली की यादों ने 'गंगा जमुना' के दौरान मेरे अन्दर एक रचनात्मक तड़प पैदा की तो फ़िल्म के नाटकीय दृश्यों के ख़ाके बनाते समय मुझे पेशावर की घाटियाँ और पहाड़ याद आते रहे। मेरा यह मानना है कि बचपन की तमाम छवियाँ हमारे अवचेतन में दबी पड़ी रहती हैं और सही समय पर अचानक ही इस तरह प्रकट हो जाती हैं, जैसे कोई मेहमान पिछले दरवाज़े से आकर हमें चौंका दे।

'गंगा जमुना' की आउटडोर लोकेशन की खोज में मैं अपने बचपन के कुछ ठिकानों पर गया। हालाँकि वहाँ का माहौल काफ़ी कुछ बदल गया था, फिर भी मुझे वहाँ की जानी-पहचानी हवा में साँस लेना बहुत अच्छा लगा।

छावनी अब भी वैसी ही थी। मुझे याद आया कि मैं कितनी हैरत से उन फ़ौजी वर्दी वाले फ़ौजी अफ़सरों को देखता रहता था, ख़ासकर जब वे बड़ी ठसक के साथ अपने घोड़ों पर चढ़ा करते थे। अंग्रेज़ फ़ौजी अफ़सरों के घर भी बड़े

*अम्मा के साथ*

प्यारे होते थे—ख़ूबसूरत लॉन, आम के पेड़, रसभरी और झरबेरियों की झाड़ियाँ। विदेशी फूलों के साथ जवाकुसुम और तरह-तरह के गुलाब भी। यूँ हमारा अपना घर भी ख़ूब बड़ा था, जिसके आगे के हिस्से में फूलों का बग़ीचा था तो पिछवाड़े में सब्ज़ियों की क्यारियाँ। जिस तरह अंग्रेज़ मेमें बरामदों में बैठकर सिलाई किया करती थीं, उसी तरह अम्माँ और पेशावर से आने वाली फूफियाँ भी सर्दियों में दोपहर की धूप का लुत्फ़ उठाते हुए बरामदे में सिलाई-कढ़ाई करती रहती थीं।

देवलाली और पूना ने मेरी ज़िन्दगी में बड़ी अहम भूमिका निभायी है। जहाँ देवलाली ने मेरे बचपन के पेशावर से बिछड़ने के दर्द, वहाँ के पहाड़ों और घाटियों की यादों की तड़प को कम कर दिया, वहीं पूना ने मेरे अन्दर आत्मविश्वास पैदा किया और अपनी शख़्सियत को सँवारने का भरपूर मौक़ा दिया।

जब डॉक्टरों को यह लगने लगा कि अयूब साहब की तबीयत में काफ़ी सुधार हो चुका है तो आग़ा जी ने हमें वापस बम्बई बुला लिया—क्रॉफर्ड मार्केट के पास वाले उसी घर में। अम्माँ हमेशा की तरह घर को नये सिरे से सजाने-सँवारने में जुट गयीं। उन्हें अब दमे की शिकायत रहने लगी थी और कई बार उन्हें बहुत डराने वाली खाँसी उठने लगती थी।

आग़ा जी पर सिर्फ़ मेरी पढ़ाई के ख़र्च की ही ज़िम्मेदारी नहीं थी, उन्हें दूसरे बच्चों को भी पढ़ाना था। अंजुमन इस्लाम हाई स्कूल के बाद मैंने माटुंगा के खालसा कॉलेज में पढ़ना शुरू किया तो मन्दी का ज़माना आ गया। मेरा स्कूल घर के नज़दीक ही था, लेकिन कॉलेज जाने के लिए ट्राम लेनी पड़ती थी। मुझे ठीक से तो याद नहीं है, लेकिन शायद मैं क्रॉफर्ड मार्केट से ट्राम पकड़ता था जो दादर तक जाती थी। मेरे ख़याल से इन ट्रामों को बेस्ट (बी.ई.एस.टी.) ही चलाती थी, जो सड़कों पर बसें भी चलाती थी। ट्राम के सफ़र से जुड़ी बहुत-सी यादें मेरे दिमाग़ में आज भी ताज़ा हैं। मुझे बस की बजाय ट्राम पसन्द थी क्योंकि वह आराम-आराम से चलती थी और जब रफ़्तार पकड़ती थी तो ख़ूब आवाज़ करती थी। कॉलेज के मेरे कई दोस्त बिना टिकट सफ़र करने की फिराक में रहते थे। यह कोई मुश्किल काम भी नहीं था। ट्राम का कण्डक्टर अपनी सीट पर बैठे ऊँघता रहता था और जब कोई सवारी टिकट माँगे, तभी टिकट देता था। कभी-कभी मुझे ट्राम के साथ-साथ सड़क पर दौड़ना भी अच्छा लगता था।

बरसों बाद जब अख़बारों में यह ख़बर छपी कि ट्राम सेवा बन्द होने जा रही है तो मैं उन हज़ारों नागरिकों में से था जिनके दिल को एक झटका-सा लगा था। 31 मार्च 1964 को परेल और दादर के बीच लाखों लोग आख़िरी ट्राम को अलविदा कहने के लिए खड़े थे। अगर मैं तब तक ट्राम के सफ़र का मज़ा लेने वाले यूसुफ़ ख़ान से फ़िल्मस्टार दिलीप कुमार न बन गया होता तो मैं भी ट्राम की उस विदाई में ज़रूर शामिल होता।

आग़ा जी के दिल में मुझे लेकर बहुत ऊँचे सपने थे। वे चाहते थे कि मैं

ख़ूब पढ़ूँ और ऊँची-से-ऊँची डिग्री हासिल करूँ। उनका एक ही सपना था कि मेरे नाम के साथ 'ऑर्डर ऑफ़ ब्रिटिश एम्पायर' लग जाये। (तब देश में अंग्रेज़ों की हुकूमत थी।)

वे अम्माँ से कहा करते थे, "तुम जैसा सोचती हो, वह उससे कहीं ज़्यादा क़ाबिल है। उसे फल बेचने की ज़रूरत नहीं है। उसे क़ानून की पढ़ाई करनी चाहिए। उसे विलायत जाकर पढ़ना चाहिए। उसके अन्दर कुछ बनने की क़ूवत है।"

मैं अम्माँ से यह जानकर बहुत ख़ुश होता कि आग़ा जी मेरे बारे में क्या सोचते हैं। पर क्या मैं उनकी उम्मीदों पर खरा उतर पाऊँगा? मैं स्वभाव से मेहनती था। मैं जानता था कि अगर मुझे सही मौक़ा मिल गया तो मैं एक फुटबॉल खिलाड़ी बन सकता था। लेकिन ऑर्डर ऑफ़ ब्रिटिश एम्पायर? वह मुझे कैसे मिलेगा?

मैं ख़ूब पढ़ता था। मुझे अंग्रेज़ी और उर्दू के लेखक पसन्द थे। शर्मीला होने के कारण मैं लोगों से कम घुलता-मिलता था, फिर भी कुछ सहपाठियों से मेरी दोस्ती हो गयी थी। खालसा कॉलेज में ही बरसों बाद मेरी मुलाक़ात राज कपूर से हुई। जैसाकि मैं बता चुका हूँ, राज के दादा बशेशरनाथ जी आग़ा जी के अच्छे दोस्तों में से थे और पेशावर में हमारे घर आते रहते थे, अकेले या अपने बेटे पृथ्वीराज के साथ, जो राज कपूर के पिता थे। बम्बई में भी दोनों परिवार उसी अपनेपन के साथ मिले थे। पेशावर की अपनी भाषा पश्तो में बात करना दोनों ही परिवारों के लिए बड़ी खुशी की बात होती थी। आग़ा जी में यह ख़ूबी थी कि वे कोई भी जुबान जल्दी से पकड़ लेते थे। पश्तो, उर्दू और फ़ारसी तो उन्हें आती ही थी, वे लाहौर के पंजाबियों की तरह पंजाबी भी बोल लेते थे। इसके अलावा वे कामचलाऊ अंग्रेज़ी भी जानते थे। बम्बई आने के बाद वे अपने मेमन और बोहरा दोस्तों से हिन्दुस्तानी और गुजराती बोलना भी सीख गये थे।

बम्बई का हमारा घर अम्माँ की सहेलियों और आग़ा जी के दोस्तों के लिए हमेशा खुला रहता था। नागदेवी में जिस बिल्डिंग में हम रहते थे, वहाँ मेमन और बोहरा परिवार ज़्यादा थे। अम्माँ और सकीना आपा की उनकी औरतों से अच्छी दोस्ती हो गयी थी। बैसाबी नाम की एक मेमन औरत तो अकसर दोपहर में आ जाती थी और अम्माँ से ख़ूब बातें करती थी। वह हँसती भी बहुत थी और मेरी ख़ूबसूरती की तारीफ़ करके मुझे शर्माने पर मजबूर कर देती थी।

अठारह साल का होने के बाद भी मेरा शर्मीलापन गया नहीं था। मैं राज से रश्क करता था जो लड़कियों से ख़ूब बात कर लेते थे। तब तक वह मेरे अच्छे दोस्त बन चुके थे और हमारे परिवार बहुत क़रीब आ चुके थे। वह मेरी तरह लड़कियों से शर्माते नहीं थे और अपनी ख़ूबसूरती और दोस्ताना स्वभाव के कारण कॉलेज में ख़ूब लोकप्रिय थे। अगर मेरे अन्दर कुछ प्रभावित करने लायक़ था तो वह मेरे खेलकूद या अंग्रेज़ी और उर्दू साहित्य की जानकारी तक सीमित था।

खेल के मैदान में फुटबॉल या हॉकी खेलते हुए मैं बिल्कुल सहज महसूस करता था। फुटबॉल मुझे ज़्यादा पसन्द था। मैं इस खेल को गम्भीरता से और पेशेवर तरीक़े से खेलना चाहता था। मैं अपने जेबख़र्च के पैसे सिर्फ़ इसलिए बचाया करता था ताकि मेट्रो के पास वाली दुकान से खेलने के लिए महँगे और आरामदायक जूते ख़रीद सकूँ। हम मेट्रो के पास एक मैदान में ही खेलते और अभ्यास करते थे। मैं कूपरेज मैदान या कहीं और कोई मैच खेलने जाता था तो आग़ा जी बुरा नहीं मानते थे और ज़रूरत के अनुसार मुझे पैसे भी दे देते थे। शायद वे सोचते थे कि यह लड़का लाइब्रेरियों में भी ख़ूब समय बिताता है और अपनी किसी क्लास से शायद ही गोल होता है, इसलिए थोड़ा-बहुत खेलकूद ठीक ही है।

आग़ा जी के दोस्तों में वकील, डॉक्टर और प्रोफ़ेसर भी शामिल थे, जो उनकी फलों की दुकान पर आते रहते थे। जब कभी वे हमारे घर आते और मैं उनसे खुलकर बात करता तो आग़ा जी को गर्व महसूस होता। कभी-कभी आग़ा जी मुझे कुछ चुनिन्दा फलों के साथ उनके घर भी भेजते रहते थे। इसी तरह उनकी पत्नियाँ भी अपने घर की मिठाइयाँ, बिरयानी और खाने-पीने की दूसरी चीज़ें हमारे घर भिजवाती रहती थीं। मुझे यह देखकर बहुत अच्छा लगता था कि ये सभी लोग आग़ा जी की कितनी इज़्ज़त करते थे। उनके लिए आग़ा जी सिर्फ़ एक फल- व्यापारी नहीं थे। सच तो यह है कि जो भी आग़ा जी के सम्पर्क में आता था, वह उनसे प्रभावित हुए बिना नहीं रहता था। आग़ा जी कोई औपचारिक तालीम हासिल नहीं कर पाये थे, जो उनके बचपन और जवानी के दिनों में पेशावर में शायद मुमकिन भी नहीं थी। लेकिन उनकी देशी और व्यावहारिक जानकारी किसी से भी बढ़-चढ़कर थी। और वे ऊँचे संस्कारों वाले इंसान थे। उनकी बोलचाल, रहन-सहन और शौक़ उनके किसी भी पढ़े-लिखे और संस्कारवान दोस्त से कमतर न थे। बाहर से आकर बसने के बावजूद वे बम्बई के अपने दोस्तों के बीच बड़ी शान और आत्मविश्वास के साथ रहते थे। अपने भरे-पूरे शरीर और तनकर चलने की आदत के कारण वे दूसरों से अलग ही दिखते थे और अपने मीठे स्वभाव और गर्मजोशी से किसी का भी मन मोह लेते थे।

चौथी मंज़िल के हमारे घर से जुमा मस्जिद साफ़ दिखायी देती थी, जो क्रॉफर्ड मार्केट के पास ही थी। मुस्लिम बहुल इलाक़ा होने के बावजूद आग़ा जी के कई हिन्दू पारसी और ईसाई दोस्त भी थे; जिनके दफ़्तर या दुकानें आसपास के इलाक़ों भिंडी बाज़ार, मोहम्मद अली रोड, मस्जिद बन्दर और पायधोनी वग़ैरह में थे।

आग़ा जी के एक पारसी दोस्त की बर्तनों की दुकान थी। आग़ा जी उनसे घर और पेशावर के रिश्तेदारों के लिए बर्तन ख़रीदते रहते थे। वे बहुत खुशमिज़ाज थे और अकसर हमारे घर आते रहते थे।

इसी तरह उनके एक दोस्त की पतंगों की दुकान थी। वे अपने इलाक़े के

उम्र भर के दोस्त—राज कपूर के साथ

बच्चों को बहुत कम क़ीमत पर पतंगें देते थे। उनकी कई और दुकानें और धन्धे भी थे, इसलिए उन्हें पैसे की कोई कमी नहीं थी।

जनवरी का महीना आते ही उनकी दुकान तरह-तरह की पतंगों से सज जाती थी और पतंगबाज़ अपने-अपने ग्रुप बनाने में जुट जाते थे। मुझे भी पतंग उड़ाने का ख़ूब शौक़ था। घरों की छतों पर पतंगबाज़ों की टोलियों की मस्ती और ऊपर आसमान में पतंगों की लड़ाई देखते ही बनती थी। जब मेरी पतंग दूसरों की पतंगों से आगे बढ़ जाती या मैं बड़ी चालाकी से उनकी पतंगें काट देता तो ऐसा महसूस होता, जैसे कोई क़िला जीत लिया हो। देखने वालों की वाहवाही मुझे और भी जोश से भर देती।

पतंगबाज़ी का मेरा जुनून अभिनेता बन जाने के बाद भी जारी रहा। हमारे घर के तहख़ाने में आज भी बड़े-बड़े ट्रंकों में एक-से-एक ख़ूबसूरत पतंगें पड़ी हैं, जिन्हें मैंने गुजरात, राजस्थान, तामिलनाडु और आन्ध्र प्रदेश के छोटे-बड़े शहरों से ख़रीदा था।

खालसा कॉलेज के मेरे थोड़े-से दोस्तों में राज कपूर भी शामिल थे, जिनसे मेरी अच्छी दोस्ती हो गयी थी। वह मुझे माटुंगा में अपने घर ले जाते, जहाँ उनके पिता पृथ्वीराज जी और उनकी सुशील पत्नी मेहमानों का ख़ूब ख़याल रखते। पृथ्वीराज जी अपनी रोबीली शख़्सियत के साथ-साथ अपनी गर्मजोशी के लिए भी मशहूर थे। राज के पूरे परिवार के साथ मुझे बहुत ज़्यादा अपनापन महसूस होता था और वे लोग भी मुझसे मिलकर बहुत ख़ुश होते थे। सच्चाई यह है कि मैं राज के घर में ज़रा भी संकोच महसूस नहीं करता था और उनके चाचाओं और दूसरे रिश्तेदारों से आसानी से घुल-मिल जाता था। हम लोग साथ बैठकर

खाते-पीते थे। जैसाकि सभी हिन्दुस्तानी परिवारों में होता है, पृथ्वीराज जी उस घर के मुखिया थे लेकिन उन्होंने अपने बेटों को खुली छूट दे रखी थी कि वे ज़िन्दगी में जो चाहे बनें और करें। वे किसी पर भी अपनी इच्छा लादने में यक़ीन नहीं करते थे। वे चाहते थे कि उनके बेटे अपनी ख़ुद की शख़्सियत के साथ बड़े हों।

यह सब बताने के पीछे मेरा एक ख़ास मक़सद है। मैं उन सब लोगों की ग़लतफ़हमी दूर करना चाहता हूँ जो यह समझते रहे हैं कि राज कपूर और मैं सिर्फ़ दोस्ती की बात भर करते थे और दरअसल, हमारे बीच में गहरा पेशेवर टकराव था। मैं बताना चाहता हूँ कि हमारी दोस्ती सिर्फ़ एक पेशे से जुड़े हुए दो लोगों की दोस्ती नहीं थी। यह एक ऐसा रिश्ता था जो एक-दूसरे के लिए गहरे विश्वास और सम्मान की भावना से पैदा हुआ था।

राज के छोटे भाई शम्मी और शशि तब स्कूल में थे। मेरी तरह राज को भी फुटबॉल खेलने का शौक़ था। लेकिन कॉलेज के दूसरे लड़कों की तरह उनकी

*क्रिकेट खेलते हुए; विकेटकीपिंग कर रहे हैं मोहम्मद उमर मुकरी*

क्रिकेट में ज़्यादा दिलचस्पी थी। जब उन्हें पता चला कि मैं फुटबॉल को कितनी गम्भीरता से ले रहा हूँ तो उन्होंने मेरा हौसला बढ़ाने में कोई कसर न छोड़ी। अपनी ख़ूबसूरती और नीली आँखों के कारण राज लड़कियों में ख़ूब लोकप्रिय थे। जब खेल के मैदान में लड़कियाँ उनका हौसला बढ़ातीं तो वह और भी जोश के साथ खेलते। बहुत-सी लड़कियों के साथ उनकी अच्छी दोस्ती थी। वह उनके साथ कितना सहज महसूस करते थे, जबकि मैं ज़्यादा देर तक लड़कियों के बीच नहीं रह पाता था।

मुझे याद है कि एक बार राज ने मेरी हिम्मत बढ़ाने के लिए मुझसे कहा कि मेरी क्लास की एक ख़ूबसूरत लड़की मुझसे बात करना चाहती है। उन्होंने कुछ दूर खड़ी एक लड़की की तरफ़ इशारा किया और कहा, ''जाओ और उससे बात करो।'' हमारे आसपास बहुत-से लड़के-लड़कियाँ खड़े थे और राज थे कि बार-बार मुझे उस लड़की के पास जाने के लिए कह रहे थे। मैंने उनसे कहा कि मैं इतने सारे लोगों के सामने ऐसा नहीं कर सकता। ''अच्छा ठीक है, कैंटीन में चलते हैं!'' राज ने उस लड़की को कुछ इशारा किया और फिर मुझे अपने साथ खींचते हुए कैंटीन की तरफ़ चल पड़े। कुछ देर बार वह लड़की भी वहाँ आ गयी और हम तीनों एक मेज़ पर बैठ गये। मैं भला क्या बात करता उससे? मुझे कुछ भी नहीं सूझ रहा था। लगता है वह लड़की भी समझ गयी कि मेरे पीछे पड़ने का मतलब सिर्फ़ समय की बरबादी है। कुछ ही मिनट में वह वहाँ से उठ खड़ी हुई और कैंटीन से बाहर निकल गयी।

राज ने ठान लिया था कि वह मेरा शर्मीलापन दूर करके रहेंगे। एक शाम वह मेरे घर आये और मेरे साथ कोलाबा घूमने चलने की ज़िद करने लगे। मुझे भला क्या एतराज़ हो सकता था? हम गेटवे ऑफ़ इण्डिया के पास बस से उतरे तो उहोंने कहा, ''चलो, ताँगे की सवारी करते हैं।'' हम एक ताँगे में बैठ गये। ताँगेवाले ने घोड़े को हाँकने के लिए चाबुक उठाया ही था कि राज ने उसे रोक दिया। सामने फुटपाथ पर दो पारसी लड़कियाँ खड़ी थीं। दोनों ने फ्रॉक पहन रखी थी और वे किसी बात पर हँस रही थीं। राज ने पारसियों वाली गुजराती में बोलते हुए उनसे पूछा, ''क्या हम आपको कहीं छोड़ सकते हैं?'' राज के गोरे रंग और सुन्दर नयन-नक़्श से शायद उन्हें लगा कि वह पारसी है। शरीफ़ और ख़ानदानी तो वह लगते ही थे। लड़कियाँ फ़ौरन राज़ी हो गयीं, ''हमें बस रेडिगो क्लब तक छोड़ दीजिए!'' वे दोनों ताँगे में बैठने लगीं तो मैं दम साधे यही सोच रहा था कि आख़िर राज का इरादा क्या है!

एक लड़की राज की बग़ल में बैठ गयी और दूसरी मेरी बग़ल में। मैं एक तरफ़ सरक गया था ताकि उसे खुली जगह मिल जाये। लेकिन राज ने ऐसा कुछ भी नहीं किया और वह लड़की उनसे बिल्कुल सटकर बैठ गयी। राज उसके साथ ऐसे बात करने लगे, जैसे उसे बरसों से जानते हों। वह लड़की भी खुलकर

उनकी बातों का जवाब देती रही और ख़ुद भी हँस-हँसकर बात करती रही। राज ने बातों-बातों में उसके कन्धे पर हाथ रख दिया तो भी उसने बुरा नहीं माना, जबकि मैं शर्म से गड़ा जा रहा था। मैं अपनी बग़ल वाली के साथ बिल्कुल ख़ामोश बैठा हुआ था।

दोनों रेडियो क्लब के पास उतर गयीं तो मैंने चैन की साँस ली। राज का यह अपना तरीक़ा था मुझे यह समझाने का कि लड़कियों के साथ कितने आराम से बात की जा सकती है। राज और कुछ भी हों, शर्मीले तो कतई नहीं थे। लेकिन वह कहीं से भी लम्पट नहीं थे, और लड़कियों के साथ किसी तरह की छेड़खानी से कोसों दूर थे।

पृथ्वीराज जी का बेटा होने के कारण सभी लोग उन्हें एक ख़ास नज़र से देखते थे और वह कॉलेज कैम्पस में ख़ूब लोकप्रिय थे। वह जानते थे कि उन्हें जिस मंज़िल की तरफ़ आगे बढ़ना है, वहाँ कम बोलने वाले या शर्मीले आदमी का कोई काम नहीं है पर तब तक मुझे ज़रा भी इल्म नहीं था कि मैं किस तरफ़ जाने वाला हूँ। देश का सबसे अच्छा फुटबॉल खिलाड़ी बनने के अलावा मेरा और कोई भी सपना नहीं था।

मैं खेल को अपना कैरियर बनाने को लेकर सचमुच ही गम्भीर था। हर शाम कॉलेज के बाद मैं मेट्रो सिनेमा के पास के मैदान में पहुँच जाता और अपने साथियों के साथ फुटबॉल खेलता था। वहीं पास ही एक दुकान से मैंने अपने खेल के जूते और अपना पहला क्रिकेट बैट ख़रीदा था। हालाँकि मैं फुटबॉल का दीवाना था, पर क्रिकेट भी मैं उसी जोश के साथ खेलता था। स्कूल-कॉलेज के एथलेटिक्स के मुक़ाबलों में भी मेरा अच्छा रिकॉर्ड रहा था। 200 मीटर की दौड़ में तो मैं हमेशा पहले नम्बर पर रहता था।

आग़ा जी को भी खेलकूद में मेरी दिलचस्पी पर गर्व था। जब भी मैं कोई ट्रॉफ़ी या सर्टिफ़िकेट जीतकर घर लौटता तो वे ख़ुशी से मेरी पीठ थपथपाते। उनको यह सब अच्छा लगता था, लेकिन साथ ही वे चाहते थे कि मैं वकील या सरकारी अफ़सर बनूँ।

मैं दिल-ही-दिल में यह सोचता रहता था कि आग़ा जी से अभी से यह कह देना कि मैं फुटबॉल का क्रिकेट खिलाड़ी बनना चाहता हूँ, जल्दबाज़ी होगी। मैं जानता था कि वे मेरे बारे में किस तरह के सपने देख रहे थे। मैं कभी-कभी व्यापार में हाथ आज़माने की भी सोचता था। यूँ हिसाब-किताब में तो मैं आग़ा जी की थोड़ी-बहुत मदद करता ही रहता था। जैसाकि हर इंसान के साथ होता है, मुझे भी यह पता नहीं था कि ख़ुदा ने मेरे मुक़द्दर में कुछ और ही लिख रखा है।

## 6

## पूना : मेहनत और मस्ती के दिन

*'उस रात अपने कमरे में अकेले बैठे हुए मुझे जेल में मिले सत्याग्रही याद आते रहे, जिनके साथ मैंने एक रात बितायी थी। मुझे इस बात पर गर्व था कि मैंने अपने भाषण में बिना किसी तरह के डर के अपने देशवासियों की भावनाएँ प्रकट की थीं, वह भी अंग्रेज़ों के सामने।'*

मुझे ठीक-ठाक याद नहीं है कि यह किस सन् की बात है, लेकिन तब मैं उन्नीस बरस के आसपास रहा हूँगा। किसी बात पर आग़ा जी से मेरी कहासुनी हो गयी और मैं ग़ुस्से में घर छोड़कर निकल पड़ा। हमारे बीच कड़े शब्दों का इस्तेमाल शायद ही कभी हुआ था। उन्हें किसी छोटी-सी बात पर ग़ुस्सा आ गया। और मुझे अब भी नहीं पता कि मेरे दिमाग़ में घर छोड़ने का ख़याल क्यों आया। जब वे ग़ुस्से में होते थे तो हममें से किसी की हिम्मत नहीं होती थी कि उनसे आँख मिला के बात कर सके। सिर्फ़ इतना याद है कि घर छोड़ते समय मेरे दिल में दुख और अपमान की भावना थी, न कि ग़ुस्से और किसी तरह का बदला लेने की भावना।

तब तक दूसरा विश्वयुद्ध शुरू हो चुका था और हमारा परिवार परेशानी के दौर से गुज़र रहा था। फलों के कारोबार से होने वाली कमाई कम हो गयी थी, जिससे घर चलाना मुश्किल होता जा रहा था। नॉर्थ-वेस्ट फ्रंटियर, जहाँ पेशावर पड़ता था, से फलों की आमदगी रुक गयी थी। लड़ाई के कारण ग़ैर-ज़रूरी चीज़ों की ढुलाई पर पाबन्दी लगा दी गयी थी, क्योंकि ट्रेनों की बोगियों का इस्तेमाल फौजियों और हथियारों को ढोने के लिए किया जा रहा था। हमारे सारे बाग़ पेशावर में थे और आग़ा जी आने वाले वक़्त को लेकर चिन्ता में रहने लगे थे। एक भरे-पूरे परिवार का ख़र्च उठाना कोई आसान बात नहीं थी। मेरी प्यारी और सीधे-साधे स्वभाव की अम्माँ दमे की शिकार हो चुकी थीं तो मेरे एक भाई अयूब साहब रीढ़ की चोट के कारण अभी तक बिस्तर पर ही पड़े हुए थे। पेशावर से आयीं मेरी दो फूफियाँ भी अब हमारे ही साथ रहती थीं। वे यहाँ भी पेशावर की तरह आराम करना पसन्द करती थीं और घर के सारे काम का बोझ अम्माँ के कन्धों पर था।

मैं कुछ काम-धन्धा करके आग़ा जी की मदद करना चाहता था, लेकिन मेरी समझ में नहीं आता था कि क्या किया जाये। मेरी बड़ी बहन सकीना आपा शादी की उम्र में पहुँच चुकी थीं और अम्माँ के लिए यह चिन्ता का कारण बना हुआ था। मज़बूत क़द-काठी की होने के कारण लड़के वाले उन्हें अपने बेटे के लिए आसानी से पसन्द नहीं करते थे। उनका रोबीला स्वभाव और हुक्म चलाने की आदत शायद उन्हें दादी से विरासत में मिले थे। वे छोटी-छोटी बात पर अम्माँ से तब तक झगड़ती रहती थीं, जब तक उनकी बात मान न ली जाये।

मुझे लगता है कि आग़ा जी आने वाले दिनों को लेकर बहुत परेशान थे और मुझे ऐसे वक़्त में उनका साथ नहीं छोड़ना चाहिए था। बहरहाल, मैं घर से निकला तो मेरी जेब में चालीस रुपये थे, जो उस ज़माने के हिसाब से कम भी नहीं थे। मैंने बम्बई के पास के एक दूसरे शहर पूना जाने का फ़ैसला किया था। मैं ऐसी जगह रहना चाहता था जहाँ मुझे कोई न जानता हो, ताकि मैं अपनी रोज़ी-रोटी कमाने के लिए छोटा-बड़ा कोई भी काम कर सकूँ और आग़ा जी की शान पर भी कोई आँच न आये। बम्बई में रहते हुए यह मुमकिन नहीं था।

मैंने बोरीबन्दर स्टेशन से पूना की ट्रेन पकड़ी। तीसरे दर्जे के भीड़ भरे डिब्बे में सफ़र करने का यह मेरा पहला मौक़ा था। मुझे यह सोचकर डर लग रहा था कि कहीं मुझे कोई देख न ले। आग़ा जी ने हमेशा अपने बच्चों को बेहतरीन सहूलियतें दी थीं। बम्बई में सफ़र करने के लिए हम सभी के पास पहले दर्जे का पास होता था लेकिन अब मैं अपने पैसों को फूँक-फूँककर ख़र्च करना चाहता था, ताकि कोई रोज़गार मिलने तक काम चलता रहे।

पूरे रास्ते मैं यही सोचता रहा कि आग़ा जी मुझ पर ग़ुस्सा क्यों हुए थे, और वह भी इतनी बुरी तरह! अगर पूना पहुँचने तक भी मेरा मन शान्त हो जाता तो शायद मैं वापस बम्बई की टिकट कटवाकर अपने घर की आरामदायक दुनिया में लौट आता, अपनी प्यारी माँ के पास, जो मेरे इस तरह लापता हो जाने से कितनी बेचैन और दुखी हो जायेंगी।

घर छोड़ते समय मेरे दिल में सिर्फ़ यह बात थी कि मुझे आग़ा जी को दिखाना है कि मैं सभी तरह की सहूलियतों के बिना भी जी सकता हूँ। बड़ी अजीब बात है कि मेरे बड़े भाई नूर साहब ने कभी भी ऐसा महसूस नहीं किया था। उन्हें लगता था कि ये सहूलियतें हमेशा मौजूद रहेंगी। वे कभी नहीं सोचते थे कि आग़ा जी को कितनी मुश्किल से हम सबका ख़र्चा उठाना पड़ रहा था। उनका मानना था कि लड़कियों को स्कूल-कॉलेज भेजने और उनकी पढ़ाई का ख़र्चा उठाने की कोई ज़रूरत नहीं थी। मैं आग़ा जी के फ़ैसले को सही ठहराते हुए नूर साहब से कहता था कि हमारी बहनों को भी पढ़ाई का उतना ही हक़ है, जितना कि हमें।

आज मैं पीछे मुड़कर देखता हूँ तो मुझे लगता है कि यूँ अचानक ही घर छोड़कर एक अनजान शहर का रुख़ करना कितना जोखिम भरा क़दम था। एक ऐसा शहर जहाँ न तो मैं किसी को जानता था और न ही मुझे यह पता था कि वहाँ कोई रोज़गार मिलेगा भी या नहीं। पर तब जवानी का जोश मेरे अन्दर हिलोरें मार रहा था। मैं सचमुच यही चाहता था कि मैं एक अनजान शहर में रहूँ, जहाँ मुझे और आग़ा जी को कोई न जानता हो। पूना ऐसा ही एक शहर था और मैं आग़ा जी के नाम पर कोई धब्बा लगाये बिना वहाँ किसी भी तरह का काम कर सकता था।

पूना पहुँचते ही सबसे पहले मैंने एक ईरानी होटल में चाय पी और साथ में कुछ कुरकुरे खाये। बिस्कुट खाये। बिल चुकाने के बाद मैं ईरानी मालिक से फ़ारसी में बात करने लगा तो वह बहुत ख़ुश हो गया। मैंने उससे झिझकते हुए पूछा कि क्या वह किसी ऐसे आदमी को जानता है जो मुझे किसी रेस्तराँ या दुकान में कोई काम दिलवा दे। उसने मुझे नज़दीक के रेस्तराँ का पता दिया, जिसके मालिक एंग्लो-इण्डियन थे।

वह सर्दियों के दिनों की एक सुहानी सुबह थी। मैं कुछ देर आसपास के इलाक़े में घूमता रहा और पूना को जानने-पहचानने की कोशिश करता रहा। तब वह बहुत शान्त-सा शहर था और सड़कों पर बहुत कम चहल-पहल थी।

इसके बाद मैं ईरानी द्वारा बताये गये रेस्तराँ में जा पहुँचा। वह एक बड़ा और आलीशान रेस्तराँ था। टेबल एक-दूसरे से कुछ दूरी पर थे और सभी पर सफ़ेद कपड़ा बिछा हुआ था। ज़ाहिर था कि यह रेस्तराँ ऐसे ग्राहकों के लिए था जो आराम से अंग्रेज़ी नाश्ता और लंच करने के शौक़ीन हों। वहाँ का इकलौता वेटर ऑमलेट, ब्रेड, सैंडविच वग़ैरह की प्लेटें लिये एक टेबल से दूसरे टेबल पर जा रहा था। मैं भी ऑमलेट का ख़ूब शौक़ीन था और उसकी ख़ुशबू से मेरा मन ललचाने लगा था। लेकिन मैंने अपने आपको समझाया कि पहले काम पर ध्यान देना चाहिए। कैश-काउंटर पर एक जोड़ा बैठा था, जो मेरे ख़याल से पति-पत्नी होने चाहिए थे। वे दोनों अपनी बातों में इतने खोये हुए थे कि कुछ देर तो उन्होंने मेरी तरफ़ ध्यान ही नहीं दिया। वे ब्रिटिश फ़ौज के किसी अफ़सर के बारे में बात कर रहे थे जो कई दिनों से रेस्तराँ में नहीं आया था।

जैसे ही उनका ध्यान मेरी तरफ़ गया, मैंने उन्हें अपने बारे में बताया और उस ईरानी मालिक का हवाला दिया जिसने मुझे वहाँ भेजा था। वह प्रौढ़ औरत थोड़ा झिझकते हुए मुस्करायी और फिर कसरती बदन के अपने पति से बोली, ''यह लड़का अच्छी अंग्रेज़ी बोलता है। इसे कैंटीन के ठेकेदार के पास भेज दो!''

मिस्टर वेलसेली, मेरे ख़याल से उसका यही नाम था, ने मुझे बड़े ग़ौर से देखा और अपनी पत्नी की बात पर ध्यान द नेते हुए मुझसे पूछा कि क्या मैं फ्रंटियर का रहने वाला हूँ। मैंने थोड़ा झिझकते हुए और धीमी आवाज़ में 'हाँ'

कहा तो उसने मुझे बताया कि वह फ़ौजी कैंटीन के ठेकेदार को जानता था, जो पेशावर का ही था और अब पूना में बस गया था। उसकी यहाँ बहुत इज़्ज़त थी। मेरा दिल बैठ-सा गया। जिसका डर था, वही हुआ। भला कोई पेशावर का रहने वाला हो और आग़ा जी को न जानता हो! देर-सवेर यह ख़बर घर तक पहुँच ही जायेगी कि मैं यहाँ पूना में कोई छोटी-मोटी नौकरी कर रहा हूँ।

लेकिन फिर इन बेबुनियादी ख़यालों की परवाह न करते हुए मैंने मिस्टर वेलसेली से कहा, ''ठीक है, आप उन्हें मुझे कोई काम देने के लिए कह दें।''

मिस्टर वेलसेली राज़ी हो गये तो मैंने सोचा कि अब अगला काम जो मुझे करना है वह है किसी ठिकाने की तलाश, जहाँ सोने के लिए एक साफ़ बिस्तर हो और नहाने के लिए गर्म पानी वाला बाथरूम। मैंने मिस्टर वेलसेली से ही पूछ लिया कि क्या आसपास कोई अच्छा और सस्ता होटल था। उन्होंने झट से मुझे एक होटल का पता दे दिया, जहाँ ये सारी सहूलियतें थीं।

उस रात होटल के कमरे में अकेले सोते हुए मुझे अपने अपने माता-पिता से अलग होने का दर्द सालता रहा, ख़ासकर अम्माँ से। मैं उनके दुख और मजबूरी को समझ सकता था। वे जानती थीं कि आग़ा जी को इस तरह मुझ पर चिल्लाना नहीं चाहिए था, लेकिन उन्हें आग़ा जी से कुछ कहने या उनकी बात काटने की आदत नहीं थी। मैंने कभी भी उन दोनों को एक-दूसरे से प्यार जताते या नज़दीक बैठे नहीं देखा था। यह एक ऐसा रिश्ता था जिसमें समझ-बूझ, प्यार, भरोसे और इज़्ज़त की गहराई थी। घर में हमेशा उनके अपने या बच्चों के दोस्तों का ताँता लगा रहता था, इसलिए वे घरेलू परेशानियों को लेकर भी आपस में कम ही बात कर पाते थे।

मैं बहुत देर तक सो नहीं पाया। मुझे रह-रहकर अम्माँ की वह लोरी याद आती रही जो वे मुझे बचपन में सुनाया करती थीं। फिर भी मैं अब ठान चुका था कि मुझे अपने पैरों पर खड़ा होना है। इसलिए मुझे घर छोड़ने का इतना पछतावा नहीं था।

अगले दिन मैं कैंटीन के ठेकेदार से मिलने गया। मैं मन-ही-मन दुआ कर रहा था कि वह मुझे पहचान न पाये। लेकिन वहाँ पहुँचते ही मैं यह देखकर हैरान रह गया कि वह ठेकेदार कोई और नहीं, आग़ा जी के पेशावर के एक दोस्त का छोटा भाई था। वे ताज मोहम्मद ख़ान थे और उनके बड़े भाई फ़तेह मोहम्मद ख़ान ऑर्डर ऑफ़ ब्रिटिश एम्पायर थे। मैंने जब उन्हें अपना नाम बताते हुए कहा कि मैं बम्बई से नौकरी की तलाश में आया हूँ तो ऐसा नहीं लगा कि उन्होंने मुझे पहचान लिया हो। उन्होंने मुझे बपचन में देखा था जबकि अब मैं एक नौजवान के रूप में उनके सामने खड़ा था।

ताज मोहम्मद ख़ान में भी पठानों वाली वही ख़ूबियाँ थीं जिसका सभी मान करते थे। उन्होंने मुझसे कोई सवाल नहीं किया। मेरी तरफ़ एक काग़ज़ और पेन

बढ़ाते हुए वे कैंटीन के मैनेजर के नाम एक ख़त लिखवाने लगे, जिसमें उनसे मुझे एक सहायक के रूप में रखने की गुज़ारिश की गयी थी। मैं बड़े अदब से उनकी बात को सुनता रहा और साथ-साथ अंग्रेज़ी भी सुधारता रहा, इस तरह से कि उन्हें बुरा न लगे। ख़त देखकर उन्हें ख़ुशी तो हुई, पर उन्होंने कुछ जताया नहीं।

मैनेजर सचमुच ही एक ऐसे आदमी की तलाश में था जो कैंटीन के कामकाज के उसके बोझ को कुछ कम कर सके। वह इस बात से भी ख़ुश दिखा कि मैं अंग्रेज़ी बोल लेता था। उसने मुझे मेरा कमरा दिखाया और मेरा हाथ बार-बार हिलाते हुए मेरी नौकरी पक्की कर दी। पैसों की कोई बात नहीं हुई, लेकिन मुझे यक़ीन था कि तनख़्वाह इतनी तो होगी कि आराम से मेरा गुज़ारा हो जाये।

नौकरी मिलते ही मुझे अपने बल पर ज़िन्दगी में कुछ हासिल करने का अहसास हुआ। मेरी सबसे बड़ी ज़रूरत पूरी हो गयी थी। मैं एक ऐसे शहर में था जहाँ मैं बिल्कुल अजनबी था। मुझे न सिर्फ़ नौकरी मिल गयी थी बल्कि रहने के लिए अच्छा ठिकाना भी। पिछली रात जो दर्द मुझे सालता रहा था, वह कुछ कम हो गया। अब आगे उम्मीद रखने के लिए बहुत कुछ था। मैंने ठान लिया था कि मैं आग़ा जी को यह साबित करके दिखाऊँगा कि मैं उतना फालतू नहीं हूँ, जितना कि उन्होंने उस दिन ग़ुस्से में मुझे कहा था।

मेरी नौकरी में मुझ पर कैंटीन के आम इन्तज़ाम देखने के साथ-साथ और भी कई ज़िम्मेदारियाँ थीं। मुझे फलों, सब्ज़ियों, अण्डों, दूध, पनीर, मक्खन का रोज़ाना का हिसाब देखना था। बाज़ार से ताज़ा चीज़ें लाने का काम भी मेरा ही था, जिसमें यह ध्यान रखना था कि दुकानदार नये के नाम पर मुझे पुराना माल न पकड़ा दें। मुझे रसोई के माहौल को अच्छा और साफ़-सुथरा बनाने का काम भी सौंपा गया था। इसके अलावा मुझे स्वीमिंग पूल और उसमें भरे गये पानी का भी ध्यान रखना था। फ़ौज के अफ़सर दोपहर में कैंटीन में आते थे तो उनके लिए बीयर और दूसरे ड्रिंक्स और उनके साथ आने वाली औरतों के लिए फ्रूट पंच का इन्तज़ाम करना होता था। इसके अलावा मुझे आमदनी और ख़र्च का भी हिसाब-किताब रखना था। जब कैंटीन के मैनेजर ने मुझे मेरे कामों की लिस्ट पकड़ाई तो मैंने मन-ही-मन सोचा कि अगर ये सारे काम मुझे करने हैं तो फिर यह खुद क्या करेगा। लेकिन मैंने कुछ कहा नहीं। मैं बड़े ध्यान से वह सब सुनता रहा जो वह उर्दू-अंग्रेज़ी में मुझे रागझा रहा था। उसकी भाषा को समझना भी अपने आपमें एक कला थी।

मैंने ख़ूब आत्मविश्वास के साथ काम करना शुरू किया क्योंकि मुझे फलों, सब्ज़ियों, पनीर, मक्खन, अण्डों की क़िस्मों की अच्छी समझ थी इसलिए जल्दी ही मेरी समझ में आ गया कि मैनेजर और फल बेचने वालों के बीच कोई साँठ-गाँठ थी और वे ऊँची क़ीमत पर हल्की क़िस्म का माल भेजते रहते थे। बीयर के बैरल में पानी और बर्फ़ मिलायी जाती थी। मैंने अपना फ़र्ज़ समझकर यह बात

मैनेजर को बतायी तो उसने मुझे इस पर ध्यान न देने की सलाह दी और बिना कुछ समझाये अपने काम में लग गया।

मुझे यह समझने में देर नहीं लगी कि मैनेजर जो कुछ भी कर रहा था, उससे ख़ुद को दूर ही रखना चाहिए—ग़लत या सही। मुझे लगता है कि उसे मेरी यह ख़ामोशी अच्छी लगी और वह मुझसे बहुत खुश रहने लगा। कैंटीन में फ़ौज के कर्नल, ब्रिगेडियर, मेजर और कैप्टन सभी आते थे। दिन में वे बीयर के साथ कुछ हल्का-फुल्का खाते थे, जबकि शाम को पीने के लम्बे दौर चलते थे। कुछ अफ़सर मुझसे घुलने-मिलने लगे तो मैनेजर ने इस बात का भी बुरा नहीं माना। क्लब का एक हिस्सा अफ़सरों के लिए था तो दूसरा टॉमियों के लिए। 'टॉमी' उन ब्रिटिश सिपाहियों को कहा जाता था जो अफ़सर नहीं थे। अफ़सरों के साथ आने वाली औरतें कई बार स्वीमिंग सूट पहनकर स्वीमिंग पूल में भी कूद जाती थीं। शुरू में मेरी समझ में नहीं आता था कि उस समय मुझे क्या करना चाहिए। मुझे स्वीमिंग पूल के पास रहना चाहिए या नहीं? मैं जिस माहौल से आया था, वहाँ औरतें सिर से पाँव तक ढँकी रहती थीं और उनका सिर्फ़ चेहरा दिखायी देता था। जल्दी ही मैंने महसूस किया कि अंग्रेज़ी मेमें मेरी मौजूदगी का बुरा नहीं मानती थीं, जबकि अफ़सरों को मेरे शर्मीले स्वभाव का अन्दाज़ा तक नहीं था। वे सब मुझे ख़ूब पसन्द करते थे और मुझे प्यार से 'चीकू' कहकर बुलाते थे। बाद में मुझे पता चला कि स्पेनिश में 'लड़के' को 'चीकू' कहते हैं। आज भी कभी-कभी सायरा मुझे इस नाम से बुलाती रहती है।

वे मुझे मेरे नाम से भी बुलाते थे, यूसुफ़ ख़ान, लेकिन अपने ख़ास ब्रिटिश लहजे में। शुरू-शुरू में उन्हें हैरानी होती थी कि मैं उन्हीं के अन्दाज़ में इतनी अच्छी अंग्रेज़ी कैसे बोल लेता हूँ। उनको मेरा बढ़िया पैंट-शर्ट पहनना भी पसन्द था। जहाँ तक मुझे याद आता है मुझे शुरू से ही बढ़िया सिली हुई पैंट और पूरी बाँहों की शर्ट पहनने का शौक़ है। अफ़सरों की दोस्ती से मेरा आत्मविश्वास बढ़ा और लगा कि मैं भी कुछ हूँ।

मैं अफ़सरों और सिपाहियों से आसानी से घुल-मिल जाता था। कुछ सिपाही नशे में धुत्त हो जाते थे और उन्हें पता भी नहीं चलता था कि बीयर में कितना पानी मिलाया गया था। हमारी कैंटीन, जो एक तरह का आर्मी क्लब थी, में एक बड़ा बाथरूम भी था जहाँ सिपाही नहाया करते थे। मुझे यह देखकर हैरत होती थी कि वे बिना किसी झिझक के एक-दूसरे के सामने अपने पूरे कपड़े उतार देते थे। वे अकसर शावर के नीचे खड़े हो जाते थे और दरवाज़ा भी खुला रहता था। वे अकसर मुझे भी साथ में नहाने के लिए कहते थे। एक दोपहरी उन्होंने ज़बरदस्ती मेरे कपड़े उतरवाकर मुझे सचमुच ही नहाने के लिए मजबूर कर दिया।

वह मेरे लिए सदमे और शर्मिन्दगी की बात थी। मेरे बदन पर बाल बहुत थे इसलिए मैं हमेशा सचेत रहता था। ख़ासकर मेरे हाथ पर जो बाल थे वे पानी

पड़ने पर एक तरह झूलने लगते थे। इसलिए मुझे अपना बदन दिखाने का ख़याल पसन्द नहीं था और मैं हमेशा लम्बी बाँहों की शर्ट पहनता था।

मेरे बालों के कारण मच्छर भी परेशान हो जाते थे और मेरे हाथों और पाँवों के बालों में उलझ जाते थे। मैं देखता कि वे उन बालों से निकलने के लिए छटपटाते, जैसे अफ्रीका के जंगलों में फँस गये हों। मुझे उन बेचारों पर तरस आ जाता और मैं अकसर उन्हें आज़ाद कर देता। मासूम मच्छरों को इस परेशानी से बचाने के लिए और दूसरों को यह देखकर बुरा न लगे कि मैं बन्दर जैसा दिखता हूँ, मैं स्वीमिंग पूल में जाने से हमेशा बचता था।

ब्रिटिश अफ़सरों में आपस में बहुत भाईचारा था और वे कम बोलने और हमेशा शिष्ट व्यवहार करने में विश्वास रखते थे। एक दिन हमारा रसोइया काम पर नहीं आया। मैनेजर ने मुझसे कहा कि मेजर जनरल अपने कुछ ख़ास मेहमानों के साथ चाय के लिए आ रहा था, इसलिए क्या मैं उनके नाश्ते के लिए कुछ बना सकता था। मैंने कहा कि मैं ठीक-ठाक सैंडविच बना सकता हूँ। उसने मुझे वही बनाने के लिए कहा और साथ में यह नसीहत भी दे दी कि मैं ताज़ा ब्रेड और मक्खन समेत सभी ताज़ा चीज़ों का इस्तेमाल करूँ। मैंने मन-ही-मन सोचा कि मैं सब कुछ ताज़ा होने की गारण्टी कैसे ले सकता था, जबकि उसके और दुकानदारों के बीच साँठ-गाँठ चल रही थी!

ख़ुशक़िस्मती से वे सैंडविच ख़ूब पसन्द किये गये। मेजर जनरल के मेहमानों ने उनकी तारीफ़ की तो मैनेजर भी ख़ुश हो गया। तभी मुझे एक ख़याल सूझा। मैंने मैनेजर से कहा कि वह ठेकेदार और क्लब के कर्ता-धर्ताओं से बात करके इस बात की इजाज़त ले ले कि मुझे शाम के समय सैंडविच का एक स्टॉल लगाने दिया जाये। चूँकि वह मुझसे बहुत ख़ुश था और यह भी जानता था कि मुझे उसके और सप्लाई करने वाले दुकानदारों के बीच साँठ-गाँठ की ख़बर थी, इसलिए उसने यह बात ऊपर तक पहुँचा दी और इजाज़त मिल गयी।

मेरा सैंडविच वाला काम ख़ूब हिट हुआ। पहले दिन तो देखते-ही-देखते सारे सैंडविच बिक गये और देर से आने वालों को मन मसोसकर रह जाना पड़ा कि उन्हें इतने लज़ीज़ सैंडविच खाने को नहीं मिले। अगले दिन मैं एक बड़ी टेबल ले आया और उसे सफ़ेद चादर से ढँककर उसके ऊपर बाज़ार से लाये फलों के साथ सैंडविच और लेमनेड की बोतलें रख दीं। उस दिन भी ख़ूब सफलता मिली। हफ़्ते भर बाद मैंने अपनी कमाई का हिसाब किया तो यह देखकर हैरान रह गया कि मुझे अपनी मेहनत का कितना शानदार इनाम मिला था।

ब्रिटिश फ़ौज के अफ़सर मुझसे मेरे परिवार के बारे में भी पूछते रहते थे। उन्हें यह सुनकर ताज्जुब होता था कि मेरे इतने सारे भाई-बहन थे। जब सैंडविच स्टॉल से अलग से कमाई होने लगी तो मेरा हौसला बहुत बढ़ गया। मैंने अयूब साहब को एक टेलीग्राम भेजकर उन्हें अम्माँ को यह बताने के लिए कह दिया कि

मैं पूना में हूँ और सही-सलामत हूँ। मैंने यह भी लिख दिया कि मैं आर्मी कैंटीन में काम कर रहा हूँ। मेरे इस तार से अम्माँ का दिल हल्का हो गया और उनकी सारी बेचैनी दूर हो गयी। अगले हफ़्ते बिना कोई ख़बर किये अयूब साहब पूना में आ टपके। अम्माँ ने मेरे लिए सूजी का हलवा बनाकर भेजा था और साथ में ड्राई फ्रूट्स भी। अयूब साहब मेरे लिए कुछ पैसे भी लेकर आये थे जो अम्माँ ने घरख़र्च से बचाये थे। अयूब साहब को रिसेप्शन पर देखते ही मेरा दिल छलक उठा और उनकी आँखों में भी आँसू आ गये। उनके साथ उनका तामीरदार भी आया था, जो उनकी देखभाल के लिए था।

मैंने अयूब साहब से कहा कि मुझे पैसों की ज़रूरत नहीं थी। उन्होंने ख़ुद अपनी आँखों से देख लिया था कि मुझे वहाँ हर कोई कितना मान देता था। मेरी सेहत अच्छी थी और मैं ख़ुश था। अगर कोई चीज़ नहीं थी तो वह थी अपने परिवार की नज़दीकी। मुझे हमेशा से ही अयूब साहब से बात करना अच्छा लगता था। हमारे बीच बहुत गहरी दोस्ती थी। हम पूल के पास एक बेंच पर बैठकर बात करने लगे तो पता ही नहीं चला कि कब समय बीत गया। मैंने अपना दिल उँडेलकर उनके सामने रख दिया। मैंने उन्हें बताया कि मैं किस तरह ग़ुस्से में घर से निकल पड़ा था और मुझे कितना अफ़सोस था कि मैं उन्हें और अम्माँ को नहीं बता पाया था। जब दूर खुले आसमान में सूरज नारंगी और सुनहरा रंग ओढ़कर धीरे-धीरे डूबने लगा और परिन्दे तरह-तरह की आवाज़ें करते हुए अपने घोंसलों में लौटने लगे, तब जाकर मुझे अहसास हुआ कि हमें बातें करते हुए कितना समय बीत गया था। अयूब साहब बोले कम और सुनते ज़्यादा रहे। मैंने उनसे कहा कि आग़ा जी मुश्किल हालात से गुज़र रहे थे और मैं उनका सहारा बनने के लिए कितना बेचैन था।

वे अगली सुबह बम्बई लौट गये और मैं उन्हें स्टेशन पर छोड़कर अपने काम पर लौट आया। मैं बहुत हल्का महसूस कर रहा था मानो दिल का कोई बोझ कम हो गया हो।

क्लब में एक नया मेहमान मेरा इन्तज़ार कर रहा था। कारपोरल मार्लो हाथ में एक ड्रिंक लिये बार के पास खड़ा था, हमेशा की तरह खूँखार और ख़तरनाक दिखायी देता हुआ। मैं उसे देवलाली में अपने स्कूल के दिनों से जानता था। उसके गठीले बदन और ख़तरनाक हाव-भाव को देखकर हम बच्चे दूर से ही डर जाया करते थे। वह किसी राक्षस जैसा दिखता था और देवलाली में 'डॉग मैन' के नाम से जाना जाता था। उसका यह नाम इसलिए पड़ा था क्योंकि वह किसी आवारा कुत्ते को देखते ही उसे अपने रिवॉल्वर का निशाना बना लेता था और एक ही गोली में मार डालता था। जब उस बेचारे लावारिस कुत्ते की साँस बन्द हो जाती तो वह अपनी जीप के पीछे से एक चाकू निकालता और उसकी पूँछ काटकर अपने बैग में रख लेता। हम बच्चे उसे देखते ही भागते तो वह ग़ुस्से में हमारे पीछे भागता और हम और भी डर जाते।

एक दिन मैंने चाचा उमर को उसके बारे में बताया था तो उन्होंने मुझे समझाते हुए कहा था, ''वह ऐसा इसलिए करता है क्योंकि छावनी के आसपास आवारा कुत्तों को घूमना मना है। उनकी पूँछ वह इसलिए काटता है ताकि यह हिसाब रख सके कि उसने कितने कुत्ते मारे और कितनी गोलियाँ ख़र्च कीं।''

अब उसी कारपोरल मार्लो को अचानक कैंटीन में बार के पास खड़ा देखकर बचपन की वे डरावनी यादें उभर आयीं और मेरी हड्डियों में एक सिहरन-सी दौड़ गयी। मैं कितना डर-डरकर और छिप-छिपकर उसे अपनी जीप में जाते देखा करता था।

बार टेंडर ने मुझे उससे मिलवाया तो उसने बिना मुस्कराये ही अपना सिर हिलाया और फिर वहाँ से चला गया।

शुरू में उसने मुझसे दोस्ताना व्यवहार करने का कोई इरादा नहीं दिखाया। लेकिन जब उसने दूसरे फ़ौजी अफ़सरों को मुझसे घुलते-मिलते और मेरे साथ अच्छा व्यवहार करते देखा तो वह थोड़ा नरम पड़ा गया। आवारा कुत्तों को मारने का उसका फ़ितूर पूना में भी जारी रहा, लेकिन अब यह उतना ज़्यादा नहीं रहा था क्योंकि छावनी के पास बहुत कम आवारा कुत्ते दिखायी देते थे। कुछ दिन बाद मैंने देखा कि उसकी एक ख़ूबसूरत बेटी भी थी जो अकसर उसके साथ क्लब में आती रहती थी। उस लड़की का एक जूनियर अफ़सर के साथ कुछ चक्कर चल रहा था। वह देर रात तक उसके साथ क्लब में अकेली दिखायी देती थी। मैं ख़ूब सावधानी बरतते हुए उसके साथ थोड़ी दूरी बनाये रखता था।

क्लब के अन्दर ही मेरा कमरा था, जो छोटा था लेकिन साफ़-सुथरा और आरामदेह था। वहाँ से वह हॉल साफ़ दिखायी देता था, जहाँ बड़े अफ़सर अकसर पार्टी देते रहते थे और मेहमानों की अच्छी-ख़ासी भीड़ जुटती थी। संगीत की मोहक धुनों पर अफ़सर और उनकी बीवियाँ नाचते-झूमते थे। सभी अफ़सर एक से एक ख़ूबसूरत सूट और रेशमी टाइयाँ पहनकर आते थे, जो ख़ास दुकानों से ख़रीदे गये होते थे। तब मैं सोचा करता था कि क्या कभी मेरे पास भी ऐसा कोई सूट होगा। तब किस पता था कि मेरे पास वे सभी अच्छे-अच्छे सूट होंगे जो कोई शौक़ीन आदमी ख़रीद सकता है। जब मैं अपनी अलमारियों में सूटों की क़तारें देखता हूँ तो कभी कभी मुझे लगता है कि सूट पहनने के मेरे शौक़ का आर्मी क्लब के उन अकेले दिनों से कुछ-न-कुछ वास्ता है।

एक शाम सैंडविच स्टॉल बन्द करने के बाद मैंने सोचा कि अपने कमरे में थोड़ी देर आराम कर लिया जाये। मैं अलसाया-सा अपने कमरे की तरफ़ बढ़ा तो दरवाज़े को अधखुला देखकर चौंक गया। कुछ ही दिन पहले वहाँ चोरी हुई थी और जाँच करने के लिए पुलिस भी आयी थी। मेरा दिल धड़कने लगा कि कहीं आज चोर ने मेरी मेहनत की कमाई पर तो हाथ नहीं साफ़ कर लिया। मैं तेज़ी से अपने

कमरे में पहुँचा तो मेरे सामने एक हैरतअंगेज़ नज़ारा था। कारपोरल की बेटी मेरे बिस्तर में लेटी हुई थी और उसके ख़ूबसूरत बदन पर एक भी कपड़ा नहीं था।

मैं हक्का-बक्का-सा दरवाज़े के पास खड़ा रह गया। मैंने देखा कि वह जाग रही थी और उसने मुझे रिझाने के लिए ही अपने कपड़े उतार दिये थे। मैं उल्टे पाँव मैनेजर के कमरे की तरफ़ भागा। मेरा दिल ग़ुस्से, खीज और घबराहट के मारे तेज़ी से धड़क रहा था। मैनेजर मेरी बात सुनते ही मेरे साथ मेरे कमरे की तरफ़ चल पड़ा। उसको पहले से ही उस लड़की के कई मर्दों के साथ रिश्तों और उसकी दिमाग़ी हालत पर शक था। ख़ुशक़िस्मती की बात यह थी कि वह मेरे नेक चाल-चलन से भी अच्छी तरह वाक़िफ़ था और जानता था कि मैं आसानी से फिसलने वाले मर्दों में से नहीं हूँ। हम जब कमरे में पहुँचे तो बिस्तर ख़ाली था और उस लड़की का दूर-दूर तक कोई नामोनिशान नहीं था। मैनेजर ने मुझे इस तरह घूरकर देखा, जैसे मुझे दिन में सपने देखने की आदत हो। मैंने उसका हाथ पकड़ा और उसे अपने साथ चलने के लिए कहा। मेरा ख़याल था कि वह स्वीमिंग पूल की तरफ़ गयी होगी। हम वहाँ पहुँचे तो वह उसी तरह बिना कपड़ों के स्वीमिंग पूल के डाइविंग-पैड पर खड़ी इस तरह झूम रही थी, जैसे वह कोई डांसिंग फ़्लोर हो। उसके बाल हवा से उसके चेहरे पर झूल रहे थे और उसे ज़रा भी डर नहीं लग रहा था। लेकिन हम दोनों ही बुरी तरह घबरा गये। वह झूमते-झूमते सिर के बल स्वीमिंग पूल में गिर सकती थी और क्लब के लिए मुसीबत खड़ी हो सकती थी। मेरे दिमाग़ ने तेज़ी से काम किया। मैंने मैनेजर से कहा कि उसे जल्दी से बोर्ड से नीचे उतारने की कोशिश करनी चाहिए क्योंकि वह एकदम किनारे पर खड़ी थी। मैं ख़ुदा के नेक बन्दों की तरह एक ऐसे पठानी परिवार की सख़्ती में पला था जहाँ मैं औरतों के नाम पर सिर्फ़ अपनी दादी, अम्माँ और फूफियों को ही जानता था और वे सब ऊपर से नीचे तक परदे में ढँकी रहती थीं। यहाँ मैं एक नौजवान लड़की को पूरी तरह बिना कपड़ों के देख रहा था। ऐसा नहीं कि मेरे अन्दर उस तरह की कोई भावना नहीं थी, जैसी मेरी उम्र के लड़कों में पायी जाती है। लेकिन यह सब इतना शर्मनाक और हैरत में डालने वाला था कि कोई भी समझदार नौजवान शायद ही कुछ और सोच पाता।

मैनेजर ने भी फुर्ती दिखायी और क्लब में काम करने वाली दो औरतों से कहा कि उस लड़की को एक कम्बल में लपेटकर नीचे ले आयें। उसे कुछ भी समझ में नहीं आ रहा था कि उसके साथ क्या हो रहा था और वह बिना कोई एतराज़ किये उन औरतों के साथ नीचे उतर आयी। मुझे नहीं पता कि वे उसे कहाँ ले गयीं और इस घटना के बाद उस लड़की का क्या हुआ। मैनेजर ने भी मुझे कुछ नहीं बताया और न ही मैंने उससे कुछ पूछा। मुझे यही ठीक लगा कि उस लड़की और उस घटना को भूल जाना ही बेहतर था।

जैसाकि मैंने कहा है, वह लड़ाई का दौर था। बड़े-बड़े अफ़सरों के बीच इस बात को लेकर चर्चा होती रहती थी कि हिन्दुस्तान लड़ाई में किसी का भी साथ न देने के हक़ में था। एक शाम एक अफ़सर ने मुझसे पूछा कि इस बारे में मेरा क्या विचार था। क्या हिन्दुस्तान को गुटनिरपेक्ष रहना चाहिए? वह यह भी जानना चाहता था कि हम ब्रिटिश राज से आज़ादी की लड़ाई क्यों लड़ रहे हैं। मैंने जो जवाब दिया, वह उसे इतना अच्छा लगा कि उसने कहा कि मैं अगले दिन क्लब में सबके सामने अपने विचार रखूँ। मैं मान गया और रात भर में मैंने अपना भाषण भी तैयार कर लिया। जब मैं अंजुमन इस्लाम हाई स्कूल में था तो मैंने ब्रिटिश संविधान की पढ़ाई की थी। अपने भाषण में मैंने इसका जगह-जगह हवाला दिया, साथ ही मैंने यह भी लिखा कि हम हिन्दुस्तानी सच बोलने वाले और अहिंसा में विश्वास रखने वाले लोग हैं, इसलिए हमारा देश ऊँचे दर्जे का देश है।

अगले दिन क्लब में भाषण देते हुए मैंने कहा कि हमारी आज़ादी की लड़ाई जायज़ थी, जबकि ब्रिटिश अपने ही देश के नागरिक क़ानूनों को ताक पर रखकर हिन्दुस्तन में राज कर रहे थे और इसीलिए सारी मुश्किलें पैदा हो रही थीं।

मेरे भाषण पर ख़ूब तालियाँ पड़ीं। मैं गर्व से फूला नहीं समा रहा था। लेकिन यह ख़ुशी कुछ ही देर की साबित हुई। थोड़ी ही देर में मैं यह देखकर हैरान रह गया कि वहाँ पुलिस आ गयी और अंग्रेज़ हुकूमत के ख़िलाफ़ भाषण देने के लिए मुझे गिरफ़्तार करके हथकड़ी पहना दी गयी। मुझे यरवदा जेल ले जाया गया और भले लगने वाले कुछ क़ैदियों के साथ एक बड़े कमरे में बन्द कर दिया गया। मुझे पता चला कि वे सत्याग्रही थे। जेलर ने मेरे पहुँचने पर जब मुझे 'गाँधी वाला' कहा था तो मुझे हैरानी हुई थी। बाद में एक पुलिसवाले ने मुझे बताया कि उस कमरे में सभी 'गाँधी वाले' थे। जेलर ने अनजाने में ही मुझे उन लोगों के साथ जोड़ दिया था जो देश की आज़ादी की लड़ाई लड़ रहे थे।

कुछ क़ैदियों के साथ दुआ-सलाम हुई तो मुझे पता चला कि उसी जेल की किसी कोठरी में सरदार वल्लभभाई पटेल भी बन्द थे। वे सभी उनके साथ भूख हड़ताल पर थे। मुझे पता नहीं था कि क्यों, पर मुझे लगा कि मुझे भी उनका साथ देना चाहिए। मैंने वह खाना खाने से मना कर दिया जो मेरे लिए एक गन्दी-सी थाली में लाया गया था। रात लम्बी थी और भूख के कारण मुझे नींद नहीं आ रही थी। कुछ देर बाद मुझे बूटों की आवाज़ सुनायी दी जो हमारे सेल के पास आकर रुक गयी। दरवाज़े पर जेलर के साथ फ़ौज का एक मेजर खड़ा था। "यह रहा आपका गाँधी वाला!" जेलर ने ताना मारते हुए कहा। वह मेजर मुझे छुड़ाने के लिए आया था। वह एक अच्छा आदमी था और कभी-कभी मैं उसके साथ बैडमिंटन खेला करता था।

क्लब में पहुँचते ही मैंने खाना खाने की इच्छा ज़ाहिर की तो सभी को थोड़ी हैरानी हुई। हो सकता है यह एक मज़ाक़ जैसा लगता हो, लेकिन एक रात के

लिए ही सही मुझे गाँधीवादियों से जुड़ना अच्छा लग रहा था। उस रात अपने कमरे में अकेले बैठे हुए मुझे जेल में मिले सत्याग्रही याद आते रहे, जिनके साथ मैंने एक रात बितायी थी। मुझे इस बात पर गर्व था कि मैंने अपने भाषण में बिना किसी तरह के डर के अपने देशवासियों की भावनाएँ प्रकट की थीं, वह भी अंग्रज़ों के सामने।

7

# बाग़ी बेटे की वापसी

*'वे इस बात से ख़ुश थे कि उनके एक बेटे में वह हुनर था कि उनके फलों के व्यापार को आगे बढ़ा सके। लेकिन मैं अन्दर-ही-अन्दर यह भी महसूस कर रहा था कि मोहम्मद सरवर ख़ान के कारोबार की बागडोर सँभालना और अपने ख़ानदानी काम को आगे बढ़ाना अपनी जगह एक अच्छी बात हो सकती थी, पर मैं इस काम के लिए नहीं बना था।'*

लड़ाई के हालात ख़राब होने लगे तो इसका असर आर्मी क्लब पर भी पड़ा। क्लब के कर्ता-धर्ता बदल गये और ठेकेदार ताज मोहम्मद ख़ान की जगह किसी दूसरे आदमी को ठेका दे दिया गया। मैनेजर ख़ुद भी आगे काम करने से हिचकिचा रहा था, इसलिए उसने मुझे नौकरी छोड़ देने के लिए कहा। तब तक मैं अपनी तनख़्वाह और सैंडविच स्टॉल से ढेर सारे नोट कमा चुका था। मैंने पहली बार उन नोटों के बण्डलों को गिना तो यह देखकर हैरान रह गया कि वे पूरे पाँच हज़ार रुपये थे, जो उस ज़माने में एक बहुत बड़ी रक़म थी। नज़दीक के मौलवी साहब ने मुझे बताया था कि रमज़ान का महीना ख़त्म होने वाला था। मुझे लगा कि अब बम्बई लौटने का समय आ गया था।

मैं अब एक खुले विचारों वाला और ख़ूब आत्मविश्वास से भरा हुआ नौजवान था। लेकिन मेरी समझ में नहीं आ रहा था कि मैं आग़ा जी को कैसे समझाऊँगा कि मैं घर छोड़कर क्यों भागा था। मुझे लगता था कि वे मुझे तब तक माफ़ नहीं करेंगे, जब तक अम्माँ उन्हें समझा-बुझाकर मना नहीं लेंगी। अगर मैं ग़ुस्से के उन लम्हों में घर से बाहर न निकल गया होता तो अगले दिन तक सब कुछ ठीक-ठाक हो जाता। अम्माँ अपने प्यार भरे अन्दाज़ से इस झगड़े को सुलझा देतीं। यह सिर्फ़ एक संयोग था कि मैंने उन्हें मामले को सुलझाने का मौक़ा ही नहीं दिया था।

शायद मेरा मुक़द्दर मुझे आज़माना चाहता था। मैं यह सोचकर बहुत ख़ुश था कि मैं इस इम्तिहान में खरा साबित हुआ था। इस बीच मैंने न सिर्फ़ बहुत कुछ सीखा था, बल्कि एक नयी तरह की आज़ादी भी महसूस की थी। अब मैं शायद

ही आग़ा जी की किसी बात का पहले की तरह आँख मूँदकर पालन कर पाऊँ।

मैं ईद से कुछ दिन पहले ही बम्बई पहुँच गया। अयूब साहब को पता था कि मैं किस तारीख़ को आने वाला था, लेकिन उन्होंने अम्माँ से यह बात छिपाकर रखी थी। मेरे छोटे भाई नासिर और मेरी बहनों को भी पता था कि भगोड़ा वापस आने वाला है, लेकिन उन्होंने भी चुप्पी साधे रखी थी। मेरी सबसे छोटी बहन इतनी छोटी थी कि उसे भूख लगने पर रोने के सिवा और कुछ भी नहीं आता था। चौथी मंज़िल के अपने फ्लैट की सीढ़ियाँ चढ़ते हुए मेरा दिल इतनी तेज़ी से धड़क रहा था कि मैं उसकी आवाज़ साफ़ सुन सकता था। मुझे जानी-पहचानी सड़कों, शोर करती मोटर-गाड़ियों और ताक-झाँक करते पड़ोसियों के जाने-पहचाने चेहरों को फिर से देखना अच्छा लग रहा था। मैं एक ऐसे शहर से लौट रहा था, जहाँ मुझे कोई भी नहीं जानता था। अब बम्बई लौटने के बाद मुझे पहली बार यह अहसास हो रहा था कि उस अनजान शहर में मैं अपनों की और अपनों के साथ से जुड़ी सुरक्षा की कितनी कमी महसूस कर रहा था।

मैं घर में घुसा तो सबसे पहले मुझे मेरी छोटी बहन ने देखा और अम्माँ को ख़बर करने भागी। वे जल्दी से आयीं, लेकिन मेरे क़दम जैसे जम-से गये। मैं सुकून और ख़ुशी के मारे काँप रहा था। अगले ही पल मैं अम्माँ के गले लग गया। वे बिना कोई आवाज़ किये मुझसे बातें करती रहीं जबकि मेरे भाई-बहन ख़ुशी के मारे शोर मचाते रहे। तभी मैंने अपने पीछे किसी के क़दमों की आहट सुनी। मैं यह सोचकर थोड़ा सहम गया कि आग़ा जी होंगे। लेकिन वह आहट चाचा उमर के क़दमों की थी, जिनको पहली मंज़िल पर लोगों ने बताया था कि मैं लौट आया हूँ और वे झट से पता लगाने आ पहुँचे थे कि क्या यह ख़बर सच्ची थी। इसके बाद हम सबके बीच वैसा ही पुनर्मिलन हुआ, जैसा पारिवारिक फ़िल्मों में दिखाया जाता है। जब सब इतने भावुक और उत्साहित होते हैं कि किसी को पता नहीं चलता कि कौन क्या कह रहा है। कोई हँस रहा होता है तो कोई अपनी बात सुनाने के लिए चीख़-चिल्ला रहा होता है। अम्माँ की ख़ुशी के आँसू मुस्कराहट और हँसी में बदल गये तो हमेशा की तरह उन्हें मेरी फ़िक्र हुई। उन्होंने मुझसे पूछा कि क्या मैंने रोज़ा रखा हुआ था। मैंने 'न' में सिर हिलाया। उस क्लब में रोज़ा रखना मुश्किल था क्योंकि वहाँ काम कभी ख़त्म ही नहीं होता था।

कुछ देर बाद मैंने ख़ुद को अम्माँ के कमरे में उनके साथ अकेले बैठे पाया। पता नहीं कितने महीनों बाद मुझे ये सुकून भरे लम्हे नसीब हुए थे। मुझे यह विश्वास करने में थोड़ा समय लगा कि मैं सचमुच लौट आया था और अपनी प्यारी अम्माँ के पास उनके जाने-पहचाने और आरामदायक बड़े बिस्तर पर बैठा था। वे कुछ कमज़ोर और थकी-थकी-सी लग रही थीं। अपने काले बालों को उन्होंने लेसवाले दुपट्टे से ढँक रखा था। मुझे याद आया कि अम्माँ ने उस दिन भी यही दुपट्टा ओढ़ रखा था, जिस दिन मैंने घर छोड़ा था। यह लेस एक दिन

मैंने ही उनके लिए ख़रीदी थी, क्रॉफर्ड मार्केट के पास की उस मशहूर दुकान से जहाँ अंग्रेज़ मेमें और पारसी औरतें कपड़ों पर लगाने के लिए बोर्डर और लेस ख़रीदा करती थीं। यूँ अम्माँ को सजने-सँवरने का ज़रा भी शौक़ नहीं था, जैसाकि मेरी फूफियों को था। वे कई बार मुझे अपने साथ ले जाती थीं और कपड़ों की दुकानों से रेशमी या सूती कपड़ों के थान-के-थान ख़रीदा करती थीं। वे अकसर मुझे भी रंग चुनने के लिए कहती थीं, हालाँकि उन्हें शिकायत रहती थी कि मैं सबसे अच्छे रंग अम्माँ के लिए चुनता था। मैं अम्माँ की रंगत के मुताबिक़ रंग चुनने की कोशिश करता था। यूँ अम्माँ को इस बात की ज़रा भी परवाह नहीं होती थी कि वे क्या पहनती थीं। वे हमेशा सुन्दर और शालीन दिखायी देती थीं।

मुझे लगा कि यही वक़्त था कि मैं अपनी पूरी कमाई अम्माँ के हाथों में रखकर उन्हें चौंका दूँ। मैंने अपना बैग खोलकर रुपयों का पैकेट निकाला और उनके हाथों में रख दिया। उन्होंने हैरानी से वह पैकेट खोला और इतने सारे नोट देखकर ख़ुश होने के बजाय घबराहट और चिन्ता से मेरी तरफ़ देखने लगीं।

"ये तुम्हें कहाँ से मिले?" उन्होंने बहुत धीरे से और डरते-डरते पूछा।

मैं इस बात के लिए बिल्कुल भी तैयार नहीं था। मैंने उन्हें बताया कि ये सारे पैसे मैंने अपनी मेहनत और हुनर से कमाये थे। उन्हें फिर भी विश्वास नहीं हो रहा था। उन्होंने घूरकर मेरी तरफ़ देखा और फिर बिना कुछ कहे क़ुरान शरीफ़ के पास जाकर खड़ी हो गयीं। उन्होंने मेरी तरफ़ देखते हुए कहा कि मैं क़ुरान की क़सम खाकर कहूँ कि ये पैसे मैंने ईमानदारी से कमाये थे। मेरे दिल को एक झटका-सा लगा। फिर भी मैंने उस पाक किताब की क़सम खाकर कहा कि ये पैसे मैंने मेहनत और ईमानदारी से कमाये थे। उनके चेहरे पर राहत के भाव उभर आये मानो दिल पर पड़ा कोई बोझ उतर गया हो।

आग़ा जी हमेशा की तरह शाम को रोज़ा खुलने के वक़्त घर लौटे। मैं तब तक नहा-धोकर और झक्क सफ़ेद पैंट-शर्ट पहनकर तैयार हो चुका था और महीनों बाद अम्माँ के हाथ का खाना खाने की बाट जोह रहा था। मैंने अम्माँ को आग़ा जी से यह कहते सुना कि मैं लौट आया था। उन्होंने सिर्फ़ इतना कहा कि उन्हें पता था। आग़ा जी अपनी भावनाओं को प्रकट करने के बजाय उन्हें अन्दर ही रखना पसन्द करते थे। मैंने उनकी भावनाओं और चिन्ता को सिर्फ़ एक बार छलककर बाहर आते देखा। अम्माँ को दमे का गम्भीर दौरा पड़ा और उनकी साँसें उखड़ने लगीं तो वे उन्हें सँभालते हुए घबराहट और बेबसी से चिल्लाये थे कि कोई डॉक्टर को बुला लाये। मैंने पहली बार उनके चेहरे पर इतनी चिन्ता और लाचारी के भाव देखे थे। मुझे अब भी याद है कि उन्होंने अपने लम्बे-तगड़े शरीर में किस तरह कमज़ोर और बीमार अम्माँ को समेट रखा था।

अगर आप 'मशाल' फ़िल्म के उस सीन को याद करें (जिसमें मैं अपनी बीमार पत्नी को डॉक्टर के पास ले जाने के लिए तड़प रहा होता हूँ), तो मैं आपको बताना चाहूँगा कि मैं रिहर्सल करते समय आग़ा जी की उसी तड़प और

बेबसी को याद करता रहा था। वह सीन लगातार चार रातों तक शूटिंग के बाद पूरा हुआ था।

आग़ा जी और मैं इस तरह प्यार से मिले, जैसे कुछ हुआ ही न हो। इससे मेरे दिल का बोझ हल्का हो गया। ईद की धूमधाम के बाद, जिसे हम अपने ग़ैर-मुस्लिम भाइयों के साथ भाईचारे की भावना के साथ और उन्हें घर पर खाने की दावत में बुलाकर मनाते थे, आग़ा जी ने मुझे एक बड़ी ज़िम्मेदारी सौंपी। वे नैनीताल में सेब का एक बाग़ ख़रीदना चाहते थे और सौदा पक्का करने के लिए मुझे वहाँ भेजना चाहते थे। ज़िन्दगी में पहली बार वे मुझसे कारोबार की बात कर हरे थे। हमारे बीच पूना को लेकर कोई बात नहीं हुई थी, लेकिन उनकी बातों और हाव-भाव से ज़ाहिर था कि उन्हें यक़ीन हो चुका था कि मुझे कारोबार की अच्छी समझ थी। उन्होंने मुझे यह भी बताया कि वे आड़ू के फल को डिब्बों में बन्द करके निर्यात करने की सोच रहे थे।

ख़ुद मुझे भी यह यक़ीन हो चुका था कि मैं अच्छा कारोबार कर सकता हूँ और मुनाफ़ा कमा सकता हूँ। मैं एक नयी लाइन में हाथ आजमाने की सोच रहा था। मुझे एक आदमी ने नयी क़िस्म के तकियों के बारे में बताया था, जिन्हें 'फ़ेदर पिलो' कहा जाता था। वह मुझे अपना पार्टनर बनाकर अच्छा कमीशन देने को तैयार था। मैंने उसके पास कुछ रक़म भी जमा करवा दी थी।

थोड़ा पैसा गँवाने के बाद जल्दी ही मेरी समझ में आ गया कि तकिये बेचना मेरे बस की बात नहीं थी। मैंने आग़ा जी के कहे अनुसार नैनीताल जाकर सेबों के बाग़ का सौदा करने का फ़ैसला किया। मैं वहाँ गया और बाग़ के मालिक से मिला जो एक भला आदमी था और आग़ा जी की बहुत इज़्ज़त करता था। लेकिन मैंने देखा कि टिड्डियों ने आधे से ज़्यादा बाग़ बरबाद कर दिया था और जो बचा था, वह भी शायद ही ख़रीदने लायक़ था। मैंने उससे कहा कि ज़मीन की क़ीमत को लेकर बातचीत करनी पड़ेगी। मेरी समझ में नहीं आ रहा था कि क्या क़ीमत बोलूँ। वह समझ गया कि मुझे इस मामले में कोई अनुभव नहीं था। उसने कहा, "देखो बेटा, ऐसा करते हैं कि तुम मुझे सिर्फ़ एक रुपया टोकन दे दो और सौदा पक्का समझो। इसके बाद ख़ान साहब जो भी ठीक समझेंगे, मैं ख़ुशी से ले लूँगा।"

मैंने घर लौटकर आग़ा जी को सारी बात बतायी तो वे काफ़ी ख़ुश हुए। अब उन्हें लगने लगा था कि मैं एक अच्छा कारोबारी हूँ। उन्होंने मुझे अपने व्यापार का हिसाब-किताब देखने और वह सब करने के लिए कहा जो उनके ख़याल से मैं कर सकता था। वे इस बात से ख़ुश थे कि उनके एक बेटे में वह हुनर था कि उनके फलों के व्यापार को आगे बढ़ा सके। लेकिन मैं अन्दर-ही-अन्दर यह भी महसूस कर रहा था कि मोहम्मद सरवर ख़ान के कारोबार की बागडोर सँभालना और अपने ख़ानदानी काम को आगे बढ़ाना अपनी जगह एक अच्छी बात हो सकती थी, पर मैं इस काम के लिए नहीं बना था।

# 8

## नया मोड़ लेती ज़िन्दगी

*'उन्होंने अपने काले बाल पीछे की तरफ़ काढ़ रखे थे और वे मुस्कराती आँखों से मेरी तरफ़ देख रहे थे। देविका रानी ने मुझे उनसे मिलवाते हुए कहा कि मैं अभी-अभी एक एक्टर के तौर पर स्टूडियो में भर्ती हुआ हूँ। उन्होंने बड़ी गर्मजोशी के साथ मुझसे हाथ मिलाया। यह एक ऐसी दोस्ती की शुरुआत थी जो ज़िन्दगी भर क़ायम रही। वे अशोक कुमार थे, जो जल्दी ही मेरे लिए 'अशोक भैया' बन गये।'*

एक सुबह मैं चर्चगेट स्टेशन पर बैठा था। वहाँ से मुझे दादर की ट्रेन पकड़नी थी। मुझे एक नये कारोबार के सिलसिले में एक आदमी से मिलना था। यह ब्रिटिश फ़ौज को लकड़ी की खाटें सप्लाई करने का कारोबार था। अचानक मेरी नज़र डॉ. मसानी पर पड़ी। वे एक बार विल्सन कॉलेज में आये थे, जहाँ मैंने एक साल पढ़ाई की थी। उन्होंने हमें अपने रुझान के अनुसार पेशा चुनने पर बहुत अच्छा लेक्चर दिया था। वे आग़ा जी के पहचान वालों में से थे और मुझे भी अच्छी तरह जानते थे। मैंने उन्हें सलाम किया तो उन्होंने पूछा, "तुम यहाँ क्या कर रहे हो, यूसुफ़?" मैंने उन्हें बताया कि मैं कोई काम करना चाहता था। लेकिन नौकरी नहीं मिल रही थी इसलिए कोई कारोबार करने की सोच रहा था। उन्होंने कहा, "मैं मलाड जा रहा हूँ, जहाँ मुझे बॉम्बे टॉकीज़ की मालकिन से मिलना है। क्यों न तुम भी मेरे साथ चलो? हो सकता है उनके पास तुम्हारे लिए कोई काम हो।"

मैंने कुछ देर सोचा और फिर दादर जाने का इरादा छोड़कर उनके साथ चल पड़ा। मेरे पास बान्द्रा तक का फर्स्ट क्लास का रेलवे पास था, लेकिन मलाड उससे काफ़ी दूर था। टिकट चेकर ने मेरा टिकट मलाड तक बढ़ा दिया। मलाड स्टेशन से बॉम्बे टॉकीज़ कोई ज़्यादा दूर नहीं था। लेकिन डॉ. मसानी को डर था कि कहीं बॉम्बे टॉकीज़ की मालकिन देविका रानी लंच के लिए न निकल जायें, इसलिए हमने टैक्सी पकड़ ली।

मैंने इससे पहले कोई फ़िल्म स्टूडियो नहीं देखा था, किसी तस्वीर में भी नहीं। लेकिन मैंने राज कपूर से बॉम्बे टॉकीज़ के बारे में सुना ज़रूर था क्योंकि वहाँ उनके पिता पृथ्वीराज जी की फ़िल्मों की शूटिंग होती रहती थी। मेरे लिए बॉम्बे स्टूडियो किसी अजूबे से कम न था। वह कई एकड़ में फैला हुआ था। उसमें बाग़ और झरने भी थे। दफ़्तर की बिल्डिंग किसी बँगले की तरह लगती थी, न कि किसी आम दफ़्तर की तरह। हम अन्दर पहुँचे तो देविका रानी ने बड़ी गर्मजोशी से डॉ. मसानी का स्वागत किया और हैरानी से मेरी तरफ़ देखती रहीं। मैं इस इन्तज़ार में था कि डॉ. मसानी मेरा परिचय करवाएँ। वे शालीनता की मूर्ति लग रही थीं। जब डॉ. मसानी ने मेरा परिचय करवाया तो उन्होंने मुझे नमस्ते की और एक कुर्सी खींचकर बैठ जाने के लिए कहा। उनकी नज़रें लगातार मेरे ऊपर टिकी हुई थीं, जैसे मन-ही-मन कुछ सोच रही हों। उन्होंने हमारा परिचय अमिय चकवर्ती से करवाया जो पास ही एक सोफ़े पर बैठे हुए थे। इसके बाद उन्होंने मुझसे पूछा कि क्या मुझे उर्दू की अच्छी जानाकरी है। मैंने 'हाँ' में जवाब दिया तो डॉ. मसानी उन्हें मेरे बारे में और पेशावर और आग़ा जी के बारे में विस्तार से बताने लगे। मैं देख रहा था कि वे बड़े ध्यान से सुन रही थीं। उनके चेहरे पर एक क़ुदरती चमक थी जो उनकी अच्छी सेहत की निशानी थी। मैं सोच रहा था कि पता नहीं वे मुझे किस तरह का काम देंगी, क्योंकि वे उर्दू भाषा की मेरी जानकारी में बहुत दिलचस्पी ले रही थीं।

अचानक ही उन्होंने मुझसे एक ऐसा सवाल किया जो मेरी ज़िन्दगी की दिशा बदल देने वाला था। उन्होंने मेरी तरफ़ घूमते हुए और कुछ मुस्कराते हुए पूछा, "क्या आप एक्टर बनना पसन्द करेंगे? इसके लिए आपको स्टूडियो से 1250 रुपये की माहवार तनख़्वाह मिलेगी।"

मैं बिल्कुल हक्का-बक्का रह गया। मेरी समझ में नहीं आ रहा था कि क्या जवाब दूँ। मैंने डॉ. मसानी की तरफ़ देखा। वे खुद भी उतने ही हैरान थे लेकिन संयत दिखने की कोशिश कर रहे थे। उन्होंने कन्धे उचका दिये तो मैं समझ गया कि इस सवाल का जवाब मुझे ही देना होगा। मैं बेकार के सोच-विचार में समय गँवाना पसन्द नहीं करता। मैंने उनकी मोहक मुस्कराहट का जवाब देते हुए कहा कि मैं शुक्रगुज़ार था कि उन्होंने मुझे एक एक्टर बनने के लायक़ समझा। लेकिन मुझे इस कला के बारे में कुछ भी नहीं पता था और न ही इसका कोई अनुभव था। मैंने सिर्फ़ एक फ़िल्म देखी थी और वह भी देवलाली की फ़ौजी छावनी में दिखायी गयी एक डॉक्यूमेंट्री थी। उन्होंने तर्क करते हुए पूछा, "आपको अपने ख़ानदानी कारोबार का कितना अनुभव है?" मैंने कहा कि मैं सीख रहा था और यह दावा नहीं कर सकता था कि मुझे कोई ख़ास अनुभव था। "यही बात है!" उन्होंने मुस्कराते हुए कहा, "अगर आप मेहनत करके फलों का कारोबार सीख सकते हैं तो फ़िल्म-मेकिंग के बारे में भी सीख सकते हैं। मुझे एक पढ़ा-लिखा नौजवान और सुन्दर अभिनेता चाहिए और मुझे लगता है कि आपमें ये सभी गुण हैं।"

देविका रानी

जल्दी ही लंच का समय हो गया। देविका रानी ने बड़े आदर से हमसे पूछा कि क्या हम उनके साथ लंच करना पसन्द करेंगे। डॉ. मसानी ने विनम्रता से मना कर दिया और हम उनसे विदा लेकर स्टूडियो से बाहर निकल आये। लौटते समय डॉ. मसानी से ज़्यादा बातचीत नहीं हुई। चलती ट्रेन में इस गम्भीर ऑफ़र पर कोई बात करना यूँ भी मुमकिन नहीं था। इसलिए हम दोनों ख़ामोश ही रहे। मैं इस बात से कोई ज़्यादा परेशान नहीं था कि मैं एक्टिंग के बारे में कुछ भी नहीं जानता था। जैसे-जैसे ट्रेन आगे बढ़ती रही, मेरा मन शान्त होता चला गया। मुझे यह सोचकर अच्छा लग रहा था कि एक ऐसी नौकरी मेरे 'हाँ' कहने का इन्तज़ार कर रही थी जिसमें मुझे बहुत मोटी रक़म तनख़्वाह के रूप में मिलने जा रही थी।

घर पहुँचकर मैंने अयूब साहब को इस ऑफ़र के बारे में बताया। उन्हें यक़ीन ही नहीं हो रहा था कि इतनी बड़ी रक़म हर महीने मिल सकती थी। उन्होंने कहा कि देविका रानी ने ज़रूर 1250 रुपये सालाना तनख़्वाह के लिए कहा होगा। अयूब साहब को पता था कि राज कपूर को 170 रुपये माहवार तनख़्वाह मिलती थी, तो फिर मुझे कैसे 1250 रुपये मिल सकते थे? मुझे भी यही लगा कि अयूब सही कह रहा था। भला हर महीने इतनी बड़ी रक़म मुझे किस आधार पर मिल सकती थी? जब मैंने सालाना के हिसाब से सोचना शुरू किया तो मुझे लगा कि यह कोई बहुत बड़ी रक़म नहीं थी। इससे आग़ा जी का बोझ कम होने की उम्मीद नहीं थी। मेरे लिए यह निहायत ज़रूरी था कि इतना कमाऊँ कि आग़ा जी को उनके कारोबार में मेरे हाथ न बँटाने का अफ़सोस न हो।

अयूब साहब के अलावा घर में किसी को भी इस बात का पता नहीं था। बड़े भाई नूर साहब को तो कोई फ़िक्र ही नहीं थी और वे अपनी ही दुनिया में रहते थे। वे सिर्फ़ खाने के समय ही घर में दिखायी देते थे। मुझे लगा कि डॉ. मसानी से ऑफ़र के बारे में बात कर लेनी चाहिए और उन्हें अपना फ़ैसला बता देना चाहिए। मैं चर्चगेट में उनके घर गया और मैंने उनसे कहा कि 1250

रुपये सालाना तो बहुत कम थे, क्योंकि मुझे रोज़ाना ट्रेन से मलाड जाना पड़ता जो बहुत दूर था। डॉ. मसानी को पक्का यक़ीन था कि मुझे यह रक़म हर महीने मिलने वाली थी। फिर भी उन्होंने मेरे सामने देविका रानी को फ़ोन किया। उनकी बातों और मुस्कराहटों से मैंने अन्दाज़ा लगाया कि वे बातचीत से काफ़ी ख़ुश थे। रिसीवर रखने के बाद उन्होंने मुझसे कहा कि 1250 रुपये माहवार तनख़्वाह थी, न कि सालाना। उन्होंने कहा कि देविका रानी को मेरे अन्दर बहुत सम्भावना दिखायी दे रही थी, इसलिए उन्होंने इतना अच्छा ऑफ़र दिया था कि मैं इनकार न कर सकूँ।

अगले दिन मुझे डॉ. मसानी से एक बार फिर चर्चगेट स्टेशन पर मिलना था। वह 1942 का साल था और शुक्रवार का दिन था। तारीख़ मुझे याद नहीं है। मैं नमाज़ पढ़ने और दोपहर का खाना खाने के बाद चुपचाप घर से निकल पड़ा। किसी को भी पता नहीं था कि मैं कहाँ जा रहा था।

पहले की तरह ही हम दोनों चर्चगेट से ट्रेन पकड़कर मलाड के लिए निकल पड़े। उस दोपहर जब दरबान ने हमारी टैक्सी के लिए गेट खोला तो बॉम्बे टॉकीज़ पहले से ज़्यादा अपनेपन के साथ हमारा स्वागत करता हुआ लगा। पहले से ज़्यादा मोहक और लुभावना भी।

देविका रानी अपने दफ़्तर में बिल्कुल अकेली बैठी थीं—उस ख़ूबसूरत मेज़ के पीछे जो हमेशा साफ़-सुथरी रहती थी। उन्हें पता था कि मैं उनके ऑफ़र को स्वीकार करने आया था, इसलिए बहुत ज़्यादा बात नहीं हुई। उन्होंने कहा कि नौकरी से जुड़े कग़ज़ात उनके सहायक मिस्टर अय्यर तैयार कर देंगे। वे इस बात पर ज़ोर दे रही थीं कि मुझे फ़ौरन काम शुरू कर देना चाहिए। उन्होंने कहा कि अच्छा तो यह होगा कि मैं अगले दिन से ही काम पर आ जाऊँ और उन लोगों से मिल लूँ जिनके साथ मुझे काम करना था। मैंने उनसे तनख़्वाह के बारे में कुछ नहीं पूछा। मैं जानता था कि चार अंकों वाली वह रक़म ही, जो उन दिनों बहुत बड़ी बात थी, मुझे एक ऐसे पेशे में ले आयी थी जिसके बारे में मेरे पिता के अच्छे ख़यालात नहीं थे। वे कई बार राज कपूर के दादा जी दीवान बशेशरनाथ जी से मज़ाक़ में कहते रहते थे कि क्या उनके बेटे को नौटंकी के अलावा कोई और पेशा नहीं मिला!

हमारे लिए चाय आयी तो मैंने देखा कि ट्रे अंग्रेज़ी लेस की किनारी वाले बहुत ख़ूबसूरत सफ़ेद कपड़े से ढँकी हुई थी। चाय लाने वाला भी बहुत सलीक़े के कपड़े पहने हुए था। उसने सभी कपों में चाय और फिर दूध और शक्कर डालकर चम्मच से इस तरह हिलाया कि एक बूँद भी बाहर न छलके। एक हिन्दुस्तानी लड़के को अंग्रेज़ ख़ानसामों की तरह इतने सलीक़े से चाय बनाते देखना सचमुच बड़ा ख़ुशनुमा अनुभव था।

शाम ढलने के बाद मैं घर पहुँचता तो मैंने अम्माँ को बताया कि मुझे एक

ऐसी नौकरी मिल गयी थी जिसमें मुझे हर महीने 1250 रुपये तनख़्वाह मिलेगी। इससे न सिर्फ़ उनका घरख़र्च और भाई-बहनों की पढ़ाई का ख़र्च निकल जायेगा बल्कि कुछ पैसे आगे की ज़रूरतों के लिए भी बचाकर रखे जा सकते थे। वे जानना चाहती थीं कि ऐसा कौन-सा काम था जिसमें मुझे इतने सारे पैसे मिलने वाले थे। मैंने उन्हें भरोसा दिलाया कि वह इज़्ज़त का काम था और मुझे इसलिए दिया गया था क्योंकि मुझे उर्दू की बहुत अच्छी समझ थी। वे यह सुनकर ख़ुश हो गयीं कि मेरी नौकरी का ताल्लुक़ उर्दू ज़ुबान से था, इसलिए काम अच्छा ही होगा। यहाँ यह याद दिलाना भी ज़रूरी है कि उस वक़्त हालात बहुत नाज़ुक थे और हर तरफ़ उथल-पुथल का माहौल था। दूसरा विश्वयुद्ध जारी था और आज़ादी की लड़ाई भी ज़ोर पकड़ रही थी।

अगली सुबह भी आम दिनों की तरह शुरू हुई। मैं जल्दी से तैयार होकर चुपचाप घर से निकल पड़ा और ठीक समय पर नौ बजे स्टूडियो पहुँच गया। देविका रानी ने मेरा स्वागत किया और मुझे उस जगह ले गयीं, जहाँ शूटिंग की तैयारियाँ चल रही थीं। वे एक ऐसे शख़्स के पास जा खड़ी हुईं जिन्होंने बहुत ख़ूबसूरत लिबास पहन रखा था और चेहरे से बहुत भले और शरीफ़ इंसान लग रहे थे। मुझे वे कुछ जाने-पहचाने से लगे और मुझे याद आया कि मैं क्रॉफर्ड

*उम्र भर के दोस्त—अशोक कुमार के साथ*

मार्केट के पास लगे पोस्टरों और बैनरों में उनकी लुभावनी तस्वीरें देख चुका था। उन्होंने अपने काले बाल पीछे की तरफ़ काढ़ रखे थे और वे मुस्कराती आँखों से मेरी तरफ़ देख रहे थे। देविका रानी ने मुझे उनसे मिलवाते हुए कहा कि मैं अभी-अभी एक एक्टर के रूप में स्टूडियो में भर्ती हुआ हूँ। उन्होंने बड़ी गर्मजोशी के साथ मुझसे हाथ मिलाया। यह एक ऐसी दोस्ती की शुरुआत थी जो ज़िन्दगी भर क़ायम रही। वे अशोक कुमार थे, जो जल्दी ही मेरे लिए 'अशोक भैया' बन गये। (10 दिसम्बर 2001 को वे इस दुनिया से विदा हो गये।)

अशोक कुमार हमें साथ लेते हुए फ़िल्म के सेट से बाहर आ गये। उन्होंने एक लड़के को आवाज़ देकर अपने मेकअप रूम की चाबी लाने के लिए कहा। तभी हमने एक नौजवान को हमारी तरफ़ आते देखा। वे राज कपूर थे तो मुझे वहाँ देखकर चकरा-से गये। जब मैंने उन्हें बताया कि मैं बतौर एक एक्टर स्टूडियो में भर्ती हो गया था तो उन्होंने अपने मस्ती भरे और मज़ाक़िया अन्दाज़ में मुझसे पूछा, "क्या तुम्हारे पिता जी को मालूम है?" मैं चुप रहा क्योंकि अशोक कुमार और देविका रानी मेरी बग़ल में ही खड़े थे। देविका रानी को यह देखकर बहत अच्छा लगा कि राज कपूर और मैं एक-दूसरे को जानते थे। राज कपूर उन्हें खालसा कॉलेज के उन दिनों के बारे में बताने लगे, जब हम फुटबॉल खेला करते थे। "कितनी अच्छी बात है", देविका रानी ने कहा, "काश! अपने स्कूल के दिनों में मैं भी लड़कों की तरह फुटबॉल खेल पाती!"

देविका रानी हम तीनों को वहीं छोड़कर अपने दफ़्तर की तरफ़ बढ़ गयीं। मैं यह देखकर हैरान हो रहा था कि राज कपूर और अशोक कुमार आपस में कितनी बेतकल्लुफ़ी से बात कर रहे थे। यह कोई उस तरह का दफ़्तर नहीं था, जहाँ किसी सीनियर को 'सर' कहना पड़े और जब ज़रूरी हो, तभी बोला जाये। राज कपूर बड़े मज़े ले-लेकर खालसा कॉलेज की मस्ती भरे दिनों के बारे में बता रहा था। मुझे डर था कि कहीं वह स्टूडियो में यह राज़ न खोल दे कि मैं अपने पिता को बताये बिना वहाँ काम कर रहा था। मैं नहीं चाहता था कि यह बात स्टूडियो के लोगों तक पहुँचे क्योंकि इससे मेरी इमेज पर बुरा असर पड़ता। लेकिन राज ने ऐसा कुछ नहीं कहा तो मेरी जान-में-जान आयी। इसमें कोई शक नहीं था कि राज मुझे वहाँ देखकर बहुत ख़ुश हुआ था और उसने इस पेशे में मेरा स्वागत किया था। लेकिन वह यह भी जानता था कि कॉलेज के दिनों में मैं कितना शर्मीला हुआ करता था। इसलिए वह यह ज़रूर सोच रहा होगा कि मैं एक ऐसे पेशे में कैसे टिक पाऊँगा, जहाँ एक शर्मीले और अपने आपमें सिमटे रहने वाले नौजवान का कोई काम नहीं था।

अगले दिन स्टूडियो में मुझे शाहनवाज़ ख़ान नाम के एक शख़्स से मिलवाया गया, जो एक मुँहफट और रूखा आदमी निकला। उसने छूटते ही मुझसे पूछा कि क्या मैं पठान हूँ। मैंने 'हाँ' में जवाब दिया तो वह हँसने लगा, जैसे मैंने कोई

अजीब बात कह दी हो। उसने कहा कि वह मेरे गालों की रंगत और ख़ामोश मिज़ाज से पहले ही समझ गया था कि मैं पठान था। मेरा मन हुआ कि उससे पूछूँ कि अगर उसे पता था तो यूँ घोड़े की तरह हिनहिनाकर हँसने की क्या ज़रूरत थी। इसके बाद उसने पूछा कि हम कितने भाई थे। मैंने कहा ''पाँच'' तो वह फिर हँसने लगा। मुझे लगा कि मेरा पाला किसी पागल आदमी से पड़ गया था। उसने कहा, ''अगर तुम छह भाई भी होते तो मेरा क्या बिगाड़ लेते!'' मुझे लगा कि अब कुछ ज़्यादा ही हो गया था और वह मेरी निजी ज़िन्दगी में दख़ल दे रहा था। मैं उठकर देविका रानी के पास गया और मैने उन्हें बताया कि कैसे बेवकूफ़ आदमी से मेरा पाला पड़ गया था। उन्होंने कुछ कहने के बजाय मेरी पीठ थपथपाई और मुझे घर भेज दिया।

मेरे जाने के बाद उन्होंने ज़रूर उसे लताड़ा होगा क्योंकि अगले दिन वह मुझसे माफ़ी माँगने वाले अन्दाज़ में बोला कि उसका मक़सद मुझे ग़ुस्सा दिलाना नहीं था। उसने कहा कि बॉम्बे टॉकीज़ में इस तरह की आपसी छेड़छाड़ कोई नयी बात नहीं थी। मैं सोचने लगा कि भला ऐसा कैसे हो सकता था। तब तक मुझे वहाँ अशोक भैया या डेविड अब्राहम (जाने-माने कैरेक्टर एक्टर) जैसे जो भी लोग मिले थे, बड़े शालीन और मीठे स्वभाव के लगे थे। मुझे पता चला कि डेविड को मेरी और शाहनवाज़ की बातचीत की जानकारी थी। उन्होंने मुझे शाहनवाज़ को नज़रअन्दाज़ करते देखा तो मुझसे पूछा, ''क्या तुम ईद पर ग्रीटिंग कार्ड वग़ैरह लेते-देते हो?''

ईद के दिन मुझे शाहनवाज़ की तरफ़ से एक ग्रीटिंग कार्ड मिला। इसके साथ एक पीले रंग का पैकेट भी था जिस पर हाथ से लिखा हुआ था—यह तुम्हारे उन बालों के लिए है। पहले तो मेरे मन में आया कि देविका रानी को दिखाऊँ। लेकिन फिर मुझे लगा कि यह ठीक नहीं होगा। मैं सीधा घर के लिए निकल पड़ा। अगले दिन मैं स्टूडियो पहुँचा तो मैंने डेविड के उसी टेबल पर अपने उन बालों समेत वह पीला पैकेट और साथ में ग्रीटिंग कार्ड रख दिया। डेविड ने यह सब देखा तो झट से शाहनवाज़ को बुलाकर उसे भी यह सब दिखाया और फिर दोनों ज़ोर-ज़ोर से हँसने लगे। इसके बाद शाहनवाज़ ने मुझसे कहा, ''अब तुम भी हमारी जमात में शामिल हो गये हो। हमें लग रहा था कि तुम्हारी चुप्पी को तोड़ने के लिए तुम्हारी थोड़ी रैगिंग ज़रूरी है। पर अब इसके बाद और रैगिंग नहीं।'' उसने आगे बढ़कर मुझे गले से लगाते हुए मुबारकबाद दी।

# 9

# लाइट्स, कैमरा, एक्शन

*'मैं यह जान गया कि एक एक्टर को अपने 'इंस्टिंक्ट' को मज़बूत करना चाहिए, क्योंकि असली और नक़ली के दोहरेपन को दिमाग़ नहीं सुलझा पाता। दिमाग़ हमेशा सत्य और तर्क के हिसाब से सोचना पसन्द करता है। दिमाग़ कहता है, "यह सब बकवास है! यह औरत जिससे तुम बात कर रहे हो, तुम्हारी माँ नहीं है या यह लड़की जो बड़े प्यार से तुम्हारी तरफ़ देखकर अपनी पलकें झपका रही है, तुम्हारी कुछ नहीं लगती!" सिर्फ़ आपके 'इंस्टिंक्ट्स ही' आपको स्क्रीनप्ले की भावनाओं को अपने दिलोदिमाग़ में उतारकर ऐसा अभिनय करने की प्रेरणा देते हैं जो सच्चाई और विश्वसनीयता में लिपटा हुआ हो—इस जानकारी के बावजूद कि यह सब नक़ली है, नाटक है।*

ज़िन्दगी के उस मुक़ाम पर बॉम्बे टॉकीज़ मेरे साथ घटने वाली सबसे ख़ुशनुमा घटना थी। मुझे उससे अच्छी नौकरी नहीं मिल सकती थी, जैसीकि देविका रानी ने मुझे बिन माँगे ही थमा दी थी। मुझे सचमुच ही इस बात का ज़रा भी इल्म नहीं था कि कैमरे के सामने एक्टिंग कैसे की जाती थी। इसके बारे में पढ़कर और सीखकर ही जाना जा सकता था। ख़ुशी की बात यह थी कि स्टूडियो का माहौल किसी यूनिवर्सिटी या कल्पनालोक की तरह था मानो हमारे सपनों के घर, सड़कें और बाग़-बग़ीचे हमारे सामने साकार हो उठे हों। मुझे पता चला कि स्टूडियो में मौजूद ये सभी चीज़ें दरअसल पक्के या स्थायी सेट थे, जिन्हें शूटिंग के लिए इस्तेमाल किया जाता था। मैं सोचता था कि इस लम्बे-चौड़े स्टूडियो में इधर-उधर मैं जिन ख़ूबसूरत और लुभावनी जगहों को देख रहा था, उनका फ़िल्मों में कैसे इस्तेमाल होता होगा। मेरे लिए यह बहुत दिलचस्प बात थी। देविका रानी भी यही चाहती थीं कि पहले दो महीनें मैं हर शूटिंग मैं मौजूद रहकर फ़िल्में बानते देखूँ और सीखूँ। मैं हर सुबह स्टूडियो पहुँच जाता और सीधा उस सेट पर चला जाता, जहाँ फ़िल्म की शूटिंग हो रही थी।

उन दिनों अशोक कुमार 'क़िस्मत' फ़िल्म (जो 1943 में रिलीज़ हुई) के आख़िरी हिस्सों की शूटिंग कर रहे थे। फ़िल्म के निर्देशक ज्ञान मुखर्जी और उनके असिस्टेंट ज़रूरत के हिसाब से लाइटिंग के सामान को इधर-से-उधर करते रहते थे। मुझे उन सहायकों से ही पता चला कि अशोक भैया कितने कामयाब स्टार थे। 1941 में लीला चिटनिस के साथ उनकी फ़िल्म 'झूला' ने ख़ूब धूम मचायी थी और अब वही डायरेक्टर 'क़िस्मत' बना रहे थे। फ़िल्म की यूनिट के सभी लोगों में बड़ा जोश दिखायी देता था। मैं समझ नहीं पाता था कि कोई फ़िल्म हिट कैसे होती थी और प्रोड्यूसर और स्टूडियो मुनाफ़ा कैसे कमाते थे।

अशोक भैया सेट पर आये तो जिस तरह पूरी यूनिट (टीम) में ख़ुशी की लहर दौड़ गयी, उससे मेरी समझ में आया कि वे कितने बड़े स्टार थे। वे मुस्कराते हुए निर्देशक ज्ञान मुखर्जी और निर्माता शशधर मुखर्जी से बात करने लगे। थोड़ी देर बाद उन्होंने मुझे देखा तो मेरे पास आकर इतनी बेतकल्लुफ़ी से बात करने लगे, जैसे हम एक-दूसरे को बरसों से जानते हों। उनमें किसी तरह का कोई नख़रा या घमण्ड दिखायी नहीं देता था। उन्होंने कहा कि उन्हें पता था कि मैं सेट पर किसलिए मौजूद रहता था। "देखो, यह सब बहुत आसान है," उन्होंने कहा और मुझे साथ लेते हुए शूटिंग फ़्लोर से बाहर आ गये। उन्होंने कुर्सियाँ मँगवाईं और मुझे अपने पास बिठाते हुए बोले, "तुम एक ख़ूबसूरत नौजवान हो और मैं देख रहा हूँ कि तुम्हारे अन्दर सीखने की ललक है। एक्टिंग बहुत आसान काम है। तुम्हें बिल्कुल उस तरह करना है, जैसेकि तुम सचमुच इस तरह के हालात में करते। अगर तुम एक्टिंग करने की कोशिश करोगे तो बहुत नक़ली लगेगा।"

उन्होंने मेरे चेहरे पर उलझन के भाव देखे तो हँसने लगे। उनकी हँसी में एक गरमाहट थी। धीरे-धीरे उनकी बात मेरी समझ में आने लगी। पिछले दिन जब मैं कैमरे के पीछे असिस्टेंट कैमरामेन के पास बैठकर शूटिंग देख रहा था तो मैंने अशोक भैया को उसी तरह हँसते देखा था, जैसेकि वे अभी हँसे थे। उनका हँसने का अन्दाज़ बिल्कुल स्वाभाविक था।

अशोक कुमार ने मुझे निर्माता शशधर मुखर्जी से मिलवाया जो उनके बहनोई थे। (अशोक कुमार की बहन सती देवी का विवाह मुखर्जी साहब से हुआ था, इसलिए दोनों एक-दूसरे से ख़ूब घुले हुए थे।) अशोक भैया का ऐसा स्वभाव था कि वे अजनबियों से दोस्ती करने में ज़रा भी नहीं हिचकते थे। वे स्टूडियो की कैंटीन में काम करने वाले लड़के से लेकर अपने सह-कलाकारों और तकनीशियनों तक हर किसी से बड़ी बेतकल्लुफ़ी से बात करते थे। मैं उनसे हर रोज़ मिलता था और वे मुझे एक ऐसे छोटे भाई की तरह देखते थे जिसे उन्हें रास्ता दिखाना था। उनके साथ रहते-रहते धीरे-धीरे मेरी झेंप और चुप रहने की आदत कम होने लगी। 'क़िस्मत' की शूटिंग पूरी होते-होते मैं सेट पर काफ़ी सहज महसूस करने लगा था।

मैं स्टूडियो में हर रोज़ जो कुछ देखता था, वह मुझे अच्छा भी लगता था और दिलचस्प भी—किसी दफ़्तर में काम करने या आग़ा जी का फलों का व्यापार करने से कहीं ज़्यादा।

अशोक भैया नज़दीक ही रहते थे और शशधर मुखर्जी साहब भी (जो एस. मुखर्जी के नाम से मशहूर थे)। वह बॉम्बे टॉकीज़ में बदलाव का दौर था। अपने पति हिमांशु राय के गुज़रने के बाद देविका रानी स्टूडियो का कामकाज देखती रही थीं। लेकिन अब वे जाने-माने सोवियत पेंटर स्वेतोस्लाव रोरिक (Svetoslav Roerich) से शादी करने की सोच रही थीं और स्टूडियो की देखरेख का काम एस. मुखर्जी और अमिय चक्रवर्ती को सौंपना चाहती थीं।

वे शूटिंग के दौरान सेट पर आती रहती थीं और ज़रूरी सुझाव देती थीं। उन्हें फ़िल्म-मेकिंग से जुड़ी हर बात की जानकारी थी। वे जर्मनी के यूएफए स्टूडियो के लिए एक शिष्या के रूप में काम कर चुकी थीं। उन्होंने सिर्फ़ एक्टिंग की ही ट्रेनिंग नहीं ली थी बल्कि उन्हें मेकअप, सेट डिज़ाइन, कॉस्ट्यूम डिज़ाइन वग़ैरह की भी गहरी जानकारी थी। वे हमेशा बहुत सुन्दर और शालीन कपड़े पहनती थीं। वे हम लोगों से बात करतीं तो उनकी मौजूदगी बहुत गरिमापूर्ण रहती थी। उन्हें इस बात की ख़ुशी थी कि अशोक भैया और एस. मुखर्जी साहब के साथ मेरी बहुत अच्छी पट रही थी। वे ब्रेक के दौरान शूटिंग के सेट पर आतीं तो यूनिट के सभी लोग कोई फालतू बात न करने का ध्यान रखते। जर्मन कैमरामैन अपनी मातृभाषा में उनसे बात करता तो वे उसी भाषा में उन्हें जवाब देकर बहुत ख़ुश महसूस करतीं।

अशोक भैया उन दिनों फ्रेंच सीख रहे थे, ताकि विदेशी भाषाओं की जानकारी की उनकी लिस्ट में एक भाषा और जुड़ जाये। सिनेमेटोग्राफ़र और देविका रानी के बीच जर्मन भाषा में बात होती तो अशोक भैया भी झट से इस बातचीत में शामिल हो जाते, जबकि एस. मुखर्जी और मैं चुपचाप खड़े उन्हें देखते रहते।

तब तक एस. मुखर्जी से मैं काफ़ी घुल-मिल गया था जो एक कुलीन और सुलझे हुए शख़्स थे। एक दोपहर उन्होंने मुझसे पूछा कि क्या मैं उर्दू शायरी अच्छी तरह पढ़ सकता था। मैंने जवाब दिया कि मैं फ़ारसी भी उतने ही फर्राटे से पढ़ लेता था, क्योंकि मैं एक ऐसे माहौल में बड़ा हुआ था जहाँ मेरे चाचा और फूफियाँ आपस में उर्दू और फ़ारसी शायरी का मुक़ाबला किया करते थे। उन्होंने कहा कि शाम को शूटिंग के पैकअप के बाद चाय का दौर चलेगा तो वे मुझे फ़ारसी शायरी पढ़कर सुनाने के लिए कहेंगे। "मैं देखना चाहता हूँ कि वे क्या कहते हैं!" उन्होंने मुस्कराते हुए कहा। मैं समझ गया कि वे अशोक भैया की बात कर रहे थे, जिन्हें बहुत-सी भाषाएँ आती थीं। एस. मुखर्जी उनके बहनोई थे और थोड़ा मज़ा लेना चाहते थे। जब शाम ढलने को हुई और स्टूडियो

के पेड़ों के झुण्ड के पीछे सूरज धीरे-धीरे अस्त होने लगा तो हमेशा की तरह अशोक भैया, एस. मुखर्जी और मैं शूटिंग के स्टेज के बाहर बेंत की कुर्सियाँ लगाकर बैठ गये। "कितनी सुहानी शाम है!" एस. मुखर्जी ने अचानक ही कहा, "यूसुफ़ आज कुछ उर्दू शायरी हो जाये।" मैं इसके लिए पहले से ही तैयार था। मैंने उन्हें वही शायरी सुना दी जो मैं अयूब साहब का मन बहलाने के लिए उन्हें देवलाली में सुनाता रहता था, जब वे घोड़े से गिरकर अपनी टाँग ज़ख़्मी कर बैठे थे। अशोक भैया ने सब कुछ बहुत ध्यान से सुना, लेकिन मज़े की बात यह थी कि ख़ुद एस. मुखर्जी साहब उस शायरी में इतने खो गये कि अशोक भैया की चुटकी लेना ही भूल गये।

मैंने सुनाना बन्द किया तो अशोक भैया खड़े होकर तालियाँ बजाने लगे। मुझे हैरानी तब हुई, जब एस. मुखर्जी साहब भी कुर्सी से उठकर तालियाँ बजाने लगे। जैसीकि उम्मीद थी, अशोक भैया ज़िद करने लगे कि मैं उन्हें उर्दू सिखाऊँ। मैंने कहा कि मैं तैयार हूँ, बशर्ते कि वे भी मुझे थोड़ी-बहुत फ्रेंच और जर्मन सिखाने का वादा करें। वे झट से तैयार हो गये। इसके बाद एस. मुखर्जी साहब ने जो बात कही, वह सबसे ज़्यादा हैरान कर देने वाली थी। उन्होंने कहा कि वे मुझे अपने सभी लेखकों से मिलवाना चाहते थे, ख़ासकर बंगाली लेखकों से। "मैं चाहता हूँ कि हमारी स्टोरी-सिटिंग में तुम भी शामिल हुआ करो और कहानी पर काम करने वाले लेखकों की टीम का हिस्सा बन जाओ," उन्होंने बहुत गम्भीरता से कहा। मुझे यह बड़ा अटपटा लग रहा था कि अमिय चक्रवर्ती और ज्ञान मुखर्जी जैसे निर्देशकों की लिखी कहानियों के संवादों पर चर्चा में मैं भी हिस्सा लूँ। यह सच था कि एस. मुखर्जी साहब ने अपने तरीक़े से इन दोनों से मेरी दोस्ती करवा दी थी, फिर भी उनकी कहानियों व संवादों पर मेरा कुछ कहना मुझे बहुत अजीब लग रहा था। मैंने तब तक एक ट्रायल शॉट के लिए भी कैमरे का समना नहीं किया था, जबकि वे दोनों मंजे हुए निर्देशक थे। एस. मुखर्जी साहब मुझे उनके साथ बराबरी का दर्जा देने की बात कर रहे थे। वे दोनों ही अपनी मातृभाषा में बेजोड़ थे, फिर भी बिना किसी झिझक के यह भी मानते थे कि उनकी उर्दू उतनी अच्छी नहीं थी। एस. मुखर्जी साहब का कहना था कि उर्दू की अच्छी जानकारी के कारण मैं फ़िल्म के डायलॉग लिखने के लिए उन्हें अपने सुझाव दे सकता था।

स्टूडियो में हर कोई एस. मुखर्जी साहब की बहुत इज़्ज़त करता था। एक तो वे ख़ूब पढ़े लिखे थे और बहुत बढ़िया अंग्रेज़ी बोलते थे, दूसरे उन्हें स्टूडियो में बॉम्बे टॉकिज़ के संस्थापक हिमांशु राय लेकर आये थे। एस. मुखर्जी साहब इलाहाबाद यूनिवर्सिटी में साइंस के प्रोफ़ेसर थे और विदेश में आगे पढ़ाई के इरादे से बम्बई में किसी से मिलने आये थे। हिमांशु राय की अचानक ही उनसे मुलाक़ात हो गयी। वे स्टूडियो में एक साउंड डिपार्टमेंट खोलने के लिए किसी

सही आदमी की तलाश में थे और उन्हें लगा कि एस. मुखर्जी साहब में वे सभी ख़ूबियाँ थीं। उन्होंने किसी तरह इस विद्वान प्रोफ़ेसर को फिज़िक्स में आगे पढ़ाई करने का इरादा छोड़कर स्टूडियो में एक ऊँचे दर्जे के साउंड डिपार्टमेंट की स्थापना करने और उसकी बागडोर सँभालने के लिए राज़ी कर लिया। हिमांशु राय ख़ुद भी देविका रानी की तरह जर्मनी के यूएफए स्टूडियो से जुड़े रहे थे, जहाँ वे एक प्रोड्यूसर थे। पूरे एशिया में वे ऐसे इकलौते स्टूडियो के मालिक थे जो पूरे प्रोडक्शन यूनिट के भी प्रमुख थे। उनके स्टूडियो में फ्रिज़ लांग (Fritz Long) और जोसेफ़ वॉन स्टर्नबर्ग (Josef Von Sternberg) जैसे नामी जर्मन निर्देशक काम करते थे।

एस. मुखर्जी साहब साहब अकसर अपनी और मेरी मिलती-जुलती तक़दीर के बारे में बात करते थे। हम दोनों अचानक ही एक ऐसे पेशे में आ गये थे जिसके बारे में हमने सोचा तक नहीं था। वे झाँसी में एक अंग्रेज़ी स्कूल में पढ़े थे तो मैं भी देवलाली में बर्न्स (Barnes) स्कूल में पढ़ा था, जहाँ अंग्रेज़ी पर बहुत ज़्यादा ज़ोर था। अपने बंगाली दायरे को छोड़कर वे हमेशा अंग्रेज़ी में ही बात करते थे। इस बीच मैं हर रोज़ शूटिंग देखकर और अशोक भैया से बातचीत करके अपने आपको अपनी पहली फ़िल्म के लिए तैयार कर रहा था। अशोक भैया जब भी रिहर्सल करते या शॉट देते तो मैं बड़े ग़ौर से उन्हें देखता रहता। मैंने ध्यान दिया कि वे कैमरे के सामने सोचे-समझे ढंग से व्यवहार करते थे, जिसके लिए वे अपने हिसाब से तैयारी करते थे। मसलन, वे सिगरेट को बिना जलाये अपने होंठों में दबाये रखते और फिर इधर-उधर कुछ तलाश करते हुए देखते, फिर सिगरेट को होंठों से हटा लेते, दो क़दम चलते, फिर रुककर सिगरेट को वापस होंठों से लगाते और उसे जलाकर कैमरे के सामने डायलॉग बोलते। मुझे यह सब देखकर बहुत अच्छा लगता था और मेरी समझ में आता था कि किसी सीन को अच्छी तरह से करने का मतलब था कि कैमरे के सामने एक्टिंग न करो। अशोक भैया ने 'एक्टिंग न करने' की बात कही थी, लेकिन वे किसी सीन के बारे में अपने ढंग से सोचते थे और उसे कैमरे के सामने एक्टिंग करके इस तरह पेश करते थे कि एक्टिंग न लगे। मेरी समझ में आने लगा कि अपनी भावनाओं को जगाने के लिए मुझे इस मामले में अपने ढंग से कुछ करना होगा।

मुझे एस. मुखर्जी साहब से अकेले में बात करने का मौक़ा मिलता तो मैं उन्हें बताता था कि मैंने क्या देखा-समझा था। वे मुझे ज़्यादा-से-ज़्यादा फ़िल्में देखने और यह समझने की सलाह देते कि अलग-अलग एक्टर कैसे लम्बे-लम्बे और मुश्किल सीनों को अंजाम देते थे। उनकी बात तो सही थी, लेकिन स्टूडियो से सीधा सिनेमा जाकर देर से घर पहुँचना बहुत मुश्किल काम था। इसके अलावा अगर कोई मुझे देख लेता और आग़ा जी से ज़िक्र कर देता तो उनके दिमाग़ में सवाल उठने लगते। उन्हें पता था कि फ़िल्मों में मेरी कोई दिलचस्पी नहीं थी।

उनकी नज़र में मैं एक एथलीट था और दिल से एक फुटबॉल खिलाड़ी, जिसे खेल के मैदान के अलावा और कहीं मज़ा न आता।

मैं हर शाम छह बजे मलाड से चर्चगेट की लोकल पकड़ता था। मेरे पास सेकंड क्लास का सीज़न टिकट था जिसके कारण मैं थर्ड क्लास के डिब्बों की धक्का-मुक्की से बचा रहता था। चर्चगेट से मैं क्रॉफर्ड मार्केट की बस लेता और वहाँ से नागदेवी के अपने घर तक पैदल जाता। रास्ते में कोई दोस्त मिल जाता तो मेरे काम के बारे में पूछने लगता। मैं यही जवाब देता कि मैं किसी कम्पनी में काम सीख रहा था, जहाँ 1500 लोग काम करते थे। मैं इस बातचीत को लम्बा नहीं खिंचने देता और जल्दी घर पहुँचने का बहाना करके खिसक लेता।

घर में अम्माँ घरवालों और मेहमानों की ख़ातिरदारी में लगी रहती थीं। मैंने कभी उन्हें आराम से बैठे या दो घड़ी झपकी लेते नहीं देखा। वे पूछतीं तो मैं कह देता कि इज़्ज़त का काम था और मैं बहुत ख़ुश था। उनके पास ज़्यादा सवाल करने का समय ही नहीं होता था। मेरी बड़ी बहन सकीना आपा ज़रूर कुरेद-कुरेदकर कुछ जानने की कोशिश में लगी रहती थीं। घर में या पड़ोस में क्या हो रहा था, उन्हें पूरी ख़बर रहती थी। वे कभी-कभार ही रसोई के काम में अम्माँ का हाथ बँटातीं। अम्माँ उनके ग़ुस्सैल स्वभाव की वजह से उन्हें कुछ ज़्यादा कहती भी नहीं थीं। कभी-कभी जब सकीना आपा मेरे काम को लेकर मेरे पीछे पड़ जातीं तो मैं किसी तरह उन्हें बातों में उलझा लेता। वे यह सोचकर ख़ुश हो जातीं कि मैं कितने सारे पैसे घर में लाने वाला था।

अयूब साहब अच्छी तरह से जानते थे कि मैं क्या कर रहा था। हमारे बीच बड़ा क़रीबी रिश्ता था, एक ऐसा तार जो कभी टूट नहीं सकता था। वे बहुत तेज़ दिमाग़ के और जज़्बाती इंसान थे। उर्दू और अंग्रेज़ी साहित्य की उनकी समझ इतनी गहरी थी कि उन्हें साहित्य का विद्वान कहा जा सकता था। वे मेरे काम को लेकर बहुत ख़ुश तो थे, लेकिन उन्हें इस बात का भी डर था कि शर्मीले स्वभाव और कम बोलने की आदत की वजह से कहीं मेरा रास्ता मुश्किल न हो जाये। मैं उनसे कहा करता था कि मैं इस बारे में ज़्यादा नहीं सोचना चाहता, क्योंकि इससे अच्छा काम करने में रुकावट आ सकती थी। वे आग़ा जी को पता चल जाने की बात करते तो भी मैं यही जवाब दिया करता था।

सच्चाई यह है कि मुझे ज़रा भी घबराहट या चिन्ता महसूस नहीं हो रही थी।

एक सुबह जब मैं स्टूडियो पहुँचा तो मुझे यह सन्देश मिला कि देविका रानी मुझसे अपने दफ़्तर में मिलना चाहती थीं। मैंने सोचा पता नहीं क्या बात थी। इतना तो पक्का था कि उन्हें किसी तरह की नाराज़गी नहीं हो सकती थी, क्योंकि वे जब भी मिलती थीं तो बड़े स्नेह से बात करती थीं। फिर क्या बात हो सकती थी?

मैं उनके कमरे में दाख़िल हुआ तो वे हमेशा की तरह ख़ूबसूरत और शालीनता में लिपटी हुई लग रही थीं। उनकी मुस्कराहट में वही जानी-पहचानी गरिमा थी। उन्होंने मुझे बैठने के लिए कहा। इधर-उधर की कुछ बातें करने के बाद उन्होंने पूछा कि क्या मैं चाय पीना चाहूँगा, जो शहर के एक ख़ास अंग्रेज़ी स्टोर से ख़रीदी गयी चाय की पत्तियों से बनायी जाती थी। मैं सोच रहा था कि पता नहीं उनके दिमाग़ में क्या था। फिर उन्होंने ख़ुद ही मुद्दे पर आते हुए अंग्रेज़ी में कहा, जिस भाषा में वे सबसे सहज महसूस करती थीं, "यूसुफ़, मैं सोच रही हूँ कि अब तुम्हें बतौर एक एक्टर किसी फ़िल्म में लांच करूँ और मुझे लगता है कि यह कोई बुरा ख़याल नहीं होगा कि तुम फ़िल्म के लिए अपना एक नाम चुन लो। एक ऐसा नाम जिससे तुम जाने जाओ और जो तुम्हारी उस रोमांटिक छवि से मेल खाता हो, जो परदे पर आने के बाद बनने वाली है। मुझे लगता है कि दिलीप कुमार एक अच्छा नाम है। तुम्हारे लायक़ कोई नाम सोचते हुए यह अचानक ही मेरे दिमाग़ में आया। तुम्हें कैसा लग रहा है यह नाम?"

कुछ देर के लिए मैं सन्न रह गया, क्योंकि मैं इस नयी पहचान के लिए बिल्कुल भी तैयार नहीं था। मैंने कहा कि यह अच्छा तो था लेकिन क्या यह सचमुच ज़रूरी था। उन्होंने मुस्कराते हुए कहा कि ऐसा करना समझदारी होगी। उन्होंने कहा कि बहुत सोच-विचार के बाद ही उन्होंने यह तय किया था कि मुझे फ़िल्मों के लिए एक नया नाम दिया जाये। फिर वे बड़े विश्वास के साथ कहने लगीं कि उन्हें लगता था कि मेरा फ़िल्मी कैरियर ख़ूब लम्बा और कामयाब होने वाला था, इसलिए बेहतर यही था कि एक फ़िल्मी पहचान क़ायम कर ली जाये जो अपने आपमें एक अलग नाम हो और सेक्युलर भी हो। मैंने उनके इस भरोसे के लिए उनका शुक्रिया अदा किया, लेकिन साथ ही यह भी कहा कि मुझे इस बारे में सोचने के लिए थोड़ा वक़्त चाहिए था। उन्होंने कहा, "ठीक है, सोच-विचार करने के बाद मिलो।"

मैं अपनी सीट से उठकर चलने लगा तो उन्होंने कहा, "हम तुम्हारी पहली फ़िल्म की तैयारियाँ करने वाले हैं। इसलिए हमें जल्दी करनी होगी।"

मैंने अपना पूरा दिन स्टूडियो में रोज़ाना की तरह ही गुज़ारा, लेकिन 'दिलीप कुमार' नाम रह-रहकर मेरे दिमाग़ में गूँजता रहा। एस. मुखर्जी साहब ने मुझे अपने ख़यालों में खोये देखा, पर कुछ पूछा नहीं। दोपहर में मैंने कैंटीन से खाने का ऑर्डर दिया और अशोक भैया के घर से आयी भुनी हुई मछली का भी मज़ा लिया। लंच के बाद जब वापस शूटिंग शुरू हुई तो मेरे पास बैठे एस. मुखर्जी साहब ने मुझसे पूछा, "सुबह से तुम कुछ परेशान लग रहे हो! क्या बात है?" हम सब जानते थे कि एस. मुखर्जी साहब स्टूडियो में देविका रानी के बाद दूसरे नम्बर पर थे। ऐसा माना जाता रहा था कि वे जल्दी ही स्टूडियो का सारा कामकाज सँभाल लेंगे। मेरे साथ उनके अलग तरह के रिश्ते थे।

वे फ़िल्म से जुड़ी हर तकनीक के गहरे जानकार तो थे ही, लेकिन साथ ही वे एक ऐसे दोस्त भी थे जिन पर भरोसा किया जा सकता था।

मैंने उन्हें देविका रानी के सुझाव के बारे में बताया। उन्होंने कुछ पल सोचा और फिर मेरी आँखों में झाँकते हुए बोले, ''उनकी बातों में दम तो है। उनके सुझाये हुए नाम को परदे पर अपनाने में तुम्हारा भला ही है। यह बहुत अच्छा नाम है। और फिर मेरे लिए तो तुम पहले की तरह यूसुफ़ ही रहोगे, जैसे अपने घरवालों के लिए।'' (मुझे बाद में पता चला कि अशोक कुमार का असली नाम भी ('कुमुदलाल गांगुली' था, जबकि सब उन्हें 'अशोक कुमार' के नाम से जानते थे।)

मेरा मन हल्का हो गया। पल भर में ही मेरी सारी उलझन दूर हो गयी। मैंने फ़ैसला कर लिया कि इस नये नाम के बारे में घर में किसी को भी नहीं बताऊँगा, अयूब साहब को भी नहीं।

स्टूडियो की हलचलों में कुछ तेज़ी आ गयी। 1943 में 'क़िस्मत' रिलीज़ हुई तो उसने ख़ूब धूम मचायी और सफलता के सभी रिकॉर्ड तोड़ दिये। अशोक भैया की लोकप्रियता आसमान में पहुँच गयी और वे सुपर स्टार बन गये। लेकिन वे ऐसे व्यवहार करते थे, जैसे कुछ हुआ ही न हो। वे एस. मुखर्जी के साथ मिलकर स्टूडियो के कामकाज में काफ़ी दिलचस्पी लेने लगे थे और इस बात से ख़ुश थे कि मेरी पहली फ़िल्म 'ज्वार भाटा' जल्दी ही शुरू होने वाली थी। इसके निर्देशक अमिय चक्रवर्ती थे।

अमिय चक्रवर्ती के साथ पहले भी मेरी मुलाक़ातें और बातचीत होती रहती थी, लेकिन अब 'ज्वार भाटा' की शूटिंग शुरू करने की तैयारी करते हुए हम निर्देशक और अभिनेता के तौर पर पहले से ज़्यादा समय साथ-साथ बिताने लगे। अजीब बात यह है कि जब मेरे पहले शॉट का दिन आया तो न तो मैं ज़रा-सी भी घबराहट महसूस कर रहा था और न ही कैमरे का पहली बार सामना करने के ख़याल को लेकर मेरे दिल में गुदगुदी हो रही थी। मुझे पहनने के लिए एक मामूली-सी कमीज़ और पैंट दी गयी। देविका रानी सेट पर आयीं तो उन्होंने मुझे हमेशा की तरह शान्त और ख़ामोश पाया। वे मेकअप के मामले में माहिर थीं और उन्हें इस बात की गहरी समझ थी कि लाइटिंग और फ़िल्म के सीन के मुताबिक़ किस तरह का मेकअप ठीक रहेगा। उन्होंने मेरे चेहरे पर किये गये हल्के-से मेकअप का मुआयना किया और पूछा कि कैमरा कहाँ रखा जाने वाला था। वे मेरी भौंहों को छोड़कर हर चीज़ से सन्तुष्ट दिखीं। उन्होंने मुझे कुर्सी पर बैठ जाने के लिए कहा और मेकअप मैन से एक चिमटी लेकर मेरी भौंहें सँवारने लगीं। वे बड़ी होशियारी से मेरी भौंहों के इधर-उधर छितराये बालों को निकालने लगीं तो मैं साँस थामे चुपचाप उस दर्द को सहता रहा। काम पूरा हो जाने के बाद वे मेरी आँखों में आँसू देखकर मुस्कराने लगीं और मुझे शीशे में अपना चेहरा देखने के लिए बोलीं। मेकअप मैन ने मेरी भौंहों के दर्द को कम

करने के लिए उन पर थोड़ी क्रीम लगा दी। इसके बाद मुझे शुभकामनाएँ देते हुए देविका रानी वहाँ से चली गयीं।

अमिय चक्रचर्ती ने मुझे पहला शॉट समझाया। उन्होंने ज़मीन पर एक निशान बनाया और मुझसे कहा, ''तुम यहाँ खड़े रहोगे और जैसे ही मैं 'एक्शन' कहूँगा, तुम भागने लगना। इससे पहले मैं 'स्टार्ट कैमरा' बोलूँगा, लेकिन वह तुम्हारे लिए नहीं होगा। तुम्हें 'एक्शन' शब्द सुनते ही दौड़ना है और जैसे ही मैं 'कट' कहूँगा रुक जाना है।'' मैंने बड़ी विनम्रता से पूछा कि क्या मैं जान सकता था कि मुझे क्यों दौड़ना था। उन्होंने जवाब दिया कि हीरोइन ख़ुदकुशी करने जा रही थी और मुझे दौड़कर उसे बचाना था। मैंने इस जवाब से सन्तुष्ट होकर कहा कि मैं तैयार था। वह सीन आउटडोर था और कैमरा थोड़ी दूरी पर रखा हुआ था। वह एकदम नया कैमरा था और जर्मनी से ख़ासतौर से मँगवाया गया था। उस दिन पहली दफा इस्तेमाल होने जा रहा था। मैं ज़मीन पर खिंची लाइन के पास खड़ा हो गया। कॉलेज के ज़माने में मैं एक एथलीट रह चुका था और 200 मीटर की दौड़ हर बार जीतता था। इसलिए 'कट' कहे जाने तक दौड़ते रहने में मुझे कोई परेशानी नहीं होने वाली थी। मैं यह सोचकर बहुत ख़ुश था कि एक्टिंग कितना आसान काम था। शॉट तैयार था और जैसे ही मैंने 'एक्शन' शब्द सुना, मैं बिजली की रफ़्तार से भागा। मैंने डायरेक्टर को चीख़ते हुए 'कट, कट, कट' कहते सुना। मैं रुक गया और मैंने देखा कि वे हाथ हिला-हिलाकर मुझे कुछ समझाने की कोशिश कर रहे थे। लेकिन मैं कुछ भी समझ नहीं पाया। जहाँ मैं पलक झपकते ही पहुँच गया था, वहाँ अमिय चक्रवर्ती टहलते हुए आये। वे बहुत नाराज़ लग रहे थे। उन्होंने मुझसे कहा कि मैं इतनी तेज़ी से दौड़ा कि कैमरे में धुँधला-धुँधला-सा ही क़ैद हो पाया था। मैंने कहा कि मुझे पता नहीं था कि कितनी तेज़ी से दौड़ना था। उन्होंने कहा, ''कोई बात नहीं, हम फिर से शॉट लेंगे। इस बार थोड़ा धीमे दौड़ना!'' मैं उलझन में पड़ गया। अगर हीरोइन की जान बचानी थी तो तेज़ी से दौड़ना ज़रूरी था। अमिय चक्रवर्ती ने मुझे समझाया कि 'एक्शन' वह होता है जो कैमरे में दर्ज हो सके, और कैमरा एक ख़ास रफ़्तार से चलता है। तब जाकर मेरी समझ में आया कि मुझे एक बहुत बड़ी चुनौती का सामना करना था। अदाकारी का पेशा और कुछ हो-न-हो, आसान तो बिल्कुल नहीं था। तीन या चार बार 'कट' कहने के बाद वह शॉट ओ.के. हो सका।

मुझसे अकसर यह पूछा जाता है कि अपनी पहली फ़िल्म (1944 में रिलीज़ 'ज्वार भाटा') और उसमें अपने काम के बारे में मैं क्या सोचता हूँ। सच कहूँ तो उस पहले अनुभव ने मुझ पर कोई ख़ास असर नहीं छोड़ा। मुझसे जो कहा जाता था, मैं कर देता था। कई बार यह आसान नहीं होता था, ख़ासकर इस सच्चाई से निपटना कि यह सब असली नहीं था और इसका मेरी ज़िन्दगी से कोई ताल्लुक़ नहीं था। उम्र के इस मोड़ पर एक अनजान लड़की से प्यार जताना,

जिससे मेरा कुछ लेना-देना नहीं था, मुश्किल काम था। मुझे लगता है कि अमिय चक्रवर्ती मेरी परेशानी को समझते थे, फिर उन्होंने इन रोमांटिक हिस्सों में मुझसे ठीक-ठाक काम करवा ही लिया। जब मैंने अपने आपको परदे पर देखा तो ख़ुद यह यह सवाल किया, "अगर स्टूडियो ने आगे भी मुझसे काम करवाते रहने का फ़ैसला किया तो क्या मैं फ़िल्मों में ऐसा ही काम करता रहूँगा?" मेरा जवाब था, नहीं! मेरी समझ में आ गया था कि यह एक मुश्किल काम था और अगर मुझे टिके रहना था तो मुझे इसे करने का अपना एक तरीक़ा खोजना होगा। लेकिन सबसे बड़ा सवाल था—कैसे?

मुझे लगता है कि मैं सचमुच ही ख़ुशनसीब था कि मैं इतनी कम उम्र में बॉम्बे टॉकीज़ के ख़ुशनुमा और जोश भरे माहौल से जुड़ गया था। कलकत्ता के न्यू थियेटर्स को छोड़कर बम्बई के बॉम्बे टॉकीज़ से जुड़ने वाले लेखक इस बात पर मान करते थे कि बॉम्बे टॉकीज़ को सबसे सफल और धूम माचने वाली फिल्में बनाने वाला स्टूडियो माना जाता था, जिनमें से ज़्यादातर में अशोक कुमार हीरो होते थे। वे सब बड़े नामी और हुनरमन्द लेखक थे, लेकिन एस. मुखर्जी साहब के सुझाव पर वे उर्दू शब्दों के लिए मेरी मदद लेते रहते थे। उनके साथ होने वाली बातचीत से मुझे भी बड़ा फ़ायदा हुआ था। मेरी समझ में यह बात आ गयी कि स्क्रीनप्ले फ़िल्म की रीढ़ होता है। मैं यह जान गया था कि एक एक्टर को अपने 'इंस्टिंक्ट' (सहज बुद्धि या अन्तर्बुद्धि) को मज़बूत करना चाहिए, क्योंकि असली और नक़ली के दोहरेपन को दिमाग़ से नहीं सुलझाया जा सकता। दिमाग़ हमेशा सत्य और तर्क के हिसाब से सोचता है। दिमाग़ कहता है—"यह सब बकवास है! यह औरत जिससे तुम बात कर रहे हो, तुम्हारी माँ नहीं है या यह लड़की जो बड़े प्यार से तुम्हारी तरफ़ देखकर अपनी पलकें झपका रही है, तुम्हारी कुछ नहीं लगती। तुम जानते हो कि तुम्हारी माँ के दाँतों पर पान के निशान नहीं हैं और वह कितनी सीधी-सादी औरत है, और इस लड़की को तो तुम जानते तक नहीं!" सिर्फ़ आपके 'इंस्टिंक्ट्स' ही आपको स्क्रीनप्ले की भावनाओं को अपने दिलोदिमाग़ में उतारकर ऐसा अभिनय करने की प्रेरणा देते हैं जो सच्चाई और विश्वसनीयता में लिपटा हुआ हो—इस जानकारी के बावजूद कि यह सब नक़ली है, नाटक है!

10

## नयी उमंगों और अनुभवों का दौर

*'यह ख़ामोशी एक दिन आग़ा जी ने ख़ुद ही तोड़ी। वे उस दिन अपने किसी दोस्त के घर गये थे, जहाँ उन्होंने परिवार के सभी लोगों को मेरी तारीफ़ करते देखा था। उन्होंने यह भी सुना था कि 'जुगनू' से मैं स्टार बन चुका था। मैं घर लौटा तो उन्होंने मुझे बुलाया और हमेशा की तरह इधर-उधर की बातें करने लगे। मैं भी सहज महसूस करने लगा और यह सोचकर ख़ुश हो गया कि उनकी नाराज़गी दूर हो गयी थी। उन्होंने कहा कि उन्होंने इस बात को क़बूल कर लिया था कि मैंने एक ऐसे पेशे को चुन लिया था जिसकी उन्हें बिल्कुल भी उम्मीद नहीं थी।'*

अब मैं ख़ूब फ़िल्में देखने लगा था। मैंने यह परवाह करनी छोड़ दी थी कि कोई जानने वाला मुझे देख न ले। मुझे यह मानना पड़ेगा कि दिलीप कुमार के रूप में मुझे जो नयी पहचान मिली थी, उसने मुझे एक बोझ से मुक्त कर दिया था। मैं अपने आपसे कहता था कि यूसुफ़ को फ़िल्म देखने या उसकी स्टडी करने की कोई ज़रूरत नहीं थी, लेकिन दिलीप कुमार को थी। उसे यह देखने की सख़्त ज़रूरत थी कि कलाकार किस तरह अलग-अलग किरदारों की भावनाओं, उनके संवादों और व्यवहार को कैमरे के सामने पेश करते थे। इसलिए मैंने न सिर्फ़ फ़िल्में देखना शुरू कर दिया बल्कि कई बार एक दिन में दो-दो शो। यह ज़रूरी था कि जो फ़िल्म 3 बजे के शो में देखी जाये, उसे फिर से 6 बजे के शो में भी देखा जाये, ताकि पहले शो में अगर कोई बात मेरा ध्यान खींचती तो दूसरे शो में उसे और ज़्यादा गहराई से देखा जा सके। इसलिए मैं स्टूडियो से जल्दी निकलने लगा।

मुझे धीरे-धीरे समझ में आने लगा कि अभिनय क्या चीज़ थी। ख़ासकर जब मैंने हॉलीवुड के अभिनेताओं जेम्स स्टीवर्ट (James Stewart), पॉल मुनी (Poul Muni), इंग्रिद बर्गमैन (Ingrid Bergman), और क्लार्क गेब्ल (Clark Gable) वग़ैरह की फ़िल्में देखीं तो मुझे यह समझने में देर न लगी कि एक

*फ़िल्म मिलन (1946) में मीरा मिश्रा के साथ*

एक्टर को दूसरे एक्टर की नक़ल करने की कोशिश नहीं करनी चाहिए। जो एक्टर आपको परदे पर प्रभावित करता है, वह बड़ी मेहनत से अपनी शख़्सियत को एक ऐसे साँचे में ढालता है कि वह प्रभावशाली लग सके। बॉम्बे टॉकीज़ में रहते हुए ही और ख़ासकर 'मिलन' (1946) फ़िल्म के बाद मेरी समझ में आ गया कि अपना गुरु मुझे ख़ुद बनना होगा। परदे पर कोई असर छोड़ने के लिए यह बहुत ज़रूरी था।

मैं अकसर एस. मुखर्जी साहब के साथ एक एक्टर के विकास और स्टारडम के बारे में बात करता रहता था और वे बहुत अच्छी सलाह देते थे। अशोक भैया उन दिनों बहुत बड़े स्टार थे लेकिन उनके ऊपर स्टारडम का कोई असर दिखायी नहीं देता था। एक शाम उन्होंने मेरे और पी. जयराज जी के साथ लोकल ट्रेन से मलाड से चर्चगेट तक का सफ़र करने की ज़िद की। हमने किसी फ़िल्म के टिकट ख़रीदे थे और वे ट्रेन से ही सिनेमा हॉल जाने पर अड़े हुए थे। गलाट स्टेशन पर लोगों ने झट से उन्हें पहचान लिया और हमारे आसपास भीड़ इकट्ठी हो गयी। लेकिन अशोक भैया हमसे उसी तरह सहज भाव से बात करते रहे। ट्रेन में भी उनके चाहने वाले हमारे आसपास जमा हो गये और उनसे उनकी हिट फ़िल्मों 'कंगन', 'झूला' और 'क़िस्मत' के बारे में बात करने लगे। वे बड़ी गर्मजोशी से और मज़ाक़िया अन्दाज़ में उनके सवालों के जवाब देते रहे। उस दिन पहली बार मेरी समझ में आया कि स्टारडम क्या चीज़ थी।

अगले दिन मैंने अशोक भैया के सामने ही पूरी कहानी एस. मुखर्जी साहब को सुनायी तो अशोक भैया ने बड़ी गम्भीरता से कहा, "यह आने वाले दिनों में तुम्हारे साथ बड़े पैमाने पर घटने वाली घटनाओं का ट्रेलर भर है। तुम्हारे जैसे हैंडसम एक्टर को लड़कियों से बचने में बड़ी परेशानी होगी!" मेरे चेहरे पर झेंप के भाव देखकर वे दिल खोलकर हँसने लगे। तब तक बॉम्बे टॉकीज़ में यह बात आम हो चुकी थी कि औरतों से मैं कितना शर्माता था।

एस. मुखर्जी साहब भी हँसने लगे तो मुझे लगा कि इन दोनों से यह पूछने का यही समय था कि स्टारडम क्या होता है और इसका किसी एक्टर के दिलोदिमाग़ पर क्या असर पड़ता है। अगर कोई अभिनेता मेरी तरह दो-दो नामों के साथ जी रहा हो और उसकी असली ज़िन्दगी की सच्चाई और परदे की दुनिया में ज़मीन-आसमान का फ़र्क़ हो तो यह सवाल और भी महत्त्वपूर्ण हो जाता था।

अशोक भैया ने कहा कि वे अपनी लोकप्रियता और स्टारडम को कोई ख़ास अहमियत नहीं देते, क्योंकि उनके लिए ये उनकी ज़िन्दगी का सबसे अहम हिस्सा नहीं थीं। "स्टारडम कभी भी आपके आत्मसम्मान और आपकी दिली इच्छा से बढ़कर नहीं होना चाहिए," उन्होंने कहा, "आप जो करना चाहते हैं, जिस तरह करना चाहते हैं, आपको ज़रूर करना चाहिए, अपने स्टारडम की परवाह किये बिना!" मैं समझ गया कि वे क्या कहना चाहते थे। उन्होंने आम लोगों की तरह ट्रेन में सफ़र किया था और अपने चाहने वालों के बीच असली अशोक कुमार की तरह व्यवहार किया था, न कि परदे के अशोक कुमार की तरह।

एस. मुखर्जी साहब ने जो जवाब दिया था, वह मेरे दिमाग़ में आज तक घूमता रहता है। उन्होंने कहा कि अगर यह बात समझ में आ जाये कि अभिनेता स्टार से ज़्यादा महत्त्वपूर्ण होता है तो ऊँचे मुक़ाम तक पहुँचा जा सकता है। स्टार को बाज़ार बनाता है जबकि स्टारडम अभिनेता की मेहनत का नतीजा होती है, जब जनता उसे अपना लेती है और उससे प्यार करने लगती है। अगर किसी दिन तुम्हारे फ़ैन तुम्हारे पास आयें तो यह बात याद रखना कि वे तुम्हारी एक्टिंग से प्रभावित होकर आयं हैं, जिसने उनके दिलों को छू लिया है। तुम्हें यह पता होना चाहिए कि वे दिलीप कुमार नामक कलाकार से मिलने आये हैं।

जब भी कोई बात एस. मुखर्जी साहब के दिमाग़ को झकझोरती तो वे उस पर गम्भीरता से और गहराई से बात करना पसन्द करते थे। ऐसे मौक़ों पर उनके अन्दर का प्रोफ़ेसर जाग उठता था। वे कई मामलों में मेरे गुरु थे और मुझे हमेशा उनसे प्रेरणा मिलती रहती थी। वे बड़े आसान शब्दों में मुझे सिनेमा का व्याकरण समझाते रहते थे। कई बार वे मुझे कैमरे के पीछे ले जाकर यह समझाने की कोशिश करते कि कैमरा सामने मौजूद कलाकार को किस तरह देखता है। वे किसी औरत की तरह मटककर चलने की कोशिश करते और मुझे कैमरे में देखने के लिए कहते। यह सब जितना मज़ेदार होता था, उतना ही मुझे

फ़ायदा पहुँचाने वाला भी। मुझे कैमरे और कलाकार के बीच का रिश्ता समझ में आने लगा। जब कलाकार का चेहरा कैमरे की तरफ़ होता है तो क्या होता है और जब वह पीठ फेरता है तो पीछे से पड़ रही लाइट में कैसा दिखता है। वे अपने कलाकारों को हमेशा करके दिखाना पसन्द करते थे। उन्हें सिर्फ़ तकनीकी गड़बड़ियों का ही नहीं, बल्कि डायलॉग की अदायगी या चेहरे के हाव-भाव में होने वाली किसी चूक का भी फ़ौरन पता चल जाता था। सबसे बड़ी बात यह थी कि वे लेखकों का बहुत मान करते थे और एक काल्पनिक कहानी से दर्शकों को बाँध लेने की कला को सिनेमा का असली मक़सद मानते थे।

अशोक भैया और एस. मुखर्जी साहब के साथ बहुत-सा सुहाना वक़्त गुज़ारने के कारण बॉम्बे टॉकीज़ में मेरे वे शुरुआती साल यादगार बन गये। जैसाकि मैंने पहले कहा है, वे दोनों स्टूडियो के पास ही रहते थे और गर्मागर्म भजिया का लुत्फ़ उठाने के लिए उनके घर के दरवाज़े मेरे लिए हमेशा खुले रहते थे। आमतौर से यह भजिया अशोक भैया की बेग़म शोभा भाभी बनाया करती थीं। खालसा कॉलेज के बाद अब राज कपूर का अकसर साथ भी बड़ा ख़ुशनुमा अनुभव था। जब मेरी पहली फ़िल्म शुरू होने वाली थी तो उन्होंने बच्चों जैसी ख़ुशी और जोश के साथ मेरे गले से लिपटते हुए कहा था, "मैंने कहा था न तुमसे, याद है न?" खालसा कॉलेज में वह कभी-कभी मुझे पंजाबी में कहा करते थे, "तुसीं एक्टर बन जाओ! तुसीं हो बड़े हैंडसम!" मैं तब सोचा करता था कि यह मेरे बस का काम नहीं था। उनके लिए ठीक था क्योंकि उनके पिता पृथ्वीराज कपूर एक महान अभिनेता थे। मैंने जितने भी कलाकारों को परदे पर देखा है, उनमें वे सबसे सुन्दर और मर्दाना दिखने वालों में थे। राज और उनके छोटे भाइयों को उनकी प्रतिभा और सुन्दरता विरासत में मिली थी। मैं जिस ख़ानदान से आया था, उसे देखते हुए मुझे यह सब बिल्कुल नहीं जमता था।

बॉम्बे टॉकीज़ में सभी राज का मान करते थे, क्योंकि वह पृथ्वीराज जी के बेटे थे। ऐसा कोई कलाकार या यूँ कह लीजिए कि सिनेमा या नाटक से जुड़ा कोई भी शख़्स नहीं था जो पृथ्वीराज जी की इज़्ज़त न करता हो। पृथ्वी थियेटर के नाटकों में उनकी रोबदार मौजूदगी सबके दिलों में उनके लिए आदर की भावना पैदा करती थी। राज अपने पिता के रुतबे को लेकर किसी तरह का नख़रा या घमण्ड नहीं करते थे और न ही वह स्टूडियो में दूसरों से किसी ख़ास तरह के व्यवहार की उम्मीद करते थे। मैं और राज अकसर बैडमिंटन खेलने के लिए अशोक भैया के घर चले जाते थे, जिसमें शोभा भाभी जी भी शामिल हो जाती थीं। उन्हें खेलना अच्छा लगता था और उस बड़े घर में अकेलेपन की भावना से उभरने में भी मदद मिलती थी। लेकिन वे अपने ही नियम-क़ायदों से खेलती थीं और हँसी-ठहाकों से माहौल को मज़ेदार बनाये रखती थीं। खेल के बाद वे मुझे और राज को चाय के लिए रोक लिया करती थीं। कभी-कभी जब हम उनके हाथ

की भजिया खा रहे होते तो अशोक भैया आ जाते और हमें लगता कि अब हमें थके-माँदे अशोक भैया को उनकी पत्नी के पास छोड़कर निकल जाना चाहिए। तब अशोक भैया अपने मज़ाक़िया अन्दाज़ में कहते, "तुम दोनों को शर्म आनी चाहिए। दोनों यहाँ आते हो, मेरी पत्नी के साथ फ़्लर्ट करते हो, अकेले-अकेले इतनी अच्छी भजिया खाते हो, और मेरे साथ खेले बिना ही खिसक जाना चाहते हो!" हम शर्माते हुए वहीं रुक जाते और भाभी जी कुछ और गर्मागर्म भजिया खिलाने और चाय पिलाने का वादा करतीं।

अशोक भैया बैडमिंटन के पुराने खिलाड़ी थे, जबकि राज बहुत अच्छे रेफ़री थे। मुझे याद था कि कॉलेज के ज़माने में जब हम फुटबॉल खेलते थे तो वह सीटी लेकर मैदान में खड़े हो जाते थे और अपने हर फ़ैसले पर अड़े रहते थे। बैडमिंटन में उनका ख़ास मन नहीं लगता था और वह बहुत जल्दी थक जाते थे। दरअसल, अशोक भैया के यहाँ वह भजिया खाने जाते थे। अशोक भैया और राज दोनों को ही मेरे स्टेमिना पर रश्क होता था। इसके पीछे बचपन में खाये ड्राई-फ्रूट्स और आग़ा जी से विरासत में मिले जुझारुपन का हाथ था। कभी-कभी एस. मुखर्जी भी हमारे साथ होते तो वे और अशोक भैया बंगाली में बात करने लगते, जो बंगालियों की ख़ास आदत होती है। जब दो बंगाली बैठते हैं तो अपनी निजी ज़िन्दगी की बातें छेड़ देते हैं और उनका मुँह ताक रहे दूसरे लोग यह सोचते रहते हैं कि वे इतनी गम्भीरता से पता नहीं क्या बात कर रहे हैं।

बॉम्बे टॉकीज़ में मेरे एक और अच्छे दोस्त थे जयराज जी। वे शाहनवाज़ ख़ान जैसे लोगों से काफ़ी अलग क़िस्म के थे। वे मेरे काम में गहरी दिलचस्पी लेते थे और अपने ढंग से मुझे सुझाव देते रहते थे। जयराज जी और डेविड अच्छे दोस्त थे और उनके बीच चुटकुलों का सिलसिला चलता रहता था। कुछ चुटकुले वे मुझे भी सुना दिया करते थे और बाक़ियों के बारे में कहते थे कि वे मेरे सुनने लायक़ नहीं थे। सबसे बड़ी बात यह थी कि जिन शानदार लोगों के साथ मैंने अच्छा समय बिताया, उनमें से राज कपूर को छोड़कर सब मुझसे बहुत बड़े थे। मैं मुश्किल से 21 साल का था। यह मेरी ख़ुशनसीबी थी कि मेरे साथी कलाकार जाने-माने और हुनरमन्द तो थे ही, साथ ही स्टोरी डिपार्टमेंट में पण्डित नरेन्द्र शर्मा और भगवती चरण वर्मा जैसे साहित्यकार काम कर रहे थे। जयराज जी और मैं चर्चगेट से मलाड तक का सफ़र अकसर साथ-साथ तय करते थे, हालाँकि हम रास्ते में ज़्यादा बातचीत नहीं करते थे। जयराज जी मेरा बहुत ख़याल रखते थे और पेशेवर तौर पर हम एक-दूसरे के बहुत क़रीब थे।

बॉम्बे टॉकीज़ बदलाव के दौर से गुज़र रहा था। देविका रानी ने साफ़ कह दिया था कि स्वेतोस्लाव रोरिक के साथ अपनी शादी के बाद वे स्टूडियो का कामकाज नहीं देखना चाहती थीं। 1944 में मेरी पहली फ़िल्म की रिलीज़ के आसपास ही वे अपनी इच्छा से रिटायर हो रही थीं। उन्होंने एस. मुखर्जी साहब

और अमिय चक्रवर्ती को स्टूडियो की सभी ज़िम्मेदारियाँ सौंप दी थीं। यूँ इसके बाद भी वे कभी-कभी स्टूडियो में चक्कर लगाती रहती थीं और हर किसी से हँसकर बात करती थीं। वे देखने में इतनी सुन्दर थीं कि स्टूडियो में हर कोई उन्हें मन्त्रमुग्ध-सा देखता रह जाता था। अगर मैं आसपास न होता तो वे मेरे बारे में ज़रूर पूछती थीं। मैं लपककर उनके पास पहुँचता तो वे मेरे काम की तरक़्क़ी के बारे में पूछने लगतीं। सिर्फ़ अशोक भैया ही उनके साथ मज़ाक़ कर सकते थे, जबकि एस. मुखर्जी साहब की सलाह के बिना वे शायद ही कोई क़दम उठाती थीं।

उन्होंने एक बार मुझे अपने होने वाले पति और जाने-माने सोवियत पेंटर स्वेतोस्लाव रोरिक (Svetoslav Roerich) से भी मिलवाया। उन्होंने मुझे बताया कि कुल्लू घाटी उन्हें किस क़दर पसन्द थी (जो अब हिमाचल प्रदेश में है)। देविका रानी ने उन्हें हमारे फलों के कारोबार के बारे में बताया था, क्योंकि हमारे सेब, चेरी और नाशपाती वग़ैरह घाटी से ही आते थे। मैंने ध्यान दिया कि शानदार लिबास पहने हुए रोरिक की आँखों में वैसी ही अनूठी चमक थी, जैसी आग़ा जी की आँखों में दिखायी देती थी। मैंने सोचा कि देविका रानी उनके साथ वैसी ही ख़ुश रहेंगी, जैसे आग़ा जी के साथ अम्माँ हैं।

1945 का साल आते-आते विश्वयुद्ध ख़त्म होने को था और देश में आज़ादी का आन्दोलन ज़ोर पकड़ रहा था। स्टूडियो में अशोक भैया और एस. मुखर्जी साहब अख़बारों में पढ़ी ख़बरों पर चर्चा करते। वे मोहम्मद अली जिन्ना के भाषणों

*फ़िल्म जुगनू (1947) में नूरजहाँ के साथ*

को लेकर मेरी राय भी जानना चाहते। पूना के आर्मी क्लब (जिसका नाम बताना मैं शायद भूल गया—वेलिंग्टन सोलज़र्स क्लब) में अपनी बात खुलकर सामने रखने के 'यादगार' अनुभव के बाद मैंने यह सोच लिया था कि ऐसे मामलों में चुप्पी बरतना ही ठीक था। घर में अयूब साहब भी आज़ादी की लड़ाई से जुड़ी सरगर्मियों की ख़ूब जानकारी रखते थे और आग़ा जी या चाचा उमर के दोस्तों के साथ इस पर चर्चा करते रहते थे। आग़ा जी अयूब साहब की उर्दू बोलने और लिखने की गहरी जानकारी से बहुत ख़ुश थे। मैं भी यह सोचकर हैरान रह जाता था कि ठीक से स्कूली पढ़ाई न हो पाने के बावजूद उनमें कितनी क़ाबिलीयत थी। घर पर रहकर भी वे बड़ी मेहनत और लगन से अच्छी-से-अच्छी किताबें पढ़ते रहे थे।

जब तक मैंने 'जुगनू' फ़िल्म का काम पूरा किया, देश ब्रिटिश ग़ुलामी से आज़ादी की दहलीज़ पर खड़ा था। मुझे 15 अगस्त 1947 का दिन बहुत अच्छी तरह से याद है। तब तक मैं तीन फ़िल्मों 'ज्वारभाटा' (1944), 'प्रतिमा' (1945) और 'मिलन' (1946) में काम कर चुका था, पर कोई शायद ही मुझे पहचानता था। उस दिन चर्चगेट पर स्टेशन पर रेलवे पटरी के साथ वाली सड़क पर चलते हुए मुझे लोगों में ख़ुशी और उत्साह की लहर दौड़ती दिखायी दी। घर पर भी मैंने पूरे परिवार को ख़ुशी से झूमते पाया तो मेरी समझ में आया कि वह आज़ादी का दिन था।

'जुगनू' फ़िल्म 1947 के बाद के महीनों में रिलीज़ हुई और हिट हो गयी। इसके होर्डिंग कई जगह लगाये गये थे जिनमें क्रॉफर्ड मार्केट के पास का इलाक़ा भी शामिल था। एक सुबह जब आग़ा जी सेबों की आमद का हिसाब-किताब कर रहे थे तो बशेशरनाथ जी उनसे मिलने चले आये। दोनों बरसों पुराने दोस्त थे और उनमें हँसी-मज़ाक़ के साथ नोक-झोंक भी चलती रहती थी। आग़ा जी अकसर उनकी चुटकी लेते हुए कहते रहते थे कि उन्हें अपनी मूँछें ऐंठने का कोई हक़ नहीं था क्योंकि उनका बेटा और पोता 'नौटंकी' के पेशे में थे। उन्हें लगता था कि अगर वे सरकारी अफ़सर होते तो सचमुच इज़्ज़त की बात होती। उन दिनों ज़्यादातर पिता अपने बेटों के बारे में ऐसे ही सपने देखते थे। सभी जानते थे कि मैं और राज एक ही कॉलेज में पढ़ते थे और उन दिनों बम्बई यूनिवर्सिटी से बी.ए. की डिग्री लेना बहुत बड़ी बात थी। इसलिए आग़ा जी को राज कपूर का सरकारी नौकरी में जाने के बजाय अपने पिता की तरह एक्टिंग के पेशे में जाना बहुत ज़्यादा अखर रहा था। दिलचस्प बात यह थी कि ख़ुद बशेशरनाथ जी इस बात से ज़्यादा परेशान नहीं थे, हालाँकि वे ख़ुद बहुत बड़े सरकारी अफ़सर थे और पेशावर के कमिश्नर के पर पर रह चुके थे। उनके बेटे पृथ्वीराज कपूर एक्टिंग के पेशे में ख़ूब नाम कमा चुके थे और उनके पोते राज कपूर ने भी अपने पिता के क़दमों पर चलने का फ़ैसला किया था।

आग़ा जी मेरे नाम के आगे 'ऑर्डर ऑफ़ ब्रिटिश एम्पायर' जुड़ा देखना चाहते थे। उन्होंने यह उपाधि कहीं देखी थी और उन्हें लगता था कि यह बड़ी इज़्ज़त की बात थी। कॉलेज में मुझे मन लगाकर पढ़ते देखकर उन्होंने यह सपना पाल लिया था कि मैं अपना नाम 'यूसुफ़ ख़ान ऑर्डर ऑफ़ ब्रिटिश एम्पायर' लिखूँ। वे मुझसे भी इसका ज़िक्र कर चुके थे।

उस सुबह बशेशरनाथ जी ने आग़ा जी की चुटकी लेते हुए अपनी मूँछें उमेठीं और कहा कि वे उनको कुछ दिखाना चाहते थे—कुछ ऐसा जिसे देखकर उनका कलेजा बाहर आ जायेगा। आग़ा जी सोच में पड़ गये कि आख़िर ऐसी क्या बात हो सकती थी। बशेशरनाथ जी उन्हें मार्केट से बाहर ले गये और सड़क के दूसरी तरफ़ लगी 'जुगनू' फ़िल्म की लम्बी-चौड़ी होर्डिंग दिखाते हुए बोले, ''वह देखो! वह रहा तुम्हारा साहबज़ादा यूसुफ़!''

जैसाकि आग़ा जी ने मुझे बाद में बताया था, उन्हें अपनी आँखों पर विश्वास ही नहीं हुआ। लेकिन उन्हें इस बात को लेकर कोई ग़लतफ़हमी भी नहीं हुई कि पोस्टर पर छपा जाना-पहचाना चेहरा उनके बेटे यूसुफ़ का ही था। पोस्टर पर बड़े-बड़े अक्षरों में लिखा था—सिनेमा के परदे पर एक नये जगमगाते सितारे का उदय! पर उसका नाम यूसुफ़ ख़ान नहीं, दिलीप कुमार था!

बशेशरनाथ जी उनकी बग़ल में खड़े उनके चेहरे पर आते-जाते भावों को देखते रहे। फिर उन्होंने कहा, ''तुम्हें परेशान होने की ज़रूरत नहीं है। उसने दूसरा नाम अपना लिया है ताकि ख़ानदान की इज़्ज़त बची रहे। वह बहुत बड़ा स्टार बनने जा रहा है!''

बशेशरनाथ जी के ये शब्द आग़ा जी को तसल्ली देने के लिए काफ़ी नहीं थे। उनके दिल पर न जाने क्या गुज़र रही थी। बहुत बाद में जब उन्होंने मेरे इस कैरियर को दिल से मंज़ूरी दे दी तो उन्होंने मुझे बताया था कि उस सुबह उन्हें कैसा महसूस होता रहा था। ज़ाहिर था कि उनके दिल को एक झटका-सा लगा था मानो उनका कोई ख़्वाब टूट गया हो। पर उन्होंने किसी से भी अपने ग़ुस्से या अपने ग़रूर के टूटने का इज़हार नहीं किया था। वे बिल्कुल ख़ामोश हो गये थे और उन्होंने मुझसे बात करनी बन्द कर दी थी। वे एकाध अल्फ़ाज़ में ही मेरी किसी बात का जवाब देते थे और मैं उनसे आँखें मिलाने की हिम्मत नहीं कर पाता था। जल्दी ही हालात बहुत अजीब हो गये और मैं समझ नहीं पा रहा था कि क्या करूँ।

ख़ैर किसी तरह हमारे बीच जमी बर्फ़ की यह मोटी परत थोड़ी पिघली। मैंने अपनी परेशानी राज को बतायी तो उन्होंने कहा कि वह जानता था कि ऐसा होगा। उन्होंने कहा कि इस मामले में बीच-बचाव करने के लिहाज़ से सबसे बेहतर आदमी पृथ्वीराज जी थे। एक दिन पृथ्वीराज जी अचानक ही हमारे घर चले आये। शाम को मैं घर लौटा तो अम्माँ ने उनके बारे में बताया और यह

भी कहा कि उनसे बातचीत करने के बाद आग़ा जी काफ़ी सन्तुष्ट और ख़ुश लग रहे थे। फिर भी मेरी हिम्मत नहीं हुई कि आग़ा जी के पास जाकर उनसे कोई बात कर सकूँ।

यह ख़ामोशी एक दिन आग़ा जी ने ख़ुद ही तोड़ी। वे उस दिन अपने किसी दोस्त के घर गये थे, जहाँ उन्होंने परिवार के सभी लोगों को मेरी तारीफ़ करते देखा था। उन्होंने यह भी सुना था कि 'जुगनू' से मैं स्टार बन चुका था। मैं घर लौटा तो उन्होंने मुझे बुलाया और हमेशा की तरह इधर-उधर की बातें करने लगे। मैं भी सहज महसूस करने लगा और यह सोचकर ख़ुश हो गया कि उनकी नाराज़गी दूर हो गयी थी। उन्होंने कहा कि उन्होंने इस बात को क़बूल कर लिया था कि मैंने एक ऐसे पेशे को चुन लिया था जिसकी उन्हें बिल्कुल भी उम्मीद नहीं थी। वे अपनी भावनाओं को कम ही प्रकट करते थे। वे हमेशा पश्तो में और बहुत नाप-तौलकर ही बात करते थे, जिसमें लाड़-प्यार के इज़हार की गुंजाइश नहीं होती थी। वे कभी ज़ोर से भी नहीं बोलते थे। मैंने उन्हें और अम्माँ को कभी भी आपस में बहस करते नहीं देखा। अगर ऐसा कुछ होता भी था तो हमारी ग़ैर-मौजूदगी में। उस शाम को वे हुक्का गुड़गुड़ा रहे थे, जिसे वे मिलने आने वाले अपने दोस्तों के साथ साझा करते रहते थे। जब उन्होंने मुझे सामने बैठने का इशारा करके काम वाले लड़के से हुक्के में ख़ुशबूदार तम्बाकू डालकर लाने के लिए कहा था तो झट से मेरी समझ में आ गया था कि उनका मूड अच्छा था। जिस तरह वे हुक्का गुड़गुड़ाते हुए मुझसे आराम से बात करते रहे, उससे मैं समझ गया कि अपनी फ़िल्मी नौकरी को छिपाकर रखने के लिए उन्होंने मुझे माफ़ कर दिया था। भले ही उन्हें यह सब अच्छा न लगा हो, पर वे फ़िल्मों में मेरे कैरियर के ख़िलाफ़ नहीं थे।

## 11

# 'यूसुफ़' और 'दिलीप' के बीच

*'देविका रानी से मैंने जो कुछ सीखा, उसे एक सबक़ की तरह अपने दिमाग़ में बिठा लिया और कई बार उस पर अमल करके अपने निर्देशकों को भी चौंका दिया। उन्होंने कहा था कि हो सकता है कोई निर्देशक अभिनेता द्वारा दिये गये शॉट से सन्तुष्ट हो। लेकिन यह फ़ैसला अभिनेता को करना होता है कि उसने अपना बेहतरीन काम किया है या नहीं। अगर अभिनेता को लगता है कि वह इससे बेहतर कर सकता है तो यह उसका अधिकार है कि वह उस शॉट को दुबारा लिये जाने के लिए कहे।'*

मेरी ख़ुशी ज़्यादा दिन नहीं टिक पायी। अयूब साहब को फेफड़ों की गम्भीर बीमारी हो गयी। बड़े-से-बड़े डॉक्टर और विदेश से ख़ासतौर से मँगवाई जाने वाली दवाइयाँ भी उनकी ज़िन्दगी को आगे नहीं बढ़ा पा रही थीं। अयूब साहब इस बात को जानते थे कि वे हमारे साथ ज़्यादा दिनों तक नहीं थे। वे अकसर मुझसे कहते थे कि मैं उन्हें मरीन ड्राइव ले जाऊँ। उन्हें वहाँ समन्दर के किनारे बैठकर सूरज को धीरे-धीरे अस्त होते देखना बहुत अच्छा लगता था। वे मुझसे कहा करते थे कि कितनी हैरत की बात थी कि दिन भर आसमान में रोशनी बिखेरने वाला सूरज शाम को अपनी सारी रोशनी समेटकर डूब जाता था और रात के लिए रास्ता बनाता था।

एक दिन मैं घर जल्दी पहुँचा तो मैंने देखा कि अयूब साहब का रंग पीला पड़ चुका था और उन्हें साँस लेने में भी तकलीफ़ हो रही थी। मैंने चाचा उमर को आग़ा जी और किसी डॉक्टर को बुलाने के लिए भेजा। मैंने अपने प्यारे भाई को बाँहों में भर लिया। वह हल्के-से मुस्करा रहा था जबकि मुझे उसकी आँखों में देखकर किसी अनिष्ट का डर लग रहा था। चाचा उमर आग़ा जी को ले आये और जल्दी से डॉक्टर को लाने भागे। आग़ा जी अपने बेटे के दोनों हाथ अपने हाथों में लेकर हमारे पास बैठ गये तो मैंने देखा कि उनकी उँगलियाँ काँप रही थीं।

अयूब साहब मुस्करा रहे थे, हालाँकि उन्हें साँस लेने में तकलीफ़ हो रही थी। उनके चेहरे पर एक अजीब तरह की शान्ति और चमक थी। इससे पहले कि हम कुछ समझ पायें या डॉक्टर आ पाये, अयूब साहब शाम के सूरज की तरह ही कुछ ही पलों में चले गये। वे अपनी सारी अक्लमन्दी और अपने सारे हुनर के साथ हमेशा के लिए चले गये।

मुझे यह जज़्बाती झटका लगा तो बॉम्बे टॉकीज़ के साथ मेरा कॉन्ट्रेक्ट ख़त्म होने को था। स्टूडियो का मैनेजमेंट भी बदल रहा था। अशोक भैया और एस. मुखर्जी ने बॉम्बे टॉकीज़ से अलग होकर अपना एक नया स्टूडियो 'फ़िल्मीस्तान' बना लिया। अब हम किसी विदेशी मुल्क के ग़ुलाम नहीं रहे थे, इसलिए फ़िल्मी गतिविधियों में तेज़ी आ गयी थी और कई नये प्रतिभाशाली फ़िल्मकार मैदान में आ गये थे। अब देशभक्ति और सामाजिक उद्देश्यों को ध्यान में रखकर फ़िल्में बनायी जा रही थीं। यूँ इस तरह की फ़िल्में पहले भी बनती रही थीं। वी. शान्ताराम 'दुनिया न माने' (1937), 'आदमी' (1939), 'पड़ोसी' (1941), 'शकुन्तला' (1943) और 'डॉ. कोटनीस की अमर कहानी' (1946) जैसी फ़िल्में बनाकर ख़ूब चर्चित हो चुके थे। सोहराब मोदी के मिनर्वा मूवीटोन द्वारा निर्मित 'पुकार' (1939) और 'सिकन्दर' (1941—जिसमें पृथ्वीराज कपूर ने प्रमुख भूमिका निभायी थी।) भी ख़ूब धूम मचा चुकी थीं। बाबूराव पेंटर की 'राम जोगी' (1947) आज़ादी के साल की एक यादगार फ़िल्म थी।

अब इस तरह की फ़िल्मों ने एक बार फिर ज़ोर पकड़ लिया था। बॉम्बे टॉकीज़ में पले-पोसे मुझ जैसे लोगों के लिए काम की कोई कमी नहीं थी, क्योंकि बॉम्बे टॉकीज़ की बहुत साख थी और इससे जुड़े लोगों को बहुत इज़्ज़त की नज़र से देखा जाता था।

एस. मुखर्जी साहब ने मुझे उनके और अशोक भैया के फ़िल्मीस्तान स्टूडियो की फ़िल्में करने के लिए कहा तो मैंने ख़ुशी से उनके ऑफ़र को स्वीकार कर लिया। फ़ायदे की बात यह थी कि उन्होंने ऐसे किसी कॉन्ट्रेक्ट की बात नहीं की कि मुझे सिर्फ़ उन्हीं की फ़िल्मों में काम करना होगा। दरअसल, अब स्टूडियो सिस्टम धीरे-धीरे ख़त्म हो रहा था और सभी कलाकार और तकनीशियन फ्री-लांसर के तौर पर काम करने लगे थे। उन्हें उनके अनुभव, प्रतिभा और पिछली फ़िल्मों की सफलता के आधार पर मेहनताना दिया जाने लगा था।

फ़िल्मीस्तान के जुड़ने के मेरे फ़ैसले के पीछे ज़्यादा पैसे कमाने का मोह बिल्कुल भी नहीं था। बॉम्बे टॉकीज़ की मेरी तनख़्वाह से हमारे भरे-पूरे परिवार का ख़र्च आराम से चल रहा था। अम्माँ को किसी तरह की कोई तंगी नहीं थी, हालाँकि हमारे घर पर आने-जाने वालों का ताँता लगा रहता था।

यह सच था कि मेरी कमाई में अच्छा-ख़ासा इज़ाफ़ा होने जा रहा था, लेकिन मैंने यह ठान रखा था कि मैं सिर्फ़ पैसों के लिए या बॉक्स ऑफ़िस की

सफलता के लिए फ़िल्मों में काम नहीं करूँगा। एक ऐसे नौजवान के लिए जो एक सफल कैरियर की दहलीज़ पर खड़ा था, इस तरह का संकल्प कोई मामूली बात नहीं थी। यह एक सख़्त फ़ैसला था।

मैं इसे किसी वरदान से कम नहीं समझता कि अपनी सख़्त और अच्छी परवरिश के कारण स्टार बन जाने के बाद भी मेरा दिमाग़ नहीं घूमा था। मैंने न तो अपना सन्तुलन खोया था और न चकाचौंध की उस नक़ली दुनिया के छलावे में आया था जो एक स्टार के आसपास बनने लगती है। बहुत-से निर्माता मुझे अपनी फ़िल्मों में लेना चाहते थे और अपने प्रस्ताव लेकर मेरे पास आते रहते थे। एस. मुखर्जी साहब को भी इस बात का पता था कि मैंने दूसरे ऑफ़रों को छोड़कर फ़िल्मीस्तान की फ़िल्म करने का फ़ैसला किया था। इस फ़िल्म का नाम 'शहीद' (1948) था और इसका विषय बहुत पसन्द था। मुझे लगता था कि आज़ादी के बाद के उस जोश भरे दौर में देशभक्ति की फ़िल्म बनाना बहुत अच्छी बात होगी, जो दर्शकों को आज़ादी की लड़ाई में सभी धर्मों, जातियों और वर्गों के लोगों की क़ुर्बानियों की याद दिला सके। मैं 'शहीद' के अपने किरदार से बिल्कुल घुल-मिल गया था क्योंकि उस समय देश का सामाजिक और राजनीतिक माहौल भी वैसा ही था। मैं अपनी देशभक्ति की भावनाओं को इस फ़िल्म के माध्यम से प्रकट करने के लिए बेचैन था। फ़िल्म के सीन और डायलॉग सभी बहुत अच्छे लिखे गये थे। यूँ इस फ़िल्म के निर्देशक रमेश सहगल थे, लेकिन एस. मुखर्जी साहब की निरन्तर दिलचस्पी और प्रेरणा ने फ़िल्म और हम सबके अभिनय में जान डाल दी थी।

मेरे साथ काम कर रहीं कामिनी कौशल बहुत समझदार और कुशल अभिनेत्री थीं। वे निर्देशक की बात को बहुत ध्यान से सुनती थीं और उसकी ज़रूरत के अनुसार अपने आपको अपने किरदार में ढालने की कोशिश करती थीं। फ़िल्म के कई मार्मिक हिस्सों में उन्होंने नायिका की भावनाओं को बड़ी गहराई से अभिव्यक्त किया। वे एक ऐसी कलाकार थीं जो ज़रूरत पड़ने पर मुश्किल-से-मुश्किल काम को भी ख़ूबसूरती से अंजाम दे सकती थीं। वे इस पेशे में नयी नहीं थीं और इससे पहले चेतन आनन्द की 'नीचा नगर' (1946) में काम कर चुकी थीं। सबसे बढ़कर, वे एक पढ़ी-लिखी औरत थीं जिनके साथ दिलचस्प बातचीत हो सकती थी। वे बहुत अच्छी अंग्रेज़ी बोलती थीं जो उस ज़माने में काम करने वाली अभिनेत्रियों के लिए आम बात नहीं थी। इस वजह से एस. मुखर्जी साहब भी बहुत ख़ुश थे क्योंकि आमतौर से वे उसी भाषा में बात करना पसन्द करते थे। दिन भर फ़िल्म के भावुक और मार्मिक दृश्यों की शूटिंग करने के बाद शाम को हम लोग साथ में बैठकर हल्की-फुल्की बातचीत करते थे। कभी-कभार अशोक भैया भी इसमें शामिल हो जाते। निर्देशक रमेश सहगल भी ख़ूब बातें करते थे। सबसे पहले उन्होंने ही कामिनी कौशल को उनके असली नाम 'उमा कश्यप' से बुलाना शुरू किया था, जिसे बाद में हम लोगों ने भी अपना लिया।

जैसीकि उम्मीद थी, 'शहीद' को बॉक्स ऑफ़िस पर ज़बरदस्त सफलता मिली। कामिनी कौशल के साथ मेरी जोड़ी को ख़ूब पसन्द किया गया। फ़िल्मीस्तान ने हमारी जोड़ी को दोहराते हुए 'नदिया के पार' (1948) और 'शबनम' (1949) बनायीं तो उन्होंने भी ख़ूब धूम मचायी। उन दिनों जोड़ियों पर ख़ूब ज़ोर था। दर्शकों को लगता था कि फ़िल्मों के बाहर भी उनका आपस में लगाव था, जिससे परदे पर उनका रोमांस सच लगने लगता था। आजकल के और हमारे दौर में फ़र्क़ सिर्फ़ यह था कि हम बहुत शालीन और मर्यादा को ध्यान में रखते हुए व्यवहार करते थे और अख़बारों या पत्रिकाओं में हमारे बारे में सनसनीख़ेज़ सुर्ख़ियाँ नहीं छपती थीं। अगर हम जज़्बाती तौर पर जुड़े हुए होते थे तो भी दूसरों के सामने वैसा व्यवहार नहीं करते थे और काम के दौरान शिष्टाचार का पूरा ध्यान रखते थे।

मैंने 'शहीद', 'नदिया के पार' और 'शबनम' में काम किया तो मैं 25-30 के बीच की उम्र का रहा हूँगा। मैं कोई सुपरमैन तो था नहीं कि मुझ पर किसी ख़ूबसूरत औरत के लगातार साथ का कोई असर ही न पड़े। मैं एक ऐसे परिवार में पला-बढ़ा था, जहाँ किताबों और साहित्य की बहुत क़द्र थी और जहाँ मौलाना अबुल कलाम आज़ाद, सआदत हसन मंटो और मिर्ज़ा गुलाम अहमद जैसी हस्तियाँ आग़ा जी से और कभी-कभार मुझसे या अयूब साहब से मिलने आती रहती थीं। इसलिए मुझे पढ़े-लिखे लोगों के साथ रहना अच्छा लगता था। स्टारडम की वजह से मुझे उतनी ख़ुशी नहीं हुई थी, जितनी कि परेशानी। मुझे लगता है कि मैं उमा की तरफ़ जज़्बाती तौर पर उतना नहीं खिंचा था, जितना दिमाग़ी तौर पर। मुझे उनके साथ दुनिया-जहान की बातें करना अच्छा लगता था। अगर यह प्यार था तो शायद वही रहा हो। मैं कुछ कह नहीं सकता और अब इससे कुछ फ़र्क़ भी नहीं पड़ता।

*फ़िल्म शहीद (1948) में कामिनी कौशल के साथ*

हाँ, यह सच है कि हालात के कारण हम आगे साथ-साथ काम नहीं कर पाये। एक तरह से यह अच्छा ही हुआ, क्योंकि कुछ फ़िल्मों के बाद दर्शक भी स्टार जोड़ियों के दोहराव से ऊबने लगते हैं।

एक सवाल जो मुझसे अकसर पूछा जाता है और कुछ-कुछ ज़ाती ज़िन्दगी में दख़लन्दाज़ी जैसा लगता है, वह यह है कि अगर दो कलाकरों में जज़्बाती रिश्ते हों तो क्या इससे परदे पर उनके रूमानी दृश्यों में कुछ फ़र्क़ पड़ता है। मेरा जवाब 'हाँ' भी है और 'नहीं' भी। रूमानी दृश्यों में, जिनमें हीरो और हीरोइन के बीच जज़्बाती और कुछ हद तक जिस्मानी नज़दीकी दिखानी होती है, निर्देशक से यह उम्मीद की जाती है कि वह कलाकारों से ऐसा काम करवाये कि परदे पर उनकी यह नज़दीकी असली लगे। कलाकारों को भी इस तरह के दृश्य करते-करते आदत पड़ जाती है कि किसी अनजान कलाकार के साथ भी वे प्यार-मोहब्बत का ऐसा इज़हार कर सकें कि वह असली लगे। दूसरी तरफ़, यह भी मुमकिन है कि अगर उनमें सचमुच ही गहरे जज़्बाती रिश्ते हों तो वे परदे पर रूमानी दृश्यों को निभाते समय स्क्रीनप्ले से बढ़-चढ़कर आपसी नज़दीकी और मोहब्बत का माहौल पैदा कर सकें।

यह सवाल मुझसे ख़ासतौर से 'मुग़ल-ए-आज़म' (1960) के रूमानी दृश्यों के बारे में पूछा जाता रहा है, जिनमें सलीम और अनारकली के रूप में मुझमें और मधुबाला में गहरी नज़दीकी दिखायी गयी थी। आगे के अध्याय में मैं पूरी ईमानदारी के साथ और शालीनता का ध्यान रखते हुए इसका जवाब देने की कोशिश करूँगा।

अपनी कहानी की तरफ़ लौटूँ तो हम लोगों के लिए घर बदलना बहुत ज़रूरी हो गया। मुझे रोज़-रोज़ गोरेगाँव जाना पड़ता था, जहाँ फ़िल्मीस्तान स्टूडियो स्थित था। आग़ा जी अब हफ़्ते में एक बार ही क्रॉफर्ड मार्केट जाते थे क्योंकि मेरी आमदनी से घर आराम से चल रहा था। वे दो कारणों से अपना काम छोड़ना नहीं चाहते थे। एक तो वे यह सुनने के लिए ही तैयार नहीं थे कि सिर्फ़ मेरी आमदनी से घर चले। दूसरे वे अपने पुराने यार-दोस्तों के साथ कुछ समय बिताना चाहते थे। वे बड़ी-मुश्किल से बान्द्रा चलने के लिए तैयार हुए, जो चर्चगेट और गोरेगाँव के बीच में पड़ता था। हमने वहाँ पाली माला पर गोवा के ईसाइयों की बस्ती में एक बँगला ख़रीद लिया।

अम्माँ को दमे की वजह से डॉक्टरी जाँच की अकसर ज़रूरत पड़ती रहती थी, जो पाली माला के हमारे उस बँगले से ज़्यादा दूर नहीं था। अम्माँ अयूब की मौत के सदमे से उबर नहीं पायी थीं। वे मेरे या आग़ा जी के सामने तो कुछ नहीं कहती थीं लेकिन मैं जानता था कि अकेले में वे तकिये में मुँह छिपाकर रोती रहती थीं।

यह ग़म उन्हें अन्दर-ही-अन्दर खाये जा रहा था। इसका असर उनकी सेहत पर भी पड़ रहा था जो निरन्तर गिरती जा रही थी। हम उनके अच्छे-से-अच्छे इलाज की कोशिश कर रहे थे पर कोई फ़ायदा नहीं पहुँच रहा था। वे अपनी कमज़ोरी से लड़ रही थीं। पर मेरे छोटे भाई-बहनों के सामने बहादुर बनने की कोशिश करती थीं, जो अपनी छोटी-छोटी ज़रूरतों के लिए भी उनके पास भागे आते थे। मैं अम्माँ के साथ अकेला होता तो वे कभी-न-कभी मौत आने की बात करतीं और फिर मेरे चेहरे पर दुख और चिन्ता के भाव देखकर कोई और बात छेड़ देतीं। आग़ा जी को पता था कि अम्माँ मुझ पर कितना भरोसा करती थीं। वे अपने ख़ामोश तरीक़े से मेरे साथ अपने ख़यालात और ख़्वाब बाँटती रही थीं। एक दिन जब मैं कहीं बाहर जाने की तैयारी में था तो आग़ा जी ने मुझे अम्माँ के कमरे में जाकर उनके पास बैठने के लिए कहा। वे ख़ुद डॉक्टर को लाने के लिए चले गये। मैंने देखा था कि वे बड़ी मुश्किल से अपने जज़्बातों पर क़ाबू रख पा रहे थे।

मैं लपककर अम्माँ के कमरे में पहुँचा तो वे आराम कर रही थीं। उनके ज़र्द चेहरे को देखकर लग रहा था कि उन्हें फ़ौरन डॉक्टरी मदद की ज़रूरत थी। मैं उनके पास बैठ गया और हमेशा की तरह उनके चेहरे को अपने सीने से लगाकर उनके नरम-मुलायम हाथों को प्यार से चूमने लगा। मेरा मन भर आया और मेरी आँखों से आँसू बहने लगे। मैं चाहता था कि उन्हें वह भरोसा और सुरक्षा की भावना महसूस करवा सकूँ जिसकी वे मुझसे उम्मीद करती थीं। हमेशा की तरह उन्होंने मानो मेरी भावनाओं को पढ़ लिया और डॉक्टर के आने से पहले ही काफ़ी ठीक महसूस करने लगीं।

आग़ा जी को ऐसा लगने लगा था कि हम लोग जल्दी ही अम्माँ को खो देने वाले थे। उन्होंने उन्हें देवलाली ले जाने का फ़ैसला किया, जहाँ की अच्छी आबोहवा में उनकी सेहत में सुधार होने की उम्मीद थी। आग़ा जी की अपनी नज़र भी धुँधलाने लगी थी और वे पहले से कमज़ोर दिखने लगे थे। देवलाली में वे हर समय अम्माँ के पास ही बैठे रहते और घर से बहुत कम बाहर निकलते। वे अपने स्वभाव के अनुसार ख़ामोश रहते थे, लेकिन उनके अन्दर का दर्द अब उनके चेहरे पर और उनकी आँखों में झलकने लगा था। वे एक ऐसी जीवनसाथी को खो देने की आशंका से जूझ रहे थे जो ज़िन्दगी भर उनकी ढाल और ताक़त बनी रही थी।

आख़िर होनी को कौन टाल सकता था! कुछ ही दिन बाद, 27 अगस्त 1948 को अम्माँ हमेशा के लिए हमें छोड़कर चली गयीं। आख़िर वे इस दुनिया की जद्दोजहद से आज़ाद होकर एक अनन्त और सनातन शान्ति की दुनिया में चली गयी थीं।

मैंने अपने दर्द को अन्दर ही जज़्ब कर लेने और अपनी भावनाओं पर क़ाबू रखने की कोशिश की। मैंने आग़ा जी और अपने भाई-बहनों पर कुछ भी ज़ाहिर नहीं होने दिया, जैसाकि अयूब साहब के जाने के बाद भी हुआ था। हम बम्बई लौटे तो अम्माँ और आग़ा जी को जानने वाले अफ़सोस मनाने आते रहे। इनमें वे ग़रीब लोग भी शामिल थे जिनकी मदद करने के लिए अम्माँ हमेशा तैयार रहती थीं।

हमारे घर नियम से आने वाले इन लोगों में हमारे धोबी की पत्नी भी शामिल थी। वह अपने छोटे बेटे प्यारेलाल के साथ आती थी और उसके लिए खाना बाँधकर ले जाती थी। प्यारेलाल ने अपने माँ-बाप से कपड़े धोना सीखा और उनके गुज़र जाने के बाद मेरा ख़ास धोबी बन गया। वह अब सत्तर पार कर चुका है और हमारे घर में सबसे ख़ास धोबी है। वह मेरी सफ़ेद पतलूनों और कमीज़ों के साथ-साथ सायरा के ख़ूबसूरत कपड़ों की ऐसी देखभाल करता है जो सिर्फ़ उसी के बस का है। प्यारेलाल आज भी याद करता है कि वह अम्माँ द्वारा बाँधकर दिये गये खाने को अपने भाई-बहनों के साथ कितना ख़ुश होकर खाता था। वह और उसकी माँ हमारी रसोई में भी खाते रहते थे।

माँ को खो देने का जो गहरा दर्द मेरे अन्दर था, उसे जज़्ब करने के लिए मुझे ख़ुद को अन्दर से मज़बूत बनाना पड़ा, ताकि अपने छोटे भाई-बहनों को यह महसूस करवा सकूँ कि मैं अम्माँ और अब्बा दोनों की तरह उनके साथ मज़बूती से खड़ा हुआ था। आग़ा जी अब बहुत कम बोलते थे और अपने आपमें ही खोये रहते थे। एक दिन जब हम दोनों अकेले थे तो उन्होंने एक ख़्वाहिश ज़ाहिर की। उन्होंने कहा कि वे चाहते थे कि उन्हें देवलाली में अम्माँ के पास ही दफ़नाया जाये।

उन्हीं दिनों मैंने एक फ़िएट कार ख़रीदी। इसकी ज़रूरत मुझसे भी ज़्यादा मेरी छोटी बहनों को थी जिन्हें बाहर आने-जाने में परेशानी होती थी। मैं पहली बार अपनी गाड़ी में उस दिन बैठा, जब मुझे ब्रेबोर्न स्टेडियम जाना था। वहाँ कोई क्रिकेट मैच चल रहा था और शायद वह उसका दूसरा दिन था। मैं अब लाइन में लगकर टिकट नहीं ख़रीद सकता था क्योंकि मेरा काफ़ी नाम हो गया था और लोग मुझे पहचानने लगे थे। कुछ दिन पहले डॉ. मसानी मुझे मशहूर क्रिकेटर विजय मर्चेंट से मिलवा चुके थे, इसलिए हमें टिकट मिलने में कोई परेशानी नहीं होने वाली थी। डॉ. मसानी ख़ुद भी क्रिकेट के शौक़ीन थे। मैंने ड्राइवर से चर्चगेट चलने के लिए कहा, जहाँ से मुझे डॉ. मसानी को साथ लेकर स्टेडियम में पहुँचना था। हम दोनों ठीक समय पर स्टेडियम में दाख़िल हुए तो हमें वीआईपी स्टैंड में जाने के लिए कहा गया, जो ख़ास मेहमानों के लिए था। यह वही स्टैंड था जिसे मैं उन दिनों बड़ी हसरत से देखा करता था, जब मुझे पीछे वाली सीटों पर बैठना पड़ता था और गरदन उचका-उचकाकर खिलाड़ियों को देखना पड़ता था।

कभी-कभी गरदन अकड़ भी जाया करती थी। वीआईपी स्टैंड में मेरी बग़ल में जो शख़्स बैठा था, वह अपनी खुली जैकेट में काफ़ी शानदार और रोबदार दिखायी दे रहा था। उसके साथ एक दुबला-पतला आदमी बैठा था और उसके कान में कुछ कह रहा था। वे दोनों मेरी तरफ़ देखकर मुस्कराये तो मैं भी मुस्करा दिया। हम सभी 'मुस्लिम सेक्शन' में बैठे हुए थे, इसलिए यह तो साफ़ था कि वे मेरे ही मज़हब के थे। मैंने उन्हें अस्सलाम अलैकुम कहा तो उन्होंने भी बड़ी गर्मजोशी से इसका जवाब दिया।

मैच शुरू होने के कुछ देर बाद उस शानदार और रोबीले शख़्स ने मुझसे बातचीत शुरू करते हुए अपना नाम 'महबूब ख़ान' बताया और मुझे अपने साथी 'नौशाद मियाँ' से मिलवाया। यह एक गहरी दोस्ती और लम्बे पेशेवर रिश्तों की शुरुआत थी।

यूँ तो नौशाद मियाँ एक संगीत-निर्देशक थे, लेकिन उन्होंने एक कहानी लिखी थी जिस पर बाद में 'मेला' फ़िल्म बनी। उन्होंने मुझे अगले हफ़्ते मिलने का न्योता दिया ताकि वे मुझे निर्देशक एस.यू. सन्नी से मिलवा सकें। नौशाद मियाँ और महबूब ख़ान दोनों ने 'शहीद' देख रखी थी।

नौशाद मियाँ के साथ मेरी मीटिंग सन्नी के छोटे-से दफ़्तर में हुई, जहाँ उन्होंने मुझे मुख़्तसर 'मेला' फ़िल्म की कहानी सुनायी। उन्होंने मुझे यह भी बताया कि उन्होंने फ़िल्म के टाइटल गीत की रिकॉर्डिंग कर रखी थी और वे उसे शूट करना चाहते थे। मुझे कहानी के बारे में विस्तार से पूछना अटपटा लग रहा था, लेकिन साथ ही मैं यह भी महसूस कर रहा था कि कहानी को ठीक से जाने बिना फ़िल्म को स्वीकार करना ख़तरे वाली बात होगी।

यहाँ मैं यह बता देना चाहता हूँ कि कोई फ़िल्म चुनने के मामले में शुरू से ही मेरे लिए मुझे दिया जाने वाला मेहनताना कोई मायने नहीं रखता था। यह एक ऐसी बात थी जो मैंने देविका रानी और नितिन बोस से सीखी थी, जो मेरे शुरुआती और सबसे ज़्यादा असर छोड़ने वाले गुरु थे। 'मिलन' फ़िल्म की शूटिंग के दौरान नितिन बोस के साथ काम करते हुए मैंने इस बात को महसूस किया कि एक कलाकार के लिए अपने किरदार के साथ पूरी तरह घुल-मिल जाना कितनी अहमियत रखता था। कलाकार की अपनी शख़्सियत और उसके परदे के किरदार के बीच की बारीक-सी दूरी भी शूटिंग के समय पूरी तरह मिट जानी चाहिए। अपने किरदार के साथ यह नज़दीकी पैदा करने के लिए यह बहुत ज़रूरी है कि अभिनेता उसके बारे में, उसके जज़्बातों और उसके ख़यालों के बारे में ज़्यादा-से-ज़्यादा जानता हो।

मैं 'मिलन' फ़िल्म में बहुत गहराई से डूब हुआ था तो एक दिन नितिन दा ने मुझसे पूछा था कि क्या मैंने रवीन्द्रनाथ टैगोर के उपन्यास 'नौका डूबी' को गम्भीरता से पढ़ा था। मैंने उनसे कहा था कि मैंने इसका वह अनुवाद पढ़ा था

जो मुझे दिया गया था और ज़ाहिर था कि साथ ही फ़िल्म की पटकथा भी पढ़ी थी, जिसमें विस्तार में सब कुछ था। हम लोग उस सीन की शूटिंग की तैयारी कर रहे थे जिसमें कहानी का पात्र रमेश रात भर ट्रेन का सफ़र करने के बाद वाराणसी पहुँचता है, जहाँ उसे अपनी माँ की अस्थियों को गंगा में प्रवाहित करना है। वह रात भर का जगा, थका-हारा और निढाल है और भरे दिल से अपने कर्तव्य को पूरा करता है। नितिन दा ने मुझसे पूछा कि क्या मैंने रमेश के दिलोदिमाग़ की हालत और उसके जज़्बातों के बारे में गहराई से सोचा था, क्योंकि वह रात भर ट्रेन में अस्थियों को थामे बैठा रहा था, ताकि वे सुरक्षित रहें और उसके हाथ से छूट न जायें। नितिन दा ने मुझसे यह भी कहा कि मैं यह सोचकर देखूँ कि रमेश अपनी माँ की अस्थियों को देखते हुए उसे याद कर रहा है—वह माँ जो उससे प्यार से बातें किया करती थी, उसे खाना खिलाती थी और हर सुबह गर्म चाय के प्याले के साथ उसे उठाती थी। आख़िर में नितिन दा ने कहा, ''क्या तुम्हें यह नहीं लगता कि रमेश ने मन-ही-मन यह भी सोचा होगा कि मेरी माँ के कितने मुलायम हाथ थे और कितनी प्यार भरी आँखें, लेकिन अब सिर्फ़ माँ की ये अस्थियाँ बची हैं।''

मैंने नितिन दा से कहा कि मैंने इतनी गहराई से नहीं सोचा था, क्योंकि यह गहराई स्क्रीनप्ले में नहीं थी नीतिन दा समझ गये कि मैं क्या कहना चाहता था। उन्होंने मुझे एक ऐसी सीख दी जो मेरे लिए बहुत फ़ायदेमन्द साबित हुई।

*फ़िल्म दीदार (1951) में नरगिस एवं अशोक कुमार के साथ*

उन्होंने ट्रेन के रात भर के सफ़र में रमेश के दिलोदिमाग़ की हालत के बारे में मुझे चार-पाँच पन्ने लिखने के लिए कहा। मैं घर पहुँचकर आधी रात तक लिखता रहा और बार-बार लिखता रहा, जब तक कि मुझे नींद नहीं आ गयी। अगले दिन घोड़बन्दर की लोकेशन पर उस सीन की शूटिंग होने वाली थी। जब कैमरा रोल हुआ तो मैं उस सीन की भावना में बहुत गहराई से डूबा हुआ था। हम दोनों ही इसके नतीजे से बहुत ख़ुश थे।

नितिन दा इस तरह से मुझे सिखाते थे। उन्होंने मुझे समझाया कि एक अच्छी पटकथा एक कलाकार की इतनी मदद करती है कि वह अपना काम अच्छी तरह से कर सके। लेकिन पटकथा से परे भी कुछ ऐसे मुक़ाम होते हैं जो इस इन्तज़ार में होते हैं कि कोई कलाकार उन तक पहुँच सके। जब रवीन्द्रनाथ टैगोर ने 'नौका डूबी' उपन्यास लिखा था तो उन्होंने यह नहीं सोचा था कि इस पर किसी दिन एक फ़िल्म बनायी जायेगी। इसलिए यह ज़िम्मेदारी पटकथा लेखक की होती है कि वह कहानी के पात्रों को उस उपन्यास में बयान की गयी घटनाओं के माध्यम से जीवन्त बनाते हुए ऊँचे स्तर पर ले जाये। ''किसी किरदार के जज़्बातों को नयी ऊँचाइयों तक ले जाने से तुम्हें कोई नहीं रोकता है, भले ही यह पटकथा में मौजूद न हो!'' नितिन दा ने मुझे समझाते हुए कहा था।

वे इस बात को मानते थे कि किसी कलाकार के लिए फ़िल्म की स्क्रिप्ट से ऊपर उठ पाना आसान नहीं होता, लेकिन अगर अभिनेता, पटकथा लेखक और निर्देशक में तालमेल हो तो यह मुश्किल भी नहीं है।

इसी तरह देविका रानी से मैंने जो कुछ सीखा, उसे एक सबक़ की तरह अपने दिमाग़ में बिठा लिया और कई बार उस पर अमल करके अपने निर्देशकों को भी चौंका दिया। उन्होंने कहा था कि हो सकता है कोई निर्देशक अभिनेता द्वारा दिये गये शॉट से सन्तुष्ट हो। लेकिन यह फ़ैसला अभिनेता को करना होता है कि उसने अपना बेहतरीन काम किया है या नहीं। अगर अभिनेता को लगता है कि वह इससे बेहतर कर सकता है तो यह उसका अधिकार है कि वह उस शॉट को दोबारा लिये जाने के लिये कहे।

मैंने इस बात को न सिर्फ़ अपने ऊपर लागू किया बल्कि अपने साथ काम करने वाले कलाकारों की इच्छा का भी ध्यान रखा। अगर वे फिर से शॉट देना चाहते हों और निर्देशक इसके लिए तैयार हो तो वह शॉट फिर से शूट किया जा सकता था। देविका रानी मुझे और बॉम्बे टॉकीज़ में काम करने वाले दूसरे कलाकारों को यह सलाह देती रहती थीं कि जब तक बेहतरीन नजीजा सामने न आ जाये रिहर्सल करते रहना चाहिए। शुरुआती सालों में तो यह मेरे लिए ज़रूरी था ही, लेकिन बाद के सालों में भी मैंने इस बात का ध्यान रखा कि अपने द्वारा तय किये गये मापदण्डों पर खरा उतर सकूँ। असल में मैं इस बात के लिए

मशहूर हूँ कि मैं ऐसे शॉट की भी रिहर्सल करना पसन्द करता हूँ जिसे आमतौर पर मामूली शॉट समझा जाता है।

मैं एक उदाहरण देना चाहता हूँ। नितिन बोस की फ़िल्म 'दीदार' में एक सिचुएशन थी जिसमें मुझे और अशोक भैया को लाइनें बोलनी थीं। मुझे पहले अपनी लाइनें बोलनी थीं और फिर मेरा एक शब्द पकड़कर अशोक भैया को अपनी लाइनें कहनी थीं। रिहर्सल के दौरान हम दोनों ने आपस में तय किया कि मेरे डायलॉग में जब 'मुलायम' शब्द आयेगा तो वे मेरी तरफ़ चेहरा घुमाकर अपना डायलॉग बोलेंगे। बॉम्बे टॉकीज़ के होने के कारण अशोक भैया और मैं रिहर्सल में बहुत विश्वास करते थे और हम लोग आठ-दस बार उस शॉट की रिहर्सल हर चुके थे। निर्देशक ने जब 'टेक' लेने के लिए 'एक्शन' कहा तो मैंने डायलॉग बोलते हुए अनजाने में ही 'मुलायम' शब्द को 'नरम' कर दिया और अशोक भैया गड़बड़ा गये। मेरी समझ में नहीं आता कि उस दिन मुझे क्या हो गया था। डायरेक्टर ने चिल्लाकर 'कट' कहा और कहने की ज़रूरत नहीं है कि इसके बाद क्या हुआ। अशोक भैया को शायद ही कभी ग़ुस्सा आता था, लेकिन उस दिन वे भड़क उठे और उन्होंने मुझे जमकर डाँट पिलायी। इसके बाद वे रुखाई से बोले, ''ठीक है, अब हम 'नरम' पर ही टिके रहेंगे!''

12

## परदे की दुनिया बनाम असली ज़िन्दगी

*'मुग़ल-ए-आज़म' अभी आधी ही बनी थी कि मेरे और मधुबाला के बीच बातचीत बिल्कुल बन्द हो गयी। फ़िल्म का वह मशहूर रूमानी सीन, जिसमें मेरे और मधुबाला के बीच सिर्फ़ एक पंख है, उस समय शूट किया गया था जब हम दोनों के बीच दुआ-सलाम तक बन्द थी। कहना न होगा कि लाखों दिलों की धड़कनें बढ़ा देने वाले उस सीन को दो पेशेवर कलाकारों ने आपसी अनबन को भुलाकर जितनी ईमानदारी और जज़्बातों की गहराई से अंजाम दिया और निर्देशक की कल्पना को परदे पर साकार किया, वह फ़िल्मों के इतिहास में दर्ज करने लायक़ बात है।'*

'मेला' की बात करें तो मुझे अपनी कार में फ़िल्मीस्तान स्टूडियो जाते हुए फ़िल्म की कहानी सुनना याद आता है, जिसे मेरी बग़ल में बैठे एस.यू. सन्नी सुना रहे थे। स्टूडियो में घुसते ही हम सीधे उस स्टेज पर पहुँचे, जहाँ 'मेला' फ़िल्म का टाइटल गीत बजाया जा रहा था। इसके फ़िल्मांकन को लेकर निर्देशक ने मुझे जो कुछ बताया, वह सिरे से नीरसत और घिसा-पिटा था। मैंने गाने की सिचुएशन और इसके फ़िल्मांकन को लेकर कुछ सुझाव दिये, जो निर्देशक सन्नी और संगीत निर्देशक नौशाद मियाँ दोनों को ही अच्छे लगे। मुझे 'मेला' की कहानी का ख़ाका आधा-अधूरा-सा लग रहा था। ख़ुशक़िस्मती से मुझे भगवती चरण वर्मा, नरेन्द्र शर्मा, ज्ञान मुखर्जी और नवेन्दु घोष जैसे धुरन्धर लेखकों के साथ फ़िल्मों की कहानियों पर चर्चा करने का मौक़ा मिल चुका था। इसलिए मैं समझ गया कि कहानी में कलाकारों के लिए मसाला कम था। मुझे लगा कि शुरुआत में ही निर्देशक को यह सब बता देना चाहिए। वे मेरी बात मान गये और यह न सिर्फ़ मेरे लिए बल्कि सभी कलाकारों के लिए अच्छा हुआ। हमने कहानी पर बहुत-सी धुआँधार बैठकें कीं, जिनमें हमने कहानी के हर पहलू को लेकर खुलकर बहस की। इससे कहानी में एक गहराई आ गयी और वह

ज़्यादा मर्मस्पर्शी और विश्वसनीय बन गयी, साथ ही कलाकारों की भूमिकाएँ भी ज़्यादा संवेदनशील और मार्मिक बन गयीं।

'मेला' (1948 में रिलीज़) के ज़िक्र से कुछ खुशनुमा यादें मेरे ज़ेहन में मचलने लगी हैं, जिन्हें मैं साझा करना चाहूँगा। तब अम्माँ जीवित थीं और मेरे फ़िल्मी कैरियर को लेकर आग़ा जी की नाराज़गी भी दूर हो चुकी थी। सबसे पहली बात तो यह है कि यह पहली फ़िल्म थी जिसे देखने के लिए आग़ा जी किसी सिनेमा हॉल में घुसे थे। नौशाद मियाँ ने उनसे यह फ़िल्म देखने का इसरार किया था और आग़ा जी चाचा उमर और अपने एक दोस्त के साथ मैटिनी शो में यह फ़िल्म देखने गये थे। उस दिन मैं कुछ जल्दी घर लौट आया था, क्योंकि मुझे अम्माँ के लिए डॉक्टर की सुझाई कुछ नयी दवाइयाँ लानी थीं और किसी तरह उनको वह घोल पिलाना था जो उन्हें सख़्त नापसन्द था। मैंने आग़ा जी को घर के अगले कमरे में बैठे देखा। मैंने हमेशा की तरह उन्हें सलाम किया तो उन्होंने मुझे अपने पास बैठने के लिए कहा। चाचा उमर उनकी बग़ल में बैठे थे, और उनके चेहरे पर शरारत भरी मुस्कराहट थी। मैं सोच में पड़ गया कि आख़िर क्या बात थी। फिर चाचा उमर ने ही भेद खोलते हुए बताया कि वे लोग 'मेला' देखकर आ रहे थे और यह देखकर हैरान थे कि इतने सारे लोग टिकट ख़रीदकर हॉल में जमा हो गये थे कि हॉल खचाखच भर गया था। उन्होंने कहा कि उन्हें बड़ा मज़ा आया और अपनी आँखों पर यक़ीन नहीं हुआ कि मैं सचमुच उनके सामने परदे पर मौजूद था और इतना अलग तरह का बर्ताव कर रहा था।

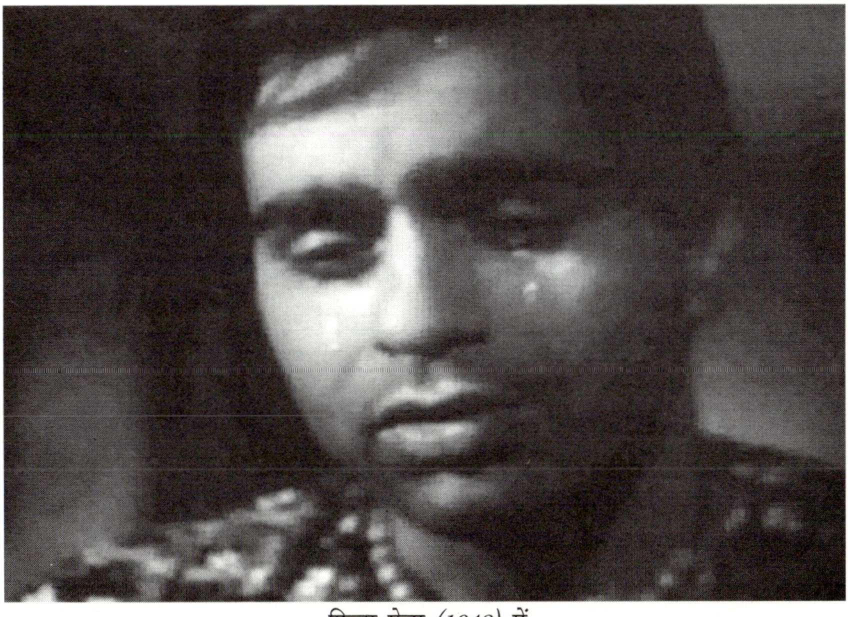

*फ़िल्म मेला (1948) में*

इसके बाद चाचा उमर ने हँसते हुए पूछा कि लड़कियों से शर्माने वाला यूसुफ़ मियाँ कहाँ गया! उन्होंने आग़ा जी की तरफ़ देखा जो किसी गहरी सोच में डूबे हुए थे। कुछ देर बाद आग़ा जी ने मेरी आँखों में झाँकते हुए बहुत गम्भीर अन्दाज़ में कहा, "अगर तुम सचमुच ही उस लड़की से शादी करना चाहते हो तो मैं उसके माँ-बाप से बात करूँ! मुझे बस इतना बता दो कि वह है कौन? तुम्हें इतना दुखी होने की ज़रूरत नहीं है!"

कुछ पल तो मेरी समझ में ही नहीं आया कि वे दोनों क्या कह रहे थे। फिर जब बात समझ में आयी तो यह सोचकर भौचक्का रह गया कि वे नर्गिस के बारे में बात कर रहे थे, जो फ़िल्म की हीरोइन थी। वे दोनों परदे के हमारे प्यार को सच समझ बैठे थे। उन्होंने पहली बार कोई फ़ीचर फ़िल्म देखी थी, इसलिए वे कल्पना की दुनिया और असली ज़िन्दगी में कोई फ़र्क़ नहीं कर पा रहे थे। मैं मन-ही-मन हँस पड़ा, लेकिन मैं यह भी जानता था कि इस ग़लतफ़हमी को फ़ौरन दूर करना ज़रूरी था ताकि वे सचमुच ही नर्गिस के घर न जा पहुँचे। ऐसी सिचुएशन में मुझे कितना शर्मिन्दा होना पड़ता!

दूसरी ख़ुशनुमा याद इस फ़िल्म से शुरू हुई मेरी और नौशाद मियाँ की और मेरी व नर्गिस की अटूट दोस्ती से जुड़ी हुई है। नर्गिस के साथ मेरी बड़ी बेतकल्लुफ़-सी दोस्ती थी। ऐसा लगता था, जैसे हम दो दोस्त या सहेलियाँ हों जिनमें मर्द-औरत का कोई फ़र्क़ न हो। वह मर्दों की बातचीत में शामिल होने में ज़रा भी नहीं झिझकती थीं और अगर कोई ऐसी-वैसी बात कर देता जो औरतों के सामने नहीं कही जाती तो भी मुँह नहीं बनाती थीं। बाद में उनकी माँ जद्दन बाई अम्माँ और सकीना आपा की अच्छी दोस्त बन गयीं क्योंकि नर्गिस अकसर हमारे घर पर आती रहती थीं। तब तक आग़ा जी को भी यह बात समझ में आ गयी थी कि नर्गिस पर्दे पर मेरे साथ प्यार का नाटक भर करती थीं और असली ज़िन्दगी में हमारे बीच साफ़-सुथरी और पाक दोस्ती थी।

इसमें कोई शक नहीं कि नर्गिस बहुत क़ाबिल अदाकारा थीं और हर फ़िल्म के साथ वह बेहतर होती जा रही थीं। जब हमने महबूब ख़ान की 'अन्दाज़' (1949) में दोबारा साथ-साथ काम किया तो उसके अभिनय में बहुत निखार आ चुका था। इस फ़िल्म में काम करना बहुत ख़ुशनुमा अहसास था क्योंकि इसमें राज कपूर भी थे। ऐसा लगता था, जैसे हमारे खालसा कॉलेज के दिन लौट आये हों, जब मैदान में फुटबॉल खेलते हुए तेज़ धूप में उनका चेहरा लाल हो जाता था और मेरे गोल दागने पर वह पंजाबी में ज़ोर से चिल्लाते थे।

राज और नर्गिस के बीच ऐसा तालमेल था या केमिस्ट्री थी कि दोनों को साथ-साथ परदे पर देखना अच्छा लगता था। मेरे साथ नर्गिस का अलग तरह का तालमेल था। 'अन्दाज़' की शूटिंग के दौरान मैं लगातार इस बात को महसूस

करता रहा कि वह मेरे साथ होती भी थी और नहीं भी होती थी—ख़ासकर ऐसे सीनों में जिनमें एक ख़ास तरह का 'टेम्परेचर' या 'ताप' दिखाना होता था। यह किसी रूमानी सीन में दो कलाकारों के बीच गहरी नज़दीकी दिखाने के लिए मेरा ख़ुद का गढ़ा हुआ (या यूँ कहें कि इस्तेमाल किया जाने वाला) शब्द है।

मिसाल के तौर पर, अशोक भैया और नलिनी जयवन्त यह 'टेम्परेचर' बना लेते थे क्योंकि वे दोनों एक-दूसरे को गहराई से जानते थे। इसी तरह नर्गिस और राज भी वे जज़्बात उभार पाते थे जिनकी उस सीन में माँग होती थी, इसलिए वे आसानी से ऐसे सीन कर लेते थे। 'तराना' (1951) की शूटिंग के दौरान मेरे और मधुबाला के बीच भी ऐसा ही 'टेम्परेचर' बनने लगा था, जिसे मैं कई कारणों से अपने शुरुआती दौर की एक यादगार फ़िल्म मानता था।

मधुबाला बड़ी ख़ुशमिज़ाज और ज़िन्दादिल अभिनेत्री थीं और झट से 'रिएक्ट' करने में माहिर थीं। इस वजह से परदे पर ही नहीं, शूटिंग के दौरान भी उनके सीन बड़े दिलचस्प लगते थे। हम कुछ रिहर्सलों के बाद कोई सीन शूट करते थे तो वह बड़ी तेज़ रफ़्तार से आगे बढ़ता हुआ लगता था। मधुबाला की इस ख़ूबी

*फ़िल्म अन्दाज़ (1949) में नरगिस एवं राज कपूर के साथ*

का कारण उनका ग़ज़ब का फुर्तीलापन और अपने काम के प्रति उनकी गहरी लगन थी। वह ख़ूब डूबकर और लगन से काम करती थीं।

मैं महबूब साहब के साथ बहुत सहज महसूस करता था। कुछ लोग ऐसे होते हैं जिनके साथ आपको बहुत सुकून महसूस होता है और आप खुद को इतना महफ़ूज़ महसूस करते हैं, जैसे उन्हें बरसों से उसे जानते हों। महबूब साहब के साथ मुझे पहले ही दिन से ऐसा महसूस होने लगा था। उन्होंने मुझे यह आज़ादी दे रखी थी कि मैं अपने ख़यालात ज़ाहिर करूँ कि मैं कोई सीन किस तरह से करना चाहता था। मैं उसे करके भी दिखा सकता था। इसके बाद ही वे बताते थे कि उन्होंने क्या सोचा था। वे खुलकर बहस करना पसन्द करते थे, क्योंकि उनका मानना था कि आख़िर में जो सामने आता था, वही मायने रखता था। इससे कोई फ़र्क़ नहीं पड़ता था कि वह किसका आइडिया था, क्योंकि यह सब टीमवर्क था।

हमारी बैठकें महबूब साहब या नौशाद मियाँ के घर पर हुआ करती थीं। ऐसी ही एक बैठक में मैंने अपनी यह इच्छा ज़ाहिर की कि मैं कॉमेडी करना चाहता था। मुझे इसका सुझाव एक डॉक्टर ने दिया था। उनका नाम डॉ. डब्ल्यू.डी. निकोलस (Dr. W.D. Nicholas) था और उनसे मेरी मुलाक़ात डेम मागरेट रदरफोर्ड (Mame Margret Rutherford) और डेम सिबिल थॉर्नडिक (Dame Sybil Thorndike) ने करवाई थी। इन दोनों से मैं एक ड्रामा कोच के माध्यम से लन्दन में मिला था और अभिनय के कई पहलुओं को लेकर हमारे बीच लम्बी बातचीत हुई थी।

डॉ. निकोलस से मिलने गया तो उन्होंने मेरे साथ लगभग एक घण्टा बिताया। वे एक जाने-माने साइकिएट्रिस्ट थे और मैंने उन्हें बताया कि किस तरह के डर कुछ समय से मुझे परेशान कर रहे थे। मैं बिना किसी कारण के उदास और खोया-खोया-सा रहने लगा था। मेरी पूरी बात ध्यान से सुनने और मुझसे कुछ सवाल पूछने के बाद उन्होंने कहा कि यह कोई चिन्ता की बात नहीं थी। फ़िल्मों या नाटकों से जुड़े गम्भीर अभिनेताओं के साथ अकसर ऐसा होता रहता था। उन्होंने कहा कि कई बड़े-बड़े कलाकार उनके पास आते रहते थे; जिन्हें इसी तरह के डर सताने लगते थे। वे उन्हें जो सलाह देते थे, वही मुझे देने जा रहे थे। उन्होंने ने कहा कि मुझे अलग-अलग तरह की फ़िल्में करनी चाहिए। लगातार एक ही तरह की फ़िल्में करने से नक़ली और असली ज़िन्दगी में तालमेल बिठाना मुश्किल हो जाता है। कभी-कभी तो फ़िल्मों की नक़ली दुनिया असली ज़िन्दगी पर इतनी हावी हो जाती है कि असली ज़िन्दगी बचाव के लिए छटपटाने लगती है। मैं परदे पर लगातार ऐसे किरदारों को निभाता रहा था जो अभागे और दुखी होते थे। मैं अपनी भूमिकाओं में इतना डूब जाता था कि काम से लौटने के बाद भी इन्हें ही जीता रहता था।

डॉ. निकोलस ने कहा कि उन्हें पूरा यक़ीन था कि शूटिंग के दौरान बोली गयी लाइनें और वे सीन मेरे दीमाग़ में घूमते रहते थे और मैं उनसे बाहर नहीं निकल पाता था। मैं यह देखकर हैरान रह गया कि उन्होंने मेरी परेशानी का कितना सही और सटीक अन्दाज़ा लगा लिया था। उन्होंने बड़े स्नेह और हमदर्दी से कहा, ''माई डियर यंगमैन, तुम अकेले नहीं हो जो इस परेशानी से जूझ रहे हो। लगातार पढ़ते रहने वाले विद्यार्थियों को भी अकसर यही परेशानी हो जाती है। इससे निकलने का एक ही रास्ता है कि अलग-अलग तरह की, अलग-अलग मूड की फ़िल्में करो। थोड़ी मौज-मस्ती करो और यार-दोस्तों के साथ थोड़ा समय गुज़ारो।''

मेरी समझ में आ गया कि वे क्या कहना चाहते थे। सचमुच ही मैं अपने काम में इतना डूबा रहने लगा था कि अनजाने में ही अपने भाई-बहनों से दूर होता चला गया था। रात को घर लौटने के बाद मैं उनके साथ थोड़ा-सा ही वक़्त गुज़ार पाता था। मैं फुटबॉल या बैडमिंटन खेलना भी भूल गया था।

ऐसा भी नहीं था कि मुझे पता न हो कि मैं जो कुछ फ़िल्मों में कर रहा था, वह सब नक़ली था और मेरी असली ज़िन्दगी और शख़्सियत से बिल्कुल उल्टा था। लेकिन होता यह था कि लोग मिलते थे और मेरी किसी फ़िल्म के ट्रेजिक सीन की तारीफ़ करते थे तो मैं न चाहते हुए भी उसी के बारे में सोचने लगता

*फ़िल्म तराना (1951) में मधुबाला के साथ*

था। मैंने बीस साल की उम्र से ही ट्रेजिक फ़िल्मों में काम करना शुरू कर दिया था, जबकि विदेशों में सर जॉन जिल्गड (Sir John Gielgud) जैसे जाने-माने अभिनेता भी तीस-पैंतीस के बाद ही इस तरह की फ़िल्मों को हाथ लगाते थे।

महबूब साहब और नौशाद साहब के साथ उस दिन की मीटिंग में मैं बहुत देर तक बोलता रहा और वे दोनों हैरत से मेरी तरफ़ रेखते रहे। वे मेरी परेशानी और उलझन को नहीं समझ पा रहे थे। उन्हें लगता था कि यह मेरा पागलपन था कि मैंने इंग्लैंड में जाकर ड्रामा कोच और मनोविश्लेषक से सलाह माँगी थी। उन्होंने कुछ कलाकारों के नाम गिनाये जो एक ही तरह की फ़िल्में करते रहे थे। मैं कुछ परेशान-सा और मन पर एक बोझ-सा लिये घर पहुँचा।

अगले दिन मैं एस. मुखर्जी साहब से मिलने गया। मैंने उन्हें बताया कि मैंने एक तमिल फ़िल्म देखी थी, जो मुझे मद्रास के एक प्रोड्यूसर ने ख़ासतौर से दिखायी थी। उनका नाम श्रीरामुलु नायडू था और वे इस फ़िल्म को हिन्दी में बनाना चाहते थे। अगर मैं इस फ़िल्म को करने के लिए तैयार हो जाता तो मेरी स्क्रीन इमेज बिल्कुल बदल जाती। संयोग से उस समय वहाँ के. आसिफ़ साहब (1960 में रिलीज़ हुई 'मुग़ल-ए-आज़म') के निर्माता-निर्देशक भी मौजूद थे। उन्होंने मुस्कराते हुए उकसाने वाले अन्दाज़ में कहा, "दम है तो करके दिखाइए।" मुझे ऐसा लगा, जैसे किसी ने मेरे अन्दर के कलाकार को ललकार दिया हो। मुखर्जी साहब भी उसी अन्दाज़ में बोले, "आगे बढ़ो और फ़िल्म साइन कर लो! एक्टर का काम एक्टिंग करना है, इससे कोई फ़र्क़ नहीं पड़ता है कि वह ट्रेजिडी कर रहा है या कॉमेडी। जो बात मायने रखती है, वह यह है कि उसमें कितनी क़ाबिलीयत और हुनर है।"

मैं घर लौटा तो मानो मेरे दिल का कोई बोझ कम हो गया था। मैं आत्मविश्वास से भरा हुआ था। मैं जानता था कि कॉमेडी के लिए एक बड़े आधार की और टाइमिंग की ज़बरदस्त सूझ-बूझ की ज़रूरत होती है—जो एक पैदाइशी कला के बजाय एक सीखा-समझा और मेहनत से तराशा हुआ हुनर होती है। शुरू में मुझे लगता था कि पता नहीं मैं कॉमेडी कर पाऊँगा या नहीं। लेकिन अब मेरे सामने यह एक चुनौती बनकर खड़ी हो गयी थी। एक ऐसी ज़रूरत जिसके लिए मुझे कुछ हिम्मत दिखाने की ज़रूरत थी।

'आज़ाद' (1955) कई मायनों में ऐसी पहली फ़िल्म थी जिसने अपनी कला को लेकर मुझे आत्मविश्वास से भर दिया, और आज़ादी और कुछ हासिल करने के जज़्बे से भी। जिस दिन यह फ़िल्म रिलीज़ हुई, मैं महाबलेश्वर में था—बम्बई में अपने घरवालों और दोस्तों से दूर। ऐसा मैंने जानबूझकर किया था।

मुझे वी.वी. पुरी (फ़िल्म के फाइनैंसर और 'इण्डिया टुडे' वाले अरुण पुरी के पिता) ने आधी रात को फ़ोन करके जगाया और दिल्ली से यह बड़ी ख़बर

*फ़िल्म आज़ाद (1955) में*

सुनायी कि फ़िल्म हिट हो गयी थी। हम एक-दूसरे को तब तक बधाई देते रहे, जब तक कि हमें गहरी नींद नहीं आ गयी।

सुबह-सुबह एक और फ़ोन ने मुझे नींद से जगा दिया। इस बार फ़ोन पर फ़िल्म के प्रोड्यूसर श्रीरामुलु नायडू थे। वे खुशी से झूम रहे थे। उन्हें मुझ पर इतना ज़्यादा भरोसा था कि फ़िल्म की शूटिंग के दौरान उन्होंने मुझे खुली छूट दे रखी थी कि मैं स्क्रीनप्ले को मनोरंजक बनाने के लिए उसमें जो चाहे जोड़ सकता हूँ। इस फ़िल्म में मीना कुमारी का साथ भी एक खुशनुमा अनुभव था। उनके लिए भी इस फ़िल्म की हल्की-फुल्की भूमिका एक अच्छा बदलाव थी, क्योंकि इससे वे पहले फ़िल्म 'बैजू बावरा' (1952) और 'परिणीता' (1953) जैसी गम्भीर भूमिकाएँ करती रही थीं। वे एक ख़ुशमिज़ाज इंसान थीं और यूनिट के सभी लोगों के साथ बात करती रहती थीं। निर्माता नायडू से तमिल सीखने में भी उन्हें ख़ूब मज़ा आ रहा था। कोयम्बटूर और मद्रास में इनडोर शूटिंग के दौरान नायडू बड़ी गम्भीरता से उन्हें तमिल सिखाने में लगे रहते थे।

नायडू के साथ मेरी पहले ही दिन से ख़ूब पटने लगी थी। शूटिंग शुरू हो जाने वे इतने ख़ुश थे कि उन्होंने अपने एक धनवान दोस्त (जो कारोबार में माहिर माने जाने वाले चेट्टियार समुदाय से थे) के घर पर एक दावत रख दी। इसमें साउथ की फ़िल्म इंडस्ट्री के कई जाने-माने लोग शामिल हुए। सभी मेहमानों के लिए केले के पत्ते पर खाना परोसा गया, जैसाकि साउथ में रिवाज है।

मैं पहली बार इस तरह का साउथ इण्डियन खाना खा रहा था। वह पूरा चार कोर्स का खाना था और मीठा तो क्लाइमेक्स की तरह एक के बाद एक आता रहा। पत्ते पर कई तरह की सब्ज़ियाँ परोसे जाने के बाद बीच में चावल का ढेर परोसा गया और उस पर साँभर डाला गया। मेरी बग़ल में बैठे सज्जन बहुत ख़ुश लग रहे थे और लगातार हल्के-हल्के मुस्करा रहे थे। उन्होंने यह बताने का ज़िम्मा अपने ऊपर ले लिया कि तमिल में किस सब्ज़ी को क्या कहा जाता है और खाने का सही लुत्फ़ उठाने के लिए क्या पहले और क्या बाद में खाना है। जैसा-जैसा वे बताते रहे, मैं वैसा-वैसा करता रहा। मैं उनकी या मेजबान नायडू की भावनाओं को कोई ठेस नहीं पहुँचाना चाहता था। नायडू मेरे सामने ही बैठे हुए थे और किसी से लगातार बातचीत में मशग़ूल थे।

रसम के आने तक सब कुछ ठीक-ठाक चलता रहा। इसके बाद एक आदमी एक बड़े बर्तन के साथ मेरे पास आया तो मेरी समझ में कुछ नहीं आया। मेरी बग़ल में बैठे सज्जन ने अपनी हथेलियों को मिलाकर गोलाकार बनाया और उनमें रसम लेकर बड़े स्वाद से पी गया। मैं जानता था कि यह मेरे बस की बात नहीं थी। मैंने अपनी थाली में चावलों के बीच एक गड्ढा-सा बनाया और उस आदमी को उसमें रसम डालने के लिए कहा। उसने मुस्कराते हुए ऐसा ही किया और आगे बढ़ गया। मैं इस बात से ख़ुश था कि ऐन मौक़े पर मुझे वह तरकीब सूझ गयी थी। मैंने जल्दी-जल्दी अपना खाना ख़त्म किया और फिर बाक़ी लोगों के साथ उठ गया।

भरपेट लंच के बाद हम सब ड्रॉइंगरूम में पहुँच गये, जहाँ बड़े-बड़े आरामदायक सोफ़े हमारा इन्तज़ार कर रहे थे। वहाँ तमिल और तेलुगु में ख़ूब बातचीत चलती रही। जो थोड़ा-बहुत मेरी समझ में आया, वह यह था कि वे लोग हिन्दी में फ़िल्म बनाने को बहुत बड़ा रिस्क मान रहे थे और नायडू को भारी नुक़सान होने की चिन्ता जता रहे थे। सिर्फ़ एल.वी. प्रसाद (जाने-माने निर्माता-निर्देशक) इकलौते ऐसे शख़्स थे जो नायडू की पीठ थपथपाते हुए उनका हौसला बढ़ा रहे थे। उन्हें उम्मीद थी कि फ़िल्म अच्छी चलेगी। सभी मेहमान बहुत मिलनसार थे और मेरे साथ बहुत अच्छा बर्ताव कर रहे थे।

इस दावत का क्लाइमेक्स तब शुरू हुआ, जब एक आदमी एक प्लेट में एक बड़ा-सा कटोरा लेकर आया जिसमें कोई रस भरा हुआ था। वह बारी-बारी से हर मेहमान के पास जाने लगा और सब लोग कटोरे से एक चम्मच रस लेकर अपने पेट पर मलने लगे। उसकी हल्की-हल्की ख़ुशबू से मेरी समझ में आया कि वह चन्दन का लेप था।

मेरी बारी आयी तो मैंने भी सब लोगों की तरह अपनी शर्ट उठाकर पेट पर चन्दन का लेप मला और फिर उसे वापस ढँक लिया। कुछ ही देर में मेरी हालत ख़राब होने लगी। मेरे बालों भरे पेट पर वह लेप सूखने लगा तो मेरा पेट

ऐंठने लगा और मुझे सुइयाँ-सी चुभने लगीं। मैं बहुत बेचैन हो उठा। इतने सारे अनजान लोगों के बीच में कैसे किसी को अपनी परेशानी बताता। मैं मेहमानों से माफ़ी माँगते हुए अपनी जगह से उठा और बाथरूम की तरफ़ लपका। दरवाज़ा बन्द करके मैंने अपनी शर्ट और बनियान उतारी और फिर बनियान को अच्छी तरह पानी में भिगोकर उसे ज़ोर-ज़ोर से अपने पेट पर रगड़ने लगा। चन्दन का लेप हटते ही मुझे राहत महसूस हुई और मैंने चैन की साँस ली। पेट को अच्छी तरह साफ़ करने के बाद मैंने शर्ट पहन ली और उस गीली बनियान को मोड़-तरोड़कर पीछे की खिड़की से बाहर बग़ीचे में फेंक दिया। कुछ ही देर में मैं मेहमानों के बीच वापस आकर बैठ गया और किसी को पता नहीं चला कि मेरे साथ क्या परेशानी हुई थी। मैं सोचने लगा कि जब बग़ीचे के माली को किसी झाड़ी के नीचे वह बनियान पड़ी मिलेगी तो वह क्या सोचेगा? शायद कुछ भी न साचे या इसे किसी पागल की शरारत समझे। मैंने मन-ही-मन मुस्कराते हुए इस घटना को दिमाग़ से झटक दिया।

इसके बाद मैंने इस तरह की दावतों से तौबा कर ली। श्रीरामुलु नायडू को लगा कि शायद भाषा की परेशानी की वजह से मैं ऐसी पार्टियों से कतराता था, हालाँकि यह सच नहीं था। मुझे तमिल और तेलुगु सीखने में उतना ही मज़ा आ रहा था, जितना अशोक भैया और एस. मुखर्जी साहब से बँगला सीखने में। इसके अलावा साउथ की फ़िल्मी राजधानी कहे जाने वाले मद्रास में अंग्रेज़ी ख़ूब चलती थी, जहाँ मुझे कोई परेशानी नहीं थी। साउथ से जुड़े कई दिलचस्प अनुभवों की बातें हम आगे भी करेंगे।

अगर 'शबनम'(1949) के बाद मैंने ख़ुद को अपनी पहली कार का तोहफ़ा दिया तो 'आज़ाद' (1955) की कामयाबी के बाद मैं उस शहर में एक अच्छा घर बनाने की सोचने लगा, जो अब मेरे दिल में एक घर की तरह जगह बना चुका था। मुझे अब बम्बई अपनी जन्मभूमि पेशावर से भी ज़्यादा अच्छा लगने लगा था, जहाँ मैंने अपना बपचन बिताया था।

यह मेरी दिली ख़्वाहिश थी कि मैं अम्माँ को एक ऐसे घर का सुकून और सहूलियतें दे सकूँ जिसे वे अपना कह सकें। उनकी सेहत बिगड़ने लगी और उन्होंने बड़ी मुश्किल से घर के काम की ज़िम्मेदारियाँ छोड़ीं तो सकीना आपा ने ख़ुशी-ख़ुशी यह सब सँभाल लिया। जैसाकि मैं पहले कह चुका हूँ, सकीना आपा अपने स्वभाव और तेवरों में हमारी दादी पर गयी थीं जिनकी हिटलरशाही पेशावर में ख़ूब चलती थी। मुझे इसमें कोई शक नहीं है कि आपा का सख़्त स्वभाव मनोवैज्ञानिकों की भाषा में 'सीखा हुआ व्यवहार' था। लेकिन फिर सवाल उठता है कि उन्होंने अम्माँ के नरम और शालीन तौर-तरीक़े क्यों नहीं सीखे? मेरे ख़याल से कुछ सवालों को बिना जवाब के ही छोड़ देना चाहिए।

यादें मुश्किल से ही हमारा पीछा छोड़ती हैं। जब मैं अपने कमरे में अकेला होता था तो अकसर अम्माँ के साथ गुज़रे लम्हों को याद करने लगता था। दिन भर के थका देने वाले काम के बाद मैं शाम को घर लौटता था तो अम्माँ को दमे से खाँसते पाता था। लेकिन वे ठीक होने का दिखावा करती थीं। तब अयूब साहब ज़िन्दा थे और वे उनकी गिरती सेहत को लेकर चिन्ता में घुलती रहती थीं। वे जानती थीं कि मैं अपने सब भाइयों में अयूब साहब के सबसे ज़्यादा क़रीब था। इसलिए वे मुझसे पूछना नहीं भूलती थीं कि अयूब साहब के फेफड़े की क्या हालत थी, जो तब से ज़ख़्मी था जब वे घोड़े से गिर गये थे। उनके इन्तकाल के बाद भी अम्माँ उन्हीं की यादों में डूबी रहती थीं। मुझे याद है, मैं सुबह नहा-धोकर तैयार होने के बाद उनके कमरे में जाता तो वे मुझे एकटक देखती रहतीं। मैं बिस्तर पर उनके पास बैठ जाता और उनके सिर को अपने सीने पर टिकाकर उनसे धीरे-धीरे बातें करने लगता। उन्हें साँस लेने में मुश्किल होती थी तो वे थककर निढाल हो जाती थीं। मैं उनकी पीठ सहलाता ताकि वे आराम से साँस ले सकें। इसके बाद मैं उन्हें हाथ का सहारा देते हुए तकिये पर लिटा देता। कभी-कभी उनका मन उठकर कुर्सी पर बैठने का होता तो मैं उनके विरोध करने और हल्के-से हँसने के बावजूद उन्हें अपनी बाँहों में उठाकर कुर्सी पर बिठा देता। आग़ा जी कभी-कभी मज़ाक़ करते हुए कहते, "इतना ही शौक़ है मेरी बीवी को उठाकर घुमाने का तो अपनी बीवी ले आओ!"

मेरे बड़े भाई नूर साहब अपने दोस्तों की दुनिया में खोये रहते थे। मेरे छोटे भाई और बहनें अपनी पढ़ाई-लिखाई में लगे रहते थे। उन सभी पर सकीना आपा की कड़ी नज़र रहती थी। वे सकीना आपा से इतना डरते थे कि मुझसे सीधे कुछ कहने की हिम्मत नहीं कर पाते थे, क्योंकि इससे आपा को ग़ुस्सा आ जाता था। वे घर की अकेली मालकिन थीं और मेरी फूफियाँ भी उनसे डरती थीं, भले ही उनकी पीठ पीछे उन्हें बुरा-भला कहती रहें। सिर्फ़ चाचा उमर थे जो सकीना आपा से नहीं डरते थे। वे उन्हें चिढ़ाने के लिए मेरी हीरोइनों के बारे में बात करने लगते और कभी किसी से तो कभी किसी से शादी करने की सलाह देते। आपा का पारा चढ़ जाता और वे उन्हें फालतू बातों के बजाय कोई काम करने के लिए कहतीं या ग़ुस्से से कमरे से बाहर निकल जातीं। आपा मेरी ज़्यादातर हीरोइनों को नापसन्द करती थीं, हालाँकि जब वे हमारे घर आती थीं तो उनकी ख़ातिरदारी का ध्यान रखती थीं। मेरे ख़याल से नर्गिस के साथ उनकी अच्छी पटती थी, जिनकी माँ जद्दन बाई मुझे प्यार से 'प्रिंस' बुलाती थीं। मुझे बड़ी हैरानी हुई जब एक शाम आपा ने मुझसे पूछा कि क्या मुझे पता था कि राज और नर्गिस के बीच क्या चल रहा था। मैंने उनसे कहा कि वे राज से ख़ुद क्यों नहीं पूछ लेतीं। वह कभी भी हमारे घर में टपक पड़ते थे और मज़ेदार बातें

करके और आपा के हाथ की बिना दूध की ख़ुशबूदार चाय पीकर हमारे शान्त घर में हंगामा-सा मचा देते थे।

दूसरों की ज़िन्दगी में ताक-झाँक करना मेरे स्वभाव में नहीं था। मुझे याद है, एक दिन मैं फ़िल्मीस्तान स्टूडियो में अशोक भैया और नलिनी जयवन्त के साथ लंच कर रहा था। वे दोनों वहाँ किसी फ़िल्म की शूटिंग कर रहे थे। लंच के बाद अशोक भैया हाथ धोने के लिए बाथरूम की तरफ़ बढ़ गये। उनके पीछे-पीछे नलिनी जयवन्त भी हाथ धोने चली गयीं। बिना कुछ सोचे-समझे मैं भी उनके पीछे चल पड़ा, क्योंकि मुझे हाथ धोकर जल्दी से वहाँ से निकलना था। लेकिन पल भर में ही मैं उल्टे पाँव लौट आया और सोचने लगा कि मैं कितना बेवकूफ़ था जो यूँ उनके पीछे चल पड़ा था। कम-से-कम मुझे उन्हें सावधान तो कर देना चाहिए था। बाद में कभी भी मैंने अशोक भैया से इसका ज़िक्र करने की गुस्ताख़ी नहीं की, हलाँकि उनके हँसमुख स्वभाव को देखते हुए वे बुरा नहीं मानते और पूरी बात को हँसी में उड़ा देते।

उस ज़माने में भी अख़बार वाले ख़ूब गॉसिप छापते थे और हीरो-हीरोइन के बीच किसी खिंचाव को झट-से सूँघ लेते थे। इसके बाद वे ख़ूब बढ़ा-चढ़ाकर और मिर्च-मसाला लगाकर उनके 'रोमांस' की ख़बरें छापते। आज की तरह उस ज़माने में भी ज़्यादा लोकप्रिय कलाकारों की ज़िन्दगी में ज़्यादा ताक-झाँक की जाती थी, क्योंकि उनके चाहने वाले बड़ी तादाद में होते थे। शुरू में मुझे इस तरह की दख़लअन्दाज़ी बहुत नागवार लगती थी, क्योंकि मुझे लगता था कि इससे किसी हीरोइन की इमेज ख़राब होने में देर नहीं लगती थी।

मैंने कुछ दिन कुछ जाने-माने गॉसिप लेखकों के साथ कुछ समय बताया और उन्हें यह समझाने की कोशिश की कि एक फ़िल्म पत्रकार के तौर पर उन्हें किस तरह की भूमिका निभानी चाहिए। मैंने उनसे कहा कि एक अभिनेता भी किसी भी दूसरे नौकरीपेशा की तरह होता है, जो 9 से 5 बजे या 2 से 10 बजे तक की शिफ़्ट में काम करता है। फ़र्क़ सिर्फ़ यह है कि हम एक कल्पना की दुनिया में काल्पनिक चरित्रों को जीते हैं, जबकि दूसरे नौकरीपेशा असली दुनिया में असली इंसानों की तरह काम करते हैं। हम कलाकार जब झूठी मुस्कराहटों और झूठे आँसुओं की दुनिया से बाहर आकर एक-दूसरे के साथ अपने जज़्बात बाँटते हैं तो कभी-कभी नक़ली और असली के फ़र्क़ को भूल पाते हैं और झूठ और सच के बीच की हल्की-सी रेखा को पार कर जाते हैं।

क्या मेरे साथ भी ऐसा ही हुआ था? क्या मैं मधुबाला से प्यार करता था, जैसाकि ज़माने की पत्रिकाओं में छपता रहता था? इस बार-बार पूछे गये सवाल का जवाब यह है कि मैं इस बात को मानता हूँ कि मैं उनके प्रति एक खिंचाव महसूस करता था—एक साथी कलाकार के तौर पर भी और एक इंसान के तौर पर भी।

उनमें कुछ ऐसे गुण थे जो मुझे लगता था कि औरतों में होने चाहिए। 'तराना' फ़िल्म में हमारी जोड़ी को दर्शकों ने ख़ूब पसन्द किया था। हम काम के दौरान एक-दूसरे के साथ बहुत बेतकल्लुफ़ और दोस्ताना महसूस करते थे। जैसाकि मैंने कहा कि वह बहुत ज़िन्दादिल और हँसमुख थीं और बड़ी आसानी से मुझे मेरे शर्मीलेपन और ख़ामोश मिज़ाजी से बाहर खींच लाती थीं। मेरे अन्दर एक तरह का ख़ालीपन था जो भरे जाने के लिए तड़प रहा था—किसी तेज़ दिमाग़ की तर्कशील महिला द्वारा नहीं बल्कि एक ज़िन्दादिल और जज़्बाती महिला द्वारा। मधुबाला एक ऐसी ही औरत थीं, जिनकी ज़िन्दादिली और ख़ूबसूरती मेरे अन्दर के ख़ालीपन और ज़ख़्मों पर मलहम की तरह थी।

1950-51 के आसपास जब यह घोषणा हुई कि 'मुग़ल-ए-आज़म' (1960) फ़िल्म में हम दानों साथ-साथ काम करेंगे तो यह उस समय की सबसे धमाकेदार ख़बर थी, क्योंकि इस तरह की अफ़वाहें थीं कि हम दोनों के बीच इश्क़ चल रहा था। फ़िल्म के निर्माता-निर्देशक के. आसिफ़ बहुत ख़ुश थे कि इस वजह से फ़िल्म की ख़ूब चर्चा हो रही थी और फ़िल्म की कारोबारी योजनाओं पर बहुत अच्छा असर पड़ा रहा था। किसी ने कल्पना भी नहीं कि थी कि यह फ़िल्म इतने सालों तक बनती रहेगी। के. आसिफ़ को पता था कि मेरे बारे में मधु की क्या भावनाएँ थीं क्योंकि मधु ने एक दिन ख़ुद ही उन्हें बताया था। वे यह भी जानते थे कि मैं किस तरह की फ़ितरत का इंसान हूँ और जल्दबाज़ी में कोई जज़्बाती या कारोबारी फ़ैसला लेना पसन्द नहीं करता। जैसाकि उनकी आदत थी, के. आसिफ़ हमारे रिश्तों को हवा देने में लग गये। उन्होंने मधु से यहाँ तक कह डाला कि पुराने तौर-तरीक़ों में पले-बढ़े मुझ जैसे उसूलपसन्द पठान से निकाह का वादा लेने का सबसे अच्छा तरीक़ा था कि मेरे साथ जिस्मानी रिश्ते क़ायम कर लिये जायें।

*फ़िल्म मुग़ल-ए-आज़म (1960) में मधुबाला के साथ*

आज मैं पीछे मुड़कर देखता हूँ तो मुझे लगता है कि फ़िल्म के फ़ायदे को देखते हुए कोई भी निर्माता-निर्देशक यही चाहता। इससे परदे पर हमारे रोमांस में और भी जान आ जाती। लेकिन हुआ यह कि जब मधुबाला के अब्बा ने यह बात सामने रखी कि शादी से पेशेवर रिश्ते और भी मज़बूत हो जायेंगे तो मेरी समझ में आया कि वे इस शादी को एक कारोबार की तरह देख रहे थे। इसके बाद हम दोनों के रिश्ते ख़राब होने शुरू हो गये। तब के. आसिफ़ अपनी तरफ़ से इन रिश्तों को बचाये रखने में जुट गये। पर नतीजा यह हुआ कि 'मुग़ल-ए-आज़म' अभी आधी ही बनी थी कि मेरे और मधुबाला के बीच बातचीत बिल्कुल बन्द हो गयी। फ़िल्म का वह मशहूर रूमानी सीन, जिसमें मेरे और मधुबाला के होंठों के बीच सिर्फ़ एक पंख है, उस समय शूट किया गया जब हम दोनों के बीच दुआ-सलाम तक बन्द थी। कहना न होगा कि लाखों दिलों की धड़कनें बढ़ा देने वाले उस सीन को दो पेशेवर कलाकारों ने आपसी अनबन को भुलाकर जितनी ईमानदारी और जज़्बातों की गहराई से अंजाम दिया और निर्देशक की कल्पना को परदे पर साकार किया, वह फ़िल्मों के इतिहास में दर्ज़ करने लायक़ बात है।

आसिफ़ और मैं स्वभाव में भी और दिमाग़ी तौर पर भी एक-दूसरे से बिल्कुल उलट थे। हालाँकि दो दोस्तों के तौर पर हममें काफ़ी बेतकल्लुफ़ी थी, पर वे जानते थे कि जब तक मैं न चाहूँ, उन्हें मेरे ख़्यालात का इल्म नहीं हो सकता था। साफ़-साफ़ कह दूँ तो मेरे दिमाग़ में फ़िल्म के प्रेम-दृश्यों से बढ़कर दूसरी कई चिन्ताएँ थीं। शहज़ादे सलीम की फ़ितरत के बारे में जानने के लिए मेरे पास पढ़ने की बहुत कम सामग्री थी। उसके किरदार के साथ एक दिमाग़ी रिश्ता क़ायम करना बहुत ज़रूरी था और यह बात मैं फ़िल्म साइन करते समय ही समझ गया था कि रिसर्च और खोजबीन का सारा काम मुझे ख़ुद ही करना होगा।

दिलचस्प बात यह है कि बरसों पहले जब मैं 'नदिया के पार' (1948) में काम कर रहा था तो आसिफ़ ने पहली बार मुझे शहज़ादे सलीम का रोल देने की बात कही थी। उन्होंने मुझे अपने घर बुलाकर अपनी बीवी सितारा देवी से भी मिलवाया था जो एक कत्थक डांसर थीं। सितारा देवी के साथ मैं झट-से खुल गया और हम शास्त्रीय संगीत और नृत्य के बारे में बात करने लगे। चाय-नाश्ते के दौर के बाद सितारा भाभी ने कुछ झिझकते हुए पूछा कि क्या वे मुझे 'भाईजान' कह सकती थीं। उन्होंने कहा कि उनके दिल में मेरे लिए बहन जैसी भावनाएँ पैदा हो रही थीं। उनका एक भाई था, पर उनके दिल में एक और भाई के लिए जगह थी।

आसिफ़ चुप बैठे देखते रहे, जबकि सितारा भाभी बिना रुके डांस, संगीत, मौसम, खाने और नौकरों से लेकर दुनिया-जहान की बातें करती रहीं। आख़िरकार आसिफ़ को कुछ कहने का मौक़ा मिला। उन्होंने कहा कि उन्हें मुझमें सब कुछ

ठीक लग रहा था, लेकिन शहज़ादा सलीम के लिहाज़ से मेरी उम्र अभी कम थी। ''तुम्हारे अन्दर शाही अन्दाज़ तो है,'' उन्होंने कहा, ''लेकिन मुझे थोड़ी ज़्यादा उम्र का शहज़ादा चाहिए।'' मैंने जवाब दिया कि वे सही फ़रमा रहे थे। फिर उन्होंने मानो भविष्यवाणी करते हुए घोषणा की कि किसी दिन वे सलीम और अनारकली की प्रेम-कहानी पर इतनी बड़ी फ़िल्म बनायेंगे कि लोग देखते रह जायेंगे और वे मुझे शहज़ादे सलीम का रोल देंगे। मुझे उनके इस बड़बोलेपन भरे आत्मविश्वास पर हैरानी हुई, पर मैंने इसे ज़ाहिर नहीं किया। उन्होंने जल्दी ही सप्रू जी (डी.के. सप्रू, जो बाद में चरित्र अभिनेता बन गये) को लेकर एक फ़िल्म की घोषणा की, लेकिन पैसों की तंगी की वजह से यह फ़िल्म कुछ रीलों से आगे नहीं बढ़ पायी।

इसलिए बरसों बाद जब वे 'मुग़ल-ए-आज़म' का प्रस्ताव लेकर मेरे पास आये तो यह उनके लिए एक सपने के सच होने जैसा था। मैं तब तक स्टारडम की ऊँचाइयों पर पहुँच चुका था, लेकिन हमारी दोस्ती और सितारा देवी के साथ मेरा भाई-बहन का रिश्ता बिना किसी रुकावट के जारी था। यह अलग बात थी कि हमारे बीच काम को लेकर किसी तरह की बातचीत नहीं होती थी। फिर एक दिन वे आँखों में एक नयी चमक लिये मुझसे मिलने आये और दुआ-सलाम के बाद उन्होंने मुझे हमारी पहली मुलाक़ात और अपने इस वादे की याद दिलायी कि वे सलीम और अनारकली की कहानी पर इतने बड़े पैमाने पर और इतनी शानदार फ़िल्म बनायेंगे कि लोग हैरान रह जायेंगे और मैं उस फ़िल्म में शहज़ादे सलीम का रोल करूँगा। मुझे यह सब बहुत अच्छी तरह से याद था, फिर भी मैं नियति के खेल पर हैरान हुए बिना नहीं रहा।

मैंने अपने 'इंस्टिंक्ट्स' की मदद से अपने आपको शहज़ादे सलीम के रोल के लिए तैयार करना शुरू किया, ताकि उसे परदे पर हूबहू वैसा ही पेश कर सकूँ, जैसाकि मैंने कुछ अहम और नायाब किताबों में पढ़ा था। ये किताबें मैंने अंजुमन इस्लाम हाई स्कूल की लाइब्रेरी से जुटायी थीं। इसके अलावा मेरे दोस्त उमर मुकरी (छोटे क़द के चरित्र अभिनेता और कॉमेडियन) ने भी कई नायाब किताबें जुटाने में मेरी मदद की, जिसके लिए उन्हें कितनी ही किताबों की दुकानों और बाज़ारों की ख़ाक छाननी पड़ी। कुल मिलाकर देखा जाये तो मैंने सलीम के किरदार के बारे में अपने दिमाग़ में जो ख़ाका बनाया था, उसे गेटअप और चला-ढाल समेत परदे पर कमोबेश वैसा ही उतारने में सफल रहा। इस प्रोजेक्ट की शुरुआत से ही मैं यह बात जानता था कि मुझे इस मामले में आसिफ़ से कोई ख़ास मदद नहीं मिलने वाली। एक निर्देशक के तौर पर उनके सामने बीसियों दूसरे मसले होते थे। मेरी परेशानी को वे अपने ख़ास अन्दाज़ में हँसी में उड़ाते हुए कहते थे, ''जैसे हो, वैसे ही रहो! तुम ख़ुद एक शहज़ादे हो!''

13

## मधुबाला : एक प्रेम कहानी का अन्त

*'मुझे मधुबाला के बारे में सोचकर बहुत दुख हुआ कि हर मामले में अपने पिता की मर्ज़ी के आगे बिना सोचे-समझे सिर झुकाने के बजाय उनमें कम-से-कम इतनी तो क़ूवत होती कि अपने पेशेवर भले-बुरे का ध्यान रख सकें। इस तरह झुकने की आदत से उनकी पेशेवर साख को तो नुक़सान पहुँचा ही, साथ ही उनकी सेहत पर भी इसका बुरा असर पड़ा।'*

इसमें कोई शक नहीं था कि अनारकली के रोल के लिए मधुबाला का चुनाव बिल्क़ुल सही था। अपने चुस्त दिमाग़ के कारण उन्होंने जल्दी ही किरदार की बारीकियों को समझ लिया था। यह सच है कि जब 1950 के दशक में 'मुग़ल-ए-आज़म' (1960) की शूटिंग चल रही थी तो हमारी शादी को लेकर अफ़वाहों का बाज़ार गर्म था। आम धारणा से बिल्कुल उलट उसके अब्बा अताउल्ला ख़ान इस शादी के ख़िलाफ़ नहीं थे। उनकी अपनी प्रोडक्शन कम्पनी थी और वे इस बात से बहुत ख़ुश थे कि एक छत के नीचे दो-दो स्टार हो जायेंगे। अगर मैंने इस सिचुएशन को अपने नज़रिये से न देखा होता तो वही होता, जैसा वे चाहते थे। मैं और मधुबाला ज़िन्दगी भर उनकी प्रोडक्शन कम्पनी के लिए हाथों-में-हाथ लिये गाने गाते रहते। जब मुझे मधु से उनके अब्बा के इरादों के बारे में पता चला तो मैंने उन दोनों को यह बात समझा दी कि मैं अपने काम और अपनी ज़ाती ज़िन्दगी को अलग अलग रखना पसन्द करता था। कोई फ़िल्म चुनने और काम करने का मेरा अपना तरीक़ा था और मैं इसमें किसी तरह की ढिलाई नहीं बरतता था, भले ही वह मेरा ख़ुद का प्रोडक्शन हाउस क्यों न हो। यह सब जानकर उनके अब्बा को एक झटका-सा लगा और उन्होंने मधु को यह बात समझानी शुरू कर दी कि मैं कितना अकड़ू और घमण्डी इंसान हूँ। मैंने पूरी सच्चाई और ईमानदारी के साथ उन दोनों को यह समझाने की कोशिश की कि मैं उनकी भावनाओं की क़द्र करता था, लेकिन हम दोनों के लिए ही यह

*फ़िल्म मुग़ल-ए-आज़म (1960) में एक रोमांटिक दृश्य में मधुबाला के साथ*

अच्छा था कि हम अपनी ज़ाती और पेशेवर ज़िन्दगियों को अलग-अलग रखें। लेकिन मधु अपने अब्बा का साथ देती रहीं और मुझे यह समझाने की कोशिश करती रहीं कि शादी के बाद धीरे-धीरे सब ठीक हो जायेगा। मेरा अपना दिल यह कह रहा था कि ये इस तरह के हालात थे कि अगर मैं इनमें फँस जाता तो अपने काम और कैरियर को लेकर मेरी बरसों की मेहनत और लगन पर पानी फिर जाता। उनके अब्बा के साथ मेरी कई बैठकें हुईं और हर बार वह ख़ामोश बैठी रहीं। उन्होंने मेरी परेशानी को समझने या उसे सुलझाने की कोई कोशिश नहीं की। हालात बिल्कुल भी ख़ुशगवार नहीं थे और हमारे रिश्ते एक ऐसी मंज़िल की तरफ़ बढ़ रहे थे जिसके आगे सभी रास्ते बन्द थे। ऐसे हालात में यही बेहतर था कि हम शादी न करने का फ़ैसला करें और एक-दूसरे को फिर से सोचने का मौक़ा देने के बारे में सोचना भी छोड़ दें। तब तक मैं किसी भी ऐसे रिश्ते में न उलझने का पक्का मन बना चुका था जिसमें किसी का भी भला नहीं होने वाला था।

हम अलग हुए तो मुझे एक राहत-सी महसूस हुई, क्योंकि तब तक मुझे यह भी महसूस होने लगा था कि दो अदाकारों के रूप में साथ-साथ कम करना बहुत अच्छी बात थी, लेकिन शादी के मामले में यह बात बहुत अहमियत रखती थी कि कोई औरत पाने से ज़्यादा देने के लिए तैयार हो। मैं अपने परिवार के लिए अम्माँ की लगन और समर्पण भावना को देखते हुए बड़ा हुआ था और एक औरत के तौर पर भी उनकी कोई कमी या कमज़ोरी नहीं थी।

मेरे दिल में अब बार-बार यह बात उठने लगी थी कि मैं दूसरे के मीठे जज़्बातों का बदला चुकाने के इरादे से यह शादी करना चाहता था, न कि इसलिए कि मुझे सचमुच ही एक जीवनसाथी की ज़रूरत महसूस होने लगी थी। सबसे बड़ी बात यह थी कि मैं किसी ऐसे इंसान के साथ ज़िन्दगी भर नहीं रह सकता था जिसकी ज़रूरतें मेरी ज़रूरतों से इतनी अलग हों। मुझे यह भी पता चला कि वह कुछ दूसरे साथी कलाकारों में भी दिलचस्पी लेती रहती थीं, हालाँकि यह कोई बड़ा मसला नहीं था। मैं ख़ुद भी उन दिनों जज़्बाती उथल-पुथल के दौर से गुज़र रहा था।

हमारी जुदाई का मुझ पर वैसा कोई असर नहीं पड़ा, जैसा अख़बार वाले शोर मचा रहे थे। उस ज़माने के पत्रकार आज की तरह बेक़ाबू तो नहीं थे, लेकिन झूठ को सच बनाने में वे भी पीछे नहीं थे। किसी ने भी सच्चाई जानने की कोशिश नहीं की। कुछ गॉसिप मैग्ज़ीनों ने तो दावे के साथ यहाँ तक लिख दिया कि मैंने ज़िन्दगी भर कुँवारा रहने का फ़ैसला कर लिया था क्योंकि मेरा दिल टूट गया था। मैं अपने काम और परिवार की ज़िम्मेदारियों में इतना उलझा हुआ था कि किसी को क्या जवाब देता। लेकिन मैं यहाँ साफ़ कर देना चाहता हूँ कि मैंने कुँवारा रहने का फ़ैसला इसलिए किया था क्योंकि मेरे छोटे-छोटे भाई-बहन थे, जिनकी ज़िम्मेदारी मेरे कन्धों पर थी। मुझे बहनों की शादी करनी थी और यह देखना था कि मेरे भाई-बहनों को दुनिया की सारी ख़ुशियाँ मिलें।

मैंने अपने घर को पत्नी के साथ साझा करने के ख़याल को दिल से ही निकाल दिया। मुझे अपने भाई-बहनों को उनके पैरों पर खड़ा करना था। अम्माँ रही नहीं थीं और आग़ा जी अपनी बढ़ती उम्र के असर को छिपाते रहने के बावजूद अब कुछ ज़्यादा नहीं कर पाते थे। वे ऐसे आदमी नहीं थे कि कुर्सी से उठने के लिए किसी को हाथ बढ़ाने के लिए कहें या सीढ़ियों से उतरने में किसी की मदद माँग लें। हर सुबह वे तैयार होकर काम के लिए निकल जाते। अयूब साहब और अम्माँ के जाने के बाद वे अन्दर से ही नहीं जिस्मानी तौर पर भी कमज़ोर हो गये थे।

हमारी जुदाई के बाद एक अफ़वाह यह भी फैली थी कि मधुबाला को दिल की बीमारी हो गयी थी। सच्चाई यह थी कि डॉक्टरी जाँच से पता चला था कि यह जन्मजात बीमारी थी। उस ज़माने में दिल की बीमारियों के लिए आज की तरह अच्छे इलाज नहीं थे। बड़े दुख की बात है कि उनकी हालत बिगड़ने लगी और वह फ़िल्मों की शूटिंग के वादों को ठीक से पूरा नहीं कर पायीं।

1950 के दशक के शुरू में मैं एक स्टार बन गया तो आग़ा जी ने यह मान लिया था कि उन्होंने मेरे लिए दुआओं में जो कुछ भी माँगा था, अल्लाह ने वह सब दे दिया था। शुरू में वे ज़रूर दुखी थे और उनके अहं को भी चोट

पहुँची थी कि उनका बेटा एक बड़े अफ़सर के बजाय लोगों का मनोरंजन करने वाला बन गया था। लेकिन बाद में उन्होंने इसी को अल्लाह की मर्ज़ी मानते हुए ख़ुशी-ख़ुशी मेरे कैरियर को स्वीकार कर लिया था।

नूर साहब ने शादी कर ली थी और अपनी बीवी के साथ अलग घर में चले गये थे। मेरी बड़ी बहन सकीना आपा अब तक कुँवारी थीं। पहले अम्माँ ने और फिर आग़ा जी ने यह मान लिया था कि ख़ुदा की यही मर्ज़ी थी। वे अक्खड़ स्वभाव की थीं जिसकी वजह से शादी के बाद उनका निबाह हो पाना मुश्किल था। वे कुछ बड़ी उम्र की हुईं तो थोड़ी नरम तो हो गयीं, लेकिन उनका ज़िद्दी स्वभाव वैसा ही रहा।

मैं अपनी माँ को बहुत प्यार करता था और उन्हें याद करता रहता था। कभी-कभी मैं अकेले बैठे सोचता था कि हम बच्चों में जो भी अच्छे गुण थे, वे उन्हीं के दिये हुए थे। वे बड़ी ख़ामोशी के साथ और शान्त मन से हमारी सारी ज़रूरतें पूरी करती रहती थीं। मैं कभी-कभी उन्हें घर के कामों से फ़ुर्सत निकालकर नमाज़ अदा करते भी देखता था। यह उनका मेडिटेशन करने का और परवरदिगार से नज़दीकी बढ़ाने का अपना तरीक़ा था। वे ऊपर से जितनी दुबली-पतली थीं, अन्दर से उतनी ही मज़बूत भी थीं। मैं और आग़ा जी दोनों ही इस बात को जानते थे।

अब एक बार फिर मधुबाला की कहानी पर लौटते हैं। उनके अब्बा ने अपनी ताक़त दिखाने के लिए 'नया दौर' (1957) फ़िल्म की आउटडोर शूटिंग को लेकर हंगामा खड़ा कर दिया, जिसमें मैं और मधुबाला साथ-साथ काम कर रहे थे। उनका कहना था कि फ़िल्म की आउटडोर शूटिंग इतनी लम्बी क्यों रखी गयी थी, क्योंकि मधुबाला के दिल की हालत को देखते हुए उन्हें इतने दिनों के लिए बम्बई से बाहर (भोपाल और पूना) नहीं भेजा जा सकता था। इससे फ़िल्म के निर्माता-निर्देशक बी.आर. चोपड़ा बहुत दुखी और परेशान हो गये। भोपाल और पूना की आउटडोर शूटिंग में मधुबाला के शामिल न होने के कारण फ़िल्म के बन्द होने के आसार दिखायी दे रहे थे। चोपड़ा साहब बहुत ग़ुस्से में भी थे, क्योंकि कलाकरों को जब फ़िल्म की कहानी सुनायी गयी थी तो यह बात साफ़ कर दी गयी थी कि यह एक आउटडोर फ़िल्म थी। अख़बार वाले अन्दर की सच्चाई को जाने बिना ही मधुबाला के न जाने के अलग-अलग मतलब निकाल रहे थे और पूरे मामले को बढ़ा-चढ़ाकर पेश कर रहे थे। सच्चाई यह थी कि मेरा इस मामले से कुछ भी लेना-देना नहीं था। चोपड़ा साहब आज़ादी से पहले लाहौर में पत्रकारिता करने से पहले क़ानून की डिग्री हासिल कर चुके थे। उन्होंने मधुबाला और उनके अब्बा की मनमानी को क़ानूनी चुनौती देने का फ़ैसला किया और मामला अदालत में पहुँच गया।

एक साथी कलाकार के रूप में मैं जो कुछ कर सकता था, मैंने किया। लेकिन जब मधुबाला को मनाने और समझाने की मेरी सभी ईमानदार कोशिशें फेल हो गयीं और चोपड़ा साहब और मधुबाला के अब्बा में कोई समझौता नहीं हो पाया तो हीरोइन बदलने की बात सोची गयी। मेरे लिए निर्माता की इस बात को मानने के अलावा कोई चारा नहीं था कि मधुबाला की जगह वैजयन्तीमाला को साइन कर लिया जाये।

मुझे मधुबाला के बारे में सोचकर बहुत दुख हुआ कि हर मामले में अपने पिता की मर्ज़ी के आगे बिना सोचे-समझे सिर झुकाने के बजाय उनमें कम-से-कम इतनी तो क़ूवत होती कि अपने पेशेवर भले-बुरे का ध्यान रख सके। इस तरह झुकने की आदत से उनकी पेशेवर साख को तो नुक़सान पहुँचा दी, साथ ही उनकी सेहत पर भी इसका बुरा असर पड़ा।

अपने पूरे कैरियर के दौरान मैंने काम देने वाले निर्माता के इस अधिकार का हमेशा सम्मान किया है कि वह अपने कलाकारों से अनुशासन और सहयोग की माँग कर सके। मैं और वैजयन्तीमाला इससे पहले बिमल रॉय की 'देवदास' (1955) में काम कर चुके थे और हमारे बीच आपसी इज़्ज़त और समझ का रिश्ता क़ामय हो चुका था। चोपड़ा साहब को उनका काम पसन्द आया था। (वैजयन्ती माला ने इस फ़िल्म में एक नरम दिल तवायफ़ चन्द्रमुखी का रोल किया था।) उन्हें पता चला था कि वे एक मेहनती और आसानी से बात को समझ जाने वाली अभिनेत्री थीं। इसलिए जब चोपड़ा साहब की समझ में यह बात आ गयी कि मधुबाला के साथ शूट किये गये हिस्सों को डिब्बों में बन्द रखना होगा तो उन्होंने यह नुक़सान उठाने का मन बना लिया और झट से वैजयन्तीमाला को साइन कर लिया। 'नया दौर' की शूटिंग फिर से शुरू होने की घोषणा होते ही अख़बारों में हंगामा-सा मच गया। गॉसिप लेखकों की बन आयी और झूठ को सच बनाने और असलियत को तोड़-मरोड़कर पेश करने की करतबबाज़ी शुरू हो गयी। अगर इन अख़बारों की मानें तो मैंने मधुबाला को फ़िल्म से बाहर निकलवा दिया था! (किसी ने यह नहीं लिखा कि यह उनके अब्बा की करामात थी!) चोपड़ा साहब की तरह मैंने भी इन ख़बरों पर कोई ख़ास ध्यान नहीं दिया।

# 14

## 'देवदास' से 'पैगाम' तक

*' 'नया दौर' की शूटिंग के दौरान मैंने ग़ौर किया कि वैजयन्तीमाला में गँवई किरदारों के हाव-भाव बनाने का ज़बरदस्त हुनर था। 'नया दौर' की शूटिंग के दौरान ही मेरे दिमाग़ में 'गंगा जमुना' की कहानी बनने लगी थी। मैंने मन-ही-मन यह फ़ैसला भी कर लिया था कि अगर मैंने यह फ़िल्म बनायी तो वैजयन्तीमाला को ही हीरोइन के रोल में लूँगा।'*

'नया दौर' और वैजयन्तीमाला के ज़िक्र से पहले मुझे 'देवदास' (1955) की बात करनी चाहिए जो उन सात फ़िल्मों में से पहली थी जिनमें मैंने उनके साथ काम किया।

जब 1954 में बिमल रॉय (जिन्हें सब 'बिमल दा' बुलाते थे) ने मुझे 'देवदास' में मुख्य भूमिका निभाने के लिए कहा, तब तक न तो मैंने 1936 में बनी 'देवदास' देखी थी जिसमें के.एल. सहगल की मुख्य भूमिका थी, न ही मैंने शरतचन्द्र का यह मशहूर उपन्यास पढ़ा था। दरअसल, जब वे मुझसे मिलने आये तो उन्होंने कुछ देर तक इसके बारे में कोई बात नहीं की। हम इधर-उधर की बातें करते रहे। फिर उनके साथ आये हमारे एक साझे दोस्त हितेन चौधरी ने इसका ज़िक्र छेड़ा। यह एक ऐसी बात थी जिसके लिए मैं बिल्कुल भी तैयार नहीं था, इसलिए मैंने सोचने के लिए कुछ वक़्त माँगा। वे सिर हिलाते हुए मुस्कराये और फिर जाते-जाते धीरे-से बोले, "उपन्यास पढ़ लो! मैं तुम्हें एक अच्छा अनुवाद भिजवा दूँगा!"

बिमल दा बहुत कम बोलते थे। वे चले गये और अगले दिन मुझे अनुवाद मिल गया। मैं ज़्यादा विस्तार में तो नहीं जाऊँगा, पर शुरू में मुझे यह बात अखर रही थी कि क्या ऐसे किरदार को निभाना ठीक होगा जिसके अन्दर इतना दर्द और मायूसी थी। हो सकता था कि नौजवान दर्शक भटक जायें और यह सोचने लगें कि प्यार के दर्द को कम करने के लिए शराब सबसे बेहतर दवा थी।

लेकिन फिर मैंने गहराई से सोचा तो मुझे लगा कि यह एक यादगार फ़िल्म बन सकती थी। अगर मैंने अपना किरदार समझ-बूझकर और ठीक तरीक़े से निभाया तो यह एक अमर और महान फ़िल्म बन सकती थी।

आज की फ़िल्मों और दर्शकों के बीच भावनात्मक जुड़ाव का वैसा रिश्ता नहीं रह गया है, जैसा उस ज़माने में था। तब सिनेमा मनोरंजन का इकलौता माध्यम था और दर्शक फ़िल्मों की कहानियों को बड़ी गम्भीरता से लेते थे। मैं यह बात ज़ोर देकर कहना चाहता हूँ कि उस ज़माने के निर्देशक समाज के लिए एक ज़िम्मेदारी महसूस करते थे और इस बात का ध्यान रखते थे कि उनकी फ़िल्मों का दर्शकों पर अच्छा असर पड़े।

मुझे लगता है कि बिमल दा को कहीं से पता चल गया था कि मैं स्क्रीनप्ले की मज़बूती पर बहुत ज़ोर देता था। इसलिए उन्होंने मुझे लेखकों की टीम के साथ बैठकों में हाज़िर रहने के लिए कहा, जिसमें नवेन्दु घोष और राजेन्द्र सिंह बेदी जैसे जाने-माने लोग थे। मेरे ख़याल से देवदास के किरदार के लिए जो संवाद लिखे गये, वे किसी भी हिन्दी फ़िल्म के हीरो के लिए लिखे गये सबसे मर्मस्पर्शी और गहरे संवादों में से थे।

असल में 'देवदास' के संवादों में एक स्वाभाविकता के साथ-साथ सीधे दिल में उतर जाने वाली संवेदनशीलता और गहराई थी, जो दर्शकों को देर तक मन्त्रमुग्ध किये रहती थी। यह राजेन्द्र सिंह बेदी की कलम का कमाल था, जो ऐसी लाइनें लिख देते थे जो कलाकारों के जज़्बातों को झकझोरने का काम करती थीं। वे लच्छेदार भाषा के बजाय हमेशा सीधे-सीदे शब्दों का इस्तेमाल करते थे, जो मुझे बहुत अच्छा लगता था। भाषा की इस सादगी के बावजूद कभी-कभी उनके संवादों में बहुत गहरे अर्थ छिपे होते थे और दर्शक उन्हें दोहराकर बहुत ख़ुश होते थे।

'देवदास' के दौरान वैजयन्तीमाला के साथ जो आपसी समझ और घुलने-मिलने का माहौल बना, वह आगे भी जारी रहा और हमने इसके बाद छह फ़िल्मों में काम किया। वे एक बढ़िया कलाकार थीं और हर चीज़ जल्दी से सीख लेती थीं। 'देवदास' के बाद जब हमने 'मधुमती' (1958) में काम किया तो उनके अभिनय और संवादों की अदायगी में काफ़ी निखार आ चुका था। वे ख़ूब मेहनती थीं और पूरी लगन से अपने किरदार या सिचुएशन की बारीकियों को समझने की कोशिश करती थीं—ख़ासकर 'मधुमती' के पूर्वजन्म से जुड़े रहस्यवादी परिवेश को समझने में वे पूरी तरह सफल रहीं।

बिमल दा का काम करने का अन्दाज़ कुछ ऐसा था कि मेरे लिए ही नहीं बल्कि 'मधुमती' में मेरे दूसरे साथी कलाकारों प्राण और जॉनी वॉकर के लिए भी यह जानना आसान नहीं होता था कि बिमल दा को हमारा काम पसन्द आया या नहीं। वे बिना कुछ कहे या जताये बड़े शान्त भाव से एक शॉट से दूसरे शॉट

*फ़िल्म देवदास (1955) में मोतीलाल के साथ*

की तरफ़ बढ़ जाते थे। एक बार मैंने और प्राण ने ठान ली कि हम उनके मुँह से 'वाह' या 'बहुत बढ़िया' बुलवाकर ही रहेंगे, लेकिन हम हार गये। वे सिर्फ़ इतना भर कहते थे, "चलो, अब अगला शॉट लेते हैं।" और सिनेमेटोग्राफ़र दिलीप गुप्त के साथ अगले शॉट की तैयारी करने लगते थे।

दरअसल, हमेशा शान्त और गम्भीर रहना बिमल दा की ख़ास ख़ूबी थी। वे कभी भी उत्तेजित नहीं होते थे। एक बंगाली के लिए यह कोई आम बात नहीं थी। उनका दूसरा गुण यह था कि वे कलाकारों को कोई सिचुएशन समझाने के लिए ख़ूब मेहनत करते थे और उनकी हर तरह से मदद करने के लिए तैयार रहते थे। एक बार फ़ुर्सत के लम्हों में उन्होंने मुझसे कहा था, "बचपन में मुझे बड़ी तकलीफ़ें उठानी पड़ी थीं, क्योंकि मुझे मेरी माँ के साथ सड़क पर फेंक दिया गया था और अपना व अपनी माँ का पेट भरने की ज़िम्मेदारी मेरे ऊपर आ गयी थी। मैंने इतना दर्द सहा है कि मैं किसी को भी दुख पहुँचाने से बहुत घबराता हूँ।"

'देवदास' के दिनों में ही बिमल दा के दिमाग़ में 'मधुमती' का ख़ाका तैयार होने लगा था और उन्होंने मुझसे इसका हल्का-सा ज़िक्र भी किया था। बाद में उन्होंने जब ऋत्विक घटक के साथ मुझे इस फ़िल्म की कहानी सुनायी तो मेरी समझ में आया कि इस थीम को लेकर उन्हें कितना आत्मविश्वास था। कुछ लोगों ने उनसे कहा था कि लोक-परलोक के चक्कर में न पड़ो—कहीं ऐसा न हो कि दर्शकों को फ़िल्म समझ में ही न आये। तब हृषिकेश मुखर्जी (बिमल दा

के सहायक निर्देशक जो बाद में ख़ुद भी एक जाने-माने निर्देशक और सम्पादक बने। उनकी पहली फ़िल्म 'मुसाफ़िर' (1957) में मैंने भी काम किया था) बिमल दा के साथ खड़े रहे थे और उनका हौसला बढ़ाते रहे थे। उनका कहना था कि बिमल दा को इस थीम पर ज़रूर हाथ आज़माना चाहिए क्योंकि इसमें अनन्त सम्भावनाएँ थीं।

किसी सीन या शॉट को लेकर बिमल दा कैमरामैन दिलीप गुप्त के साथ घण्टों बातचीत करते रहते थे। अकसर उनके हाथ में कागज और पेंसिल रहते थे, जिस पर वे अपनी कल्पना का दृश्य उकेरते रहते थे। वे दूसरों के सुझावों पर भी पूरा ध्यान देते थे।

बिमल दा के साथ तीन फ़िल्मों—'देवदास', 'मधुमती' और 'यहूदी'—के दौरान मुझे एक ऐसे शख़्स को जानने का मौक़ा मिला जो मेरी तरह 'परफेक्शन' में यक़ीन रखता था और मेरी तरह ही मेहनती भी था। वे अपने किरदारों के बारे में जानने की मेरी धुन और उनमें जान पैदा करने की मेरी लगन की क़द्र करते थे। 'मधुमती' की पटकथा बड़ी मेहनत और कुशलता से तैयार की गयी थी। उसके ड्राफ्ट से ही मेरी समझ में आ गया था कि इस फ़िल्म में ज़बरदस्त सम्भावनाएँ थीं। 'देवदास' के बाद यह फ़िल्म हम सबके लिए एक राहत या अवकाश की तरह थी, क्योंकि फ़िल्म का एक बड़ा हिस्सा आउटडोर में शूट किया जाना था।

किसी फ़िल्म को स्वीकार करते समय मैं सिर्फ़ अपने रोल की अहमियत ही नहीं देखता था बल्कि कई दूसरे पहलू भी मेरे ध्यान में होते थे। मैंने जितनी भी भूमिकाएँ कीं, उनमें अपनी एक ख़ासियत थी और अपना एक मक़सद था। 'मधुमती' की ख़ासियत यह थी कि इसकी कहानी की बनावट बिल्कुल अलग तरह की थी, जिसमें एक के बाद एक कई अनजानी परतें थीं। फ़िल्म में मेरा किरदार अतीत और वर्तमान के बीच झूलता हुआ एक रहस्य भरी कहानी को आगे बढ़ाता था। दर्शकों को बाँधे रखने के लिए इस कहानी में कई दिलचस्प मोड़ थे। इससे पहले मैंने जितने भी किरदार निभाये थे, उनमें से कोई भी पूर्वजन्म से जुड़ा हुआ नहीं था। यह मेरे लिए एक चुनौती की तरह था, ख़ासकर इसलिए कि वह फ़िल्म के केन्द्र में था और कहानी के विकास और नाटकीय प्रभाव के हिसाब से बहुत अहमियत रखता था।

मुझे आउटडोर काम करना हमेशा ही अच्छा लगता था। 'मधुमती' के आउटडोर हिस्से ही फ़िल्म की जान थे, इसलिए मैं किसी बच्चे की तरह खुश था जिसे उसकी मनपसन्द जगह पर छुट्टियाँ मनाने के लिए भेजा जा रहा हो। हम लोगों के लिए—ख़ासतौर पर प्राण, जॉनी वॉकर, बिमल दा, हृषिकेश दा और मेरे लिए—पैकअप के बाद का समय बहुत मज़ेदार होता था। हम सब साथ बैठकर आपस में हँसी-मज़ाक़ करते और शेरो-शायरी का दौर चलता, जबकि ख़ानसामे

रात का खाना तैयार कर रहे होते थे। प्राण और मैं आपस में पंजाबी में बतियाने लगते, जबकि बिमल दा और हृषिकेश दा बंगाली में शुरू हो जाते। अगले दिन जब मैं और प्राण हीरो और विलेन के रूप में कैमरे का सामना करते तो थोड़ा अजीब-सा लगता, क्योंकि उन्हें अपने स्वभाव के उलट अपने किरदार में नफ़रत और ग़ुस्सा पैदा करना होता था। कहना न होगा कि उन्होंने उग्रनारायण के किरदार में जान फूँक दी थी।

मैंने अपने कैरियर के विकास के लिहाज़ से किसी ख़ास फ़िल्म को ज़्यादा अहमियत नहीं दी। हर फ़िल्म मेरे लिए एक ख़ास अनुभव होती थी और अपनी ख़ुद की क्षमताओं और सिनेमा माध्यम को समझने में मदद करती थी। जैसाकि मैं कई बार कह चुका हूँ, हिन्दी सिनेमा के शुरुआती बरसों में काम करने वालों को काँटों भरी राहों पर चलना पड़ता था। 'मधुमती' को लेकर हमें इस बात का डर था कि कहीं पूर्वजन्म की कहानी दर्शकों के गले न उतर पाये। इसलिए हम सबने फ़िल्म को बॉक्स ऑफ़िस पर एक हिट फ़िल्म बनाने के साझे मक़सद से काम किया। फ़िल्म की ज़बरदस्त कामयाबी हम सबके लिए एक मुँहमाँगे इनाम की तरह थी।

*जॉनी वॉकर, डेविड अब्राहम और अन्य के साथ*

शैलेन्द्र के लिखे और सलिल चौधरी के संगीत में ढले मोहक गीतों ने और उनके उतने ही लुभावने फ़िल्मांकन ने धूम मचा दी। उन दिनों जहाँ भी निकल जाओ, रेडियो और लाउड स्पीकरों पर इस फ़िल्म के गीत सुनने को मिलते थे। मेरे ख़याल से बिमल दा भी बेहद खुश थे, हालाँकि हमेशा की तरह वे शान्त और बेपरवाह दिखायी देते रहे।

मैंने वैजयन्तीमाला को 'गंगा जमुना' (1961) की धन्नो के रोल के लिए चुना तो गॉसिप प्रेस ने हमारे रिश्तों में रोमांस देखना शुरू कर दिया। इससे पहले हम चार सफल फ़िल्मों में काम कर चुके थे—'देवदास', 'नया दौर', 'मधुमती' और 'पैग़ाम'। सच्चाई यह थी कि 'देवदास' के दिनों से ही मैं उन्हें अपनी भूमिकाओं और जज़्बाती दृश्यों में जान डालने के लिए कड़ी मेहनत करते देखा रहा था। हर 'टेक' से पहले वे कई-कई बार रिहर्सल करते हुए न तो थकती थीं और न ही शिकायत से मुँह बनाती थीं। मैं ख़ासतौर से 'देवदास' के एक सीन का ज़िक्र करना चाहूँगा, जिसमें देवदास बहुत उलझन में है और चन्द्रमुखी की मोहकता के लिए अपने खिंचाव को दबाने की कोशिश कर रहा है। चन्द्रमुखी अपनी स्त्रीसुलभ छठी इन्द्री से इस बात को भाँप लेती है और अपनी आहत भावनाओं को खुलकर प्रकट करते हुए कहती है कि एक औरत के तौर पर उसे उसकी ज़रूरत तो है पर वह उससे प्यार करना नहीं चाहता। इस पेचीदा सीन में हम दोनों को भावनाओं के उतार-चढ़ाव के साथ बात करनी थी और साथ ही चुभते हुए संवादों की अदायगी की 'टाइमिंग' और कैमरामैन कमल बोस के निर्देशों का भी ध्यान रखना था। वे इस तरह के दृश्यों का तापमान बढ़ाने के लिए ख़ास तरह की लाइटिंग करना पसन्द करते थे। मैंने ग़ौर किया कि वैजयन्तीमाला में इस सीन को ऊँचाइयों तक पहुँचाने का धीरज भी था और जज़्बा भी, जो उनमें अपने अनुशासनपसन्द और कड़क गुरुओं से भरतनाट्यम नृत्य सीखते हुए आया होगा।

एक साथी कलाकार के तौर पर वह अच्छे व्यवहार और शिष्टाचार का पूरा ध्यान रखती थीं और सीनियर कलाकारों और यूनिट के लोगों से इज़्ज़त से बात करती थीं। वह सेट पर अपनी नानी यदुगिरी देवी के साथ आती थीं, जो इस बात का पूरा ध्यान रखती थीं कि उनकी बेटी को स्टार ट्रीटमेंट मिले। अपनी नानी की बात मानते हुए ही वह शूटिंग के बाद सेट पर शायद ही दिखायी देती थीं। वह अपने मेकअप रूम में रहना और घर से आया शाकाहारी खाना खाना पसन्द करती थीं।

उनका इस तरह अलग-थलग रहना यूनिट के लोगों के लिए अच्छा ही था। पर वे यह ज़रूर सोचते रहते थे कि शूटिंग पर पहुँचते ही उनकी नानी लीटरों के हिसाब से जो दूध मँगवाती रहती थीं, वह किस काम आता था।

*हृषिकेश मुखर्जी के साथ*

क्या वह क्लियोपेट्रा की तरह दूध से नहाती थीं? मेरे छोटे भाई नासिर को हँसी-मज़ाक़ करना बहुत पसन्द था। जब 'गंगा जमुना' की आउटडोर शूटिंग के दौरान वैजयन्तीमाला की नानी बार-बार दूध की माँग करने लगीं तो नासिर कहीं से एक दुधारू भैंस ले आया, जिसे वह उस ख़ास खेमे के बाहर बाँधना चाहता था जिसमें वैजयन्तीमाला का मेकअप रूम बनाया गया था। यह तो अच्छा हुआ कि मुझे वक़्त पर पता चल गया और मैंने उसे डाँटते हुए ऐसा करने से रोक दिया, वरना न जाने क्या हंगामा हो जाता!

जहाँ तक वैजयन्तीमाला की खुद की शख़्सियत की बात थी, वह न तो हँसी-मज़ाक़ से चिढ़ती थीं और न ही पुराने ख़यालों की थीं। उसके मन में ऐसी कोई भावना नहीं थी कि वह मुझसे बड़ी स्टार थीं। बात सिर्फ़ यह थी कि उन्हें अपनी नानी का कहना मानना अच्छा लगता था। आउटडोर शूटिंग के दौरान वह अकसर हमारे साथ बैडमिंटन खेलतीं और उनकी नानी गर्व से देखती रहतीं।

वह एक बढ़िया खिलाड़ी थीं और कई बार अपने फुर्तीले शॉटों और सर्विस से हम मर्दों को मुश्किल में डाल देती थीं।

जिन दिनों हम एस.एस. वासन की फ़िल्म 'पैग़ाम' (1959) की मद्रास में उनके मशहूर जेमिनी स्टूडियो में शूटिंग कर रहे थे तो एक दिलचस्प घटना हुई। एक दिन वैजयन्तीमाला और उनकी नानी अपना टिफ़िन लेकर हमारी टेबल पर आकर बैठ गयीं। टिफ़िन में साउथ इंडियन वडा, उपमा और चुन्दाल थे, जो मुझे ख़ूब पसन्द है। वैजयन्तीमाला के लिए हमेशा की तरह फल और दूध भी मौजूद थे। उनकी नानी सन्तरे छील-छीलकर उन्हें खिलाने लगीं और साथ ही हमें मद्रास और वहाँ की महान संस्कृति के बारे में बताने लगीं। वैजयन्तीमाला बीच में एकाध वाक्य ही बोल रही थी।

कुछ देर बार टेबल पर यह चर्चा होने लगी कि देश के प्रधानमन्त्री पण्डित जवाहरलाल नेहरू दो दिन बाद किसी कार्यक्रम में हिस्सा लेने के लिए मद्रास आने वाले थे और वापसी में एयरपोर्ट जाते हुए उनके 'पैग़ाम' के सेट पर आने की उम्मीद थी। पण्डित नेहरू का नाम सुनते ही यदुगिरी देवी दिल्ली में हुए वैजयन्तीमाला के एक नृत्य कार्यक्रम के बारे में बताने लगीं, जिसमें पण्डित जी मुख्य अतिथि थे। उस शाम और अगले दिन की पूरी शाम भी हम यदुगिरी देवी से पण्डित नेहरू और 'पापा' (वैजयन्तीमाला का प्यार का नाम, जो तमिल में

*फ़िल्म मधुमती (1958) में वैजयन्ती माला के साथ*

*फ़िल्म पैग़ाम (1959) में वैजयन्ती माला के साथ*

बच्ची के लिए इस्तेमाल होता है) की मुलाक़ात की लम्बी और रोमांचक कहानी सुनते रहे।

आख़िर वह दिन आया और जेमिनी स्टूडियो के संस्थापक एस.एस. वासन साहब ने हमें यह समझाया कि स्टूडियो में नेहरू जी का स्वागत किस तरह किया जायेगा। वे चाहते थे कि स्वागत करने वालों की टीम में सबसे आगे मैं रहूँ। मैंने यदुगिरी देवी की बातों का हवाला देते हुए वासन साहब को सुझाव दिया कि अगर नेहरू जी का स्वागत वैजयन्तीमाला करें तो ज़्यादा अच्छा रहेगा। जिन लोगों ने 'पण्डित जी और पापा' का क़िस्सा सुना था, वे सब भी ज़ोर देने लगे तो वासन साहब मान गये।

पण्डित जी आये तो वैजयन्तीमाला सबसे आगे थीं, जबकि मैं लाइन में सबसे पीछे खड़ा हो गया। मद्रास की परम्परा के अनुसार फूलमालाओं से नेहरू जी का स्वागत किया गया और चाँदी की सुराही से उन पर ख़ुशबूदार पानी का छिड़काव किया गया। नेहरू जी ने बड़ी सादगी से इस अभिवादन का जवाब दिया। वासन साहब उनके साथ ही खड़े थे और इस बात का इन्तज़ार कर रहे थे कि शायद अब नेहरू जी वैजयन्तीमाला को पहचानकर उनसे कुछ कहेंगे, जो उनके सामने ही खड़ी थीं। लेकिन नेहरू जी ने अपनी खोजती निगाहों से इधर-उधर देखा और लाइन में किनारे पर मुझे खड़ा देखते ही तेज़ी से यह कहते हुए मेरी तरफ़ बढ़े, "यूसुफ़, मैंने सुना था कि तुम यहाँ हो...तो सोचा कि चला जाये!" वासन साहब लगभग दौड़ते हुए हमारे पास पहुँचे। पण्डित जी ने बड़े प्यार से

मेरे कन्धे पर हाथ रख दिया। मैं इस पहचान के लिए बिल्कुल भी तैयार नहीं था। मुझे यह यक़ीन करने में थोड़ा वक़्त लगा कि मैं देश के सबसे चहेते और महान नेता के साथ चल रहा था।

पण्डित जी स्टूडियो में क़रीब पन्द्रह मिनट ठहरे। ज़्यादातर वे यह बात करते रहे कि इस मीडियम में कितनी ताक़त थी और समाज को आत्म-मंथन के लिए प्रेरित करने और घिसी-पिटी परम्पराओं को बदलने में यह कितनी अहम भूमिका निभा सकता था। उनके पास फ़िल्में देखने का समय तो नहीं होता था, लेकिन वे मिलने-जुलने वालों से बहुत कुछ सुनते रहते थे और काफ़ी जानकारी रखते थे। उस दिन के बाद से यदुगिरी ने कभी भी 'पण्डित जी और पापा' की कहानी का ज़िक्र नहीं किया।

एस.एस. वासन बहुत खरे इंसान थे और उनके अन्दर किसी तरह का घमण्ड नहीं था। जल्दी ही हम अच्छे दोस्त बन गये। वे एक बहुत बड़े स्टूडियो के मालिक थे और साउथ की फ़िल्म इंडस्ट्री में उनकी अच्छी धाक थी। उन्हें मेरे साथ बात करना अच्छा लगता था। कई बार वे ऐसे क़िस्से-कहानियाँ सुनाने लगते जिनका हम दोनों की ज़िन्दगी से कोई ताल्लुक़ नहीं होता था। दरअसल, वे ख़ुद भी एक लेखक थे और उनकी कई किताबें छप चुकी थीं। वे एक पत्रिका के सम्पादक भी थे।

एक दिन उन्होंने मुझे एक छोटे बच्चे की कहानी सुनायी जो अपनी माँ के साथ एक रेलवे प्लेटफ़ॉर्म पर पत्रिकाएँ बेचा करता था। जब भी कोई गाड़ी प्लेटफ़ॉर्म पर रुकती, वह एक सिरे से दूसरे सिरे तक फेरा लगाते हुए ज़ोर-ज़ोर से पत्रिकाओं का नाम लेते हुए गाड़ी में बैठे मुसाफ़िरों को पत्रिकाएँ बेचता रहता। जब तक गाड़ी चेंगलपेट नाम के उस स्टेशन से छूटती, वह अपना ज़्यादातर माल बेच चुका होता। इस बीच प्लेटफ़ॉर्म पर बैठी उसकी माँ भी बहुत-सी पत्रिकाएँ बेच चुकी होती। इसके बाद दूसरी ट्रेन आने में काफ़ी समय होता था, इसलिए माँ साथ में लाये एक बैग पर सिर रखकर सुस्ता लेती। पर वह बच्चा कभी नहीं सोता था। वह बची हुई कोई पत्रिका खोलकर उसमें तस्वीरें देखने लगता था या अटक-अटककर कुछ पढ़ने लगता था क्योंकि उसे तमिल अक्षरों की ज़्यादा जानकारी नहीं थी। शाम होते-होते माँ और बेटा बची हुई पत्रिकाओं को एजेंट को लौटाकर अपना कमीशन ले लेते और किसी स्टॉल पर जाकर कुछ खा लेते। इसके बाद दोनों प्लेटफ़ॉर्म पर ही सो जाते। उस बच्चे को हमेशा लगता था कि उसका पेट नहीं भरा था, इसलिए उसे बहुत देर से नींद आती थी।

मेरी समझ में नहीं आया कि उन्होंने यह कहानी इतने विस्तार से मुझे क्यों सुनायी थी। मुझे याद है कि मैं उनकी बातों को ख़ूब मग्न होकर सुना करता था क्योंकि वे बहुत अच्छे क़िस्सागो थे। अगर मुझसे पूछा जाये तो मैं कहूँगा कि

दुनिया के सबसे कामयाब फ़िल्मकार वे हुए हैं, जिन्हें पता था कि कोई कहानी किस तरह से सुनायी जाये कि सुनने वाला पलक झपकना भूल जाये। वासन साहब की ग़ज़ब की जानकारी का मुझे तब पता चला, जब हम 'पैग़ाम' के किसी सीन को लेकर आपस में चर्चा करते थे।

वासन साहब जहाँ भी जाते थे, मुझे साथ ले जाना पसन्द करते थे। मुझे भी उनका साथ बहुत पसन्द था। उन्हें मद्रास प्रेसिडेंसी और रास्ते में पड़ने वाले मन्दिरों के बारे में बहुत गहरी जानकारी थी और वे पूरे रास्ते मुझे बहुत दिलचस्प बातें बताते रहते थे। हम या तो सुबह-सुबह या फिर शाम ढले निकलते थे, जब सड़कों पर काम से लौट रहे और सब्ज़ी-भाजी या घर का दूसरा ज़रूरी सामान ख़रीद रहे लोगों की चहल-पहल रहती थी। कुछ सड़कों के किनारे फूलों के ठेले लगे रहते थे जिनका पूजा और साज-सिंगार में भरपूर इस्तेमाल होता था। वासन साहब को बातें करना पसन्द था और मुझे सुनना। हम अगले दिन की शूटिंग को लेकर भी बात करते थे और वे अकसर किसी सीन को लेकर खुलकर मेरी राय लेते रहते थे।

मुझे उनके साथ मदुरई (मद्रास से 400 कि.मी. दूर मीनाक्षी मन्दिर के लिए मशहूर शहर) तक का ट्रेन का सफ़र भी याद है, जहाँ वे कोई प्रिंटिंग प्रेस ख़रीदना चाहते थे। ट्रेन में उन्होंने मुझसे कहा कि वे 'पैग़ाम' के उस सीन को लेकर काफ़ी उलझन में थे, जिसकी शूटिंग अगले दिन होने वाली थी। वह एक पेचीदा क़िस्म का सीन था जिसमें हीरो को अपने बारे में हीरोइन की सच्ची भावनाओं का पता लगाने के लिए हर तरह के हथकण्डे आज़माने पड़ते हैं। वासन साहब चाहते थे कि उस सीन में थोड़ा हँसी-मज़ाक़ पैदा हो जाये, लेकिन ऐसा हो नहीं पा रहा था।

ट्रेन बड़ी तेज़ी से उन खेतों को पार करते हुए आगे बढ़ रही थी, जहाँ औरतें तेज़ धूप में अपनी रोज़ी कमाने के लिए काम कर रही थीं। हम लोग फ़र्स्ट क्लास के बढ़िया कूपे में सफ़र कर रहे थे। अटेंडेंट अभी-अभी कॉफी का फ्लास्क देकर गया था और वासन साहब गर्मागर्म और ख़ुशबूदार कॉफी को कपों में उड़ेलते हुए बड़ी उम्मीद से मेरी तरफ़ देख रहे थे।

मैंने उनसे कहा कि मैंने एक विदेशी फ़िल्म देखी थी, जिसमें हीरो और हीरोइन कुछ पल साथ-साथ गुज़ारने के लिए एक बिल्डिंग की छत पर मिलते हैं। हीरोइन उससे पूछती है कि क्या पहले भी कोई लड़की उसकी ज़िन्दगी में आयी थी। वह कहता है कि वह नहीं बता सकता क्योंकि उसे सुनकर तकलीफ़ होगी। लड़की कहती है कि हम बच्चे नहीं हैं जो ऐसी बातों का बुरा मान जायें। लड़की के बाल उसके चेहरे पर बिखर रहे हैं। लड़का उसके बाल हटाते हुए उसके चेहरे की तरफ़ देखता है और उसे एक लड़की के बारे में बताने लगता है। लड़की के चेहरे का रंग बदलने लगता है और उसकी आँखों में निराशा के बादल

उमड़ने लगते हैं। वह अपने जज़्बातों को छिपाने की नाकाम कोशिश करती है तो लड़का उससे कहता है, "देखो, मैंने तुमसे कहा था न..." तब तक लड़की की आँखें भीग आती हैं और आँसू टपकने लगते हैं। लड़का मुस्कराते हुए कहता है कि वह जिस लड़की के बारे में बात कर रहा है, वह उसके सामने बैठी है।

मैंने वासन साहब से कहा कि हम इस सीन को थोड़ा अलग तरह से कर सकते हैं। सारी बात हीरो ही करेगा और हीरोइन के सिर्फ़ हाव-भाव दिखायी देंगे। वह सीधे एक लड़की का ज़िक्र छेड़ देगा जिससे वह प्यार करता है, ताकि हीरोइन के दिल में जलन और दर्द पैदा हो। वह अपने भावों को छिपाने की कोशिश करती रहेगी, लेकिन दर्शक उसके चेहरे के हाव-भाव से साफ़ देख पायेंगे कि उसके दिल पर क्या गुज़र रही है। वासन साहब ने कहा, "अच्छा है! पर क्या तुम्हें लगता है कि हम इसे मैनेज कर लेंगे?" मैंने उन्हें भरोसा दिलाया कि हम इसे ज़रूर सँभाल लेंगे।

अगले दिन उन्होंने बड़े जोश से पूरा सीन वैजयन्तीमाला को समझाया तो वह बेबसी से मेरी तरफ़ देखने लगीं। सीन लिखा हुआ नहीं था और उन्हें पता नहीं था कि मैं क्या बोलने वाला था।

मैंने वासन साहब से कहा कि रिहर्सल करके देखते हैं। उन्हें यह जानकर बड़ी हैरानी हुई कि मेरे पास मेरी लाइनें तैयार थीं। मैंने उन्हें बताया कि मैंने ट्रेन में ही अपने संवाद तैयार कर लिये थे। यह सीन इतना अच्छा बना कि वासन साहब अपनी ख़ुशी को छिपा नहीं पाये। उसके बाद कई दिनों तक वे ख़ुशी और जोश से झूमते रहे। यह सीन सचमुच ही फ़िल्म की एक ख़ासियत बन गया था।

वासन साहब लेखकों की और लेखन की बहुत क़द्र करते थे। जैसाकि मैंने बताया कि वे ख़ुद भी लेखक थे और कहानियाँ व उपन्यास लिख चुके थे। उनके सम्पादन में छपने वाली तमिल पत्रिका 'आनन्द विकटन' ख़ूब बिकती थी। उनकी वजह से मद्रास मुझे अच्छा लगने लगा था और मैंने बाद में वहीं बसने का मन बना लिया था।

'नया दौर' (1957) की शूटिंग के दौरान मैंने ग़ौर किया कि वैजयन्तीमाला में गँवई किरदारों के हाव-भाव की नक़ल उतारने का ज़बरदस्त हुनर था। मैं 'गंगा जमुना' के स्क्रीनप्ले पर काम कर रहा था तो मेरे दिल में रह-रहकर यह बात आ रही थी कि अगर वह भोजपुरी ज़ुबान को सही लहजे में बोलने की तकलीफ़ उठा लें तो धन्नो के रोल के लिए उनसे बेहतर और कोई नहीं हो सकता था। 'नया दौर' की शूटिंग के दौरान ही मेरे दिमाग़ में 'गंगा जमुना' की कहानी बनने लगी थी। मैंने मन-ही-मन यह फ़ैसला भी कर लिया था कि अगर मैंने यह फ़िल्म बनायी तो वैजयन्तीमाला को ही हीरोइन के रोल में लूँगा।

'नया दौर' के बनने के पीछे भी एक दिलचस्प कहानी है। जब बी.आर. चोपड़ा ने इस फ़िल्म की कहानी लिख ली तो वे महबूब साहब की राय लेने के लिए उनके पास गये।

वह आज़ादी के बाद के दिनों का ख़ुशगवार और जोशीला दौर था। लेखकों में अपने देश को लेकर गौरव की भावना थी और वे ऐसी कहानियाँ लिखना चाहते थे जिन पर बनी फ़िल्मों को अन्तर्राष्ट्रीय सम्मान मिले और देश का नाम ऊँचा हो। महबूब साहब ने कहानी पढ़ी तो उन्हें लगा कि उसमें मनोरंजन के हिसाब से कुछ भी नहीं था। उन्होंने चोपड़ा साहब से कहा कि इस थीम पर एक अच्छी डॉक्यूमेंट्री तो बन सकती थी कि मशीनें आ जाने से देश के मज़दूरों का रोज़गार ख़तरे में पड़ सकता था, पर यह थीम एक फीचर फ़िल्म के लिए ठीक नहीं थी।

चोपड़ा साहब ने महबूब साहब की सलाह को ध्यान से सुना, पर उनका दिल कह रहा था कि अगर मैं राज़ी हो जाऊँ तो वे यह फ़िल्म ज़रूर बनाएँगे। इस बात पर ज़ोर देने के बाद उन्होंने कुछ शब्दों में मुझे फ़िल्म की कहानी सुनायी। मुझे कहानी का आइडिया तो अच्छा लगा, पर फ़िल्म का यह क्लाइमेक्स मेरे गले नहीं उतरा कि ताँगा किस तरीक़े से बस को हरा देता है। मुझे यह तर्कपूर्ण नहीं लगा।

*फ़िल्म नया दौर (1957) में डेज़ी इरानी एवं वैजयन्ती माला के साथ*

पर मैंने यह बात उन्हें बतायी नहीं, क्योंकि इस फ़िल्म में मेरे काम करने की कोई सम्भावना दिखायी नहीं दे रही थी।

शुरू में ऐसा लग रहा था, जैसे साथ-साथ काम करना हम दोनों के भाग्य में नहीं था। चोपड़ा साहब फ़िल्म का स्क्रीनप्ले लेकर मेरे पास आये तो मैं ज्ञान मुखर्जी की फ़िल्म करने के लिए 'हाँ' कह चुका था, जो उन्होंने ख़ासतौर से मेरे लिए लिखी थी। मैंने चोपड़ा साहब से कहा कि उन्हें तब तक इन्तज़ार करना होगा, जब तक ज्ञान मुख़र्जी की फ़िल्म की शूटिंग शुरू होकर ख़त्म नहीं हो जाती। मुझे 'नया दौर' की कहानी का प्लॉट अच्छा लगा था और इसके मक़सद से भी मैं बहुत ख़ुश था, लेकिन मेरे लिए दो फ़िल्मों में साथ-साथ काम करना मुमकिन नहीं था। इससे दो किरदारों के सोचने के तरीक़े आपस में घुलने-मिलने लगते, जिससे दोनों ही फ़िल्मों को नुक़सान पहुँचता।

मैंने उन्हें समझाया कि इसी वजह से मैंने गुरुदत्त की 'प्यासा' करने से मना कर दिया था (जिसका प्रस्ताव लेकर वे मेरे पास आये थे।) हालाँकि 'प्यासा' की थीम मुझ जैसे गम्भीर कलाकार के लिए बहुत ज़्यादा लुभाने वाली थी, लेकिन उन्हीं दिनों मैं बिमल रॉय की 'देवदास' कर रहा था। अगर मैंने बिना सोचे-समझे 'हाँ' कर दी होती तो वह फ़िल्म 'देवदास' के आसपास ही रिलीज़ हुई होती और दोनों में से एक फ़िल्म दूसरी को खा जाती। मुझे बिजनेस के लिहाज़ से यह ठीक नहीं लगा। (बाद में ख़ुद गुरुदत्त ने 'प्यासा' में हीरो का रोल किया और वह फ़िल्म 1957 में रिलीज़ हुई।)

चोपड़ा साहब कुछ परेशान तो लगे लेकिन वे इन्तज़ार करने के लिए तैयार हो गये। तक़दीर उनके साथ थी। ज्ञान मुखर्जी की फ़िल्म फाइनेंस की अड़चनों के कारण शुरू नहीं हो पायी और मैंने चोपड़ा साहब से कहा कि मैं 'नया दौर' के लिए तैयार हूँ।

इस फ़िल्म की आउटडोर शूटिंग से बहुत-सी ख़ुशनुमां यादें जुड़ी हुई हैं। मैं चोपड़ा परिवार से ख़ूब घुल-मिल गया। सबसे बड़े बलदेव राज, फिर यश और धरम चोपड़ा। इन तीनों भाइयों में एक ख़ूबी यह भी थी कि तीनों खाने के ख़ूब शौक़ीन थे। मुझे यह जानकर बड़ी ख़ुशी हुई। धरम कैमरा सँभालते थे और अपने असिस्टेंटों और लाइटमैनों के साथ सारी रोशनी के इन्तज़ाम में लगे रहते थे, क्योंकि शाम होने लगती तो पता नहीं चलता था कि लोकेशन पर कब कैसी रोशनी हो जाये।

यश को उनके बड़े भाई ने मेरे साथ रहने और मेरा ध्यान रखने की ज़िम्मेदारी सौंपी थी। उन्हें जल्दी ही यह बात समझ में आ गयी कि हम दोनों की एक ही ज़रूरत थीं—भरपूर नाश्ता, भरपूर लंच और भरपूर डिनर। हम दोनों ने तय किया कि हम अपना नाश्ता ख़ुद बनाया करेंगे, क्योंकि हम दोनों ही ऑमलेट के शौक़ीन थे।

वहाँ का ख़ानसामा कुछ कमज़ोर दिल का था। अगर उसे पता चल जाता कि हमने कितने अण्डे का ऑमलेट बनाया था तो वह बेहोश हो जाता। इसलिए हम बाज़ार से .ख़ुद अण्डे ले आते और कम तीखी हरी मिर्च भी। फिर हम दोनों मिलकर प्याज काटते और कम-से-कम दस अण्डे तोड़कर उसमें प्याज और मिर्च मिलाते। हम रसोई में ऑमलेट और भुर्जी बना रहे होते तो उसकी ख़ुशबू सूँघकर अण्डों के कुछ दूसरे शौक़ीन भी वहाँ जमा हो जाते।

मुझे आउटडोर शूटिंग बहुत पसन्द थी, क्योंकि खुली हवा में मैं बहुत तरोताज़ा महसूस करता था। मेरे ख़याल से इसका सम्बन्ध पेशावर और देवलाली में गुज़रे मेरे बचपन से भी था, जहाँ मैं खुली जगहों पर खेला और घूमा करता था। चोपड़ा साहब शुरू से ही भोपाल में शूटिंग करना चाहते थे और उन्होंने धरम के साथ जाकर लोकेशन के लिए सही जगह भी खोज ली थी। हम सब एक बहुत बड़ी सरकारी इमारत में ठहरे हुए थे, जिसके पास एक खुला मैदान भी था। मैं, यश और मेरे कुछ साथी कलाकार अजीत*, जीवन में** और जॉनी वॉकर वग़ैरह वहाँ फुटबॉल खेला करते थे।

शूटिंग के बीच-बीच में हमें फ़ुर्सत के लम्हें मिलते रहते थे। कभी जल्दी पैकअप हो जाता था तो कभी कोई ज़रूरी सामान या कच्चा माल ट्रेन से वक़्त पर न पहुँचने के कारण हमें ख़ाली बैठना पड़ता था 'नया दौर' ने बॉक्स ऑफ़िस पर ऐसा धमाका किया कि चोपड़ा साहब के वारे-न्यारे हो गये। बम्बई में सौ दिन पूरे होने के जश्न में उन्होंने चीफ़ गेस्ट के तौर पर महबूब साहब को बुलाया। महबूब साहब ने बिना किसी हिचकिचाहट के स्टेज पर सबके सामने स्वीकार किया कि चोपड़ा साहब ने उन्हें ग़लत साबित कर दिया था। दोनों महान हस्तियाँ स्टेज पर खड़ी थीं और दर्शकों का जोश देखते ही बनता था। जैसाकि मैं कह चुका हूँ, उस ज़माने के दर्शक अच्छी फ़िल्मों को हाथोहाथ लेते थे। परदे पर सिक्के फेंककर अपनी .ख़ुशी प्रकट करना या कोई हिट गाना आते ही नाचने-झूमने लगना बड़ी आम बात थी।

---

* अजीत, जिनका असली नाम हमीद अली ख़ान था, फ़िल्मों में हीरो और फिर सह-नायक रहने के बाद एक खलनायक के रूप में ख़ूब चमके।

* दर्जनों धार्मिक-पौराणिक फ़िल्मों में नारद मुनि की भूमिका के लिए मशहूर जीवन का असली नाम ओंकारनाथ धर था। खलनायक की भूमिकाओं में भी वे ख़ूब सफल रहे।

## 15

# घर के मोर्चे पर

*'आज मैं पीछे मुड़कर देखता हूँ तो मुझे लगता है कि आग़ा जी को यह भरोसा हो चुका था कि मैं अपने छोटे भाई-बहनों को एक पिता-भाई की तरह पाल और सँभाल सकता था, क्योंकि उन पर बढ़ती उम्र का असर दिखायी देने लगा था। मेरे बड़े भाई नूर साहब या छोटे भाई इस बात को शायद ही समझते थे कि जहाँ एक तरफ़ मैं अपने पेशे में अपने लिए एक अलग जगह बनाने और अपनी शर्तें तय करने में जुटा हुआ था, वहीं दूसरी तरफ़ मेरे सामने यह मुश्किल भी थी कि किस तरह अपने पेशेवर मूल्यों को बचाते हुए अपनी आमदनी बढ़ायी जाये, ताकि घर के ख़र्चे पूरे हो सकें।'*

थोड़ा पीछे लौटें तो अम्माँ के जाने के बाद मैं उनकी कमी को बहुत ज़्यादा महसूस करता रहा था। जब भी मुझे घर में कुछ समय बिताने का मौक़ा मिलता तो मुझे उनकी ग़ैर-मौजूदगी अखरने लगती।

शायद मुझसे भी ज़्यादा यह कमी आग़ा जी महसूस करते रहे थे। वे हर काम के लिए हमेशा अम्माँ पर ही निर्भर रहे थे। वही उनके कपड़े अलमारी में रखती थीं और उनका दूसरा हर सामान भी उसी तरह सँभालकर रखती थीं, जिस तरह वे चाहते थे। वे नहीं रहीं तो यह ज़िम्मेदारी सकीना आपा के कन्धों पर आ गयी। लेकिन वे आग़ा जी की उम्मीदों पर खरी नहीं उतर पाती थीं, इसलिए कहा-सुनी होती रहती थी। आग़ा जी को उनका सख़्त बर्ताव भी बहुत अखरता था, ख़ासकर घर में काम के लिए आने वाले ग़रीब तबके के लोगों के साथ। इनमें धोबी, बेकरी वाला और गोटे वग़ैरह बेचने वाली औरतें होती थीं। माँ इन सबको कुछ खिला-पिलाकर और हाथ में कुछ देकर ही भेजती थीं, लेकिन सकीना आपा को लगता था कि इन लोगों को सिर चढ़ाने की ज़रूरत नहीं थी।

अम्माँ के जाने के बाद आग़ा जी मुश्किल से दो ही बरस जिए, लेकिन वे नाख़ुश ही रहे। जैसाकि मैं बता चुका हूँ, वे अन्दर से टूट-से गये थे। उनमें जीने की ललक ही ख़त्म हो गयी थी। उनके जोड़ों में दर्द रहने लगा था। कई बार वे हफ़्ते में एक बार भी क्रॉफर्ड मार्केट नहीं जा पाते थे, जो उन्हें बहुत ज़्यादा अखरता था। घुटनों के दर्द की वजह से उन्हें चलने-फिरने में परेशानी होती थी, लेकिन उनका तनकर चलना, उनके चौड़े कन्धों का उठाव और उनकी आँखों की चमक पहले की तरह ही थी। मैं चाहकर भी उनके साथ ज़्यादा समय नहीं बिता पाता था। लेकिन नौशाद मियाँ उनके दोस्त बन चुके थे और अकसर घर पर आते रहते थे। वे आग़ा जी की ख़ूबसूरती और उनके शाही तौर-तरीक़ों की तारीफ़ करते या बढ़िया उर्दू शेरो-शायरी सुनाकर उनका मन बहलाते तो आग़ा जी का अकेलेपन का दर्द कम हो जाता।

पाली माला के हमारे घर के आसपास पूर्वी भारतीयों का बसेरा था, जिन्होंने अपने झोंपड़े डाल रखे थे। वे अपने ख़ास अन्दाज़ की ज़िन्दगी जीते थे। मैं अपने बड़े भाई नूर के लड़कपन के प्यार का क़िस्सा बयान कर चुका हूँ। मेरा छोटा भाई नासिर जितना ख़ूबसूरत था, बातचीत में उतना ही माहिर। वह जहाँ भी जाता, लड़कियाँ उसे देखने लगतीं। मैं कभी-कभी उसे एक ख़ास लड़की से बात करते हुए देखता जो कहीं आसपास ही रहती थी। मैं अपनी कार से गुज़रता तो वह मुझे देखकर मुस्कराने लगती। एक दिन मैंने नासिर से कहा कि मुझे पता था कि उसका क्या चक्कर चल रहा था। वह कुछ झेंप-सा गया और कुछ दिन बाद उसका वह चक्कर भी नूर साहब के इश्क़ की तरह ही उड़न-छू हो गया।

आग़ा जी के लिए हफ़्ते में एक बार भी क्रॉफर्ड मार्केट जाना मुश्किल होने लगा तो मैंने नूर साहब से कहा कि वे यह ख़ानदानी व्यापार सँभाल लें। आग़ा जी के साथ के ज़्यादातर व्यापारियों का काम अब उनके बेटे देखने लगे थे। नासिर मेरी तरह फ़िल्म लाइन में दिलचस्पी लेने लगा था, इसलिए हम दोनों के पास व्यापार सँभालने का समय नहीं था, जबकि चाचा उमर बीमार रहने लगे थे।

उन दिनों बान्द्रा से क्रॉफर्ड मार्केट तक कार में जाने में ज़्यादा समय नहीं लगता था। सड़कें ख़ाली होती थीं और मोटरें कम। गाड़ी खड़ी करने के लिए भी पार्किंग-स्पेस की कोई कमी नहीं थी। मुझे याद है, जब मैंने नयी-नयी कार ली थी तो मैं कभी-कभी कार में साउथ बम्बई की तरफ़ निकल जाता था। मेरा ठिकाना चोपाटी के पास हजेज़ रोड होता था, जहाँ मेरा मनपन्सद रेस्तराँ 'जॉर्ज' रेस्तराँ था। मैं इस रेस्तराँ में विल्सन कॉलेज के दिनों से ही जाता रहता था, इसलिए ज़्यादातर वेटर मुझे जानते थे। मैं पीछे की एक ऐसी टेबल चुनता जिस पर दूसरे ग्राहकों की नज़र पड़ने का ख़तरा न था और चिकन या मटन

बिरयानी का लुत्फ़ उठाता। एक दिन मैं आग़ा जी को भी उस रेस्तराँ में ले गया। मैं हमेशा यह कोशिश करता था कि लोगों का ध्यान मेरी तरफ़ न जाये, लेकिन उस दिन रेस्तराँ के बाहर मेरे चाहने वालों की भीड़ इकट्ठी हो गयी। मैनेजर ने हमारी टेबल पर आकर कहा कि बाहर खड़े मेरे फ़ैन मुझसे मिलने को बेताब थे। जब मैंने आग़ा जी को यह बात समझाई तो वे परेशान होने के बजाय बहुत ख़ुश दिखायी देने लगे और उनसे मिलने के लिए कहने लगे।

उस दिन अपने प्रशंसकों से मिलना मुझे ख़ासतौर से अच्छा लगा क्योंकि मुझे पहली बार आग़ा जी की आँखों में गर्व की चमक दिखायी दी थी। वापसी में वे कार में ख़ामोश बैठे रहे, लेकिन घर पहुँचते ही उन्होंने चाचा उमर को यह क़िस्सा इतना रस लेकर सुनाया कि मैं उनके गर्व और ख़ुशी को देखकर भावुक हुए बिना नहीं रहा।

कोई प्रोड्यूसर मुझे घर पर मिलने आता था तो आग़ा जी कम ही उसके सामने आते थे। हाँ, राज कपूर को देखकर वे बहुत .ख़ुश हो जाते थे और उनसे पृथ्वीराज जी के बारे में पूछने लगते थे। वे महबूब साहब से भी घुल-मिल गये थे। आग़ा जी अब यह सोचकर .ख़ुश और सन्तुष्ट महसूस करने लगे थे कि उनका बेटा भले ही सरकारी अफ़सर न बना हो, लेकिन एक ऊँचे मुक़ाम पर पहुँच गया था। कभी-कभी चाचा उमर चुपके से मुझे बताते कि किस तरह आग़ा जी ने वह अख़बार मोड़कर अपने बिस्तर के पास रख लिया था जिसमें मेरी तस्वीर छपी थी। आग़ा जी ने कभी मुझसे यह नहीं पूछा कि मैंने अपना नाम 'दिलीप कुमार' क्यों रख लिया था। शायद एक दुनियादार और सूझबूझ वाले इंसान होने के कारण वे इसका कारण .ख़ुद ही समझ गये थे।

मैं जिस तरह अपने छोटे भाई-बहनों की अच्छी-से-अच्छी पढ़ाई पर ज़ोर दे रहा था, उससे भी आग़ा जी बहुत .ख़ुश थे। वे यह भी सोचते होंगे कि अगर सकीना आपा को भी छोटे भाई-बहनों की तरह बेहतरीन स्कूल-कॉलेजों में तालीम मिली होती तो शायद वे इतनी अक्खड़ और सख़्तमिज़ाज न होतीं। उन्हें पता था कि अपने छोटे भाई-बहनों की ख़ुशी मेरे लिए कितनी अहमियत रखती थी। मैं उन्हें नयी दुनिया की बदलती चुनौतियों का मुक़ाबला करने के लिए तैयार करना चाहता था।

आज मैं पीछे मुड़कर देखता हूँ तो मुझे लगता है कि आग़ा जी को यह भरोसा हो चुका था कि मैं अपने छोटे भाई-बहनों को एक पिता-भाई की तरह पाल और सँभाल सकता था, क्योंकि उन पर बढ़ती उम्र का असर दिखायी देने लगा था। मेरे बड़े भाई नूर साहब या मेरे छोटे भाई इस बात को शायद ही समझते थे कि जहाँ एक तरफ़ मैं अपने पेशे में अपने लिए एक अलग जगह बनाने और अपनी शर्तें तय करने में जुटा हुआ था, वहीं दूसरी तरफ़ मेरे सामने

यह मुश्किल भी थी कि अपने पेशेवर मूल्यों को बचाते हुए किस तरह अपनी आमदनी बढ़ायी जाये, ताकि घर के ख़र्चे पूरे हो सकें।

मुझे याद है 1949-50 के आसपास एक प्रोड्यूसर नोटों से भरा ब्रीफ़केस लेकर मेरे पास आया था। मैं उसे बिल्कुल भी नहीं जानता था, न उसके बारे में कुछ सुना था। उसने मुझे साथ में लाये एक रजिस्टर से पढ़कर कहानी सुनानी शुरू की। मैंने वहाँ तक सुना जब हीरो गाँव में एक भैंस पर सवार होकर घूमने निकलता है। मैंने उसे वहीं रोककर पूछा, "भैंस क्यों?" उसने कहा कि हीरो के किरदार में कॉमेडी को जोड़ने का इरादा था। जब मैंने पूछा कि क्या मैं कहानी में कुछ बदलाव कर सकता था तो उसने कहा कि कर सकता हूँ, लेकिन भैंस ज़रूर रहेगी।

मैंने चुपके से मेज़ पर पड़े ब्रीफ़केस की तरफ़ देखा, जिसमें ढेर सारे नोट थे। मुझे उस समय पैसों की सख़्त ज़रूरत थी। मुझे लगा, जैसे वह ब्रीफ़केस मेरी मजबूरी का मज़ाक़ उड़ा रहा हो।

मैंने बड़ी मज़बूती लेकिन शालीनता से आगे कहानी सुनने से इनकार कर दिया। उसे हैरानी हुई कि मैं इतनी अच्छी कहानी और इतने सारे नोटों को ठुकरा रहा था। लेकिन मैं .खुश था। जितनी आसानी से मैंने उन पैसों को ठुकरा दिया था, उससे मुझे अपनी ख़ुद्दारी पर मान हुआ और मेरा यह इरादा और भी पक्का हो गया कि मुझे अपनी शर्तों पर काम करना था।

अम्माँ के जाने के बाद मैं आग़ा जी के अकेलेपन को बहुत अच्छी तरह से समझता था। मैं जानता था कि वे एक ख़ालीपन में जी रहे थे और उनके जीने की ख़्वाहिश ख़त्म-सी होती जा रही थी। एक दिन वे सचमुच ही हम सबको छोड़कर उस शून्य, उस खला में चले गये जहाँ से कोई नहीं लौटता। वह 5 मार्च 1950 का दिन था। मैंने फ़िल्म इंडस्ट्री में बहुत कम लोगों को इसके बारे में बताया। राज कपूर, नौशाद मियाँ, महबूब साहब, अशोक भैया, एस. मुखर्जी साहब, नितिन दा और बिमल दा जैसे कुछ नज़दीकी दोस्त मुझे तसल्ली देने और मेरा दुख बाँटने आये। आग़ा जी को उनकी ख़्वाहिश के मुताबिक़ देवलाली में अम्माँ की क़ब्र के पास ही दफ़ना दिया गया।

अब छोटे भाई-बहनों की ज़िम्मेदारी पूरी तरह सकीना आपा और मेरे कन्धों पर आ गयी। उनके स्वभाव को जानते हुए मैं आपा को शायद ही कभी किसी बात पर टोकता था। वे पूरी तरह घर की मालकिन थीं। चाचा उमर को छोड़कर और कोई भी उन्हें कुछ कहने से डरता था।

मुझे याद है, बरसों बाद किसी बात पर सकीना आपा से मेरी कहा-सुनी हो गयी थी। उस दिन मेरा मुँह लगा हज्जाम मेरे बाल काटने आया था और उसे ड्राॅइंगरूम के सोफ़े पर आराम से बैठे देखकर सकीना आपा का पारा चढ़ गया था।

उस हज्जाम को मेरे बाल बनाने में हमेशा ही परेशानी होती थी क्योंकि वे बड़ी तेज़ी से बढ़ते थे और हर पन्द्रह दिनों में काटने पड़ते थे। मेरे बाल पीछे की तरफ़ जाने से इनकार कर देते थे और जहाँ वह चाहता था, वहाँ नहीं ठहरते थे। वह अपने दूसरे ग्राहकों को समझा नहीं पाता था कि मेरे बाल क़ुदरती तौर पर बिखरे-बिखरे थे और यह सोच-समझकर अपनाया गया कोई 'स्टाइल' नहीं था। लेकिन 'नया दौर' के सुपर हिट हो जाने और उसके ख़ूब लोकप्रिय गाने 'उड़े जब-जब ज़ुल्फ़े तेरी कुँवारियों का दिल मचले' के बाद से उसके नौजवान ग्राहक 'दिलीप कुमार स्टाइल' के बाल कटवाने की ज़िद करने लगे थे। मेरे घने बाल क़ुदरती तौर पर मेरे माथे पर बिखरे रहते थे। कभी-कभी मैं सोचता था कि शायद यह मेरे बालों के उस मुण्डन के ख़िलाफ़ बग़ावत थी जो बचपन में दादी के कहने पर मुझे करवाना पड़ा था, ताकि मैं बदसूरत दिखूँ और मुझे किसी की नज़र न लगे।

ख़ैर, उस दिन वह हज्जाम हमारे घर पर आया तो मैं घर पर नहीं था। मैंने फ़ोन पर उसे यह सन्देश दिया कि वह मेरा इन्तज़ार करे, क्योंकि मैं थोड़ी देर में ही घर पहुँचने वाला था। वह बेचारा मेरे इन्तज़ार में ड्राॅइंगरूम के सोफ़े पर बैठ गया और सकीना आपा उस पर चिल्ला पड़ीं। संयोग से तभी मैं भी पहुँच गया। मैंने उस हज्जाम से अपनी बहन के बर्ताव के लिए माफ़ी माँगी और उसके जाने के बाद सकीना आपा से ख़ूब झगड़ा किया।

# 16

## एक फ़िल्म बनाने की मेहनत : 'गंगा जमुना' और उसके बाद

*'कोई फ़िल्म बनाते समय पेंटिंग या कविता जैसी दूसरी कल्पनाओं से उलट आपस में काफ़ी 'कम्युनिकेशन' या संवाद करना पड़ता है। मेरा मतलब है कलाकार और निर्देशक के बीच संवाद, निर्देशक और कैमरामैन के बीच संवाद, कला निर्देशक के साथ संवाद, निर्देशक और एडिटर के बीच संवाद, कलाकारों के बीच संवाद, कलाकारों और कैमरामैन के बीच संवाद। अगर इन सबके बीच बढ़िया तालमेल रहता है तो इसका नतीजा काम में दिखायी देता है, अगर नहीं रहता है तो वह बिखराव भी काम में दिखायी देता है।'*

मेरे दिमाग़ में 'गंगा जमुना' की कहानी चलती रहती थी। छोटे भाई नासिर को फिर से फ़िल्मों में 'लांच' करना ज़रूरी लग रहा था, क्योंकि कुछ फ़िल्मों में काम करने के बाद उसके कैरियर में एक ठहराव-सा आ गया था। इसके अलावा मैं अपना ख़ुद का प्रोडक्शन हाउस भी बनाना चाहता था। मैंने फ़िल्म की कहानी को लेकर जिस तरह की कल्पना की थी, उसे परदे पर पेश करने के लिए काफ़ी पैसों की ज़रूरत थी। बाज़ार में पैसों की कोई कमी नहीं थी, लेकिन मुझे यह भी ध्यान में रखना था कि मक्कार साहूकारों के चक्कर में न फँस जाऊँ।

मैं शापूर जी मिस्त्री और पेलोन जी मिस्त्री को अच्छी तरह जानता था। मैं उनके घर भी जा चुका था। जिस तरह से उनके घर की औरतों ने हमारी ख़ातिरदारी की थी और चाय के साथ खाने की चीज़ें परोसी थीं, उससे मुझे पेशावर की याद आ गयी थी। वहाँ जब भी छुट्टी के दिन हमारा परिवार मिल-जुलकर बैठता था तो चाय के साथ इसी तरह से खाने की चीज़ें परोसी जाती थीं। दरअसल, उन्होंने के. आसिफ़ की 'मुग़ल-ए-आज़म' में भी पैसा लगाया था। शापूर जी ने

'गंगा जमुना' की कहानी सुनी तो उनको ख़ूब पसन्द आयी। उन्हें पूरा भरोसा था कि यह फ़िल्म ज़रूर चलेगी। लेकिन मेरे छोटे भाई नासिर को फ़िल्म की कहानी ठीक नहीं लग रही थी। उसका ख़याल था कि लोग मुझे एक मुज़रिम यानी डाकू के रूप में स्वीकार नहीं करेंगे। फ़िल्म की कहानी के मुताबिक़ मैं डाकू बनकर उस ज़ालिम ज़मींदार से बदला लेता हूँ जो अपनी ही बहन के गहने चुराकर गंगा की ग़रीब और ईमानदार माँ पर इल्ज़ाम लगा देता है। (मैं फ़िल्म में गंगा बनना चाहता था और नासिर को पुलिस इंस्पेक्टर जमुना का रोल देना चाहता था।) नासिर ने कहा कि मुझे फ़िल्म के सब्जेक्ट के बारे में फिर से सोचना चाहिए।

मैंने इसके बारे में फिर से सोचा और इस नतीजे पर पहुँचा कि मुझे इसी कहानी पर फ़िल्म बनानी चाहिए। शापूर जी को पूरा इत्मीनान था कि यह फ़िल्म चलेगी। मैं इस कहानी में मौजूद कनफ्लिक्ट यानी द्वन्द्व के बारे में जितना ही सोचता, उतना ही मुझे लगता कि इस तरह की फ़िल्म बनाने का यह बिल्कुल सही समय था। दो भाइयों का टकराव—एक भाई क़ानून का रखवाला है और दूसरा भाई क़ानून का भगोड़ा है—वह क़ानून जो अमीरों और ताक़तवर लोगों की मदद करता है और ग़रीबों व कमज़ोरों के साथ भेदभाव करता है। गाँव के लोगों को लेकर फ़िल्म बनाने का यही सही समय था, क्योंकि उन्हें देश की आज़ादी का बहुत कम फ़ायदा पहुँचा था। किसानों और मज़दूरों को ग़ुलामी की ज़िन्दगी जीनी पड़ रही थी और ताक़तवर ज़मींदार उनका शोषण कर रहे थे। हालात आज भी उतने नहीं बदले हैं। पचास साल से ज़्यादा हो गये जब महबूब ख़ान ने 'मदर इण्डिया' (1957) और मैंने 'गंगा जमुना' (1961) में किसानों का शोषण दिखाया था। वे किसान जिनके लिए वह धरती पवित्र माँ की तरह है, जिसे वे जोतते हैं।

महबूब साहब ने 'मदर इण्डिया' इसी भावना के साथ बनायी थी और यह फ़िल्म पश्चिम के देशों में इस बात को समझने का अच्छा उदाहरण बन गयी थी कि किस तरह बरसों से चली आ रही सामन्ती व्यवस्था में गाँव के लोगों का शोषण होता रहा है। 1950 के दशक के शुरुआती सालों में जब महबूब साहब ने मुझसे 'मदर इण्डिया' का ज़िक्र किया था तो मुझे लगा था कि यह सही वक़्त पर उठाया गया विषय था। वे मुझे नर्गिस के बेटों में से एक का रोल देना चाहते थे। लेकिन मैंने उनका ध्यान इस तरफ़ दिलाया कि यह बहुत अटपटी कास्टिंग होगी। मैं 'मेला' (1948) और 'बाबुल' (1950) में नर्गिस के प्रेमी के रूप में उनके साथ परदे पर ख़ूब रोमांस कर चुका था। मुझे लगा था कि नर्गिस के लिए यह बहुत अच्छा मौक़ा था कि वह फ़िल्म का टाइटल रोल करें। इसमें कोई शक नहीं कि उनका चुनाव बिल्कुल सही था। यह ज़रूरी था कि दूसरे कलाकारों से उन्हें किसी तरह की चुनौती न मिले, क्योंकि उसका किरदार कहानी की जान था।

महबूब साहब इस बात के लिए मशहूर थे कि वे अपनी फ़िल्मों के लिए कलाकारों का चुनाव लीक से हटकर करते थे। उन्होंने मुझे 'आन' (1952) में एक जाँबाज हीरो का रोल उस समय दिया था जब मेरी छवि एक ट्रेजिडी हीरो की थी। उन्हें ऐसा करने में बड़ा मज़ा आता था–नामुमकिन को मुमकिन करने में। और जब उनके इस प्रयोग को कामयाबी मिलती थी तो वे उसका भी मज़ा लेते थे। 'आन' दुनिया भर में कामयाब रही और महबूब साहब यह सोचकर फूले नहीं समाते थे कि उन्होंने हिन्दुस्तान की पहली टेक्नीकलर फ़िल्म बनायी थी। तो कुल मिलाकर बात यह है कि मैं 'मदर इण्डिया' में नर्गिस के बेटे का रोल करने के लिए राज़ी नहीं हुआ।

अब 'गंगा जमुना' पर वापस लौटते हैं। मैंने शापूर जी से कहा कि उत्तर भारत के भीतरी इलाक़ों में घूमकर फ़िल्म के लिए सही लोकेशन तलाशी जाये, पहले उत्तर प्रदेश और मध्य प्रदेश और फिर महराष्ट्र के गाँवों में। मैंने यह तय कर लिया था कि फ़िल्म के डायलॉग उसी ज़ुबान में होंगे जो देवलाली में मैंने हमारे माली के मुँह से सुनी थी। बह बोली तभी से मेरे अवचेतन में बसी हुई थी। तब मुझे पता नहीं था कि वह उत्तर प्रदेश या बिहार की ज़ुबान थी। वह सुनने में बड़ी मीठी और दिलचस्प लगती थी और जब जज़्बातों की बात हो तो इसके लिए भी उसमें बड़े अच्छे भाव थे। जिस तरह से माली बिहारी और उसकी बीवी फुलवा आपस में बात करते थे या लड़ते थे, वह बड़ा मज़ेदार और दिलचस्प होता था।

मैं उस ज़ुबान को एक बार फिर से सुनकर अनुभव करना चाहता था। मैं उस हवा में साँस लेना चाहता था, जहाँ गंगा और जमुना बड़े हुए थे। मैं उन लोगों की तकलीफ़ों का भी जायज़ा लेना चाहता था जो धरती की क़सम खाकर हल जोतते थे और जिनका ज़मींदारों के हाथों बुरा हाल था। किसी चीज़ को सिर्फ़ ऊपरी तौर पर जान लेना और बात होती है, जबकि एक लेखक के तौर पर गहराई से महसूस करना और बात होती है। मैं फ़िल्म का निर्माता और हीरो ही नहीं था बल्कि इसका स्क्रीनप्ले भी मैंने ही लिखा था। मैं इस बात को लेकर बहुत सचेत था कि मुझे इन सभी रूपों में देखा और परखा जायेगा। यह मेरे लिए कोई परेशन करने वाली बात नहीं थी, बल्कि इससे मुझे प्रेरणा ही मिलती थी।

गंगा का रोल करने का एक दिलचस्प पहलू यह था कि उसके जज़्बातों को समझने में मुझे कोई मुश्किल नहीं हुई–ख़ासकर अपने छोटे भाई के लिए उसके प्यार और उसकी हिफ़ाज़त को लेकर उसकी चिन्ता के मामले में। मुझे अयूब साहब के साथ गुज़रे लम्हें याद आने लगते थे। उनका दिमाग़ हम सबसे ज़्यादा तेज़ था और अगर वे बीमारी से न जूझ रहे होते तो बहुत बड़े अफ़सर होते। मैंने अपने छोटे भाइयों को बड़े नाज़ से पाला था और उनकी हर ज़रूरत को अपनी

ज़रूरत समझा था। सच्चाई यह थी कि मैंने उनकी ज़रूरतों को अपनी ज़रूरतों से ऊपर रखा था और उनको बेहतरीन तालीम दिलवाने और उनका हर अरमान पूरा करने की कोशिश की थी। इसलिए गंगा का किरदार मेरी अपनी शख़्सियत से ज़्यादा अलग नहीं था, जैसाकि दूसरी फ़िल्मों में होता था।

हाल ही में अमिताभ बच्चन से मेरी बात हो रही थी तो उन्होंने कहा कि कॉलेज के दिनों में उन्होंने 'गंगा जमुना' को कई बार देखा था। वह यह समझना चाहते थे कि एक पठान किस तरह पूर्वी यूपी के गाँव का किरदार निभा रहा था और फर्राटे से वहाँ की बोली बोल रहा था। मुझे उनकी बात में दम लगा। सचमुच ही यह आसान काम नहीं था। फिर भी उस पठान ने, जिसकी कहानी आप पढ़ रहे हैं, उस किरदार को इतना स्टडी किया और उसकी बोलचाल की इतनी रिहर्सल की कि वह उसे परदे पर इतने जीते-जागते रूप में पेश करने में सफल हो गया।

मैं जानता था कि 'गंगा जमुना' की पटकथा में मेरे लिए एक अभिनेता के तौर पर काफ़ी गुंजाइश थी। चूँकि मेरा किरदार क़ानून तोड़ने वाले का था, इसलिए मेरे लिए यह दिखाना ज़रूरी था कि किन हालात में वह ऐसा बनने पर मजबूर हुआ, लेकिन साथ ही मैं उसे उसके किये की सज़ा भी दिलवाना चाहता था। मैंने फ़ैसला किया कि क़ानून उस पर किसी तरह का रहम नहीं करेगा, भले ही वह हालात का शिकार हो गया हो और ज़मींदारी की अत्याचारी व्यवस्था से लड़ने का उसके पास और कोई तरीक़ा न हो।

जैसाकि मैं बता चुका हूँ, जब मैं 'गंगा जमुना' की स्क्रिप्ट लिख रहा था तो मेरा छोटा भाई नासिर मुझसे सहमत नहीं था। उसका ख़याल था कि लोग डाकू के नेगेटिव रोल में मुझे स्वीकार नहीं करेंगे। लेकिन फ़िल्म के रिलीज़ होते ही दर्शक फ़िल्म थियेटरों पर ऐसे टूटे कि उसका यह डर ग़लत साबित हो गया। समीक्षकों ने भी फ़िल्म को पसन्द किया।

जब हम 1960 की गर्मियों में इंग्लैंड के फाइनवुड स्टूडियो में फ़िल्म की टेक्नीकलर प्रोसेसिंग कर रह थे, तो वहाँ के तकनीशियनों ने सुझाव दिया कि हमें इस फ़िल्म को 'ऑस्कर' के लिए भेजना चाहिए। उनका ख़याल था कि इसमें आज़ाद हिन्दुस्तान में ज़मींदारों के ज़ुल्म सहने और शोषण का शिकार होने के बावजूद ग़रीबों को ईमानदारी और सच्चाई के रास्ते पर चलते हुए दिखाया गया था। उनको कलाकारों का अभिनय, गीत-संगीत और फ़िल्म का देहाती बैकग्राउण्ड भी ख़ूब पसन्द आया था।

जब यह फ़िल्म कार्लोवी वैरी (karlovy vary), चेकोस्लोवाकिया, बोस्टन और कैरो में दिखायी गयी तो फ़िल्म समीक्षकों ने मुझे घेर लिया। वे फ़िल्म की एक्टिंग से तो मन्त्रमुग्ध थे ही, साथ ही वे यह भी जानना चाहते थे कि फ़िल्म

बनाने से पहले कितनी रिसर्च की गयी थी। विदेशों में 'गंगा जमुना' जैसी फ़िल्में बहुत रिसर्च ओर खोजबीन के बाद ही बनायी जाती हैं। मैंने उन्हें बताया कि मैंने इसकी पटकथा, किरदारों, भोजपुरी भाषा और कहानी के क्लाइमेक्स समेत सभी पहलुओं पर कितनी गहराई से काम किया था। नौशाद मियाँ के संगीत ने फ़िल्म में चार चाँद लगा दिये थे जिसमें उन्होंने ऐसी लोकधुनों का इस्तेमाल किया था जो आज तक लोकप्रिय हैं।

देखा जाये तो 'गंगा जमुना' से पहले भी मैंने कुछ नेगेटिव शेड वाले रोल किये थे। मिसाल के तौर पर, महबूब ख़ान की 'अमर' (1954) में मैंने जो किरदार निभाया था, उससे एक पाप हो गया था। इसलिए उसके किरदार में एक खोट थी। इसी तरह ज़िया सरहदी की फ़िल्म 'फुटपाथ' में मैंने जो किरदार निभाया था वह कालाबाज़ारी करता था, इसलिए उसमें भी एक खोट थी। लेकिन ये दोनों ही फ़िल्में 'गंगा जमुना' की तरह नहीं चलीं। 'गंगा जमुना' में जो हीरो था, वह क़ानून की नज़रों में ग़लत था लेकिन उसके साथ दर्शकों की हमदर्दी थी। कहानी इस तरह की थी कि इसमें भाइयों में उतना टकराव नहीं था, जितना कि देश के क़ानून और इंसान की नैतिक आज़ादी को लेकर था।

महीनों के सोच-विचार और मेहनत के बाद ही हम फ़िल्म का क्लाइमेक्स तैयार कर पाये थे। आज भी फ़िल्मों के दीवाने 'गंगा जमुना' के मौत वाले सीन

*फ़िल्म गंगा जमुना (1961) का एक पोस्टर*

को याद करते हैं। यह सीन स्टूडियो के सेट पर शाम के धुँधलके में फ़िल्माया गया था। मैंने कैमरामैन वी. बाबा साहेब से कहा कि वे शॉट के लिए पूरी तैयारी करके रखें, क्योंकि इस सीन की न तो रिहर्सल होगी और न ही इसका कोई दूसरा टेक लिया जायेगा। मैंने इस बात पर ज़ोर दिया कि एक्शन और कैमरे की चाल में पूरा तालमेल होना चाहिए। वे समझ गये और उन्होंने पूरी तैयारी कर ली। इसके बाद मैंने जो कुछ किया, वह मेरा अपना ही आइडिया था। मैंने स्टूडियो के अन्दर कई चक्कर लगाये, पहले चलते हुए और फिर दौड़ते हुए। जब मेरी साँस उखड़ने लगी और मुझे लगा कि मैं लड़खड़ाकर गिर पड़ूँगा तो मैं सेट पर आया, जहाँ बाबा साहेब कैमरे के साथ दौड़ने के लिए पूरी तरह तैयार खड़े थे। वह वही सीन था जिसमें गंगा उस भगवान के चरणों में गिर पड़ता है जिसकी पूजा उसकी माँ बड़ी श्रद्धा और विश्वास के साथ किया करती थी। मुझे लगता था कि इस सीन को किसी दूसरे तरीक़े से नहीं किया जा सकता था। गंगा पुलिस की गोली खाकर गिर पड़ता है जो कि क़ानून की जीत थी, लेकिन मैं दर्शकों को यह भी बताना चाहता था कि यह गंगा की भी जीत थी क्योंकि उसने अपनी माँ को निर्दोष साबित करके गाँव में उसकी इज़्ज़त को वापस दिला दिया था। यह उसकी नैतिक जीत थी।

फ़िल्म के लिए एक बढ़िया लोकेशन की तलाश मेरी एक और ज़िम्मेदारी थी। मैंने सुना है कि आजकल यह काम प्रोडक्शन डिज़ाइनर का होता है जो फ़िल्म की इमेज को काग़ज़ पर उतारता है। हो सकता है यही कारण है कि आजकल हर फ़िल्म का बैकग्राउण्ड मिलता-जुलता लगता है। हमारे ज़माने में कला निर्देशक, निर्देशक और कैमरामैन लोकेशन की खोज की ज़िम्मेदारी उठाते थे। 'गंगा जमुना' के लिए यह ज़िम्मेदारी पूरी तरह से मेरी थी कि कहानी के हिसाब से किसी सही जगह की तलाश की जाये। जो स्केच मैंने बनाये थे, उनके मुताबिक़ कुछ हिस्सों की शूटिंग इनडोर होने वाली थी। इसलिए मैंने करदार स्टूडियो और महबूब स्टूडियो में अपनी कल्पना से मेल खाते हुए सेट बनवाये थे।

लोकेशन तय करने में मुझे एक महीना लग गया और आख़िर महाराष्ट्र के इगतपुरी का चुनाव किया गया। वह बम्बई से 120 किलोमीटर दूर उत्तर-पूर्व में पड़ता है। दरअसल, मैं बदरुद्दीन (जॉनी वॉकर) के साथ यूँ ही सैर-सपाटे पर निकला तो वह जगह मेरे मन को लुभा गयी। वहाँ की क़ुदरती ख़ूबसूरती और अछूती घाटियों ने सहज ही मेरा ध्यान खींच लिया। बाद में मैं कैमरामैन बाबा साहेब और निर्देशक नितिन बोस को वहाँ लेकर गया और उन्हें भी वह लोकेशन ख़ूब पसन्द आयी। तब मैंने कल्पना भी नहीं की थी कि 'गंगा जमुना' के रिलीज़ होने के बाद वह जगह फ़िल्मों की शूटिंग के लिए इतनी लोकप्रिय लोकेशन बन जायेगी। कहानी के हिसाब से हमें ऐसी लोकेशन चाहिए थी,

जहाँ ऊँचे-नीचे पहाड़ हों और उनके बीच में एक घाटी हो, जहाँ नदी बहती हो और आसपास पेड़ और झाड़ियाँ हों। मैंने लोकेशन के हिसाब से जो स्केच बनाये थे, वे बाबा साहेब ने भी देख रखे थे। वे यह देखकर हैरान रह गये कि इगतपुरी की वह क़ुदरती लोकेशन मेरी कल्पनाओं की घाटी से कितनी मिलती-जुलती थी। वे नितिन दा के साथ खड़े देर तक उन पहाड़ों को निहारते रहे, जहाँ से गंगा नीचे लुढ़ककर विलेन (अनवर हुसैन) को पकड़ता है और धन्नो (वैजयन्तीमाला) को बचाता है। एक कैमरामैन की आँख से लोकेशन का मुआयना कर लेने के बाद वे इतने ख़ुश और सन्तुष्ट हो गये कि उन्होंने तालियाँ बजाकर अपनी रज़ामन्दी ज़ाहिर की। वह घाटी गाँववालों के घरों और ज़मींदार की हवेली का बैकग्राउण्ड बनने वाली थी, उस गाँव की जिसे हमें वहाँ बसाना था।

हम सबने मिलकर बड़ी मेहनत और लगन से वह फ़िल्म बनायी। उस ज़माने में 'गंगा जमुना' जैसी फ़िल्म बनाना कोई आसान काम न था। हालाँकि वहाँ निर्देशक के तौर पर नितिन दा मौजूद थे, लेकिन 'गंगा जमुना' पूरी तरह से मेरी कल्पनाओं की फ़िल्म थी।

मैं उन दिनों के. आसिफ़ की 'मुग़ल-ए-आज़म' के कुछ हिस्से की शूटिंग कर रहा था, जिसमें रेगिस्तान में लड़ाई के सीन थे। मुझे रेगिस्तान की उस झुलसती

*फ़िल्म गंगा जमुना (1961) में वैजयन्ती माला के साथ*

गर्मी में भारी-भरकम बख़्तरबन्द के साथ शूटिंग करनी पड़ती थी और फिर हवाई जहाज़ से बम्बई आकर कार से 'गंगा जमुना' की लोकेशन पर पहुँचना पड़ता था। उस ज़माने में मेकअप का ज़्यादा सामान नहीं होता था और मेरे मेकअप मैन के लिए यह एक बड़ी चुनौती होती थी कि मेरे शरीर से धूप की तपिश का असर और उन लाल धब्बों को कैसे छुड़ाये जो रेगिस्तान में लड़ाई के दृश्यों में पड़ जाया करते थे।

शापूर जी 'मुग़ल-ए-आज़म' के सह-निर्माता थे। वह अपने बेटों और दफ़्तर के लोगों से यह कहते रहते थे कि उन्हें मुझसे कड़ी मेहनत का गुण सीखना चाहिए। शापूर जी की कोशिश रहती थी कि मुझे सफ़र में ज़्यादा-से-ज़्यादा आराम मिल सके। उनके चेहरे पर अपने लिए चिन्ता के भाव देखकर मुझे सहसा अम्माँ की याद आ जाती थी। वे थे भी उन्हीं की तरह छोटे क़द के और दुबले-पतले आदमी। मैं मेट्रो सिनेमा के पास के मैदान में अपने दोस्तों के साथ फुटबॉल खेलकर लौटता था तो अम्माँ मेरे चेहरे पर धूप का असर देखकर उन्हीं की तरह चिन्ता में पड़ जाती थी।

मुझे शापूर जी के साथ घण्टों बातचीत करना बहुत अच्छा लगता था, जो शायद मुझे अपने बेटों से कम नहीं चाहते थे। हम दुनिया के हर विषय पर बातचीत करते थे। वे अपने बेटों से अपने कारोबार की बात करते तो मैं बड़ी दिलचस्पी से सुनता रहता। बिल्डिंग कंस्ट्रक्शन के कारोबार में उनका बड़ा नाम था और उनकी बेदाग़ छवि के कारण सरकारी अफ़सर भी उनकी ख़ूब इज़्ज़त करते थे। उनके चेहरे पर एक अनूठी चमक थी और उनकी आँखों से नेकी और शराफ़त टपकती थी। उनके पास वक़्त होता तो वे हमारी लोकेशन पर चले आते और कभी-कभी पाली हिल के हमारे नये बँगले में भी आते रहते।

तब पाली हिल, बान्द्रा का पता बहुत मायने रखता था। वहाँ खुली जगह थीं और बड़े-बड़े ख़ूबसूरत बँगले थे। जो बँगला मैंने चुना था, वह थोड़ी ऊँचाई पर था और ऊपरी मंज़िल से बड़ा सुहाना नज़ारा दिखायी देता था। मैंने यह बँगला ख़रीदा तो अपने भाई-बहनों को कुछ बताये बिना एक दिन कार में वहाँ ले गया। मैंने कार खड़ी करके अपनी जेब से बँगले की चाबी निकाली तो वे सब हैरानी से पूछने लगे कि यह किसका बँगला था और मेरे पास चाबी कैसे आ गयी। तब मैंने भेद खोलते हुए उन्हें बताया कि आज से यह हमारा बँगला था। उसमें बहुत सारे कमरे थे, इसलिए घर की लड़कियों को मनचाहा अकेलापन मिल सकता था।

ज़िन्दगी में हैरानी के मौक़े कभी ख़त्म नहीं होते। मुझे उम्मीद थी कि अब मुझे घर में कोई ऐसी ख़ास जगह मिल जायेगी, जहाँ मैं चैन और सुकून के साथ आराम कर सकूँ और कुछ पढ़ सकूँ। मेरे लिए कुछ समय अकेले बिताना ज़रूरी था।

*फ़िल्म दिल दिया दर्द लिया (1966) में*

मैं बचपन से ही अकेला रहता आया था और अपने ख़यालों की दुनिया में खोना मुझे अच्छा लगता था। मेरी कुछ ऐसी कल्पनाएँ होती थीं जिन्हें मैं साझा करना नहीं चाहता था। बचपन में मैं अकसर घर से बाहर खुली जगहों पर निकल जाता था और अकेला घूमता रहता था। (जैसाकि मैं शुरू के अध्यायों में बता चुका हूँ कि मैं कभी-कभी मुसीबत में भी पड़ जाता था।) लेकिन इस नये बड़े घर में, जिसे मैंने बड़े प्यार से ख़रीदा था, मुझे अकसर बेकार की बहसों और झगड़ों में उलझ जाना पड़ता। मैंने महसूस किया कि मैं अपने भाई-बहनों के साथ कोई तार नहीं जोड़ पा रहा था, जो दिनोदिन सिर्फ़ अपने ऐशोआराम की सोचने लगे थे और बिना झिझक मुझसे यह सब माँगते रहते थे।

नतीजा यह हुआ कि मैं अपना ज़्यादातर वक़्त घर के 'आउटहाउस' में बिताने लगा, जहाँ मुझे ज़्यादा आज़ादी और सुकून महसूस होता था। वहाँ मैं मनचाहे ढंग से पढ़-लिख सकता था और उन लोगों के साथ अच्छा समय बिता सकता था, जिनका साथ मुझे पसन्द था।

अगर मुझे ठीक से याद है तो उन्हीं दिनों फ़िल्म प्रोड्यूसरों की तरफ़ से यह माँग उठी कि कोई अभिनेता एक साथ कितनी फ़िल्मों में काम करेगा, इस पर कोई सीलिंग होनी चाहिए। मैंने कभी भी एक समय में एक से ज़्यादा फ़िल्म में

काम नहीं किया था, फिर भी मुझे लगा कि यह सीलिंग एक इंसान की पेशेवर आज़ादी के ख़िलाफ़ थी।

मुझे मद्रास जाने का मौक़ा मिला तो मैंने यह सोचकर चैन की साँस ली कि कुछ समय घर के शोर-शराबे से दूर एक शान्त और ख़ूबसूरत शहर में बिताना बेहतर था। दरअसल, वहाँ के दो बड़े फ़िल्म निर्माता तमिल और तेलुगु भाषा की अपनी दो हिट फ़िल्मों को हिन्दी में बनाना चाहते थे और उनमें मुझे हीरो लेना चाहते थे। उन्होंने जो क़हानियाँ सुनायीं, वे मुझे पसन्द भी आयीं। एक में हँसी-मज़ाक़ और कॉमेडी की भरपूर गुंजाइश थी तो दूसरी में एक अभागे इंसान के परेशान और शकी दिमाग़ की दुख भरी कहानी थी। ये फ़िल्में थीं बी. नागी रेड्डी की 'राम और श्याम' (1967; निर्देशक चाणक्य) और पी.एस. वीरप्पा की 'आदमी' (1968 , निर्देशक ए. भीम सिंह)। दोनों फ़िल्में उस शहर में शूट होने वाली थीं जिसने 'पैग़ाम' के दिनों से ही मेरा मन मोह लिया था।

'राम और श्याम' की शूटिंग एक छोटे-से हंगामे से शुरू हुई। वैजयन्तीमाला, जो इस फ़िल्म में मेरी हीरोइन थीं, एक छोटी-सी बात पर इतना तमाशा करने लगीं कि निर्माता नागी रेड्डी चिढ़ गये। हुआ यूँ कि उन्होंने कोई साड़ी या शायद कानों के झुमकों का सेट अपने लिए पसन्द किया था, जिसे निर्देशक के असिस्टेंट ने अनजाने में किसी दूसरी कलाकार को दे दिया। नागी रेड्डी ने बड़ी नरमी से वैजयन्तीमाला से कहा कि वह उनकी फ़िल्म में काम नहीं करेंगी। एक हफ़्ते बाद पता चला कि उनकी जगह वहीदा रहमान को ले लिया गया था, जो 'प्यासा', 'काग़ज़ के फूल', 'काला बाज़ार' और 'गाइड' जैसी फ़िल्मों से ख़ूब नाम कमा चुकी थीं। लेकिन वैजयन्तीमाला ने इसे ग़लत रंग देते हुए यह समझ लिया कि वहीदा रहमान को मैं लाया था, क्योंकि वह 'दिल दिया दर्द लिया और 'आदमी' में मेरी हीरोइन थीं। वैजयन्तीमाला यह भूल गयीं कि वह ख़ुद मेरे साथ छह फ़िल्मों में काम कर चुकी थीं।

हालाँकि 'आदमी' की शूटिंग 'राम और श्याम' से काफ़ी पहले शुरू हो गयी थी, लेकिन वह फाइनेंस की परेशानियों में फँस गयी और अटक-अटककर आगे बढ़ रही थी। मैं 'राम और श्याम' के किसी मज़ेदार सीन की शूटिंग करता तो इसके फ़ौरन बाद मुझे 'आदमी' के किसी दर्दनाक सीन की डबिंग करने जाना पड़ता। मैं वीरप्पा की मजबूरी को समझता था, जो मुझसे कहते थे, "थोड़े पैसे आये हैं जो डबिंग स्टूडियो का किराया और तकनीशियनों को देने के लिए काफ़ी हैं। इसी तरह 'राम और श्याम' का पैकअप हो जाने के बाद 'आदमी' का एडिटर मुझे सम्पादित रीलों को देखने के लिए बुलाता रहता था। मैंने बहुत-सी शामें उसके साथ होटल के उस कमरे में गुज़ारी, जहाँ यह एडिटिंग चल रही थी।

'आदमी' दरअसल एक मनोवैज्ञानिक ड्रामा थी और मेरी यह कोशिश थी कि एडिटिंग टेबल पर इसमें कुछ तेज़ी और धार आ जाये। उन दिनों फ्रांस के न्यू वेव सिनेमा, ख़ासकर ज्याँ-लुक-गोदार (Jean-Luc-Godard) की फ़िल्मों के प्रभाव में आकर हमारे यहाँ के एडिटर भी बिना वजह जम्प-कट की तकनीक को आज़माने लगे थे। मैंने एडिटिंग के काम की कोई ट्रेनिंग तो नहीं ली थी, लेकिन मुझे यह पता था कि एडिटर किस तरह फ़िल्म की कहानी से दर्शकों को बाँधे रख सकता था। 'आदमी' का सब्जेक्ट ऐसा था कि उसमें कल्पनाशील एडिटिंग की ज़रूरत थी।

एक अभिनेता के तौर पर मुझे 'आदमी' में अपना किरदार बहुत दिलचस्प लग रहा था। मुझे उसके उस दिमाग़ी संघर्ष को उभारना था जिसकी वजह से वह अपने अतीत को छोड़कर आगे नहीं बढ़ पा रहा था। कहानी में असली टकराव दो प्रेमियों और हीरोइन के बीच में नहीं था, जैसाकि आमतौर से फ़िल्मों में होता है। यह टकराव किरदारों के और ख़ासकर मेरे किरदार के दिमाग़ में था।

मैं जो किरदार निभा रहा था, उसे मनोवैज्ञानिक एंगल से पेश करने की ज़रूरत थी, इसीलिए वह मुझे इतना दिलचस्प लग रहा था। अपनी समझ और अनुभव के आधार पर मैं इस नतीजे पर पहुँचा था कि फ़िल्म में एक ख़ास तरह का मूड और माहौल होना चाहिए जो किरदार की दिमाग़ी उलझन और उसकी ज़िन्दगी की जद्दोजहद से मेल खाता हुआ हो। इसलिए मैंने स्क्रीनप्ले के अलावा इस फ़िल्म की कैमरा मूवमेंट और लाइटिंग और बाद में इसकी एडिटिंग में भी गहरी दिलचस्पी ली कि कौन-से शॉट चुने जाने चाहिए।

कोई फ़िल्म बनाते समय पेंटिंग या कविता जैसी दूसरी कलाओं से उलट आपस में काफ़ी 'कम्युनिकेशन' या संवाद करना पड़ता है। मेरा मतलब है कलाकार और निर्देशक के बीच संवाद, निर्देशक और कैमरामैन के बीच संवाद, निर्देशक और एडिटर के बीच संवाद, कला निर्देशक के साथ संवाद, कलाकारों के बीच संवाद, कलाकारों और कैमरामैन के बीच संवाद। अगर इन सबके बीच बढ़िया तालमेल रहता है तो इसका नतीजा काम में दिखायी देता है, अगर नहीं रहता है तो वह बिखराव भी काम में दिखायी देता है।

फ़िल्म-निर्माण के दूसरे पहलुओं में भी पूरी दिलचस्पी लेना मेरी आदत बन चुकी थी। 'राम और श्याम' के साथ भी मेरा जुड़ाव सौ प्रतिशत था। इसके बारे में कुछ और कहने से पहले मैं यह बताना चाहूँगा कि 'राम और श्याम' मेरे लिए बड़ी ख़ास फ़िल्म थी—जैसा आप अगले अध्याय में पढ़ेंगे।

17

## मेरी ज़िन्दगी की औरत

*'जब वह चुपचाप समन्दर की तरफ़ देख रही थीं और हम समन्दर की लहरों की आवाज़ को उस ख़ामोशी में सुन पा रहे थे तो मैंने उनको देखा और कहा, "सायरा, तुम उस तरह की लड़की नहीं हो जिसके साथ मैं गाड़ी में घूमूँ या मौज-मस्ती करूँ...मैं तुमसे शादी करना चाहूँगा...क्या तुम मेरी बीवी बनना पसन्द करोगी?" '*

'राम और श्याम' मेरे लिए ज़ाती तौर पर काफ़ी मायने रखती है, क्योंकि जब यह फ़िल्म पूरी होने वाली थी तो मैंने सायरा से शादी की। मैं यहाँ अपनी शादी की सच्ची कहानी बताना चाहूँगा, क्योंकि जब देश के सभी अख़बारों में 1966 में इसकी ख़बर आयी, तब से इसको लेकर कई तरह की काल्पनिक कहानियाँ गढ़ी जाती रही हैं। तब तक मैं उनके साथ काम करने से भी हिचकता था, जिसके पीछे कुछ कारण थे।

मैं यह जानता था कि वह मोहम्मद अहसान साहब और नसीम बानो* जी की बेटी थीं, जो कि एक महान औरत थीं जिनकी शालीनता और आत्मनिर्भरता की मैं बड़ी इज़्ज़त करता था या जिस तरह से वे ख़ुद को फ़िल्म जगत में गरिमा के साथ बनाये रखती थीं। नसीम आपा ने मेरे भाई अयूब साहब की एक फ़िल्म में काम किया था और उनके साथ 48 पाली हिल के मेरे घर में हमेशा छोटी-मोटी बैठकें हुआ करती थीं। मुझे वे ख़ूबसूरत शामें याद हैं जब उस्ताद विलायत ख़ान साहब ने सितार बजाया था या उस्ताद बड़े ग़ुलाम अली ख़ान साहब का गायन हुआ था। मुझे शास्त्रीय संगीत का बड़ा शौक़ था, चाहे वह गायन हो या वादन। नसीम आपा को मेरी बहन अख़्तर हमेशा बुलावा दिया करती थी क्योंकि वह उनकी बड़ी तारीफ़ और इज़्ज़त करती थी।

---

* नसीम बानो जी की सबसे मशहूर फ़िल्म 'पुकार' (1939) थी, जिसमें उन्होंने मुग़ल बादशाह जहाँगीर की बेगम नूरजहाँ की भूमिका निभायी थी।

*अम्माजी (शमशाद अब्दुल वहीद ख़ान) एक समारोह में प्रदर्शन करते हुए*

मुझे याद नहीं कब, मगर ऐसी ही एक शाम सायरा, जो उन दिनों स्कूल की छुट्टियों में हिन्दुस्तान आयी हुई थीं, अपनी माँ के साथ मेरे घर आयीं। नसीम आपा से मेरी मुलाक़ातें हुआ करती थीं और मुझे पता था कि सायरा लन्दन में रह रही थीं, जहाँ वह और उनके भाई सुलतान अहमद स्कूल में पढ़ाई कर रहे थे। वहाँ उनकी देखभाल नसीम आपा की माँ शमशाद अब्दुल वहीद ख़ान किया करती थीं, जो शास्त्रीय संगीत की जानी-मानी गायिका थीं। सायरा ने लन्दन के 'स्कैला थियेटर' (Scala Theatre) में मेरी फ़िल्म 'आन' देख रखी थी और मुझे कई लोगों से यह पता चला था—जैसे अख़्तर महबूब ख़ान से, जिनको मैं भाभी जी बुलाता था, मिसेज बहार करदार और एस. मुखर्जी साहब से—कि इस लड़की के दिमाग़ में मुझे लेकर फितूर-सा था, वह लन्दन से अपनी माँ को चिट्ठियाँ लिखकर मेरी पसन्द-नापसन्द पूछा करती थी, किस तरह की मेरी जीने की शैली थी और यह बात भी कि मुझे शायरी और फ़ारसी ज़ुबान से प्यार था।

बाद में, मुझे यह पता चला कि लन्दन में स्कूल की पढ़ाई पूरी करके वह

हिन्दुस्तान वापस आ गयीं और उन्होंने अपनी अम्माँ को इस बात के लिए राज़ी कर लिया कि उनके लिए एक उस्ताद रखें (एक मौलवी साहब, जो हैदराबाद के निज़ाम मीर उस्मान अली ख़ान के राजपरिवार से थे, जो नेपियन सी रोड के उस विशाल हैदराबाद हाउस में उनको उर्दू सिखायें! उनकी यह प्लानिंग मुझे प्रभावित करने के लिए थी! मुझे उस लड़की की इस कोशिश को लेकर ख़ुशी हुई और हैरानी भी। स्वाभाविक रूप से, मैंने अपने लिए उनके इस लगाव पर कोई ध्यान नहीं दिया, क्योंकि मेरे लिए इस बात को समझ पाना मुश्किल था कि उनके दिमाग़ में मुझे लेकर कोई गम्भीर भावना थी!

बाद में मुझे इस बात का पता चला कि यह लड़की फ़िल्मों में कैरियर बनाने का जोख़िम उठाने के लिए अड़ी हुई थी, जिसकी उस दौर में रूढ़िवादी मुस्लिम परिवार की लड़कियों के लिए मनाही थी। मुझे पता था कि इसी वजह से नसीम आपा उन्हें पढ़ने के लिए लन्दन भेजना चाहती थीं, फ़िल्मी माहौल से बहुत दूर।

ज़ाहिर है, जब एस. मुखर्जी साहब ने इस विषय को उठाया, जो मेरे बहुत क़रीबी थे, तब मैंने ज़ोरदार तरीक़े से 'न' कह दिया था और उनसे यह कहा था कि सायरा को फ़िल्म में आने से बचना चाहिए।

1960 के दशक के शुरू में हम ए.आर. करदार की फ़िल्म 'दिल दिया दर्द लिया' (जो 1966 में रिलीज़ हुई) की कास्टिंग शुरू करने वाले थे तो महबूब ख़ान साहब के यहाँ एक छोटी-सी महफ़िल जमी। मुखर्जी साहब ने कहा, "यूसुफ़, यह लड़की तुम्हारे साथ काम करने के लिए पागल है।" मैं मुस्कराया और अपने खिचड़ी बालों में हाथ फिराते हुए सायरा से कहा, "तुमने ये खिचड़ी बाल देखे हैं? मैं तुमसे उम्र में बहुत बड़ा हूँ, और मैं सूअर की तरह खाता हूँ!" मुझे अब भी याद है कि इस बात पर उन्होंने हँसते हुए कहा, "मुझे लगता है कि खिचड़ी बाल आप पर बड़े प्यारे लगते हैं! बहुत सुन्दर।"

अपनी पहली फ़िल्म 'जंगली' के बाद सायरा ने पीछे मुड़कर नहीं देखा। दिलचस्प बात यह है कि 'गंगा जमुना' और 'जंगली' 1961 में एक साथ ही रिलीज़ हुई थीं! दोनों फ़िल्में ख़ूब चलीं! फ़िल्म इंडस्ट्री में हीरोइन के रूप में उनकी माँग बहुत बढ़ गयी और उस समय के बड़े-बड़े हीरो के साथ उनकी जोड़ी बनी—राज कपूर, देव आनन्द, सुनील दत्त, शम्मी कपूर, राजेन्द्र कुमार, जॉय मुखर्जी और विश्वजीत—सिवाय दिलीप कुमार के। फ़िल्म इंडस्ट्री में इसकी बड़ी चर्चा थी कि एक ऐसी फ़िल्म बने जिसमें हम दोनों आमने-सामने हों और इसको लेकर बातचीत भी चल रही थी। इनमें से एक फ़िल्म 'हब्बा ख़ातून' भी थी जो महबूब साहब के साथ थी और जिसके लिए उस महान फ़िल्मकार को एक साथ बहुत सारी डेट्स चाहिए थीं (क्योंकि कहानी कश्मीर की पृष्ठभूमि में थी और इसकी शूटिंग वहीं होने वाली थी)। इसलिए सायरा को देव आनन्द की फ़िल्म 'गाइड', एस. यू. सन्नी की फ़िल्म 'पालकी' (जिन्होंने 1960 के दशक में

मेरी फ़िल्म 'कोहिनूर' का निर्देशन किया था), और ज़ाहिर है एस. मुखर्जी साहब की फ़िल्मालय की फ़िल्म 'लीडर' (जिसके लिए प्रिया राजवंश को लेने पर भी विचार चल रहा था जो लन्दन के रॉयल एकेडमी ऑफ़ ड्रामेटिक आर्ट्स से आयी थी।) छोड़नी पड़ीं। वहीदा रहमान को 'गाइड' और 'पालकी' में हीरोइन बनाया गया जबकि प्रिया राजवंश बाद में चेतन आनन्द की टीम में शामिल हो गयीं और उनके साथ उहोंने 'हक़ीक़त', 'हीर राँझा' और 'हँसते ज़ख़्म' जैसी फ़िल्मों में काम किया।

इस बीच ख़ुद सायरा की तरफ़ से मुझे लगातार सन्देश मिलने लगे और जाने-माने निर्माता यह अनुरोध करने लगे (जिनके साथ वह काम कर रही थीं) कि वे अगली फ़िल्म में हम दोनों को एक साथ उतारना चाहते हैं।

बदक़िस्मती से मुझे 'हब्बा ख़ातून' से हट जाना पड़ा, क्योंकि मैं ख़ुद को हब्बा ख़ातून के शौहर यूसुफ़ चाक के रोल में सही नहीं पा रहा था, जिसमें कुछ नेगेटिव रंगत भी थी। सबसे बढ़कर, महबूब साहब और मेरा दिमाग़ इस मामले पर एक नहीं हो पा रहा था और हम एक-दूसरे से सहमत नहीं हो पा रहे थे। मुझे यह भी याद है कि नसीम आपा ने फ़िल्मालय स्टूडियो में यह कहा था कि नौशाद साहब की 'पालकी' की कहानी में बड़ा झोल था। दूसरे शब्दों में, कहानी अपने बोझ से ख़ुद दब गयी थी और उसके अन्दर कुछ ख़ास दम नहीं था।

*1966 में प्रदर्शित फ़िल्म साज़ और आवाज़ के लिए मुहूर्त क्लैप देते हुए*

चूँकि तीनों प्रोजेक्ट एक साथ अटक गये थे, इसलिए सायरा की फ़िल्मों के मुहूर्त क्लैप देने के लिए मेरी माँग बहुत बढ़ गयी थी। 'साज़ और आवाज़' उनमें से एक थी और 'हब्बा ख़ातून' दूसरी। दूसरी फ़िल्म के मुहूर्त के समय भी उन्होंने कहा, जिससे बड़ा दुख भी हुआ कि फ़िल्म में यूसुफ़ चाक के सभी उम्मीदवार वहाँ मौजूद थे, जबकि मैं महज़ क्लैप देने वाला आदमी! उन्होंने कुछ तीखी आवाज़ में कहा कि अब मैं बड़ी हो गयी हूँ और लम्बी भी, तुम्हारे साथ काम करने के लायक़, और यह भी कहा कि मैं उसकी फ़िल्मों के मुहूर्त ही देता रहूँगा। या उसके साथ किसी फ़िल्म में काम भी करूँगा?

दुर्भाग्य से, मैं ऐसे निर्माताओं को लगातार मना करता रहा जो उनको मेरी हीरोइन बनाना चाहते थे। मेरे लिए इस बात को पचा पाना मुश्किल हो रहा था कि वह गोरी-सी पतली-सी लड़की जिससे मैं कई मौक़ों पर मिला था, सचमुच बड़ी हो गयी थी और राज और देव के साथ काम कर रही थी, जो मेरी ही उम्र के थे। मैं उन अभिनेत्रियों के साथ काम कर रहा था जो मेरी उम्र रो मेल खाती थीं।

मैंने मुखर्जी साहब और सुलतान से कहा कि मैं उन्हें किसी ख़ासतौर पर लिखी गयी फ़िल्म में रखना चाहता था, जहाँ हमारी जोड़ी बिल्कुल सही लगे। कश्मीर की पृष्ठभूमि को रखकर एक पटकथा मैंने लिखी थी, जिसका नाम था 'सांग आफ़ द वैली' (Song of the Valley), जिसमें उनका बड़ा जोशीला और जज़्बाती रोल था।

लम्बे इन्तज़ार की वजह से वह मुझसे बहुत चिढ़ गयी थीं। मुझे समझ में आ गया कि यह नाज़ुक तौर-तरीक़ों वाली लड़की गुस्सैल शेरनी बनती जा रही थी। वह जान-बूझकर मुझसे आँखें फेर लेती थीं और अकड़ दिखाती थीं, यह जताने के लिए कि वह बहुत गुस्से में थीं। उदाहरण के लिए, फ़िल्मालय स्टूडियो में अगर मैं अपनी कार में जाने वाला होता था और यह देखता कि अम्माँ जी (सायरा बानो की नानी) और सायरा स्टेज फ़्लोर से मेकअप रूम का रुख़ कर रहे थे तो मैं हमेशा अपनी कार से बाहर निकलकर उनको अस्सलाम अलैकुम कहता था। अम्माँ जी बहुत क़ायदे से जवाब देती थीं, लेकिन सायरा जल्दी से मुँह घुमा लेती थीं और ऐसे जताने लगती थीं, जैसेकि वह मुझे जानती ही न हों। मुझे उनके इस व्यवहार से बड़ी हैरानी होती थी! अजीब बात थी! उन्हें लगता था कि उनके इस व्यवहार का मुझ पर शायद कोई असर हो!

ज़िन्दगी की सबसे बड़ी ख़ूबसूरती यही है कि हमें यह नहीं पता होता कि आगे क्या होने वाला है!

जब हम 'राम और श्याम' शुरू कर रहे थे तो बी. नागी रेड्डी और ए. चक्रपाणि ने यह सुझाव दिया था कि राम के साथ हीरोइन के रूप में सायरा को लिया जाये, जो डरपोक है और अपने जीजा (प्राण) से सहमा रहता है। राम घर छोड़कर भाग जाता है और ख़ुद को एक ऐसे गाँव में पाता है, जहाँ एक चुलबुली

*फ़िल्म राम और श्याम (1967) में दोहरी भूमिका में*

और हँसमुख लड़की यह समझने लगती है कि वह उसका प्रेमी श्याम (हमशक्ल) है, जो रहस्यमयी ढंग से कुछ दिनों से गाँव से ग़ायब है। नागी साहब सायरा के अच्छे प्रशंसक थे और उनके हाल के काम के भी, और उनको लगता था कि कॉमेडी की सिचुएशन में उनके साथ मेरी जोड़ी ख़ूब जमेगी, क्योंकि उनके अन्दर जोश से भरी कॉमेडी की बड़ी अच्छी प्रतिभा थी। चूँकि यह मेरा तरीक़ा था कि मैं फ़िल्म के निर्माण में पूरी दिलचस्पी लेता था, इसलिए मैंने कहा कि मैं नागी रेड्डी साहब से इत्तिफाक़ नहीं रखता, क्योंकि वह भोली-सी और बच्ची-सी लगती थीं और उस किरदार में नहीं जम सकती थीं जिसको दिखने में बड़ा बोल्ड होना चाहिए था और थोड़ी गोल-मटोल भी। उसी समय महमूद, जो मशहूर कॉमेडियन थे, ने सुझाव दिया कि इस रोल के लिए शोख़ चंचल मुमताज़ को लिया जाये, जो उनकी और दारा सिंह की कई फ़िल्मों में काम कर चुकी थीं। वे उनके काम को लेकर इतने प्रभावित थे कि अपने साथ मुमताज़ की फ़िल्म रील लेकर चलते थे ताकि दिखा सकें कि वह कितनी हुनरमन्द थीं। बाद में मुमताज़ को ही वह रोल मिल गया।

'राम और श्याम' में उन्हें लिये जाने में रुकावट डालना तो जैसे उन पर आख़िरी हमला था! सायरा बहुत गुस्से में आ गयी और उन्होंने मेरी पीठ पीछे मेरी जमकर बुराई करनी शुरू कर दी।



'राम और श्याम' फ़्लोर पर तेज़ी से आगे बढ़ रही थी और मैं पूरी तरह से

अपने काम में डूबा हुआ था कि नसीम आपा का न्योता आया कि सायरा के जन्मदिन की पार्टी में मैं उनका और उनकी माँ का मेहमान बनूँ और उनके नये बँगले के गृहप्रवेश में भी जो पाली हिल के मेरे बँगले से कुछ ही दूरी पर था।

23 अगस्त 1966 को मैं मद्रास से ख़ासतौर पर नसीम आपा की उस पार्टी में हिस्सा लेने के लिए आया। तब मुझे इसका बिल्कुल भी इल्म नहीं था कि मेरी ज़िन्दगी की दिशा बदलने वाली थी और वह शाम मेरी यादों में हमेशा के लिए बस जाने वाली थी।

जब मैं कार से उतरकर उस सुन्दर-से बग़ीचे में पहुँचा जो घर की तरफ़ जाता था तो मुझे याद है कि अपने नये घर के अहाते में ब्रोकेड साड़ी में लिपटी सायरा ग़ज़ब की सुन्दर लग रही थीं। मुझे एक झटका-सा लगा कि वह अब वह बच्ची नहीं रह गयी थी जिसके साथ काम करने से मैं इसलिए बचता आ रहा था क्योंकि वह मुझे अपने से बहुत कम उम्र की लगती थी। वह सच में भरपूर औरत बन चुकी थी और वह उससे कहीं अधिक ख़ूबसूरत थी, जैसाकि मैं उसके बारे में कल्पना करता था।

मैं आगे बढ़ा और उनसे हाथ मिलाया तो समय जैसे थम गया। अपने ग़ुस्से

*फ़िल्म राम और श्याम में शूटिंग के दौरान सायरा और मुमताज़ के साथ*

को भुलाकर उन्होंने सीधा मेरी आँखों में देखा और मुझे यह समझने में एक पल से ज़्यादा नहीं लगा कि क़िस्मत ने उनको मेरी जीवनसाथी के रूप में रख छोड़ा है। हो सकता है इसीलिए मैं उनके साथ परदे पर काम करने से बचता आ रहा था! हम बाहर से बड़े से ड्रॉइंगरूम में आ गये, जहाँ नसीम आपा के जानने वाले तेज़ी से जमा होते जा रहे थे। इनमें मिसेज महबूब ख़ान, मिसेज एस. मुखर्जी, आर.के. नैयर (निर्माता-निर्देशक), शंकर और जयकिशन, फली मिस्त्री, सुबोध मुखर्जी, संजीव कुमार, देव आनन्द, राजेन्द्र कुमार, संजय ख़ान और मनोज कुमार वग़ैरह शामिल थे। सायरा से बात करते हुए मुझे यह अहसास हुआ कि लन्दन में पढ़ाई करने के बावजूद उनके अन्दर देसी तहज़ीब ख़ूब रची-बसी हुई थी। वह अपनी माँ के दोस्तों से बहुत इज़्ज़त से बात करती थीं।

मेरा दिमाग़ कोयम्बटूर की उस लोकेशन पर चला गया जहाँ मैं 'आज़ाद' की शूटिंग कर रहा था। वहाँ एस.एस. वासन के माध्यम से मैं किसी ज्योतिषी से मिला था जिसके बारे में कहा जाता था कि उसकी भविष्यवाणी अचूक होती थी। उसने मेरा चेहरा-मोहरा देखकर, मेरे चेहरे के हाव-भाव देखकर और मेरी हाथों की लकीरों को देखकर एक कुण्डली बनायी थी। मुझे उसकी छोटी-छोटी आँखें याद हैं, और यह भी कि उसने चारों तरफ़ भभूत मल रखी थी। वह हमारे सामने चुपचाप बैठकर कुण्डली पढ़ता रहा। उसने मेरे कैरियर के बारे में बताया, और मैं सचमुच में मन्त्रमुग्ध रह गया जब उसने पेशावर के हमारे घर के बारे में बताना शुरू किया, उसके साथ बहती नदी के बारे में, जहाँ मैंने अपना बचपन बिताया था, मेरे अम्माँ-अब्बा के बारे में, मेरे भाई-बहनों के बारे में, मेरे दादा-दादी के बारे में। फिर वह रुकते हुए बोला कि वह जो कह रहा है, यह भृगु सूत्र के आधार पर है। उसने साफ़ कहा कि मैं देर से शादी करूँगा जब मेरी उम्र चालीस पार कर चुकी होगी और मेरी बीवी मेरी उम्र की आधी होगी, चाँद की तरह गोरी होगी, और वह मुझे अपनी पलकों पर बिठाकर रखेगी और ख़ूब प्यार करेगी। उसने यह भविष्यवाणी भी की कि वह मेरे ही पेशे की होगी। इस बात पर मैंने हँसते हुए कहा, "कभी नहीं! मैं इस पेशे की लड़की से कभी शादी नहीं करूँगा!" पर उसने कहना जारी रखा कि शादी के ठीक बाद उसे मेरे कर्मों का फल मिलेगा और ऐसी बीमार पड़ेगी कि मरते-मरते बचेगी लेकिन वह इसे बड़ी उदारता से सह लेगी। मैंने और वासन साहब दोनों ने यह उम्मीद नहीं की थी कि इस तरह की कोई बात होगी। मैं ज्योतिष में न तो यक़ीन करता था, न यह कह सकता हूँ कि यक़ीन नहीं करता था, कि वह कोई ऐसी चीज़ है जो किसी की तक़दीर को बना या बिगाड़ सकती हो। जैसाकि मैंने पहले ही बताया है कि बचपन में मेरी दादी ने एक फ़क़ीर की भविष्यवाणी को कितनी गम्भीरता से लिया था।

इस बात का उस समय कोई मतलब नहीं था, और एक मस्तमौला नौजवान की तरह मैं इस बात को भूल भी गया।

अजीब बात यह है कि संयोग से हुई उस मुलाक़ात की याद अब अचानक ही उभर आयी थी।

जन्मदिन की पार्टी के बाद जब मैं वापसी की फ्लाइट से मद्रास जाने वाला था ताकि अगली सुबह शूटिंग शुरू हो सके, तो मैंने एक फ़ोन किया। मैं नसीम आपा को उस शानदार शाम के लिए शुक्रिया अदा करना चाहता था। लेकिन सायरा ने फ़ोन उठाया और जब मैंने यह कहा कि मैं यूसुफ़ बोल रहा हूँ तो उन्होंने शरारत से जवाब दिया, ''कौन यूसुफ़? किससे बात करनी है?'' यह अच्छी तरह जानते हुए कि मैं कौन था, वह मेरी खिंचाई कर रही थीं! तब मैंने उनसे कहा कि मैं उस पार्टी में इतनी अच्छी मेजबानी के लिए उनका शुक्रिया अदा करना चाहता हूँ और यह कि मुझे वह शाम बहुत पसन्द आयी और काम के तनाव से मुक्त होना अच्छा लगा। आख़िर में मैंने कहा कि मैं मद्रास से फ़ोन करूँगा और मैंने किया भी। मैंने पाया कि दो-एक दिन बाद मैं फिर से फ़ोन कर रहा था। अजीब बात है कि मुझे उस शरारती लड़की की याद आने लगी थी जिसमें परम्परा और पश्चिमी संस्कृति और शिक्षा का ज़बरदस्त मेल था।

मैंने जल्दी से बम्बई लौटकर उनसे मिलने का फ़ैसला किया। मैं बम्बई में आया ही था कि मुझे एक दोस्त का परेशान करने वाला फ़ोन आया कि वह टैक्स के किसी मामले में फँसा हुआ था और उसे मेरे ऑडिटर की मदद चाहिए थी। सायरा तब महबूब स्टूडियो में लेख टंडन की फ़िल्म 'झुक गया आसमान' की शूटिंग कर रही थीं और मैं उनसे बात नहीं कर पाया क्योंकि उन दिनों मोबाइल फ़ोन नहीं होते थे।

वह सेट से निकलकर गलियारे में बने मिसेज मिस्त्री के दफ़्तर में आयीं। वे बरसात के गीत की शूटिंग कर रहे थे इसलिए वह पानी से पूरी तरह भीगी हुई थीं। जब मैंने उससे कहा कि हो सकता है कि मैं उनसे उस दिन मिल न पाऊँ, तो उन्होंने कहा कि बेहतर है कि मैं उससे मिलूँ ही नहीं! यह सबसे अच्छा है! सायरा की निराशा को भाँपकर मैंने कहा कि मैं जल्दी से अपने ऑडिटर दोस्त जी.एन. जोशी से मिल आता हूँ और उसके बाद क्या मैं उन्हें कुछ देर के लिए ताज सी लाउंज ले जा सकता हूँ। हमने वही किया, लेकिन दुर्भाग्य से एक महिला बार-बार मेरे लिए फ़ोन करती रही जिससे एक महीने पहले ही मैंने पीछा छुड़ाया था। बहरहाल, जब सायरा और मैं घर जा रहे थे तो मैंने ड्राइवर से कहा कि वह कफ परेड पर समन्दर के सामने गाड़ी रोक दे।

सायरा चुपचाप समन्दर की तरफ़ देखती रहीं। हम समन्दर की लहरों की आवाज़ को उस ख़ामोशी में सुन पा रहे थे। मैंने उनके चेहरे को ग़ौर से देखते हुए कहा, ''सायरा, तुम उस तरह की लड़की नहीं हो जिसके साथ मैं गाड़ी में घूमूँ या मौज-मस्ती करूँ...मैं तुमसे शादी करना चाहूँगा...क्या तुम मेरी बीवी बनना पसन्द करोगी?''

सायरा ने अचानक मेरी तरफ़ मुड़ते हुए कहा "...और यह आपने कितनी लड़कियों से अब तक कहा है?" आमतौर पर कोई ऐसी बात कह दे तो मैं गुस्सा हो जाता लेकिन उनकी इस साफ़गोई और सादगी से मैं प्रभावित हुआ। मैंने गम्भीरता से कहा कि वह प्यार के लायक़ थीं और मैं यह चाहता था कि वह मेरी बीवी बन जायें। मेरे अन्दर की आवाज़, जिसके बारे में मुझे हमेशा यह लगता था कि वह मेरी अम्माँ की आवाज़ थी, मुझसे यह सब बुलवा रही थी और उन्होंने बिना किसी झिझक के मेरी बात पर मुहर लगा दी। मुझे अन्दर से ऐसा लग रहा था कि मुझे वह औरत मिल गयी थी जिसके साथ मुझे अपना जीवन साझा करना था, अपनी खुशियाँ, अपने दुख। वह मुस्करायीं और उन्होंने एक औरत के प्यार से मुझे अपनी आँखों में भर लिया। वह मुझसे तब से प्यार करती थीं, जब वह एक कमसिन बच्ची थीं। हम धीरे-धीरे गाड़ी से नेपियन सी रोड के उनकी माँ के सुन्दर फ्लैट में गये। मैंने उनसे कहा कि मैं यह चाहता था कि मैं नसीम आपा, अम्माँ जी, सुलतान और उनकी बेगम राहत बेग सबकी मर्ज़ी से उनका हाथ थाम लूँ।

मैं यह जानता था कि सायरा का कैरियर बहुत ऊँचाइयों पर था। अपने काम को लेकर उनके अन्दर एक जुनून-सा था। हर रात सोने से पहले वह यही दुआ करती थीं–'अल्लाह, मुझे अपनी माँ नसीम बानो की तरह बड़ा स्टार बना दीजिए और मुझे इंशाअल्लाह मिसेज दिलीप कुमार बना दीजिए।' उस काम को छोड़ना उनके लिए बहुत मुश्किल था जिसकी वजह से उन्हें इतनी लोकप्रियता मिली थी।

हमने पाया कि अम्माँ जी और उनकी बड़ी बहन ख़ुर्शीद बाजीजान घर में थीं और मैंने एक अच्छे पठान की तरह अपना प्रस्ताव रखा, परिवार के दोनों बुज़ुर्गों के सामने। अम्माँ जी ने ख़ुश होते हुए मेरे माथे को चूम लिया और मुझे दुआएँ देते हुए उनके ख़ुशी के आँसू निकल आये। "अल्लाह हर ख़ुशी दे तुम दोनों को और यूसुफ़ मियाँ का इक़बाल बुलन्द रखे...आमीन!" अम्माँ जी जब तक ज़िन्दा रहीं, मेरे लिए यही दुआ करती रहीं। फिर हम नसीम आपा, सुलतान और राहत से मिलने के लिए पाली हिल के बँगले की तरफ़ बढ़े, जहाँ वे शिफ़्ट होने की प्रक्रिया में थे। सुलतान और मुखर्जी परिवार के बच्चे रोनो, जॉय और देबू तब पाली हिल में साइकिल चलाया करते थे और फिर मेरे 48 पाली हिल बँगले के बाहर खड़े रहते थे ताकि मेरी एक झलक देख सकें। बाद में सुलतान जब लन्दन से लौटकर आये तो वह 'लीडर' की टीम में शामिल हो गये ताकि फ़िल्म-निर्माण देखकर फ़िल्म निर्देशक बनने के गुर सीख सकें।

नसीम आपा ने बड़ी ख़ुशी के साथ हम लोगों का पाली हिल के बँगले में स्वागत किया। वे बहुत ख़ुश थीं और उन्होंने हम दोनों को ख़ूब दुआएँ दीं। वे और सुलतान हमारी नयी ज़िन्दगी की शुरुआत में बड़े मददगार साबित हुए

और मेरा अपना परिवार भी। वे सब हमें प्यार और सुरक्षा देने के लिए हमेशा तैयार रहते थे।

हम दोनों को पहले नसीम आपा के हाथों से शगुन का दही और मीठा खिलाया गया, और फिर शानदार खाना जो कि उनकी मेहमाननवाज़ी की ख़ास पहचान थी। सायरा इतनी उत्साहित थीं कि उन्हें खाने का मन नहीं हो रहा था। इसलिए वह बहुत थोड़ा-सा खा रही थीं। मैंने हँसते हुए कहा, ''सायरा, आप इसे अपना ही घर समझिए और खाना खाइए!''

उसके बाद सायरा ने नसीम आपा से इजाज़त ली कि कुछ देर ड्राइव पर जाना है और फिर उसके बाद मुझे घर छोड़ देने के लिए, जो उनके बँगले से ज़रा-सी दूरी पर था। लन्दन में पली-पढ़ी सायरा को अम्माँ जी और नसीम आपा ने बड़ी हिफ़ाज़त से परवरिश दी थी। पश्चिमी शिक्षा की अच्छाइयों के साथ उनकी परवरिश में भारतीय मूल्यों को भी शामिल किया गया था। उनके बारे में मुझे यही बात सबसे अच्छी लगती थी। उनका परिवार चार लोगों का छोटा-सा परिवार था मगर उनमें आपसी रिश्ते बड़े अच्छे थे—उनकी नानी, माँ और बड़ा भाई, यही उनकी दुनिया थी जिसमें वह बड़ी हुई थीं, जिसे वह प्यार करती थीं, समझती थीं—अपने पैरों पर खड़े होने और एक कामयाब स्टार बनने के बावजूद।

हम कार से कार्टर रोड की तरफ़ निकल गये, जहाँ एक दोमंज़िला इमारत में मेरा छोटा भाई नासिर और उसकी अदाकारा बीवी बेग़म पारा ऊपर की मंज़िल पर रहते थे जबकि मेरा दोस्त 'गोबिन्दो' (अभि भट्टाचार्य) पहले माले पर। मैंने अपने ड्राइवर से कहा कि वह ज़ोर से तब तक हॉर्न बजाये, जब तक कि गोबिन्दो अपनी

*फ़िल्म लीडर (1964) में*

खिड़की पर न आ जाये, यह सोचता हुआ कि कहीं कुछ हो न गया हो। मैंने उससे चिल्लाकर कहा कि वह नीचे एक बोतल पीने का पानी लेकर आये। वह फ़ौरन भागकर आया और कार के अन्दर झाँकते ही बुरी तरह चकरा गया। सायरा मेरी बग़ल में बैठी उसको देखकर मुस्करा रही थीं।

गोबिन्दो को चक्कर-सा आ गया, क्योंकि वह हाल ही में सायरा के साथ के. आसिफ़ की फ़िल्म 'सस्ता ख़ून महँगा पानी' (फ़िल्म पूरी नहीं हो पायी) की शूटिंग जोधपुर के आउटडोर लोकेशन पर करके लौटा था। गोबिन्दो उन दूतों में था, (चरित्र अभिनेता नज़ीर हुसैन साहब और संजीव कुमार के अलावा) जिन्होंने मुझे यह बताया था कि सायरा मुझसे कितनी नाराज़ थी! ये साथी कलाकार मेरे साथ भी काम कर रहे थे और हम अकसर मिलते रहते थे।

उसके बाद हम जुहू बीच की तरफ़ बढ़े और कुछ देर समन्दर के तट पर टहलते रहे। हम चुपचाप चल रहे थे, हाथ-में-हाथ डाले समुद्री हवा का लुत्फ़ उठाते हुए कि अचानक हल्की-सी बूँदाबाँदी होने लगी मानो ख़ुश होकर दो दिलों के इस मिलन को आशीर्वाद दे रही हो। मैंने अपना जैकेट निकालकर सायरा के नाज़ुक बदन पर लपेट दिया, जिसे उन्होंने आज तक धरोहर की तरह सँभालकर रखा हुआ है!

हम घर लौट रहे थे तो मैंने अपने गेट पर नासिर की गाड़ी खड़ी देखी, जिसका मतलब था कि वह वहीं था। नासिर नासिक के हमारे पोल्ट्री फार्म और बम्बई के बीच आता-जाता रहता था ताकि हमारे घर का कारोबार चलता रहे। मैं चाहता था कि हमारे परिवार में सबसे पहले वही इस ख़ुशख़बरी को जाने। नासिर बहुत प्यारा, हमेशा हँसते रहने वाला, मिलनसार और गर्मजोशी से भरा भाई था। इसलिए उसका साथ मुझे सबसे अच्छा लगता था। वह ठीक मेरे बाद पैदा हुआ था और मुझे बहुत प्यारा था।

हम सीढ़ियाँ चढ़कर ऊपर हॉल में पहुँचे तो मैंने पाया कि सायरा घबरा रही थीं। मैंने उनका हाथ पकड़कर उन्हें भरोसा दिया। नासिर अकेला था और हमेशा की तरह उसने मुस्कराते हुए हमारा स्वागत किया। मैंने उससे कहा, "नासिर, सायरा और मैं शादी कर रहे हैं!" वह हँसने लगा, "जाने दो, यार! तुम मेरी टाँग खींच रहे हो! मज़ाक़ कर रहे हो! यह सब कब हुआ?" फिर हँसते हुए मुझे गले से लगाते हुए कहा, "मुझे यक़ीन नहीं हो रहा है, यार! बड़ी अच्छी ख़बर हुई!' मेरी ख़ुशी पूरी हो गयी।

इसके बाद मैं हर दूसरी शाम मद्रास से उड़कर बम्बई आने लगा। यहाँ रात का खाना खाता और सायरा, उनकी नानी और नसीम आपा के साथ अच्छा समय बिताता, उनके नेपियन सी रोड वाले घर में जहाँ सायरा अब भी रह रही थीं या पाली हिल पर उनके नये बँगले में, जहाँ कभी-कभार मिसेज अख़्तर महबूब, मुखर्जी साहब और मेरे प्यारे दोस्त प्राण और सतीश भल्ला भी आ जाते थे। (प्राण की बेटी पिंकी ने बाद में सतीश भल्ला के लड़के से शादी की)।

उन दिनों सायरा ख़ुश होकर मेरे लिए यह गाना गाया करती थीं, ''इक घर बनाया है, तेरे घर के सामने।'* उन्होंने मुझे बताया कि असल में जब वह अपना घर बनाना चाहती थीं तो उनका परिवार 48 पाली हिल के आसपास कोई ख़ाली प्लाट खोजता रहा था, मेरे घर के आसपास, क्योंकि यह उनकी पहली शर्त थी।

इसके बाद की घटनाएँ बहुत तेज़ी से घटीं क्योंकि बात हर तरफ़ फैल चुकी थी।

---

* 1963 की फ़िल्म 'तेरे घर के सामने' के गाने से वह प्रेरित लग रही थीं, जिसमें देव आनन्द और नूतन ने काम किया था।

## 18

## वह ख़ुशी का दिन

*'शादी का दिन आया–11 अक्टूबर 1966। मुझे कैसा लग रहा था? क्या मैं घबरा रहा था? इतने लम्बे समय तक कुंवारा और अकेला रहने के बाद जब मेरे कुंवारेपन के ख़त्म होने का समय नज़दीक आ रहा था तो मुझे कँपकँपी हो रही थी या किसी तरह का पछतावा?'*

मुझे शुरू से ही यह बहुत ज़रूरी लग रहा था कि मेरी होने वाली पत्नी और मेरी ज़िन्दगी की हमसफ़र को मेरे घर के माहौल, मेरे परिवार और मेरे उन तमाम क़रीबियों को जो मेरे लिए बहुत अहम थे, अच्छी तरह से जानना चाहिए। बरसों पहले अम्माँ और आग़ा जी को ज़िन्दगी में इतनी जल्दी खो देने के कारण मैं अचानक अपने पाँच भाइयों और छह बहनों के लिए 'अभिभावक भाई' हो गया था, जिनमें से तीन मुझसे बड़े थे और बाक़ी छोटे। मैंने सही मायने में अपने अब्बा की जगह ले ली थी। उनका ध्यान रखते हुए और अपनी शूटिंग में से समय निकालकर उनके साथ रहने के लिए। मुझे इस बात से बड़ी ख़ुशी मिलती थी कि मैं उनकी ज़रूरत के सामान को ख़ुद ख़रीदता था, यहाँ तक कि छोटे भाई-बहनों के लिए कपड़े ख़रीदकर मैं ख़ुद ही परिवार के टेलर को सिलने के लिए देता था। जब मुझे इस मामले में किसी मदद की ज़रूरत होती तो भाभी अख़्तर महबूब मुझे लड़कियों के मामले में सलाह दिया करती थीं।

हम लोनावाला में (बम्बई से 100 किलोमीटर दूर महाराष्ट्र का एक हिल स्टेशन) लम्बी छुट्टियाँ बिताते थे, उस घर में जिसे मैं हर साल किराये पर लेता था ताकि बच्चे बग़ीचे में ख़ुशी-ख़ुशी घूम सकें और उन्हें घर की याद न आये। जब वे सब बड़े हुए, लड़के-लड़कियाँ सब, तो मैंने यह चाहा कि वे अपने पसन्द के सबसे अच्छे क्षेत्र में पढ़ें। जब उन्होंने पढ़ाई के लिए विदेश जाना चाहा तो मैं बिना कोई सोच-विचार किये झट तैयार हो गया। उनकी ख़ुशी मेरे जीने का मक़सद बन गयी थी।



एक दिन मैं सायरा के साथ बीच पर एक शान्त जगह पर बैठा था तो मैंने

उनसे कहा कि मैं इतने दिनों तक कुँवारा रहा हूँ और मुझ पर मेरे परिवार की ज़िम्मेदारी रही है कि मेरे घरवालों को मुझे अकेला देखने की आदत पड़ गयी है। हम दोनों चाहे पार्टियों में साथ-साथ जा रहे हों या किसी ख़ास सिनेमा हॉल में टेनिसी विलियम्स (Tennesse Williams) की किसी फ़िल्म को देखने के लिए। मिसाल के लिए, 'ए स्ट्रीट कार नेम्ड डिज़ायर' और 'कैट ऑन ए हॉट टिन रूफ़'* ('A Street car named desire' और 'Cat on a hot tin Roof') मैं उनका ध्यान इस तरफ़ दिलाता रहता था कि मेरी ज़िन्दगी में एक नये इंसान को स्वीकार करना उनके लिए नामुमकिन तो नहीं पर बहुत मुश्किल होगा, और उनके लिए भी बिना किसी मुश्किल के उस परिवार के साथ रह पाना। मैंने उनसे कहा कि "मैं अगर सातवें आसमान की हूर ले आऊँगा तो उसे भी एक्सेप्ट नहीं कर पायेगी मेरी फैमिली।" उनको मुझे किसी के साथ साझा करने की आदत नहीं है।

ऐसे हालात में हमारी शादी की अच्छे माहौल में शुरुआत के लिए हमें अलग रहना होगा। मैंने उनको यह भरोसा दिलाया कि मैं अपनी कुँवारी बहनों सकीना आपा और फ़रीदा और अपने भाई अहसान के लिए, जो मेरे साथ रहते हैं और

*अपनी बहनों (बायें से दायें) : सकीना आपा, सईदा और ताज के साथ*

---

* हम सिनेमा हॉल में कोई फ़िल्म देखने जाते थे तो उस ख़ास क़तार की सभी सीटें बुक करवा लेते थे।

शादीशुदा बहनों, जैसे—ताज, सईदा और फ़ौजिया के लिए, जो अकसर हमारे साथ रहने के लिए आती हैं, अलग घर ले लूँगा।

सायरा ने मुझे समझाया कि वह ख़ुद अपने चार लोगों के परिवार की सबसे ख़ास हैं, जिनको वह बहुत गहराई से प्यार करती हैं, इसलिए वह यह कभी नहीं चाहेंगी कि मुझे मेरे भाई-बहनों से अलग करे, जिनको मैं इतना प्यार करता था। उन्होंने एक और बात कही कि महज़ एक साल पहले उनके बड़े भाई सुलतान की शादी राहत बेग से हुई है और ज़ाहिर है कि वे उस नये बँगले में रह रहे हैं जो सायरा ने सड़क की दूसरी तरफ़ बनवाया था। मेरे फ़ैसले को मानकर वह अपने परिवार के लिए कोई ग़लत मिसाल पेश करना नहीं चाहती हैं। उन्होंने ज़ोर देकर कहा कि सुलतान और राहत को अम्माँ जी और आपा जी के साथ ही रहना चाहिए, नहीं तो उनके परिवार के बुज़ुर्ग उम्र के आख़िरी मोड़ पर अकेले पड़ जायेंगे। सायरा मेरे परिवार के साथ मिल-जुलकर रहना चाहती थीं—यह उनका पक्का फ़ैसला था। उनका कहना था कि अगर वह परिवार की ज़िम्मेदारियों से घबरा गयीं तो यह अच्छा नहीं माना जायेगा।

मैंने नासिर को पहले ही अपनी शादी के बारे में बता दिया था, अब मैं कुछ झिझकते हुए सकीना आपा को यह बताने गया। उनके ऊपर पूरी तरह से घर की और घर में रहने वालों, ख़ासतौर पर लड़कियों की देखभाल की ज़िम्मेदारी थी, जो उनसे प्यार भी करती थीं और डरती भी थीं। पहले आग़ा जी की उनसे अकसर लड़ाई होती रहती थी क्योंकि उनको उनका सख़्त व्यवहार पसन्द नहीं था, जो अम्माँ के नरम बर्ताव से एकदम उलट था।

जब अम्माँ बहुत बीमार पड़ गयीं और दमे की वजह से उन्होंने बिस्तर पकड़ लिया तो वे साफ़ मोज़े, रूमाल और ऐसी ही दूसरी चीज़ें जो आग़ा जी और हम सब लड़कों के मतलब की होती थीं, अपने बिस्तर के नीचे रखने लगीं। जब भी हमें ज़रूरत पड़ती थी तो वे निकालकर दे देती थीं!

मुझे इस बात का डर था कि सकीना आपा को यह सुनकर कैसा लगेगा! मैं इस बात को अच्छी तरह से जानता था कि बेचारा नासिर जब भी सकीना आपा से मिलता था तो वह हीरोइन बेगम पारा से उसकी शादी को लेकर खरी-खोटी सुनाना नहीं भूलती थीं, चाहे शादी को कितने ही साल क्यों न बीत गये हों। मैं हमेशा अपने प्यारे भाई की तरफ़दारी करता था जो इन हमलों को हमेशा हँसी और ठहाकों में उड़ा देता था।

अब जब मैं सकीना आपा के सामने बैठा उनके जवाब का इन्तज़ार कर रहा था तो मैं जानता था कि उनके दिमाग़ में क्या चल रहा था। उनके दिमाग़ में इस बात को लेकर निराशा होगी कि इस फ़ैसले में उनका कोई दख़ल नहीं था और साथ ही उन्हें इस बात की हैरत भी होगी कि मैंने अपने पेशे की लड़की को कैसे चुन लिया और वह भी मुझसे इतनी कम उम्र वाली!

मैंने उनके मन को शान्त करने के लिए कहा कि इसमें कोई शक नहीं था कि यह फ़ैसला जल्दबाज़ी में लिया गया था, लेकिन इसमें भी कोई शक नहीं था कि मेरे बाक़ी फ़ैसलों की तरह यह फ़ैसला भी सोच-समझकर ही लिया गया था। हाँ, यह सही था कि मैं अपनी इस बात से पीछे हट गया था कि मैं अपने पेशे की लड़की से शादी नहीं करूँगा, लेकिन मैंने अपना इरादा बदल लिया तो इसके पीछे एक बढ़िया कारण था। मुझे पता था कि सायरा एक इज़्ज़तदार परिवार से ताल्लुक रखती थीं। उनके दादा ख़ान बहादुर मोहम्मद सुलेमान (Mohammad Solaiman) दिल्ली नगर निगम के चीफ़ इंजीनियर थे और उन्होंने राष्ट्रपति भवन, संसद भवन समेत उस इलाक़े की कई ख़ास इमारतों को बनवाया था। उनके अब्बा अहसान साहब लन्दन में पले-बढ़े थे, जो बाद में एक बड़े फ़िल्म निर्माता बने। उनकी माँ नसीम बानो अपने समय में आला दर्जे की हीरोइन थीं और उनकी बहुत इज़्ज़त भी थी, और उनकी नानी शमशाद बेगम अब्दुल वहीद जानी-मानी शास्त्रीय संगीत की गायिका थीं, जो आल इण्डिया रेडियो पर लाइव गाती थीं और उनके रिकॉर्ड कोलम्बिया रिकॉर्ड कम्पनी से निकले थे।

सबसे बढ़कर, सायरा में वे गुण थे जो मेरे लिहाज़ से उस औरत में होने चाहिए जिसके साथ मैं अपनी ज़िन्दगी गुज़ारने वाला था। मुझे नहीं लगा कि सकीना आपा को इससे ज़्यादा कुछ समझाना चाहिए। मैंने आख़िर में यह बात कही कि मुझे पूरा यक़ीन था कि मैंने सही फ़ैसला किया था और इसलिए मैं बहुत ख़ुश था। उन्होंने बिना किसी भाव के मेरी बात सुनी और मेरे साथ कोई बहस नहीं की। वे जानती थीं कि सब कुछ तय हो चुका था और उनको इस बात को मानना ही पड़ेगा।

हमारी सगाई की घोषणा 2 अक्टूबर 1966 को हुई तो देश भर में ख़ुशी की लहर दौड़ गयी। यह ऐसी ख़ुशी थी जिसको मैं बयान नहीं कर सकता।

मीडिया में हर जगह ख़बर आ रही थी और रेडियो पर हर दो घण्टे में यह घोषणा आती थी। बम्बई में जश्न का माहौल था और सभी लाउडस्पीकरों पर हमारी फ़िल्मों के गाने बज रहे थे!

मेरी होने वाली शादी की ख़बर से उन सारे लोगों को हैरानी हुई जो यह मान चुके थे कि मैं आजीवन कुँवारा रहने वाला था। मेरे फ़ैन और मेरे दोस्त, जैसे—सतीश भल्ला, राज कपूर, निर्माता वेद पुरी, हितेन चौधरी, प्राण और बलराज कोहली यह जानने को बेचैन थे कि यह सब हुआ कैसे? सायरा का कैरियर महज़ पाँच साल पुराना था। हमने कभी साथ काम नहीं किया था और कभी हमें उस तरह रोमांटिक तौर पर जोड़ा भी नहीं गया था।

जहाँ तक सायरा की बात थी, तो आपा ने मुझे बताया कि वह अपने नाज़ुक अन्दाज़ से इस बात का जश्न मना रही थीं कि उनकी बरसों पुरानी यह मुराद पूरी हो गयी कि उनकी मेरे साथ शादी हो जाये।

*सायरा, सतीश भल्ला एवं अन्य के साथ*

मुझे मद्रास में 'राम और श्याम' का आख़िरी शेड्यूल पूरा करना था और फिर निर्माता-निर्देशक एच.एस. रवेल के साथ कलकत्ता जाना था, जहाँ कुछ पटकथा का काम था और 'संघर्ष' फ़िल्म के आउटडोर लोकेशन को तय करना था। सायरा और नसीम आपा भी लेख टंडन की फ़िल्म 'झुक गया आसमान' की आउटडोर शूटिंग के लिए कलकत्ता जा रहे थे।

कलकत्ता के एयरपोर्ट पर इतने लोग उमड़ आये थे कि ऐसा मंज़र मैंने अपनी ज़िन्दगी में पहले कभी नहीं देखा था—फ़िल्मों के प्रीमियर, कार्यक्रमों और रैलियों में भी नहीं, जिनसे मैं ख़ूब वाक़िफ़ था। जब मुसाफ़िरों के उतरने के लिए हवाई जहाज़ का दरवाज़ा खुला तो हमें जल्दी से पीछे हटना पड़ा। पता नहीं कैसे, तमाम सुरक्षा के बावजूद लोग एयरपोर्ट के अन्दर सड़क पर आ गये थे। ख़ैर, किसी तरह हम बाहर अपनी कार तक गये, जिसको घेरकर हज़ारों लोग खड़े थे। उन्होंने अपने प्यार का इज़हार करते हुए हमारी कार को अपने हाथों से उठा लिया जबकि हम गाड़ी में बैठे रहे। हमें बस एक ही आवाज़ सुनायी दे रही थी—'मुबारक! मुबारक!'

किसी तरह हम एयरपोर्ट से निकलने में सफल रहे और पिछली तरफ़ से रसोई के रास्ते ग्रैंड होटल में पहुँचे, और वहाँ से ऊपर अपने सुइट में। पता नहीं कैसे फ़ैन सुरक्षा को पार करके हमारे सुइट के बाहर भी पहुँच गये? होटल का

मैनेजमेंट परेशान था और नसीम आपा और एच. एस. रवेल का यह मानना था कि ऐसी हालत में बाहर काम पर जाना नामुमकिन था। अगली सुबह सात बजे अपनी खिड़की से बाहर झाँकने पर हमने देखा कि होटल के सामने जो बड़ा मैदान था उसमें जूते, छाते, और कपड़े वग़ैरह बिखरे हुए थे जैसे वहाँ पिछली रात कोई युद्ध हुआ हो। सायरा के 'झुक गया आसमान' की आउटडोर यूनिट को पैकअप करना पड़ा। ऐसा कोई रास्ता नहीं था जिससे हम शूटिंग करने जा पाते क्योंकि हमारे प्रशंसक ख़ुशी के मारे रास्ता रोककर खड़े थे, इस उम्मीद में कि वे हमारी एक झलक देख सकें।

हम सब लोगों ने बातचीत के बाद यह तय किया कि यही अच्छा रहेगा कि साथ-साथ निकलकर प्रशंसकों की इच्छा का सम्मान किया जाये। मैंने ज़ोर देकर कहा कि हमें साल के आख़िर के बजाय अभी ही शादी कर लेनी चाहिए। अब! मैंने नसीम आपा को सुझाव दिया और सुलतान, जो बम्बई में थे, को फ़ोन किया कि हम फ़ौरन बम्बई आ रहे हैं। मैंने अब ठान लिया था कि मुझे अगले दो-एक दिन में सायरा से सीधे-सादे तरीक़े से निकाह करना था। मैंने बिना समय गँवाये सकीना आपा, अपने बड़े भाई नूर साहब और अकीला भाभी को अपने फ़ैसले के बारे में ख़बर करवा दी कि ज़िन्दगी के इस अहम फ़ैसले में मुझे उनकी इजाज़त चाहिए थी। इसी तरह छोटे भाइयों नासिर, अहसान (चौथा भाई असलम अमेरिका में बस गया था) और अपनी बहनों ताज, सईदा, फ़रीदा और फ़ौजिया

*मेहँदी रस्म में राहत (सायरा की भाभी) एवं नसीम बानूजी के साथ*

को भी ख़बर कर दी। के. आसिफ़ के साथ छोटी बहन अख़्तर के रिश्ते के बाद परिवार के साथ रिश्ता बिगड़ गया था। किसी तरह का बड़ा इन्तज़ाम करने के लिए अब समय नहीं था और न ही शादी के जोड़े वग़ैरह ख़रीदने का समय था। मैंने कहा कि ज़रूरत है तो बस एक मौलवी साहब की जो निकाह पढ़वा दें और छुहारों की रस्म भी पूरी हो जाये जो रस्म के मुताबिक़ बाँटे जाने थे। हमारे पास इतना समय भी नहीं था कि कार्ड छपवाये जा सकें और मेहमानों की सूची बैठकर तैयार की जा सके। नज़दीकी दोस्त तो महज़ एक फ़ोन की दूरी पर थे।

तो सायरा और मैं, जो अपने पेशेवर जीवन में और यूँ भी हमेशा अच्छी तरह सिले हुए कपड़े पहनते थे, उस दिन बस वही पहन पाये जो जल्दी-जल्दी में नसीम आपा जुटा पायीं। नसीम आपा ही सायरा के लिए यह तय करती थीं कि वह किस तरह के कपड़े-गहने पहनेंगी। उन्होंने उस ज़माने में सायरा के कपड़े-गहने डिज़ाइन किये जब इस तरह से डिज़ाइनर नहीं होते थे और उनका नाम बढ़िया पसन्द के साथ जुड़ गया था। लोग यह देखने का इन्तज़ार करते थे कि सायरा फ़िल्मों में क्या पहनेंगी या प्रीमियर पर क्या पहनेंगी।

हमारी शादी की तारीख़ जल्दी-जल्दी में तय की गयी थी और इसकी घोषणा भी कर दी गयी थी—11 अक्टूबर 1966। मीडिया ने यह ख़बर प्रमुखता से छापी और अख़बारों में हेडलाइन बनी। हमारे पास अपने लिए समय बहुत कम था क्योंकि मीडिया, दोस्त, रिश्तेदार और परिवार के सदस्यों से मिलने वाली बधाइयाँ रुकने का नाम ही नहीं ले रही थीं।

बहुत ख़ूबसूरत अन्दाज़ में लेकिन सीधे-सादे तरीक़े से हल्दी और मेहँदी की रस्म हुई, जिसमें सकीना आपा की सदारत में हमारे घर की औरतें थाल में हिना लेकर (जिसमें मोमबत्तियाँ जल रही थीं) सायरा के पास गयीं और उनको मेरी बेगम के रूप में अपनाया। यह निकाह से पहले का पहला क़दम था।

इसी तरह सायरा के परिवार की ख़ूबसूरत औरतों की पूरी फ़ौज नसीम आपा और राहत भाभी की सदारत में दूल्हे के साथ शरारत करने और हल्दी और मेहँदी की रस्म में कुछ जान डालने के लिए हमारे घर आयीं।

सायरा और मैं पूरे सितम्बर के दौरान साथ-साथ समय बिताने के आदी हो गये थे, लेकिन जब शादी की घोषणा हुई और रस्म की तारीख़ नज़दीक आने लगी तो हम लोगों को अलग-अलग कर दिया गया! हमारे बुज़ुर्गों ने हमें एक-दूसरे से मिलने से मना कर रखा था और यह बड़ा तकलीफ़देह था। अगर मैं उनके घर नसीम आपा और सुलतान के साथ शादी की तैयारियों के बारे में बात करने जाता था तो नीचे ही रहता था और सायरा शरारत से घर की हर खिड़की से मेरी एक झलक पाने की कोशिश में रहती थीं।

आख़िर शादी का दिन आया—11 अक्टूबर 1966। मुझे कैसा लग रहा था? क्या मैं घबरा रहा था? इतने लम्बे समय तक कुँवारा और अकेला रहने के बाद

जब मेरे कुँवारेपन के ख़त्म होने का समय नज़दीक आ रहा था तो मुझे कँपकँपी हो रही थी या किसी तरह का पछतावा?

नहीं, बल्कि मुझे शान्ति और सुकून महसूस हो रहा था, जैसे सुख-शान्ति के किसी स्वर्गलोक में पहुँच गया होऊँ। मेरे अन्दर हमेशा से अम्माँ की अन्दरूनी ताक़त थी कि ज़िन्दगी का सामना मज़बूती से करूँ और बेहतरीन हासिल करूँ। मैं ख़ुशक़िस्मत था कि मुझे इतनी लोकप्रियता मिली, लेकिन अब मेरे साथ वह इंसान थी जो मेरे साथ अपना जीवन साझा करने वाली थी और जो मेरी ख़ास होने वाली थी, हर तरह से मेरा ख़याल रखने वाली, मेरे कपड़े, मोज़े, रूमाल सलीक़े से रखने वाली, न कि उस तरह से जिस तरह से मेरा मुँहलगा ख़ास नौकर अनवर उन्हें बंडल बनाकर घर की किसी भी दराज़ में डाल देता था।

# 19

## जश्नों का दौर

*'सायरा और मैंने पति-पत्नी के तौर पर अपनी ज़िन्दगी देश के सबसे पढ़े-लिखे और कल्चर से भरपूर शहर मद्रास में शुरू की—एक शान्त सुबह, बग़ीचे में परोसे गये नाश्ते का लुत्फ़ लेते हुए...और उसके बाद सेट पर जमकर काम... फिर टिफ़िन और कॉफ़ी के लिए ब्रेक... और फिर रात में अपने आरामदायक कमरे की तनहाई में साथ-साथ प्यार से खाना खाते और खिलाते हुए...*

मेरे साथ एक अच्छी बात यह थी कि मेरी बहनें घर में रहती थीं, लेकिन वे अब बड़ी हो चुकी थीं और ज़िन्दगी में अपना रास्ता तलाश कर रही थीं। उनमें से कुछ की शादी हो चुकी थी और वे जा चुकी थीं। मेरे लिए खाना वह था जो मैं गरम-गरम पतीले से निकालता था और रोटी में लपेटकर खाते हुए शूटिंग के लिए निकल जाता था। कुँवारे आदमी की दुनिया थी, परिन्दे की तरह आज़ाद! लेकिन इसका नुक़सान यह था कि मैं ज़िन्दगी की छोटी लेकिन अहम चीज़ों पर ध्यान नहीं दे पाता था।

शादी की बात करें तो सुबह की शुरुआत हलचलों के साथ हुई। मेरे छोटे-से केबिन में नूर साहब और नासिर चहल-पहल बनाये हुए थे। शाम हुई तो उन्होंने रस्म में तौर पर मेरे सिर पर पेशावरी कुल्ला रख दिया और उसके साथ सिल्क का साफ़ा बड़े प्यार और फ़ख़्र से बाँध दिया, जो उनकी आँखों में भी झलक रहा था। उनका भाई यूसुफ़ आख़िरकार दूल्हा बन गया था!

मेरी अपनी आरामदेह कार लिमोज़िन को टनों फूलों से सजाया गया था ताकि मैं अपनी दुल्हन को घर ला सकूँ। क्या नज़ारा था! नूर और नासिर ने मुझसे कहा कि वे और सकीना आपा चाहते थे कि मैं घोड़ी पर चढ़कर बारात लेकर सायरा के घर जाऊँ। "या ख़ुदा," मैंने उन्हें रोकने की कोशिश की, "मैं और घोड़ी पर!" मैंने यह भी कहा कि मैं कार में ही जाऊँगा। मैंने उनका ध्यान इस

बात की तरफ़ भी दिलाया कि दुल्हन के घर के रास्ते में गहरा ढलान था, और मुझे लग रहा था कि अगर घोड़ा फिसलकर गिर गया तो मैं भी गिर जाऊँगा! यह बड़ा बुरा शगुन होगा!

मेरा हर तर्क बेकार रहा, और मैं झिझकते हुए उस सजी-धजी शानदार सवारी पर सवार हुआ। मैंने इस बात की कल्पना भी नहीं की थी कि सायरा से मेरे घर की 2 मिनट की दूरी तय करने में एक घण्टा लग जायेगा। हमने यह सोचा था कि क़रीब 500 मेहमान शादी के दिन आयेंगे, लेकिन वहाँ बड़ी तादाद में फ़ैन और दोस्त जमा हो गये।

मेरी घोड़ी को ख़ुशी-ख़ुशी पृथ्वीराज जी, शम्मी कपूर और नासिर लेकर चल रहे थे। मुझे महसूस हो रहा था कि पीछे और आसपास लोगों का हुजूम था। हर क़दम के साथ मेरे कुल्ला-साफ़ा वाले सिर पर ज़री वाली छतरी के बरसने की आवाज़ आती थी, जिसे दूल्हे और उसकी घोड़ी को बुरी बलाओं से बचाने के लिए लगाया गया था। उसके वार से मेरा सिर हर बार घूम जाता था!

इसके अलावा घोड़े की नाल सीमेंट की उस सड़क पर बार-बार फिसल रही थी। यह चमत्कार ही था कि मैं अपने सिर पर 'ढब-ढब' और फिसलन भरी 'गर्र-गर्र' से बच गया!

मेरे और बारात के स्वागत के लिए दुल्हन का दरवाज़ा धूमधाम से खुला हुआ था। शानदार नज़ारा था! हज़ारों लोग जिनको किसी भी सुरक्षा के माध्यम से नहीं रोका जा सकता था, अन्दर घुस गये! मुझे अपने प्यारे दोस्त और निर्माता-निर्देशक नासिर हुसैन की झलक दिखायी दे रही थी, जो अपनी यूनिट के साथ एक वैन की छत के ऊपर खड़े उस मौक़े की तस्वीरें उतार रहे थे। यह एक दोस्त की तरफ़ से कितना अच्छा और प्यार भरा उपहार था। उस जोशीली भीड़ की वजह से उनकी टीम लगभग गिर ही गयी थी। खुदा का शुक्र था कि किसी को किसी तरह की चोट नहीं आयी।

मेरी शादी हर उस आदमी के लिए हैरत की बात थी जो मुझे जानते थे। मेरे दोस्तों में एक नौशाद साहब ही थे जिन्होंने आगे बढ़कर मुझसे सीधे पूछ लिया था कि कहीं मैं ग़लती तो नहीं कर रहा था। ''तुम ऐसी लड़की से शादी करने के बारे में कैसे सोच सकते हो जो तुमसे 20 साल से भी ज़्यादा छोटी है?'' उन्होंने उस अधिकार के साथ पूछा जो एक दोस्त और शुभचिन्तक के तौर पर हमेशा से उनका था। मुझे उनको यह बताने में कोई हिचक नहीं हुई कि मैंने यह क़दम काफ़ी सोच-विचार के बाद उठाया था और मैं यह जानता था कि सायरा एक ऐसी लड़की है कि आग़ा जी और अम्माँ होते तो वे भी उनको पसन्द करते।

जैसाकि पहले ही कह चुका हूँ, नौशाद साहब मेरे घरवालों को अच्छी तरह से जानते थे और जब वे बान्द्रा में हमारे घर आते थे तो आग़ा जी के पास ज़रूर बैठते थे। आग़ा जी को भी नौशाद साहब से बात करना ख़ूब पसन्द था।

जब ख़राब सेहत की वजह से उन्होंने क्रॉफर्ड मार्केट जाना लगभग छोड़ दिया तो उनको घर पर आने वाले दोस्तों का साथ अच्छा लगता था। अब चूँकि वे नहीं रहे थे इसलिए नौशाद साहब का इस बात के बारे में सोचना और पूछना बिल्कुल सही था, "और तुम्हारा क्या ख़याल है? क्या तुम्हारे भाई-बहन इस फ़ैसले से खुश हैं?" मेरा जवाब था कि मैं अपने परिवार से कम-से-कम यह उम्मीद तो कर ही सकता हूँ कि वे सायरा का स्वागत गर्मजोशी से और खुले दिल से करें। सायरा पर शादी का किसी तरह का दबाव नहीं था और मेरे ऊपर भी इस बात का दबाव नहीं था कि मैं शादी करूँ। यह खुदा की मर्ज़ी थी जो हम दोनों को पास ले आयी। नसीम आपा ने अपने शालीन अन्दाज़ में यह बताया था कि सायरा इस बात को लेकर ख़ुश थीं कि अल्लाह ने उनकी मुराद पूरी कर दी। जहाँ तक मेरी बात थी, मुझे इस बात का पक्का यक़ीन था कि कोयम्बटूर के ज्योतिषी की भविष्यवाणी सही साबित होने वाली थी और मुझे प्यारी और ख़ूबसूरत बीवी मिलने वाली थी।

नौशाद साहब मेरे निकाह में नहीं आये। उनकी कमी को मेरे दूसरे दोस्तों ने अपनी मौजूदगी से पूर कर दिया। उन्होंने उस मौक़े को मेरे लिए सबसे खुशी का और यादगार बनाने में कोई कसर नहीं छोड़ी।

राज कपूर ने एक बार किसी अख़बार में अपने एक इंटरव्यू में मज़ाक़ में यह कहा था कि जिस दिन मैं शादी करूँगा, उस दिन वह घुटनों के बल चलकर मेरे घर आयेंगे। इसलिए जब राज 48 पाली हिल पर आये तो उन्हें उस मज़ाक़िया घोषणा की याद दिलायी गयी। सबको हैरत में डालते हुए वह सचमुच ही घुटनों के बल बैठ गये। सकीना आपा बालकनी में थीं। उन्होंने उनको आवाज़ लगायी तो राज उठकर खड़े हुए।

राज मेरे उतना ही क़रीब थे, जितना कि मेरा कोई भाई और सकीना आपा इस बात को जानती थीं।

मेरे सारे रिश्तेदारों और दोस्तों ने मेरे घर जुटकर जैसा प्यार और जैसी गर्मजोशी दिखायी, उससे मैं बहुत खुश हुआ। जैसाकि मैं पहले ही कह चुका हूँ, सायरा के घर तक पहुँचने में बारात को एक घण्टा लग गया। सायरा कपड़ों में उस तरह से लदी-फदी नहीं थीं, जिस तरह से दुल्हनें अमूमन होती हैं। उनकी माँ ने उनको उतना ही तैयार करवाया कि उनकी क़ुदरती सुन्दरता दुल्हन के लिबास में निखरकर दिखायी दे। हम दोनों के शादी के लिबास को जल्दी से एक साथ जोड़ दिया गया क्योंकि समय बहुत कम था।

किसी तरह नासिर और सुलतान वहाँ जुटे लोगों को क़ाबू कर पाने में सफल रहे और उन्होंने प्रेस और आने वाले मेहमानों के लिए एक घेरा बना लिया, जिसके बाहर बग़ीचे और उसके आसपास के इलाक़े में भीड़ जमा थी। बाद में मुझे पता चला कि सुलतान और उनके साथियों ने आसपास के रेस्तराओं से खाना मँगवाने के लिए आदमी भेजे थे, ताकि वहाँ जुटे प्रशंसकों को भी खाना खिलाया जाये।

निकाह बहुत सुन्दर था। मेरे सभी क़रीबी मेरे पास थे, जनरल शाहनवाज़, राज कपूर, नासिर, सुलतान, मुकरी, सतीश भल्ला और वे सारे लोग जिनको मैं अपनी ज़िन्दगी में ख़ास मानता था। प्राण श्रीनगर के तूफ़ान में भी किसी तरह वहाँ से निकलकर हवाई जहाज़ से मेरी शादी में शामिल होने के लिए आये।

जब हमें कहा गया तो मैंने और सायरा ने निकाहनामे पर दस्तख़त कर दिये और क़ाज़ी मुरघे ने जब मुस्कराते हुए सवाल पूछा तो हम दोनों ने अलग-अलग 'क़बूल है' कह दिया। फिर राज कपूर मुझे दुल्हन के पास लेकर गये जो कि एक रस्म के मुताबिक़ मुझे पहले आईना मुसाफ़ में देखने वाली थीं। इस रस्म के मुताबिक़ दूल्हा-दुल्हन एक-दूसरे की परछाईं को पहले देखते हैं।

*शादी समारोह; (बायें से दायें) क़ाजी मुरघे, एहसान, मैं, राज कपूर, मुकरी और नसीर*

इसके बाद राज ने एक कटोरा दूध माँगा और उसमें शादी की अँगूठियाँ डुबो दीं। हमने एक-दूसरे को अँगूठियाँ पहनाईं और हम मियाँ-बीवी बन गये।

अगली शाम मेरे घर पर वलीमा था, जिसमें मेरे सभी पारिवारिक दोस्त आये, उस शानदार जश्न में महाराष्ट्र के मुख्यमन्त्री वसन्त राव नाईक भी आये।

वलीमा की रात सायरा और मैंने अपने बग़ीचे में बने छोटे से आउटहाउस में गुज़ारी। शुरू में मुझे सायरा को यह बताना अजीब लगा कि मैं चाहता था कि हम दोनों बँगले के उस छोटे-से बाहरी हिस्से में रहें, जो मेरा अड्डा बन चुका था। सड़क से वहाँ पहुँचने का अलग रास्ता था। वह मेरी अपनी ख़ास जगह थी जहाँ मैं अपनी फ़िल्मों की पटकथा पर काम करता था, इस बात को ध्यान में रखते हुए कि घर की औरतों को परेशानी न हो। मुझे इस बात से राहत मिली

*शादी के दिन; नसीम बानूजी और सायरा के साथ*

कि सायरा ने किसी तरह की नाख़ुशी ज़ाहिर नहीं की। उन्होंने आँखों से अपनी ख़ुशी और सन्तोष जताया। बाद के सालों में, जब वह मेरा जीवन साझा करने लगीं, उनकी यह ख़ूबी हमारी शादी की सफलता का सार रही कि मैंने जो भी कहा उन्होंने माना। मैं बाद में इसके बारे में विस्तार से बताऊँगा।

अगली सुबह हमें मद्रास जाना था। मुझे 'राम और श्याम' के कुछ आख़िरी हिस्से पूरे करने थे जबकि वह दो-एक दिन मेरे साथ बिताकर 'झुक गया आसमान' की शूटिंग के लिए दार्जिलिंग जाने वाली थीं।

सायरा मेरे साथ सफ़र करने के लिए बेचैन थीं। हवाई जहाज़ में हम दोनों यही सोच रहे थे कि आख़िरकार हम बम्बई की भीड़भाड़ से दूर एक-दूसरे के साथ हैं। मद्रास मेरे लिए दूसरे घर की तरह बन गया था और मैं यह सोच रहा था कि वहाँ किसी ख़ामोश-से शान्त इलाक़े में एक घर ख़रीद लूँ।

जब हम मिनाम्बक्कम हवाई अड्डे पर पहुँचे तो एक बहुत शानदार आश्चर्य हमारा इन्तज़ार कर रहा था। हवाई जहाज़ से प्रवेश द्वार तक लाल गुलाब की

*मद्रास एयरपोर्ट पर फ़िल्म राम और श्याम की शूटिंग के लिए पहुँचने पर प्राण, बेबी फरीदा, नागी रेड्डी (फरीदा के पीछे), सायरा, निरुपा रॉय और ए. चक्रपाणि के साथ*

पंखुड़ियाँ बिछायी गयी थीं और वहाँ नागी रेड्डी ख़ुद फ़िल्म के कलाकारों और निर्माण सहयोगियों के साथ मालाएँ और मुस्कराहटें लिये हमारे स्वागत के लिए खड़े थे। हमें यह बताया गया कि एयरपोर्ट के बाहर बहुत भीड़ थी इसलिए हमें चुपचाप वहाँ से निकलना था।

जब हम नागी रेड्डी के स्टूडियो पहुँचे तो उन्होंने हमें बताया कि वहाँ और भी बड़ी हैरानी हमारा इन्तज़ार कर रही थी। ओशियानिक होटल में मेरे सुइट को बड़ी अच्छी तरह से सजाया गया था और मेरे पुराने छोटे-से पलंग की जगह एक बड़ा सजा-सजाया बिस्तर लगाया गया था। टनों ख़ुशबूदार मोगरे कमरे और बिस्तर में हर कहीं लगाये गये थे। बिस्तर को भी मोगरे के फूलों से अच्छी तरह सजाया गया था। जब एयरकंडिशनर चलाया गया तो उस सफ़ेद फूल की महक कमरे में फैल गयी और ऐसा लगा, जैसे हम किसी और ही दुनिया में हों।

एक बार मैंने नागी रेड्डी के लड़के प्रसाद को, जो मेरा अच्छा दोस्त बन चुका था, मज़ाक़ में कहा था कि मुझे वह बड़ा पलंग बहुत पसन्द था, जिसके पीतल के पाये और सजावट उसे एंटिक बना देते थे। प्रसाद ने मज़ाक़ में मुझसे कहा था कि जब मेरी शादी होगी तो वह मुझे वही पलंग उपहार में दे देगा। चूँकि उस समय दूर-दूर तक कहीं कोई दुल्हन नहीं थी, इसलिए उसने मज़ाक़िया अन्दाज़ में कहा कि उसने पलंग देने की पेशकश की है तो अब इस बात से प्रेरणा लेकर मुझे जल्दी से अपने लायक़ दुल्हन की खोज कर लेनी चाहिए। उसकी यह भविष्यवाणी सच साबित हुई और मैंने पाया कि मैं एक ख़ूबसूरत लड़की का साथ चाहने लगा था, जिसे मैं प्यार करने लगा था और जिससे मैं शादी करना चाहता था।

पहले मेरे बिस्तर पर सूती चादरें होती थीं, पर अब उनकी जगह सिल्क की चादरों ने ले ली थी। ऐसा लग रहा था, जैसे कमरे को मिस्टर और मिसेज दिलीप कुमार के लिए नहीं सजाया गया हो बल्कि किसी महाराजा और महारानी के लिए सजाया गया हो। साफ़-साफ़ कहूँ तो वह आश्चर्य मुझे बेहद अच्छा लगा। जो मैं सायरा को अपने घर में देना चाहता था लेकिन समय की कमी की वजह से नहीं दे पाया था, वह यहाँ अपने सुन्दरतम रूप में मौजूद था। एक तरह से सायरा और मैंने पति-पत्नी के तौर पर अपनी ज़िन्दगी देश के सबसे पढ़े-लिखे और कल्चर से भरपूर शहर में शुरू की—एक शान्त सुबह और बग़ीचे में परोसे गये नाश्ते का लुत्फ़ लेते हुए...और उसके बाद सेट पर जमकर काम...फिर टिफ़िन और कॉफी के लिए ब्रेक...और फिर रात में अपने आरामदायक कमरे की तनहाई में साथ-साथ प्यार से खाना खाते और खिलाते हुए...

सब कुछ बहुत बढ़िया था, और चूँकि हम दोनों को ही बेहतरीन साउथ इण्डियन ख़ानसामों का परोसा खाना बहुत अच्छा लगता था। इसलिए हमें उस खाने की याद नहीं आयी जिसका मज़ा हम बम्बई में उठाते थे। असल में सायरा इडली, डोसा और मेदु वडा की हमेशा के लिए दीवानी हो गयीं।

जब भी मेरी शूटिंग जल्दी ख़त्म जो जाती तो हम कार से शहर में घूमने निकल पड़ते, कार और बसों के साथ साइकिल रिक्शा की होड़ का नज़ारा लेते हुए, और शहर की रौनक को देखते हुए।

मुझे जल्दी ही समझ में आ गया कि सायरा ऐसी नहीं थीं कि किसी के साथ जल्दी से दोस्ती कर लें। फिर भी मैंने देखा कि 'राम और श्याम' के मेरे साथी कलाकारों के लिए उनका रवैया दोस्ताना था। अकसर शाम को हम यूनिट के लोगों से मिलते थे और उनके साथ गपशप किया करते थे। मैंने ध्यान दिया कि वह स्वभाव से शर्मीली थीं लेकिन वह कोशिश करती रहती थीं कि लोगों से खुलकर मिलें। मुझे उनका व्यवहार समझ में आता था क्योंकि उनका छोटा-सा चार लोगों का परिवार था जिनकी आपस में बहुत अच्छी बनती थी। सायरा के लिए उनकी माँ, नानी, और उनके बड़े भाई सुलतान ही वह दुनिया थी जिसे वह जानती, समझती और प्यार करती थी। मुझे लगा कि उनके कुछ हमउम्र दोस्त होने चाहिए और उन्हें हर तरह के लोगों से मिलना-जुलना चाहिए। आने वाले सालों में उन्होंने यही किया और उनकी ख़ुशनुमा शख़्सियत खुलने और निखरने लगी।

## 20

# साथी कलाकार और दोस्त

*' 'कोहिनूर' मुझे इस बात के लिए हमेशा याद रहेगी कि इस फ़िल्म के लिए मैंने सितार बजाना सीखा था। अपनी अभिनय-कला में कॉमेडी के रंग को आज़माने का यह मेरे लिए एक और मौक़ा था। ...'कोहिनूर' का अनुभव इसलिए भी बहुत ख़ुशनुमा रहा क्योंकि मीना कुमारी और मैं आपस में काफ़ी घुल-मिल गये थे। हम इससे पहले 'आज़ाद' में भी साथ-साथ काम कर चुके थे। मेरी तरह मीना कुमारी भी इमोशनल ड्रामा और टेजिडी के लिए जानी जाती थीं। इसलिए हम दोनों के लिए ही 'कोहिनूर' का हल्का-फुल्का रोमांस एक ख़ुशगवार बदलाव था।'*

'राम और श्याम' समय से पहले ही पूरी हो गयी। इसमें काम करना हम सबके लिए मज़ेदार रहा। मैं अपने दोस्त प्राण के साथ 'राम और श्याम' और 'आदमी' दोनों में ही काम कर रहा था। प्राण और मैं सही मायनों में दोस्त थे। काम के दौरान तो हम मिलते ही थे, और इसके अलावा हम एक-दूसरे के घर भी जाते रहते थे क्योंकि हम एक ही इलाक़े बान्द्रा में रहते थे। फ़िल्मों में हम दोनों हमेशा एक-दूसरे के ख़िलाफ़ होते थे और हमारे किरदार किसी-न-किसी बात पर आपस में टकराते और लड़ते-झगड़ते रहते थे। देखने वालों के लिए यह बड़ा दिलचस्प मंज़र होता था कि कुछ देर पहले आपस में प्यार से बातें और हँसी-मज़ाक़ करने वाले कैमरे के सामने आते ही कैसे लड़ने-झगड़ने लगे हैं! ख़ैर, हम कलाकारों को इस तरह की चुनौतियों का सामना हर वक़्त करना पड़ता है। वह बन जाना जो हम असल में नहीं हैं और एक ऐसे अजनबी किरदार के साँचे में ढल जाना जिसको हमारी शख़्सियत से कुछ लेना-देना नहीं है, कोई आसान काम नहीं है।

प्राण के लिए तो यह बिल्कुल भी आसान नहीं रहा होगा। बड़ी हैरानी की बात है कि वह किस तरह उन बदमाश, कपटी और धोखेबाज़ किरदारों में ढल जाते थे जिसकी वजह से उन्हें इतनी लोकप्रियता मिली! उन्हें अपने अन्दर ही अच्छाई, ईमानदारी और शराफ़त को बहुत दबाकर रखना पड़ता होगा, ताकि कैमरे के सामने वह कठोर, धूर्त और गुस्सैल दिखायी दे।

'मधुमती' (1958) की शूटिंग के दौरान, जो किसी जंगल की लोकेशन पर हो रही थी, हमें एक-दूसरे का साथ बहुत अच्छा लगा था। वहाँ लगभग हर कोई बांग्ला में बात करता था, जबकि हम दोनों आपस में पंजाबी में दिल खोलकर बतियाते रहते थे। हम रात को आग के पास बैठकर शेरो-शायरी करते तो उसे ख़ूब मज़ा आता। हमने मद्रास में 'राम और श्याम' और 'आदमी' की शूटिंग के दौरान भी साथ-साथ बहुत अच्छा समय बिताया। इससे पहले साथ-साथ 'दिल दिया दर्द लिया' (1966) पूरी की थी। इसलिए मद्रास में यह चुटकुला मशहूर हो चुका था कि "प्राण आपका पीछा ही नहीं छोड़ता!" हम दोनों ही इससे ख़ुश थे। हमें एक-दूसरे का साथ ख़ूब पसन्द था और हम साथी कलाकार के तौर पर एक-दूसरे का सम्मान करते थे।

मेरे लिए उनके प्यार और जज़्बे की सबसे यादगार मिसाल है जब उन्होंने ख़तरनाक तूफ़ान में भी श्रीनगर से फ्लाइट पकड़कर दिल्ली पहुँचने और वहाँ से बम्बई की फ्लाइट पकड़ने का फ़ैसला किया—सिर्फ़ इसलिए कि वह हर हालत में मेरी बारात में शामिल होना चाहते थे।

जिन दिनों मैं 'आज़ाद' (1955) फ़िल्म में एक मस्तमौला जाँबाज़ का रोल कर रहा था तो बहुत-से लोगों ने मुझे ऐसा न करने की सलाह दी थी, क्योंकि मैंने ट्रेजिडी हीरो के तौर पर ऊँचा मुक़ाम हासिल कर लिया था। उनका कहना था कि कॉमेडी करना मेरी इमेज से मेल नहीं खाता था और मेरे कैरियर को नुक़सान पहुँचा सकता था। एक दिन प्राण मेरी फ़िल्म के सेट पर पहुँच गये और मेरा काम देखने के बाद उन्होंने कहा कि यह फ़िल्म देखकर मेरे तमाम सलाहकार हैरान रह जायेंगे। उसने पूरी ईमानदारी से कहा कि यह फ़िल्म हाउसफुल जायेगी और दर्शक बार-बार मुझे इस तरह के रोल में देखना चाहेंगे। उनकी भविष्यवाणी बिल्कुल सच साबित हुई और फ़िल्म रिलीज़ होते ही लोग फ़िल्म थियेटरों पर टूट पड़े। जनता ने साबित कर दिया कि वह मुझे हर रोल में पसन्द करेगी, चाहे हँसने वाला हो या रुलाने वाला। फ़िल्म के सुपरहिट होने पर जितनी ख़ुशी मुझे हुई, उतनी ही प्राण को भी।

'राम और श्याम' में हम दोनों हीरो और विलेन के रूप में आमने-सामने थे, जिसमें कुछ मज़ाकिया सीन भी थे। इनकी रिहर्सल में उन्हें बहुत मज़ा आता था। फ़िल्म में राम अपने कठोर और अत्याचारी जीजा ठाकुर गजेन्द्र से बहुत डरता है और उसके सामने सहमा-सहमा रहता है। उसका हमशक्ल श्याम, जो दरअसल उसका बिछड़ा हुआ जुड़वाँ भाई है, ठाकुर को उसी के चाबुक की धुनाई का जमकर मज़ा चखाता है। यह सीन हिन्दी फ़िल्मों में इतिहास का हिस्सा बन चुका है।

*फ़िल्म आदमी (1968) में मनोज कुमार के साथ*

जब हम उस सीन की शूटिंग कर रहे थे जिसमें मस्तमौला श्याम अपने जीजा से चाबुक छीनकर उसे मारना शुरू करता है तो बड़ी मज़ेदार बात हुई। रिहर्सल के दौरान मैंने प्राण से चाबुक छीना और उन्हें बरसाने के बजाय सिर्फ़ उनकी पीठ से छुआ भर दिया। इसके बाद प्राण को सदमे के भाव दिखाने थे, जैसेकि उन्हें सचमुच चाबुक की मार लगी हो। लेकिन इसकी बजाय वह हँसने लगे और मुझसे दूर भागने लगे। सब हैरत में थे कि वह ऐसा क्यों कर रहे थे। मैं चाबुक लेकर उनके पीछे भागा तो उनके साथ-साथ यूनिट के सब लोग भी हँसने लगे।

कुछ देर बाद वह मज़ेदार तमाशा थमा तो प्राण ने भेद खोलते हुए कहा, "मुझे गुदगुदी बहुत जल्दी होता है लाले! (प्राण मुझे प्यार से इसी नाम से बुलाते थे।) तुमने चाबुक से मेरी पीठ को छुआ तो मुझे गुदगुदी होने लगी और मैं हँसने लगा।"

हमने रिहर्सल के बिना ही इस सीन को शूट किया और प्राण ने सदमे के जैसे भाव दिये, उसे लोग आज भी याद करते हैं।

'राम और श्याम' में मेरा एक और दोस्त भी काम कर रहा था, जिसके साथ मेरी मेरी बरसों पुरानी और बड़ी प्यारी दोस्ती थी। मुकरी मेरे साथ अंजुमन इस्लाम में ही पढ़ते थे और मुझसे पहले ही फ़िल्मों में काम करने लगे थे। इसलिए कभी-कभी जब मैं उन्हें किसी बात पर झिड़की लगा देता था तो वह मुझे याद दिलाते हुए

कहते थे कि वह मेरे सीनियर थे। स्कूल में शायद ही कभी मैं उनसे मिला था। जब हम दोनों बॉम्बे टॉकीज़ की 'प्रतिमा' (1945) में काम कर रहे थे तो मुझे पता चला कि वह मेरे स्कूल के सहपाठी थे। तब तक मुकरी दो-एक फ़िल्मों में काम कर चुके थे और वह मेरे छोटे भाई नासिर का बड़ा अच्छा दोस्त बन चुके थे।

'प्रतिमा' के बाद हम दोनों 'अनोखा प्यार' (1948) में एक बार फिर आमने-सामने आये। इस बार हमने काफ़ी समय साथ-साथ गुज़ारा और हमारी अच्छी दोस्ती हो गयी, हालाँकि हम दोनों में शायद ही कोई बात एक-दूसरे से मिलती-जुलती थी। मेरे ख़याल से यह ज़रूरी नहीं है कि ज़िन्दगी के सफ़र में बनने वाले हमारे दोस्त हमारे स्वभाव और फ़ितरत से मेल खाते हों। मुकरी बड़े ख़ुशमिज़ाज और मनमौजी क़िस्म के आदमी थे और कई बार मेरे साथ कुछ ज़्यादा ही छूट ले लेते थे। कभी-कभी तो उनकी गुस्ताख़ियाँ मेरे लिए शर्मिन्दगी का कारण बन जाती थीं। मुझे ऐसा ही एक क़िस्सा याद आ रहा है, जिसके बाद मुझे अपने इस प्यारे दोस्त को कुछ नसीहतें देनी पड़ीं।

यह महबूब ख़ान की 'आन' (1952) की शूटिंग के दिनों की बात है, जिसके लिए हम सबने इगतपुरी (महाराष्ट्र) में डेरा डाल रखा था। महबूब साहब बड़े शानदार आदमी थे और अपने कलाकारों और तकनीशियनों के आराम का पूरा ध्यान रखते थे। उन्होंने सबके लिए एक अच्छे होटल में कमरे बुक करवा रखे थे। मुकरी ने मुझसे कोई ज़िक्र किये बिना ही रिसेप्शन पर जाकर कह दिया कि उन्हें अलग कमरे की ज़रूरत नहीं थी, क्योंकि वह मेरे कमरे में ही सो जायेंगे। इसलिए होटल के स्टाफ़ ने उनके कमरे में तौलिए, चादरें, कम्बल वगैरह रखने की ज़रूरत नहीं समझी।

पहले दिन की शूटिंग के बाद पैकअप होते-होते काफ़ी रात हो गयी थी और मैं थका-हारा अपने कमरे में जाकर सो गया। सर्दियों के दिन थे और अच्छी-ख़ासी ठण्ड पड़ रही थी। मैं शायद दरवाज़ा बन्द करना भूल गया था। आधी रात के आसपास मुझे अपने कम्बल में किसी के घुसने का आभास हुआ तो मैं चौंककर उठ बैठा। देखा तो मुकरी पाजामा-कुरता पहने ठण्ड से ठिठुर रहे थे।

मुझे बड़ा गुस्से आया, क्योंकि मुझे एक नॉर्मल इंसान की तरह अकेला सोने की आदत थी। मैंने उनसे पूछा कि वह मेरे बिस्तर पर क्या कर रहे थे तो उहोंने बड़ी लम्बी कहानी सुनायी। और उतनी ही मज़ेदार भी।

हुआ यूँ कि जब अपने कमरे में कम्बल के बिना उन्हें नींद न आयी तो वह ठिठुरते हुए कॉरीडोर में निकल पड़े और एक कमरे का दरवाज़ा खुला पाकर उसमें घुस गये। उनका ख़याल था कि शायद वह मेरा कमरा था। बिना कुछ कहे वह चुपके से कम्बल में घुसे ही थे कि फ़िल्म की हीरोइन नादिरा डर के मारे चीख़ती हुई उठकर बैठ गयीं, क्योंकि वह उनका कमरा और उनका बिस्तर था। मुकरी को पहचानते ही वह उन पर बरस पड़ीं और

मोटी-मोटी गालियाँ देने लगीं। मुकरी, जो पहले से ही ठण्ड से काँप रहा था, अब डर के मारे काँपने लगा और हाथ जोड़कर और कान पकड़कर माफ़ी माँगने लगे। नादिरा कुछ शान्त हुईं और उन्हें उसे फ़ौरन अपने कमरे से दफ़ा हो जाने के लिए कहा।

इसके बाद बेचारे मुकरी मेरे कमरे में चला आये। उन्होंने ख़याल था कि मैं उन पर रहम खाते हुए उन्हें अपने कम्बल में सोने दूँगा। लेकिन मैं उनकी बेवकूफ़ियाँ बर्दाश्त करने के मूड में नहीं था। मैंने उनसे कहा कि उसे अपने कमरे में ही जाकर सोना होगा, ठण्ड हो या गर्मी।

मामला यहीं ख़त्म नहीं हुआ। अगले दिन जब नादिरा ने रात की पूरी कहानी सुनायी तो मिसेज़ महबूब ख़ान सोच में पड़ गयीं कि नादिरा अपने कमरे का दरवाज़ा खुला रखकर क्यों सो रही थीं? क्या वह महबूब साहब के आने का इन्तज़ार कर रही थीं? क्या ये अफ़वाहें सच थीं कि महबूब साहब के बहुत बड़े दिल में थोड़ी-सी जगह इस नयी और तेज़-तर्रार हीरोइन के लिए भी थी?

इस बात पर मियाँ-बीवी में ठन गयी और मामले ने काफ़ी तूल पकड़ ली। मिसेज महबूब ख़ान रोती हुई मेरे पास आयीं और नादिरा और महबूब ख़ान के रिश्तों को लेकर तरह-तरह के सन्देह प्रकट करने लगीं। मैंने बहुत होशियारी और सूझबूझ से काम लेते हुए किसी तरह मिसेज महबूब ख़ान को समझाया और उनके सन्देह को दूर किया। इसी तरह मुझे महबूब साहब को भी शान्त करना पड़ा जो मुकरी की इस हरकत पर बहुत ज़्यादा भड़के हुए थे।

इसके बाद मैंने अपने इस प्यारे दोस्त मुकरी को बिना सोचे-समझे और जल्दबाज़ी में अपनी तरफ़ से कोई फ़ैसला लेने से मना करते हुए उन्हें सख़्ती से दो नसीहतें दीं। पहली तो यह कि वह मेरे मेकअप रूम या होटल के कमरे में मेरे पीछे-पीछे न चले आया करें, क्योंकि मेरे लिए मेरी प्राइवेसी और मेरी आज़ादी बहुत अहमियत रखती थी; दूसरी यह कि वह काम के समय शराब से दूर रहा करें। मुझे पता था कि शॉट्स के बीच में वह चुपके से खिसक जाते थे और थोड़ी-सी चढ़ा आते थे। वह इसे ताक़त बढ़ाने वाली कहते थे। जब तक वह थोड़ी-सी लेते थे तब तक तो ठीक था, लेकिन कभी-कभी यह ज़्यादा हो जाती थी और शार्मिन्दगी का कारण बन जाती थी। एस.यू. सन्नी की फ़िल्म 'कोहिनूर' (1960) की शूटिंग के दौरान मैंने उन्हें सख़्त हिदायत दी कि काम के वक़्त वह बिल्कुल नहीं छुयेंगा। मैंने यूनिट के लोगों को भी शूटिंग के दौरान उन्हें शराब देने से मना कर दिया।

एक दोपहर मैं सन्नी के साथ गम्भीर चर्चा कर रहा था कि मुकरी झूमते हुए मेरे पास आये और मुझसे पूछने लगते कि मैं अपने आपको क्या समझता था। उन्हें इस बात पर ग़ुस्सा आ रहा था कि यूनिट के लोगों ने उन्हें शराब देने से मना कर दिया था। इसके बाद वह ख़ुद कहीं से एक बोतल ले आये थे।

वह बार-बार एक ही बात कह रहे थे, ''तुम्हें लगता है मैं ख़ुद इन्तज़ाम नहीं कर सकता? मैं मुकरी हूँ, तुम्हारा सबसे अच्छा दोस्त, और तुमने लड़कों से कह दिया कि मुझे शराब न दें।''

वह काम करने की हालत में नहीं थे और मेरा ध्यान भी भंग हो गया था। मैंने पैकअप के लिए कहा और मुकरी को वहीं छोड़कर कार में स्टूडियो से निकल पड़ा। वह समझ गये कि मैं उनसे नाराज़ था और मेरी नाराज़गी का कारण भी सही था। जैसाकि दोस्तों के बीच हमेशा होता है, कुछ दिनों बाद हम मिले तो इस घटना को भूल गये। उहोंने वादा किया कि वह दोबारा ऐसा नहीं करेंगे।

'कोहिनूर' मुझे इस बात के लिए हमेशा याद रहेगी कि इस फ़िल्म के लिए मैंने सितार बजाना सीखा था। अपनी अभिनय-कला में कॉमेडी के रंग को आज़माने का यह मेरे लिए एक और मौक़ा था। 'आज़ाद' के बाद मेरा आत्मविश्वास बहुत बढ़ गया था और एस.यू. सन्नी के साथ मेरी अच्छी पटती थी। उन्हें पता था कि मैं हर काम में 'परफेक्शन' की तलाश में रहता था। इसलिए सीन करने से पहले उसने मुझे सितार सीखने के लिए पूरा वक़्त दिया। 'कोहिनूर' का अनुभव इसलिए भी बहुत ख़ुशनुमा रहा क्योंकि मीना कुमारी और मैं आपस में काफ़ी

*फ़िल्म कोहिनूर (1960) में मीना कुमारी के साथ*

घुल-मिल गये थे। हम इससे पहले 'आज़ाद' में भी साथ-साथ काम कर चुके थे। मेरी तरह मीना कुमारी भी इमोशनल ड्रामा और ट्रेजिडी के लिए जानी जाती थीं। इसलिए हम दोनों के लिए ही 'कोहिनूर' का हल्का-फुल्का रोमांस एक ख़ुशगवार बदलाव था।

'कोहिनूर' का ज़िक्र हो रहा है तो मुझे इसकी लोकेशन की तलाश से जुड़ा एक दिलचस्प और कुछ डरावना क़िस्सा याद आ रहा है। सन्नी और मैंने सड़क के रास्ते नासिक (महाराष्ट्र) से कुछ आगे तक जाकर कोई ऐसी लोकेशन खोजने का फ़ैसला किया, जहाँ रात के कुछ ख़ूबसूरत आउटडोर सीन शूट किये जा सकें। मैंने सन्नी को सुझाव दिया कि शाम के समय निकलना ठीक रहेगा, ताकि हम वहाँ अँधेरा होने के बाद पहुँचें और यह देख सकें कि रात के समय वह लोकेशन कैसी लगती थी। सन्नी को यह ठीक लगा और वह अपना बैग तैयार करने और शाम को मेरे घर पर मिलने के लिए कहकर अपने घर चले गये।

सन्नी की पत्नी मुझे हमेशा से एक रहस्यमयी औरत लगती थीं, और मुझसे अजीबोग़रीब सवाल पूछती रहती थीं। उन्हें भूत-प्रेत पर बहुत ज़्यादा विश्वास था। उस दिन वह सन्नी के पीछे ही पड़ गयीं कि वह भी हमारे साथ चलेगी। शायद यह बात उनके गले नहीं उतर रही थी कि हम रात के समय लोकेशन पर क्या करने जा रहे थे। सन्नी ने उन्हें साथ ले जाने से मना कर दिया और अपना बैग पैक करके मेरे घर चले आये। हम दोनों उस रोमांचक सफ़र पर निकल पड़े।

सन्नी ने मुझे यह नहीं बताया कि उनकी पत्नी भी साथ चलने के लिए कह रही थीं। वह जादू-टोने में अपनी पत्नी की दिलचस्पी के बारे में कभी कुछ नहीं कहते थे। सीधी-सी बात थी कि कैमरा असिस्टेंट और ड्राइवर समेत हम चार लोग सफ़र पर जा रहे थे और कार में एक औरत के बैठने के लिए जगह नहीं थी। पर सन्नी ने अपनी ज़िद्दी पत्नी से बहस करने की ज़रूरत नहीं समझी थी।

हम कुछ ही मील चले थे कि सूरज डूबने लगा और धीरे-धीरे अँधेरा घिरने लगा। तभी अचानक मौसम बदल गया और हमें हैरानी में डालते हुए तेज़ हवाएँ चलने लगीं और बारिश के तेज़ थपेड़े कार के अगले शीशे से टकराने लगे। अभी हमें काफ़ी दूर जाना था। सन्नी और अगली सीट पर ड्राइवर के साथ बैठे कैमरा असिस्टेंट ने सलाह दी कि हमें कुछ देर रुककर बारिश के कम होने का इन्तज़ार करना चाहिए। मैंने अपनी रज़ामन्दी जतायी तो हम लोग उस सुनसान हाइवे पर ठहरने के लिए किसी सही जगह की तलाश करने लगे।

जल्दी ही हमें एक टूटा-फूटा-सा छप्पर दिखायी दिया और हमने कार वहीं रोक दी। सन्नी, मैं और कैमरा असिस्टेंट नीचे उतरकर उस छप्पर की तरफ़ बढ़े जिसे हम अब साफ़ देख पा रहे थे। छप्पर की फूस की छत एक-दो जगह से टूटी हुई थी और वहाँ एक रस्सी से एक बोरा बाँधा हुआ था, किसी परदे की

तरह। छप्पर के पास ही एक झाड़ी से बँधी एक बकरी तूफ़ानी बारिश में काँप रही थी और मदद के लिए हमारी तरफ़ देख रही थी।

छप्पर के नीचे लकड़ी के कुछ ठूँठ, कुछ मलबा और एक टूटी-फूटी बेंच पड़ी थी। मैं वहीं बैठ गया और सन्नी बकरी को खोलकर छप्पर के नीचे लाने की कोशिश करने लगा। छत से बँधा बोरा हवा से ज़ोर-ज़ोर से हिल रहा था और ऊपर आसमान में बिजली कड़क रही थी। सन्नी उस तूफ़ान का सामना करते हुए मेरी तरफ़ लौट ही रहे थे कि मेरी आँखों के सामने वह बोरा अपनी जगह से सरका और, आप मानें या न मानें, हमारे सामने सन्नी की पत्नी खड़ी थीं। उनके चेहरे पर एक गर्वीली मुस्कराहट थी और वह बड़ी अकड़ के साथ खड़ी हमें उपहास भरी नज़रों से घूर रही थी। उन्होंने बड़े रहस्यमय ढंग से अपने एक हाथ से अपने होंठों के किनारे पर लगा लाल रंग पोंछा। अगर मैं मीलों दूर बैठी एक औरत को यूँ अचानक अपने सामने पाकर डरा नहीं तो इसके पीछे मेरा सख़्त पठानी दमखम था। लेकिन कैमरा असिस्टेंट थर-थर काँप रहा था और सन्नी जहाँ थे, वहीं जड़ होकर खड़े रह गये थे।

कुछ पल बाद वह ओझल हो गयी तो बारिश भी रुक गयी और हम दम साधे ख़ामोशी से अपनी कार में लौट आये। ड्राइवर को कुछ पता नहीं था कि हमारे साथ क्या हुआ था, क्योंकि वह कार में ही बैठा रहा था। सफ़र फिर से शुरू हुआ, लेकिन सन्नी और कैमरा असिस्टेंट दोनों ही एक शब्द भी नहीं बोल पा रहे थे। मैंने माहौल को हल्का बनाने के लिए पश्तो में एक गाना गाना शुरू कर दिया।

हम लोकेशन पर पहुँचे और आसपास के इलाक़े का मुआयना करके वापस बम्बई लौट आये। अगले दिन दोपहर को मैंने अपनी बहनों को यह डरावना क़िस्सा सुनाया तो वे दम साधे इस तरह सुनती रहीं, जैसे अल्फ्रेड हिचकॉक (Alfred Hitchcock) की कोई फ़िल्म देख रही हों। तभी एक कार के हॉर्न की आवाज़ सुनायी दी जो हमारे बँगले के गेट में प्रवेश कर रही थी। लड़कियाँ भागकर टेरेस से नीचे देखने भागीं कि कौन मेहमान आया था। मुझे जहाँ हैरानी हुई, वहीं लड़कियाँ डर से चीख़ने-चिल्लाने और काँपने लगीं। मेहमान कोई और नहीं, सन्नी और उनकी पत्नी थे। यह महज़ एक संयोग था या काले जादू की कोई करामात?

## 21

## सायरा की देखभाल

*'सर फ्रांसिस एवरी-जोंस (Sir Francis Avery-Jones —सायरा का इलाज करने वाले डॉक्टर) ने तारीफ़ करते हुए बड़ी अच्छी बात कही। उन्होंने कहा कि उन्होंने कभी भी किसी पति या माँ को किसी मरीज़ की इतने प्यार से देखभाल करते नहीं देखा। उन्होंने आगे कहा कि यह सिर्फ़ पूरब के लोगों और पूरब के मूल्यों और भावनाओं में ही सम्भव था। हम सबकी मिली-जुली कोशिशों और अल्लाह की मेहरबानी और नेमत से सायरा करामाती ढंग से ठीक होने लगीं।'*

जैसे ही मेरी कार उस लोकेशन पर रुकी जहाँ उनकी शूटिंग चल रही थी, वह खुशी से झूमती हुई पहाड़ी से नीचे उतरते हुए आयीं। हम उसी समय एक आरामदेह लिमोज़िन में हनीमून के लिए पास के भूटान की लम्बी ड्राइव पर निकल पड़े। वह इस बात को समझ चुकी थीं कि मुझे अनजानी जगहें पसन्द हैं, ऐसी जगहें जहाँ लोग कम जाते हों, बजाय लोकप्रिय जगहों पर, जहाँ जानी-मानी हस्तियाँ भरी हुई हों। बचपन से लेकर बड़ी होने तक वह पूरी दुनिया घूम चुकी थीं, पहले अपनी माँ के साथ, फिर शूटिंग के लिए। सायरा को इस वजह से यूरोप की आदत पड़ चुकी थी, सेवन स्टार होटलों जैसी सुविधाएँ, बड़े शहरों की चहल-पहल। बाद के सालों में हम विदेश में जहाँ कहीं भी गये, वहाँ वह पहले ही जा चुकी थीं! यूँ कुँवारेपन में मुझे अकेलापन अच्छा लगता था और डाक बँगलों की शान्ति। मेरा ड्राइवर और हर समय मेरे साथ रहने वाला अर्दली कार की डिक्की में अण्डे, प्याज, आलू, और ज़रूरत का सारा सामान भर लेते थे ताकि घर का खाना खाया जा सके। मुझे प्रकृति से प्यार है। कोई निर्जन एकान्त जगह हो और मेरे पास कोई अच्छी किताब हो, बस यही मेरे लिए छुट्टी बिताने का सबसे अच्छा नुस्ख़ा था।

*मेरी बहनों और भाभी के साथ सायरा; (बायें से दायें) : फरीदा, सईदा, ताज, सकीना आपा, अक़्यूला भाभी और फौज़िया*

भूटान की क़ुदरती ख़ूबसूरती और वहाँ तक पहुँचने के टेढ़े-मेढ़े पहाड़ी रास्तों की वजह से यह उम्मीद थी कि यह एक अलग तरह की छुट्टी साबित हो। भूटान सचमुच ही ग़ज़ब का देश था, जहाँ घूमने के लिए हमें वहाँ के शाही परिवार से न्योता मिला था। वहाँ एक बहुत सुन्दर जंगल का इलाक़ा था, जहाँ बहुत बढ़िया तरीक़े से लकड़ी के घर बने हुए थे और चारों तरफ़ हरियाली थी। हमने वहाँ एक रात रुकने का फ़ैसला किया। वहाँ बहुत ठण्ड थी और तेज़ हवा चल रही थी। जो इस बात का इशारा थी कि वहाँ ठण्ड और बढ़ने वाली थी। वहाँ गर्म करने के लिए ऐसा कुछ ख़ास नहीं था सिवाय कोयले की बड़ी-सी सिगड़ी के, जिससे हमारा लकड़ी का कमरा गर्म रहता था। हम अपने कम्बलों में घुसकर सो गये। सायरा की ख़ास आया नूरजहाँ, जिसके बारे में हम मज़ाक़ में कहा करते थे कि वह दहेज में आयी थी, बग़ल के कमरे में गहरी नींद में सो रही थी।

सब कुछ शान्त था और बाहर हवा ख़ुशी के गीत गा रही थी। अचानक मैं इस अहसास से जाग गया कि सायरा मेरी बग़ल में नहीं थीं। मैं जल्दी से उठा और जहाँ तक देख सकता था देखा, फिर बाथरूम की तरफ़ दौड़ा।

जो कुछ मैंने देखा, वह किसी बुरे ख़्वाब की तरह था। वह बेहोश पड़ीं थीं, सफ़ेद नाइट गाउन में उनका शरीर मुड़ा हुआ था और उनके लम्बे बाल फ़र्श पर बिखरे हुए थे। ख़ुशक़िस्मती से, गिरने के बाद उनके सिर में चोट नहीं लगी थी।

वह बेसिन पर फिसलकर गिर गयी थीं। मैंने जल्दी से झुककर उन्हें उठाया और मैं बस यही बोल पाया, "या अल्लाह! तुम्हें कुछ नहीं होगा, तुम्हें कुछ नहीं होगा, अब जब मैंने तुम्हें पा लिया है!"

जल्दी ही डॉक्टर आये और उन्होंने कहा कि हमने ताज़ी हवा को बन्द करने के लिए खिड़कियाँ बन्द करके अच्छा नहीं किया क्योकि वहाँ कोयले वाली सिगड़ी जल रही थी। कमरे में हर कहीं ख़तरनाक कार्बन मोनोऑक्साइड भर चुकी थी जो जानलेवा हो सकती थी।

मेरा दिमाग़ कोयम्बटूर वाले ज्योतिषी की बात पर गया, जिसे मैंने उस समय ख़ारिज कर दिया था।

हम जल्दी ही बम्बई अपने घर लौट आये। सायरा को शूटिंग के लिए पहुँचना था जिसके लिए वह पहले से डेट दे चुकी थीं।

चूँकि मैं बहुत दिनों तक कुँवारा रहा था इसलिए मैं इस बात को समझ गया कि मेरी बहनों और भाई अहसान के लिए सायरा को मेरे साथ साझा कर पाना मुश्किल होगा। इस बारे में मैंने पहले से ही सोच रखा था और मैं इसके लिए तैयार भी था, लेकिन हैरानी की बात यह थी कि वे इस बात से परेशान थे कि मेरी बीवी की अपनी लोकप्रियता थी और उनका जीने का अपना अन्दाज़ था। अपने घर में वह किसी राजकुमारी की तरह रहती थीं, अपने घरवालों की लाड़ली, जिसने अपने लिए जो भी किया किसी से बिना पूछे किया। यहाँ वह एक संयुक्त परिवार में थीं, जहाँ मेरी बड़ी बहन सकीना आपा का राज चलता था, जिनके साथ निभा पाना आसान नहीं था। उनके अलावा मेरी शादीशुदा बहनों, सईदा और फ़ौजिया ने भी मेरी शादी के बाद अपने-अपने शौहरों के साथ यहीं रहना शुरू कर दिया था। एक कामकाजी इंसान होने के कारण, जिसको समय पर शूटिंग के लिए पहुँचना होता था, सायरा को कुछ ख़ास तरह की सुविधाएँ चाहिए थीं और उन्हें अपने लिए एकान्त चाहिए था।

दुर्भाग्य से, आम सुविधाएँ, जैसे नहाने के लिए अपना बाथरूम, मिलनी आसान नहीं थीं, क्योंकि मिसाल के लिए फ़ौजिया भी उसी समय उसका इस्तेमाल करना चाहती थी। फिर भी सायरा ने कभी शिकायत नहीं की और उन्हें यही ठीक लगा कि कुछ क़दम चलकर अपने बँगले में जायें और वहाँ नहाकर तैयार हो जायें।

मैं यह समझ सकता था कि यह हमारे लिए कोई अच्छी स्थिति नहीं थी। दुर्भाग्य से, हमारे घर की पुरानी कामवाली राबिया और मेरा अर्दली अनवर अपने-अपने कामों से कहीं बाहर गये हुए थे, जिसकी वजह से सायरा की कामवाली नूरजहाँ के लिए यह मुश्किल हो रहा था कि वह उनके लिए नाश्ते का इन्तज़ाम कर पाये। जैसे फ़िल्मों में देखते हैं, यह कुछ वैसी ही कॉमिक सिचुएशन बन गयी थी।

मैं ख़ामोशी से काफ़ी समय तक यह सब कुछ देखता रहा। मैं हमेशा अपनी सभी बहनों की मदद करता रहता था, ताकि वे यह न महसूस करें कि मैं उन पर ध्यान नहीं दे रहा हूँ। इन हालात में सायरा और मेरे बीच एक गहरी समझ थी और मुझे हैरानी होती थी कि उनमें इतना सब्र कहाँ से आ गया था कि उन्होंने छोटी-छोटी बातों पर खीजना ही छोड़ दिया था। सायरा के बारे में पूरी ईमानदारी से कहूँ, जो कभी-कभी बहुत कमज़ोर और नाज़ुक दिखने लगती थीं, तो उन्होंने मेरी बहनों के साथ अपने रिश्ते सुधारने और उनको प्यार और सम्मान से जीतने की पूरी कोशिश की।

घर में इस तनाव का असर उनकी सेहत पर पड़ने लगा। जल्दी ही उन्हें अल्सर हो गया। यह उस जज़्बाती दबाव का नतीजा था जो उस खींचतान के माहौल में उन्हें पर पड़ रहा था। अपने घर के सुखी, सुरक्षित और बढ़िया रहन-सहन के बाद उसे इस तरह के ग़ैर-दोस्ताना माहौल में रहना पड़ रहा था। जो डॉक्टर उनका इलाज कर रहे थे, उन्होंने खुलकर कहा कि किसी तरह की मानसिक हालत की वजह से उनकी आँत में ऐसी सूजन हुई थी। सायरा और नसीम आपा ने इस बात को बड़ी शिष्टता से ढँकने की कोशिश की, यह कहते हुए कि उन्होंने ख़राब ऑमलेट खा लिया था जिसकी वजह से यह हुआ। डॉक्टर ने जो बताया था, उसे ध्यान में रखते हुए नसीम आपा ने हमारे घर में नाश्ता और दिन का खाना भेजना शुरू कर दिया, और अगर हम बाहर खाना खाने नहीं जा रहे होते थे तो वे रात का खाना भी भेज देती थीं।

आँत की ख़राबी ने अपना असर दिखाना शुरू किया और हमें उसका इलाज सेंट एलिज़ाबेथ नर्सिंग होम, बम्बई में करवाना पड़ा। यह फ़ैसला सही समय पर लिया गया और ऐसा लगा कि उनकी हालत ठीक हो रही थी। फिर भी डॉक्टरों की सलाह थी इस बीमारी को पूरी तरह से ठीक करने के लिए, उन्हें लन्दन ले जाना चाहिए, जहाँ महारानी एलिज़ाबेथ के डॉक्टर सर फ्रांसिस एवरी-जोन्स (Sir Francis Avery-Jones) की देखरेख में उनका इलाज हो।

अम्माँ जी, सुलतान और राहत ने इस बात की तैयारी की कि मैं और नसीम आपा जल्दी से सायरा के साथ लन्दन जा सकें। क़रीबी दोस्तों में यश चोपड़ा, सतीश भल्ला और बलराज कोहली हमारी मदद के लिए हर वक़्त मौजूद थे और हमें एयरपोर्ट तक छोड़ने भी आये।

लन्दन के क्लिनिक में मैं अपनी लाचारी को गहराई से महसूस करता रहा। जब मैं उनके बिस्तर के पास बैठता था तो उनकी ख़ूबसूरत आँखें मुझे देखकर उस कमज़ोरी में भी मुस्कराती थीं। उस बुख़ार और दर्द में भी, यह जताना नहीं भूलती थीं कि वह मुझे किस क़दर प्यार करती थीं और इस बात से कितनी ख़ुश थीं कि मैं हर वक़्त वहाँ मौजूद रहता था। लन्दन के क्लिनिक वाले बहुत सख़्त थे और वे मरीज़ के कमरे में बाहर के लोगों को नहीं जाने देते थे।

लेकिन सर फ्रांसिस एवरी-जोंस की कृपा से नसीम आपा को इसकी इजाज़त मिल गयी थी कि वे सायरा के पास दिन-रात कुर्सी पर बैठ सकें। सर फ्रांसिस एवरी-जोंस इस बात को जानते थे कि नसीम आपा का बम्बई में स्लिप डिस्क का इलाज हुआ था और फिर भी वे उस छोटी-सी कुर्सी पर बैठी रहती थीं जो उनको अपनी बेटी के बिस्तर के पास बैठने के लिए दी गयी थी। सर फ्रांसिस एवरी-जोंस (सायरा का इलाज करने वाले डॉक्टर) ने तारीफ़ में बड़ी अच्छी बात कही। उन्होंने कहा कि उन्होंने कभी नहीं देखा कि किसी मरीज़ की इतनी प्यार भरी देखभाल उसके पति या माँ ने की हो। उन्होंने आगे कहा कि कहा कि इस तरह की बात सिर्फ़ पूरब के देशों, पूरब के मूल्यों और भावनाओं में ही मुमकिन हो सकती थी। हम सबकी मिली-जुली कोशिशों और अल्लाह के शुक्र से सायरा करामाती ढंग से ठीक होने लगीं। क़रीब एक महीने क्लिनिक में आराम करने के बाद उन्होंने मनोज कुमार की फ़िल्म 'पूरब और पश्चिम' की लन्दन में ही शूटिंग शुरू कर दी (यह फ़िल्म 1970 में रिलीज़ हुई)।

यहाँ मैं यह कहना चाहता हूँ कि फ़िल्म के निर्माता-निर्देशक के तौर पर मनोज का रुख़ तारीफ़ के क़ाबिल था। उन्होंने मुझे भरोसा दिलाया था कि वे सायरा के पूरी तरह ठीक होने का इन्तज़ार करेंगे और तभी 'पूरब और पश्चिम' की शूटिंग शुरू करेंगे, क्योंकि उन्होंने यह पटकथा सायरा को दिमाग़ में रखकर ही लिखी थी। अगर वह काम नहीं करेंगी तो वे इस फ़िल्म को ही बन्द कर देंगे। सालों बाद, जब मनोज यह चाहते थे कि मैं 'क्रान्ति' (1981 में रिलीज़) में काम करूँ तो मैंने बिना पटकथा पढ़े ही इस फ़िल्म के लिए हाँ कर दी थी। मैंने इस फ़िल्म की कहानी सिर्फ़ सरसरी तौर पर सुनी थी, क्योंकि मैं उनका क़र्ज़ चुकाना चाहता था।

दूसरी तरफ़, सुबोध मुखर्जी, जिनकी फ़िल्म 'जंगली' से सायरा ने अपना कैरियर शुरू किया था और उसके बाद उनके प्रोडक्शन हाउस के लिए उन्होंने तीन फ़िल्मों में काम किया था (और जिनको वह अपने परिवार का हिस्सा मानती थीं), ने उनका साथ पूरी तरह छोड़ दिया। सायरा ने ख़ासतौर पर लेखक गुलशन नन्दा से एक कहानी सुबोध के लिए ली थी (फ़िल्म 'शर्मीली') ताकि वे उनको प्रमुख रोल में लेकर फ़िल्म बनायें और उन्होंने उस फ़िल्म की आउटडोर शूटिंग के लिए डेट्स भी दे दी थीं। लेकिन जब वह बीमार पड़ीं तो उनको बिना बताये उस फ़िल्म से हटा दिया गया। क्या यही नैतिकता और शिष्टाचार है? ('शर्मीली') 1971 में रिलीज़ हुई और उसमें राखी ने डबल रोल किया था।

कुछ साल बाद, 1970 के दशक में हमने एक बार फिर कुछ हफ़्ते इस फ़ैशनेबल फ़र्स्ट वर्ल्ड सिटी यानी लन्दन में बिताये (सायरा ने अपने बचपन और किशोरावस्था के साल वहीं गुज़ारे थे)। हमने वहाँ एक-दूसरे के साथ ख़ूब वक़्त

बिताया और लम्बी ड्राइव पर बाहरी इलाक़ों में घूमते रहे। लन्दन हमेशा एक जैसा लगता है। शहर को ध्यान से देखने पर ही उसमें हुए बदलावों का पता चलता है। तब तक गगनचुम्बी इमारतें नहीं बनी थीं और आसमान खुला-खुला और भव्य लगता था। सायरा और मुझे जो जगह ख़ासतौर पर पसन्द थीं, वहाँ हम फिर से गये। एक दिन जब हम वेस्टमिन्स्टर (Westminster) से आगे जा रहे थे तो उन्होंने कहा कि कितना अच्छा होता अगर हम बकिंघम पैलेस में जाते और महारानी एलिज़ाबेथ से मिल पाते। महज़ संयोग की बात थी कि उसी हफ़्ते मुझे महारानी द्वारा दी जाने वाली एक चाय-पार्टी का न्योता मिला। यह एक सालाना समारोह था जो ख़ास नागरिकों, विदेशी मेहमानों और राजनयिकों के लिए होता था। मैं सायरा को अचानक चौंकाना चाहता था, इसलिए मैंने पहले से उन्हें इसके बारे में नहीं बताया। मैंने उनसे कहा कि मैं उन्हें एक ख़ास जगह पर चाय के लिए ले जाना चाहता हूँ, वह ख़ुश हो गयीं और झट से ख़ूबसूरत कपड़े पहनकर तैयार हो गयीं। मुझे फॉर्मल कपड़ों में देखकर उन्हें आश्चर्य तो हुआ मगर उन्होंने यह नहीं पूछा कि मैंने ऐसा लिबास क्यों पहन रखा था। हम कार में बैठे तो उन्होंने मुझसे पूछा कि हम कहाँ जा रहे थे। वह तब तक बीमारी से पूरी तरह उबर चुकी थीं और उनके चेहरे पर जो ज़र्दी छा गयी थी, वह भी जा चुकी थी। उनकी गोरी रंगत अपने पूरे निखार पर थी और वह सच में बहुत सुन्दर और राजसी लग रही थीं।

हमारी शानदार गाड़ी रॉल्स रोयस ने महल की तरफ़ का रास्ता लिया और जब कार बकिंघम पैलेस के गेट से भीतर घुसी तो सायरा की हैरानी देखने लायक़ थी! उन्हें इस बात पर विश्वास ही नहीं हुआ जब मैंने उनसे कहा कि हम लोग महारानी से मिलने जा रहे थे और उनके बग़ीचे में हमें चाय पेश की जायेगी।

हमने आलीशान हॉल और गलियारे पार किये और उस विशाल बग़ीचे में पहुँचे जहाँ महारानी एलिज़ाबेथ, राजकुमार फ़िलिप, महारानी की माँ, राजकुमार चार्ल्स और राजकुमारी अपने मेहमानों से मिल रहे थे। जब हम महारानी के पास गये तो हमें कई एशियाई देशों के राजनयिकों ने घेर लिया और हमसे ऑटोग्राफ़ लेने लगे और बातें करने लगे तो महारानी एलिज़ाबेथ को बड़ी हैरानी हुई। जब वे बड़ी शालीनता के साथ हमसे हाथ मिला रही थीं तो उन्होंने मुझसे मुस्कराते हुए कहा, ''आप बहुत लोकप्रिय आदमी हैं! बड़ी ख़ुशी हुई आपसे मिलकर!''

हम भारत लौटे तो मैंने यह फ़ैसला किया कि मैं सायरा के साथ सामने वाले उनके बँगले में रहने चला जाऊँगा, क्योंकि अब उनका ख़ास ध्यान रखने की ज़रूरत थी और सर फ्रांसिस एवरी-जोंस के बताये ख़ास खाने पर अमल करने की ज़रूरत थी, जो अल्सर की उस बीमारी से ठीक होने के लिए बेहद ज़रूरी था। लन्दन के क्लिनिक में उसके इलाज की वजह से उसकी बीमारी का ख़तरनाक रूप कम तो हुआ था लेकिन हम चाहते थे कि वैकल्पिक चिकित्सा से उसको पूरी तरह से ठीक किया जाये। नसीम आपा, सुलतान और मैंने देश के कई मशहूर

होमियोपैथ डॉक्टरों की सेवाएँ लीं, जैसे—डॉ. पाठक, डॉ. कुन्दर्ट, डॉ. शंकरन, डॉ. अनिल भाटिया, पूना के डॉ. नायडू—और कुछ जाने-माने हकीम जैसे जनाब अलीमुद्दीन साहब और दिल्ली के हरवंशलाल जी आकर हमारे साथ रहे। उन्होंने सायरा का इलाज किया और दवाओं के असर के बारे में जाना। इन सब वजहों से और नसीमा आपा ने जिस तरह से ध्यान रखा, उसकी वजह से सायरा जल्दी ठीक हो गयीं। इस तरह की देखभाल उनके नये बँगले में ही मुमकिन थी, जो आराम और सभी तरह की ज़रूरतों को ध्यान में रखकर ही बनवाया गया था।

जब इलाज चल रहा था तो उसायरा को खींचतान के माहौल से दूर रखना ज़रूरी था क्योंकि इसकी वजह से उनकी बीमारी बढ़ सकती थी और उनके ठीक होने में देरी हो सकती थी। मेरे अपने घर में बहसबाज़ी और शोर-शराबे का माहौल था। यही कारण था कि मैं अपने आउटहाउस में ज़्यादा समय बिताता था। उदाहरण के लिए, एक बार मनोज कुमार और उनकी पत्नी (शशि) हमारे घर आये, ख़ासतौर पर मुझसे यह बात करने कि 'पूरब और पश्चिम' के लिए सायरा की ओर से आगे काम करने का भरोसा मिल जाये। कुछ समय बाद शशि और सायरा को बाथरूम जाने के लिए हॉल से सीढ़ी पर चलकर ऊपर जाना पड़ा, लेकिन सीढ़ी पर अचानक मेरी एक बहन ने बड़ी रुखाई से उन्हें डाँट दिया। सायरा के बारे में मैंने पहले ही कहा है कि उनका बच्चों जैसा स्वभाव था, और वह एक बहुत ही छोटे-से और आपस में गहरे जुड़े परिवार का हिस्सा थीं, और जिन्हें बड़े लाड़-प्यार से पाला गया था। एक बड़ी ख़राब-सी घटना, जिसका मैं यहाँ ज़िक्र नहीं करना चाहता, के बाद मैंने अपने सबसे क़रीबी भाई नासिर को बुलाया और उससे कहा कि मैं या तो सन एंड सैंड होटल में जाकर

*सायरा के साथ शरारत करते हुए*

रहना चाहता था या नासिर के खाली फ्लैट में (क्योंकि नासिर और उसकी बीवी बेग़म पारा नासिक के फार्म में ही रह रहे थे)। एक बार फिर मेरी बीवी ने मुझसे गुज़ारिश की कि ये सारी बातें बेतुकी हैं और जो जैसे है, रहने दें। पिछले सालों में मेरे जीवन से जुड़े मुद्दों को लेकर बहुत सारे लोगों ने बहुत सारे सवाल पूछे हैं, इसलिए मुझे लगा कि इस मौक़े का इस्तेमाल करते हुए मुझे उन सबको जवाब दे देना चाहिए।

एक मर्द होने के कारण मुझे नहाने और तैयार होने में शायद ही कुछ वक़्त लगता था। लेकिन सायरा सब कुछ इतने ध्यान से करती थीं कि उन्हें ज़्यादा वक़्त चाहिए होता था। उनके रहन-सहन का तरीक़ा ऐसा था कि उसमें समय और दूसरी चीज़ों का ध्यान रखना पड़ता था, जबकि मुझे किसी भी समय अपने मेहमानों का स्वागत करने की आदत थी—चाहे वह कोई ख़ास आदमी हो या आम। मेरी सेहत भी अच्छी थी इसलिए मैं अपने दोस्तों और मेहमानों से कभी भी और कहीं भी बेतकल्लुफ़ी से मिल लेता था।

जल्दी ही सायरा ने भी मेरी जीवन-शैली और रफ़्तार को अपना लिया। नसीम आपा और अम्माँ जी अपने डीप फ्रीज में इतना इन्तज़ाम रखती थीं कि किसी क्रिकेट टीम के लिए काफ़ी था। कभी-कभी हमारे यहाँ सचमुच खिलाड़ियों की टीम बिना बताये आ जाती थी और उसका स्वागत भी किया जाता था। मेरे लिए यह कोई बड़ी बात नहीं थी कि मैं डेढ़ बजे अचानक ही यह कह दूँ कि सबके लिए जल्दी से खाना परोसा जाये। सायरा के नौकर-चाकर बड़े अच्छे थे। उनके साथ आज भी वही लोग या उनके बच्चे काम कर रहे हैं जो 45 साल पहले करते थे। सबसे पुरानी नूरजहाँ और उसके परिवार से लेकर कमाल के ख़ानसामे नर्मदा गावडे और कविता और बाद में कई और नौकर चुटकियों में ढेरों मेहमानों का खाना तैयार कर देते थे। इतना ही नहीं, ये सभी नौकर-चाकर हमारे परिवार की खेल टीम में भी शामिल रहते थे। सायरा, सुलतान और हमारे नज़दीकी दोस्त और रिश्तेदार, जैसे—फ़रीदा जलाल, उनके शौहर तबरेज़, बेबी फ़रीदा, मेरे भतीजे अमजद और जावेद (नूर साहब के लड़के, जो अपना ज़्यादा वक़्त हमारे ही साथ बिताते थे), अल हुमा (अभिनेत्री वीना की लड़की) और दर्जन भर दूसरे लोग टीमें बनाकर हमारे घर के लॉन में क्रिकेट या फुटबॉल खेलने का लुत्फ़ उठाते थे।

पुराने आलिम कहा करते थे कि मेरे पैरों में 'चक्र' है, और 'सायरा' का तो मतलब ही होता है वह जो सफ़र करता है। हमारे स्टाफ़ की टीम हमारे साथ एक ट्रंक में बिरयानी बनाने के लिए ज़रूरी मसाले लेकर चलती थी, और चाहे हम किसी दूर-दराज के ऐसे इलाक़े में हों जहाँ ज़रूरी सामान तक न मिलता हो—जैसेकि मारकार (अब कर्नाटक में), जहाँ हम ऊँचे-ऊँचे पौधों वाले कॉफी बाग़ान के बीच में ठहरे थे—हम अपना मनपसन्द खाना बनाकर खाते थे।

पति-पत्नी की तमाम अच्छाइयों के बावजूद दोनों के लिए इस रिश्ते को निभा पाना आसान नहीं होता है। हमने भी कुछ उतार-चढ़ाव देखे थे, लेकिन सिवाय इसके कि हम बाहर से देखने में अलग लगते हैं (मैं ख़ामोश रहने वाला, अन्तर्मुखी, ख़यालों में खोया आदमी, जबकि सायरा जोश से भरी, चंचल लड़की जैसी), हम दोनों में बहुत कुछ मिलता-जुलता भी है। हम दोनों ही अपने-अपने परिवारों के मुखिया हैं, अपने क़रीबियों को लेकर पूरी तरह से समर्पित और कुल मिलाकर हम ज़िन्दगी का लुत्फ़ उठाने में यक़ीन रखते हैं।

अपने संजीदा स्वभाव के बावजूद मुझे हमेशा से मज़ाक़ करना पसन्द रहा है। अगर मैं किसी रहस्यमयी, सुनसान-सी जगह में होता था—जैसे महाराष्ट्र के पन्हाला में, जहाँ उन दिनों (1967) बिजली आती-जाती रहती थी—मैं चुपचाप कम्पाउंड में निकल जाता था और छोटे-छोटे पत्थरों को खिड़कियों पर फेंककर मारता था। उस सुनसान जगह में पत्थरों की टिक-टिक की आवाज़, हवा की सरसराहट के बीच इतनी डरावनी लगती थी कि सायरा और उसके साथ काम करने वाले लोग डर जाते थे! सुनसान जगह में भी पैकअप के बाद हम दोनों को दूर-दूर तक चलने की आदत थी। एक दिन जब हम यूँ ही ख़ामोशी से साथ-साथ चल रहे थे तो चलते-चलते अचानक मैं पीछे मुड़ा, और बड़ी रहस्यमयी मुद्रा में पूछा, "जिस आदमी के साथ तुम इस समय चल रही हो, तुम्हें क्या लगता है कि वह कौन है? तुम्हारा पति? नहीं..." सायरा इतना डर गयी कि बेहोश होते-होते बची।

इसी तरह एक बार मैंने उनकी पुरानी आया नूरजहाँ को बुरी तरह से डरा दिया था। यह 1968 की बात है। बैंगलोर के एयरपोर्ट से हम कार में बैठे और वेस्टएंड होटल के अपने पसन्दीदा सुइट में पहुँचे, बढ़िया नाश्ता किया और इन्तज़ार करने लगे कि नूरजहाँ हमारे सामान के साथ वहाँ पहुँचे। इस बीच मैं वहाँ से ग़ायब हो गया। सायरा ने इधर-उधर देखा लेकिन मैं नहीं मिला। जल्दी ही सायरा और नूरजहाँ कमरे में आयीं और उस बड़ी अलमारी की तरफ़ बढ़ीं, जिसमें सूटकेस रखने थे। अचानक मैं शेर की तरह से दहाड़ता हुआ उनके ऊपर कूद पड़ा! नूरजहाँ नीचे फ़र्श पर जा गिरी थी जबकि सायरा बुरी तरह काँपने लगीं। इसके बाद जब हम घर वापस आये तो नसीम आपा ने मुझे समझाते हुए कहा, "यूसुफ़ बेटा, सायरा बहुत नाज़ुक मिज़ाज की लड़की है, अल्लाह न करे, इस तरह कभी उसको दिल का दौरा पड़ जाये!"

जल्दी ही, मैंने उन्हें मज़बूत दिल का बना दिया और वह मेरे साथ इस तरह के मज़ाक़ करने लगीं! अभी कुछ ही हफ़्ते पहले अल्लाह के शुक्र से हम लोगों को 'टाइमलेस कपल' का ख़िताब दिया गया, और लोग यह जानना चाहते थे कि पिछले 48 साल के दौरान हमारे रिश्तों में क्या कुछ हुआ। (अमिताभ बच्चन स्मृति चिह्न (Memento) देने घर आये थे क्योंकि मैं और सायरा उस मौक़े पर

पहुँच नहीं पाये थे)। तो मैं यही कहता हूँ कि मैंने अपने आपको काफ़ी बदला है। इस दौरान जबकि सायरा ने ख़ुद को मुझसे भी ज़्यादा बदला है!

मेरी शादी के बाद मेरे दोस्त प्राण, सतीश भल्ला और बलराज कोहली रात के 2 बजे मेरे गेट के सामने आकर ज़ोर-ज़ोर से गाड़ी का हॉर्न बजाने लगते थे और मुझसे यह उम्मीद करते थे कि मैं नीचे आऊँ और उनके साथ ड्राइव पर जाऊँ। हम न जाने कब से ऐसा करते आ रहे थे। हम सभी लड़के जोश से भरे होते थे। शाम को सतीश के बेट्स हिल वाले घर में बढ़िया खाना होता था। बढ़िया शेरो-शायरी होती थी और फिर गाना-बजाना चलता था। प्राण और सतीश की महान उर्दू शायरों मिर्ज़ा ग़ालिब, मीर तकी मीर, फ़ैज़ अहमद फ़ैज़ की शायरी पर अच्छी पकड़ थी। लेकिन जल्दी ही हमारी भाभी (सतीश की पत्नी शालू) एक बड़ा-सा दीवान-ए-ग़ालिब निकाल लाती थीं और अपनी टूटी-फूटी उर्दू ज़बान में बड़ी मुश्किल से कोई शेर पढ़ती थीं। फिर बाक़ी शेरों को वे 'समथिंग, समथिंग' कहकर ख़त्म करती थीं। यह इतना मज़ेदार होता था कि मैंने इसकी नक़ल 'राम और श्याम' के एक सीन में भी की थी।

सायरा जैसी ख़ूबसूरत और ग्लैमरस औरत को मेरे पाँच मिनट में तैयार हो जाने की आदत के कारण तैयार होने के अपने समय में ज़बरदस्त कमी करनी पड़ी। शादी के बाद एक शाम उन्हें तैयार होने में एक घण्टा लग गया। आख़िरकार जब वह आयीं तो ख़ूब सजी-धजी और मोहक लग रही थीं। उन्हें नसीम आपा के डिज़ाइन किये हुए गहने बहुत पसन्द थे, और उस दिन भी उन्होंने ख़ूब सारे गहने पहन लिये थे। उन्होंने मुझसे पूछा, 'कैसी लग रही हूँ?' मैंने मुस्कराते हुए जवाब दिया, ''ब्यूटीफुल! लेकिन तुमको एक टोकरा लेकर चलना चाहिए और अपने सारे गहने उसमें रख लेने चाहिए ताकि लोगों को यह पता चले कि तुम्हारे पास कितने गहने हैं!'' उसके बाद से अकसर सायरा ने मेरे साथ बाहर जाते हुए बस मोतियों की एक माला और कान के झुमके पहनने शुरू कर दिये।

कुल मिलाकर बात यह है कि एक ख़ूबसूरत औरत जिसे किसी बड़ी पार्टी के लिए तैयार होने में, अपने लम्बे बालों को सेट करने और मेकअप करने में एक घण्टा लग जाता था, वह अचानक ही बदल गयी।

मुझे याद है कि जब हम लोग एक-दूसरे को हल्का-सा ही जानते थे और वह फ़िल्मों में नयी-नयी आयी थीं, मैं अचानक एक दिन सी बेले (Sea Belle) में उनके फ्लैट पर पहुँच गया था। मैंने डोरबेल बजायी, और मुझे देखते ही वह इतने ज़ोर से चिल्लायीं कि कोई बेहोश हो सकता था। उन्होंने बालों में तेल लगाकर पीछे चोटी बाँध रखी थी और एक साधारण-सा सूती सलवार-कुरता पहन रखा था। वह अपने कमरे में भाग गयीं, और वहाँ से बाहर नहीं निकलीं। उन्होंने नसीम आपा से कहा, ''उन्होंने मुझे इस हालत में देख लिया है इसलिए अब वे मेरे साथ कभी काम नहीं करेंगे!''

शादी के बाद वह इतनी बदल गयीं कि अगर उन्होंने बालों में मेहँदी लगा रखी होती और मैं उनसे कहता कि चलो एक दोस्त के यहाँ चलना है, तो वह सिर पर पगड़ी-सी बना लेती थीं और उसी तरह मेरे साथ चलने से पहले एक बार भी नहीं सोचती थीं। एक बार जब मैं एक शादी में हिस्सा लेने हैदराबाद जा रहा था तो वह हमेशा की तरह एयरपोर्ट पर मुझे छोड़ने के लिए आयीं और वहाँ उन्हें यह पता चला कि उसकी उस दिन की शूटिंग टल गयी थी। मुझे अचानक सूझा कि क्यों न उन्हें अपने साथ फ्लाइट में चलने के लिए कहूँ? उन्होंने ऐसा ही किया और उस शानदार शादी में वह आराम से सलवार-कमीज़ पहने ही शामिल हो गयीं!

इतने सालों से सायरा के साथ रहने के दौरान मैं जिस बात का सबसे ज़्यादा प्रशंसक रहा हूँ, वह है उनकी सादगी और नरम दिली। उनकी एक ख़ूबी यह भी है कि हालात को ठीक करने के लिए वह जल्दी से माफ़ी माँग लेती हैं और उनके अन्दर किसी तरह का झूठा घमंड नहीं है। अगर किसी से उनकी ज़रा -सी भी अनबन हो जाये तो उनके दिल में दर्द होने लगता है और उन्हें तब तक चैन नहीं पड़ता, जब तक कि वह उसके साथ सुलह नहीं कर लेतीं। मेरे साथ ऐसा नहीं था और घर में किसी से झगड़ा हो जाने के बाद मुझे शान्त होने में काफ़ी समय लगता था।

जब मेरी अपनी सबसे अच्छी और होशियार बहन अख़्तर ने अचानक के. आसिफ़ से शादी कर ली तो मैंने उससे मिलना-जुलना छोड़ दिया था। मैंने एक तरह से उससे किनारा ही कर लिया था।

एक दिन दोपहर के खाने के वक़्त सायरा एक फ़ोन सुनने के लिए उठीं। दूसरी तरफ़ बम्बई के ब्रीच कैंडी अस्पताल का एक डॉक्टर था। उसने कहा कि अख़्तर अपने भाई से मिलना चाहती थी और वह बहुत बीमार थी। तब तक आसिफ़ की मौत हो चुकी थी (वह 9 मार्च 1971 को गुज़र गये) और वह अपनी बेटियों के साथ रह रही थीं। मैंने सायरा से साफ़-साफ़ कह दिया, "मैं नहीं जाऊँगा।" सायरा ने मुझसे गुज़ारिश की कि मुझे जाकर उससे मिलना चाहिए, क्योंकि आख़िरकार वह मेरी बहन है और बहुत बीमार भी है। मैंने फिर कहा कि मैं उसे नहीं देखूँगा। उसने मुझे शर्मसार कर दिया था और इतने बरसों के लाड़-प्यार के बाद मैंने उससे रिश्ता तोड़ लिया था।

सायरा ने अपने प्यार भरे अन्दाज़ से मुझे बार-बार समझाया कि उसके कहने पर एक बार अख़्तर से मिल आऊँ, अल्लाह न करे कि कुछ हो जाये। वह मुझे लेकर ब्रीच कैंडी अस्पताल गयीं और वहाँ पहली बार अख़्तर को सायरा के साथ मेरी शादी के सख़्त ख़िलाफ़ थी) सायरा को समझने का मौक़ा मिला। बाद के बरसों में और आज भी अख़्तर और सायरा में ख़ूब छनती है।

अल्लाह की दुआ से हमारा लम्बा रिश्ता ख़ूब फला-फूला और हमारे बीच में किसी तरह का अहं नहीं रहा। यह देखकर बड़ी तकलीफ़ होती है कि पति-पत्नी छोटी-छोटी बातों पर झगड़ते रहते हैं और हमारे मामले में तो बच्चों के कारण निभाते रहने की बात भी नहीं थी।

हॉलीवुड के अभिनेता रिचर्ड बर्टन (Richard Burton) ने एक बार मीडिया में बड़ी मशहूर टिप्पणी की थी, ''बेचारी लिज़ (एलिज़ाबेथ टेलर, मशहूर अभिनेत्री और बर्टन की पत्नी) अभी तक पिछले साल के ही हीरे पहने हुए है।'' सायरा और मैं हमेशा सन्तुष्ट रहने वाले लोगों में हैं, और हमेशा सादगी के साथ जीने वाले। हमारी ज़िन्दगी हमेशा मौज-मस्ती और हँसी-ख़ुशी से भरपूर रही है।

अगर मैंने सायरा को कभी यह कहा कि मेरे साथ किसी समारोह में जाने के लिए तैयार रहना, घर में इन्तज़ार करना, और मैं इसके बारे में पूरी तरह भूल गया और वहाँ अकेला ही पहुँच गया तो वह मेरे इस भुलक्कड़पन को हँसकर उड़ा देती थीं। मैं यहाँ एक घटना का ज़िक्र करना चाहता हूँ जिससे उनकी इस आदत का पता चलता है। एक शाम ऑस्कर जीत चुकी हीरोइन शर्ले मेक्लीन (Shirley Maclaine) के सम्मान समारोह में दूसरे लोगों के साथ सायरा और मुझे भी रात के खाने के लिए बुलाया गया था। सायरा इस हॉलीवुड अभिनेत्री की ज़बरदस्त दीवानी थीं। अब मुश्किल यह थी कि जिस दिन वह कार्यक्रम था, उस दिन मैं दिल्ली में था। बहरहाल, मैं दिल्ली से वापस आया और सायरा मुझे एयरपोर्ट पर लेने आयी। वह समारोह के लिए पूरी तरह से तैयार थीं और अपने साथ मेरे लिए गहरे रंग का सूट भी लेती आयी थीं।

मैंने कार में उनसे पूछा कि क्या वह सचमुच वहाँ जाकर अपने चाहने वालों के बीच खो जाना चाहती हैं या हम दोनों कहीं और चलकर कुछ वक़्त साथ-साथ बिताएँ, क्योंकि हम कुछ दिनों से एक-दूसरे से दूर थे। बस, फिर क्या था! हमने कैंडल लाइट में अकेले डिनर किया, जैसा हम अकसर नहीं कर पाते थे।

एक और बड़ी अच्छी ख़ूबी उनमें यह है कि वह गुज़री हुई बातों को पकड़कर नहीं बैठतीं। हमारे निकाह के ठीक बाद, जब हम मद्रास में थे, मुझे मधुबाला का सन्देश मिला कि वह मुझसे मिलना चाहती थीं। हम बम्बई लौटे तो मैंने सायरा को इसके बारे में बताया। सायरा ने फ़ौरन कहा कि मुझे मधुबाला से ज़रूर मिलना चाहिए क्योंकि हो सकता है कि वह किसी बात से परेशान हो। जब मैं मधु के घर पहुँचा तो मुझे यह देखकर बड़ी तकलीफ़ हुई कि वह सूखकर काँटा हो गयी थी और बहुत कमज़ोर लग रही थी। उसके चेहरे की पीली रंगत न सिर्फ़ उसकी ख़राब सेहत की कहानी कह रही थी बल्कि अपनी शानदार और शरारती मुस्कराहट के लिए भी उन्हें कड़ी मेहनत करनी पड़ रही थी। वह मुझे देखकर बुहत ख़ुश हुईं और उन्होंने कहा ''हमारे शहज़ादे को उसकी शहज़ादी मिल गयी! मैं बहुत ख़ुश हूँ!''

वह कुछ निजी बातों को लेकर परेशान थी और उस मामले में वह मेरी सलाह चाहती थीं। हम इस बारे में तब तक बात करते रहे, जब तक कि उन्हें यह पक्का भरोसा नहीं हो गया कि ये मामले सुलझ सकते थे। उसी दिन मैंने उन्हें आख़िरी बार देखा था। 23 फ़रवरी 1969 को उनका इन्तक़ाल हो गया।

इसी तरह जब 1998 में मुझे दिल की बीमारी हुई तो उमा (कामिनी कौशल) ने सालों बाद मेरे घर फ़ोन किया। उनकी कुछ ख़ास सहेलियाँ मुझसे मिलना चाहती थीं। सायरा ने बड़े प्यार से उन सबको घर बुलाया। उन्होंने मुझे उमा से बात करने के लिए भी मजबूर किया, जिसे मेरी हालत के बारे में पता चला था और यह भी कि मेरी ओपन हार्ट सर्जरी होने वाली थी।

उमा ने कहा कि वह मुझे कुछ बच्चों की फ़िल्मों के टेप भेज देंगी जो उसे अच्छी लगी थीं। वह बच्चों की पत्रिकाओं में कहानियाँ लिख रही थीं और उनमें से कुछ फ़िल्मों के लिए चुनी गयी थीं। उन्हें लगा कि ऑपरेशन के बाद यह अच्छा रहेगा कि मैं बच्चों की हल्की-फुल्की फ़िल्में देखूँ। उन्होंने हमारे लिए कुछ छोटे-छोटे खिलौने भी भेज दिये जिन्हें कार में टाँगा जा सकता था। सायरा को उमा के ये तोहफ़े ख़ूब पसन्द आये।

मैं मद्रास में गुज़रे दिनों को कभी नहीं भुला पाता, चाहे हम शूटिंग के लिए वहाँ गये हों या सिर्फ़ घूमने-फिरने के लिए। ख़ुशक़िस्मती से, जो पहली फ़िल्म हमने साथ-साथ की उसकी शूटिंग भी कहीं और नहीं, मद्रास में ही होने वाली थी। इस फ़िल्म का नाम 'गोपी' (1970 में रिलीज़) था।

22

## पति-पत्नी की जोड़ी

*'मुझे इस बात का अहसास होता गया कि मेरी बीवी में कड़ी मेहनत करने की लगन है और बेहतरीन काम करने की उनके अन्दर कितनी ज़बदरस्त चाह है। वह हर अच्छी सलाह को ध्यान से सुनती थीं और अपने साथ किये जाने वाले सीनों को लेकर मेरे मशविरों पर अमल करती थीं। उन्होंने मेरे साथ तीन फ़िल्मों में काम किया और मैंने देखा कि उसके भीतर एक ज़िद थी और पक्का निश्चय भी कि अपने काम को और बेहतर बनाने के लिए छोटी-छोटी चीज़ों और जज़्बाती उतार-चढ़ावों का कैसे ध्यान रखना चाहिए।'*

'गोपी' (ए. भीम सिंह द्वारा निर्देशित) एक ख़ुशनुमा अनुभव था। मेरे और सायरा के लिए यह एक लम्बे हनीमून की तरह था। मद्रास में कोदम्बक्कम (Kodambakkam) में हमारा अलग हटकर बना एक घर था—कॉटेज की तरह। हरियाली के बीच, घर के पिछवाड़े में आम के पेड़ थे और सुनहरी पीली रेत आँगन में हर कहीं फैली हुई थी। हमारे मनोरंजन और व्यायाम के लिए नागी रेड्डी ने हमारे लिए ऊँची दीवारों वाला एक बैडमिंटन कोर्ट बनवा दिया था, जिस पर ताड़ के पत्तों की छाया पड़ती थी।

सायरा महज़ इस बात से ही बहुत ख़ुश नहीं थीं कि शूटिंग के पैकअप होने के बाद हम लोगों को उस घर में अकेले छोड़ दिया जाता था, बल्कि इसलिए भी क्योंकि वह पहली बार मेरे साथ काम कर रही थीं। तब तक उनकी शर्म कुछ कम हो गयी थी और देखरेख के माहौल में पली-बढ़ी होने के कारण जो झिझक उनके अन्दर थी, वह भी दूर हो रही थी। सेट पर उन्हें मेरे और ओमप्रकाश जी के बीच का हँसी-मज़ाक़ ख़ूब भाता था, जो कि जाने-माने कॉमेडियन और चरित्र अभिनेता थे—और जब उभरती अभिनेत्री फ़रीदा जलाल

ने उनसे दोस्ती करने की कोशिश की तो उन्होंने बड़ी गर्मजोशी से इसका जवाब दिया। दरअसल, उनके और फ़रीदा जलाल के बीच इतनी पक्की दोस्ती हो गयी कि यह आज तक क़ायम है। कत्थक गुरु रोशन कुमारी, जिन्होंने उस फ़िल्म में नाच-गाने का निर्देशन किया था, के साथ भी सायरा की ख़ूब जमती थी। रोशन कुमारी और सायरा घण्टों उस गाने की रिहर्सल करते थे, जिसमें हम दोनों थे, 'जेंटलमैन, जेंटलमैन, जेंटलमैन...'*। फ़िल्म के रिलीज़ होने के बाद इस गाने ने ख़ूब धूम मचायी।

जिस दिन हमने पहली बार कैमरे के सामने एक साथ काम किया, जो सायरा का बरसों पुराना सपना था, तो शायर राजेन्द्र कृष्ण उन्हें देख रहे थे कि वह किस तरह मेरे बताये अनुसार काम कर रही थीं। जब तालियों की गड़गड़ाहट कम हुई तो वे उन्हें एक तरफ़ ले जाकर बोले, "बेटा, मुझे लगता है कि तुमने बहुत अच्छा काम किया। लेकिन मैं तुम्हारी भलाई के लिए यह कहना चाहता हूँ कि तुम्हें अपनी एक्टिंग में दिलीप कुमार बनने की कोशिश नहीं करनी चाहिए। अपने जैसी रहो, सायरा बानो ही रहो। यही इनकी दूसरी सभी हीरोइनें भी करती रही हैं। सबने दिलीप कुमार बनने की कोशिश की लेकिन कामयाब नहीं हो पायीं। यह स्वाभाविक तौर पर होता है जब आपके साथ फ्रेम में दिलीप कुमार जैसे क़द का अभिनेता हो। पर तुम ऐसा मत करो। अपने जैसी ही रहो।"

हम अपने कॉटेज में लौटकर आये तो सायरा ने मुझे यह सब बताया। मुझे लगा कि उनकी बात सही थी। मैं हमेशा अपने साथ काम करने वाले कलाकारों की मदद करने के लिए उनके हिस्से की एक्टिंग करके दिखाता रहता था, इसलिए नहीं कि मैं उन्हें अपने हिसाब से चलाऊँ बल्कि इसलिए कि मैं यह चाहता था वे मुझसे एक दर्जा बेहतर काम करें। यह बात मैंने एस. मुखर्जी साहब और महबूब साहब से सीखी थी जो कलाकारों के सामने चेहरे और शरीर के हाव-भाव दिखाने के लिए मशहूर थे।

उदाहरण के लिए, एस. मुखर्जी साहब, 'लीडर' की शूटिंग के दौरान वैजयन्तीमाला के सीन को करके दिखाते हुए एक शालीन महिला बन गये थे जो अपनी आँखों के इशारे से अपने प्रेमी के प्यार के इज़हार पर अपनी रज़ामन्दी प्रकट करती है। इसी तरह महबूब साहब 'अमर' (1954) में निम्मी को निर्देशित करते हुए थुलथुल होने के बावजूद गाँव की दुबली-पतली लड़की की तरह फुर्ती से चलकर दिखाया करते थे।

मैंने बहुत गहराई से सायरा को यह बात समझाई कि महबूब साहब मोटे और थुलथुले होने के बावजूद किस तरह गाँव की लड़की की तरह फुर्ती से और अदा से चलकर दिखाया करते थे। मुझे उनकी नक़ल उतारते देखकर सायरा

---

* इस गीत को लता मंगेशकर और महेन्द्र कपूर ने गाया था। गीत राजेन्द्र कृष्ण ने लिखा था और संगीत कल्याणजी-आनन्दजी ने दिया।

*फ़िल्म गोपी में सायरा के साथ*

का हँस-हँसकर बुरा हाल हो गया। लेकिन उन्हें यह बात समझ में आ गयी कि भारतीय सिनेमा के उस ज़माने में जब कलाकारों और निर्देशकों के लिए किसी तरह का प्रशिक्षण नहीं होता था, तो ये महान फ़िल्मकार किस तरह कलाकारों की मदद करते थे और अपना मनचाहा काम करवाते थे।

जब मैं और नासिर 'गंगा जमुना' (1961) में काम कर रहे थे तो नासिर देखता था कि मैं बाक़ी कलाकारों को सीन समझाते समय यह भी बताता रहता था कि उनके चेहरे पर किस तरह के भाव होने चाहिए। एक दिन मैंने दोपहर के खाने के दौरान सुना कि वह नितिन बोस से कह रहा था कि एक लड़की उसके लिए पागल थी और मैंने यह बात सिर्फ़ उसके चेहरे के हाव-भाव से पढ़ ली थी, जो नासिर के लिए अपने प्यार को छिपा नहीं पा रही थी।

मुझे बचपन से ही लोगों के चेहरे के हाव-भावों को पढ़ने का शौक़ रहा है। मैंने बहुत जल्दी इस बात को समझ लिया था कि चेहरे के भावों से वह कहा जा सकता था जो लफ़्ज़ों से नहीं कहा जा सकता था। जब आग़ा जी नाराज़ होते थे या किसी बात से दुखी होते थे तो वे चुपचाप अकेले बैठ जाते थे। लेकिन उनकी आँखों और भौंहों से उनके जज़्बात नहीं छिप पाते थे। पेशावर के उस बड़े घर में मैं घर के सभी लोगों को ध्यान से देखता था, क्योंकि मैं या तो अम्माँ के पीछे-पीछे रहता था या सब मिलने-जुलने वाले आते थे तो उनकी बग़ल में बैठा रहता था।

मेरी दिलचस्पी उनकी बातें सुनने में कम और यह देखने में ज़्यादा रहती थी कि वे किस तरह से अपनी बात कहते थे। मुझे उनका हाथ चमकाकर बोलना या आवाज़ के उतार-चढ़ाव के साथ बात करना अच्छा लगता था। अम्माँ कभी-कभी इस बात पर ध्यान देती थीं तो मुझसे कहती थीं कि कमरे से चला जाऊँ, क्योंकि बच्चों को बड़ों की बातों को नहीं सुनना चाहिए। जब आग़ा जी अपने दोस्तों से बातें करते थे तो मैं उनकी बग़ल में नहीं बैठता था मगर दूर से मैं उनको भी ध्यान से देखता रहता था। कुछ लोगों की ज़ोरदार हँसी से माहौल जीवन्त हो उठता था तो कुछ ऐसे लोग भी थे जो किसी तरह का भाव नहीं दिखाते थे। एकदम गुमसुम।

नर्गिस ने एक बार मज़ाक़ में मुझसे पूछा था कि मुझे यह कैसे पता था कि औरतें किस तरह अपने जज़्बातों को बयान करती हैं। उन्हें तब बड़ी हैरानी हुई जब मैंने उन्हें अपने बचपन के शौक़ के बारे में बताया।

'गोपी' फ़िल्म की बात पर लौटें, तो मुझे इस बात का अहसास होता गया कि मेरी बीवी में कड़ी मेहनत करने की लगन है और बेहतरीन काम करने की उनके अन्दर कितनी ज़बरदस्त चाहत है। वह हर अच्छी सलाह को ध्यान से सुनती थीं और अपने साथ किये जाने वाले सीनों को लेकर मेरे मशविरों पर अमल करती थीं। उन्होंने मेरे साथ तीन फ़िल्मों में काम किया और मैंने देखा कि उनके भीतर एक ज़िद थी और पक्का निश्चय भी कि अपने काम को बेहतर बनाने के लिए छोटी-छोटी चीज़ों और जज़्बाती उतार-चढ़ावों का कैसे ध्यान रखना चाहिए। 'गोपी' के बाद जिन दो फ़िल्मों में हमने साथ-साथ काम किया, वे थीं 'सगीना' (जो 1970 में बांग्ला में आयी और 1974 में हिन्दी में) और 'बैराग' (1976)।

हमने 'सगीना' (1970 और 1974) फ़िल्म तब साइन की, जब 'गोपी' बन रही थी। मुझे निर्देशक तपन सिन्हा के साथ बात करने के लिए कोलकाता जाना पड़ता था। मैं पहले भी तपन दा से मिल चुका था अपने दोस्त हितेन चौधरी के साथ, लेकिन हमने फ़िल्मों के बारे में ज़्यादा बातचीत नहीं की थी। ज़्यादातर पढ़े-लिखे लोगों की तरह तपन दा बहुत कम बोलते थे। मुझे पता था कि एस. मुखर्जी साहब की तरह वे भी फिज़िक्स में पोस्ट ग्रेजुएट थे और उन्हीं की तरह इन्होंने भी अपना सफ़र साउंड इंजीनियर के रूप में शुरू किया था। लेकिन मुखर्जी साहब ख़ूब बातें करते थे जबकि तपन दा तभी बोलते थे, जब ज़रूरत होती थी। जब अशोक भैया ने बांग्ला फ़िल्म 'हाटे बाज़ार' में काम किया था तो वे तपन दा के बारे में काफ़ी बातें करते थे, जो उस फ़िल्म के निर्देशक थे। मैंने 1957 की बांग्ला फ़िल्म 'काबुलीवाला' बिमल दा के साथ ही देखी थी। तपन दा ने जिस तरह रवीन्द्रनाथ टैगोर की कहानी को परदे पर उतारा था, वह मुझे अच्छा लगा था और मैंने उस फ़िल्म के कलाकार छबि बिस्वास के काम की तारीफ़ की थी।

तपन दा एक ऐसे निर्देशक के रूप में सामने आये जो कलाकारों के सुझावों को पसन्द करते थे। उन्होंने उस फ़िल्म की पृष्ठभूमि और उसके दौर को लेकर काफ़ी बातें बतायी थीं और उन्होंने उसको समझने और पढ़ने के लिए मुझे सामग्री भी दी जो आज़ादी से पहले के मज़दूर आन्दोलनों और पूर्वी और उत्तर-पूर्व के इलाक़ों में नक्सलवाद के पनपने को लेकर थी। इस तरह के साहित्य से यह समझने में बड़ी मदद मिली कि वे किरदार किस तरह से एक क्रान्तिकारी राजनीतिक माहौल में फँसे हुए थे।

मुझे सगीना का किरदार बहुत पसन्द आया था—किसी गम्भीर मुद्दे या चालाक लोगों से निपटने के लिए उसके भीतर छल-कपट का अभाव, उसकी समझबूझ, कभी-कभी उसका अजीबोग़रीब व्यवहार, ललिता (ललिता का किरदार सायरा

*फ़िल्म सगीना में सायरा के साथ*

बानो ने निभाया) के प्रति उसका प्यार, और सबसे बढ़कर उसकी उतार-चढ़ाव भरी ज़िन्दगी। जिस गहराई और सच्चाई के साथ तपन दा ने काग़ज़ पर सगीना का चरित्र उभारा था, वह हैरान कर देने वाला था। उन्होंने मुझे कहा कि मुझे इस बात की आज़ादी थी कि मैं चाहूँ तो उसे बेहतर बना दूँ। असल में, वे उस तरह के निर्देशक थे जो अपने कलाकारों से यह उम्मीद करते थे कि वे स्क्रीनप्ले में सिचुएशन की माँग को समझें और उसमें बदलाव के बारे में बतायें। ऐसे निर्देशक के साथ काम करना वैसे कलाकारों के लिए बड़ी खुशी की बात होती थी जिनका दिमाग़ नये-नये तरीक़े से सोच सकता था और जिनके अन्दर यह ख़्वाहिश होती थी कि उस किरदार के प्रभाव को बढ़ा दें, जबकि यह ऐसे कलाकारों के लिए बोझ जैसा था जो निर्देशक के इशारों पर चलने में यक़ीन रखते थे। मेरे लिए खुशी की बात यह थी कि 'सगीना महतो' के जो कलाकार थे, वे हमेशा बेहतर काम करने की कोशिश के लिए तैयार रहते थे। जैसाकि मैं पहले कह चुका हूँ कि यह फ़िल्म पहले बांग्ला में 'सगीना महतो' के नाम से बनी थी, जिसका मतलब यह था कि मुझे अपने संवाद बांग्ला में बोलने थे। मेरे दिल में पहले से ही बांग्ला भाषा के लिए ख़ास जगह थी, क्योंकि अपने कैरियर की शुरुआत में मैं अशोक भैया, एस. मुखर्जी साहब और कई विद्वान बांग्ला लेखकों की संगत में रहा था। इसकी वजह से मुझे बांग्ला में अपने डायलॉग बोलने में उतनी मेहनत नहीं करनी पड़ी जबकि बम्बई के ग़ैर-बंगाली कलाकारों को (सायरा भी उनमें आती थी) उनके डायलॉग के टेप दिये गये थे जिनको सुनकर उनको अभ्यास करना होता था। मैंने अपने बांग्ला डायलॉग बोलने में जो मेहनत की थी, उसका फल तब नज़र आया जब वह फ़िल्म रिलीज़ हुई और वहाँ के स्थानीय मीडिया ने उसके बारे में जमकर लिखा। मैं इस बात से बहुत खुश हुआ कि बांग्ला फ़िल्म में काम करने के लिए मुझे बंगाली फ़िल्म पत्रकार संघ का प्रतिष्ठित पुरस्कार मिला। चार साल के बाद इसके निर्माता जे.के. कपूर और हेमेन गांगुली ने काफ़ी खर्च करके इसे हिन्दी में भी बनाने का फ़ैसला किया और उन्हीं जगहों पर फ़िल्म को फिर से शूट किया।

मूल कथा में जगह बनाकर गाने डाले गये ताकि यह उत्तर भारतीय दर्शकों को मज़ेदार लगे। फ़िल्म का गाना 'तुमरे संग रैन बितायी...'* मेरे और सायरा के ऊपर फ़िल्माया गया था और उस गाने की कोरियोग्राफ़ी बहुत अलग ढंग से की गयी थी, और हम लोगों के सुझावों को भी जगह दी गयी थी। यह गाना गंगा-जमुना के 'ढूँडो-ढूँडो रे साजना...'** की तरह का ही गाना था जिसमें सगीना और ललिता की शारीरिक नज़दीकियों को दिखाया गया था। यह उसी तरह था जब 'गंगा जमुना' में

* मजरूह सुल्तानपुरी द्वारा लिखे इस गाने को लता मंगेशकर और किशोर कुमार ने गाया था और संगीत सचिन देव बर्मन का था।

** लता मंगेशकर द्वारा गाये गये इस गाने को शकील बदायूँनी ने लिखा था और नौशाद ने इसे संगीतबद्ध किया था।

गंगा और धन्नो के बीच का रिश्ता परवान चढ़ता है और वे जल्दी से एक पुरोहित को बन्दी बनाकर लाते हैं और वहाँ जंगल में ही शादी कर लेते हैं।

मैं इस बात पर ज़ोर देता था कि इस तरह के सीन तैयार किये जाने चाहिए क्योंकि फिर शारीरिक तौर पर नज़दीकी को ज़्यादा दिखाये जाने की ज़रूरत नहीं रहती है। जिन निर्देशकों के साथ मैंने काम किया, उनमें से ज़्यादातर ने मेरी बात मान ली तो उसका कारण यह था कि हम दोनों ही उस विषय पर एक तरह सोचते थे। यह हमेशा मेरे ऊपर छोड़ दिया जाता था कि मैं सीन को कैसे तैयार करूँ। इसका यह मतलब नहीं था कि मैं पुराने विचारों का या रूढ़िवादी था। मैं जनता की अपेक्षाओं को समझता था, लेकिन साथ ही मुझे इस बात का भी इल्म रहता था कि एक कलाकार के रूप में मेरे नैतिक दायित्व क्या थे। एक ऐसे परिवार का मुखिया होने के कारण जिसमें छह लड़कियाँ और पाँच लड़के थे, मैं अश्लीलता के दिखावे के सख़्त ख़िलाफ़ था। मुझे ऐसे सीन करने से पहले इस बात का ध्यान रहता था कि मेरी अपनी बहनों को इन्हें देखकर शर्मिन्दगी न हो, चाहे वह फ़िल्म में बनावटी ही क्यों न हो। चाहे वह कॉमेडी हो या मज़दूरी से जुड़ा कोई विषय, या ऐतिहासिक या सामाजिक तौर पर प्रासंगिक कोई विषय, आमतौर पर मैं ऐसी फ़िल्मों का चुनाव करता था जिनमें मूल रूप से कोई सामाजिक मुद्दा हो। हम जो चाहते हैं वह हमें हमेशा नहीं मिल सकता है, लेकिन चुनने का मौक़ा मिलने पर मैं वैसी फ़िल्मों को तरजीह देता था।

'सगीना महतो' इसलिए मुझे आकर्षक लगी क्योंकि इसमें राजनीति पर टिप्पणी थी और इसके माध्यम से सर्वहारा मज़दूर आन्दोलन की बात की जा रही थी। यह इसलिए भी दिलचस्प थी क्योंकि इसमें अशान्ति के दौर में एक असामान्य-सी प्रेम कहानी कही गयी थी। पहले सायरा ललिता का किरदार नहीं करने वाली थीं। उनके पास बहुत-सी फ़िल्में थीं और उनके रुतबे के हिसाब से वह किरदार उतना बड़ा नहीं था। लेकिन सायरा तो सायरा ही हैं, उन्होंने उस किरदार को करने की पेशकश की ताकि वह उस फ़िल्म के लिए चुनी गयी लोकेशन, जो कुर्सियांग और गयाबरी* के पास में थी, के एकान्त में मेरे साथ रह सकें। वह किरदार काफ़ी दमदार बनकर उभरा और उन्होंने इस चुनौती को काफ़ी आगे बढ़कर स्वीकार किया और अपना रोल इतने साहस और जोश के साथ किया कि मुझे भी हैरानी हुई। उनके रोल के कारण उन्हें जिस तरह की समीक्षाएँ मिलीं और जिस तरह से उन्हें साथी कलाकारों ने बधाई दी, उससे उनको गर्व होना स्वाभाविक ही था।

'सगीना महतो' की उनके काम ने मुझे एक बार फिर से इस बात का विश्वास दिलाया कि यह अच्छा नहीं होगा कि उनके कैरियर को बीच में ख़त्म

* ये दोनों शहर दार्जिलिंग में हैं।

करके उन्हें सिर्फ़ एक पत्नी के तौर पर रहने के लिए कहा जाये। हमारी शादी के कुछ ही हफ़्तों के बाद मैंने 'शागिर्द' (1967 की इस फ़िल्म के हीरो जॉय मुखर्जी, एस. मुखर्जी साहब के बेटे थे) फ़िल्म के रशेज देखे थे। इसमें मैंने पहली बार उनको परदे पर देखा था। जब स्क्रीनिंग ख़त्म हुई तो मैंने उनसे कहा कि उन्हें फ़िल्मों में काम करने से रोकना एक अपराध से कम न होगा।

'सगीना महतो' की लोकेशन देखने लायक़ थी, वैसा ही पहाड़ी और ख़ूबसूरत इलाक़ा जैसाकि मेरी यादों में पेशावर बसा हुआ था। वहाँ दिन भर हल्का अँधेरा रहता था, और बादल दूर पहाड़ों पर घिरे रहते थे। चूँकि मुझे आउटडोर शूटिंग हमेशा से पसन्द थी इसलिए मैं अपना ख़ाली समय पहाड़ों पर चढ़ने और बाज़ार में घूमने में बिताता था, जहाँ से मैं अपनी बीवी के लिए सफ़ेद ऑर्किड के फूल ख़रीदता था। ऐसे ही एक दिन मुझे वहाँ के एक थियेटर ग्रुप का एक नाटक देखने के लिए ले जाया गया जहाँ मुझे एक बहुत होनहार कलाकार दिखा, कादर ख़ान। वह मुझसे स्टेज के पीछे आकर मिले तो उहोंने मुझसे कहा कि वह हिन्दी फ़िल्मों में काम करना चाहता था क्योंकि उसको उर्दू बहुत अच्छी तरह आती थी। मैंने तपन दा से बात की और उन्होंने उसको 'सगीना' में एक छोटा-सा रोल दे दिया और बाद में 'बैराग' में भी। कादर के हुनर में मैंने जो विश्वास जताया था, वह उस पर पूरी तरह खरे उतरे और उहोंने कई हिन्दी फ़िल्मों में अभिनेता और लेखक के तौर पर अपनी अच्छी पहचान बनायी। मैंने उनकी ऐसी कोई फ़िल्म तो नहीं देखी जिनसे वह मशहूर हुए लेकिन मुझे पता चला कि उनकी बहुत माँग थी।

जब मैं 'सगीना' के लिए शूटिंग कर रहा था तो मेरे कॉटेज की बग़ल में हमेशा की तरह एक बैडमिंटन कोर्ट बनवाया गया था, जहाँ मैं रोज़ हर उस आदमी के साथ खेलता था जो मेरे साथ खेलना चाहता था। शाम को जब मौसम ठण्डा हो जाता था तो हम लोग आग जलाकर उसके चारों तरफ़ नाचते-गाते थे, और नक़लें भी उतारते थे। उस ख़ूबसूरत लेकिन बहुत दूर-दराज की जगह पर बोरियत को भगाने का यही हमारा तरीक़ा था। एक शाम सायरा की गुरु रोशन कुमारी, जो एक शर्मीली कत्थक नर्तकी थीं, और जो जयपुर घराना के रिवाज के मुताबिक़ सिर्फ़ गुणीजनों के सामने ही नाचती थीं, ने भी घुँघरू बाँध लिये और बिना बोल के नाचने लगीं। यूनिट का एक सदस्य टेबल पर थाप देने लगा और हम सब हैरान-से उनके नृत्य को देखते रहे।

मुझे उस सीन के बारे में बताना नहीं भूलना चाहिए जिसे करते हुए मुझे सबसे ज़्यादा मज़ा आया। यह वह सीन है जिसमें दफ़्तर में बैठे सगीना को डर लगने लगता है और वह खुली हवा में साँस लेने के लिए बाहर निकल आता है। वहाँ उसे तेज़ भागती ट्रेन दिखायी देती है। वह ट्रेन के साथ दौड़ने लगता है, उसकी रफ़्तार के साथ रफ़्तार मिलाता हुआ और तेज़ हवा के थपेड़ों को चीरता हुआ।

जब मैंने इस सीन का सुझाव तपन दा को दिया तो वे बहुत ख़ुश हुए। उन्होंने मेरी तरफ़ देखा और धीरे से पूछा कि अगर मैं थोड़ा इन्तज़ार कर लूँ तो दौड़ने के लिए डुप्लीकेट का इन्तज़ाम किया जा सकता था। जब मैंने उनसे कहा कि मैं ख़ुद दौड़ूँगा तो वे हैरानी से मेरी तरफ़ देखने लगे। मैंने उनको बताया कि एक ज़माने में मैं एथलीट रह चुका हूँ। फिर भी उनको विश्वास तभी जाकर हुआ, जब वह सीन एक टेक में पूरा हो गया! आज तक फ़िल्म के शौक़ीन लोग उस सीन के लिए मुझे मुबारक देते हैं, यह कहते हुए कि उस सीन से उनको ताज़गी का अहसास हुआ और यह भी कि उसने किस तरह उनके जज़्बातों को झकझोर दिया था।

# 23

## एक नयी भूमिका : बड़े मक़सद से जुड़े काम

*'मुझे नहीं पता कि यह मेरे ख़ून में है या मैंने इसे अपने उस माहौल से पाया है जिसमें मैं बड़ा हुआ। इस बात से मुझे गहरी तसल्ली मिलती है कि मैं किसी अच्छे मुद्दे के लिए काम कर रहा हूँ।'*

अनेक आलोचकों ने 'सगीना महतो' को राजनीतिक फ़िल्म कहा। उस समय जो पत्रकार मुझे मिले, वे यह जानना चाहते थे कि क्या किसी राजनीतिक पार्टी में शामिल होने में मेरी दिलचस्पी थी और क्या मैं सक्रिय राजनीति में आना चाहता था। मुझे यह कहने में कोई हिचक नहीं हुई कि मेरी सियासी दिलचस्पी चुनाव से पहले प्रचार तक ही है जिसमें मैं भाग लेता रहा हूँ और मैं संसद के किसी सदन में सीट के लिए नहीं लड़ूँगा।

मैंने पहली बार 1962 में लोकसभा चुनाव में किसी उम्मीदवार के लिए प्रचार किया था। पण्डित जवाहरलाल नेहरू ने मुझे खुद फ़ोन करके कहा था कि क्या मैं समय निकालकर बम्बई में भारतीय राष्ट्रीय कांग्रेस के दफ़्तर में जाकर वी. के. कृष्ण मेनन से मिल सकता था, जो उत्तरी बम्बई से चुनाव लड़ रहे थे। उनके ख़िलाफ़ एक बड़े नेता जे. बी. कृपालानी लड़ रहे थे, जो पहले भारतीय राष्ट्रीय कांग्रेस के अध्यक्ष रह चुके थे, और जिन्होंने पार्टी से अलग होकर किसान मज़दूर प्रजा पार्टी बनायी थी (जो 1952 में सोशलिस्ट पार्टी में शामिल हो गयी थी और पार्टी का नाम प्रजा सोशलिस्ट पार्टी हो गया था)।

मैंने पण्डित जी की बात का सम्मान किया क्योंकि आग़ा जी के बाद मैं सबसे ज़्यादा आदर और सम्मान उन्हीं का करता था। जैसाकि पण्डित जी ने मुझे कहा था, मैं जुहू में भारतीय राष्ट्रीय कांग्रेस के दफ़्तर गया। चूँकि कृष्ण मेनन के आने में देर थी तो मैंने वहाँ बैठकर उनका इन्तज़ार किया। मैं बड़ी शिद्दत से उनसे मुलाक़ात का इन्तज़ार कर रहा था। मैंने उनके बारे में काफ़ी पढ़ा था

और जनवरी 1957 में दिये गये उनके उस ऐतिहासिक भाषण के बारे में भी जो क़रीब आठ घण्टे तक चला था, जब उन्होंने संयुक्त राष्ट्र की सुरक्षा परिषद में कश्मीर पर भारत के रुख़ को रखा था।

जब मैं इन्तज़ार कर रहा था तो एक आदमी तेज़ी से अन्दर आया और अपना परिचय देते हुए बोला, "मेरा नाम रजनी है और मैं रोज़ी-रोटी के लिए वकालत करता हूँ। (मुझे बाद में पता चला कि उनका नाम रजनी पटेल था)। मैं उठ खड़ा हुआ और अपना हाथ बढ़ाते हुए बोला, "मेरा नाम यूसुफ़ है और मैं रोज़ी-रोटी के लिए कुछ नहीं करता हूँ।"

उनको थोड़ा झटका-सा लगा और झिझकते हुए उन्होंने अपना हाथ पीछे हटा लिया। जब हम हाथ मिला रहे थे तो उसी समान तेज़ क़दमों से चलते हुए कृष्ण मेनन हमारी तरफ़ आये। मुझे देखकर उन्होंने मुस्कराते हुए हाथ बढ़ाया तो रजनी हैरानी से देखते रहे। कृष्ण मेमन पण्डित जी के फ़ोन के बारे में कहते रहे कि उन्होंने उनको बताया था कि मैं जुहू के दफ़्तर में पहुँचने वाला था।

रजनी और मैं उनके पीछे चुपचाप चलने लगे। जब हम मुख्य दफ़्तर में आये तो उन्होंने हम दोनों का परिचय करवाया और रजनी इस बात के लिए माफ़ी माँगने लगे कि उन्होंने मुझे ठीक से पहचाना नहीं, और उन्होंने यह भी कहा कि वे फ़िल्में नहीं देखते थे और बरसों से किसी सिनेमा हॉल में नहीं घुसे थे। कमरे में काफ़ी लोग मिलने के लिए बैठे हुए थे, कृष्ण मेनन उनको देखकर मुस्कराये और मज़ाक़ करते हुए बोले कि वे लोग शायद वहाँ इसलिए आये थे कि मेरी एक झलक देख सकें। कृष्ण मेनन का व्यक्तित्व काफ़ी रोबीला था और जिस तरह के अधिकार के साथ वे बोलते थे, उससे बहुतों को ऐसा लगता था कि वे अहंकारी हैं।

कृष्ण मेनन ने बेकार की बातों में अपना समय नहीं गँवाया। उन्होंने मुद्दे पर आते हुए कहा कि वे चाहते थे कि मैं उनके लिए चुनाव प्रचार करूँ, क्योंकि उत्तर बम्बई में उनका मुक़ाबला कड़ा था। क्या मैं उनकी मदद कर सकता था और फ़िल्म उद्योग के लोगों को भी रैली में आने के लिए कह सकता था और उनसे कांग्रेस पार्टी को समर्थन देने के लिए भी कह सकता था। उन्होंने ज़ोर देते हुए कहा कि पण्डित जी ने कहा था कि मैं हिन्दी, उर्दू और मराठी तीनों भाषाओं में जमकर बोल सकता था और जिस विषय से जुड़ाव होता है, उसको उठाता हूँ तो दिल खोलकर बोलता हूँ। जब वे बोल रहे थे तो रजनी ध्यान से सुन रहे थे, लेकिन वे ख़ामोश रहे। ऐसा लग रहा था, जैसे जब कृष्ण मेनन बोलते थे तो कोई नहीं बोलता था। मैं कृष्ण मेनन से यह कहना चाहता था कि यह मेरे लिए नया अनुभव था, क्योंकि मैं अपने जीवन में जनसभाओं में कम ही बोला था।

मुझे यह बात समझ में आ गयी कि किस कारण से पण्डित जी मेरे बोलने से प्रभावित हुए होंगे। 1960 के दशक में फ़िल्म सेंसर बोर्ड ने मेरी फ़िल्म 'गंगा जमुना' को सेंसर सर्टिफ़िकेट देने से मना कर दिया था। यह मेरे साथ नाइंसाफ़ी थी

क्योंकि उसी हफ़्ते राज कपूर की फ़िल्म 'जिस देश में गंगा बहती है' को सेंसर बोर्ड ने देखा था और थोड़े-बहुत सुधारों के साथ उसे पास कर दिया था। राज की फ़िल्म की कहानी भी डाकुओं को लेकर थी और उसमें भी हिंसा थी।

मैंने तत्कालीन सूचना एवं प्रसारण मन्त्री बी.वी. केसकर से अपील की लेकिन उनके बहरे कानों तक वह बात पहुँच नहीं पायी क्योंकि नैतिकता, मर्यादा और हिंसा को लेकर उनके अपने विचार थे और उनका कहना था कि मुख्यधारा की सभी फ़िल्मों को सेंसर के निर्देशों का पालन करना चाहिए। उन्होंने मेरे तर्कों को नहीं सुना क्योंकि उनके साथ बात करना मुश्किल था। मैंने पण्डित जी से मिलने का फ़ैसला किया और उनके सामने न सिर्फ़ अपनी फ़िल्म का पक्ष रखा बल्कि उन सभी फ़िल्मों का भी जिन्हें सेंसर बोर्ड ने हल्के-फुल्के कारणों से रोक रखा था। मेरी अपील से प्रभावित होकर पण्डित जी ने 'गंगा जमुना' की फिर से समीक्षा के लिए आदेश दिया। बोर्ड ने फ़िल्म की रिलीज़ तारीख़ से कुछ दिन पहले ही फ़िल्म को पास कर दिया। न सिर्फ़ उस फ़िल्म को, बल्कि उन सब फ़िल्मों को भी जो रुकी हुई थीं।

*पंडित जवाहरलाल नेहरू के साथ*

जब मैंने कृष्ण मेनन से विदा ली तो रजनी ने कहा कि अगले दिन मिलकर प्रचार करने के बारे में नीति बनाने के लिए मिलेंगे। जब हमने हाथ मिलाया तो वह मज़बूती और गर्मजोशी से भरा था।

जल्दी ही रजनी पटेल और मैं अच्छे दोस्त बन गये क्योंकि उसके बाद हमारी बैठकें नियमित और उद्देश्यपूर्ण होने लगीं। वे होशियार तो थे ही, बहुत ध्यान रखने वाले भी थे और अपने सिद्धान्तों के पक्के भी। 1962 में उत्तरी बम्बई लोकसभा सीट के लिए जो चुनाव था, वह शहर के चुनाव

इतिहास में सबसे नाटकीय चुनाव था। जहाँ भी रजनी मुझे ले गये मैं गया और किस सभा में क्या बोलना है, उसके बारे में वे आख़िरी मिनटों में बताते थे।

असल में, सबसे बड़ी राजनीतिक सभा जिसको मैंने सम्बोधित किया था, वह दक्षिण बम्बई के कूपरेज मैदान में थी। रजनी और मैं कार से जा रहे थे और मुझे इसके बारे में बिल्कुल पता नहीं था कि मुझे भाषण देना है। मरीन ड्राइव के पास रजनी ने मुझसे कहा कि वहाँ मौजूद लोगों के सामने मुझे भाषण देना है। मैं कुछ खीज गया और मैंने उनका ध्यान इस तरफ़ दिलाया कि मैं कोई नेता नहीं हूँ कि किसी विषय पर जनता के सामने बिना तैयारी के साथ कुछ बोल पाऊँ। उन्होंने मेरे हाथ को थपथपाते हुए कहा, ''आपसे राजनीतिक भाषण की उम्मीद किसे है? उसे नेताओं के लिए छोड़ दीजिए। आप तो लोगों के सामने दिलीप कुमार की तरह बोलिए।'' मुझे समझ में नहीं आया कि वह कह क्या रहे थे। तब तक हम मौक़े पर पहुँच चुके थे और तभी मुझे यह समझ में आया कि वहाँ मुझे सुनने के लिए जोश से भरी हुई जनता मौजूद थी। रजनी मुझसे आँख मिलाने से कतराते रहे मानो उन्होंने मुझे जीवन की सबसे बड़ी चुनौती का सामना करने के लिए मेरे हाल पर ही छोड़ दिया था।

लोग दिलीप कुमार का नाम ले रहे थे और शोर मचा रहे थे। इसलिए यह मेरे लिए ज़रूरी हो गया कि मैं मंच पर जाऊँ, माइक पकड़ूँ और बोलूँ। जब मैं जनता के सामने आया तो उनकी ख़ुशी और जोश भरी चीख़-पुकार और भी साफ़ सुनायी देने लगी। मुझे याद आया कि किस तरह बचपन में पेशावर में मैं अंग्रेज़ी में कविता सुनाता था और सुनने वाले जोश में 'मुकर्रर मुकर्रर' चिल्लाया करते थे। मैंने गहरी साँस ली और क़रीब 10 मिनट तक बोला! जब मेरा भाषण ख़त्म हुआ तो तालियों की आवाज़ बहरा कर देने वाली थी। वहाँ मौजूद लोग वहाँ से जाना ही नहीं चाह रहे थे और रजनी मुझे किसी विजेता की तरह देख रहे थे। जनता के बीच भाषण देने वाले के रूप में मेरे जीवन में वह एक नये अध्याय की शुरुआत थी।

जब मैंने कृष्ण मेनन के लिए चुनाव प्रचार करते हुए अनेक भाषण दिये तो अकसर मेरे रिश्तेदार और दोस्त मुझे उसके लिए बधाई देते थे। मुझे रोज़-रोज़ एक नहीं, कई सभाओं में भाषण देना पड़ता था। हर जगह मुझे बोलने के लिए माइक दे दिया जाता था। इसके लिए कुछ तैयारियों की ज़रूरत थी लेकिन आम तौर पर मैं उस ज्ञान पर भरोसा करता था जो मैंने कई विषयों पर किताबों को पढ़कर हासिल किया था। मैं किताबों का प्रेमी हूँ और मेरे नज़दीकी दोस्त और मेरी बहनें, भाई यह जानते हैं कि जब मुझे तोहफ़े में किताबें दी जाती हैं तो मैं कितना ख़ुश हो जाता हूँ।

कांग्रेस पार्टी के लिए चुनाव प्रचार करना एक नियमित काम बन गया क्योंकि कृष्ण मेनन चुनाव में जीत गये थे। जब हमने यह पाया कि हमारे मक़सद शौक़ और उसूल एक जैसे ही थे तो रजनी के साथ मेरी दोस्ती और गाढ़ी हो गयी।

वैसे तो रजनी बम्बई में कांग्रेस पार्टी के अध्यक्ष थे, लेकिन वे उस मायने में राजनेता नहीं थे। वे एक बैरिस्टर ज़्यादा थे और क़ानून की दुनिया में हमारे कई साझे दोस्त थे। न तो उनमें और न ही मुझमें सत्ता की चाह थी। एक दिन यूँ ही बातचीत करते हुए मैंने रजनी से कहा कि बम्बई जैसे महानगर में एक ऐसी जगह की ज़रूरत है जहाँ प्रदर्शनियाँ हों, संगीत-नृत्य के आयोजन हों, लेखकों के बीच संवाद हो सके और एक विज्ञान केन्द्र जहाँ शहर के युवा वैज्ञानिकों को प्रोत्साहन दिया जा सके। स्पेस तकनीक के क्षेत्र में जो काम हो रहे थे, मैं उनकी बहुत तारीफ़ करता था और उस क्षेत्र में विक्रम साराभाई की देखरेख में जो काम हो रहे थे, मैं उनको बहुत ध्यान से देखता रहता था। रजनी उत्साहित हो गये और 1970 के दशक के शुरू में वे बम्बई में साहित्य-संस्कृति और विज्ञान केन्द्र की स्थापना के लिए प्रस्ताव तैयार करने लगे, जिसे इन्दिरा गाँधी को दिया जाना था। अपने पिता जवाहरलाल नेहरू की ही तरह उन्होंने फ़ैसला लेने में बहुत कम समय लिया और साफ़-साफ़ कहा कि बम्बई में एक सांस्कृतिक केन्द्र की, जिसमें विज्ञान तकनीक की उपलब्धियों को भी दिखाया जायेगा, बड़ी ज़रूरत है। उन्होंने रजनी को प्रस्ताव तैयार करने के लिए कह दिया और इस तरह से वर्ली (बम्बई) में नेहरू सेंटर की स्थापना की दिशा में पहला क़दम उठाया गया।

रजनी और मेरे लिए राजनीति का मतलब था आम जनता की सेवा करना। रजनी और मैं दोनों ही चुनाव जीतकर नेताओं की जमात में शामिल हो सकते थे, लेकिन यह बात हम दोनों के दिमाग़ में दूर-दूर तक नहीं थी। हम लोग ख़ुश थे और सन्तुष्ट भी और जब भी बाढ़, अकाल या भूकम्प की आपदा आती तो ख़ुशी-ख़ुशी उसके लिए सरकारी राहत कोष के लिए धन इकट्ठा करने की मुहिम में लग जाते थे। इसके लिए काफ़ी योजना बनाने और साधनों के इन्तज़ाम की ज़रूरत होती थी कि बम्बई की भीड़ भरी सड़कों पर लोकप्रिय फ़िल्म स्टार गाड़ियों में बैठकर धीरे-धीरे आगे बढ़ें। मुझे याद है कि हर बार जब कोई प्राकृतिक आपदा आती थी तो हम पीड़ितों की राहत के लिए ट्रक पर जुलूस निकालते थे।

हमें उन लोगों के प्रति बहुत विनम्र रहना पड़ता था जो कपड़े, पैसे, दवाएँ, और अन्य तरह के सामान देने के लिए लाते थे और बदले में अपने प्रिय सितारों से हाथ मिलाना चाहते थे। साथ ही हमें फ़िल्मी सितारों की सुरक्षा का भी पूरा ध्यान रखना पड़ता था। सभी प्रशंसक सम्मान और मर्यादा के साथ व्यवहार नहीं करते थे, ख़ासकर जब उनको हीरोइनों के साथ हाथ मिलाने का मौक़ा मिलता था। यह हम ट्रक सवार मर्दों के ऊपर होता था कि हम इस पहलू का ध्यान रखें। कुल मिलाकर हम सबको इस तरह सड़कों पर निकलना और उन चाहने वालों का सम्मान हासिल करना अच्छा लगता था जिनका हम मनोरंजन किया करते थे। आख़िर में, हम जो चन्दा इकट्ठा करते थे उससे हमें इस बात पर गर्व होता था कि हमने नागरिक के तौर पर अपना कर्तव्य पूरा किया।

इन्दिरा गाँधी ने वर्ली में नेहरू सेंटर की आधारशिला रखने की तारीख़ 2 नवम्बर 1972 चुनी थी। उस दिन मुझे और रजनी को बहुत सुकून और ख़ुशी हुई। उसी शाम रजनी ने यह फ़ैसला किया कि वह बकुल से शादी कर ले, जो उसकी ही तरह वकील थी और वह बहुत दिनों से इस शादी के इन्तज़ार में थी। आप इस किताब के दूसरे हिस्से में उस आधी रात की हैरान कर देने वाली घटना के बारे में बकुल के शब्दों में ही पढ़ेंगे।

रजनी को लोगों को हैरान कर देने की आदत थी। एक सुबह (1980 के शुरुआती दिनों में), जब मैं महाबलेश्वर में छुट्टियाँ मना रहा था तो उन्होंने मुझे यह कहते हुए जगा दिया कि महाराष्ट्र के तत्कालीन मुख्यमन्त्री शरद चन्द्र गोविन्दराव पवार ने मुझे बम्बई का शेरिफ़ बनाने की घोषणा की है। पहले तो मुझे लगा कि वह मज़ाक़ कर रहे थे। मैं इस बात पर हँसने ही वाला था कि रजनी ने यह समझाया कि मेरे लिए अब न कहने का कोई रास्ता नहीं रह गया था क्योंकि यह ख़बर आधिकारिक रूप से मीडिया को दी जा चुकी थी और मैं रेडियो पर ख़ुद भी इस ख़बर को सुन सकता था।

शरद राव (मैं उनको यही बुलाता था) से मेरी मुलाक़ात रजनी ने तब करवाई थी जब वे कांग्रेस में थे (उन्होंने पार्टी 1978 में छोड़ दी थी और फिर 1987 में उसमें शामिल हुए)। जब 1967 में शरद राव बारामती से विधानसभा का चुनाव लड़ रहे थे, तब मैंने अपने काम के बीच से समय निकालकर उनके लिए चुनाव प्रचार किया था।

हम तीनों या तो मेरे घर या वर्ली में रजनी के अपार्टमेंट में मिलते थे। मेरे शेरिफ़ बनने की बात पहले भी दो-एक बार उठी थी लेकिन मैंने उसे स्वीकार करने में असमर्थता व्यक्त कर दी थी क्योंकि तब मैंने मनोज कुमार की फ़िल्म 'क्रान्ति' (1981 में रिलीज़) के लिए काम करना शुरू कर दिया था। मेरी ग़ैर-मौजूदगी में मेरे प्यारे दोस्तों शरद राव और रजनी ने उस पद को मेरी तरफ़ से स्वीकार कर लिया। जबकि मैं उनको इस मामले में आगे बढ़ने से रोकने की कोशिश कर रहा था, लेकिन रजनी ने मुझे यह बताया कि अगर मैंने इस पद को नहीं लिया तो इससे ऐसा विवाद होगा जिससे उन दोनों को शर्मिन्दा होना पड़ेगा। उन्होंने इस बात के लिए मुझे निश्चिन्त किया कि मेरे इस नये ओहदे की वजह से मेरे काम पर कोई प्रभाव नहीं पड़ेगा। उन्होंने साफ़ कर दिया कि यह कोई सियासी ओहदा नहीं था और इसके लिए मुझे रोज़-रोज़ किसी दफ़्तर में जाने की ज़रूरत नहीं थी। अब यह सब तय हो चुका था, इसलिए इसको स्वीकार कर लेने के अलावा कोई और चारा नहीं था।

सबसे पहले जिस आदमी को इस ख़बर की हवा लगी और जिसने मेरी नियुक्ति पर ख़ुशी ज़ाहिर करते हुए बधाई दी, वे मनोज कुमार थे जो उस समय अपनी सबसे महत्त्वाकांक्षी फ़िल्म 'क्रान्ति' बना रहे थे। मुझे इस बात पर बड़ी हैरानी हुई कि

उनको इस बात की कोई परवाह नहीं थी कि मुझे जो ओहदा दिया गया था, उसकी वजह से कि उनकी फ़िल्म की शूटिंग पर असर पड़ सकता था! उल्टे वे इस बात से बड़े ख़ुश थे कि यह इज़्ज़त मुझे बख़्शी गयी। वे तो यह चाहते थे कि राज्यपाल सादिक़ अली से ख़ास इजाज़त लेकर मेरे शपथ ग्रहण समारोह की शूटिंग कर लें।

जैसीकि उम्मीद थी, इस ख़बर से हंगामा हो गया क्योंकि पहली बार किसी फ़िल्म अभिनेता को शहर का शेरिफ़ बनाया गया था। जिस दिन मैंने शपथ ली और साल के आख़िरी दिन तक मुझे शेरिफ़ के तौर पर न जाने कितने कार्यक्रमों में जाना होता था, जो सुबह के 10 बजे शुरू होते थे और आधी रात तक चलते रहते थे। यह सब इतना परेशानी भरा होता था कि सायरा एक सूटकेस में अलग-अलग तरह के सूट रखती थी ताकि मैं अलग-अलग समारोहों में उनको पहनूँ। वे मेरी कार की डिक्की में रखे रहते थे और सायरा ऐसी जगहें भी चुनकर रखती, थीं जहाँ मैं चाहूँ तो अपना सूट बदल सकूँ।

हर जगह मुझे दो लफ़्ज़ कहने के लिए कहा जाता था, यह एक ऐसा रिवाज है जो मुझे अहमकाना लगता है। अब कोई महज़ कुछ लफ़्ज़ ही कैसे बोल सकता है। उदाहरण के लिए, अगर आपको नगर निगम के अस्पतालों की ख़राब हालत पर बोलने के लिए कहा जाये, जहाँ इस देश के ग़रीब अपना इलाज करवाते हैं। इस तरह की कई चिन्ताएँ थीं जिन पर शेरिफ़ रहने के दौरान मुझे अलग-अलग मंचों पर बोलना पड़ता था। मुझे हर मुमकिन विषय पर बोलने के लिए बुलाया जाता था और मैं इस बात को जानता था कि मेरे ऊपर लोगों की नज़र रहती थी और वे इस फिराक में रहते थे कि किस तरह वे मुझे किसी ख़ास विषय पर बोलते हुए मेरी किसी ग़लती पर मुझे पकड़ लें।

कई कारणों से, इस तरह की ग़लतफ़हमी बनी हुई है कि फ़िल्मवालों का सामान्य ज्ञान अन्य पेशेवरों के मुक़ाबले कम होता है और वे अपने या अपने काम के बारे में ही बोल सकते हैं। मुझे इस बात को ग़लत साबित करना था। बिना बढ़-चढ़कर बोले मैं यह कह सकता हूँ कि शेरिफ़ रहने के 12 महीनों के दौरान जबकि बम्बई ने मुझे शेरिफ़ के रूप में झेला, मैंने कार्डियोलॉजी से लेकर पोल्ट्री फॉर्म, दवाई, बाग़बानी से लेकर लगभग हर मुमकिन विषय पर अपनी बात रखी। हालाँकि इससे 'क्रान्ति' फ़िल्म की शूटिंग के कार्यक्रम पर असर ज़रूर पड़ा, फिर भी मैंने फ़िल्म की शूटिंग के लिए समय निकाल ही लिया जिसकी वजह से अमूल मक्खन वालों ने एक मज़ेदार होर्डिंग लगाया था—'सॉरी, पार्टनर, द शेरिफ़ इज़ आउट शूटिंग!'

शेरिफ़ के रूप में और बाद में (2000 से 2006 के बीच) महाराष्ट्र से राज्यसभा के सदस्य के रूप में मेरा कार्यकाल मेरे लिए इसलिए मायने रखता है कि इससे मुझे कुछ सामाजिक काम कर सकने का मौक़ा मिला। जब मैं शेरिफ़ था तो मुझे जीवन के अलग-अलग क्षेत्रों के लोगों से मिलने-जुलने का मौक़ा

*बम्बई में प्रधान हाकिम के रूप में शपथ ग्रहण करते हुए*

मिला, जो मुझे बहुत अच्छा लगा। राज्यसभा के सदस्य के रूप में मुझे इस बात से बड़ी ख़ुशी हुई कि मैं अपने सांसद कोष से ज़रूरी मुद्दों के लिए धन दे पाया। मैंने जो भी योगदान किया है, उससे मुझे बहुत ख़ुशी होती है। मैंने अस्पतालों के लिए धन दिया ताकि वे उससे ज़रूरी मशीनें और एम्बुलेंस ख़रीद सकें। मैंने महाराष्ट्र के गाँवों में प्राथमिक स्कूलों और राज्य भर के दूसरे स्कूलों को धन उपलब्ध करवाया ताकि वे कम्प्यूटर और दूसरी आधुनिक चीज़ें ख़रीद सकें। मैंने सतारा, नासिक और नांदेड़ में सड़कों की मरम्मत के लिए धन दिलवाया। मैंने बम्बई—जिसे अब इसके नये नाम 'मुम्बई' से बुलाने का समय आ गया है—की सड़कों की मरम्मत के साथ-साथ शहर के बहुत से पार्कों को नया बनाने के लिए धन दिया, ख़ासकर बैंड स्टैंड, बान्द्रा के पार्क को। सबसे बढ़कर, मैंने मुम्बई की झुग्गियों में शौचालय बनवाने के लिए धन दिलवाया।

मेरा यह मानना है कि समाज की भलाई इस बात पर निर्भर करती है कि वह अपने ग़रीब तबकों के स्वास्थ्य और बुनियादी शिक्षा के लिए क्या करता है। जब भी किसी ने स्कूल शुरू करने के लिए पैसों की माँग की तो मैंने उसके लिए हमेशा इसकी व्यवस्था की। दुर्भाग्य से, मेरे सभी अच्छे कामों के नतीजे अच्छे नहीं रहे। महाराष्ट्र के एक नेता ने मुझ पर यह दबाव डाला कि बान्द्रा में मेरे घर के पास जो क़ीमती ज़मीन थी, उसे मैं नगर निगम को पार्क बनवाने के लिए दे दूँ।

दुर्भाग्य की बात यह है कि उस ज़मीन का आज तक विकास नहीं हुआ और वह वैसी-की-वैसी पड़ी है।

मैंने हमेशा ज़ोर देकर यह बात कही है कि फ़िल्म कलाकारों पर कुछ हद तक सामाजिक ज़िम्मेदारी होनी चाहिए। जिस अदाकार को लाखों लोग चाहते हैं, वह समाज का कुछ-न-कुछ कर्ज़दार होता है। मुझे लगता है कि यह लोगों की दुआओं का ही नतीजा था कि मुझे नेशनल ब्लाइंड एसोसिएशन का कई वर्षों तक अध्यक्ष रहते हुए मदद करने का मौक़ा मिला। इससे मैं देश के मशहूर क्रिकेटर विजय मर्चेंट के कहने पर जुड़ा था, जो मेरे बड़े अच्छे दोस्त थे। मुझे नितिन बोस की फ़िल्म 'दीदार' (1951) में एक ऐसा किरदार निभाना पड़ा था जिसकी आँखें नहीं थीं। मुझे कोई सीन करते समय यह सोचना पड़ता था कि किस तरह वह अन्धा आदमी कैमरे या अन्य चीज़ों की तरफ़ देखेगा, क्योंकि वह एक हादसे की वजह से अन्धा हो गया था और फ़िल्म की शुरुआत में उसकी आँखें थीं। मैंने इसके बारे में महबूब साहब से बात की तो उन्होंने मुझे सलाह देते हुए कहा कि मैं बम्बई सेंट्रल रेलवे स्टेशन जाऊँ और वहाँ एक अन्धे भिखारी को खोज लूँ, जो वहाँ रोज़ आता हो और स्टेशन के बाहर आने-जाने वालों से अपने टिन के बक्से में पैसे डालने के लिए कहता हो। महबूब साहब ने कहा कि मुझे उसकी बग़ल में बैठना चाहिए, उसको ध्यान से देखना चाहिए, उससे बात करने की कोशिश करनी चाहिए और उसकी अँधेरी, अकेली दुनिया को समझने की कोशिश करनी चाहिए।

मैंने वही किया और मुझे अन्धों की दुनिया के बारे में कई नयी बातें पता चलीं। मैं जब वहाँ जाता था, तब तक अँधेरा हो चुका होता था और लोग अपने-अपने स्टेशन की ट्रेन लेने के लिए दौड़ रहे होते थे और वे मुझे या मेरी बग़ल में बैठे अन्धे भिखारी की तरफ़ देखते भी नहीं थे। एक दिन मैं उससे बात कर रहा था तो उससे कोई मिलने आया। उसने मेरी आवाज़ सुनी तो पूछा, ''आप कौन हैं? आपकी आवाज़ उस हीरो जैसी लग रही है जिसकी फ़िल्म मैंने हाल में ही देखी है।'' मैं बिल्कुल हैरान रह गया। मैंने उससे पूछा, ''आप फ़िल्म कैसे देखते हैं? आप तो देख ही नहीं सकते हैं।'' उसने बड़ी मर्मस्पर्शी बात कही, ''आपको फ़िल्म देखनी नहीं पड़ती अगर आपके पास महसूस करने का दिल हो। हम देख नहीं सकते हैं, लेकिन सोच सकते हैं, महसूस कर सकते हैं, हँस सकते हैं, रो सकते हैं।''

मैं उसकी हिम्मत और ज़िन्दादिली का क़ायल हो गया। उसने बड़ी ख़ुशी के साथ बताया कि उसने मेरी फ़िल्म कई बार देखी थी क्योंकि उसको उसके गाने और संवाद अच्छे लगे थे। जब विजय मर्चेंट ने मेरे सामने नेशनल एसोसिएशन ऑफ़ ब्लाइंड वाली बात रखी तो यह मेरे ऊपर छोड़ दिया कि मैं उसके लिए पैसा जमा करने के लिए जो चाहूँ करूँ, तो मेरी आँखों के सामने उसी भिखारी का चेहरा आ गया और मुझे लगा कि मुझे अपनी ज़िम्मेदारी से नहीं भागना चाहिए, क्योंकि इसके लिए समय और धीरज चाहिए। मेरे अन्दर से आवाज़ आयी कि

मुझे आगे बढ़कर नेशनल एसोसिएशन ऑफ़ ब्लाइंड को आत्मनिर्भर और साधन सम्पन्न बनाना चाहिए ताकि यह जितना हो सके, उतने अन्धे लोगों की मदद कर सके और उनको अपना जीवन सम्मान से जीने लायक़ बनाना सिखाये और उनको आत्मनिर्भर बनाये।

यह मेरी ख़ुशक़िस्मती थी कि मुझे एक नौजवान और सुलझी हुई महिला वीरा राव का साथ मिला, जो उस समय मुम्बई के टाटा इंस्टीट्यूट ऑफ़ सोशल साइंसेज से पढ़कर निकली थी और पैसे जुटाने और उसके मैनेजमेंट में उसको महारत हासिल थी। उसे हमेशा नये-नये विचार सूझते रहते थे। ऐसा ही एक विचार यह था कि साल में एक बार मुम्बई से पुणे के लिए स्पेशल ट्रेन चलायी जाये, जिसमें उन लोगों के लिए टिकट हो जो दिलीप कुमार के साथ सफ़र करने, उनसे बात करने, उनका ऑटोग्राफ़ लेने के लिए उसमें सफ़र करना चाहते हों। उसने एनएबी के लोगों को उस ट्रेन के बारे में समझाया और इस बात का हवाला भी दिया कि इस तरह की स्पेशल ट्रेन डर्बी के दिनों में चलती है और उस ट्रेन

*अमूल का होर्डिंग*

में सीट लेना वैसे ही हो जाता, जैसे मंगल पर जाने के लिए स्पेसशिप का टिकट हो। तब तक किसी ने भी उसकी बात पर ध्यान नहीं दिया था, लेकिन जब मैंने सुना तो मैं फ़ौरन इस पर अमल करने के लिए राज़ी हो गया।

नकारात्मक सोचने वालों ने इसका विरोध किया, जो हर बढ़िया चीज़ को इसी तरह उलझा देते हैं। फिर भी जब यह ट्रेन पहली बार चली तो बड़ी संख्या में लोग आये और मीडिया ने इस पर ख़ूब छापा। मुझसे यह कहा गया कि मुझे ट्रेन में गार्ड के केबिन से लेकर एकदम आख़िर तक लोगों से बातचीत करते और दुआ-सलाम करते हुए जाना था। मुझे ऐसा करने में कोई एतराज़ नहीं था, और हर साल मैं इसके लिए सबसे पहले ख़ुद पचास हज़ार रुपये का चन्दा देता था। 1960 में इसका पहला सफ़र बेहद कामयाब रहा। सिर्फ़ चन्दे से ही इतना पैसा इकट्ठा हो गया कि हम अन्धे बच्चों के पढ़ने के लिए दुनिया भर से ब्रेल लिपि में बेहतरीन किताबें मँगवा सकते थे।

मैं इस ख़ास ट्रेन से दस सालों तक पुणे जाता रहा। यह एक ऐसा अनुभव था जिसके लिए मैं इन्तज़ार करता था क्योंकि मुझे बहुत मज़ा आता था और इस बात की बेहद ख़ुशी होती थी कि मैं उन लोगों के साथ बैठता था जो मेरे लिए अपने टिफ़िन बॉक्स में खाना लाते थे। मैं भी उनके लिए एनएबी की तरफ़ से खाने के पैकेट लाता था। यह एक तरह से पिकनिक की तरह होता था और इस सफ़र की सबसे अच्छी बात यह थी कि मुझे मुसाफ़िरों से कई भाषाओं में बात करने का मौक़ा मिलता था। वे आम लोग होते थे जिन्होंने मेरी फ़िल्में देखी होती थीं। शादी के बाद सायरा अकसर इसमें मेरे साथ होती थीं। जब मैं उनकी बोली में उनसे बातें करने लगता, तब उनको लगता कि दिलीप कुमार तो एक आम इंसान है, सादगी से रहने वाला और उसकी एक सुन्दर-सी बीवी है जो उससे दो क़दम पीछे चलती है; और जब वह तमिल, तेलुगु, कोंकणी, गुजराती, बांग्ला और ज़ाहिर है पंजाबी, हिन्दी, अंग्रेज़ी और उर्दू में बोलता है तो उसकी तरफ़ तारीफ़ की नज़र से देखती है। कई बार मैंने फ़िल्मी दुनिया के कुछ दूसरे कलाकारों को भी इस सफ़र में शामिल किया और मुझे याद आता है कि ट्रेन में सबसे मशहूर मेहमान थे जॉनी वॉकर।

मुझे नहीं पता है कि यह मेरे ख़ून में है या मैंने इसे अपने उस माहौल से पाया है जिसमें मैं बड़ा हुआ। इस बात से मुझे गहरी तसल्ली मिलती है कि मैं किसी अच्छे मुद्दे के लिए काम कर रहा हूँ। 1988 के शुरुआती दिनों में मुझे अपने जन्मस्थान पेशावर से एक चाहने वाले का ख़त मिला जिसमें उसने लिखा था कि पेशावर ने ख़ूब तरक़्क़ी कर ली लेकिन वहाँ ब्लड बैंक नहीं था जिसकी वजह से थैलेसीमिया के मरीज़ों के लिए ख़ून की दिक़्क़त हो जाती थी, वहाँ पहली बार एक सामाजिक संस्था ने एक रक्तदान केन्द्र और एक ब्लड बैंक की स्थापना की थी ताकि ख़ून के मरीज़ों के इलाज में सहूलियत हो जाये।

मेरे उस चाहने वाले ने मुझसे पूछा था कि क्या मैं उसके उद्‌घाटन के लिए आ सकता था।

पेशावर अब मेरे ख़यालों में उस तरह से मौजूद नहीं था, हालाँकि मैं और राज कपूर जब मिलते थे तो वहाँ के बचपन के दिनों को याद किया करते थे। फिर भी एक अच्छे काम के लिए पेशावर जाने का न्योता ऐसा था कि मैं मना नहीं कर सकता था। मैंने इस न्योते के बारे में सायरा से बातचीत की और उनका भी यही मानना था कि मुझे फातिमिद फ़ाउंडेशन (Fatimid Foundation) के लिए कुछ करना चाहिए, जो उस ब्लड बैंक की स्थापना कर रहा था। मैंने उस न्योते को स्वीकार कर लिया और मुझे इस बात पर हैरानी हुई जब मुझे यह बताया गया कि पाकिस्तान के राष्ट्रपति जनरल मोहम्मद ज़िया-उल-हक़ को मेरे आने के बारे में पता चल गया था और उन्होंने मुझे देश के मेहमान के रूप में बुलाने का फ़ैसला किया था।

पहले वह एक ब्लड बैंक के उद्‌घाटन का आम-सा न्योता था, जो निजी तौर पर था, लेकिन बाद में वह एक बड़ी घटना में बदल गया, क्योंकि पाकिस्तान के राष्ट्रपति ने उस यात्रा को भारत के एक महत्त्वपूर्ण व्यक्ति की राजकीय यात्रा के रूप में घोषित कर दिया। यह सब मुझे बहुत शुक्रगुज़ार भी बना रहा था और इससे मैं थोड़ा डर भी रहा था। इसका साफ़ कारण यह था कि मैंने ख़ुद को एक मेहनती कलाकार से अलग हटकर किसी और रूप में नहीं देखा था—जिसने अपनी

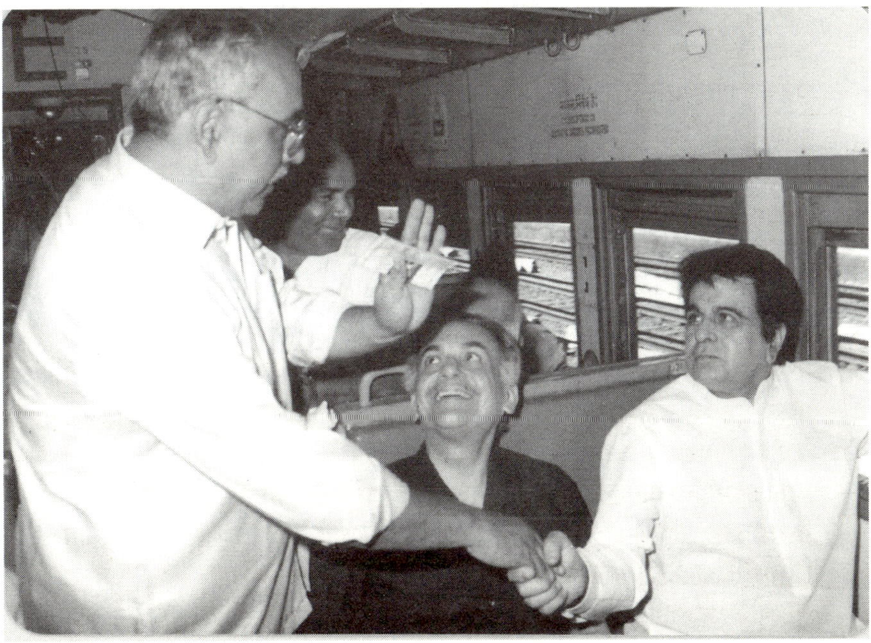

*त्योहारी ट्रेन में एक यात्री का अभिवादन स्वीकार करते हुए*

मेहनत और थोड़ी-सी क़िस्मत के बल पर अपने लिए बड़ा मुक़ाम बना लिया था। मैं न तो किसी राज्य का प्रमुख था और न ही भारत सरकार ने मुझे अपना दूत बनाकर भेजा था कि मुझे इतनी इज़्ज़त दी जाये। जैसीकि कल्पना की जा सकती है, मेरी तरफ़ से इस यात्रा की तैयारी बड़े स्तर पर होने जा रही थी क्योंकि मैं वहाँ अपने सहयोगियों, परिवार और मीडिया के लोगों के साथ जाने वाला था।

वहाँ जाने की तैयारियों के बीच—जिसका इन्तज़ाम नसीम आपा और सायरा देख रही थीं—मैंने पाया कि मैं बहुत ख़ुश था कि मुझे एक बार फिर पेशावर जाने का मौक़ा मिल रहा था, उस धरती पर जो कभी हिन्दुस्तान का हिस्सा था, जिस देश को मैं गर्व के साथ अपना कहता था। जब अगस्त 1947 में देश का बँटवारा हुआ और आग़ा जी को यह पता चला कि अब उनका प्यारा पेशावर पाकिस्तान में है, तो ज़ाहिर है कि वे बड़े दुखी हुए थे। जब लोग उनसे यह कहते थे कि वे पेशावर जायें और वहाँ अपनी सम्पत्ति पर क़ब्ज़ा करें तो उनका यही जवाब होता था कि हम हिन्दुस्तान में ही रहेंगे और यहीं मरेंगे भी।

जब मैं दिमाग़ी तौर पर वहाँ जाने की तैयारी कर रहा था तो मेरे ख़यालों में यादों का कारवाँ गुज़र रहा था। हमारे घर और आसपास की महक और आवाज़ें, दोस्तों और परिवार वालों के चेहरे, शाम के समय मन्दिर से आती घण्टियों की आवाज़ जिसमें कभी-कभी अज़ान की ऊँची आवाज़ भी घुल जाती थी, दादी की धमक भरी आवाज़, जाड़ों की ठण्ड और गर्मियों की तपन...सब मेरे ख़यालों में घूम रहे थे। मुझे दिल में एक हूक-सी महसूस हुई कि अम्माँ और आग़ा जी राजकीय मेहमान के रूप में मेरे जाने की ख़ुशी को देखने के लिए मौजूद नहीं थे, यह एक ऐसी इज़्ज़त थी जो आमतौर पर राज्य के प्रमुख को दी जाती थी। आग़ा जी को ज़ाहिर है इस बात पर फ़ख्र होता और यह फ़ख्र कुछ वैसा ही, होता, जैसा मुझे ऑर्डर ऑफ़ ब्रिटिश एम्पायर मिलने पर!

हमें 1988 में अप्रैल के शुरू में कराची पहुँचना था। हमारे सफ़र से पहले हमें पता चला कि पायलटों में इस बात को लेकर होड़ मची हुई थी कि पाकिस्तान एयरलाइंस की उस फ्लाइट को कौन चलाएगा जिसमें मैं पाकिस्तान की यात्रा पर पहली बार जाऊँगा। बहरहाल, कप्तान की जोश भरी आवाज़ ने मेरा और मेरे साथ के लोगों का स्वागत किया। उसकी आवाज़ जज़्बाती हो रही थी, यह कहते हुए कि वह और उसके सहयोगियों को इस बात पर फ़ख्र हो रहा था कि वे इस ऐतिहासिक यात्रा में मौजूद थे। इसी तरह जब जहाज़ भारत-पाकिस्तान सीमा से पाकिस्तान में घुसा तो उसने एक बार फिर गर्व से छलकती आवाज़ में कहा कि पीआईए ने उनको यह इज़्ज़त बख़्शी कि वे उस जहाज़ को उड़ायें जिसमें मैं पाकिस्तान जा रहा था।

मेरी वह यात्रा इस मायने में महत्त्वपूर्ण थी कि इसने पाकिस्तान के निवासियों को ख़ुशी और जोश से भर दिया था क्योंकि मेरी जन्मभूमि पेशावर अब उनके

देश में थी। यूसुफ़ नाम का लड़का अपने मुँडे सिर और काला टीका लगे चेहरे के साथ 1930 के दशक के मध्य में आग़ा जी (मोहम्मद सरवर ख़ान) के साथ पेशावर से बम्बई के लिए निकला था, जिनकी शहर में एक धनी फल-व्यापारी के रूप में अच्छी इज़्ज़त थी। अब वह दिलीप कुमार के रूप में लौट रहा था, वह एक्टर जिसने कड़ी मेहनत की और अपने काम के लिए बड़ी इज़्ज़त कमाई। इसने पेशावर और पाकिस्तान के नागरिकों को गर्व से भर दिया जो स्वाभाविक था और ऐसे हालात में जिसकी उम्मीद भी की जा सकती थी। यह उनके नज़रिये से तो सही था, मगर मेरे लिए उस सफ़र का जज़्बाती मामला कुछ था तो उसका ताल्लुक़ उस अतीत को जीने से था जो मुम्बई में मेरे पेशेवर और घरेलू कामों के दबाव में मेरे दिमाग़ से निकल गया था, जहाँ अरसा पहले मैंने अपनी जड़ें जमा ली थीं।

2 अप्रैल 1988 को, जो दिन पहले से मुकर्रर था, सायरा, मैं, साथ में कुछ नज़दीकी दोस्त और परिवार के सदस्य और साथ में हमारे सहयोगी और मीडिया वाले कराची के लिए उड़े। जब हम कराची एयरपोर्ट पर उतरे तो हमारा गर्मजोशी के साथ स्वागत किया गया, और उसके बाद हर दिन हमारी गाड़ियों का क़ाफ़िला जहाँ कहीं भी जाता था, उसे अपनी जगह पर पहुँचने में घण्टों लग जाते थे क्योंकि रास्ते में लोग सुरक्षा घेरा तोड़कर उस खुली कार के पास आ जाते थे जिसमें मैं सफ़र कर रहा था। हमें उस सफ़र के दौरान जो मोहब्बत मिली, उससे मेरे साथ चल रहे सभी लोगों की, जिनमें मेरा भाई अहसान भी था, आँखों में ख़ुशी के आँसू आ गये।

सफ़र बहुत मसरूफ़ियत भरा और थकाने वाला था। अपने देश की तरफ़ से ज़िया साहब ने कई शानदार आयोजन किये थे—शानदार डिनर, लंच, चाय-पान, जाने-पहचाने लेकिन कम मशहूर जगहों की यात्रा, जैसे क़िस्सा ख़्वानी बाज़ार में अपने घर की। इसके अलावा रिश्ते के भाई-बहनों और उनके परिवार के साथ मिलना-जुलना, इलेक्ट्रॉनिक और प्रिंट मीडिया के साथ बातचीत और स्कूल के दोस्तों के साथ मुलाक़ात, जो इस बात से बिल्कुल हैरान नहीं थे कि मैं उनके नाम नहीं भूला था और न ही उनकी शरारतें! जिस बात से मुझे दिली ख़ुशी हुई, वह यह थी कि मैं पेशावर इस मक़सद से जा सका कि वहाँ फातिमिद फ़ाउंडेशन की मदद से बने ब्लड बैंक और रक्तदान केन्द्र का उद्घाटन कर सका। उससे भी ज़्यादा दिल को सुकून देने वाली बात यह थी कि जब मैं आम लोगों के सामने बोल रहा था तो मुझे जनता का भरपूर प्यार मिल रहा था। मैं मन-ही-मन यह कल्पना कर रहा था कि एक दिन ऐसा आयेगा जब दोनों देशों में दोस्ताना सम्बन्ध क़ायम होंगे और उनके बीच व्यापार होगा, जिससे दोनों देशों की आर्थिक स्थिति मज़बूत होगी।

पेशावर में कोई ख़ास बदलाव नहीं दिखायी दे रहा था। हमारा पुराना घर वैसे-का-वैसा था और उस सड़क के और घर भी। बाज़ार में चपली कबाब की

*1988 में अपनी पेशावर यात्रा के दौरान*

ज़ायक़ेदार खुशबू फैली हुई थी और उस चाय की दुकान पर मेरे साथ चल रहे लोगों ने मुझे रोक लिया ताकि मैं गर्मागर्म चाय पी लूँ। वह उतना ही ख़ुशमिज़ाज था जितने कि उसके पुरखे थे। पेशावर की चाय में बड़ी खुशबू होती थी, चाहे वह दूध वाली हो या बिना दूध का कहवा। जिन पुरानी जगहों पर मैं गया, वहाँ ज़्यादा बदलाव नहीं दिखा, सिवाय कुछ नयी इमारतें बनने के। फिर भी कई जगहों पर ऊँची-ऊँची इमारतों को देखकर यह महसूस हुआ कि नये ज़माने का नज़ारा वहाँ भी आ ही गया था।

मेन रोड से, ख़ासकर रात के समय गुज़रना, बहुत ख़ास अनुभव था। सड़कों पर कालीन बिछी हुई थी, और हर सौ फ़ीट पर मेहराब लगाये गये थे और उनसे झाड़-फ़ानूस लटक रहे थे। ऐसा लग रहा था, जैसे शहर में दीवाली मनायी जा रही हो। सड़कों के दोनों तरफ़ खड़े लोग इतने जोश में थे कि वहाँ मौजूद पुलिस

वालों को उनको क़ाबू करना पड़ रहा था। लेकिन वे इतने निडर थे कि पुलिस वालों को चकमा देकर मेरी कार की बोनट पर चढ़ जाते थे, मुझसे हाथ मिलाने के लिए। ऐसा लग रहा था, जैसे अल्लाह के रहम से मेरा सपना पूरा हो रहा था।

जब मैं मुम्बई आया तो मुझे यह बुरी ख़बर मिली कि मेरा प्यारा दोस्त राज कपूर दिल्ली में अस्पताल में था। उस ख़बर से मैं टूट गया क्योंकि जब पेशावर से न्योता आया था, तब मैंने उससे बात की थी और कराची जाने से पहले भी बात की थी। मैंने दिल्ली के लिए उड़ान भरी ताकि उन्हें अपोलो अस्पताल में जाकर देख सकूँ। मैंने अल्लाह से दुआ की कि वे उन्हें हमसे न छीनें। लेकिन 2 जून 1988 को राज कपूर हमारे बीच से चले गये।

पाकिस्तान का मेरा दूसरा सफ़र मार्च के दूसरे हफ़्ते में 1998 में हुआ, जब मुझे पाकिस्तान का सबसे बड़ा नागरिक सम्मान 'निशान-ए-इम्तियाज़' लेने जाना था। यह बहुत कुछ वैसा ही था, जैसेकि आर्डर ऑफ़ ब्रिटिश एम्पायर या अमेरिकी प्रेसिडेंशियल मेडल ऑफ़ फ्रीडम है और यह महज़ पाकिस्तान तक ही सीमित नहीं है। इस सम्मान के साथ एक विवाद शुरू हो गया जब शिवसेना के प्रधान बाला साहेब ठाकरे ने यह घोषणा की कि मुझे यह सम्मान नहीं लेना चाहिए। उन्होंने इशारों-इशारों में मेरी निष्ठा और देशभक्ति पर सवाल उठाया, जिसकी कोई ज़रूरत नहीं थी और उससे मुझे गहरी तकलीफ़ हुई। मैंने उस समय भारत के प्रधानमन्त्री अटल बिहारी वाजपेयी से सलाह माँगी और उन्होंने साफ़ कह दिया कि मुझे यह पुरस्कार लेना चाहिए। उन्होंने बहुत ख़ूबसूरत शब्दों में कहा, "आप एक कलाकार हैं और इसलिए आपको राजनीतिक और भौगोलिक सीमाओं में नहीं बाँधा जा सकता है। आपको मानवीय कामों के लिए चुना गया है और आपने दोनों देशों के बीच रिश्ते सुधारने के लिए जो काम किये हैं, वे सभी जानते हैं।" अगर मैंने उस पुरस्कार को ठुकरा दिया होता, जिसका कोई राजनीतिक-साम्प्रदायिक मक़सद नहीं था तो दोनों देशों के बीच रिश्ते और ख़राब ही होते।

इस कहानी का ख़ुशनुमा पहलू यह था, और जिसे ज़रूर कहा जाना चाहिए, कि मेरे प्यारे दोस्त सुनील दत्त मेरे घर आये और उन्होंने मुझसे पूछा कि क्या वे भी मेरे साथ पाकिस्तान जाकर मुझे पुरस्कार लेते हुए देख सकते थे। ज़ाहिर है, मुझे इस बात से बहुत ख़ुशी हुई और हम दोनों में यह तय हुआ कि एक ख़ास जगह तक हम साथ-साथ सफ़र करेंगे और उसके बाद सुनील अपने जन्मस्थान चोटला की तरफ़ निकल जायेंगे, जो पाकिस्तान के पंजाब सूबे में पड़ता था, जबकि मैं पेशावर चला जाऊँगा। इस सफ़र के दौरान मुझे लाहौर में इमरान ख़ान के चैरिटेबल कैंसर अस्पताल का उद्घाटन करना था, जिसका नाम शौक़त ख़ानम मेमोरियल ट्रस्ट अस्पताल था, जो उनकी माँ के नाम पर था।

मैं बुरी घटनाओं को याद नहीं रखना चाहता। बाला साहेब ठाकरे अब इस दुनिया में नहीं हैं (17 नवम्बर 2012 को उनका स्वर्गवास हो गया।)। हमने अपने गिले-शिकवे भुला दिये थे और फिर से पुराने दोस्ताना रिश्ते क़ायम कर लिये थे, क्योंकि न तो वे और न ही मैं यह चाहते थे कि ख़ुद को और दूसरे लोगों को दुखी किया जाये। अपने चाहने वालों में और राजनीति की दुनिया में उनको 'टाइगर' के नाम से जाना जाता था। लेकिन मुझे हमेशा यह लगा कि वे टाइगर नहीं लायन (सिंह) थे, जो अपने अनुयायियों में विश्वास, निष्ठा और प्रशंसा का भाव पैदा करते थे। हम दोनों एक-दूसरे को 1966 में उनके शिवसेना के प्रमुख बनने से पहले से जानते थे। हम एक-दूसरे के काम का सम्मान करते थे। वे बतौर कलाकार मेरे काम को पसन्द करते थे और मुझे उनके तीखे कार्टून पसन्द थे।

हमारी लम्बी और टिकाऊ दोस्ती में जो बात क़ायम रही, वह थी एक-दूसरे के काम के लिए सम्मान का भाव। जब हम मुम्बई में उनके घर पर मिले तो हमने वे सारे गिले-शिकवे दूर कर लिये जो हमारे बीच पनप आये थे। हमें पिछले मतभेदों को भुलाने और वही विश्वास क़ायम करने में एक लम्हे से ज़्यादा समय नहीं लगा और हमने सब कुछ पीछे छोड़कर एक-दूसरे के लिए प्यार और सम्मान को फिर से क़ायम कर लिया। जब वे अपने रंग में होते थे तो ख़ूब दिलचस्प और मज़ेदार बातें किया करते थे। वे और उनकी पत्नी मीना ताई बहुत अच्छे मेजबान थे और उनके साथ ज़िन्दगी की सादगी को साझा करना बहुत अच्छा लगता था। हमारा रिश्ता न तो समय के साथ बदला था और न ही राजनीति में उनके ऊँचाई पर पहुँच जाने के बाद। अपने ख़ामोश तरीक़े से मीना ताई उनको ज़मीन पर बनाये रखती थीं और सच्चाई के साथ जोड़े भी रखती थीं। हम जैसे पुराने दोस्तों से सम्पर्क में रहती थीं, हमें अपने घर पर बुलाकर सादा खाना खिलाती थीं और हमें अपनेपन के अहसास से भर देती थीं। मीना ताई बहुत अच्छी महिला थीं और उन्होंने उद्धव को अच्छे संस्कार दिये और बड़ों के लिए सम्मान की भावना भी।

एक बार जब मुझे और सायरा को एक दोस्त के घर पर बुलाया गया था, जहाँ ठाकरे परिवार को भी बुलाया गया था तो सायरा की पीठ में बहुत दर्द हो रहा था। मीना ताई ने उनको मुश्किल में देखा तो बाला साहेब को जाकर बताया। उन्होंने पूरी पार्टी रोक दी और रसोई में गये, एक खाली बोतल माँगी, एक बर्तन में पानी गर्म किया और उसे लाकर सायरा को दिया ताकि वह पीठ की सिंकाई कर सकें। उनकी पत्नी और बहू ने सायरा को बताया कि जब वे घर में बीमार पड़ती हैं तो उनके लिए इसी तरह चिन्तित हो जाते हैं।

हमने बाला साहेब की संवेदनशीलता और महानता तब देखी, जब सुनील दत्त मुश्किल वक़्त में थे और उनका बेटा संजय दत्त जेल में था। उन्होंने सुनील दत्त की परेशानी को धीरज और सहानुभूति के साथ समझा, जबकि उस समय सुनील दत्त के दोस्त और शुभचिन्तक समझे जाने वाले लोग उनसे किनारा कर रहे थे।

# 24

## दूसरी पारी की फ़िल्में

*' 'बैराग' (1976) पूरी होने के बाद मैंने ख़ुद को एक बार फिर से चौराहे पर पाया। इस बार मैंने पक्का फ़ैसला कर लिया कि मैं सिर्फ़ काम करने के लिए काम नहीं करूँगा, जैसाकि बहुत-से दूसरे अभिनेता ज़िन्दगी में कोई और मक़सद न होने के कारण करते रहते हैं। ...1981 में जब 'क्रान्ति' रिलीज़ हुई तो एक बार फिर मेरा मन हुआ कि एक्टिंग कैरियर का पर्दा गिराकर छुट्टी पर जाया जाये...लेकिन फिर सुभाष घई 'विधाता' की कहानी लेकर आ गये... ।'*

मुझसे अकसर पूछा जाता है कि असित सेन की 'बैराग' फ़िल्म (1976) से लेकर मनोज कुमार की 'क्रान्ति' (1981) साइन करने तक मैंने पाँच साल के लिए फ़िल्मों से संन्यास क्यों ले लिया था। जब 'बैराग' रिलीज़ हुई तो मैं 54 साल का हो चुका था और उसमें मैंने जो तीन रोल किये थे, उनको अलग-अलग तरीक़े से करने के लिए मैंने बड़ी मेहनत की थी। मुझे ऐसा लगा कि मैंने काफ़ी काम कर लिया और अब मुझे आराम करना चाहिए। सच्चाई तो यह है कि 'राम और श्याम' के बाद भी मैंने गम्भीरता से यह सोचा था कि अब मुझे फ़िल्मों में काम करना छोड़ देना चाहिए। तब मेरी उम्र 44 साल से कुछ ज़्यादा थी। जब मैंने यह बात सायरा को बतायी तो वह हैरान रह गयीं। वह इस बात से सहमत नहीं हो पा रही थीं कि मैंने अपनी अचूक पहचान क़ायम कर ली है और अब मुझ पर कोई ऐसा इल्ज़ाम नहीं लगना चाहिए कि मैं सिर्फ़ अपनी स्टारडम और पुरानी लोकप्रियता को भुनाते हुए फ़िल्में किये जा रहा हूँ। मैंने सायरा को समझाया कि अपनी मेहनत से जो कुछ भी मैंने हासिल किया है, उससे मैं बहुत सन्तुष्ट हूँ और अब मैं ख़ुद को और थकाना नहीं चाहता था। 'राम और श्याम' रिकॉर्ड तोड़ सफलता की तरफ़ बढ़ रही थी और मैं इस बात को लेकर ख़ुश भी

*फ़िल्म बैरागी (1976) में सायरा के साथ*

था। लेकिन मेरे अन्दर का जो गम्भीर कलाकार था, उसे वैसी सन्तुष्टि नहीं हो रही थी जैसी 'देवदास' या 'नया दौर' या 'कोहिनूर' या 'आन' के रिलीज़ होने पर होती थी कि मैंने कुछ हासिल किया है।

सायरा की अपनी सोच थी और इस बात को लेकर वह उतनी ही संजीदा थीं। उन्होंने इस बात को लेकर अपनी कोशिश नहीं छोड़ी कि मैं अपने फ़ैसले से टल जाऊँ और किसी अनजान जगह पर उन्हें छुट्टी पर ले जाने के अपने फ़ैसले को बदल दूँ। सायरा को जंगल की दुनिया उतनी पसन्द नहीं थी और ऐसी जगह चलकर रहने के ख़याल से ही वह डर जाती थीं, जहाँ ख़ामोशी को तोड़ने के लिए महज़ शेर की दहाड़ हो, जबकि मुझे जंगल में रहना पसन्द था और वहाँ सुन्दर पक्षियों को देखकर और उनकी आवाज़ को सुनकर जागने का अपना ही मज़ा था। किसी ऐसी फ़िल्म की पटकथा को पढ़ना जिसमें किसी तरह की कोई सम्भावना ही न हो या न के बराबर सम्भावना हो, मेरी कल्पनाओं को इतना नहीं झकझोरता था जितना कि जंगल का यह रोमांच।

'बैराग' (1976) पूरी होने के बाद मैंने ख़ुद को एक बार फिर से चौराहे पर पाया। इस बार मैंने पक्का फ़ैसला किया कि मैं सिर्फ़ काम करने के लिए काम नहीं करूँगा, जैसाकि बहुत-से दूसरे अभिनेता ज़िन्दगी में कोई और मक़सद न होने के कारण करते रहते हैं।

मैंने ख़ुदा का शुक्रिया अदा किया कि मुझे काम के लिए बेचैनी नहीं थी और मेरे लिए करने के लिए दूसरे बहुत-से अच्छे काम थे, कई तरह की दिलचस्पियाँ थीं, जैसेकि—पढ़ना, संगीत, नाटक, भाषाओं को जानना या फिर अपनी ही पटकथा लिखना। भारतीय सिनेमा की हालत पश्चिमी या हॉलीवुड की फ़िल्मों से अलग तरह की है। वहाँ जब अभिनेता की उम्र ढलने लगती है और उसका सिनेमा में अपना एक मक़ाम बन जाता है तो उसे अच्छी-अच्छी फ़िल्में मिलने लगती हैं। लेकिन यहाँ ऐसा नहीं होता। इसलिए मैंने सोचा कि अपनी पटकथा लिखकर अपनी फ़िल्में बनायी जायें।

दूसरे, फ़िल्म-निर्माण में बहुत-से ऐसे अनजान लोग आ गये थे जो अकसर किसी ग़ैर-क़ानूनी क़िस्म के काम में लगे होते थे और जनता के बीच जाने-माने फ़िल्मी सितारों के साथ दिखना चाहते थे। चूँकि उनके पास पैसा बहुत था और उनको उन पैसों को नगद खपाना होता था, इसलिए वे जाने-माने कलाकारों के पास घटिया पटकथाएँ लेकर जाते थे और उनको लालच देने की कोशिश करते थे।

मैं ऐसे अनजान लोगों से दूर ही रहता था जो इंडस्ट्री में ग़लत तरीक़े से आते थे। एक समय वह भी था जब मुझ पर एक निर्माता ए.आर. करदार ने मुक़दमा कर दिया था। उसकी सुनवाई चलती रहती थी और मैंने ठान रखा था कि इस बात को झूठा साबित करने के लिए मैं आख़िर तक लड़ूँगा। अजीब बात यह थी कि यह क़ानूनी लड़ाई उस आदमी ने शुरू की थी जो किसी समय बहुत फटेहाली में चला गया था और जिसकी पत्नी व बच्चे मेरे घर कई बार आये कि मैं उस फ़िल्म में काम कर लूँ जो वह बनाने जा रहा था। मैं एक स्टार होने के नाते जो कर सकता था, मैंने किया। मैंने फ़िल्म 'दिल दिया दर्द लिया' (1966) के लिए 'हाँ' कर दी, वह भी बिना उस फ़िल्म के बारे में गम्भीरता से सोचे जिसके लिए मैं जाना जाता था। मैंने उस फ़िल्म के लिए ख़ूब मेहनत से काम किया ताकि उस फ़िल्म को यादगार बना सकूँ और उस आदमी को सफल फ़िल्म निर्माताओं की क़तार में खड़ा करके उसके मुश्किलों के दौर को ख़त्म कर सकूँ। लेकिन इसके बदले में उसने मेरे साथ दग़ाबाज़ी करते हुए मुझे झूठे आरोपों में फँसा दिया।

मैं उस तरह के धीरज वाले लोगों में से हूँ जो ज़रूरत पड़ने पर न्याय के लिए लड़ने में किसी तरह की कसर नहीं छोड़ते हैं। मैं उस अहसान फरामोश पर इतना भड़क उठा कि मैंने देश में टैक्स को लेकर सारे क़ानूनों का अध्ययन किया, जिसके लिए मैंने अपने दोस्त एन.के.पी. साल्वे की मदद ली, जो इस क्षेत्र में माहिर थे और 1980 के दशक के शुरू में केन्द्र में मन्त्री भी बने।

1970 के दशक के मध्य तक जब तक कि ये खिजाने वाले हालात नहीं बने थे, साल्वे साहब और मैं भारतीय क्रिकेट के शानदार भविष्य को लेकर ख़ूब बातें करते थे। अपने कॉलेज के ज़माने में साल्वे क्रिकेट खेलते थे और मैं भी।

शाम को क्रिकेट क्लब ऑफ़ इण्डिया और बम्बई जिमखाना में बैठकर हम लोग जवानी के दिनों में देखे गये कुछ शानदार मैचों को याद करते थे, जिनमें कुछ बेहतरीन खिलाड़ियों ने खेला था। 1982 तक साल्वे बीसीसीआई के अध्यक्ष बन गये और एक सच्चे देशभक्त और खेलप्रेमी की तरह वे यह सपना देखते थे कि भारत एक दिन एकदिवसीय मैचों का विश्वकप जीत जाये। 1983 में उनका यह सपना पूरा हो गया।

मुझे इस बात का पता था कि साल्वे साहब पेशे से चार्टर्ड अकाउंटेंट थे लेकिन हमारे दिमाग़ में यह बात कभी नहीं आयी थी कि एक दिन हम साथ मिलकर एक क़ानूनी लड़ाई लड़ेंगे। एक दोस्त और हितैषी के नाते साल्वे साहब मेरे साथ खड़े रहे और मुझे भरोसा दिलाते रहे कि मैं टैक्स ट्रिब्यूनल के सामने केस जीत जाऊँगा, क्योंकि मैंने कोई टैक्स चोरी नहीं की थी।

साल्वे साहब के क़ाबिल और जाने-माने बेटे हरीश ने उस यन्त्रणा के बारे में विस्तार से लिखा है जिसकी वजह से मैं छह साल तक परेशान रहा। लेकिन अपने पेशेवर ज़िन्दगी की तमाम बुरी यादों की तरह मैं इसे भी काफ़ी समय पहले भुला चुका था। जो पाठक किताब के दूसरे हिस्से में हरीश के लेख को पढ़ेंगे, उनको यह समझ में आयेगा कि मैं न सिर्फ़ दिमाग़ी तौर पर परेशान रहा बल्कि मेरी बदनामी भी हुई। उनको यह भी समझ में आयेगा कि साल्वे साहब,

*सायरा और हरीश साल्वे के साथ एक समारोह में*

पुरोहित जी और जी. एन. जोशी जैसे अच्छे लोगों ने ईमानदारी से मेरी मदद की और मुझे ईमानदार साबित करके मेरे सम्मान को वापस दिलाया।

दुख इस बात का है और इस घाव का दर्द मुझे बरसों रहा है कि पाँच सालों तक देश भर में और बाहर भी मैं परदे से ग़ायब रहा, जिसकी वजह से उन लोगों को अचरज होता था जो मेरे कैरियर पर गहरी नज़र रखते थे। लेकिन मुझे इस बात का अफ़सोस है कि मैं उन पटकथाओं पर ध्यान नहीं दे सका जो मैंने अपने और सायरा को लेकर बनायी जाने वाली फ़िल्मों के लिए लिखी थीं। उनमें सबसे दिलचस्प थी 'कश्मीर वैली', जो मेरी शादी से पहले लिखी गयी थी और जिसमें सायरा और मेरी जोड़ी काम करने वाली थी। इसकी शानदार पृष्ठभूमि की तुलना डेविड लेन (David Lane) की फ़िल्म 'डॉ. ज़िवागो' से की जा सकती थी। मैं इसे 'बैराग' के बाद बनाना चाहता था। दूसरी पटकथाओं में शामिल थी 'काली सरसों', जो सायरा को ध्यान में रखकर लिखी गयी थी और एक साँवली लड़की की कहानी थी। इसके अलावा 'काला आदमी' और 'बाबाजान' फ़िल्में थीं। मुझे इन सारी फ़िल्मों को बन्द करना पड़ा, हालांकि इन सबके लिए फाइनेंसर पैसा लगाने के लिए तैयार बैठे थे।

उस मुश्किल दौर के आख़िरी दिनों में मनोज कुमार मेरे पास 'क्रान्ति' की

*फ़िल्म क्रान्ति (1981) में शत्रुघ्न सिन्हा के साथ*

कहानी लेकर आये। मैं पिछले अध्याय में लिख चुका हूँ कि मैं बिना पूरी पटकथा पढ़े ही 'क्रान्ति' में काम करने के लिए तैयार हो गया था।

1981 में जब 'क्रान्ति' रिलीज़ हुई तो एक बार फिर मेरा मन हुआ कि अभिनय का पर्दा गिराकर छुट्टी पर जाया जाये, लेकिन भाग्य मेरे साथ नहीं था। सुभाष घई मेरे पास 'विधाता' की कहानी लेकर आये। वे मुझसे कई बार मिले और उन्होंने अपने काम और अपनी लगन से मुझे बहुत प्रभावित किया। उन्होंने ईमानदारी से कहा कि उनकी पिछली फ़िल्म नहीं चली थी और उनको उम्मीद थी कि पिछली फ़िल्म की असफलता उनकी अगली फ़िल्म की सफलता का कारण बनेगी। मुझे उनकी पॉजिटिव सोच, उनका उत्साह और उनकी धुन अच्छी लगी। कहानी दिलचस्प थी और उसमें मेरे अन्दर के कलाकार के करने के लिए कुछ था। इससे भी बढ़कर यह बात थी कि 'क्रान्ति' की तरह 'विधाता' में भी मेरा रोल ज़मीन से जुड़ा हुआ था, एक रेलवे इंजिन ड्राइवर जो नायक के रूप में स्क्रीनप्ले की धुरी बन जाता है।

हमने 'विधाता' का काम शेड्यूल से पहले ही पूरा कर लिया। सुभाष किसी स्कूली बच्चे की तरह ख़ुश थे, जिन्हें बढ़िया रिपोर्ट-कार्ड मिल गया हो। इसका कारण यह था फ़िल्म इंडस्ट्री में उनके कुछ दोस्तों ने उन्हें डरा दिया था कि दिलीप कुमार के साथ फ़िल्म करने में उनकी सारी जवानी और ऊर्जा चली जायेगी, और जब तक यह फ़िल्म पूरी होगी, वह बूढ़े हो चुके होंगे। जबकि हुआ इसका ठीक उल्टा। उनके तथाकथित चाहने वाले मुझे ऐसे राक्षस के रूप में पेश कर रहे थे जो उसे बरबाद कर देता। उन्होंने इस बात का खुलासा शूटिंग के आख़िरी

*फ़िल्म विधाता (1982) में अमरीश पुरी के साथ*

शेड्यूल के आख़िरी दिन किया। मैंने हँसते हुए कहा कि इससे उन्हें यह शिक्षा मिली होगी कि किसी के बारे में दूसरों की बातों पर यक़ीन नहीं करना चाहिए और बेहतर यही होता है कि किसी इंसान को ख़ुद परखना चाहिए।

जब वह फ़िल्म 1982 की सबसे ज़्यादा मुनाफ़ा कमाने वाली फ़िल्म साबित हुई तो सुभाष की ख़ुशी देखते ही बनती थी। वह हमारी लम्बी दोस्ती की शुरुआत थी। मैंने उनके साथ दो और फ़िल्मों में काम किया—'कर्मा' (1986) और 'सौदागर' (1991)।

दिलचस्प बात यह है कि सुभाष जब भी मेरे पास आये, उनके दिमाग़ में कोई शंका होती थी। जब उन्होंने मुझसे 'कर्मा' के लिए सम्पर्क किया तो उनको यह डर था कि चूँकि 'विधाता' बहुत कामयाब रही है, इसलिए मैं बहुत ज़्यादा पैसों की माँग करूँगा। कुछ इधर-उधर की बातों के बाद वे मुद्दे पर आये। इससे स्वाभाविक तौर पर मुझे खीज हुई क्योंकि मैं किसी निर्देशक से यह उम्मीद करता हूँ कि वह यह बात करे कि वह पटकथा में अभिनेता से क्या चाहता है कि वह क्या पढ़े या क्या वह पटकथा को कुछ अलग तरह से बनाना चाहता है। पैसे और पैसों की बात को इस बातचीत का हिस्सा नहीं होना चाहिए।

तब तक हम दोनों में अच्छी दोस्ती हो चुकी थी और सुभाष मुझे बड़े भाई की तरह देखते थे, इसलिए मैंने थोड़ी आज़ादी लेते हुए कहा कि उन्हें बाज़ार के किसी व्यापारी की तरह नहीं बल्कि एक निर्देशक की तरह बात करनी चाहिए। उन्होंने मेरी इस हल्की-सी झिड़की को अच्छी भावना के साथ लिया और उसके बाद इस विषय को नहीं उठाया, लेकिन उन्होंने अपना बचाव करते हुए यह कहा

*फ़िल्म कर्मा (1986) में अनुपम खेर के साथ*

कि वह तो इंडस्ट्री के तौर-तरीक़ों का ही पालन कर रहा था। मैं उनकी बात से सहमत हुआ मगर मैंने उनसे कहा कि मैं ख़ुश हूँ कि मैं इस रिवाज का हिस्सा नहीं हूँ। उसके बाद हम ख़ूब हँसे और हमारी दोस्ती और गहरी हो गयी।

जब सुभाष मेरे घर 'सौदागर' के बारे में बात करने आये और उन्होंने मुझे उस दिलचस्प प्लॉट के बारे में बताया जो दो गहरे दोस्तों के इर्द-गिर्द घूम रहा था और जिस पर वे काम कर रहे थे, तो मुझे लगा कि वे कुछ बताने के लिए बेचैन थे और उसे कहने के लिए सही वक़्त का इन्तज़ार कर रहे थे। ज़ाहिर है, जाते समय उन्होंने वह बात कही। उन्होंने कुछ हिचकिचाते हुए कहा कि उन्होंने मेरे दोस्त के रूप में राजकुमार के बारे में सोच रखा है जो एक नाटकीय घटनाक्रम में दुश्मन बन जाता है। उनको लगा कि मैं इसके ख़िलाफ़ कुछ कहूँगा। मैंने उनके दिमाग़ को शान्त करते हुए कहा कि राज के साथ काम करने में मुझे ख़ुशी होगी और जब भी वे 'पैग़ाम' (1959) के सेट पर आते थे तो मुझे उनका साथ अच्छा लगता था। बल्कि मैंने उनको यह सुझाया कि उनको राज से पूछ लेना चाहिए कि उनको मेरे साथ काम करने का विचार पसन्द है या नहीं। शरारतन मुसकराते हुए सुभाष ने कहा कि वे राज से पहले ही बात कर चुके थे और वे मेरे साथ काम करने का इन्तज़ार कर रहे थे।

मेरे लिए ख़ुशी की बात यह थी कि सुभाष को भी आउटडोर शूटिंग करना पसन्द था और उन्होंने न केवल गानों की शूटिंग के लिए बल्कि कुछ और नाटकीय दृश्यों की शूटिंग के लिए आँखों को सुकून देने वाली लोकेशन तलाश की थी। 'सौदागर' के लिए उन्होंने हिमाचल प्रदेश की कुल्लू घाटी के जंगल में लोकेशन तलाश की थी, जो कि कुछ नाटकीय दृश्यों की पृष्ठभूमि बनी। अगर उनकी शूटिंग इनडोर हुई होती तो वे उतने प्रभावशाली नहीं बन सकते थे। हिमाचल में लम्बे शेड्यूल के बाद हम महाबलेश्वर (महाराष्ट्र के हिल स्टेशन) चले गये। यह एक लम्बी पिकनिक की तरह था और सुभाष इस बात को समझते हैं कि कलाकारों का अच्छी तरह ध्यान रखा जाना चाहिए।

'सौदागर' की शूटिंग के दौरान मीडिया इस बात के इन्तज़ार में था कि मेरे और राज के बीच किसी तरह का टकराव हो। कारण यह था कि राज के व्यवहार को लेकर कई तरह की ऊल-जलूल कहानियाँ मशहूर थीं। वैसे अगर देखा जाये तो कई अर्थों में राज हमारे दौर के कलाकारों से अलग मिज़ाज के थे। 'सौदागर' की शूटिंग के दौरान उन्होंने इस बात पर ज़ोर दिया कि लोकेशन तक उनके पीछे-पीछे दो भारी गाड़ियाँ चलेंगी। राज कार में अकेले बैठते थे, जबकि उनके पीछे जो दो गाड़ियाँ चलती थीं उनके साथ उनका अटेंडेंट होता था जो उन सूटकेस और ट्रंकों के साथ बैठा होता था जिनमें उनके कपड़े, जूते और विग वग़ैरह होते थे। यह देखकर मुझे और बाक़ी लोगों को हैरानी होती थी और हम उनके पीछे तरह-तरह की बातें बनाते थे। लेकिन सुभाष ने इसे अजीब मानने से

इनकार कर दिया और उन्होंने अपने सहायकों को सख़्त हिदायत दे रखी थी कि हर दिन गाड़ियाँ तैयार रहनी चाहिए और उनके कपड़े और बाक़ी सामान उसी तरह ले जाये जाने चाहिए, जिस तरह राज चाहते थे।

एक शाम महाबलेश्वर में कैमरामैन, उसके सहायक और सभी स्पॉट ब्वॉय घबराये हुए थे क्योंकि राज लोकेशन पर नहीं थे। उन्होंने देखा था कि वे एक पहाड़ी के एक ख़तरनाक किनारे पर कुर्सी लगाये बैठे थे। अगर वे अपनी कुर्सी से एक क़दम भी आगे बढ़ाते तो वे नीचे गहरी खाई में गिर सकते थे। लड़के दौड़ते हुए सुभाष और हम लोगों के पास आये जो आराम से शूटिंग वाली जगह पर बैठे हुए थे। लड़कों ने हमें बताया कि उन्होंने क्या देखा था। सुभाष ने उनसे पूछा कि उनको क्या लग रहा था कि वे वहाँ क्यों बैठे हुए थे तो उन्होंने कहा कि वे अपनी कुर्सी पर बैठकर दूर कोहरे को देख रहे थे।

सुभाष ने मुझसे कहा कि मैं उस जगह तक उनके साथ चलूँ, जहाँ राज बैठे हुए थे। हम वहाँ चुपचाप गये और उनके साथ बातचीत करने लगे, जिससे उनका ध्यान उस कोहरे से हट गया जिसे वे देख रहे थे। सौभाग्य से वे हमेशा मेरी बात का दोस्ताना तरीक़े से जवाब देते थे। इसलिए मैं उनको बिना किसी परेशानी के शूटिंग वाली जगह पर ला पाने में कामयाब रहा।

जैसाकि मैंने राज को समझा, वे सोचने वाले इंसान थे। वे कभी-कभी अकेले रहना पसन्द करते थे ताकि कुछ सोच-विचार कर सकें। वे किताबें भी पढ़ते थे

*फ़िल्म सौदागर (1991) में राज कुमार के साथ*

और जब उनकी तबियत होती थी तो वे उनके बारे में बातचीत भी करते थे। वे अपनी सनकों के लिए जाने जाते थे, मगर मैंने उनको हमेशा सामान्य और विनम्र इंसान के रूप में पाया। वह उन दोस्तों में थे जो सायरा के साथ मेरे निकाह वाले दिन मेरे घर जल्दी ही पहुँच गये थे। जब सायरा और मैंने उनको अपनी शादी की पच्चीसवीं वर्षगाँठ पर बुलाया था तो वे अपनी बीवी के साथ पार्टी में आये थे मगर जब उन्होंने वहाँ बड़ी तादाद में फ़िल्मवालों को देखा तो वे हमसे बिना मिले ही चुपचाप चल दिये। उनको शायद लोगों से घुलना-मिलना पसन्द नहीं था। उन्होंने हमारे लिए एक तोहफ़ा छोड़ा था, चाँदी की एक ख़ूबसूरत तश्तरी जिसके ऊपर यह लिखा था–'लाले और लाले की जान के लिए, बार बार यह दिन आये!'

मैंने उस दौर में जिन फ़िल्मों का भी चुनाव किया, चाहे वह ऐतिहासिक फ़िल्म 'क्रान्ति' (1981) रही हो या 'विधाता' (1982) या 'शक्ति' (1982) या 'कर्मा' (1986) या 'मशाल' (1984), मैंने उनको इसलिए चुना क्योंकि उनमें मुझे अहम और वज़नदार रोल दिये गये थे। 'क्रान्ति' की कहानी भारत की आज़ादी की लड़ाई के दिनों की थी, जिन दिनों आम इंसानों के लिए भी देश से प्यार की भावना उनके जीवन में बाक़ी सभी चीज़ों से ज़्यादा मायने रखती थी। लेकिन बाक़ी जिन फ़िल्मों को मैंने चुना, उनकी कहानी में मुख्य किरदार की हिम्मत की कहानियाँ थीं जो बुरे वक़्त में डटकर खड़ा हो जाता है। जब मैंने उन किरदारों के बारे में सोचा तो मुझे लगा कि अगर मैंने उनको पूरे विश्वास और सच्चाई के साथ किया तो मैं उनको प्रेरणादायक और यादगार बना सकता था।

मुझे 'शक्ति' की बुनियादी कहानी बहुत अच्छी लगी थी जो आम लोगों को नैतिक सिद्धान्तों का पालन करने की सीख देती थी। पटकथा में दो नायकों में से एक के माध्यम से यह सवाल प्रभावशाली ढंग से उठाया गया था, एक पुलिस अफ़सर के माध्यम से, जो अपनी ईमानदारी और अडिगता के कर्तव्य को अपने बेटे को अपराधियों के चंगुल से बचाने के कर्तव्य से ज़्यादा ज़रूरी मानता है।

यह प्लॉट ऊपरी तौर पर साधारण दिखता है, लेकिन इसमें यह दम था कि कई घटनाओं के माध्यम से दर्शकों को अपने साथ बहा ले जाये, जिन दृश्यों में उस पुलिस अफ़सर का जज़्बाती दर्द खुलकर सामने आता है, वे तो ग़ज़ब के थे। मुझे यह कहानी सलीम-जावेद वाले सलीम ख़ान ने सुनायी थी।

मुझे सलीम से ही पता चला कि इसके निर्देशक रमेश सिप्पी होंगे। रमेश सिप्पी के पिता जी.पी. सिप्पी से मेरे बहुत क़रीबी रिश्ते थे। मुझे उनकी मदद से अपने सहयोगियों के कई मसले इण्डियन मोशन पिक्चर्स प्रोड्यूसर्स एसोसिएशन के साथ मिलकर निपटाने थे। वे कई साल तक इस संस्था के अध्यक्ष रहे थे। फिर भी साफ़-साफ़ कहूँ तो शुरू में मुझे इस बात का भरोसा नहीं था कि रमेश के साथ मेरी पटेगी या नहीं, क्योंकि मैं उनको ख़ास जानता नहीं था, सिवाय

इसके कि उनके पिता के घर में कुछ दुआ-सलाम हुई थी। अपने पूरे कैरियर के दौरान मैंने ऐसे निर्देशकों के साथ काम किया था जिनके साथ मेरे गहरे रिश्ते थे।

मेरे अन्दर जो सन्देह था, वह जल्दी ही विश्वास में बदल गया जब रमेश मुझसे मिले और उन्होंने मेरे साथ लम्बी बातचीत की। उन्होंने कहा कि वे चाहते थे कि दूसरे हीरो के रूप में अमिताभ बच्चन को लिया जाये, पुलिस अफ़सर के बेटे के रूप में, जिसको अपराध की दुनिया में वही अपराधी लेकर जाते हैं जो उसके पिता के दुश्मन हैं। पिता और पुत्र के बीच तनाव बढ़ रहा था और बेटा हर वह काम करता था जो उसके पिता को नापसन्द था, ताकि उनको इस बात के लिए सज़ा दी जा सके कि वे अपहरण करने वालों से उसको बचाने के लिए आगे नहीं आये थे, हालाँकि अपहरण करने वालों ने उसे मार देने की धमकी दी थी। इस किरदार को वह नौजवान एक्टर, जिसमें बहुत क़ाबिलीयत थी, परदे पर उभारकर ला सकता था। मैंने रमेश को इस बात के लिए बधाई दी क्योंकि

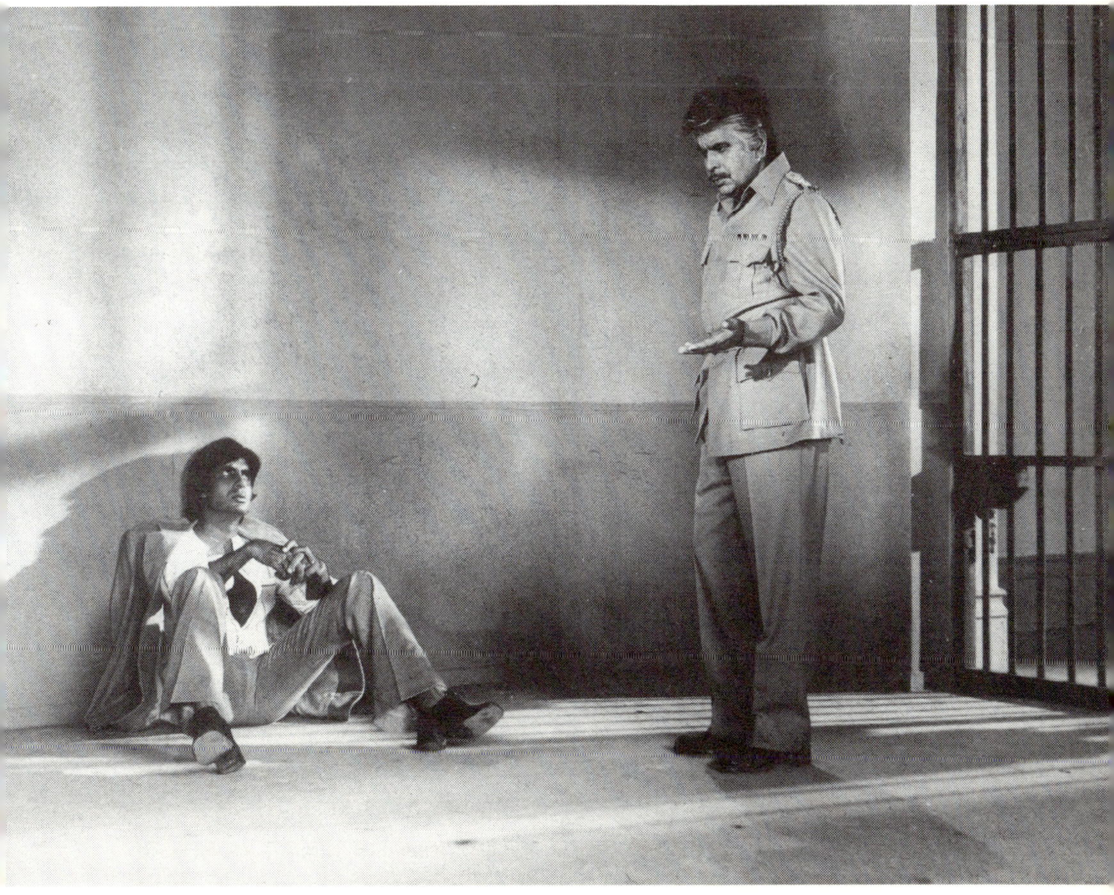

*फ़िल्म शक्ति (1982) में अमिताभ बच्चन के साथ*

उस समय कोई और एक्टर ऐसा नहीं था जो अमिताभ की तरह उस किरदार में जान डाल सके। ज़ाहिर है, जब फ़िल्म की कास्टिंग की घोषणा हुई तो मीडिया में इस पर ख़ूब चर्चा हुई, तरह-तरह के कयास लगाये गये।

जुहू के तट पर उस फ़िल्म के मुहूर्त को देखने के लिए सिर्फ़ मीडिया के लोग ही नहीं बल्कि बड़े पैमाने पर फ़ैन भी मौजूद थे। जब मेरे और अमिताभ के बीच पहले शॉट की तैयारी हुई तो रमेश सिप्पी ख़ुशी और उत्साह से छलक रहे थे।

'शक्ति' और 'मशाल' दोनों में साझी बात यह थी कि उनमें मैंने जो किरदार निभाये थे, उनमें ईमानदारी और हिम्मत थी। दोनों ही फ़िल्मों में कई यादगार दृश्य थे जो लोगों की यादों का हिस्सा बन गये और निर्देशकों और कलाकारों के बीच तालमेल की मिसाल के तौर पर देखे गये। 'शक्ति' में एक सीन है जिसमें अफ़सर अपराधियों द्वारा मार डाली गयी अपनी पत्नी की लाश के पास खड़ा होकर बेख़याली में अपने आपसे बात किये जा रहा है और उसका अलग रहने वाला बेटा अपनी माँ के अन्तिम दर्शन करने के लिए घर में आता है, उस माँ के जिसको वह बहुत ज़्यादा प्यार करता था, तो वह अफ़सर टूट जाता है। इसी तरह 'मशाल' में एक सीन है जिसमें रात में सुनसान सड़क पर बारिश हो रही है और सड़क के बीचोबीच खड़ा ईमानदार और बहादुर पत्रकार (फ़िल्म में मेरा किरदार) आती-जाती गाड़ियों को रोकने की कोशिश कर रहा है, ताकि अपनी बीमार पत्नी को अस्पताल लेकर जा सके, लेकिन कोई गाड़ी नहीं रुकती है। यह एक ऐसा सीन था जिसको बहुत विश्वास के साथ किये जाने की ज़रूरत थी, क्योंकि इसमें आम इंसान की मुश्किल को दिखाया गया था कि शहर में बन्द का दिन है और उसके पास अपनी कोई गाड़ी नहीं है और यह इमरजेंसी हो जाती है।

दोनों ही सीन मुझे अन्दर-ही-अन्दर कहीं गहरे ले गये ताकि मैं सही जज़्बात को अपने चेहरे पर पैदा कर सकूँ। जैसाकि पिछले एक अध्याय में मैंने कहा है कि जब मेरे भाई अयूब साहब ने अपनी आख़िरी साँस ली थी तो मैंने आग़ा जी के चेहरे पर जो दर्द देखा था या जब अम्माँ खाँसते-खाँसते बेहोश हो गयी थीं और आग़ा जी जिस बेचारगी से डॉक्टर को लाने के लिए चीख़े थे, और उनके हाथों में अम्माँ का बेहोश शरीर पड़ा हुआ था—उस समय मेरे अन्दर यही दो छवियाँ उभरकर आयी थीं जिनकी वजह से मेरे जज़्बात उभर सकें। लेकिन जब आख़िरी टेक देने का वक़्त आता है तो उस सीन को विश्वसनीय और शक्तिशाली तरीक़े से पेश करने के लिए उसे उसके अलावा और भी बहुत कुछ करना पड़ता है। मुझे लगता है कि 'शक्ति' का वह सीन इसलिए इतना प्रभावशाली बन सका क्योंकि अमिताभ भी उस सीन में जज़्बाती हो रहे थे।

'मशाल' के उस सीन के बारे में बहुत कुछ लिखा जा चुका है लेकिन जब मैं चार दिन तक चली उस सीन की शूटिंग के पहले दिन लोकेशन पर आया था तो मुझे तेज़ बुख़ार था। उस सीन की शूटिंग बलार्ड एस्टेट (मुम्बई) में बारिश

*फ़िल्म मशाल (1984) में अनिल कपूर के साथ*

से भीगी सड़क पर की जा रही थी। यश चोपड़ा ने मुझसे पूछा कि क्या मैं उस सीन को कर सकता था तो मैंने कहा कि मैं ताज पैलेस में अपने कमरे में जाना चाहूँगा, रोज़ बान्द्रा से शूटिंग तक आने से बचने के लिए मैंने वहीं कमरा लिया था। मुझे आराम की ज़रूरत थी। मैंने यश से यह कह रखा था कि एक बार कैमरा रोल होने के बाद मैं वह पूरा सीन एक बार में करूँगा। मैंने अपनी बात रखी और तीसरे दिन मैंने उस सीन को बेखटके पूरा कर दिया।

जब हमारा काम ख़त्म हुआ, तब तक काफ़ी रात हो चुकी थी और मैं अपने चारों तरफ़ भीगी आँखों को देख रहा था कि वहाँ भयानक ख़ामोशी थी। मुझे पल भर के लिए बुरा लगा। यश मेरे पास आया और मैंने देखा कि वह जो कहना चाहता था, कह नहीं पा रहा था क्योंकि उसका गला भर आया था। थोड़ी देर के बाद सभी लोग सहज हुए और तब तारीफ़ें उभरकर सामने आयीं। मेरे लिए इससे बड़ा कोई पुरस्कार नहीं होता है कि मेरे साथ काम करने वाले दिल से मेरे काम की तारीफ़ करें। यश ने यह भी कहा कि उसे कोई ऐसी सब्जेक्ट चुनने में 30 साल लग गये जिसके लिए मैं मना न कर पाऊँ।

जैसाकि मैंने पहले ही बताया है, यश के साथ मेरी दोस्ती 'नया दौर'(1957) के ज़माने में ही हो गयी थी। वह अपने भाई बी.आर. चोपड़ा साहब के सहायक थे। वह नौजवान थे और निर्देशन के गुर सीखने में दिलचस्पी रखते थे। चूँकि वह बड़े चोपड़ा साहब से बहुत छोटे थे, इसलिए वह काफ़ी विनम्रता के साथ

रहते थे और बड़े आदर से अपने बड़े भाई की बातों का पालन करते थे। चोपड़ा साहब ने उनसे कहा था कि वह मेरा ध्यान रखें। इसलिए वह पहली बार मेरे घर यह पूछने आये थे कि मुझे पूना जाने के लिए कार कब भेजी जाये, जहाँ उस फ़िल्म का पहला शेडयूल शुरू हो रहा था। उन्होंने कहा कि मेरे लिए एक लिमोज़िन भेज दी जायेगी और वह ख़ुद पीछे एक छोटी कार में रहेंगे और मुझे किसी चीज़ की ज़रूरत हुई तो वह मुझे पूरा करने के लिए पास में ही रहेंगे। मैंने उनसे पूछा कि क्या मैं उनके साथ उनकी कार में जा सकता था क्योंकि अकेले कार में जाने की मेरी कोई ख़्वाहिश नहीं थी। यश पहले तो झिझके लेकिन फिर तैयार हो गया। पूना तक का सफ़र बहुत मज़ेदार रहा और इसके बाद हम दोनों की लम्बी और गहरी दोस्ती की शुरुआत हुई। हम दोनों में कई बातें एक जैसी थीं, जिनमें अच्छा खाने का शौक़ भी शामिल था।

1970 के दशक की शुरुआत में जब यश ने अपना ख़ुद का बैनर शुरू किया और एक निर्माता-निर्देशक के रूप में अपनी छाप छोड़ने लगे तो मैं अकसर उनसे मिलने बम्बई के राजकमल स्टूडियो में जाता था, जहाँ उनका एक छोटा-सा दफ़्तर था। उन्होंने अपनी ज़्यादातर फ़िल्मों की योजना वहीं बनायी थी। उस दफ़्तर में शूटिंग के सामान भरे रहते थे और बड़े-बड़े डिब्बों में शूट की गयी रीलें भी। उस सबके बीच में वह पीछे एक छोटे-से टेबल पर बैठते थे। वह घर से लाया हुआ टिफ़िन उसी टेबल पर खोलते थे और जल्दी से खाना खा लेते थे, फिर कैंटीन से मँगवाकर छाछ पी लेते थे।

सपने देखने वाले ज़्यादातर नौजवानों की तरह उनके भी सपने थे, लेकिन यश में बहुत बड़ी ख़ूबी यह थी कि वह अपने उन सपनों का पीछा करते थे। उनका सपना यह था कि एक ऐसा स्टूडियो बनवाया जाये, जैसे यह उन्होंने हॉलीवुड और इंग्लैण्ड में देखे थे। यश का यह बहुत बड़ा सपना तब पूरा हुआ, जब उन्होंने अपने यशराज स्टूडियो में काम करना शुरू कर दिया। उन्होंने मुझे स्टूडियो के उद्घाटन के लिए बुलाया था और मेरे लिए यह बहुत ख़ुशी की बात थी जब उन्होंने बहुत जोश के साथ मुझे और सायरा को वहाँ का सारा इन्तज़ाम दिखाया था।

हम अकसर मिलते रहते थे और जब भी उन्हें कोई गहरी बात करनी होती थी तो वह बजाय किसी दोस्त के एक भाई की तरह बेहिचक फ़ोन कर देते थे। इसलिए जब एक शाम वह मेरे घर आये और मुझे 'मशाल' फ़िल्म की पटकथा देते हुए उन्होंने कहा कि जावेद अख़्तर ने बड़ी मेहनत से मुझे ध्यान में रखते हुए यह किरदार बनाया है, तो मुझे बड़ी ख़ुशी हुई और हैरानी भी। मेरे लायक़ किसी सही विषय का बरसों इन्तज़ार करने के बाद उन्हें कोई ऐसी कहानी मिली थी जिसको लेकर वह मेरे पास आये थे। ''आप पढ़ लीजिए, अच्छा लगेगा'', जाने से पहले उन्होंने कहा था।

जब मैंने पटकथा को पढ़ना शुरू किया तो मैंने पाया कि बेधड़क पत्रकार विनोद कुमार का जो किरदार था, उसमें मेरी अपनी शख़्सियत का बहुत कुछ था, ख़ासकर जिस निडरता से मैं ग़लत लोगों का सामना करता था। उसका मुख्य किरदार एक अधेड़ आदमी था, एक दैनिक अख़बार का ईमानदार सम्पादक जो खोजी पत्रकारिता की नैतिकता और ज़िम्मेदारियों को समझता था और उसमें माफ़िया से लड़ने का दमख़ाम था। समाज के शक्तिशाली लोग उसे दबाने और सच का गला घोंटने की कोशिश करते हैं, जिनका खुलासा वह अपने अख़बार के पहले पन्ने पर हर दिन करता है। मुझे इस पटकथा में यह बात अच्छी लगी कि इसमें पत्रकारिता की हार न मानने वाली भावना थी और साथ ही जावेद ने कुछ सच्ची घटनाओं के माध्यम से इसके अन्दर भरपूर नाटकीयता पैदा कर दी थी।

मुझे इस बात की खुशी थी कि मेरे पेशेवर जीवन में जो पाँच साल का ठहराव आ गया था, उसकी कमी इन फ़िल्मों ने पूरी कर दी और इनमें काम करके मुझे सुकून भी मिला।

## 25

# घर-परिवार के मसले

*'क्या यह सब मेरी तक़दीर थी कि मैं ज़िन्दगी में एक राह बना सका और कुछ हासिल कर सका? या मेरे भाई-बहनों में उस मेहनत और लगन की कमी थी जो मैं दर्शकों का प्यार पाने और निर्माता-निर्देशकों का दिल जीतने के लिए किया करता था? ...ज़िन्दगी के उतार-चढ़ावों में जो कुछ मैंने जाना-समझा है, उनमें से एक सच्चाई यह भी है कि ज़िन्दगी में कुछ बनने या कुछ पाने की कामना करना अच्छी बात है, लेकिन इसे हासिल करना हरेक की तक़दीर में नहीं होता।'*

मुझे याद नहीं है कि यह सवाल कितनी मुझसे बार पूछा गया है—सिर्फ़ मीडिया वालों द्वारा ही नहीं बल्कि ज़िन्दगी के सफ़र के मेरे कई क़रीबी दोस्तों द्वारा भी—कि क्या ऐसी कोई बात है जिसका मुझे अफ़सोस है और जिसे मैं अपनी ज़िन्दगी के कैनवास से मिटा देना चाहता हूँ। मैं इसका जवाब देने से बचता रहा हूँ और इसका एक कारण यह है कि मेरा मानना है कि यूसुफ़ ख़ान के रूप में मुझे प्राइवेसी का अधिकार है और अपनी ज़िन्दगी की कुछ घटनाओं को लोगों की नज़रों से दूर रखने का भी।

मुझे अच्छी तरह जानने वाले सभी लोग यह मानेंगे कि मैं अपनी ज़ाती ज़िन्दगी के बारे में बात करने का शौक़ीन नहीं हूँ। मैंने कई बार छोटी-मोटी महफ़िलों में देखा है कि लोग शेख़ी बघारते हुए और ख़ूब चटखारे लेकर अपने इश्क़ और रोमांस के क़िस्से सुनाते हैं। मुझे यह कभी अच्छा नहीं लगा और मैंने हमेशा विषय को बदलने की कोशिश की है।

ख़ैर, मेरी ज़िन्दगी की एक ऐसी घटना है जिसे मैं भूलना चाहूँगा और सच तो यह है कि सायरा और मैं इसे कब का एक गुमनाम इतिहास में धकेल चुके हैं। यह घटना एक महिला के साथ मेरे रिश्तों से जुड़ी हुई है। पता नहीं कैसे

में यह गम्भीर ग़लती कर बैठा और दबाव में आकर अस्मा रहमान नाम की उस महिला से रिश्ता जोड़ बैठा। मैं उससे हैदराबाद में एक क्रिकेट मैदान में मिला था। वह तब हैदराबाद में ही अपने पति के साथ रहती थी और तीन बच्चों की माँ थी। उसे हज़ारों दूसरे प्रशंसकों की तरह मुझसे एक फ़ैन के तौर पर मिलवाया गया था। मेरी बहनें फ़ौजिया और सईदा अकसर मुझे ऐसे प्रशंसकों से मिलवाती रहती थीं। वह मेरी बहनों की सहेली थी।

मेरी बहनों से बहुत-सी औरतें इस तरह के अनुरोध करती रहती थीं कि वे उनको मुझसे मिलवा दें और थोड़ी बातचीत करवा दें। मुझे इस तरह प्रशंसकों से मिलवाये जाने की आदत पड़ चुकी थी। मैं इस बात का ख़ास ख़याल रखता था कि जब भी मेरी बहनें मुझे ऐसी महिलाओं से मिलवाएँ या मेरे भाई मुझे अपने दोस्तों से मिलवाएँ तो मैं उनके साथ मीठा और गर्मजोशी भरा व्यवहार करूँ।

लेकिन इस मामले में मैं इस बात से पूरी तरह बेख़बर था कि अन्दर-ही-अन्दर कोई चाल चली जा रही थी और बड़ी होशियारी से ऐसे हालात बनाये जा रहे थे कि मैं फँस जाऊँ और कोई वादा कर बैठूँ। एक बार नहीं, बल्कि बार-बार पति-पत्नी की यह जोड़ी कहीं से भी टपक पड़ती और मेरे साथ चिपकी रहती। मैं शहर से बाहर होता या किसी भी दूसरे शहर में होता तो मुझे हैरान करते हुए ये दोनों न जाने कहाँ से प्रकट हो जाते और देर तक मेरा पीछा न छोड़ते। अजीब बात यह है कि उन्हें मेरी यात्राओं और कार्यक्रमों की पूरी जानकारी रहती थी।

1982 में जब एक सनसनीख़ेज़ अख़बार ने मोटी-मोटी सुर्ख़ियों में अस्मा के साथ मेरी शादी की ख़बर छापी तो हंगामा मच गया। सायरा ने भी यह ख़बर पढ़ी। मेरे लिए यह बहुत तकलीफ़देह था कि उन्हें कैसे समझाऊँ और दिलासा दिलाऊँ, क्योंकि वह मुझ पर आँख मूँदकर विश्वास करती थीं और मुझसे बेहद प्यार करती थीं। सायरा ने यह ख़बर पढ़ी तो मैं घर पर नहीं था। सच्चाई यह है कि न तो उन्होंने और न उनकी माँ (नसीम आपा) ने इस ख़बर पर विश्वास किया, क्योंकि उन्हें मुझ पर पूरा भरोसा था। उन्हें विश्वास था कि मैं निकाह के समय सायरा को दिये गये इस वचन पर क़ायम रहूँगा कि दूसरी शादी का या इसके बारे में कोई बात करने का सवाल ही नहीं उठता था।

मैं इस बात को न तो कभी भूल सकता हूँ और न ही इसके लिए अपने आपको कभी माफ़ कर सकता हूँ कि मैंने सायरा का कितना दिल दुखाया और उनके उस अटूट विश्वास को तोड़ा जो मेरे लिए उनके मन में था। मैं यह ज़रूर कहूँगा कि ऐसे हालात में कोई भी औरत उस आदमी से नफ़रत किये बिना न रहती जिसने उसके दिल को ठेस पहुँचाई हो और उसे दुनिया की नज़रों में बेइज़्ज़त किया हो। लेकिन जब मैंने उनके सामने अपनी इस भारी ग़लती को क़बूल किया और उससे कुछ दिनों का समय माँगा, ताकि मैं क़ानूनी कार्रवाई करके इस ग़लती को सुधार सकूँ और उसके साथ अपनी सोलह साल की शादी की पाकीज़गी को वापस ला सकूँ, तो वह पूरी तरह मेरे साथ खड़ी रहीं।

बावजूद इसके कि सायरा के ग़रूर, उसके गर्व को गहरी ठेस लगी थी और उनका मुझ पर जो अटूट विश्वास था वह डगमगा गया था, उन्होंने नसीम आपा और अपने भाई सुलतान के कहने पर मेरे साथ खड़े रहने का फ़ैसला किया। नसीम आपा और सुलतान के इस भरोसे पर खरा उतरने के लिए मैंने क़ानूनी कार्रवाई शुरू होने और अस्मा को तलाक़ देने की रस्म पूरी होने से बहुत पहले ही एक ख़त लिखकर सायरा के प्रति अपनी पूरी वफ़ादारी का भरोसा दिलाया। मेरे कुछ क़रीबी दोस्तों ने इस ख़त पर गवाहों के तौर पर दस्तख़त किये। मुझे यहाँ रजनी पटेल, उनकी पत्नी बकुल पटेल, शरद पवार और मामा कापड़िया का ज़िक्र करना ज़रूरी लग रहा है, जिन्होंने इस गर्दिश के दौर में मुझे सही सलाह देकर और सायरा का नैतिक और भावनात्मक स्तर पर भरपूर साथ देकर हमारी शादी में हमारा विश्वास फिर से क़ायम करने में कोई कसर नहीं छोड़ी। फ़िल्म बिरादरी से शुक्ला जी (प्राण की पत्नी) और प्रकाश जी (बी.आर. चोपड़ा की पत्नी) बड़ी मज़बूती से सायरा के साथ खड़ी रहीं। बड़ी भाभियों की तरह उन्होंने मेरे साथ अपनी नाराज़गी जताते हुए मुझे थोड़ी डाँट भी पिलायी और मुझे यह नसीहत दी कि अगर मैं अपनों का प्यार चाहता था तो मुझे सब कुछ जल्दी से ठीक करना होगा।

मैं इस भूली हुई बात को और ज़्यादा जगह देना नहीं चाहूँगा। मैं यह कहकर इस क़िस्से को ख़त्म करूँगा कि मैं भी एक इंसान हूँ और मुझसे भी ग़लती हो सकती है। मैं हालात का शिकार हो गया था, जिससे मेरी शादीशुदा ज़िन्दगी में तूफ़ान आना लाज़िमी था। फिर भी मैं इस बात में यक़ीन रखता हूँ कि अगर ज़िन्दगी में कुछ बुरा होता है तो उसके पीछे अल्लाह का कोई मक़सद होता है। इस हादसे के बाद हमारी नज़दीकी और बढ़ गयी और एक-दूसरे पर हमारी भावनात्मक निर्भरता भी।

इस पूरे हंगामे के दौरान इस तरह की ख़बरें भी छपी थीं कि सायरा को बच्चा नहीं हो सकता। यह सच नहीं है। हमारा बच्चा पेट में आठ महीने का होकर गुज़र गया। जैसाकि हमें बाद में पता चला, वह लड़का था। सायरा को हाई ब्लड-प्रेशर हो गया था और डॉक्टर सही वक़्त पर ऑपरेशन करके पूरे बन चुके बच्चे को बचा नहीं पाये। हमने इसे ख़ुदा की मर्ज़ी मानकर बर्दाश्त कर लिया।

मुझसे अकसर यह सवाल भी पूछा जाता रहा है कि क्या कोई बच्चा न होने की वजह से मैं नाख़ुश हूँ। इसका जवाब यह है कि अगर हमारा कोई अपना बच्चा होता तो सचमुच बड़ी ख़ुशी की बात होती। लेकिन यह भी सच है कि हमारा घर हमेशा ही बच्चों से भरा-पूरा रहा है। हमारी पूरी जवानी हमारे भाई-बहनों के बच्चों के साथ हँसते-खेलते गुज़री है, जो स्कूल से छुट्टी होते ही हमारे घर चले

आते थे। हमें उनका साथ बहुत अच्छा लगता था। लड़कों की मौज-मस्ती और हँसी की गूँज और लड़कियों की खिलखिलाहट से हमारा घर हमेशा महकता रहता था। हम उनके साथ खेलते-कूदते भी थे। हमारे लिए इतना ही काफ़ी है कि हम ख़ुद को इन बच्चों के गार्जियन या अभिभावक समझें। जब ये बच्चे छोटे होते थे तो मेरी चौड़ी छाती पर इस तरह सिर रखकर सोते थे, जैसे किसी आरामदायक बिस्तर पर सो रहे हों। बाद में भी उन्हें हमारे साथ रहना बेहद अच्छा लगता था। मेरे बड़े भाई नूर साहब के बेटे अमजद और जावेद नासिक में पढ़ने के बाद जब अपनी ट्रेनिंग के लिए मुम्बई आये तो मैंने उनसे कहा कि चाहे कुछ भी हो जाये, वे हर शाम आठ बजे का वक़्त मेरे साथ गुज़ारेंगे। उन्होंने ऐसा ही किया। मैं और सायरा अकसर अपने भतीजे-भतीजियों या भांजे-भांजियों के साथ बग़ीचे में बैडमिंटन खेला करते थे।

सायरा की हमेशा से कोशिश रही है कि पूरे परिवार को जोड़कर रखा जाये। वह अब दादी और नानी के रूप में अपने पोते-पोतियों या नाती-नातिनों को घर बुलाने और उनका मनोरंजन करने में जुटी रहती थीं। कभी-कभी हमें बच्चों की कमी ज़रूर खलती है, क्योंकि अब ये सभी बच्चे बड़े हो गये हैं और अपनी-अपनी पारिवारिक दुनिया में खोये रहते हैं। फिर भी जब वे आते हैं तो हमें बहुत अच्छा लगता है। वैसे अगर हमारे अपने बच्चे भी होते तो शायद वे भी अपनी पढ़ाई-लिखाई या नौकरियों के कारण हमेशा हमारे साथ न रह पाते।

जहाँ तक मेरा सवाल है तो अम्मां और अम्माँ जी के गुज़र जाने के बाद मैं तीस साल से भी कम उम्र में अपने छोटे भाई-बहनों के लिए माँ और बाप दोनों ही बन गया था और एक अभिभावक की तरह ही मैंने उन्हें पाला-पोसा और बड़ा किया। मुझे अपने भाई-बहनों के बारे में लिखते हुए ख़ुशी भी होती है और दुख भी होता है। मैंने इस बारे में बहुत सोचा है और अपने आपसे पूछा है कि क्या मुझे अपनी छह बहनों और पाँच भाइयों (नूर साहब और मरहूम अयूब साहब मुझसे बड़े थे, बाक़ी तीन नासिर, अहसान और असलम मुझसे छोटे थे।) के बारे में लिखना चाहिए। मेरे लिए वे मेरे सब कुछ थे, क्योंकि एक पठान बड़े चाव और होशियारी से अपने परिवार की रक्षा करता है और उस पर गर्व करता है। घर की औरतों का तो वह ख़ास ध्यान रखता है कि उन पर किसी की बुरी नज़र न पड़े। मैंने भी यह सब किया था।

मैं अपने भाई-बहनों के बारे में यह सब इसलिए लिख रहा हूँ क्योंकि इसके बिना मेरी ज़िन्दगी की कहानी पूरी नहीं होगी। जैसाकि मैंने कहा, वे मेरी दुनिया थे। उनके सपने मेरे अपने सपने थे, बल्कि मेरे ख़ुद के सपनों से बढ़कर थे।

हम जिस माहौल में पले-बढ़े थे, उसमें हमें ढेर सारा लाड़-प्यार मिला था और साथ ही सुरक्षा की भावना भी। अम्माँ और आग़ा जी के जाने के बाद मैंने कोशिश की कि मेरे छोटे भाई-बहनों को यह सब मिलता रहे।

मैंने उन्हें अच्छी-से-अच्छी शिक्षा दिलवायी और अगर किसी ने विदेश जाने की इच्छा प्रकट की तो मैंने इसे भी पूरा किया। उन सब में अपनी-अपनी ख़ूबियाँ थीं और मैं चाहता था कि वे इन ख़ूबियों को निखारकर ज़िन्दगी में कामयाब हों और ख़ूब नाम कमाएँ, मुझसे भी ज़्यादा।

जहाँ मुझे इस बात की ख़ुशी है कि मैंने उन्हें अपने सपनों को पूरा करने लायक़ बना दिया, वहीं इस बात का दुख भी है कि कहीं-न-कहीं मेरा मोह भंग हो गया। उनको लेकर मेरे जो सपने थे, वे सपने ही रह गये। कभी-कभी मैं सोचता हूँ कि आख़िर क्या ग़लत हो गया। मुझमें और उनमें यह फ़र्क़ क्यों आ गया, जबकि हम सब एक ही माहौल में पले-बढ़े थे।

क्या यह सब मेरी तक़दीर थी कि मैं ज़िन्दगी में एक राह बना सका और कुछ हासिल कर सका? या मेरे भाई-बहनों में उस मेहनत और लगन की कमी थी जो मैं दर्शकों का प्यार पाने और निर्माता-निर्देशकों का दिल जीतने के लिए करता रहा था?

मैं अपनी बड़ी बहन सकीना आपा के हालात बदलने के लिए कुछ नहीं कर सकता था। मैं अपने बड़े भाई नूर साहब की जीवन-शैली को भी नहीं बदल सकता था। इसलिए मैंने सिर्फ़ अपने छोटे भाई-बहनों को क़ाबिल बनाने और उनके सपने पूरे करने की ज़िम्मेदारी ले ली थी।

मेरी छोटी बहन ताज़ को घर के कामकाज का शौक़ था। वह कुछ ही देर में बहुत बढ़िया खाना तैयार कर देती थी। शायद उसमें यह शौक़ अम्माँ से आया था जो घर के कामकाज में ख़ूब कुशल थीं। दूसरी बहन अख़्तर स्कूल के दिनों से ही पढ़ने में बहुत अच्छी थी। उसे भाषाओं की अच्छी समझ थी और उर्दू शेरो-शायरी का तो उसे इतना शौक़ था कि अयूब साहब के गुज़रने के बाद वह हमारे परिवार की सबसे अक्लमन्द लड़की समझी जाने लगी थी। उसमें इतनी क़ाबिलीयत थी कि वह चोटी की प्रोफ़ेसर बनकर यूनिवर्सिटी में साहित्य पढ़ा सके। उसने विदेश जाकर पढ़ना चाहा तो मैंने ख़ुशी-ख़ुशी उसे वहाँ भेजा। कुछ बरस बाद वह अमेरिका से लौटी तो मैं 'मुग़ले-ए-आज़म' फ़िल्म की शूटिंग कर रहा था। इसके निर्माता-निर्देशक के. आसिफ़ हमारे घर आते-जाते रहते थे। मुझे इस बात का ज़रा भी इल्म नहीं हुआ कि कब वे दोनों एक-दूसरे की तरफ़ खिंच गये और कब उन्होंने मुझे बिना बताये और मेरी मर्ज़ी के ख़िलाफ़ चुपके-से शादी कर ली। यह सच है कि मैं अपनी सबसे पढ़ी-लिखी और होनहार बहन को ऐसे आदमी से शादी न करने देता जो इससे पहले दो शादियाँ कर चुका था, जिसकी उम्र उससे बहुत ज़्यादा थी और जिसके ख़यालात और जीने का अन्दाज़ हमारे घर के माहौल से बिल्कुल अलग थे। अख़्तर उर्दू शायरी की लाजवाब जानकारी रखती थी और दोनों इस शायरी की वजह से ही एक-दूसरे के क़रीब आ गये थे।

अख़्तर ने मेरा दिल तोड़ दिया। वह मेरी उम्मीदों पर खरी नहीं उतरी। मैंने उससे और आसिफ़ से अपना रिश्ता कई सालों के लिए तोड़ लिया।

सईदा बिल्कुल अम्माँ जैसी लगती थी। उसकी दुबली-पतली काया को घर में इधर-उधर आते-जाते हुए देखना अच्छा लगता था। वह चलती भी अम्माँ की तरह धीरे-धीरे थी। देखने में भी वह अम्माँ की तरह ही प्यारी और नाज़ुक थी और उन्हीं की तरह बड़ी नफ़ासत से बात करती थी। उसने भी कोई कैरियर चुनने की बजाय शादी करना पसन्द किया। फ़रीदा हमेशा से हमारे परिवार की टॉमब्वॉय थी और अपने पाँवों पर खड़ी होकर पत्रकारिता की दुनिया में नाम कमाना चाहती थी। मैं उसे प्यार से 'सनशाइन' बुलाता था, क्योंकि वह हमेशा एक क़ुदरती नूर से चमकती रहती थी और घर में फुर्ती से इधर-उधर मधुमक्खी की तरह मँडराती रहती थी। वह टाइम्स ऑफ़ इण्डिया ग्रुप की अंग्रेजी पत्रिका 'फेमिना' में काम करने लगी तो आये दिन दफ़्तर के लिए लेट हो जाती थी। वह मेरे पीछे पड़कर मेरी कार ले लेती और बान्द्रा से बोरीबन्दर तक कार में ही जाती। वह भी चाहती तो अपनी लाइन में कोई मुक़ाम हासिल कर सकती थी।

फ़ौजिया को कोई नौजवान मिल गया और उसने कॉलेज के बाद उसी के साथ शादी करके घर बसा लिया। उसका पति दिलीप सुर्वे महिन्द्रा ग्रुप में किसी अच्छे ओहदे पर था।

मुझसे छोटे तीन भाइयों में से अहसान और असलम को बॉम्बे स्कॉटिश स्कूल जैसे ऊँचे दर्जे के स्कूल में पढ़ने का मौक़ा मिला था। बाद में वे उतने ही जाने-माने कॉलेज सेंट ज़ेवियर्स में पढ़े। इसके बाद दोनों ही ऊँची पढ़ाई के लिए अमेरिका भी गये। मैंने बड़े अरमानों से इन दोनों को विदेश भेजा था, जैसे अपनी बहन अख़्तर को भी भेजा था। लेकिन उसी की तरह ये दोनों भी मेरी उम्मीदों पर खरे नहीं उतरे। पर मैंने कभी भी अपनी नाख़ुशी या निराशा ज़ाहिर नहीं की। ज़िन्दगी के उतार-चढ़ावों से जो कुछ मैंने जाना-समझा है, उनमें से एक सच्चाई यह भी है कि ज़िन्दगी में कुछ बनने या कुछ पाने की कामना करना अच्छी बात है, लेकिन इसे हासिल करना हरेक की तक़दीर में नहीं होता।

नासिर मुझसे दो साल छोटा था। अपनी ख़ूबसूरती और जांबाज़ी की वजह से वह लड़कियों का चहेता था। हमारे पाली माला वाले घर से वह एक-से-एक बढ़िया लिबास पहनकर और ख़ूब सज-धजकर निकलता तो आसपास की लड़कियाँ छिप-छिपकर उसे देखतीं और आहें भरतीं। 1945 में फ़िल्मिस्तान की 'मज़दूर' फ़िल्म से उसने अपना कैरियर शुरू किया और अच्छा चल निकला। उसने उस ज़माने की कई चोटी की हीरोइनों नर्गिस, मीना कुमारी और नूतन वग़ैरह के साथ काम किया। उन्हीं दिनों उस ज़माने की एक और मशहूर हीरोइन बेग़म पारा उसकी ज़िन्दगी में आयी, जिसके साथ उसने बाद में शादी भी कर ली। वह एक ऊँचे ख़ानदान की और अच्छे संस्कारों वाली औरत थी। नासिर को एक अजीब-सी बीमारी लग गयी और उसके बाल उम्र से पहले ही झड़ने लगे। उसके कैरियर में एक ठहराव-सा आ गया तो वह ख़ुद एक फ़िल्म बनाने

*बी.आर. चोपड़ा के साथ*

की सोचने लगा। फाइनेंसर मेरे नाम पर पैसा लगाने के लिए तैयार थे, इसलिए मैंने उससे कहा कि मैं एक फ़िल्म बनाकर उसे फिर से लांच करूँगा। मैंने 'गंगा जमुना' (1961) बनायी और उसके काम की ख़ूब तारीफ़ हुई। लेकिन उसकी बीमारी उसका पीछा नहीं छोड़ रही थी। आख़िर हारकर उसे एक्टिंग की अपनी दुकान बन्द करनी पड़ी।

मुझसे अकसर पूछा जाता है कि मुझे अपने भाइयों अयूब साहब, नूर साहब और नासिर और बहनों सकीना आपा और ताज के न रहने पर कैसा लगता है। मैं सिर्फ़ यह कह सकता हूँ कि इनमें से हरेक की मौत मेरे लिए बहुत दर्दनाक थी। मुझे इस बात को स्वीकार करने के लिए बड़ी हिम्मत जुटानी पड़ती है कि अब वे मेरी ज़िन्दगी में नहीं हैं।

मुझे याद है कि 1972 में एक सुबह अबरार अल्वी का फ़ोन आया था, जिसे नक़ी अहमद ने उठाया था। वे सायरा के रिश्तेदार थे और उन दिनों हमारे यहाँ आये हुए थे। फ़ोन मेरे लिए था, जिस पर मुझे यह बुरी ख़बर मिली कि नासिर का डलहौजी (हिमाचल प्रदेश) में इन्तक़ाल हो गया था। वह वहाँ अपनी फ़िल्म 'ज़िद' की लोकेशन तलाशने गया था, जिसे वह ख़ुद बना रहा था। इस फ़िल्म में सायरा और संजय ख़ान काम कर रहे थे। इसकी शूटिंग में थोड़ी देर हो गयी थी, क्योंकि सायरा को डॉक्टरों ने आराम करने की सलाह दी थी। वह कुछ ख़ास दवाइयाँ ले रही थीं, जिन्हें डॉक्टर की कड़ी देखरेख में लेना ज़रूरी था। नासिर ने सोचा कि इस बीच फ़िल्म के लिए कोई ख़ूबसूरत लोकेशन तलाश कर ली जाये, इसलिए वह पंजाब और हिमाचल प्रदेश के दौरे पर चला गया था।

*'छोटी बहन' लता मंगेशकर के साथ*

मुझे बहुत गहरा झटका लगा था और बिल्कुल सुन्न पड़ गया था। मैं पूरी तरह टूट गया था। डॉक्टरों ने सख़्त हिदायत दे रखी थी कि सायरा को किसी तरह का जज़्बाती झटका नहीं लगना चाहिए। इसलिए न तो मैं उन्हें कुछ बता सकता था और न उनके साथ अपना दर्द बाँट सकता था। सायरा और नासिर एक-दूसरे से बहुत हिले-मिले थे और एक-दूसरे की दिल से इज़्ज़त करते थे। नासिर हमारे परिवार का अकेला ऐसा सदस्य था जिसने सायरा को वह प्यार और सम्मान दिया था जिसकी वह हक़दार थीं। वह जानता था कि मेरी बहनों और छोटे भाई अहसान की बेरुख़ी से उनके दिल पर क्या गुज़रती थी। ख़ुद नासिर की भी सकीना आपा से नहीं बनती थी क्योंकि उसने एक हीरोइन से शादी कर ली थी। वह जब भी दुखी होता था तो दिल हल्का करने के लिए सायरा के पास ही आता था।

मुझे सायरा के सामने ऐसा बर्ताव करना पड़ा, जैसे कोई चिन्ता की बात न हो। मैंने उनसे सिर्फ़ यह कहा कि नासिर को हल्का-सा दिल का दौरा पड़ा था और वह अस्पताल में था। नसीम आपा सच्चाई जानती थीं। उन्होंने मुझसे कहा कि मैं नासिर की मरम्मत से जुड़े इन्तज़ाम को पूरा करूँ और सायरा की देखभाल की ज़िम्मेदारी उन पर छोड़ दूँ। मैं अपने जज़्बातों पर बड़ी मुश्किल से क़ाबू पा रहा था। मेरा दिल रो रहा था और आत्मा तड़प रही थी।

जब मैं देर रात क़ब्रिस्तान से लौटा तो सायरा यह जानने के लिए मेरा इन्तज़ार कर रही थीं कि नासिर की हालत कैसी थी। वह अस्पताल चलने की

ज़िद करने लगीं। मुझसे और बर्दाश्त नहीं हुआ। मेरे सब्र का बाँध टूट गया और मैं फूट-फूटकर रो पड़ा।

उम्र बढ़ने पर हम सबमें इतनी समझ और हिम्मत आ जाती है कि हम मौत की डरावनी सच्चाई को स्वीकार कर लें। लेकिन मैं नासिर के बच्चों से कैसे कहता कि अब उनके अब्बा कभी लौटकर उनके पास नहीं आयेंगे? यह एक ऐसा मंज़र था जिसका सामना करना बहुत मुश्किल था, लेकिन मुझे दिल पर पत्थर रखकर यह दिन देखना पड़ा।

जब मैं अपने भाइयों नूर साहब, अयूब साहब, नासिर और अपनी बहनों सकीना आपा और ताज के मौजूद न होने के बारे में सोचता हूँ तो मुझे वे सब प्यारे इंसान भी याद आने लगते हैं और उनकी कमी बहुत ज़्यादा खलने लगती है, जो ज़िन्दगी के ख़ूबसूरत सफ़र में मेरे साथ रहे और जो मेरे लिए मेरे भाई-बहनों से कम न थे। राज कपूर, अशोक कुमार, एस. मुखर्जी साहब, महबूब साहब, नितिन दा, बिमल दा, तपन दा, बी. आर. चोपड़ा, देव आनन्द, प्राण, यश चोपड़ा और निर्माता यश जौहर ऐसे ही कुछ शानदार इंसान थे।

मेरी ज़िन्दगी में वह कौन-सा लम्हा था जब मैंने इतना गर्व महसूस किया कि मेरा गला भर आया और कुछ देर के लिए मुझसे कुछ कहते नहीं बना? वह ख़ूबसूरत और यादगार लम्हा 26 जनवरी 1963 के दिन से जुड़ा हुआ है, जब स्वतन्त्रता दिवस के अवसर पर दिल्ली में एक विशाल जनसभा में लता मंगेशकर ने 'ऐ मेरे वतन के लोगो' गाकर 1962 की (भारत-चीन) लड़ाई के शहीदों को देश की श्रद्धांजलि दी थी। यह मर्मस्पर्शी गीत सुनकर वहाँ मौजूद देश के प्रधानमन्त्री पण्डित जवाहरलाल नेहरू ही नहीं, हम सभी रो पड़े थे।

इससे पिछली रात अशोक होटल में, जहाँ लता ठहरी हुई थीं, मैं कुछ देर के लिए उनसे मिला था। वह हमेशा की तरह शर्माती-सकुचाती और सादगी भरी लग रही थीं। दिन भर इधर-उधर की मीटिंगों के बाद जब मैं होटल के अपने कमरे में आराम करने पहुँचा तो मैंने लता को फ़ोन किया और उन्हें मेरा पसन्दीदा भजन 'अल्ला तेरो नाम'* सुनाने के लिए कहा। वह झट से राज़ी हो गयीं। उनकी लाजवाब आवाज़ मेरे थके दिमाग़ को सहलाती रही और मैं सोने चला गया। तब मुझे कहाँ पता था कि अगली सुबह वह आत्मा को झकझोर देने वाला 'ऐ मेरे वतन के लोगो'** गाकर ख़ुद से भी आगे निकल जायेंगी!

---

* 'हम दोनों' (1961) फ़िल्म के इस भजन को साहिर लुधियानवी ने लिखा था और जयदेव ने इसे संगीतबद्ध किया था।

** राष्ट्रकवि कहे जाने वाले पण्डित प्रदीप द्वारा रचित इस गीत की धुन सी. रामचन्द्र ने तैयार की थी।

मार्च 2014 में लता मेरे घर आयीं और हम देर तक उन दिनों को याद करते रहे जब हम बॉम्बे टॉकीज में मिलते थे और बटाटा वडा खाया करते थे या महबूब स्टूडियो में चाय पीते थे, जहाँ वह गानों की रिकॉर्डिंग करने आती रहती थीं। 1947 में जब संगीतकार अनिल विश्वास ने मुझे उनसे मिलवाया था तो वह बिल्कुल बच्ची-सी लगती थीं। इतने बरसों बाद भी उनकी मुस्कराहट में कोई बदलाव नहीं आया था। उन्होंने अपना सिर मेरे सीने पर टिका दिया तो उनकी आँखों में आँसू छलक आये, हालाँकि वह उन्हें रोकने की कोशिश करती रहीं। मुझे याद आया कि वह लन्दन के रॉयल अल्बर्ट हॉल के विशाल मंच पर खड़ी कितनी दुबली-पतली और छोटी-सी लग रही थीं, जब 1974 के उस संगीत कार्यक्रम में मैंने उन्हें अपनी 'छोटी बहन' कहकर दर्शकों से मिलवाया था।

यूँ अचानक मेरे घर आकर उन्होंने मुझे हैरान कर दिया था और वह देर तक रुकी रहीं। जब मैंने ही उन्हें एक आज्ञाकारी छोटी बहन की तरह जाने के लिए कहा, तभी वह वहाँ से हिलीं। पुराने साथियों से मिलना हमेशा ही बहुत ख़ुशनुमा होता है, ख़ासकर ऐसे लोगों से जो नाम, शोहरत और आसमानी बुलन्दियाँ हासिल करने के बाद भी बदलने से इनकार कर देते हैं।

## फ़िल्में और पुरस्कार

**1944** : **ज्वार भाटा**
निर्माण : बॉम्बे टॉकीज़
निर्देशन : अमिय चक्रवर्ती
संगीत : अनिल विश्वास
कलाकार : दिलीप कुमार, मृदुला शमीम, आग़ा जान, के.एन. सिंह, पिथावाला, अरुण कुमार, ख़लील, बिक्रम कपूर और मुमताज़ अली।

**1945** : **प्रतिमा**
निर्माण : बॉम्बे टॉकीज़
निर्देशन : पी. जयराज
संगीत : अरुण कुमार
कलाकार : दिलीप कुमार, स्वर्णलता, ज्योति, मुमताज़ अली, पिथावाला, मुकरी जेबू और शाहनवाज़।

**1946** : **मिलन**
निर्माण : बॉम्बे टॉकीज़
निर्देशन : नितिन बोस
संगीत : अनिल विश्वास
कलाकार : दिलीप कुमार, मीरा मिश्रा, रंजना, पहाड़ी सान्याल और मोनी चटर्जी।

**1947** : **जुगनू**
निर्माण : शौकत आर्ट प्रोडक्शन
निर्देशन : सैयद शौकत हुसैन रिज़वी
संगीत : फ़िरोज़ निजामी

कलाकार : नूरजहाँ, दिलीप कुमार, ग़ुलाम मोहम्मद, सुलोचना सीनियर (रूबी मायर्स) लतिका, जिया, जिल्लू, आग़ा, शशिकला और मोहम्मद रफ़ी।

**1948 : अनोखा प्यार।**
निर्माण : अम्बिका फ़िल्म्स
निर्देशन : एम.आई. धरमसे
संगीत : अनिल विश्वास
कलाकार : दिलीप कुमार, नर्गिस, नलिनी जयवन्त, संकटा प्रसाद, मुकरी, वेद केसरबाई, उमा दत्त, हबीब और शेख़।

**1948 : घर की इज़्ज़त**
निर्माण : मुरली मूवीटोन
निर्देशन : राम दरयानी
संगीत : गोबिन्दराम
कलाकार : दिलीप कुमार, मुमताज़ शान्ति, जीवन, मनोरमा, दीक्षित, सुलेमान गुलाब और गोप।

**1948 : मेला**
निर्माण : वाडिया फ़िल्म्स लिमिटेड
निर्देशन : एस.यू. सन्नी
संगीत : नौशाद
कलाकार : दिलीप कुमार, नर्गिस, जीवन, अमर, रूप कमल, अलाउद्दीन, अब्बास नूरजहाँ, चन्दाबाई, रहमान, ख़लील और बेबी जुबेदा।

**1948 : नदिया के पार**
निर्माण : फ़िल्मिस्तान
निर्देशन : किशोर साहू
संगीत : सी. रामचन्द्रन
कलाकार : दिलीप कुमार, कामिनी कौशल, माया बनर्जी, डेविड, एस.एल. पुरी, हरी शिवदासानी, सैमसन, तिवारी, कान्ता कुमारी और रानीबाला।

**1948** : **शहीद**
निर्माण : फ़िल्मिस्तान
निर्देशन : रमेश सहगल
संगीत : गुलाम हैदर
कलाकार : दिलीप कुमार, कामिनी कौशल, चन्द्रमोहन, लीला चिटनिस, वी.एच. देसाई और शशि कपूर।

**1949** : **अन्दाज़**
निर्माण : महबूब प्रोडक्शन
निर्देशन : महबूब ख़ान
संगीत : नौशाद
कलाकार : दिलीप कुमार, राज कपूर, नर्गिस, वी.एच. देसाई, कुक्कू, मुराद, अनवरी बाई, अमीर बानू, जमशेदजी, अब्बास और वासकर।

**1949** : **शबनम**
निर्माण : फ़िल्मिस्तान
निर्देशन : बिभूति मित्र
संगीत : एस.डी. बर्मन
कलाकार : दिलीप कुमार, कामिनी कौशल, जीवन, पारो, मुबारक, हारून, राजेन्द्र सिंह, श्यामा और कुक्कू।

**1950** : **आरज़ू**
निर्माण : इण्डियन नेशनल पिक्चर्स
निर्देशन : शाहिद लतीफ़
संगीत : अनिल विश्वास
कलाकार : दिलीप कुमार, कामिनी कौशल, गोप, कुक्कू, आरिफ़, प्रेम धवन, शशिकला, सीता बोस, नीलम ख़ान, गंजू और चन्दाबाई।

**1950** : **बाबुल**

निर्माण : सन्नी आर्ट प्रोडक्शन

निर्देशन : एस.यू. सन्नी

संगीत : नौशाद

कलाकार : दिलीप कुमार, नर्गिस, मुनव्वर सुल्ताना, अमर, ए. शाह और जानकी दास।

**1950** : **जोगन**

निर्माण : रंजीत मूवीटोन

निर्देशन : केदार शर्मा

संगीत : बुलो सी. रानी

कलाकार : दिलीप कुमार, नर्गिस, मंजू, प्रतिमा देवी, पेसी पटेल, पूर्णिमा, बेबी तबस्सुम, अनवरी, रमेश ठाकुर, दर्पण और राजेन्द्र कुमार।

**1951** : **दीदार**

निर्माण : फ़िल्मकार लिमिटेड

निर्देशन : नितिन बोस

संगीत : नौशाद

कलाकार : अशोक कुमार, नर्गिस, दिलीप कुमार, निम्मी, याकूब और बेबी तबस्सुम।

**1951** : **हलचल**

निर्माण : के. आसिफ़ प्रोडक्शन

निर्देशन : एस.के. ओझा

संगीत : मोहम्मद शफ़ी और सज्जाद हुसैन

कलाकार : दिलीप कुमार, नर्गिस, बलराज साहनी, याकूब, जीवन, सितारा देवी, के.एन. सिंह, गीता निज़ामी फैज़ी और कुक्कू।

**1951** : **तराना**

निर्माण : कृष्णा मूवीटोन

निर्देशन : राम दरयानी

संगीत : अनिल विश्वास

कलाकार : दिलीप कुमार, मधुबाला, श्याम, कुमार, जीवन, गोप, गुलाब, देवसकर और बिक्रम कपूर।

**1952** : **आन**
निर्माण : महबूब प्रोडक्शन
निर्देशन : महबूब ख़ान
संगीत : नौशाद
कलाकार : दिलीप कुमार, निम्मी, प्रेमनाथ, मुकरी, शीला नाइक, मुराद, कुक्कू, नीलम बाई, अमीर बानो और नादिरा।

**1952** : **दाग़**
निर्माण : मार्स एंड मूवीज़ : अमिय चक्रवर्ती
निर्देशन : अमिय चक्रवर्ती
संगीत : शंकर जयकिशन
कलाकार : दिलीप कुमार, उषा किरण, निम्मी, ललिता पवार, कन्हैयालाल, जवाहर कौल, लीला मिश्रा, चन्द्रशेखर और कृष्णकान्त।

**1952** : **संगदिल**
निर्माण : तलवार फ़िल्म्स लिमिटेड
निर्देशन : आर.सी. तलवार
संगीत : सज्जाद हुसैन
कलाकार : दिलीप कुमार, मधुबाला, लीला चिटनिस, प्रतिमा देवी और शम्मी।

**1953** : **फुटपाथ**
निर्माण : रंजीत मूवीटोन
निर्देशन : जिया सरहदी
संगीत : अनिल विश्वास
कलाकार : दिलीप कुमार, मीना कुमारी, कुलदीप कौर, अनवर हुसैन, रमेश थापर, अचला सचदेव, रमेश ठाकुर, अख़्तर, पी. कैलाश, जानकीदास, मारुति और सुमति लजमी।

**1953** : **शिकस्त**
निर्माण : आशा दीप
निर्देशन : रमेश सहगल

**दक्षिणावर्त :** शुरुआती दिनों में ● फ़िल्म *आन* (1952) की शूटिंग के दौरान महबूब खान (मेरे दायीं ओर) की यूनिट के साथ ● 1958 के फ़िल्मफ़ेयर अवार्ड विजेताओं के साथ (बायें से दायें : संगीतगार ओ.पी. नय्यर, अभिनेत्रियाँ नरगिस और श्यामा) ● भारत के सबसे प्रतिभाशाली फ़िल्म निर्माताओं में से एक बिमल रॉय के साथ ● फुर्तीली वैजयन्ती माला के साथ पार्टनरशिप में बैडमिंटन खेलते हुए ● राज कपूर और देवानन्द के साथ मस्ती के पल।

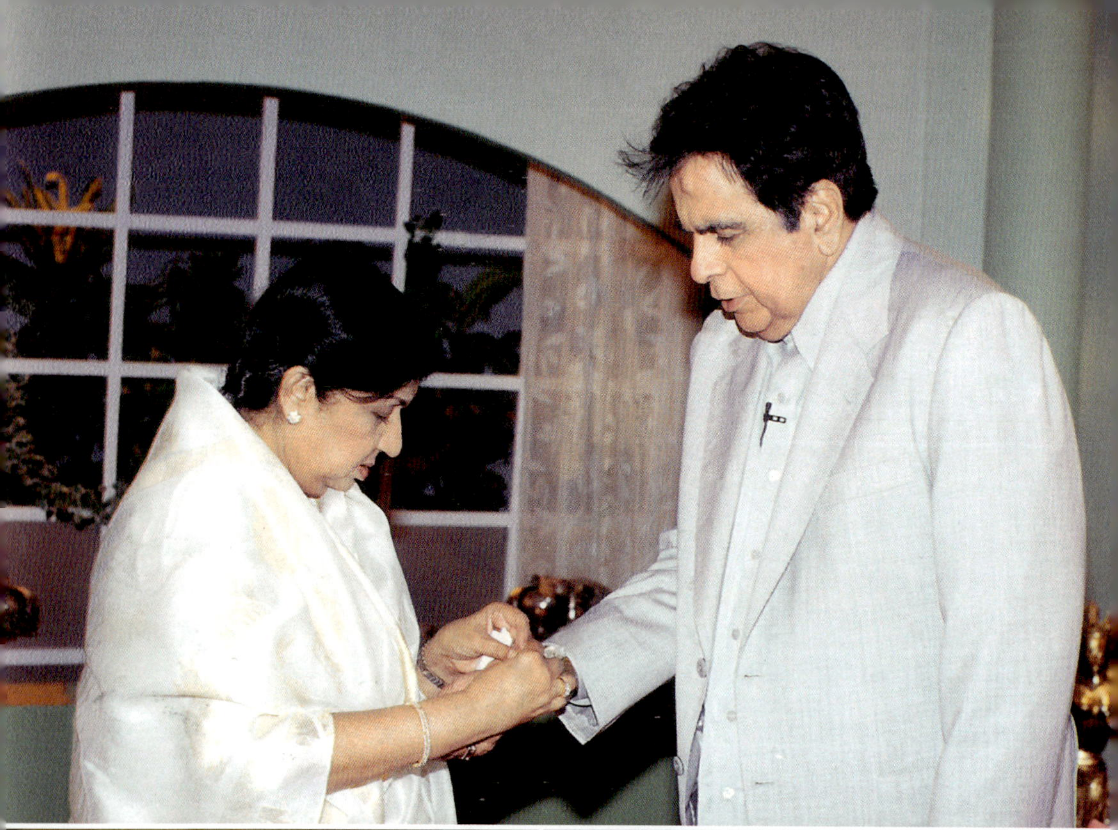

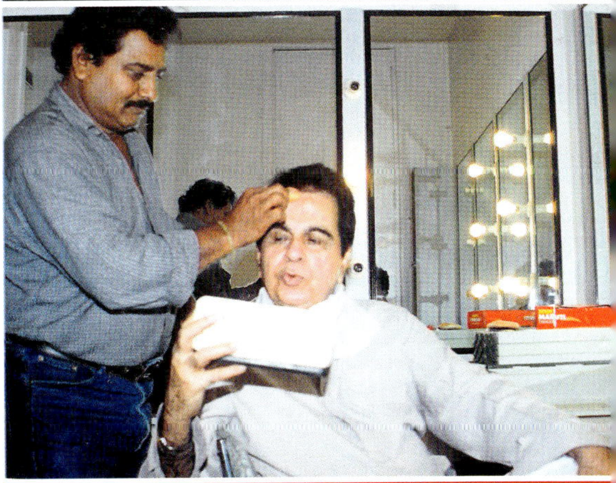

**दक्षिणावर्त :** 'छोटी बहन' लता मंगेशकर से अपनी कलाई पर राखी बँधवाते हुए ● ख़ुशदिल साथी देवानन्द के साथ ● एक फंक्शन के दौरान लोगों से मिलते हुए ● कैमरा का एंगल सही करते हुए ● मेक-अप मैन शूट के पहले मेरे मेक-अप को फाइनल टचेज़ देते हुए ● एक स्टेज शो के दौरान लता मंगेशकर का परिचय देते हुए ● पेशावर के घर में मेरी एक फ्रेम की हुई तस्वीर।

जीवन-संगिनी सायरा के मिलते हुए ● 11 अक्तूबर 1966 को सायरा से हुई शादी ● मद्रास एयरपोर्ट पर दायीं ओर बेबी फरीदा के संग प्रोड्यूसर नागी रेड्डी द्वारा स्वागत ● फूलों के साथ जश्न।

सायरा और उनकी दादी शमशाद बेग़म ख़ान (अम्माजी) के साथ
- सायरा और ख़ुशनुमा वक़्त
- सायरा अपने भाई सुल्तान और भाभी राहत बेग़ के साथ
- एक फंक्शन के दौरान सायरा और उनकी माँ नसीम बानो के साथ।

सायरा के साथ मस्ती में ● सायरा की एक फ़िल्म में कवि साहिर लुधियानवी, संगीतकार नौशाद, अभिनेता मुराद, कंवलजीत, राजकुमार और राजेन्द्र कुमार के सामने 'क्लैप' देते हुए ● आउटडोर लोकेशन पर सायरा के साथ ● नौशाद के साथ संगीत चर्चा करते हुए ● एक फंक्शन के दौरान इन्दिरा गाँधी और राज कपूर के साथ।

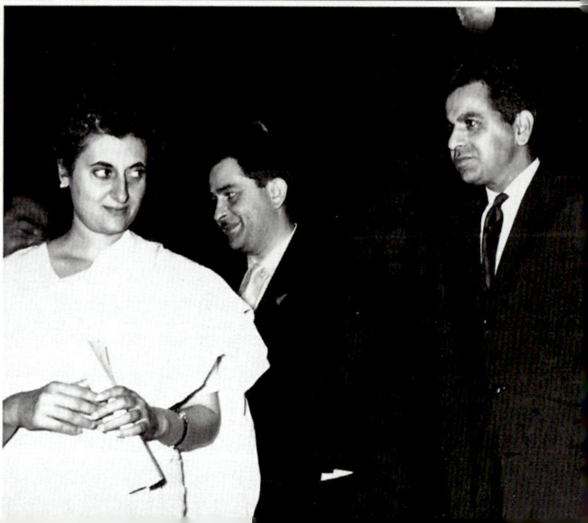

माननीय राष्ट्रपति आर. वेंकटरमन द्वारा 1991 में पद्मभूषण ग्रहण करते हुए।

माननीय राष्ट्रपति डॉ. शंकर दयाल शर्मा द्वारा 1995 में दादासाहेब फ़ाल्के अवार्ड ग्रहण करते हुए।

सन् 1988 में सायरा के साथ पेशावर के उस घर में जहाँ मेरी पैदाइश हुई!

**सामने का पन्ना :** पुराने दोस्त अशोक कुमार, राज कपूर और सुनील दत्त के साथ ● धर्मेन्द, दारा सिंह, शम्मी कपूर और प्राण के साथ; सुनील दत्त के साथ ● धर्मेन्द्र, वहीदा रहमान, नन्दा और अन्य सभी के साथ।

मार्च 2014 में लता मंगेशकर का अपने घर में स्वागत करतीं सायरा ● फ़िल्म राम और श्याम की मेरी सह-अभिनेत्री मुमताज़ के साथ ● मशहूर फ़िल्म निर्माता यश चोपड़ा और सुभाष घई के साथ ● एक फंक्शन में अभिनेत्री एवं नर्तकी हेमा मालिनी के साथ ● सायरा और पाँच फ़िल्मों में मेरी सह-अभिनेत्री निम्मी से घिरे हुए।

**ऊपर से नीचे :** अमिताभ बच्चन और मेरा मनोरंजन करते शाहरुख खान • शाहरुख खान को कुछ समझाते हुए • ख़ुशमिजाज़ अनिल कपूर के साथ • सलमान खान द्वारा अभिवादन स्वीकारते हुए • आमिर खान और रानी मुखर्जी के साथ • बच्चन परिवार—अमिताभ, जया और अभिषेक के साथ • जावेद अख़्तर और उनकी पत्नी शबाना आज़मी और सायरा के साथ • ऋषि कपूर, उनके बेटे रणबीर कपूर, फ़िल्म निर्माता सुभाष घई और सायरा की भांजी शाहीन के साथ।

मेरी शरीक़-ए-हयात सायरा—एक प्यारी पत्नी,
समर्पित साथी, ईमानदार दोस्त और इन सबसे
कहीं बढ़कर—एक ख़ूबसूरत इनसान

संगीत : शंकर जयकिशन
कलाकार : दिलीप कुमार, नलिनी जयवन्त, मास्टर कपूर, ओम प्रकाश, दुर्गा खोटे, के.एन. सिंह, लीला मिश्रा, शामलाल और हेमावती।

**1954 : अमर**
निर्माण : महबूब ख़ान
निर्देशन : अमिय चक्रवर्ती
संगीत : नौशाद
कलाकार : दिलीप कुमार, मधुबाला, निम्मी, जयन्त, उल्हास, मुकरी, अमर, हुस्नबानो, मुराद और शकील नोमानी।

**1955 : आज़ाद**
निर्माण : पक्षीराजा स्टूडियो
निर्देशन : एस.एम.एस. नायडू
संगीत : सी. रामचन्द्र
कलाकार : दिलीप क़ुमार, मीना कुमारी, प्राण, ओम प्रकाश, एस. नज़ीर, बद्री प्रसाद, राज मेहरा, रन्धीर, अचला सचदेव, मुराद, दीपा साईं, सुब्बलक्ष्मी और शम्मी।

**1955 : इंसानियत**
निर्माण : जेमिनी पिक्चर्स
निर्देशन : एस.एस. वासन
संगीत : सी. रामचन्द्र
कलाकार : दिलीप कुमार, देव आनन्द, बीना राय, विजयलक्ष्मी, जयराज, जयन्त, शोभना समर्थ, आग़ा, कुमार बद्री प्रसाद, मोहना, ईश्वरलाल, और जिप्पी (चिम्पैंजी)।

**1955 : उड़न खटोला**
निर्माण : सन्नी आर्ट प्रोडक्शन
निर्देशन : एस.यू. सन्नी
संगीत : नौशाद

कलाकार : दिलीप कुमार, निम्मी, सूर्य कुमारी, जीवन, आग़ा, नवाब, रूपमाला, अमर और टुनटुन।

**1955 : देवदास**
निर्माण : बिमल रॉय प्रोडक्शन
निर्देशन : बिमल रॉय
संगीत : एस.डी. बर्मन
कलाकार : दिलीप कुमार, सुचित्रा सेन, वैजयन्तीमाला, मोतीलाल, जॉनी वॉकर, नज़ीर हुसैन और प्राण।

**1957 : नया दौर**
निर्माण : बी.आर. फ़िल्म्स
निर्देशन : बी.आर. चोपड़ा
संगीत : ओ.पी. नैयर
कलाकार : दिलीप कुमार, वैजयन्तीमाला, अजित, चाँद उस्मानी, जीवन, मनमोहन कृष्णा, नज़ीर हुसैन, लीला चिटनिस, राधाकृष्णन, एस. नज़ीर, प्रतिमा देवी, डेजी ईरानी, एस.एन. बनर्जी और जॉनी वॉकर।

**1957 : मुसाफ़िर**
निर्माण : फ़िल्म ग्रुप्स
निर्देशन : हृषिकेश मुखर्जी
संगीत : सलिल चौधरी
कलाकार : दिलीप कुमार, उषा किरण, किशोर कुमार, सुचित्रा सेन, निरूपा रॉय, शेखर, दुर्गा खोटे, डेविड, डेज़ी ईरानी, बिपिन गुप्ता, रशीद ख़ान, नज़ीर हुसैन, राज लक्ष्मी, मोहन चोटी, केष्टो मुखर्जी, पॉल महेन्द्र और हीरा सावन्त।

**1958 : मधुमती**
निर्माण : बिमल रॉय प्रोडक्शन
निर्देशन : बिमल रॉय

संगीत : सलिल चौधरी

कलाकार : दिलीप कुमार, वैजयन्तीमाला, प्राण, जॉनी वॉकर, जयन्त, तरुण बोस, तिवारी, मिश्रा, बैज शर्मा और भूडो अडवानी।

**1958** : **यहूदी**

निर्माण : बॉम्बे फ़िल्म्स

निर्देशन : बिमल रॉय

संगीत : शंकर-जयकिशन

कलाकार : दिलीप कुमार, सोहराब मोदी, मीना कुमारी, निगार सुल्ताना, नज़ीर हुसैन, मुराद, अनवर, मीनू मुमताज़, तिवारी, बेबी नाज़, बिक्रम कपूर, रोमी, कुक्कू, कमला लक्ष्मण और हेलेन।

**1959** : **पैग़ाम**

निर्माण : जेमिनी फ़िल्म्स

निर्देशन : एस.एस. वासन

संगीत : सी. रामचन्द्र

कलाकार : दिलीप कुमार, वैजयन्तीमाला, राज कुमार, बी. सरोजा देवी, मोतीलाल, पँढारी बाई, जॉनी वॉकर, मीनू मुमताज़, वसुन्धरा, डेविड, प्रतिमा देवी, बनर्जी, शिवराज, ईश्वरलाल और अमर।

**1960** : **कोहिनूर**

निर्माण : रिपब्लिक फ़िल्म कॉरपोरेशन

निर्देशन : एस.यू. सन्नी

संगीत : नौशाद

कलाकार : दिलीप कुमार, मीना कुमारी, जीवन, कुमकुम, मुकरी, कुमार, लीला चिटनिस, एस. नज़ीर, वासी ख़ान, अज़ीम, मास्टर निसार, टुनटुन और राजन कपूर।

**1960** : **मुग़ल-ए-आज़म**
निर्माण : स्टर्लिंग इन्वेस्टमेंट कारपोरेशन
निर्देशन : के. आसिफ़
संगीत : नौशाद
कलाकार : पृथ्वीराज कपूर, दिलीप कुमार, मधुबाला, दुर्गा खोटे, निगार सुल्ताना, अजीत, कुमार, मुराद, शीला दलाया, जलाल आग़ा, विजयलक्ष्मी, एस. नज़ीर, पॉल शर्मा, सुरेन्द्र, जॉनी वॉकर और तबस्सुम।

**1960** : **काला बाज़ार**
निर्माण : नवकेतन
निर्देशन : विजय आनन्द
संगीत : एस.डी. बर्मन
कलाकार : देव आनन्द, वहीदा रहमान, नन्दा, विजय आनन्द, चेतन आनन्द, लीला चिटनिस, रशीद ख़ान, किशोर साहू और दिलीप कुमार (मेहमान कलाकार)।

**1961** : **गंगा जमुना**
निर्माण : सिटिजन फ़िल्म्स
निर्देशन : नितिन बोस
संगीत : नौशाद
कलाकार : दिलीप कुमार, वैजयन्तीमाला, नासिर ख़ान, अजरा, कन्हैयालाल अनवर, नज़ीर हुसैन, एस. नज़ीर, लीला चिटनिस, प्रवीण पॉल, हेलेन आकाशदीप, बेबी अरुणा और बेबी नाज़।

**1964** : **लीडर**
निर्माण : मुखर्जी फ़िल्म सिंडिकेट
निर्देशन : राम मुखर्जी
संगीत : नौशाद

कलाकार : दिलीप कुमार, वैजयन्तीमाला, मोतीलाल, जयन्त, नज़ीर हुसैन, सप्रू, हीरालाल, अमर, जानकीदास, पी. कैलाश, जगदीश सेठी, लीला मिश्रा, मर्लिन और मधुमती।

**1966** : **दिल दिया दर्द लिया**
निर्माण : के. प्रोडक्शन
निर्देशन : ए.आर. करदार
संगीत : नौशाद
कलाकार : दिलीप कुमार, वहीदा रहमान, प्राण, रहमान, श्यामा, रानी, सज्जन, सप्रू, आग़ा, मुराद और जॉनी वॉकर।

**1967** : **राम और श्याम** (पहली बार दोहरी भूमिका करने वाले फ़िल्म इंडस्ट्री में दिलीप कुमार थे।)
निर्माण : विजय इंटरनेशनल
निर्देशन : तापी चाणक्य
संगीत : नौशाद
कलाकार : दिलीप कुमार, वहीदा रहमान, मुमताज़, प्राण, निरूपा रॉय, कन्हैयालाल, नज़ीर हुसैन, सज्जाद, मुकरी, अमर, लीला मिश्रा, जेबुनिस्सा और बेबी फ़रीदा।

**1967** : **पारी (बांग्ला)**
निर्माण : प्रोनोति घोष
निर्देशन : जगन्नाथ चट्टोपाध्याय
संगीत : सलिल चौधरी
कलाकार : धर्मेन्द्र, दिलीप कुमार, अभि भट्टाचार्य, दिलीप रॉय, केष्टो मुखर्जी और प्रोनोति घोष।

**1968** : **आदमी**
निर्माण : पीएसवी फ़िल्म्स
निर्देशन : ए. भीम सिंह
संगीत : नौशाद

कलाकार : दिलीप कुमार, वहीदा रहमान, मनोज कुमार, सिमी गरेवाल, प्राण सुलोचना, उल्हास, पद्मा चव्हाण, मोहन चोटी, शिवराज और आग़ा।

**1968 : संघर्ष**

निर्माण : राहुल थियेटर्स

निर्देशन : एच.एस. रवेल

संगीत : नौशाद

कलाकार : दिलीप कुमार, वैजयन्तीमाला, बलराज साहनी, संजीव कुमार, जयन्त, दुर्गा खोटे, सुलोचना, सुन्दर, उल्हास, इफ़्तिख़ार, सप्रू, मुमताज़ बेगम, पद्मा, लता सिन्हा, अंजू महेन्द्रू, रानू और देवेन वर्मा।

**1968 : साधू और शैतान**

निर्माण : भीम सिंह-महमूद प्रोडक्शन

निर्देशन : ए. भीम सिंह

संगीत : लक्ष्मीकान्त-प्यारेलाल

कलाकार : महमूद, भारती, किशोर कुमार, ओम प्रकाश, प्राण, बेबी फ़रीदा, मुकरी, मंजू, राज किशोर, केष्टो मुखर्जी, टुनटुन, जानकीदास और दिलीप कुमार (मेहमान कलाकार)।

**1970 : गोपी**

निर्माण : प्रोस्पेरिटी पिक्चर्स-टी.एस. मुथुस्वामी एवं एस.एस. पलनियप्पन

निर्देशन : ए. भीम सिंह

संगीत : कल्याणजी-आनन्दजी

कलाकार : दिलीप कुमार, सायरा बानो, ओम प्रकाश, प्राण, जॉनी वॉकर, ललिता पवार, निरूपा रॉय, फ़रीदा जलाल, सुदेश कुमार, दुर्गा खोटे, मुकरी, तिवारी, श्यामलाल और अरुणा ईरानी।

**1970** : **सगीना महतो (बांग्ला)**
निर्माण : हेमेन गांगुली और जी.एल. कपूर
निर्देशन : तपन सिन्हा
संगीत : तपन सिन्हा
कलाकार : दिलीप कुमार, सायरा बानो और अपर्णा सेन।

**1972** : **अनोखा मिलन**

निर्माण : आर.जे. वजीरानी-वजीरानी मूवीज़
निर्देशन : जगन्नाथ चट्टोपाध्याय
संगीत : सलिल चौधरी
कलाकार : धर्मेन्द्र, दिलीप कुमार (मेहमान कलाकार), प्रोनोति घोष, अभि भट्टाचार्य, दिलीप रॉय और केष्टो मुखर्जी।

**1972** : **दास्तान (दूसरी बार दोहरी भूमिका)**

निर्माण : बी.आर. फ़िल्म्स
निर्देशन : बी.आर. चोपड़ा
संगीत : लक्ष्मीकान्त-प्यारेलाल
कलाकार : दिलीप कुमार, शर्मिला टैगोर, प्रेम चोपड़ा, बिन्दु, आई.एस. जौहर, पद्मा खन्ना, मदन पुरी, जयश्री टी., नाना पलसीकर, मनमोहन कृष्ण, इफ़्तिख़ार, बद्री प्रसाद और केशव राणा।

**1974** : **फिर कब मिलोगी**

निर्माण : हरि मेहरा शिवालय फ़िल्म्स
निर्देशन : हृषिकेश मुखर्जी
संगीत : आर.डी. बर्मन
कलाकार : माला सिन्हा, बिश्वजीत, देवेन वर्मा, बिपिन गुप्त, डेविड और दिलीप कुमार (मेहमान कलाकार)।

**1974** : **सगीना (हिन्दी)**
निर्माण : जे.के. कपूर रूपश्री इंटरनेशनल
निर्देशन : तपन सिन्हा
संगीत : एस.डी. बर्मन
कलाकार : दिलीप कुमार, सायरा बानो, ओम प्रकाश, अपर्णा सेन, अनिल चटर्जी, स्वरूप दत्त, रजनी गुप्ता, के.एन. सिंह और कादर ख़ान।

**1976** : **बैराग (तिहरी भूमिका)**
निर्माण : मुशीर आलम और मोहम्मद रियाज़—एम. आर. प्रोडक्शन
निर्देशन : असित सेन
संगीत : कल्याणजी-आनन्दजी
कलाकार : दिलीप कुमार, सायरा बानो, लीना चन्दावरकर, प्रेम चोपड़ा, नासिर ख़ान, हेलेन, नज़ीर हुसैन, जयराज, मदन पुरी, सुजीत कुमार, पूर्णिमा, असित सेन, लीला मिश्रा, मुकरी, कादर ख़ान, वी. गोपाल नाज़, पेंटल, जानकीदास, प्रवीण पॉल, मोहन चोटी और सचिन।

**1981** : **क्रान्ति**
निर्माण : वीआईपी फ़िल्म्स
निर्देशन : मनोज कुमार
संगीत : लक्ष्मीकान्त-प्यारेलाल
कलाकार : दिलीप कुमार, मनोज कुमार, हेमा मालिनी, शशि कपूर, परवीन बॉबी, शत्रुघ्न सिन्हा, निरूपा रॉय, शशिकला, सारिका, प्रेम चोपड़ा, प्रदीप कुमार, मदन पुरी, मास्टर आदित्य और मास्टर कुणाल।

**1982** : **शक्ति**
निर्माण : मुशीर आलम और मोहम्मद रियाज—एम. आर. प्रोडक्शन
निर्देशन : रमेश सिप्पी

संगीत : आर.डी. बर्मन
कलाकार : दिलीप कुमार, अमिताभ बच्चन, राखी, स्मिता पाटिल, कुलभूषण खरबन्दा और अमरीश पुरी।

**1982** : **विधाता**
निर्माण : गुलशन राय त्रिमूर्ति फ़िल्म्स
निर्देशन : सुभाष घई
संगीत : कल्याणजी-आनन्दजी
कलाकार : दिलीप कुमार, संजीव कुमार, शम्मी कपूर, संजय दत्त, पद्मिनी कोल्हापुरे, सारिका, अमरीश पुरी, डॉ. श्रीराम लागू, सुरेश ओबेरॉय और मदनपुरी।

**1983** : **मज़दूर**
निर्माण : बी.आर. चोपड़ा—बी.आर. फ़िल्म्स
निर्देशन : रवि चोपड़ा
संगीत : आर.डी. बर्मन
कलाकार : दिलीप कुमार, नन्दा, राज बब्बर, पद्मिनी कोल्हापुरे, रति अग्निहोत्री, राज किरण और सुरेश ओबेरॉय।

**1984** : **दुनिया**
निर्माण : यश जौहर—धर्मा प्रोडक्शन प्राइवेट लिमिटेड
निर्देशन : रमेश तलवार
संगीत : आर.डी. बर्मन
कलाकार : अशोक कुमार, दिलीप कुमार, सायरा बानो, ऋषि कपूर, अमृता सिंह, प्रेम चोपड़ा, अमरीश पुरी और प्राण।

**1984** : **मशाल**
निर्माण : यशराज फ़िल्म्स
निर्देशन : यश चोपड़ा
संगीत : हृदयनाथ मंगेशकर
कलाकार : दिलीप कुमार, वहीदा रहमान, रति अग्निहोत्री,

अनिल कपूर, नीलू फूले, मदन पुरी, मोहन अगाशे, सईद जाफ़री, अमरीश पुरी और इफ़्तिख़ार।

**1986** : **धरम अधिकारी**
निर्माण : यू.वी. सूर्यनारायण राव
निर्देशन : के. राघवेन्द्र राव
संगीत : बप्पी लाहिरी
कलाकार : दिलीप कुमार, जीतेन्द्र, श्रीदेवी, अनुराधा पटेल, प्राण, कादर ख़ान, शक्ति कपूर, असरानी, राकेश बेदी, सुजीत कुमार, मयूर, रोहिणी हट्टंगड़ी, प्रीती सप्रू और गीता सिद्धार्थ।

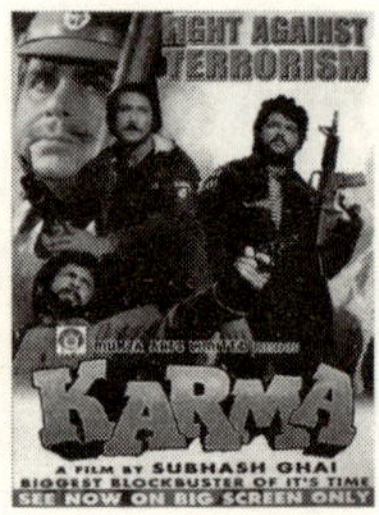


**1986** : **कर्मा**
निर्माण : सुभाष घई मुक्ता आर्ट्स
निर्देशन : सुभाष घई
संगीत : लक्ष्मीकान्त-प्यारेलाल
कलाकार : दिलीप कुमार, नूतन, जैकी श्रॉफ, अनिल कपूर, नसीरुद्दीन शाह, श्रीदेवी, पूनम ढिल्लो, अनुपम खेर, शक्ति कपूर, दारा सिंह, सत्यनारायण और बिन्दु।

**1989** : **क़ानून अपना-अपना**
निर्माण : ए.एस.आर. अन्जानेयुलू—माधवी प्रोडक्शन
निर्देशन : बी. गोपाल
संगीत : बप्पी लाहिरी
कलाकार : दिलीप कुमार, नूतन, संजय दत्त, माधुरी दीक्षित, कादर ख़ान, अनुपम खेर, गुलशन ग्रोवर, तेज सप्रू, सत्येन कप्पू, मयूर, जयश्री गडकर, मीठी, पिंकी, अभिलाषा, विजयलक्ष्मी और डिस्को शान्ति।

**1990** : **इज़्ज़तदार**
निर्माण : सुधाकर बोकाड़े
निर्देशन : के. बापैया
संगीत : लक्ष्मीकान्त-प्यारेलाल
कलाकार : दिलीप कुमार, भारती, गोविन्दा, माधुरी दीक्षित, असरानी, टीना घई, राकेश बेदी, दिलीप धवन और शफ़ी ईनामदार।

**1991** : **सौदागर**
निर्माण : सुभाष घई मुक्ता आर्ट्स
निर्देशन : सुभाष घई
संगीत : लक्ष्मीकान्त-प्यारेलाल
कलाकार : दिलीप कुमार, राज कुमार, जैकी श्रॉफ, मनीषा कोईराला, विवेक मुशरान, दीप्ति नवल, अनुपम खेर, अमरीश पुरी, गुलशन ग्रोवर, दिलीप ताहिल, मुकेश खन्ना, दीना पाठक, आनन्द बलराज, आकाश खुराना, अभिनव चतुर्वेदी, अर्चना पूरण सिंह, मालविका तिवारी, सुचेता वाजपेयी और शुभा खोटे।

**1998** : **क़िला (तीसरी बार दोहरी भूमिका)**
निर्माण : ईगल फ़िल्म्स
निर्देशन : उमेश मेहरा
संगीत : आनन्द राज आनन्द
कलाकार : दिलीप कुमार, रेखा, मुकुल देव और ममता कुलकर्णी।

## दिलीप कुमार की ऐसी फ़िल्मों की सूची जो बन नहीं पायीं, अधूरी रह गयीं या रिलीज़ नहीं हो पायीं

**बैंक मैनेजर (बन्द)**

निर्माण : आर.सी. तलवार
निर्देशन : आर.सी. तलवार
संगीत : मदन मोहन
कलाकार : दिलीप कुमार, मीना कुमारी

**ताजमहल और आख़िरी मुग़ल (योजना बन्द)**

निर्माण : के. आसिफ़
निर्देशन : के. आसिफ़
कलाकार : दिलीप कुमार

**चाणक्य चन्द्रगुप्त (काफ़ी तैयारी के बाद नहीं शुरू हुई)**

निर्माण : किशोर शर्मा
निर्देशक : बी.आर. चोपड़ा
संगीत : नौशाद
कलाकार : दिलीप कुमार, धर्मेन्द्र, हेमा मालिनी, परवीन बॉबी, हेलेन और विजयेन्द्र।

**हार सिंगार (कुछ रील के बाद बन्द हो गयी)**

निर्माण : अलाइड आर्ट प्रोडक्शन
निर्देशन : महेश कौल
संगीत : अनिल विश्वास
कलाकार : दिलीप कुमार, मधुबाला, कुलदीप, बेबी जुबेदा, बिक्रम कपूर और मोनी चटर्जी।

**जानवर (कुछ रील के बाद बन्द हो गयी)**

निर्माण : के. आसिफ़
निर्देशन : के. आसिफ़
कलाकार : दिलीप कुमार और सुरैया

**शिकवा (कुछ रील के बाद बन्द)**

निर्माण : राजेन्द्र जैन
कलाकार : दिलीप कुमार और नूतन

**मेरा वतन (बन्द)**
**समन्दर (बन्द)**
**काला आदमी (काफ़ी शोध के बाद बन्द)**

निर्माण : रमेश सहगल
निर्देशन : रमेश सहगल और दिलीप कुमार
कलाकार : दिलीप कुमार

**अनाम (जो मुहूर्त के बाद बन्द हो गयी)**

निर्माण : नासिर हुसैन
कलाकार : दिलीप कुमार और आशा पारेख

**कलिंगा (1995) (पूरी नहीं हो पायी)**

निर्माण : दिव्या सिटिजेन कम्बाइन
निर्देशन : दिलीप कुमार
कलाकार : दिलीप कुमार, राज बब्बर, अमजद ख़ान और मीनाक्षी शेषाद्री

**आग का दरिया (1995 में तैयार, लेकिन रिलीज़ नहीं हुई)**

निर्माण : प्रेमालय आर. वेंकटरमन
निर्देशन : एस. वी. राजेन्द्र सिंह बाबू
कलाकार : दिलीप कुमार, रेखा, राजीव कपूर और पद्मिनी कोल्हापुरे

**असर (2001) (मुहूर्त और थोड़ी शूटिंग के बाद बन्द)**

निर्माण : दिनेश पटेल
निर्देशन : कुकू कोहली
संगीत : नदीम श्रवण
कलाकार : दिलीप कुमार, अजय देवगन और प्रियंका चोपड़ा

## दिलीप कुमार के साथ काम करने वाली कुछ प्रमुख अभिनेत्रियाँ

(जिन्होंने उनके साथ एक से अधिक फ़िल्मों में काम किया)

1. नर्गिस—मेला (1948), अन्दाज़ (1949), बाबुल (1950), जोगन (1950), दीदार (1951), हलचल (1951)
2. नलिनी जयवंत—अनोखा प्यार (1948), शिकस्त (1953)
3. कामिनी कौशल—नदिया के पार (1948), शहीद (1948), शबनम (1949), आरज़ू (1950)
4. मधुबाला—तराना (1951), संगदिल (1952), अमर (1954), मुग़ल-ए-आज़म (1960)
5. निम्मी—दीदार (1951), आन (1952), दाग़ (1952), अमर (1954), उड़न खटोला (1955)
6. मीना कुमारी—फुटपाथ (1953), आज़ाद (1955), यहूदी (1958), कोहिनूर (1960)
7. वैजयन्तीमाला—देवदास (1955), नया दौर (1957), मधुमती (1958), पैग़ाम (1959), गंगा जमुना (1961), लीडर (1964), संघर्ष (1968)
8. वहीदा रहमान—दिल दिया दर्द लिया (1966), राम और श्याम (1967), आदमी (1968), मशाल (1984)
9. सायरा बानो—गोपी (1970), सगीना महतो (1970), सगीना (1974), बैराग (1976), दुनिया (1984)
10. नूतन—कर्मा (1986), क़ानून अपना अपना (1989)
11. रेखा—आग का दरिया (1995), क़िला (1998)

## पुरस्कारों की सूची

1. सर्वश्रेष्ठ अभिनेता का फ़िल्मफेयर पुरस्कार–1953 (दाग़), 1955(आज़ाद), 1956 (देवदास), 1957 (नया दौर), 1960 (कोहिनूर), 1964 (लीडर), 1967 (राम और श्याम), 1982 (शक्ति)
2. पद्मभूषण–1991
3. फ़िल्मफेयर–राज कपूर लाइफ़टाइम अचीवमेंट अवार्ड–1993
4. दादासाहेब फाल्के सम्मान–1995
5. निशान-ए-इम्तियाज़–पाकिस्तान का सर्वोच्च नागरिक सम्मान–1997
6. एन.टी. रामाराव पुरस्कार–1997
7. रामनाथ गोयनका पुरस्कार–1998
8. लक्स ज़ी सिने अवार्ड–1998
9. राजीव गाँधी सद्भावना पुरस्कार–2000
10. पद्म विभूषण

इनके अलावा उन्हें बहुत-से दूसरे पुरस्कार और सम्मान भी मिल चुके हैं।

## आभार

शब्दों के माध्यम से ठीक तरह से आभार व्यक्त नहीं किया जा सकता है। लेकिन जो काम आपका सपना रहा हो और जब वह पूरा होता है तो गर्व के भाव के साथ सबसे पहला कर्तव्य यह बनता है कि उन लोगों का शुक्रिया अदा किया जाये जिन लोगों ने आपके सपने को पूरा होने में मदद की।

सबसे पहले और सबसे अधिक, मैं धन्यवाद देती हूँ सायरा के इकलौते भाई सुलतान अहमद को जिन्होंने समय निकालकर हर अध्याय को पूरी तटस्थता के साथ पढ़ा और फिर एक अच्छे इंसान की तरह सुझाव भी दिये।

मैं शुक्रिया अदा करती हूँ मीडिया के अपने साथियों, सत्य स्वरूप (प्रबन्ध सम्पादक) और देव वरम (समूह सम्पादक) का, जो कई सालों से न्यू मीडिया समूह का ज़िम्मा सँभाल रहे हैं। मैं उनका दिल से आभार प्रकट करती हूँ कि उन्होंने न केवल मुझे इसके लिए बढ़ावा दिया कि मैं आगे बढ़कर इस काम को करूँ बल्कि न्यू मीडिया की रचनात्मक टीम ने मुझे इसमें पूरा सहयोग दिया, ख़ासतौर पर कला निर्देशक सन्तोष नावर ने।

मैं शुक्रगुज़ार हूँ प्रसिद्ध बाल कलाकार फ़रीदा दादी की कि उन्होंने अपनी व्यस्तताओं में से समय निकाला और सायरा की असंख्य तस्वीरों में से इस किताब के लिए ज़रूरी तस्वीरों को चुनने में मदद की। सहायक अनिल रावते का भी धन्यवाद ज़रूर दिया जाना चाहिए जिन्होंने बहुत कम समय में ही ऑडियो और वीडियो टेप के साथ-साथ तस्वीरों को भी बहुत कम समय में मुहैया करवाया।

मैं शुक्रिया अदा करती हूँ मुर्शिद अली ख़ान, जो सायरा और दिलीप साहब के सेक्रेट्री हैं, जिन्होंने कई मौक़ों पर मूल किताब तैयार करने और प्रकाशक के साथ सहयोग करने में मदद की।

मैं क़र्ज़दार हूँ हैजिनो दिकोस्ता (Hygino D'costa) और बशीर कोलाम्बोवाला (Basheer Colombowala) की, जो दिलीप साहब के सेक्रेटेरियट में उनके सेक्रेट्री और मैनेजर हैं, जो सुलतान भाई की देखरेख में उनके क़ानूनी काम को देखते हैं।

मैं शुक्रगुज़ार हूँ दिलीप साहब के ज़बरदस्त फ़ैन हिमांशु कुमार की, जिन्होंने कोलकाता से फ़ोन पर मेरा जोश बढ़ाया।

मैं शुक्रगुज़ार हूँ मुलुंड के भूपेन्द्र वालजी सचदे और विजय भूपेन्द्र सचदे की जिन्होंने दिलीप से अपने प्यार के कारण दशकों से उनके बारे में छपे लेखों, उनकी तस्वीरों का संकलन किया था, जो उन्होंने ख़ुशी-ख़ुशी साझा किया।

आख़िर में शुक्रिया नक़ी अहमद का जिन्होंने दिलीप कुमार के बोले ख़ालिस उर्दू शब्दों को आम बनाने में मदद की। मैं सम्मोहित ज़ुबान पर उनके ज़बरदस्त अधिकार को सुनती रहती थी और मैंने यह साहस नहीं किया कि उनको टोककर साहब का मूड ख़राब कर दूँ। नक़ी साहब की बड़ी कृपा है कि उन्होंने टेप को सुनकर मुझे बाद में उसके बारे में समझाया।

# संस्मरण

## रेहान अहमद (Raihan Ahmad)*

दिलीप कुमार। इस नाम के सुनते ही भौंहें तन जाती हैं और सम्मान में दिल की धड़कन तेज़ हो जाती है। बहुत कम सौभाग्यशाली लोग हैं जो यह जानते हैं यह एक महान शख़्सियत का ही नाम नहीं है बल्कि एक जादुई नाम है। उनमें से एक मैं हूँ जिसको इस बात का अनुभव हुआ है। उनका भतीजा होना सबसे बड़ा सौभाग्य है जो अल्लाह ने मुझे दिया है। मेरे यूसुफ़ फूफा, जो कि उनको हमेशा बुलाता हूँ, इतने फ़न में माहिर हैं कि उनको शब्दों में बयाँ नहीं किया जा सकता है और न ही एक किताब में उसको समेटा जा सकता है। उनसे जुड़े अनुभवों को लिखने के लिए कई खण्डों में लिखने की ज़रूरत पड़ेगी। उस महान शख़्सियत से जुड़ी यादों को लिख पाना मेरे लिए मुश्किल है क्योंकि मैं उनके प्यार, दुलार और बच्चों जैसी मासूमियत को याद करता हूँ तो आँसू निकल आते हैं।

यूसुफ़ फूफा जी के साथ सफ़र करने में मौज-मस्ती तो पक्की रहती है। धूप हो या बारिश उनके साथ एक पल की भी बोरियत नहीं होती है। वह कोई बहुत मज़ेदार बात कहकर ऐसे चेहरा बनाये रहेंगे, जब तक कि हँसते-हँसते आपके गालों में दर्द हो जाये। सड़कों पर उनके साथ सफ़र करना सबसे अच्छा होता था, वे हम लोगों को हर तरह का स्ट्रीट फूड खिलाते थे, और मेरी बुआ उनको रोकने की पूरी कोशिश करती थीं, लेकिन कोई फ़ायदा नहीं होता था।

उन्होंने कश्मीर में इस बात पर ज़ोर दिया कि हर सुबह इडली खायेंगे, जो कि उस इलाक़े के खाने के लिहाज़ से एकदम उल्टा था। वह शरारती ढंग से मुस्कराते हुए कहते 'इडली उत्तर भारत में दक्षिण भारत से अधिक स्वादिष्ट लगती है', यह बच्चे इस बात के बारे में सोच भी नहीं सकते थे लेकिन हम उनकी बात मान लेते थे।

वे हम लोगों के साथ हमेशा शरारत करते रहते थे, हम यही सोचते रहते थे कि अब वे क्या करेंगे। उनके पास एक बहुत बड़ा बक्सा पतंगों का था, जो पतंग बनाने वालों ने उनके लिए ख़ासतौर पर बनाया था। उनके अन्दर यह ख़ूबी थी

* सायरा के भाई सुलतान के बेटे।

कि वे हर उम्र के लोगों के साथ घुल-मिल जाते। वे बच्चों के साथ बच्चों जैसे खेल करके उनका मन तुरन्त जीत लेते थे। हमें वे अपने बचपन की यात्राओं के क़िस्से सुना-सुनाकर बाँधे रखते थे।

यूसुफ़ अंकल के साथ पतंग उड़ाना एक ऐसा अनुभव था जिसके बारे में कुछ भाग्यशाली लोग ही बता सकते हैं। उनके पास बड़ा-सा बक्सा है जिसमें ख़ास पतंगें भरी हुई हैं जो उनके लिए पतंग बनाने वालों ने ख़ासतौर पर बनायी हैं। जब मैं बच्चा था तो उनमें से एक ख़ास पतंग चुनना बहुत बड़ा सम्मान होता था। वह हमें उसमें से पतंग चुनकर उसे हमारे लिए उड़ाते थे। वह आसपास उड़ने वाली हर पतंग को काट लेते थे और जिसकी वजह से वे आकाश के भी राजा थे। वह इतनी सादगी से हार मान लिया करते थे कि जीतने वाला उनके सामने सिर झुका देता था।

वह पक्के खिलाड़ी हैं, चाहे वह फुटबॉल हो, बैडमिंटन हो, क्रिकेट या हॉकी, गोल्फ़ या शतरंज, उनकी हर खेल में महारत है। बहुत कम लोग यह जानते हैं कि वे बहुत अच्छे जादूगर भी हैं, उनके पास तरह-तरह के जादू के तरीक़े हैं, जिसको वे दिखाकर हम लोगों को चकित कर देते हैं।

मैं यूसुफ़ अंकल के बारे में बातें करता ही जा सकता हूँ और हर अनुभव पिछले अनुभव से बेहतर है। वह जीवन के हर क्षेत्र में हमारे साथ रहे हैं, हमारी मदद करते हुए, हमारी रक्षा करते हुए, हमें राह दिखाते हुए और अपने महान ज्ञान से हमें शिक्षित करते हुए।

मैं हर चीज़ के लिए उनका शुक्रगुजार हूँ। मैं अल्लाह का शुक्रगुजार हूँ कि उन्होंने मुझे उनके साये में बड़े होने का मौक़ा दिया। काश! मेरे अन्दर उनका थोड़ा-सा भी अंश आया होता, लेकिन मैं जानता हूँ कि कोई उनके साये के भी क़रीब नहीं आ सकता है। अल्लाह ने महज़ एक दिलीप कुमार बनाया और यह मेरी ख़ुशक़िस्मती है कि मैं उनके प्यारों में हूँ। यूसुफ़ अंकल मैं आपको प्यार करता हूँ, हमेशा करता रहूँगा।

## शबाना आज़मी

*हमारे यहाँ यह माना जाता है कि अपने से बड़ों की तारीफ़ करना भी बदतमीज़ी होती है...हम कौन होते हैं तारीफ़ करने वाले? हम तो बस सिर झुकाकर अपने एहतराम का इज़हार कर सकते हैं... ।*

मैं इस बात से अपने आपको गौरवान्वित महसूस कर रही हूँ कि मुझे उन लोगों में शामिल होने का मौक़ा मिला जो दिलीप कुमार के बारे में लिख रहे हैं। इस किताब में मैं इसलिए शामिल नहीं हूँ कि मेरे अन्दर कोई ख़ूबी है बल्कि इसलिए कि मैं उनके व्यक्तित्व और कला की बहुत बड़ी प्रशंसिका रही हूँ।

उन्होंने भारतीय फ़िल्म उद्योग में कलाकारों की पीढ़ियों को प्रभावित किया है—कुछ तो उनकी नक़ल करके ही काम चलाते रहे; कुछ ने उनके असाधारण काम से प्रेरणा ली। उनको यह पता नहीं है कि मैं उस द्रोणाचार्य की एकलव्य रही हूँ। मैंने उनको दूर से देखा है और यह सीखा है कि एक एक्टर क संसाधन उसका जीवन ही हो सकता है, कि एक एक्टर को कविता और राजनीति में दिलचस्पी रखनी चाहिए और यह कि एक एक्टर में गहरी सामाजिकता भी हो।

एक्टिंग कोई घुड़दौड़ नहीं है कि इसमें सबसे तेज़ दौड़कर सीमारेखा को छू लेने वाला विजेता होता है। एक एक्टर हेमलेट का किरदार बहुत अच्छी तरह कर सकता है मगर वह ओथेलो के रूप में ख़राब साबित हो सकता है। फिर उसका मूल्यांकन किस तरह किया जाये? निश्चित ही, कई तरह के फ़न में माहिर होना किसी एक्टर की सच्ची पहचान है। और जब मानदंड की बात आती है तो दिलीप कुमार बहुत बड़े नज़र आते हैं। देवदास की भावप्रवणता को कौन भूल सकता है, गंगा की निश्चिन्तता को, श्याम की अश्रद्धा को, मुग़ल-ए-आज़म के सलीम में रोमांस की गहराई को? उनका हर प्रदर्शन बहुत अच्छी तरह से किया गया है। वे सम्भ्रान्त और गँवई किरदारों को एक समान सहजता से निभा सकते हैं। ड्रामा, कॉमेडी, रोमांस वे सबके उस्ताद हैं। मुख्यधारा सिनेमा के दायरे में काम करने वाले कलाकारों के लिए वे सन्दर्भ बिन्दु की तरह हैं, जहाँ वे जीवन से बड़े सन्दर्भों में भी सच को पाने में सफल रहे हैं। मुझे याद है कि मेरे निर्देशक विनय शुक्ल ने मुझे 'गॉडमदर' फ़िल्म के दौरान कहा था कि "रम्भीबेन के किरदार में दिलीप कुमार के गंगा का सच लाइये वह एक बनायी गयी सच्चाई है मगर पूरी तरह से विश्वसनीय है।"

दिलीप साहब ने हिन्दी सिनेमा में एक्टिंग की धारा बदल दी, जो मोटे तौर पर एक तरह की प्रतिनिधि एक्टिंग है—जब ख़ुश हो तो हँसो, दुखी होने पर रोओ, चकित होने पर भौंहें चढ़ा लो—जैसाकि नृत्य में होता है। दिलीप कुमार ने हमें यह दिखाया कि किस तरह उप-पाठ को खोला जाता है, किस तरह से भावना के ख़िलाफ़ काम किया जाता है, किस तरह कम में ज़्यादा का अहसास करवाया जाता है, और किस तरह से ओढ़ी गयी सहजता वास्तविक जैसी लग सकती है।

एक्टर दिलीप कुमार की तारीफ़ में काफ़ी जय-जयकार हुआ है। लेकिन उनके व्यवहार में कई ऐसी ख़ूबियाँ भी हैं जो शानदार हैं।

जब आप दिलीप कुमार के बारे में सोचते हैं तो जो पहली बात आपके दिमाग़ में आती है वह है गरिमा। वह आदर और सम्मान जगाते हैं। वह किसी कमरे में घुसते हैं तो लोग अपने आप खड़े हो जाते हैं क्योंकि उनका प्रभामंडल ऐसा है और उनकी उपस्थिति इतनी बड़ी है। वह सबसे अलग हटकर हैं क्योंकि वे लोकप्रियता के नाम पर कुछ नहीं करते हैं। उन्होंने बिना फूहड़ हुए मनोरंजन किया। यह बात हमें अच्छी तरह से सीखनी होगी।

कुल मिलाकर बात यह है। अगर आप चाहते हैं कि एक कलाकार और एक इंसान के बतौर आपको वैधता मिले, तो आप बस दिलीप कुमार के पदचिह्नों का अनुसरण कीजिए।

उनके जैसा कोई नहीं है!

## वी. बाबासाहेब*

मैं यह जानता था कि यह अपने आप में मेरे लिए बहुत बड़ी उपलब्धि होती कि कोई सीक्वेंस परदे पर उसी रूप में उभरकर आ जाये जिस तरह से दिलीप कुमार ने उसको देखा था। लेकिन मेरे लिए मुश्किल यह होती थी कि उसको किस तरह से किया जाये। मैं उसके बारे में सपने में भी सोचता रहता था और सपने में मैं यह देखता था कि मैं उसमें असफल हो गया हूँ।

जब 'गंगा जमुना' के उस सीन की शूटिंग का दिन आया तो मैंने साहब से कहा कि यह मुमकिन नहीं था। तब मुझे उन्होंने दिखाया कि उन्होंने काग़ज़ पर क्या बनाया हुआ था। उन्होंने ट्रेन की गति का और घोड़े की टापों का अनुमान लगा रखा था और फिर उन्होंने मुझसे और फाइट मास्टर, अज़ीम भाई से महज़ एक सवाल पूछा था, "क्या हम ख़तरे उठाने से डर गये थे?"

हम साहब के सामने खड़े थे और उनकी गहरी आँखें हमारे ऊपर टिकी हुई थीं, एक ईमानदार जवाब के इन्तज़ार में। हमने एक स्वर में जवाब दिया कि हम डर नहीं रहे थे। साहब ने तब समझाया कि वे किस तरह यह चाहते थे कि कैमरे को ट्रेन के दरवाज़े के नीचे बाँध दिया जाये ताकि भागते घोड़ों की टापों को उसमें क़ैद किया जा सके क्योंकि वे भागती ट्रेन के समानान्तर दौड़ रहे थे। उन्होंने मुझे ट्रेन के डिब्बे के गेट के पास इस तरह से बाँध दिया कि ताकि मैं

* सिनेमाटोग्राफर

उस जगह से शॉट ले सकूँ। ट्रेन को एक पुल के नीचे से गुज़रना था और इस बात को लेकर कुछ चिन्ता थी कि हम घोड़ों की गति को किस तरह से जोड़ेंगे क्योंकि पुल के पास पहुँचने से पहले ट्रेन की पटरी कुछ सँकरी हो जाती थी। अज़ीम भाई को साहब के साथ ऐक्शन पलक झपकते ही पूरा करना था और उनको यह समझ में नहीं आ रहा था कि इसको किस तरह से किया जाये क्योंकि साहब इसके पक्ष में नहीं थे कि डुप्लीकेट का इस्तेमाल किया जाये।

हम उस सीन को ठीक उसी तरह से कर पाये, जिस तरह से साहब चाहते थे तो केवल इसलिए क्योंकि उन्होंने सीन की तैयारी करते हुए गति और ऐक्शन का हिसाब-किताब इतनी अच्छी तरह तैयार कर रखा था कि वह आराम से समय से पहले ही हो गया। वह भारतीय सिनेमा के सबसे चर्चित सिक्वेंस में से एक हो गया और लन्दन में पाइनवुड स्टूडियो के टेक्नीकलर लेबोरेटरी के टेक्नीशियन भी उससे हैरान रह गये।

'गंगा जमुना' में एक और सीन है जिसमें गंगा गाँव से भागता है और पूरी तेज़ी से भागता है ताकि पीछा कर रहे गाँववालों से बच सके। साहब यह चाहते थे कि कैमरा को एक लॉरी पर लगाया जाये जिससे कि वह गंगा के पैरों की तेज़ गति को पकड़ सके क्योंकि वह जंगल में पेड़ों के बीच दौड़ रहा था और उन पेड़ों पर कोई पत्ता नहीं था जो कि एक भगोड़े को छाँह दे सके। हम एक बार फिर से असम्भव को सम्भव कर पाये तो महज़ इसलिए कि साहब का हिसाब-किताब बिल्कुल सही था। मेरे साथ लॉरी में अज़ीम भाई थे और उनको इस बात के ऊपर यक़ीन नहीं हो रहा था कि साहब उतनी तेज़ दौड़ लगा सकते थे। बाद में, साहब ने मुझे बताया कि वे कॉलेज के ज़माने में एथलीट थे और 100 मीटर और 200 मीटर की दूरी रिकॉर्ड समय में पूरी कर सकते थे।

'गंगा जमुना' ने मुझे मौक़ा दिया कि हर दिन दिलीप साहब से कुछ नया सीख सकूँ। मैं ही नहीं, मेकअप मैन सरोश मोदी, को यह सीखने को मिला कि सिचुएशन के मुताबिक़ कलाकार के चेहरे पर किस तरह से काम करना चाहिए। गंगा जमुना और लीडर के बाद वे इंडस्ट्री के सबसे बढ़िया मेकअप मैन बन गये।

जो सीन मैं कभी नहीं भूल सकता हूँ वह गंगा के मरने का सीन है। साहब ने एक बार फिर मुझे उनकी महानता को जानने का मौक़ा दिया। उन्होंने मुझे बताया कि मैं कैमरा सेट पर गोबिन्दी* के घर के दरवाज़े से कुछ दूरी पर लगा लूँ, जो महबूब स्टूडियो में बनवाया गया था और जहाँ हमने ज़्यादातर इनडोर शूटिंग की थी। उन्होंने मुझे कहा कि जब वे उसके दरवाज़े के पास आयेंगे तो मुझे एक संकेत दिया जायेगा और उसके बाद कैमरा को आगे बढ़ते जाना चाहिए। वह पैरों पर दौड़ते हुए स्टूडियो के कई चक्कर लगाना चाहते थे ताकि जब वे क्लाइमेक्स शॉट को देने के लिए घर में घुसें तो उनकी साँसें उखड़ी हुई हों। कोई रीटेक नहीं हो सकता था क्योंकि तब तक वे पूरी तरह से पस्त हो चुके होते।

* यह भूमिका गंगा-जमुना की माँ थी, जिसे लीला चिटनिस ने निभाया था।

हम तैयार थे और मैंने दुआ की और कैमरे को वही रखा, जहाँ उन्होंने निशान लगाया था। मुझे संकेत मिला और जब वे दरवाज़े पर आये तो मैं तैयार हो चुका था। मैंने उनको देखा, उनके चेहरे पर ज़बरदस्त भाव था, लेकिन मुझे लगा कि मैंने वह पल खो दिया, वह इतना ज़बरदस्त पल था! पूरी यूनिट हैरानी से देखती रही जब वे अन्दर आये और उस जगह पर पहुँचकर 'हे राम!' कहकर गिर पड़े। सबका गला भर आया था और बिल्कुल ख़ामोशी थी। जब साहब उस शॉट से उबरे तो मैं हिम्मत करके उनके पास गया और मैंने कहा कि यह हो सकता है कि मुझसे शुरू में छूट गया हो। वह ख़ामोश थे। मैं जानता था कि वे गुस्से में थे लेकिन उन्होंने रीटेक के मेरे आग्रह को मान लिया। उन्होंने वह सब दुबारा किया और जब दूसरी बार हमने उस सीन को शूट किया तो उसमें अधिक गहराई आ गयी थी।

## अमिताभ बच्चन

फ़िल्म इंडस्ट्री में आने से पहले, मैं बम्बई छुट्टियाँ मनाने आया था और एक दोस्त मुझे एक रेस्तराँ में खिलाने ले गया। मुझे बहुत हैरानी और

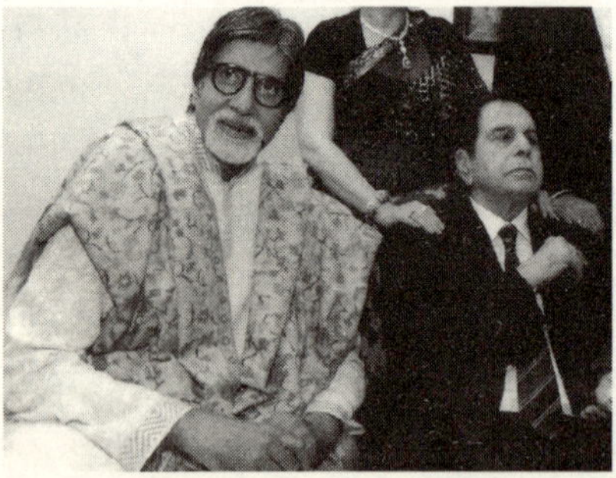

ख़ुशी हुई कि वहाँ दिलीप साहब अपने एक दोस्त के साथ बैठे हुए थे। मैं चाहता था कि उनका ऑटोग्राफ़ लूँ, इसलिए मैं पास के स्टेशनरी शॉप पर गया और वहाँ से मैंने एक ऑटोग्राफ़ बुक ख़रीदी। जब मैं लौटकर आया तो साहब अपने चाहने वालों से बातें करने में मशग़ूल थे जो उनको चारों तरफ़ से घेरकर खड़े थे। मुझे लगा कि यह ठीक नहीं होगा कि ऐसे में बीच में जाकर उनकी बातचीत में बाधा खड़ी की जाये। इसलिए कुछ उदास हाल मैं अपनी मेज़ पर लौट आया।

जब मैं इस पेशे में आया तो मुझे एक जलसे में उनसे थोड़ी देर के लिए

मिलने का मौक़ा मिला। मैं उस दिन का इन्तज़ार कर रहा था जब मैं इस लायक़ हो सकूँगा कि उनकी मौजूदगी में कैमरे के सामने खड़ा हो सकूँ। यह एक ऐसा ख़्वाब था जो असम्भव लग रहा था क्योंकि साहब जिस पटकथा को पसन्द करते थे, वही चुनते थे जिस निर्देशक को पसन्द करते थे, जिस बैनर को वे पसन्द करते थे, और वे उन कलाकारों के साथ काम करना पसन्द करते थे, जिनके साथ काम करने में उनको सहजता महसूस होती थी, वे इन सब बातों का बहुत ध्यान रखते थे। मैंने तब यह नहीं सोचा था कि एक दिन ऐसा आयेगा जब मुझे साहब के साथ एक फ़िल्म में लिया जायेगा!

जब रमेश सिप्पी की फ़िल्म 'शक्ति' की योजना बन रही थी, जिसमें एक कर्तव्यनिष्ठ पुलिस कमिश्नर के रूप में दिलीप साहब काम करने वाले थे तब लेखक सलीम-जावेद ने मुझे बताया कि मुझे कमिश्नर के विद्रोही बेटे के रूप में काम दिया जायेगा, तब तक मुझे एक्टिंग का काफ़ी अनुभव हो चुका था। फ़िल्म इंडस्ट्री और सिने प्रेमियों के लिए वह कास्टिंग बहुत बड़ी घटना की तरह थी जिसकी वजह से लोगों में ख़ूब उत्सुकता जगी। यह किसी तरह से और नहीं हो सकता था क्योंकि यह किसी भी एक्टर के सामर्थ्य की बहुत बड़ी परीक्षा हो सकती थी कि वह साहब के काम की ऊँचाई को छू सके।

मैं दो वजहों से डरा हुआ था। मुझे इस बात का डर था कि मैं किस तरह से उनके शानदार व्यक्तित्व से बेपरवाह होकर उस एक्टर के सामने खड़ा हो पाऊँगा जिसको मैं बरसों से आदर्श मानता रहा हूँ। दूसरे, बेटे का जो किरदार है वह उसके मन में अपने पिता के प्रति बहुत नफ़रत थी। हालाँकि यह बनावटी थी, तब भी मैं उस आदमी का मुक़ाबला करने के लिए तैयार हो गया जिसका मैं सम्मान करता था, जिसकी तारीफ़ करता था और जिसको बहुत अधिक प्यार करता था।

जब समय में पीछे लौटता हूँ तो मैं दिलीप कुमार की एक्टिंग को 'गंगा जमुना' देखने के पहले से ही बहुत पसन्द करता था। लेकिन मेरे लिए यह फ़िल्म ख़ास बन गयी जब मैंने इस फ़िल्म में दिलीप साहब की बहुविधता देखी, इसमें वे यूपी के एक ग्रामीण बने थे और वहाँ की बोली को बिल्कुल सही तरह से बोल रहे थे। उस समय मेरे लिए यह समझ पाना असम्भव था, क्योंकि मैं यूपी का था, कि कोई ऐसा आदमी जिसका यूपी से ताल्लुक़ नहीं था, कोई उस किरदार को इतनी बारीकी के साथ इतनी अच्छी तरह से कर सकता था। मेरे लिए वह उनका सबसे ज़बरदस्त प्रदर्शन है, एक ऐसा प्रदर्शन जिसके लिए मैं हमेशा आनन्दित होता रहूँगा।

अब, उसी समुदाय का एक सदस्य होने के कारण मैं यह समझ सकता हूँ कि कितनी कोशिश और लगन से उन्होंने उसको साधा होगा। उनका प्रदर्शन हमेशा से त्रुटिहीन रहा है, और इसके मूल में दो बहुत बुनियाद लेकिन बहुत महत्त्वपूर्ण

पहलू रहा है—बोलने में सम्पूर्णता और सुनने की योग्यता। सही उच्चारण आप जो कुछ प्रदर्शित करते हैं, उसका ध्यान रखता है। और सामने वाला किरदार क्या कह रहा है, उसको सुनने की शक्ति से सिनेमा में ईमानदारी आती है। दिलीप साहब में दोनों गुण भरपूर हैं, जिसकी वजह से मैं उनकी महानता का क़ायल हूँ।

मैंने उनसे यह सीखा कि तब तक काम करने की ज़रूरत होती है, जब तक सम्पूर्णता न प्राप्त हो जाये। मैंने उनसे यह भी सीखा है कि सह-कलाकारों और उनके काम की तारीफ़ करनी चाहिए। मुझे वह दोपहर याद है जब हम शक्ति में मेरे मरने के सीन की शूटिंग कर रहे थे। हम कलाकारों के लिए फ़िल्म में सबसे मुश्किल मरने का सीन करना हो सकता है। इसका कारण यह है कि हम अलग-अलग फ़िल्मों में अलग-अलग तरीक़ों से मरते हैं और हमें दिमाग़ी तौर पर इसके लिए तैयार रहना होता है कि उसे उस तरह से करें जिस तरह से निर्देशक ने उसे सोच रखा होता है। अब चूँकि सीन का कम-से-कम एक बार रिहर्सल करना था, इसलिए दिलीप साहब और मैं जुहू की हवाई पट्टी पर उस सीन का रिहर्सल कर रहे थे जहाँ उसकी शूटिंग होने वाली थी। यूनिट के कई लोग भी शूटिंग के लिए वहाँ लोकेशन पर मौजूद थे और जैसाकि शूटिंग के दौरान हमेशा होता है, लाइटमैन और दूसरे लोगों के बीच बातचीत भी चल रही थी। दिलीप साहब ने इस बात के पर ध्यान दिया, जैसीकि मेरी आदत थी मैं दिमाग़ी और भावनात्मक रूप से उस सीन के लिए पूरी तरह से तैयार होकर आया था। जब हम रिहर्सल के लिए तैयार हुए तो उन्होंने देखा कि यूनिट के लोगों को रिहर्सल की ज़्यादा फ़िक्र नहीं थी और काफ़ी हो-हल्ला कर रहे थे। उन्होंने मुझे इन्तज़ार करने के लिए कहा और उन सबको एक मिनट के लिए बुलवाया। उन्होंने उन लोगों से बड़ी विनम्रता लेकिन सख़्ती के साथ कहा कि किस तरह से एक कलाकार एक्टिंग के लिए तैयारी करते हुए अपना सब कुछ उसमें झोंक देता है और उसके सहयोगियों से उसे यह उम्मीद तो होती ही है कि वे सेट पर ख़ामोश रहें और उसके काम का सम्मान करें। ''कलाकारों का सम्मान करना सीखिए'', उन्होंने उनसे कहा और उनसे अपने काम ख़त्म करने के लिए कहा। मैं इस घटना से बहुत प्रभावित हुआ और यूनिट के लोग भी। यह बात मायने रखती है क्योंकि वह मेरा सीन था और वे यह चाहते थे कि मैं अपना सर्वश्रेष्ठ करूँ।

दिलीप साहब बहुत अच्छे इंसान हैं। जब उनसे कोई भी दिशा-निर्देश के लिए जाता है तो वे अपने वास्तविक जीवन में उसके लिए पिता जैसे पेश आते हैं। शायद ऐसा इसलिए है कि वे घर में अपने भाई-बहनों के लिए पिता सरीखे रहे हैं। मुझे याद है कि एक रात लेखकों की जोड़ी सलीम-जावेद ने मेरे ऊपर इस बात के लिए ज़ोर डाला कि मैं बिना पहले अनुमति लिये उनके साथ साहब के घर चलूँ। मैं इस बात के लिए शर्मिंदा भी हो रहा था और हिचक भी रहा था क्योंकि यह मेरी आदत नहीं रही है कि मैं इस तरह की आज़ादी लूँ, वह भी अपने वरिष्ठों से। उन्होंने कहा कि कोई बात नहीं। हम दिलीप साहब के बँगले

पर पहुँचे लेकिन देर रात हो चुकी थी। वहाँ पहुँचने पर हमें दरबान ने बताया कि साहब अपने बेडरूम में आराम करने जा चुके थे। मैंने सलीम-जावेद से कहा कि हमें चलना चाहिए मगर उन्होंने दरबान से कहा कि साहब से जाकर वे ये बताएँ कि गेट पर उनके कुछ दोस्त मिलने आये हैं।

अगली बात हमने यह देखी कि ड्रॉइंगरूम की बत्ती जल गयी और उनका निजी सहायक हमें अन्दर लेकर गया। साहब अपने बेडरूम से उतरकर मुस्कराते हुए आये और हमें देखकर वे सच में ख़ुश लग रहे थे। वे असमय भी हम लोगों का ख़ूब ध्यान रख रहे थे और पूरी तरह से गर्मजोशी दिखा रहे थे। उन्होंने हमें अपने पुराने दिनों की कहानियाँ सुनायीं और सुबह के क़रीब चार बजे हमने झिझकते हुए उनसे विदा ली। ऐसा है उनका दुलार और ऐसी है उनकी गर्मजोशी।

इस दुनिया में कोई भी कला न तो रह सकती है, न पनप सकती है या जन्म भी नहीं ले सकती है जब तक कि अचेतन रूप में वे सभी प्रभाव समाहित न हो गये हों जिनकी वजह से वे कारण में आये। लेखकों, कवियों या किसी भी तरह के कलाकार को उसको उतारना पड़ता है जिनका सामना उन्होंने रचनात्मकता के दौरान किया हो। अगर आप मुझे यह कहते हैं मेरे प्रेरणास्रोत दिलीप साहब रहे हैं तो यह सबसे बड़ी प्रशंसा होगी जो कि आप मेरी कर सकते हैं, क्योंकि मैं यह मानता हूँ कि वे जो हैं वह था और है, शुद्ध, सही और सर्वश्रेष्ठ।

भारतीय सिनेमा के इतिहास को हमेशा 'दिलीप साहब से पहले' और 'दिलीप साहब के बाद' के रूप में देखा जायेगा। जब आप किसी यात्रा को नापते हैं तो आप मील-स्तम्भ नहीं हटाते। दिलीप साहब मेरे लिए फ़िल्म इंडस्ट्री के वही मील-स्तम्भ हैं। मील-स्तम्भ चिरस्थायी होता है, चाहे आप मील की गिनती उसके पहले शुरू करें या उसके बाद करें!

कोई केवल ईश्वर की उदारता के लिए शुक्रिया अदा कर सकता है जब उसको यह लगता है कि वह जिसको अपना आदर्श मानता है और जिसकी वह बहुत अधिक प्रशंसा करता है, वह उसके बारे में उतनी विनम्रता से सोचता और बोलता है। मेरे लिए दिलीप साहब केवल ज़बरदस्त अभिनय करने वाले कलाकार ही नहीं हैं बल्कि एक ऐसे इंसान भी हैं जिसकी बोलने की, अपने साथी कलाकारों पर ध्यान देने की, उनके साथ सहयोग करने की असाधारण क्षमता है। वे ऐसे व्यक्तित्व हैं जिनको देखते ही राग्गान का भाव जाग उठता है।

वे मेरी फ़िल्म 'ब्लैक' (2005) के प्रीमियर पर आये और थियेटर के बाहर तब तक मेरा इन्तज़ार करते रहे जब तक कि मैं बाहर आया। फिर साहब चलकर मेरे पास आये और मेरे दोनों हाथों को थामकर और मेरी आँखों में ऐसे देखा जो लग रहा था, जैसे अनन्त हो। उन्होंने मुझसे एक शब्द नहीं कहा लेकिन मैं आपसे यह कह सकता हूँ कि वे सबसे मुखर शब्द थे जो किसी ने मुझसे कहे थे। बहुत-बहुत शुक्रिया दिलीप साहब और आपका शुक्रिया उस पत्र के लिए जो

आपने फ़िल्म देखने के बाद मुझे लिखा था। मैंने उस चिट्ठी को फ्रेम करवाकर अपने दफ़्तर में रखा हुआ है और वह मेरे साथ हमेशा बना रहेगा।

## जया बच्चन

अगर अपने पेशेवर जीवन में मुझे किसी बात का अफ़सोस है तो वह इस बात का कि मुझे दिलीप साहब के साथ काम करने का मौक़ा नहीं मिला। मुझे यह बहुत बड़ा अफ़सोस लगता है क्योंकि वही एक भारतीय अभिनेता हैं 1950 और 60 के दशक में जिनके एक के बाद एक शानदार प्रदर्शनों ने मुझे प्रेरित करने का काम किया।

फ़िल्म एंड टेलीविज़न इंस्टीट्यूट, पुणे में पढ़ने जाने से पहले ही मैंने फ़िल्में देखनी शुरू कर दी थीं। जब मैं छोटी थी तो मैं अपने पापा तरुण कुमार भादुड़ी के साथ जाती थी जो दिलीप साहब के बहुत बड़े प्रशंसक थे। उसके बहुत बाद, जब मैंने सत्यजित राय की फ़िल्म 'महानगर' (1963) में काम किया, तब इस माध्यम को लेकर मैं गम्भीर हुई, जब मैंने दिलीप कुमार की फ़िल्में देखीं तो जैसे हर फ़िल्म मेरे लिए एक नये तरह की अनुभूति की तरह थी।

मैंने ध्यान से उनकी शरीर की भाषा को देखा तो पाया कि वे उसके माध्यम से ही इतना कुछ कह जाते थे कि दूसरे एक्टर शब्दों के माध्यम से भी उसको नहीं कह पाते थे, अपनी आँखों से वे जिस तरह अपने दर्द को अभिव्यक्त करते थे, जिस तरह वे अपनी आवाज़ में उतार-चढ़ाव पैदा करते थे और वे नाटकीय सीन में भी नहीं चीख़ते थे और जो उनका सीन होता था, उसमें भी बड़ी सहजता से अपनी जगह बनाते थे। कॉमेडी के मामले में वे कोहिनूर (1960) के बाद से तो बेजोड़ रहे। उन्होंने 1950 के दशक में ही एंटी हीरो का किरदार किया था और दूसरों को वैसा करने का रास्ता दिखाया। सीन के दौरान उनकी टाइमिंग बहुत अलग तरह की थी और अनूठी थी। वे कभी एक्टिंग नहीं करते थे। एक सीन में वे अपने साथी कलाकार को सुनते हैं और जवाब में बस एक बार देख भर लेते हैं...क्या ग़ज़ब!

वे बिना कहे इतना कुछ कह जाते और इस बात ने मुझे प्रेरणा दी। हो सकता है, अचेतन में, मैंने भी अपनी एक्टिंग में वैसा ही करने की कोशिश की।

वास्तव में, जब मेरे बेटे अभिषेक ने फ़िल्म अभिनेता बनने का फ़ैसला लिया तो मैंने उससे कहा कि वह दिलीप कुमार की कुछ क्लासिक फ़िल्में देख ले और बिना उनकी नक़ल किये उनसे एक्टिंग की कुछ बुनियादी बातें सीखने की कोशिश करे। उदाहरण के लिए, हमारे फ़िल्म के कितने कलाकार हैं जो यह जानते हैं कि ख़ामोशी के इस्तेमाल से नाटकीय या भावुक सीन में उसके स्तर को बढ़ाया जा सकता है? दिलीप साहब ने बहुत ख़ूबी के साथ ख़ामोशी की आवाज़ को अपने कुछ यादगार अभिनय में यादगार बनाया, जैसाकि पहले किसी भी अभिनेता ने नहीं बनाया था। मुझे ख़ुशी है कि दिलीप कुमार की केवल एक ही फ़िल्म को दुबारा बनाया गया है (देवदास 2002 में दुबारा बनी जिसमें शाहरुख ख़ान ने काम किया था)।

पद्मभूषण उनके लिए छोटा ही सम्मान है। दादासाहेब फाल्के सम्मान भी उनको काफ़ी देरी से दिया गया। यह उनकी उदारता है कि उन्होंने दोनों सम्मान बिना किसी विरोध के ले लिये। वे भारत रत्न के हक़दार हैं और उनको यह बहुत पहले ही दे दिया जाना चाहिए था। हम सब यह जानते हैं कि उनके लिए इस तरह के सम्मान बहुत मायने नहीं रखते हैं। उनके क़द का कलाकार निश्चित ही उस यश से ऊपर हटकर होता है जो इस तरह के सम्मान दे सकते हैं। तो भी यह उन लोगों के लिए कर्तव्य बनता है कि जो ऐसे पुरस्कार तय करते हैं, उनको यह सम्मान देकर हमें गौरवान्वित होने का मौक़ा दें।

निजी स्तर पर, मैंने उनको हमेशा बहुत विनम्र और ख़ुशमिज़ाज पाया है। मैंने उनसे एक बार मज़ाक़ किया था कि मैं उनके ख़ुशमिज़ाज व्यक्तित्व से इतनी प्रभावित हूँ कि एक दिन मैं उनके साथ स्वस्थ ढंग से फ्लर्ट करूँगी। वह हँसने लगे, क्योंकि उन्होंने मुझे हमेशा एक उत्साह से भरपूर, अपने ज़बरदस्त फ़ैन के रूप में देखा था। दिलीप साहब के बारे में जो सबसे ख़ास बात है, वह यह है कि उनके साथ काम करने वालों से लेकर बाद के दो पीढ़ी के कलाकार, फ़िल्म निर्माता, टेक्नीशियन एक भाव से उनको प्यार करते हैं, उनका सम्मान करते हैं। यह कहने की कोई ज़रूरत नहीं लगती है कि आने वाली पीढ़ियाँ भी उनका सम्मान करती रहेंगी क्योंकि वे समय से परे हैं।

जिनके साथ वे ख़ुद को सहज महसूस करते हैं, उनके साथ वे ख़ूब हँसी-मज़ाक़ करते हैं। एक बार मैं राजकमल स्टूडियो में किसी फ़िल्म की शूटिंग कर रही थी और दिलीप कुमार भी संयोग से वहाँ किसी और फ़्लोर पर शूटिंग कर रहे थे। मैं उनसे मिलने गयी और मैंने उनसे कुछ मज़ाक़ कर दिया और उन्होंने मुझे झूठमूठ में पूरे फ़्लोर पर दौड़ा दिया। उन दिनों चोर कैमरे नहीं होते थे। अगर वह आज हुआ होता तो आप कल्पना कर सकते हैं कि किस तरह के मायने निकाले जाते और ब्रेकिंग न्यूज़ बन गया होता।

एक तारीफ़ जो मुझे याद रहती है, वह मुझे सलीम ख़ान और जावेद अख़्तर से मिली थी। उन्होंने कहा था कि मेरे अन्दर एक्टिंग में टाइमिंग की वैसी ही समझ थी, जैसीकि दिलीप कुमार में। दिलीप कुमार की एक्टिंग सच में समय से परे है और इतनी समकालीन कि आने वाले कलाकारों को उनकी फ़िल्में ज़रूर देखनी चाहिए क्योंकि मुझे लगता है कि एक्टिंग का कोई ऐसा स्कूल नहीं है जो किसी सीखने वाले को वह सिखा दे जो कि उनकी एक्टिंग सिखा सकती है। वे राष्ट्रीय धरोहर हैं, एक ऐसे संस्थान की तरह जिनको सँभालकर रखना है ताकि आने वाली पीढ़ियाँ उनका सम्मान करें।

## मोईन बेग*

मुझे यूसुफ़ भाई के साथ कुछ बहुत अच्छे दिन सफ़र में बिताने का मौक़ा मिला है, ख़ासकर चुनावों के दौरान। पहले इन्दिरा गाँधी के लिए, फिर उनके लड़के राजीव गाँधी के लिए। वे बड़ी व्यस्तताओं भरे दिन होते थे जब हम देश भर में प्रचार करते थे, दूर-पास की यात्रा करते हुए और क़रीब-क़रीब हर तरह की सवारी से सफ़र करते हुए। हम जिस तरह के हालात में थे, उसके बावजूद कई बहुत मज़ेदार मौक़े आये। इन्हीं दिनों, मुझे असली दिलीप कुमार को जानने का मौक़ा मिला और उनके असली मज़ाक़िया व्यक्तित्व को। वे हमेशा बहुत छोटी-छोटी बातों का ध्यान रखते थे और उसका मज़ाक़िया पहलू भी बनाये रखते थे। हमें चुनाव प्रचार के लिए जयपुर जाना था, पहले उड़कर दिल्ली जाना था और फिर उसके बाद जयपुर। हमें जयपुर के रामबाग पैलेस के सबसे शानदार सुइट में ठहराया गया था। वहाँ से हम शेखावाटी क्षेत्र के सीकर में चुनाव प्रचार के लिए कार से गये। एक मौक़ा ऐसा आया कि हमें ट्रक में बिठाया गया क्योंकि भीड़ को क़ाबू करना मुश्किल हो रहा था। गर्मियों के दिन थे और बेहद गर्मी भी थी। जब हम रैली वाली जगह पर पहुँचे तो हज़ारों लोग दिलीप कुमार, दिलीप कुमार चिल्ला रहे थे और जिसे सुनकर दिलीप साहब भी दिलीप कुमार बोलने लगे। हम एक मंच पर चढ़े जहाँ कुर्सियों की जगह दरियाँ बिछी हुई थीं! हम वहाँ बैठ गये और जिस मन्त्री के लिए हम प्रचार करने आये थे, उसने माइक हाथ में ले लिया। सबसे मज़ेदार बात यह हुई कि हम मन्त्री के पीछे उसके पिछवाड़े हिस्से के पास बैठे थे। क़िस्मत से, मन्त्री के पिछवाड़े में खुजली होने लगी और वह वहीं उसे ज़ोर-ज़ोर से खुजलाने लगे। वह मन्त्री जनता के सामने थे इसलिए उनको पता नहीं

* सुल्तान के साले

चला कि असल में उनको खुजली कहाँ हो रही थी, जबकि हम उनके ठीक सामने थे। हमने कुछ देर तक तो अपना चेहरा बनाये रखा, फिर यूसुफ़ भाई मेरी तरफ़ झुके और कहा, ''ये मज़े ले रहा है!'' मैं हँसते-हँसते मर गया होता मगर मैंने अपना चेहरा सख़्त बनाये रखा। उस दिन मुझे एक्टिंग का पहला गुर सीखने को मिला, और उस अनुभव को मैं कभी नहीं भूलूँगा। उनके इस शरारती स्वभाव को कोई भी नहीं जानता है। उनके साथ रहना इतना मज़ेदार होता है। उस समय मैं यह नहीं जानता था कि मेरे लिए ख़ज़ाने में और भी हैं। यूसुफ़ भाई ख़ूब बोले और ज़ोरदार तालियाँ बजीं और भीड़ की प्रतिक्रिया ज़बरदस्त थी।

उस दिन धूप में बहुत थकाने वाला दिन था और हम सोने ही जा रहे थे। आह! आख़िर में मैंने सोचा! यूसुफ़ भाई के बारे में एक बात कोई नहीं जानता है कि न तो वे कमरे में अकेले सोते हैं, न ही वे बत्तियाँ बुझाकर सो सकते हैं। यह बात मुझे तब तक पता नहीं थी जब तक मैं उनके साथ होटल में नहीं ठहरा था। पूरी तरह से थका-हारा मैं चादर में अपने चेहरे को लपेटकर सो गया ताकि रौशनी से आँखों को दूर रख सकूँ। मैं क़रीब-क़रीब सो चुका था कि मुझे चपत लगाकर उन्होंने जगाया। हम जहाँ बिस्तर पर सोये थे, उसके सामने एक सिर लटक रहा था बाहर की ओर निकली आँखें और बड़े-बड़े सींग! वह मुझे देख रहा है और मुझे नींद नहीं आ रही है! यूसुफ़ भाई ने कहा कि कमरे में आओ कुछ खोजते हैं ताकि उसको ढँक सकें। मैंने परेशान होते हुए कहा, ''लेकिन हम ऐसा करेंगे कैसे?'' हम दूसरे कमरे में गये और हमने वहाँ से बिस्तर की चादर उठायी। उस सिर के नीचे दोनों तरफ़ दो कुर्सियाँ लगी हुई थीं। यूसुफ़ भाई एक पर चढ़ गये और मुझे उस बिस्तर का एक सिरा देते हुए दूसरी कुर्सी के ऊपर चढ़ जाने के लिए कहा। ''अब हम लोगों को इतना ही करना है कि इस चादर को उसके ऊपर फेंक दें और चेहरा ढँक जायेगा...बस!''

जब हम यह कर रहे थे कि मन्त्री अपने अमले के साथ आ गये। बहुत अधिक थकान होने के कारण हम दरवाज़ा बन्द करना भूल गये थे। कुर्सी पर चढ़े हुए दोनों के हाथ में चादर का वह नज़ारा मज़ेदार था, मगर मन्त्री के चेहरे पर जो भाव था वह अमूल्य था। लेकिन बात यहीं ख़त्म नहीं हुई। यह देखकर यूसुफ़ भाई, चादर छोड़कर कुर्सी से कूद पड़े, और फिर बड़े मासूम चेहरे से कहा, ''देखो, मुन्नू क्या क्या करवाता है!'' शर्म के मारे मैं उस कुर्सी पर चादर लिये ऐसे खड़ा था, जैसे द्रौपदी अपनी कभी ख़त्म न होने वाली साड़ी लेकर।

एक और रैली में एक असम्भव बात हुई। हमें पीलीभीत में कांग्रेस के एक उम्मीदवार के लिए चुनाव प्रचार करना था, जिसके ख़िलाफ़ मेनका गाँधी खड़ी थीं। एक ही जगह पर सड़क के दोनों तरफ़ दोनों पार्टियों ने रैलियों का आयोजन किया था। वे बड़े पंडाल थे, बड़े-बड़े स्पीकर लगे हुए थे और लोग बड़ी तादाद में मौजूद थे। दिलीप कुमार को देखकर जनता घेरा तोड़कर आगे बढ़ने लगी और जब तक

हम समझ पाते हमने पाया कि हम उस मंच पर थे, जहाँ से मेनका गाँधी को बोलना था। लेकिन यूसुफ़ साहब ने उदारता दिखाते हुए बड़ी सहजता से हालात को सँभाल लिया। उनको यह कहते हुए सुना गया कि मेनका गाँधी एक महान परिवार की बहू हैं और यह कि वे उसके माता-पिता को भी जानते थे। फिर वे चलकर उस मंच पर गये, जहाँ से उनको भाषण देना था और उन्होंने भाषण दिया जिसके बाद ज़ोरदार तालियाँ बजीं। मुझे याद नहीं आता कि कोई इतनी गरिमा और सफ़ाई से हालात को सँभाल सकता था, सिवाय यूसुफ़ साहब के। किसी के प्रति किसी तरह का दुराग्रह नहीं और हालात को अच्छी तरह से सँभाला गया।

## महेश भट्ट

उस महान शख़्सियत के बारे में कोई किस तरह से कहानी की शुरुआत कर सकता है?

क्या मैं इससे शुरू करूँ कि मेरे मन में उनकी पहली याद 'देवदास' फ़िल्म की है, जो मैंने तब देखी थी जब मैं 6 साल का था, जिसमें उन्होंने एक त्रासद प्रेमी का रोल अदा किया था, जो रसातल में चला जाता है? अधूरे प्यार की यह कहानी सबसे त्रासद प्रेम-कहानी है जो भारतीय सिनेमा के स्वर्ण युग में बनी थी। दिलीप कुमार ने देवदास को एक किरदार दिया, एक गिरते हुए आदमी को वह गरिमा दी जिसे आज तक कोई छू नहीं पाया है।

या 2004 के सितम्बर की उस ठण्डी रात से शुरू करूँ, जब हम इंग्लैण्ड के ब्रैडफोर्ड में थे, वहाँ मैंगो फ़िल्म फेस्टिवल में मुझे यह मौक़ा दिया गया था कि वहाँ मुझे भारतीय, पाकिस्तानी, बांग्लादेश मूल के लोगों सहित एशिया के विभिन्न इलाक़ों के लोगों के सामने दिलीप कुमार से बातचीत करूँ?

"मिस्टर यूसुफ़ ख़ान कैसा लगता है आपको दिलीप कुमार के रूप में दुनिया में लाखों लोगों के दिलों में जगह बनाने पर?" मुझे याद है मैंने उनसे पूछा था। "आप कुछ अपने सफ़र के बारे में बतायें।"

दिलीप कुमार अपने दिलीप कुमार की मुद्रा में बैठे थे, अपने हाथ से अपने चेहरे को ढँके हुए। उन्होंने एक मिनट के लिए सोचा। ''यह मोहक है, मर्मभेदी और चक्कर में डाल देने वाला'', उन्होंने तुरन्त जवाब दिया, और फिर देवदास के अपने विशाल कट आउट की तरफ़ देखने के लिए मुड़े, जो हमारे पीछे खड़ा था। ''जब मैं इस इंसान को देखता हूँ जिसका नाम दिलीप कुमार है तो मुझे समझ में नहीं आता है कि यह कौन है'', उन्होंने कहा। ''मुझे नहीं लगता है कि मेरे जीवन में कुछ ऐसा था जो इसके क़ाबिल था। मुझे समझ में नहीं आता है कि आप लोग मुझे इस हद तक क्यों प्यार करते हैं।'' ''शायद इसलिए कि आपको चाहना लाभदायक है सर?'' मैंने कहा। ''मुझे बताने दीजिए। कल सुबह मैंने ब्रैडफोर्ड से लन्दन के लिए ट्रेन पकड़ी। ट्रेन में जो अटेंडेंट था, वह बांग्लादेश का था। मुझे पहचानकर, वह शर्माते हुए आगे आया और मुझसे पूछा कि मुझे खाने के लिए कुछ चाहिए। मैंने उससे सैंडविच माँगी। उसने फिर मुझसे पूछा कि मेरे हिसाब से भारत का सबसे अच्छा एक्टर कौन है। बिना एक मिनट भी झिझक दिखाये मैंने कहा : ''दिलीप कुमार, सिर्फ़ दिलीप कुमार?'' वह मुस्कराया। कुछ मिनट के बाद मैंने पूछा कि सैंडविच के लिए मुझे कितने पैसे देने हैं। ''कुछ भी नहीं'', उसने कहा। ''हम दोनों एक ही प्यार को साझा करते हैं। आप भी दिलीप कुमार को प्यार करते हैं। आपके लिए यह सैंडविच मुफ्त।''

हॉल में ठहाके गूँज उठे और ज़ोरदार तालियाँ। लेकिन वह सबसे लौकिक था जब दिलीप कुमार साहब उस कहानी को सुन रहे थे। जैसे मैं किसी और के बारे में बात कर रहा होऊँ और वह सिर्फ़ दर्शक हों। वे भी गर्मजोशी से मुस्कराये और ताली बजाने लगे, लेकिन उनको ज़्यादा ख़ुशी इस बात की थी कि मैंने कितनी अच्छी तरह से वह कहानी सुनायी जो इस बारे में कम थी कि उस कहानी के नायक वही थे। उन लोगों के विपरीत जो अपना मिथ ख़ुद ही बनाते रहते हैं। दिलीप कुमार मानो इसको थोड़ी दूरी बनाकर देखते थे, कुछ हैरत के साथ और थोड़ी उलझन के भी साथ, उस महानायक को जो वे ख़ुद ही थे।

वे कहते हैं कि शब्द से काम नहीं चलता है। दिलीप कुमार मुझे महज़ इसलिए नहीं मोहित करते हैं क्योंकि उन्होंने 57 फ़िल्मों में काम किया, अनेक पुरस्कार अर्जित किये, एक बार मुम्बई के शेरिफ़ रहे, दादा साहेब फाल्के पुरस्कार के विजेता रहे या राज्यसभा के सदस्य रहे या वह आदमी जिसे पाकिस्तान की सरकार ने निशान-ए-इम्तियाज़ दिया। वह इन इनामों-इकरामों के अलावा भी बहुत कुछ हैं।

जो दिलीप कुमार मुझे प्रभावित करते हैं, वे वास्तविक जीवन में भी नायक हैं। बहुलतावादी धरोहर, जो भारत के देश का आधार है, उनके पूरे व्यक्तित्व से वह झलकता है, केवल परदे पर ही नहीं बल्कि असली जीवन में भी।

जिस तरह से यूसुफ़ ख़ान उर्फ़ दिलीप कुमार 'गंगा जमुना' में 'हे राम' बोलता है, उससे पता चलता है कि उनका दिल महात्मा गाँधी के विचारों में केन्द्रित है।

लेकिन सिनेमा के अन्य नायकों की तरह जो विवादास्पद मुद्दों के आने पर चुप्पी की राजनीति को ओढ़ लेते हैं, दिलीप कुमार ने असल में उन मूल्यों के लिए लड़ाई लड़ी है जिनके लिए वे रोज़-रोज़ के जीवन में खड़े होते थे।

1998 में दिलीप साहब ने मुझे और जावेद अख़्तर को इसके लिए राज़ी किया कि 'फायर' फ़िल्म के ख़िलाफ़ हुए प्रदर्शनों के लिए भारत के उच्चतम न्यायालय में जनहित याचिका दायर की जाये, क्योंकि दक्षिणपंथियों की वजह से फ़िल्म को सिनेमा घरों से हटाना पड़ा था। जिसकी वजह से राज्यसभा में हंगामा हो गया, सदन की कार्यवाही को रोक देना पड़ा क्योंकि दक्षिणपंथी पार्टी के एक नेता ने अभिनेता को 'पाकिस्तानी' कह दिया था।

कहने की आज़ादी कलाकारों के वर्ग के लिए प्राणवायु की तरह होती है। हम फ़िल्मकार, कलाकार, लेखक हैं। जब आदर्शों का गला घोंटा जा रहा हो तो हम किस तरह ख़ामोश रहकर न देखने का अभिनय कर सकते हैं? उन्होंने मुझे सर्दी की उस रात यह बात कही थी जब कुछ चिन्तित फ़िल्मकारों ने हमें यह सलाह दी थी कि व्यवस्था से लड़ाई न करें। लेकिन आख़िरकार जनतन्त्र असहमति से ही तो समृद्ध होता है और असहमति के माध्यम से किसी को इसके लिए तैयार रहना चाहिए कि मुश्किल आ सकती है। उस रात मैंने यह सबक़ अपने परदे के नायक से सीखा।

पाँच साल पहले, दिलीप कुमार के जन्मदिन के दिन मैं हमेशा की तरह उनके पाली हिल के बँगले पर उनको बधाई देने गया। उन्होंने मेरा स्वागत अपनी करिश्माई मुस्कान से किया और मेरे हाथ को ऐसे थाम लिया, जैसे कोई किसी अपने का हाथ थामता है। और उस स्पर्श के साथ उन्होंने मुझ तक वह बात पहुँचा दी जो शब्द नहीं पहुँचा सकते थे। इसका मतलब इतना था, मैं तुम्हारे साथ हूँ, तुम्हारे साथ खड़ा हूँ।

वे मेरे लिए परेशानी भरे दिन थे। मैं एक तूफ़ानी दौर से गुज़र रहा था। कुख्यात डेविड हेडली (David Headley) के साथ, जिसने मुम्बई में 26/11 हमलों की योजना तैयार की थी, मेरे बेटे राहुल भट्ट के तथाकथित सम्बन्धों की वजह से रातोरात मेरा जीवन नरक बन गया था। दक्षिणपंथी पार्टियाँ, जिनकी राजनीति का मैंने हमेशा विरोध किया था, इस मौक़े का फ़ायदा उठाकर मेरे ख़िलाफ़ माहौल बनाने में लगी हुई थीं। मैं व्यस्त था अपने बेटे की तरफ़ से इस लड़ाई को लड़ने में, यह साबित करने के लिए कि उसे हमारे आसपास के निहित स्वार्थों ने शिकार बनाया। चूँकि दिलीप साहब इस तरह के मसलों को समझते थे, इसलिए उनकी सहानुभूति मेरे साथ थी।

तभी एक बड़े वकील न जाने कहाँ से वहाँ आ गये, और उन्होंने बड़े जोश के साथ दिलीप साहब को जन्मदिन की मुबारकबाद दी, यह कहते हुए कि हर कोई उनके लम्बे जीवन और सुरक्षा की कामना कर रहा है। दिलीप साहब ने

मेरी तरफ़ इशारा करते हुए कहा, "मियाँ, मुझसे ज़्यादा इनकी सुरक्षा की फ़िक्र कीजिए। यह अकेली लड़ाई लड़ रहा है और आज हम सबके लिए लड़ाई लड़ने की क़ीमत चुका रहा है," उनके ये शब्द मेरे अस्तित्व को छू गये। इसलिए नहीं कि जो उन्होंने कहा था बल्कि इसलिए कि जिस तरह से उन्होंने कहा था। अचानक मुझे लगा कि अब मैं अकेला नहीं हूँ।

मैंने उनकी आँखों में देखते हुए मुस्कराकर कहा, "नहीं दिलीप साहब! जब आपने मेरा हाथ पकड़ रखा है तो मैं अकेले कैसे हो सकता हूँ। मैंने आपसे ही यह साहस सीखा है। पहले आप इस राह पर अकेले चलते थे। अब इसके ऊपर चलने की बारी मेरी है।" मेरे शब्द उन तक पहुँच गये थे और उन्होंने मुझे जिस तरह से मुस्कराकर देखा, मैं उसे मरते दम तक नहीं भूलूँगा। दिलीप कुमार से जुड़ी यादें मेरे लिए जीत की ट्रॉफ़ी की तरह हैं जिसका मैं जीवन भर आनन्द मनाऊँगा। असल में, उन्होंने मेरी मदद की कि मैं खुद को परिभाषित कर सकूँ कि मैं असल में कौन हूँ। शुक्रिया सर! आपने मेरे दिल को किस तरह से छुआ है, आप कल्पना नहीं कर सकते हैं।

## चन्द्रशेखर

दुनिया हो सकता है कि दिलीप कुमार को भारत के एक महान अभिनेता के रूप में जानती हो, लेकिन मैं उनको बहुत अच्छे इंसान के रूप में जानता हूँ। मैं दिलीप कुमार से एक साल छोटा हूँ, और बावजूद इसके कि अपने कैरियर के शुरुआती दिनों में मैं हीरो था, लेकिन मैं कहीं से यह दावा नहीं कर सकता हूँ कि मैं उनके क़द के आसपास भी पहुँच पाया, तो भी जब हमने साथ-साथ फ़िल्म उद्योग के कामगारों और कलाकारों के लिए काम किया तो उन्होंने मुझे जो इज़्ज़त और मान दिया, वह आज भी मेरे दिल के क़रीब है।

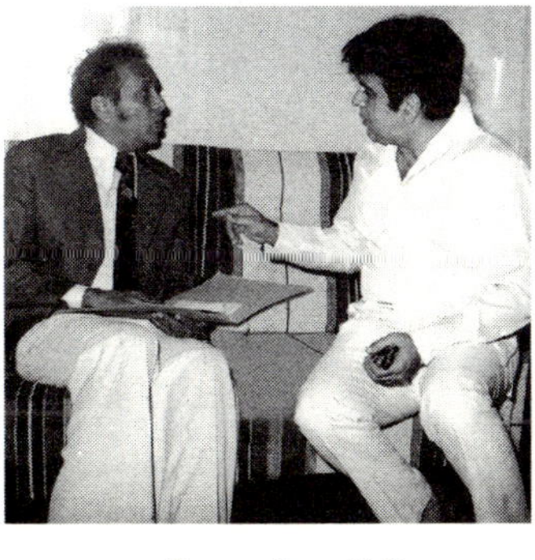

मैं हीरो बनने की तमन्ना रखने वाले अनेक अभिनेताओं की तरह बम्बई टॉकीज़ जाता था और उनसे वहाँ मिलता था। वह सुन्दर और दुबले थे और बहुत विनम्रता के साथ बेहतरीन अंग्रेज़ी और उर्दू बोलते थे। अशोक कुमार जिनको फ़िल्म जगत

में प्यार से दादामुनी कहा जाता था, वहाँ शूटिंग करते मिल जाते थे। उन्होंने दिलीप कुमार की तरफ़ देखकर हम लोगों से चुपचाप कहा था, "उसको देखो, खोया खोया-सा रहता है और चुप रहता है। एक दिन सबसे बड़ा स्टार होगा और उसका नाम पूरी दुनिया में फैल जायेगा।"

दिलीप साहब जो भी करते थे उसको करने का उनका तरीक़ा तब भी वही बना रहा, जब वे बड़े स्टार बन गये। वे चुपचाप बैठकर जिन फ़िल्मों की शूटिंग चलती रहती उसके एक्टर्स, निर्देशकों और टेक्नीशियन को शूटिंग में लगे देखते रहते थे। वे जो भी करते थे, उसमें अपना दिल और आत्मा लगा देते थे। राष्ट्रीय मुद्दों के लिए कुछ रैलियों का आयोजन किया जाता था जिनके लिए बड़े पैमाने पर प्रबन्धन और प्रेरित करने की ज़रूरत पड़ती थी। यह सब काम दिलीप कुमार देखते थे इसलिए नहीं कि वे चर्चा में बने रहना चाहते थे बल्कि इसलिए क्योंकि वे सचमुच में उनकी फ़िक्र करते थे।

चाहे वह 1960 और 70 के दशक में बिहार में पड़ा अकाल रहा हो या महाराष्ट्र और पश्चिम बंगाल में पड़ा सूखा, उन्होंने बिना समय गँवाये इंडस्ट्री को एकजुट करके धन जुटाया। उन्होंने हम सबको प्रेरणा दी। उनके सबसे अच्छे दोस्त राज कपूर उनकी मदद के लिए हमेशा आगे रहते थे मगर उसका कामधाम दिलीप कुमार के ही ज़िम्मे रहता था। मुझे याद है कि जयराज, डेविड और मुझ जैसे कलाकार उनकी मदद कर रहे थे एक बेनिफिट क्रिकेट मैच के आयोजन में ताकि महाराष्ट्र के कोयना में भूकम्प पीड़ितों के लिए धन जुटाया जा सके। हमने बेघर पीड़ितों के पुनर्वास के लिए लाखों रुपये जुटाये।

वे ज़रूरतमन्द कलाकारों और कामगारों के लिए धन जुटाने के लिए भी उतने ही चिन्तित रहते थे; पहले चेक हमेशा उनकी तरफ़ से ही आता था। फ़िल्म इंडस्ट्री कल्याण कोष और बूढ़े, रिटायर कलाकारों के लिए योजनायें चलाने का प्रयास उन्होंने ही किया था। फ़िल्म उद्योग से सबसे पहले उन्होंने ही महाराष्ट्र सरकार के सामने यह प्रस्ताव रखा था कि दादासाहेब फाल्के चित्रनगरी का निर्माण करवाया जाये, जो 1978 में सामने आया। नेहरू सेंटर भी दिलीप साहब का विचार था। भारतीय फ़िल्म उद्योग को लेकर उनके बड़े ऊँचे सपने थे और उन्होंने उनके लिए स्वार्थहीन होकर काम किया। आज के एक्टरों के विपरीत जो हॉलीवुड के लालच में रहते हैं, दिलीप साहब ने डेविड लीन (David Lean) के उस प्रस्ताव को ठुकरा दिया था जब वे 'लॉरेंस ऑफ़ अरेबिया' (Lawrence of Arabia) में उनको लेना चाहते थे। उनको भारतीय अभिनेता होने पर गर्व था।

# यश चोपड़ा

मेरे बड़े भाई बी.आर. चोपड़ा साहब दिलीप कुमार को लेकर फ़िल्म बनाने की दिली ख़्वाहिश रखते थे। बी.आर. साहब ने अशोक कुमार को

लेकर सुपरहिट फ़िल्म 'अफ़साना' (1951) बनायी थी और अब वे चाहते थे कि दिलीप साहब उनके प्रोडक्शन हाउस की पहली फ़िल्म में काम करें।

दिलीप साहब की हर फ़िल्म के साथ जो सफलता मिल रही थी वे उस सबसे अप्रभावित थे। वे विषय, निर्देशक और प्रोडक्शन हाउस का चुनाव बहुत सोच-समझकर करते थे। उनके बारे में यह भी प्रसिद्ध था कि वे एक समय में एक या दो ही फ़िल्मों में काम किया करते थे और इस बात को लेकर बेपरवाह रहते थे कि अपनी ज़बरदस्त लोकप्रियता को भुनाया जाये।

चोपड़ा साहब के पास 'नया दौर' की कहानी थी और उनको इस बात को लेकर पूरा आत्मविश्वास था कि दिलीप कुमार साहब इसको पसन्द करेंगे। उसमें एक सामाजिक विषय था और उस समय देश के लिए सही सन्देश भी था, जो ग्रामीण अर्थव्यवस्था में बदलाव के कगार पर था। उन्होंने दिलीप कुमार से सम्पर्क साधा जिन्होंने हाल में फ़िल्म-प्रेमियों को देवदास के यादगार अभिनय से हिलाकर रख दिया था। उनका किरदार, जो प्यार की निराशा को छिपाने के लिए बेतहाशा शराब पीता है, इसका युवाओं पर गहरा असर हुआ। इसका सन्देश साफ़ था। शराब का सहारा लेकर सच्चाई से नहीं भागा जा सकता। मुझे नहीं लगता है किसी और कलाकार ने यह मुक़ाम हासिल किया हो।

वह दिन बड़ा उत्साह भरा था जब दिलीप साहब ने बम्बई में लीडो सिनेमा के पास हमारे दफ़्तर में आने का फ़ैसला किया, कहानी सुनने के लिए। हम लोगों से यह कहा गया था कि ख़ूब अच्छी तरह से कपड़े पहनकर तैयार रहें क्योंकि दिलीप साहब ख़ूब बढ़िया कपड़े पहनते थे। ख़ूब अच्छी तरह से इस्तरी की हुई पूरी बाँह की सफ़ेद कमीज़। जब वे गाड़ी से उतरे तो मैं दरवाज़ा खोलने के लिए बढ़ा, और वे मुझे देखकर मुस्कराने लगे। उन्होंने तब चोपड़ा साहब को देखा जो उनका स्वागत करने के लिए बाहर खड़े थे, उन्होंने उनसे गर्मजोशी से हाथ मिलाया और फिर पीछे मुड़कर सभी कर्मचारियों का अभिवादन किया। कहानी सुनने के बाद दिलीप साहब ने यह कहा कि उनको कहानी पसन्द आयी लेकिन दुर्भाग्य से वे ज्ञान मुखर्जी की एक फ़िल्म करने के लिए प्रतिबद्ध हैं जिनसे उनका सम्बन्ध

बॉम्बे टॉकीज़ के दिनों से था। मुखर्जी की फ़िल्म पूरी करने के बाद वे ज़रूर इस फ़िल्म के बारे में सोचेंगे। जैसाकि पहले ही कहा गया है, वे एक समय में दो ही फ़िल्मों में काम किया करते थे और चाहे कितना भी अच्छा प्रस्ताव हो, वे तीसरी फ़िल्म के लिए जगह बनाने के बारे में सोचते भी नहीं थे। वे इस बात का बहुत ध्यान रखते थे।

मेरे भाई कुछ दिनों तक साफ़ तौर पर दुखी रहे। उन्होंने 'नया दौर' के विषय की चर्चा उन दो लोगों से की थी जिनका वे बहुत अधिक सम्मान करते थे : पहले थे अशोक कुमार, जिन्होंने साफ़तौर पर यह कह दिया कि दिलीप कुमार के अलावा इस रोल में किसी और को लेना बेवकूफ़ी होगी क्योंकि यह रोल उनके लिए ही बना है; उन्होंने महबूब साहब से भी बात की जिन्होंने कहा कि इस कहानी में नाटकीयता ज़रा कम है और इसमें मुख्य भूमिका में दिलीप कुमार को लेना एक तरह से बरबादी होगी। और फिर एक दुर्भाग्यपूर्ण घटना के कारण सब कुछ बदल गया। मुखर्जी का देहान्त हो गया और वह फ़िल्म बन्द हो गयी। इसलिए दिलीप साहब के उस साल के काम की योजना एक फ़िल्म के लिए जगह थी। उनके साथ बातचीत शुरू हो गयी और मैं इस बात का गवाह था कि बी.आर. चोपड़ा की यूनिट में इस बात को लेकर कितनी ख़ुशी थी क्योंकि दिलीप कुमार की फ़िल्म के साथ जुड़ना एक तरह के सम्मान की बात थी।

उस समय मैं अपने भाई का तीसरा सहायक था, महज़ पाँच साल पहले ही बम्बई आया था। यूनिट में मैं निर्देशन, निर्माण प्रबन्धन, एडिटिंग, सिनेमेटोग्राफ़ी आदि का प्रशिक्षण ले रहा था। बी.आर. चोपड़ा का भाई होने के कारण मेरी पहुँच फ़िल्म-निर्माण के सभी विभागों तक थी लेकिन यूनिट में मैं आम कर्मचारी की ही तरह था।

मेरे लिए उत्साह और घबराहट का सबब यह था कि मुझे दिलीप कुमार का ज़िम्मा दिया गया, जिन्होंने यह सुझाव दिया कि जुहू में उनका शैक (Shack) है जिसका इस्तेमाल कहानी सुनने के लिए किया जा सकता था, और यह मेरी ज़िम्मेदारी थी कि मैं उनके साथ जाऊँ। दिलीप साहब ने पूरा महीना लेखक अख़्तर मिर्ज़ा और चोपड़ा साहब के साथ बिताया। वे हर सीन को डायलॉग के साथ लेते थे और उसका अभिनय करके यह दिखाते थे कि उनमें किस तरह नाटकीयता, भावना, हास्य, गहरी भावना है और हम देखकर अवाक् रह जाते थे। वह एक्टिंग की विविधता को दिखाते थे और हमें बहुत अच्छा लगता था। उन्होंने न केवल अपने किरदार को रूप दिया बल्कि अजीत के किरदार को भी। उन्होंने निःस्वार्थ भाव से यह पक्का किया कि अजीत का किरदार भी उतना ही मज़बूत और भावनात्मक तौर पर लिखा होना चाहिए। उतने ही ध्यान से उन्होंने हीरोइन के रोल पर भी काम किया।

वह एक महीना मेरे लिए ऐसी शिक्षा का रहा जिसको लेकर मैं जीवन भर आनन्द मनाऊँगा। इस माध्यम के एक विद्यार्थी के लिए यह एक तरह से एक ऐसे संस्थान में जाना था जहाँ एक्टिंग, निर्देशन, लेखन और दृश्य बनाने की तकनीक को सीखा जा सके। 'नया दौर' के निर्माण के दौरान दिलीप साहब सच्चे अर्थों में मेरे गुरु बन गये।

फ़िल्म का क्लाइमेक्स अख़्तर मिर्ज़ा के लिए बड़ी चुनौती थी। वह दर्शकों को इस बात पर कैसे विश्वास दिलायें कि ताँगा मोटरकार को हरा सकता था? तो दिलीप कुमार ने ही उनको यह सुझाया कि ताँगा एक छोटे-से रास्ते से दौड़ के आख़िरी मुक़ाम तक पहुँच जायेगा। यह तार्किक था और विश्वास करने योग्य बात भी।

'नया दौर' में दिलीप कुमार-मधुबाला की करिश्माई जोड़ी काम करने वाली थी। हालाँकि मधुबाला के पिता अताउल्ला ख़ान ने पूना के एक शेड्यूल के लिए मुश्किल खड़ी कर दी। उन्होंने साफ़तौर पर यह कह दिया कि उनकी लड़की ऐसी फ़िल्म में काम नहीं करेगी जिसकी शूटिंग आउटडोर हो। चोपड़ा साहब हैरान रह गये। यह ग़ैर-वाज़िब माँग थी क्योंकि जब उनको पटकथा दी गयी थी तभी यह बात साफ़ कर दी गयी थी कि इस फ़िल्म के बड़े हिस्से की शूटिंग आउटडोर होने वाली थी। साफ़ था, अताउल्ला ख़ान अपनी ही मर्ज़ी चला रहे थे, लेकिन चोपड़ा साहब मुतमईन थे कि वे बाप-बेटी को लेकर अदालत जायेंगे।

यह कोई छुपी हुई बात नहीं थी कि दिलीप कुमार और मधुबाला में प्यार था। लेकिन जब मधुबाला के ऊपर मुक़दमा किया गया तो दिलीप साहब ने चोपड़ा साहब का समर्थन किया।

अन्तिम सुनवाई से पहले अँधेरी रेलवे स्टेशन के पास एक लकड़ी की दुकान में शूटिंग थी। दिलीप कुमार शूट पर आये तो वे काफ़ी परेशान दिख रहे थे। शूटिंग के बाद उन्होंने मुझसे कहा, ''यश, मैं ख़ुश हूँ कि सब कुछ ख़त्म हो गया। दोनों तरफ़ से अब कोई कड़वाहट नहीं रहनी चाहिए।'' उन्होंने चोपड़ा साहब से केस जीतने के बाद कहा, ''आपने दुनिया के सामने यह साबित कर दिया कि उन्होंने आपके साथ धोखा किया था। अब माफ़ कर दीजिए और इस बात को जाने दीजिए।'' चोपड़ा साहब ने यही किया।

यह एक तरह से चोपड़ा साहब के लिए भाग्य की बात थी कि वैजयन्तीमाला उस फ़िल्म से जुड़ गयीं। दिलीप साहब बड़े आराम से चलते रहे, उनका यह साफ़तौर पर मानना था कि यह निर्माता का हक़ होता है कि वह किसको फ़िल्म में ले, किस तकनीशियन का चुनाव करे। दिलीप कुमार और वैजयन्तीमाला की जोड़ी शानदार जमी।

दिलीप कुमार 'मेथड एक्टर' नहीं हैं जैसाकि अनेक सिनेमा विद्वान मानते हैं। वे सहज एक्टर हैं जो शानदार तरीक़े से नाटकीय सीन को करने के लिए अपने अन्दर की भावना को जगाते हैं। मैं यह बात कह रहा हूँ, उनको नज़दीकी

तौर पर 50 साल और उससे भी अधिक समय तक देखने के बाद। यही कारण था कि उनको मनोचिकित्सक की सलाह लेनी पड़ी थी ताकि वे उस उदासी से दूर हो सकें जो उनको शुरू में कई ट्रेजिक फ़िल्में करने के कारण हो गयी थी। निजी जीवन में सायरा से शादी करने से पहले तक वे तनहा ही थे। उनकी शामें ऐसे दोस्तों के साथ गुज़रती थीं जिनकी बौद्धिक क्षमता उनके मुक़ाबिल नहीं थी। उनके भाई-बहन उनसे अलग थे। वे बहुत अधिक समय लिखने, पढ़ने और चुने गये स्क्रीनप्ले के ऊपर काम करने और उनकी व्याख्या करने में लगाते थे।

मुझे याद है कि 'नया दौर' की शूटिंग शुरू होने वाली थी, यह मेरी ज़िम्मेदारी थी कि दिलीप साहब को बँगले से पूना शूट के लिए लेकर जाऊँ। मुझे एक छोटी कार दी गयी थी जबकि जो उनके लिए दी गयी लिमोज़िन कार के पीछे-पीछे चलने वाली थी। जब वे बाहर तैयार होकर आये तो चलने से पहले उन्होंने दोनों कारों को देखा। वे समझ गये कि लिमोज़ीन उनके लिए थी और छोटी कार मेरे लिए। वे छोटी कार की तरफ़ बढ़ गये, उसका दरवाज़ा खोला और पिछली सीट पर बैठ गये, और मुझे अपनी बग़ल में बैठने के लिए कहा। मैं दुखी था क्योंकि मैं इस बात को जानता था कि अगर मैंने उनको छोटी कार में सफ़र करने दिया तो मेरे भाई मुझे झाड़ लगायेंगे। हालाँकि जब हम कार में बैठे तो उन्होंने मुझे मुस्कराकर देखा और आश्वस्त किया कि वे सब सँभाल लेंगे।

हमारा पूना का सफ़र मेरे लिए बहुत यादगार है। दिलीप साहब ने मुझे बहुत सहज बना दिया और मुझे अपने जीवन की कई घटनाएँ सुनायीं, जिनमें यह भी था कि किस तरह से उन्होंने अपनी बुद्धि से आर्मी क्लब, पुणे में अपने जीवन की पहली बड़ी कमाई की थी। उन्होंने बताया कि वहाँ स्टाल लगाकर उन्होंने सैंडविच बेचे जबकि इस बीच वे मुझसे खुलकर पंजाबी में बात करने लगे।

उनके साथ रिहर्सल के दौरान लम्बा समय बिताना और और जब वह अन्त में शॉट देते थे, उसकी तुलना नहीं की जा सकती है। उनके साथ बिताया गया वह समय मेरे लिए सौभाग्यशाली था। वे अपने काम को लेकर बहुत गम्भीर थे : जब वे कैमरे के सामने जाते थे तो भावनाएँ अपने आप आ जाती थीं। अन्तिम टेक में वे वही करते थे जो कि उनको सबसे अच्छा लगता था।

भोपाल में हमने एक गाँव बौदिनी (Boudini) में शूटिंग की। हम वहाँ ट्रेन से गये अस्पताल के लिए बनी एक नयी इमारत पूरी तरह से हमें दे दी गयी थी। दोनों आउटडोर में 250 जूनियर आर्टिस्ट थे और 100 से अधिक यूनिट के लोग, जिनमें तकनीशियन और सहायक भी थे। पूना और भोपाल दोनों में शूटिंग के दौरान मैंने एक बार भी यह नहीं सुना कि दिलीप कुमार ने यह कहा हो कि उनके साथ ख़ास तरीक़े से व्यवहार किया जाये। अगर सहायक आउटडोर छाता लेकर आते थे तो वे कहते कि उसे यूनिट की महिलाओं को दे दिया जाये या जो बुज़ुर्ग जूनियर आर्टिस्ट हैं उनको। वे सबके साथ बैठते थे और वही खाना

खाते थे जो यूनिट के लिए बनता था। शाम में पैकअप के बाद वे पहल करके मनोरंजन का इन्तज़ाम करते थे। वे फुटबॉल, बैडमिंटन, कैरम, टेबल टेनिस खेलते, गाना गाते, चुटकुले सुनाते, लोगों के अपने क़िस्से ध्यान से सुनते और ईमानदार भाईचारा दिखाते।

मैं भगवान का शुक्रिया अदा करता हूँ कि मुझे ऐसे आदमी से दोस्ती करने का मौक़ा मिला जो हर मायने में असाधारण है।

## फ़रीदा दादी

मुझे पहली बार उस फ़िल्म में काम करने का मौक़ा मिला जिसमें दिलीप कुमार हीरो थे। वह फ़िल्मालय की फ़िल्म थी 'चैरिटी मास्टर', एस. मुखर्जी साहब जिसके निर्माता थे, उनके निर्माण में बनने वाली अगली फ़िल्म 'लीडर' से कुछ पहले। यह फ़िल्म किसी कारण से नहीं बनी। उसके बाद मुझे 'दिल दिया दर्द लिया' में बाल कलाकार के रूप में काम करने का मौक़ा मिला। अब तक मुझे इस बात का पता चल चुका था कि फ़िल्म शूटिंग का क्या मतलब होता है। वैसे तो ए.आर. करदार को फ़िल्म का निर्देशक बनाया गया था मगर असल में फ़िल्म का निर्देशन दिलीप साहब कर रहे थे।

मैं उनको हैरानी से देखती थी जब वे शॉट के लिए छोटी-छोटी बातों का इन्तज़ाम कर दिया करते थे, और साथ ही सेट पर हर किसी का ध्यान भी रखते थे। वे हमेशा से सेट पर मौजूद सभी बुज़ुर्गों का इतना आदर करते थे कि मेरी माँ उनसे इस बात के लिए बड़ी प्रभावित रहती थीं कि वे जिस तरह का सच्चा सम्मान उनको देते थे और उनका पूरा ख़याल रखते थे। ऐसा हर दिन नहीं होता है कि आप ऐसी बड़ी शख़्सियत से मिलें जो अपनी इंसानियत से आपको सहज बना दे। पहले दिन 'दिल दिया दर्द लिया' के लिए मेरी शूटिंग करदार स्टूडियो में थी, मैं समय पर नहीं पहुँच पायी क्योंकि मैं मद्रास में फँस गयी थी। दिलीप साहब ने यह कहते हुए शूटिंग रद्द कर दी, "अगर एक बड़ा आर्टिस्ट नहीं आ सकता तो शॉट कैंसिल होता है जो फ़रीदा के लिए भी कैंसिल हो सकता है।" यह बहुत बड़ी बात थी।

'दिल दिया दर्द लिया' की आउटडोर शूटिंग मध्य प्रदेश में माँडू के क़िले में हुई थी। माँडू में जब हम एक लोकेशन से दूसरी लोकेशन पर जाते थे, चट्टानों की पृष्ठभूमि में शूटिंग करने के बाद पठारी जगह पर उसकी शूटिंग करते थे तो

मैं यह देखती थी जिस निःस्वार्थ भाव से और बिना थके दिलीप कुमार अपनी शूटिंग में ध्यान लगाते थे, उतना ही ध्यान दूसरे आर्टिस्ट के काम में भी लगाते थे ताकि वह अपना काम कर सके।

मुझे लगता है कि मैंने 'दिल दिया दर्द लिया' के सीन में दिलीप कुमार को सन्तोष देने भर का काम किया था। जब राम और श्याम की कास्टिंग शुरू हुई, तो उन्होंने प्रोडक्शन मैनेजर से कहा कि वह मुझे और मेरी माँ को लेकर उनके बँगले पर आये ताकि वे मुझे मेरे किरदार के बारे में बता सकें और उन कपड़ों के बारे में जो मेरे लिए तैयार किये जाने थे। यह मेरे लिए उपलब्धि थी कि मुझे दिलीप कुमार ने चुना।

उन्होंने मेरी माँ को शूटिंग के बारे में बताया जो मद्रास में होने वाली थी और उन्होंने आश्वस्त किया कि मेरी पढ़ाई पर इससे असर नहीं होगा और वे स्कूल के प्रबन्धकों से बात करेंगे कि वे मुझे छुट्टी दे दें। मैं और भी ज़्यादा ख़ुश इस बात से थी कि किरदार के लिए और भी कम उम्र की लड़की की ज़रूरत थी मगर दिलीप साहब ने ज़ोर दिया कि मुझे ही उस रोल के लिए लिया जाये।

मद्रास में "राम और श्याम" की शूटिंग यादगार रही। सभी कलाकारों को ओशियानिक होटल में ठहराया गया था और एक बार फिर दिलीप साहब ने हर चीज़ का इन्तज़ाम किया, शूटिंग के लिए सामानों से लेकर परदे और कलाकारों के कपड़ों और उनके गहनों तक का। मैं हर जगह उनके पीछे-पीछे रहती थी और मैंने यह देखा कि किस तरह से उन्होंने परदे के रंग और सोफ़े कवर का मिलान किया और कला निर्देशक को हैरान करते हुए दीवारों को पेंट भी किया और किसी बात का श्रेय नहीं लिया : बल्कि वह उसका श्रेय कला विभाग को जाने देते थे। उनको देखना भर मेरे लिए शिक्षा की तरह था। उससे मुझे कुछ ज्ञान हुआ कि फ़िल्म किस तरह बनती है और मैंने यह मूल्यवान बात भी सीखी कि व्यवहार और बातचीत में विनम्रता होनी चाहिए।

हमारी हर शाम खुले बैडमिंटन कोर्ट में बीतती थी, जहाँ दिलीप कुमार हर उस आदमी के साथ बैडमिंटन खेलते थे जो उनके साथ खेलना चाहता था। वे ख़ाली समय में 'आदमी' फ़िल्म की एडिटिंग में लगे रहते थे और मुझे लगता है कि वे शाम में खेलकर खुद को तरोताज़ा रखते थे। मेरे लिए यह लाज़िमी कर दिया गया था कि एक बार खेलने के बाद मैं अपनी किताब खोलकर पढ़ाई करूँ। वह इस बात का पूरा ध्यान रखते थे। दिलीप साहब हमेशा पूरी यूनिट के साथ खाना खाते थे और यह देखते थे कि सभी सहज महसूस करें।

'राम और श्याम' के सेट से जुड़ी एक बात मैं कभी नहीं भूल सकती हूँ जिसका सम्बन्ध उस सीन से है जिसमें प्राण साहब (जिन्होंने फ़िल्म में मेरे पिता की भूमिका की थी) जन्मदिन का केक फेंक देते हैं और मेरे ऊपर चिल्लाते हैं। जैसे ही केक फेंका जाये मुझे तुरन्त ही रोना था। जब शूटिंग का समय आया

पता नहीं क्यों आँसू नहीं निकले। मैंने कुछ मर्तबा कोशिश की और मैंने देखा कि साहब धीरज खो रहे थे। मैं उनके पास गयी और उनसे चुपचाप कहा कि जब वे अन्तिम टेक में मेरे आँखों में आँसू चाहते हैं तो उनको मेरे पास आकर कान में यह कहना चाहिए और मैं रोने लगूँगी। मैंने उनसे गुज़ारिश की कि वे सबके सामने मुझे नहीं डाँटें। वह मान गये और जैसाकि मैंने उनसे गुज़ारिश की थी, वे कान में आकर फुसफुसाये और काम हो गया। उन्होंने ऐक्शन कहा और मैंने पूरी कोशिश की मगर आँसू नहीं आये। वे सच में बहुत गुस्सा हो गये और मेरे ऊपर चिल्लाते हुए वहाँ सबसे बोले कि किस तरह से मैंने उनसे गुज़ारिश की थी कि मैं न चिल्लाऊँ। बस फिर क्या था। मेरी आँखों से आँसू बहने लगे और अन्तिम टेक पूरा हो गया। जब भी मैं वह फ़िल्म देखती हूँ तो मैं अपने पोते-पोतियों से कहती हूँ कि वे इस यादगार सीन को ध्यान से देखें और उनको इस बात से बड़ी हैरानी होती है।

मुझे याद है एक शाम जब मैं दिलीप कुमार के साथ उस कमरे में गयी, जहाँ 'आदमी' की एडिटिंग चल रही थी और मैं अपनी माँ को यह बताना भूल गयी। जब मैं लौटी तो मेरी माँ हाथ में एक छड़ी लेकर बैठी थी। उन्होंने मुझे मारा लेकिन दिलीप कुमार ने बीच-बचाव नहीं किया। उन्होंने होने दिया क्योंकि उनको यह लगा कि मेरी माँ सही थीं : मुझे जाने से पहले उनसे अनुमति लेनी चाहिए थी।

'राम और श्याम' की शूटिंग के दौरान दिलीप साहब ने सायरा बानो से शादी कर ली। यह एक शाही शादी की तरह थी और उसके रिसेप्शन की योजना नागी रेड्डी साहब ने बनायी थी और पूरी यूनिट मीनामबक्कम हवाई अड्डे पर गयी, जहाँ दिलीप साहब अपनी सुन्दर बीवी के साथ शूटिंग शुरू करने के लिए आये तो जैसे उनका शाही स्वागत किया गया। सभी कलाकार और नागी रेड्डी साहब हाथ में माला लिये जहाज़ के बाहर उनके स्वागत के लिए खड़े थे। उनके चलने के लिए गुलाब की पंखुड़ियाँ बिछायी गयी थीं और सायरा के ख़ूबसूरत चेहरे से मेरी नज़रें नहीं हटती थीं। उसके बाद कई दिनों तक उनके लिए मोगरे के फूलों का इन्तज़ाम किया गया। मैंने सुन रखा था कि सायरा घमंडी हैं इसलिए मैं उनसे दूर ही रहती थी, बिना यह जाने कि यह बात सही नहीं थी। वह अपने आपमें रहने वाली थीं, बस और कुछ नहीं। तब मैं यह कहाँ जानती थी कि हम दोनों को भाग्य बहुत जल्दी अच्छी दोस्त बनाने वाला था।

सायरा के आने से सेट का माहौल अधिक जीवन्त और उत्सव जैसा हो जाता था क्योंकि दिलीप साहब हमेशा बढ़िया मूड में रहते थे और उनके और प्राण के बीच का दोस्ताना देखने लायक़ होता था।

समय के साथ, मैं बम्बई में सायरा के बँगले में अकसर जाने लगी। दिलीप साहब मेरे लिए बड़े भाई जैसे थे और सायरा दोस्त से अधिक मेरी बहन जैसी

हो गयीं। समय के गुज़रने के साथ उन्होंने मुझे यह सिखाया कि माँ पिता की इज़्ज़त करनी चाहिए और शायद उनके परिवार में बड़ों को लेकर जो इज़्ज़त का भाव, था वह मेरे अन्दर भी आने लगा। मेरे घर में कोई शादी हो या कोई गम का मौक़ा, वे हमेशा मेरे साथ होते थे। मुझे लगता है कि मैं ख़ुशक़िस्मत थी नहीं तो मेरा जीवन में उनसे मिलना नहीं हो पाता।

## धर्मेन्द्र

1952 की बात है जब मैं सेकण्ड ईयर में पढ़ता था तो मैं पंजाब के छोटे-से शहर लुधियाना से बम्बई आया। तब तक मेरी एक्टर बनने की कोई योजना नहीं थी लेकिन मैं दिलीप कुमार से ज़रूर मिलना चाहता था, 'शहीद' फ़िल्म में जिनकी एक्टिंग ने मेरे जज़्बातों को छू लिया था। पता नहीं किस कारण से मुझे यह लगने लगा था कि दिलीप कुमार और मैं भाई थे।

बम्बई पहुँचने के अगले दिन मैं साहस करके पाली माला में उनके घर उनसे मिलने पहुँच गया। मुझे गेट पर किसी ने नहीं रोका और मैं गेट से सीधा घर में पहुँच गया। बाहर एक लकड़ी की सीढ़ी थी जो ऊपर बेडरूम में जाती थी। एक बार फिर किसी ने मुझे नहीं रोका, तो मैं सीढ़ियाँ चढ़कर ऊपर एक कमरे के दरवाज़े पर पहुँच गया। एक ख़ूबसूरत नौजवान बिस्तर पर सोया हुआ था। उसे यह लग गया होगा कि कोई आया है और वह अचानक कुछ हैरान से जग गये। मैं अब भी खड़ा था और मुझे यह नहीं समझ में आ रहा था कि क्या करना चाहिए। वे बिस्तर पर बैठकर मुझे देखने लगे, उनको झटका-सा लगा था कि एक अनजान आदमी उनके बेडरूम के दरवाज़े के बाहर खड़ा उनको तारीफ़ की नज़र से देख रहा था। जहाँ तक मेरी बात थी, तो मुझे अपनी आँखों के ऊपर यक़ीन नहीं हो रहा था। वे दिलीप कुमार थे, मेरे आदर्श, मेरे सामने। उन्होंने ज़ोर से किसी नौकर को बुलाया। अब मैं डर गया, सीढ़ियाँ उतरकर बाहर भागा और पीछे यह देख रहा था कि कोई मेरा पीछा तो नहीं कर रहा था।

जब मैं कैफेटेरिया में पहुँचा तो मैंने एक ठण्डी लस्सी की माँग की। मैं कैफेटेरिया में बैठकर यह सोच रहा था कि मैंने क्या किया था। मुझे यह समझ में आया कि यह कितना लापरवाह क़िस्म का व्यवहार था कि मैंने एक स्टार की निजता में खलल डाली थी। क्या हुआ अगर गेट पर कोई दरबान नहीं था या घर का कोई सदस्य मुझे रोकने के लिए नहीं था? पंजाब के गाँवों में घर के दरवाज़े हमेशा हर आने वाले के लिए खुले होते थे, जो भी आना चाहे आ जाये। लोगों के बीच बड़ी घनिष्ठता होती थी और किसी भी तरह का बन्धन नहीं होता था और आप किसी के घर में बिना किसी औपचारिकता के कभी भी जा सकते थे और दिन हो या रात आपका स्वागत किया जाता था। मुझे यह देखकर बड़ी ख़ुशी हुई कि मेरा आदर्श वैसे ही रहता था, जैसे हम पंजाब में रहते थे। लेकिन तब मैंने बड़ी भारी ग़लती यह कर दी कि मैंने इसको यूँ ही ले लिया कि मुझे किसी परिचय की ज़रूरत नहीं है। वह बम्बई था, बड़ा शहर, और वह घर स्टार दिलीप कुमार का था।

छह साल के बाद मैं बम्बई लौटा यूनाइटेड प्रोड्यूसर्स और फ़िल्मफेयर टैलेंट कॉम्पिटिशन (Filmfare Talent Competition) में हिस्सा लेने। मैं सचमुच फ़िल्म में काम करना चाहता था और मैंने अपने पिता को समझा दिया था, जो मेरे फ़िल्मों में जाने को लेकर परेशान थे। मुझे विजेता घोषित कर दिया गया और उसके बाद मुझे कहा गया कि मैं फ़िल्मफेयर के दफ़्तर में फोटो शूट के लिए जाऊँ। मुझे यह नहीं पता था कि मेकअप कैसे लगाया जाता है और फोटोग्राफर मेरे चेहरे से ख़ुश था और चाहता था कि थोड़ा-सा मेकअप कर लिया जाये। एक गोरी, छरहरी-सी लड़की आयी और मेरे चेहरे पर मेकअप करने लगी। उस समय फ़िल्मफेयर के सम्पादक थे एल.पी. राव, उन्होंने मुझसे बहुत आहिस्ता से पूछा कि क्या मुझे पता था कि वह लड़की कौन थी। जब मैंने कहा कि नहीं तो उन्होंने बताया कि वह फ़रीदा खान थी, दिलीप कुमार की बहन, जो फेमिना में काम करती थी। मैंने उन्हें जाते हुए देखा तो उनके पीछे-पीछे भागा, यह आग्रह करने कि वे दिलीप कुमार से मेरी मुलाक़ात करवा दें। मैंने उनसे कहा कि मुझे यह लगता है कि वे मेरे भी भाई हैं। उसको हैरानी हुई मगर उसने कहा कि अगर भाई मान गये तो वह एल.पी. राव को फ़ोन कर देंगे।

अगले दिन उन्होंने मुझे बँगले में बुलाया, 48 पाली हिल पर शाम 8.30 बजे। मेरे लिए तो जैसे समय थम-सा गया था जब दिलीप साहब बाहर आये और लॉन में मुझे अपनी बग़ल में बैठने के लिए कुर्सी दी। उन्होंने मुझसे बड़े भाई की तरह बात की, प्यार और चिन्ता से भरपूर और मुझे बताया कि वे किस तरह से अभिनेता बने और उनके लिए शुरू-शुरू में इस पेशे की माँग को समझ पाना कितना मुश्किल होता था क्योंकि वे एक गैर-फ़िल्मी पृष्ठभूमि से आये थे। मैं उनको मन्त्रमुग्ध-सा सुनता रहा, और वे अंग्रेज़ी, उर्दू और पंजाबी में अपनी मुलायम, परिष्कृत ज़ुबान में बोलते रहे। मुझे तो यह विश्वास ही नहीं हो रहा था

कि मैं उनकी बग़ल में बैठा हुआ था और वे मुझसे बातें कर रहे थे। जब मैं जाने लगा तो वे मुझे ऊपर अपने कमरे में लेकर गये और उन्होंने मुझे एक स्वेटर निकालकर दिया क्योंकि बाहर ठण्ड थी और उन्होंने ध्यान दिया था कि मैंने एक पतली-सी सूती शर्ट पहन रखी थी। उन्होंने मुझे गले लगाया और गेट तक आकर छोड़ दिया। मुझे अब भी उस गले लगाने की गर्मी महसूस होती है क्योंकि वह सच्चा प्यार था।

उसके बाद मैं उनसे कई मौक़ों पर मिला और वे हमेशा मेरी तरफ़ बढ़कर मेरा हाथ थाम लेते थे क्योंकि मैंने कभी यह हिमाक़त नहीं की कि उनके पास समानभाव से जाऊँ। मुझे याद है कि जब मुझे बिमल रॉय ने 'बन्दिनी के लिए साइन किया था, मुझे महबूब स्टूडियो में बिमल दा से बात करने के लिए बुलाया गया। मैं बाहर स्टूडियो फ़्लोर पर बिमल दा का इन्तज़ार करने लगा क्योंकि वे दिलीप कुमार के साथ अन्दर खाना खा रहे थे। कुछ देर बाद दोनों बाहर आये और दिलीप साहब मुझे देखते ही बड़ी गर्मजोशी के साथ मुझसे मिले और बिमल दा से कहा कि मैं उनका छोटा भाई हूँ। उस परिचय की वजह से मेरा आत्मविश्वास बढ़ा और मैं उनकी उदारता और सज्जनता को कभी भी नहीं भूल सकता हूँ।

बिना किसी अतिशयोक्ति के मैं यह कह सकता हूँ कि इस पेशे में दिलीप कुमार के बाद आने वाले हर एक्टर ने उनकी नक़ल की। मैंने कभी उनकी नक़ल करने की कोशिश नहीं की क्योंकि मुझमें इतना साहस नहीं था। मैंने अपनी एक्टिंग की शैली ख़ुद बनायी। लेकिन मैंने कोशिश की कि उनकी सज्जनता, उनकी इंसानियत, उनकी दयालुता, उनकी गर्मजोशी, उनकी ईमानदारी और फ़िल्म में पैसे लगाने वाले प्रोड्यूसर को लेकर उनकी चिन्ता उनसे सीखूँ। जब सफलता और स्टारडम मेरे पास आया तो मुझे समझ नहीं आ रहा था कि मैं उसको किस तरह सँभालूँ। तब वे मेरे लिए रौशनी के स्तम्भ बन गये। उन्होंने मुझे चेतावनी दी कि मैं झूठे प्रशंसकों से दूर रहूँ। उन्होंने कहा कि अपने परिवार के प्रति तुम्हारे प्यार की असली परीक्षा यह है जब तुम वह करोगे जो तुम्हारी ख़ुशी के लिए तुम्हें ज़रूरी लगेगा, न कि वह कि वे क्या चाहते हैं कि उनकी ख़ुशी के लिए तुम क्या करो।

हो सकता है कि मैं उनसे महीनों तक न मिल पाऊँ लेकिन मैं उनके बारे में रोज़ सोचता हूँ क्योंकि अपने माता-पिता और बेटों की तस्वीर के अलावा मेरे घर में सिर्फ़ उनकी ही तस्वीर है। जब मैं सायरा के साथ काम कर रहा था तो मैं उनको मज़ाक़ में कहता था कि यूसुफ़ साहब को प्यार करने में मेरी उनके साथ प्रतियोगिता है।

मैंने अपने माता-पिता से यह सीखा कि जब आप मूल रूप से अच्छे हैं तो भगवान आपको चुनिन्दा उपहार देता है। उनकी सारी अच्छाई के कारण अल्लाह ने यूसुफ़ साहब को एक ऐसी पत्नी दी है जो उनको पागलों की तरह प्यार करती है

और 24 घण्टे निःस्वार्थ भाव से उनकी सेवा करती है। मैं उनकी शादी में नहीं आ पाया था क्योंकि मैं कहीं और शूटिंग कर रहा था और मेरे निर्माता ने मुझे जाने नहीं दिया।

मैं दिलीप साहब के परिवार के बहुत नज़दीक था। वे मुझे अपने भाई-बहनों के साथ कार में बिठाकर रमज़ान के महीने में रोज़ा खोलने के बाद मोहम्मद अली रोड पर बादशाह के यहाँ आइसक्रीम खिलाने ले जाते थे। मुझे हर बार ऐसा लगता था, जैसे मैं दुनिया के ऊपर हूँ। मैं ध्यान से देखता था जब वे अपने चाहने वालों से बड़ी विनम्रता से मिलते थे। चाहे वह उनके सबसे बड़े प्रशंसक जवाहरलाल नेहरू रहे हों या स्टूडियो में काम करने वाला कोई कर्मचारी, वे सबको एक-सी गर्मजोशी के साथ अपना हाथ बढ़ा देते थे। वे किसी के साथ झूठा व्यवहार नहीं करते थे, चाहे वह किसी कलाकार के काम की तारीफ़ हो या मुश्किल में पड़े किसी साथी के लिए चिन्ता।

मुझे उनके साथ काम करने का मौक़ा नहीं मिला लेकिन एक फ़िल्म में मेहमान कलाकार की भूमिका की थी जिसमें मैं हीरो था। वह फ़िल्म थी 'पारी', जिसका निर्माण अभि भट्टाचार्य की पत्नी प्रोनोति घोष ने किया था। मेरे लिए वह एक बड़ी बात थी।

## सितारा देवी

मैंने पहली बार दिलीप भाई को तब देखा था जब मेरे पति के. आसिफ़ साहब ने उनको घर बुलाया था जब वे 'अनारकली' फ़िल्म में उनको सलीम की भूमिका देना चाहते थे, तब वे उस फ़िल्म को बनाने की योजना बना रहे थे। तह 1945 का साल रहा होगा क्योंकि लड़ाई तब ख़त्म ही हुई थी और अवसाद में डूबे समाज के लिए मनोरंजन की आवश्यकता बहुत अधिक थी। एक फाइनेंसर आसिफ़ साहब की फ़िल्म में पैसा लगाने के लिए आगे आये और आसिफ़ साहब एक ऐतिहासिक विषय को लेकर देखने लायक़ और जज़्बातों से भरपूर फ़िल्म बनाना चाहते थे।

आसिफ़ साहब ने इस सुन्दर नये एक्टर के बारे में सुना था और उसने कहा कि मुझे पहले उसकी एक झलक लेने दो। उनका कहना था कि उनके दिमाग़ में सप्रू हैं लेकिन अगर अच्छा हुआ तो वे किसी नये कलाकार को मौक़ा नहीं दे सकते थे।

जब दिलीप भाई आये और ड्रॉइंगरूम में घुसे तो मैं एक पल के लिए अवाक् रह गयी। मैंने यह सोचा था कि एक सुन्दर-सा नौजवान आयेगा लेकिन मेरे सामने जो इंसान था वह एक ऐसा नौजवान था जो न केवल सुन्दर था बल्कि बड़ा तेजस्वी था, शालीन था और देखने में और तौर-तरीक़े में राजसी लगता था। एक झलक में ही कोई यह कह सकता था कि वह कुछ ख़ास था, कोई ऐसा जिसके ऊपर अल्लाह की मेहर है।

आसिफ़ साहब और दिलीप भाई में कुछ देर बातचीत हुई, फिर वह चले गये। इसमें कोई शक नहीं कि आसिफ़ साहब प्रभावित हुए थे लेकिन उनको यह लगा कि दिलीप भाई बहुत अधिक दुबले थे। उनको यह लगता था कि सलीम का रोल उसे करना चाहिए जिसका शरीर मुग़ल शहज़ादे जैसा हो। जो उन्होंने कहा वह भविष्यवाणी की तरह सच साबित हुआ : "दस साल के बाद मैंने सलीम और अनारकली की पटकथा दुबारा लिखी तो यही वह एक्टर होगा जिसको मैं सलीम के रूप में चुनूँगा क्योंकि यह शहज़ादों के लक्षण के साथ पैदा हुआ है लेकिन अभी यह इस रोल के लायक़ नहीं है।"

उसी मुलाक़ात से हमारी दोस्ती शुरू हुई। दिलीप भाई उसके बाद स्टार हो गये और आसिफ़ साहब ने सप्रू को उस रोल में लिया। लेकिन फ़िल्म पूरी नहीं हो पायी। भाग्य से वह रोल कई बरसों के बाद दिलीप कुमार द्वारा खेला जाना था और उसमें जादू पैदा करना था। आसिफ़ साहब और दिलीप भाई के बीच अच्छी दोस्ती हो गयी। जैसाकि सभी जानते हैं कि दिलीप भाई अंग्रेज़ी और उर्दू दोनों भाषाओं में समान रूप से माहिर थे। उर्दू शायरी और गद्य के ऊपर आसिफ़ साहब की जो पकड़ थी, उसने शायद दोनों को क़रीब ला दिया। इसके अलावा दोनों में कुछ भी समान नहीं था। दिलीप भाई शाइस्ता थे, परिष्कृत थे, शर्मीले और तौर-तरीक़ों और पहनने-ओढ़ने में बहुत ही सुरुचिपूर्ण थे। वे स्टार थे लेकिन उनमें उसका कोई दिखावा नहीं था। असल में, वे उस तरह के दिन थे जब इंडस्ट्री एक परिवार की तरह से काम करती थी और जब कोई टीम फ़िल्म बनाने के लिए जुटती थी तो उनमें पैसे से अधिक निजी सम्बन्धों को तरजीह दी जाती थी।

दिलीप साहब एक ऐसे स्टार के रूप में जाने जाते थे जो मेहनत से काम करते थे और एक बार फ़िल्म साइन कर लेने के बाद निर्माता को पूरी तरह से सहयोग देते थे। वे अपने निर्माता-निर्देशक बड़े ध्यान से तय करते थे और इसकी वजह से वह बड़ी ख़बर बनती थी और जो निर्माता को इसकी वजह देता था कि वह उसका जश्न मनाये कि दिलीप कुमार उसके साथ काम करने के

लिए तैयार हो गये हैं। मैं, आसिफ़ साहब और दिलीप भाई अकसर एक साथ अपने दोस्तों के घर जाते थे। जब लोग बातें बनाने लगे कि हम तीनों एक साथ खाना खाने जाते हैं, और इस तरह की और बातें तो मैंने उनको राखी बाँध दी, जिसको मैं आज भी निभाती हूँ। मैं हर साल रक्षाबन्धन के दिन उनके घर राखी बाँधने जाती हूँ, और मेरी प्यारी भाभी सायरा, जो एक तरह से मेरी बेटी जैसी है क्योंकि उसकी माँ नसीम बानो और मैं समकालीन थे, की वजह से हर बार वह मौक़ा मेरे लिए यादगार बन जाता है।

दिलीप भाई पहले भी शर्मीले थे और आज भी हैं। एक ही बार मुझे ऐसा लगा कि वह अपने साथ काम करने वाली किसी हीरोइन की तरफ़ आकर्षित है, वह तब जब वे कामिनी कौशल के साथ काम कर रहे थे। मुझे लगा कि वह उनका पहला प्यार थीं। वह पढ़ी-लिखी थीं और उनकी ही तरह अच्छी तरह बात करती थीं और उनके साथ बौद्धिक बातचीत कर सकती थीं। उनका असली नाम उमा कश्यप था और जब उनकी बहन मर गयी तो उन्होंने उनके पति से शादी कर ली और उनके बच्चों की माँ बन गयीं। इसलिए दिलीप भाई किस तरह उनसे शादी कर सकते थे? जब लोग उनके बारे में बातें करने लगे थे—क्योंकि दिलीप-कामिनी जोड़ी शहीद, शबनम फ़िल्मों में हिट हो गयी थी—तो एक दिन मैंने यह पूछ लिया कि क्या इन अफ़वाहों में कोई सचाई है। वे कुछ देर ख़ामोश रहे और फिर उन्होंने विषय बदल दिया। कुछ महीने बाद वे अचानक आ गये। आसिफ़ साहब और मैंने ध्यान दिया कि वे उदास और टूटे हुए लग रहे थे और वे फूट पड़े। उनकी उम्र तब 30 से भी कम थी और तब मुझे यह समझ में आया कि यह प्यार में असफल होने का ग़म था। उमा (कामिनी) को उनके भाई ने चेतावनी दी थी और उन्होंने दिलीप भाई को यह बता दिया था कि वह उनके साथ काम नहीं कर पायेगी और अब मिल भी नहीं पायेगी। जब वे हमसे कह रहे थे, तो मैंने देखा कि उनकी उदास आँखों में आँसू भर आये थे।

मेरे ख़याल से दिलीप भाई के लिए दिल को तोड़ देने वाला पल वह नहीं था कि उमा के साथ उनका रिश्ता टूट गया था बल्कि यह था कि जब उनको यह पता चला कि दिलीप भाई की बहन अख़्तर और आसिफ़ साहब ने भागकर शादी कर ली। तब तक मैं आसिफ़ साहब के जीवन से दूर जा चुकी थी और उस बदमाश आदमी ने मेरी सहेली निगार सुल्ताना को फँसाकर शादी कर ली थी। जब उसने निगार को 'मुग़ल-ए-आज़म' में रोल दिया तो उसने ऐसा जताया कि वह मुझे खुश करना चाह रहा था क्योंकि मैं और निगार अच्छी सहेलियाँ थीं। लेकिन जब उसने मुझे एक दिन यह बताया कि वह निगार से शादी करने जा रहा था तो मुझे यह समझ में नहीं आया कि कौन बड़ा बेवकूफ़ थी—मैं या निगार? मैंने निगार के साथ उसकी शादी को स्वीकार कर लिया और उस

शादी से जो बच्चे पैदा हुए, उनको भी स्वीकार कर लिया क्योंकि वे बच्चे मेरे पास अपने मासूम प्यार के साथ आते रहते थे। लेकिन दिलीप भाई की पीठ में उसका छुरा घोंपना मुझे स्वीकार नहीं था। इसलिए मैंने उसको बद्दुआ दी कि दिलीप भाई को धोखा देकर उसने जो पाप किया था, उस पाप के कारण उसकी मौत हो जायेगी क्योंकि दिलीप कुमार उसके ऊपर आँख मूँदकर विश्वास करते थे और उसको अपनी बहनों के साथ घुलने-मिलने भी देते थे। मैंने यह क़सम ली कि मैं आसिफ़ साहब का चेहरा दुबारा नहीं देखूँगी और उसके साथ सारे रिश्ते तोड़ लिये।

दिलीप भाई टूट गये थे क्योंकि उनको अख़्तर से बड़ी उम्मीदें थीं। सभी छह बहनें ख़ुशक़िस्मत थीं कि उनको उनके जैसा भाई मिला। उसने उनको पढ़ाने और बेहतर जीवन देने की हर मुमकिन कोशिश की। केवल उनकी बड़ी बहन सकीना आपा की पढ़ाई-लिखाई नहीं हो पायी और वह कुँवारी रह गयी। मुझे पता था कि अख़्तर अमेरिका में पढ़कर आयी थी और दिलीप भाई उस पर बहुत गर्व करते थे। स्वाभाविक था कि उनको इस बात का दुःख हुआ कि उसने एक ऐसे आदमी को चुना जिसने कई शादियाँ की थीं और जो उसकी उम्र से दोगुना था।

केवल यही एक कारण था कि दिलीप कुमार 'मुग़ल-ए-आज़म' के प्रीमियर पर नहीं गये थे और उन्होंने ट्रायल शो में भी फ़िल्म देखने से मना कर दिया था क्योंकि आसिफ़ साहब ने उनका विश्वास तोड़ा था।

मुझे आज भी याद है वह दिन जब मैंने आसिफ़ साहब की मौत (9 मार्च 1971) की ख़बर सुनी थी। बम्बई के शणमुखानन्द हॉल में डांस का कार्यक्रम समेटा और घर आ गयी। सुबह के दो बजे गोपी कृष्ण के फ़ोन ने मुझे कँपा दिया। मुझे यह समझ में आ गया था कि ख़बर अच्छी नहीं थी। आसिफ़ साहब ने मुझे दो दिन पहले ही फ़ोन किया था और मैंने उससे यह वादा किया था कि मैं शणमुखानन्द हॉल में डांस के कार्यक्रम के बाद उससे मिलूँगी। गोपी ने मुझे यह ख़बर देते हुए कहा कि वह मेरे साथ आसिफ़ साहब को आख़िरी बार देखने जाना चाहते हैं। मुझे अपने कानों में मेरी अपनी आवाज़ की गूँज सुनायी दे रही थी कि मैंने उससे कहा था कि वह दिलीप भाई को धोखा देने के कारण समय से पहले ही मर जायेगा।

# एम. आसिफ़ फ़ारूक़ी*

2014 के लोकसभा चुनाव के समय मैं थोड़ा हतोत्साहित था, अपनी ऊर्जा को प्रचार के लिए बटोर नहीं पा रहा था। एक दिन रोशन बेग (कांग्रेस पार्टी के एक नेता और कर्नाटक में कैबिनेट मन्त्री) ने मुझे फ़ोन किया और मेरा हालचाल और राजनीतिक गतिविधियों के बारे में पूछते हुए गर्मियों में होने वाली चुनावी सरगर्मी के बारे में पूछा। मैंने उनको ईमानदारी से यह बताया कि इस बार मैं असामान्य रूप से उत्साह में नहीं हूँ। उन्होंने प्यार से मुझे झिड़कते हुए कहा : "तुमको इस बार काम करना है आसिफ़। मैं उसी आसिफ़ को देखना चाहता हूँ जिसको पिछले चुनाव में देखा था।" "जानता हूँ", मैंने कहा और मानो उसी भाव में यह भी कह दिया : "दिलीप साहब राजनीतिक तौर पर सक्रिय नहीं हैं और बिना उनके दिशा-निर्देश के राजनीति वही नहीं लग रही है।" रोशन बेग ने आह भरते हुए हामी भरी : "तुम सही कह रहे हो आसिफ़, तुम सही कह रहे हो। दिलीप साहब के बिना हालात वही नहीं रहेंगे,जैसेकि वे पहले थे।"

दिलीप साहब मेरे रहनुमा थे, महज़ राजनीति में ही नहीं बल्कि ज़िन्दगी में भी। जब मैंने पहली बार कांग्रेस में शामिल होने की इच्छा ज़ाहिर की तो उन्होंने कहा कि सामाजिक मुद्दों से जुड़ो—कोई ऐसा काम जिसमें नीचले तबके के जीवन को बदलने की बात हो। उनके लिए राजनीति का मतलब था इंसानियत। उसका मतलब लोकप्रिय होना नहीं था। और यह सबसे महत्त्वपूर्ण सबक़ मैंने उनसे सीखा।

आज तक उनको बड़े-बड़े नेताओं की सरपरस्ती हासिल है। जब स्वर्गीय सुनील दत्त 1996 में नैतिकता के आधार पर अपने संसदीय क्षेत्र से इस्तीफ़ा देना चाहते थे तो दिलीप साहब उनके पीछे खड़े हो गये थे। इसकी वजह से सुनील दत्त साहब को वह ताकत मिली कि वे तत्कालीन प्रधानमन्त्री पी.वी. नरसिम्हा राव की नाराज़गी का ख़तरा मोल ले सकें। मैं इस सारे प्रसंग का गवाह था। सुनील दत्त साहब बहुत दुखी थे, लगातार दिलीप साहब को उनके घर पर फ़ोन कर रहे थे। जो मेरे साथ ही सफ़र कर रहे थे। 1996 में मोबाइल फ़ोन बड़ी दुर्लभ क़िस्म की चीज़ थी। मैंने तब एक मोबाइल फ़ोन ख़रीदा था। आख़िरकार सुनील दत्त साहब ने दिलीप साहब को खोज ही लिया और उन्होंने मेरे फ़ोन

* एक पारिवारिक मित्र और कांग्रेस पार्टी के सदस्य

पर उनको फ़ोन किया। दिलीप साहब यही कहते रहे : "चिन्ता मत कीजिए, मैं आपके साथ हूँ।" और उस परीक्षा की घड़ी में हमेशा की तरह वे सुनील दत्त साहब के पीछे खड़े रहे।

दुनिया दिलीप कुमार को सुपरस्टार कहकर बुलाती है। हालाँकि मैं यह जानता हूँ वे गंगा-जमुना तहज़ीब के सच्चे प्रतीक हैं, जो भारत की भावना को परिभाषित करती है एक सच्चे भद्र इंसान, एक सम्मानित इंसान और हरदिल अज़ीज़ नेताओं के नेता।

मुझे उनके साथ पिछले 30 सालों से जुड़े रहने का सौभाग्य मिला है—अपनी किशोरावस्था के दिनों से—और आज जब मैं बैठकर उनके जैसे महान इंसान और मेरे जैसे अनजान आदमी के बीच के रिश्ते के बारे में सोचता हूँ तो मेरी यादों में उथल-पुथल मचने लगती है।

"बेटा तुम्हारे लिए किसी यूसुफ़ ख़ान का फ़ोन आया था", 1984 में किसी समय की, बात जब मैं घर पहुँचा तो मेरी माँ ने बताया। "कौन यूसुफ़ ख़ान?" मैंने पूछा। मेरी माँ का जवाब था : "पता नहीं, पर उनकी आवाज़ बड़ी भारी थी।" 'क्या वे दिलीप कुमार थे?' मैंने ख़ुद से पूछा।

मेरे एक दोस्त डॉ. जुबेर दिलीप साहब को जानते थे और वे यह चाहते थे कि मैं उनके साथ जाकर उनसे मिलूँ। मैं हिचक रहा था। "मैं दिलीप कुमार से क्यों मिलूँ?" मैंने उनसे पूछा। मुझे फ़िल्मी दुनिया में कोई ख़ास दिलचस्पी नहीं थी क्योंकि मैं ऐसे परिवार से आया था जिसमें धर्म, परम्परा को ऊपर रखा जाता है और फ़िल्मों की मनाही थी। अगर कोई फ़िल्म देखना भी चाहता था तो उसे चोरी-छिपे देखनी पड़ती थी। बहरहाल, अपने दोस्त के बहुत कहने पर मैं दिलीप कुमार से मिलने के लिए तैयार हो गया।

बाहर का कोई भी आदमी सिनेमा की दुनिया को पूर्वाग्रह के साथ देखता है। मैं उसके साथ उनके घर चला गया, बिनी किसी उम्मीद के। लेकिन वह मुलाक़ात आँखें खोल देने वाली थी, जिसके बाद जो सम्बन्ध बना वह तीस सालों से क़ायम है। दिलीप साहब की जो पहली छवि मेरे अन्दर बनी, वह यह कि वे एक मेजबान के रूप में बहुत खुलूस वाले और उदार थे। उन्होंने हमारे बारे में पूछा और मुझे अब भी आश्चर्य होता है कि उनको ऐसा क्या लगा कि उन्होंने मेरे घर का फ़ोन नम्बर ले लिया और फिर उन्होंने फ़ोन किया।

मैं गया और दिलीप कुमार पहली मुलाक़ात की ही तरह गर्मजोशी से भरे और उदार थे। वे मेरे बारे में जानना चाहते थे और यह कि मैं क्या हूँ। यह उस आदमी का बहुत बड़ा व्यवहार था जिससे हर कोई परिचय बढ़ाना चाहता था। लेकिन मैं उनसे बहुत प्रभावित हुआ, इस बात को समझने के लिहाज़ से बहुत जवान था कि इंसानी रिश्ते इसी तरह साधारण तरीक़े से बनते हैं और वे पूर्वग्रह और मान्यताओं की दीवार से प्रभावित नहीं होते हैं।

उनके साथ जैसे-जैसे मेरी बातचीत बढ़ी, इस बात को लेकर मेरी समझ बढ़ने लगी कि दिलीप कुमार और यूसुफ़ ख़ान में फ़र्क़ है। दिलीप कुमार वे शख़्सियत हैं जिनको जनता प्यार करती है और अपना आदर्श मानती है, यूसुफ़ ख़ान उस इंसान का नाम है जो दुनियावी चीज़ों से ऊपर हैं। एक बार उन्होंने मुझसे कहा था : "यूसुफ़ ख़ान दिलीप कुमार से डरता है।" मैंने उनसे पूछा कि इस बात का क्या मतलब हुआ। मेरी आँखों में उलझन थी, तो उन्होंने कहा : "सिर्फ़ अल्लाह ही जानता है कि दिलीप कुमार कौन है और वह क्या कर सकता है!"

मैंने उनको एक पक्के आलिम की तरह क़ुरआन पढ़ते देखा है। सबसे बड़ी बात यह है कि वे किस तरह से क़ुरआन के सन्देश को समझने का प्रयास करते हैं। उन्होंने हर लाइन को बड़े ध्यान से पढ़कर पन्नों पर लाल, हरे और नीले रंग की स्याही से नोट बनाया। जब भी उनको किसी बात को समझना होता तो वे इस्लाम के विद्वानों से मदद लेते।

वे असल में बड़े साधारण और ज़मीन से जुड़े हुए आदमी हैं। यूसुफ़ ख़ान के रूप में वे ड्राइवर, रिक्शेवाला या घर में काम करने वाले आदमी से भी बात कर सकते हैं और उनको ऐसा लगेगा, जैसेकि वे उनमें से ही एक हैं। जबकि दूसरी तरफ़ दिलीप कुमार जिस आदमी का नाम है वह जो बिना किसी प्रयास के दुनिया के बड़े-बड़े लोगों, नेताओं सबके साथ घुल-मिल सकते हैं। इन दोनों के बीच की रेखा बहुत पतली है समझने की बात है।

मैं उनको 1991 में अपनी शादी के महज़ कुछ साल पहले से ही जानता था। हमारे पास शादी के लिए कार्ड छपवाने का भी समय नहीं था। मैंने उनको जुबानी ही शादी में आने के लिए आमन्त्रित किया और आश्चर्य की बात यह है कि वे आ गये। वे यह सोच सकते थे : 'मैं दिलीप कुमार हूँ और इस लड़के ने मुझे कोई कार्ड भी नहीं भेजा। इसलिए, मैं क्यों आऊँ?' लेकिन उन्होंने ऐसा नहीं किया। वे हमेशा ऐसी छोटी चीज़ों से ऊपर रहे हैं। वादा निभाना हमेशा से उनकी प्राथमिकता रही है। एक बार उन्होंने मुझसे सांताक्रुज ईस्ट में किसी शादी में साथ चलने के लिए कहा। मुझे लगा कि किसी वीआईपी की शादी होगी। वह किसी ग़रीब आदमी के रिश्तेदार की शादी निकली जिनको दिलीप कुमार निजी तौर पर जानते भी नहीं थे और चूँकि उसने उनको बुलाया था इसलिए उनको लगा कि उसमें जाना चाहिए।

उनकी लोकप्रियता के बारे में सब जानते हैं, मैं उसके ऊपर ज़ोर देना नहीं चाहता हूँ। फिर भी मुझे एक घटना याद आती है। 1998 में हम कुवैत में थे, जब दिलीप कुमार को कुवैत एयरवेज के सीईओ ने चाय पर बुलाया था। वहाँ भारत के राजदूत भी मौजूद थे और उन्होंने दिलीप साहब से पूछा कि क्या यह कुवैत की उनकी पहली यात्रा थी। सीईओ ने झट से कहा : "1963 में सर।"

हम सभी उनको हैरत के साथ देखने लगे। सीईओ ने आगे कहा : ''मैं उस समय स्कूल में पढ़ता था और हमारी छुट्टियाँ चल रही थीं। चर्चा यह थी कि भारत के एक बहुत ही मशहूर एक्टर कुवैत आने वाले हैं। मेरी ख़ुशक़िस्मती देखिये कि आज 35 साल के बाद मैं आपके साथ हूँ।''

वे लोगों की चेतना का हिस्सा हैं। मैंने देखा है कि हर तरह के लोग, हर देश के लोग उनसे मिलने के लिए न सिर्फ़ हिन्दुस्तान में बल्कि यूएई, यूके और अमेरिका जैसे देशों में भी बेचैन रहते हैं। मैं 2013 में उनके साथ था जब वे मक्का में पाक क़ाबा में तवाफ़ के लिए गये थे और जिस तरह से लोग उनके आसपास जुटे वह देखने लायक़ था।

कहा जाता है कि जब आप किसी आदमी के साथ सफ़र पर जाते हैं, तब आप उसको अच्छी तरह से जानते हैं। मुझे यह बात समझ में आयी कि दुनिया भर में जानी-मानी शख़्सियत होने के बावजूद वे अपने लिए कुछ भी नहीं माँगते हैं। कमज़ोर तबके के लिए उनका दिल धड़कता है। मुझे उनके साथ बहुत सारी बड़े स्तर की बैठकों में शामिल होने का मौक़ा मिला है। ऐसी एक बैठक प्रधानमन्त्री पी.वी. नरसिम्हा राव के साथ हुई थी, जब दिलीप साहब नयी दिल्ली 1992-93 में मुम्बई दंगों में विस्थापित हुए लोगों के हक़ की बात उठाने के लिए गये थे। इस बात के कई उदाहरण हैं जब उन्होंने दूसरों के लिए मदद माँगी जबकि अपने लिए कभी नहीं।

दिलीप साहब अकसर मुझे पण्डित नेहरू से जुड़ी अपनी ख़ास यादें सुनाया करते थे, जिन्होंने उनको सैद्धान्तिक रूप से प्रभावित किया था और जिनसे मिलने का सौभाग्य उनको कई बार मिला था। मुझे लगता है उनकी राजनीतिक विचारधारा पण्डित नेहरू के विचारों पर आधारित थी। उन्होंने मुझे कई बार बताया था कि नेहरू जी हम युवाओं को इसके लिए प्रेरित किया करते थे कि हम देश और देश-निर्माण की चर्चा में हिस्सा लें। जैसाकि मैंने पहले ही कहा, उन्होंने मेरी राजनीतिक महत्त्वाकांक्षाओं को सामाजिक मुद्दों से जोड़ा। समाज और कमज़ोर तबके के लिए काम करने की भावना मैंने उनसे सीखी।

एक और बात जो मैंने सीखी, वह परिवार की महत्ता थी। संयोग से मेरे और दिलीप साहब दोनों के पाँच भाई थे। वे इस बात को बहुत पसन्द करते थे कि हम भाइयों में आपस में बनती बहुत थी, क्योंकि वे ख़ुद भी अपने परिवार के बहुत क़रीब थे। ''परिवार तुम्हारा सहारा है, आसिफ़! इसका सहारा लो, और उसे अपना कन्धा दो, हमेशा साथ-साथ रहो।'' उनकी इस सलाह का हमें हमेशा फ़ायदा हुआ।

# सुभाष घई

सभी गम्भीर फ़िल्मकारों की तरह जिनका यक़ीन इस बात में होता है कि अच्छी फ़िल्म बनायें, मेरा भी यह सपना था कि ऐसी फ़िल्म बनाऊँ जिसको याद किया जाये और जिसके बारे में चर्चा की जाये। और कोई ऐसा करे कैसे? ज़ाहिर है, महान दिलीप कुमार के साथ फ़िल्म बनाकर।

मेरे पास एक विषय था जो दादा और पोते को केन्द्र में रखकर था और मेरी बड़ी इच्छा थी कि उसमें दिलीप कुमार को दादा की भूमिका में लूँ। यह बात 1980 की है और मैं किसी ऐसे आदमी की तलाश में था जो मुझे दिलीप कुमार से एक गम्भीर फ़िल्मकार के रूप में मिलवा दे, और तब जाने माने फ़िल्म वितरक आर.एन. मांडरे, जो बैंगलोर में रहते थे, ने कहा कि वे यह काम करेंगे। मैंने मीटिंग के लिए बैंगलोर की फ्लाइट पकड़ी; मैं उत्साहित होने से ज़्यादा घबराया हुआ था क्योंकि मैंने हाल ही में एक फ़िल्म बनायी थी जो फ्लॉप हो गयी थी और मुझे पक्के तौर पर यह लग रहा था कि दिलीप साहब ने उसके बारे में पढ़ा होगा। इसके अलावा, मेरे पास सुनाने के लिए एक कहानी थी जो बाउंड पटकथा नहीं थी। मेरे कई जानने वालों ने यह कह रखा था कि दिलीप कुमार बिना बाउंड पटकथा के किसी को भाव नहीं देते हैं।

जब मेरा उनसे आमना-सामना हुआ तो वे बड़े ख़ुलूस से और अच्छी तरह मिले। दिलीप साहब, मांडरे साहब और मैंने देश की हर बात के बारे में चर्चा की, सिवाय मेरी कहानी के। मैं यह उम्मीद कर रहा था कि वे मुझसे पूछेंगे कि मैं यहाँ क्यों आया था तो मैं उनको बता दूँगा। लेकिन उन्होंने पूछा ही नहीं। तब मैंने हिम्मत करके कह दिया कि मेरे पास उनके लिए एक कहानी है। उन्होंने सुनाने के लिए कहा। मुझे सुनने के बाद उन्होंने इसके अलावा कुछ और नहीं कहा कि वे अगले दिन मुझसे मिलेंगे।

हम अगले तीन दिनों तक मिलते रहे। यक़ीन कीजिए उन्होंने उस विषय को नहीं उठाया। चौथे दिन आख़िरकार मैंने पूछा कि उनको कहानी कैसी लगी। फिर उन्होंने मुझे मुस्कराते हुए कहा कि उनको कहानी में दम लगा और वे उसमें काम करने के बारे में सोचेंगे। सच में वह मेरे जीवन का एक ख़ास पल था।

मैं विजेता की तरह बम्बई लौटा, और मैंने निर्माता गुलशन राय को यह बताया कि दिलीप कुमार को विषय पसन्द आया है और वे फ़िल्म में काम करने के लिए तैयार थे। स्वाभाविक था, वे भी ख़ुश हुए।

दिन गुज़रते गये और गुलशन मुझसे पूछते रहे कि वे कब फ़िल्म की घोषणा करके दिलीप कुमार का नाम चर्चा में लायें। इस बीच लोग मुझसे पूछते कि उन्होंने जो सुना है, क्या वह सही है तो मैं गर्व से हाँ कहता, लेकिन लोगों के चेहरे से ऐसा लगता जैसेकि यह मेरे कैरियर का अन्त होने वाला है। कुछ ने तो यहाँ तक कहा : 'आप जानते हैं वे कैसे हैं? वे आपको सेट के बाहर कहीं बिठा देंगे और खुद ही फ़िल्म का निर्देशन करेंगे। और अन्त में आपको इस बात पर हैरानी होगी कि आपकी कहानी कहाँ गयी क्योंकि वे सब कुछ बदल देंगे। और जब तक फ़िल्म पूरी होगी आप बूढ़े हो जायेंगे क्योंकि वे फ़िल्म को पूरा करने में सालों लगा देते हैं।''

यह सब चिन्ताजनक था। जब मैं उनके बँगले में मिला तो मैं थोड़ा बेचैन था और उनकी समझ में यह बात आ गयी कि मेरे दिमाग़ में कुछ चल रहा था। मैंने उनसे यह कहा कि मैं दो कारणों से फ़िक्र में था। एक, मुझे उनसे स्वीकृति चाहिए थी क्योंकि गुलशन राय को अब भी मेरे ऊपर शक था और दूसरा...मैंने गहरी साँस लेकर कहा...फ़िल्म का निर्देशन कौन करेगा—वे या मैं?

दिलीप साहब ने हल्के से मुस्कराते हुए मेरी तरफ़ उँगली उठाकर कहा : ''तुम''।

गुलशन जी बहुत खुश हुए लेकिन उन्होंने मुझे यह ज़िम्मेदारी सौंप दी कि मैं दिलीप साहब से पैसों के बारे में बात कर लूँ। मैंने उनसे मिलने का वक़्त लिया और एक शाम उनके घर गया, जहाँ चाय-नाश्ता ख़ूब बढ़िया से परोसा गया था जो कि दिलीप साहब के घर का रिवाज था। सायरा जी और उनका अपने मेहमानों की ख़ातिरदारी का तरीक़ा बहुत शानदार था। वे बड़ी खुशी-खुशी अपने मेहमानों को खुद ही परोसते थे, और बातचीत से आपको आनन्दित भी करते थे।

मैंने फिर साहस करके पैसे की बात उठायी। उन्होंने मेरी तरफ़ एक नज़र देखा और पूछा : ''क्या आप इसीलिए मुझसे मिलने आये हैं?'' मैं घबरा गया और बिना पैसों की बात किये ही चला आया। आने वाले समय में जब फ़िल्म की शूटिंग शुरू हुई, तब मैं इस बात को समझ गया कि ईश्वर ने मुझे एक ऐसे आदमी की संगत में डाल दिया था जिसके लिए पैसे, स्टारडम, तमाम दुनियावी चीज़ें और सामाजिक हैसियत की चीज़ें, जो इस पेशे के और लोगों के लिए मायने रखती थीं, उनके लिए उन बातों का ख़ास मतलब नहीं था। वह किसी फ़िल्म में तभी काम करते थे, जब उनको उसका विषय पसन्द आता था और सबसे बढ़कर उनको निर्देशक और सारा माहौल पसन्द आता था। पैसों की वे ख़ास चिन्ता नहीं करते थे।

'विधाता' के निर्माण के दौरान दिलीप साहब ने मेरी शॉट योजना के ऊपर ख़ूब ध्यान दिया और इस हद तक सहयोग दिया कि फ़िल्म समय से एक महीने पहले ही पूरी हो गयी। उनके इस समर्पण से वहाँ सभी कलाकार प्रेरित हुए और जब वे काम करते थे तो पारस पत्थर की तरह होते थे।

यह फ़िल्म सुपरहिट रही और इसने मुझे फ़िल्म उद्योग में स्थापित कर दिया।

लेकिन मुझे उससे भी अधिक फ़ायदा हुआ। दिलीप साहब के साथ रहने से मैं पूरी तरह बदल गया; मैं ज़हीन हो गया, अधिक आत्मविश्वास के साथ बोलने लगा, मैंने ज्ञान पाने के हर मौक़े को हासिल करना सीखा, यह सीखा कि जब आप सफल हो जायें तो आपके पैर ज़मीन पर होने चाहिए और जो भी आपके पास मदद के लिए आये, उसकी मदद करने से पीछे नहीं हटना चाहिए।

हम मिलते-जुलते रहे और क़रीब हो गये, और वे मुझे अपने भाई की तरह देखने लगे। यह एक ऐसा सौभाग्य था जो शायद मेरे पिछले जन्मों के अच्छे कर्मों का प्रताप था। जब मैंने कर्मा फ़िल्म की पटकथा लिखी तो मैं एक बार फिर दिलीप साहब के पास गया, लेकिन इस बार अधिक आत्मविश्वास के साथ। इस बार मैंने यह कहा कि मुझे बजट तैयार करना था और इसलिए यह बेहतर होता कि वे इस बात का अनुमान दे दें कि वे इस फ़िल्म में काम करने के लिए कितना मेहनताना लेंगे। उन्होंने मेरी तरफ़ एक बार फिर देखा और कहा : "मुझे लगता है कि बेहतर यह होगा कि आप बनिया की तरह व्यवहार न करें।" मुझे इस बात का गर्व है कि मैंने दिलीप साहब को मुख्य भूमिका में रखकर तीन फ़िल्में बनायीं।

## डॉ. श्रीकान्त गोखले

मुझे इस बात का सौभाग्य प्राप्त है कि पिछले चार दशकों से न मैं सिर्फ़ दिलीप साहब का निजी चिकित्सक हूँ बल्कि उनकी दोस्ती का भी मुझे साथ रहा है। मैं जब उनसे पहली बार मिला था, तब मैं बान्द्रा में एक डॉक्टर के तौर पर अपने आपको स्थापित करने में लगा था।

दिलीप साहब का विश्वस्त कार्य-सहायक अनवर मेरे क्लिनिक में छोटी-मोटी बीमारियों के इलाज के लिए आया करता था और उसके शर्ट की बाँह में एक सौ रुपये का नोट मुड़ा हुआ रहता था। उन दिनों हम जाँच करने और दवाई लिखने के 10 रुपये लेते थे। जब भी वह मुझे 100 रुपये का नोट देता था तो मुझे उसको 90 रुपये लौटाने में बड़ी मुश्किल होती थी क्योंकि उसका मतलब होता था कि मुझे अपने सारे खुल्ले पैसे उसे दे देने पड़ते थे। मैं उसको सिर्फ़ अनवर के नाम से जानता था और यह सोचता था कि यह आकर्षक-सा दिखने वाला आदमी कौन था? लेकिन मैं उससे कभी कोई सवाल नहीं पूछता था। बिला वजह बात करना मेरी आदत नहीं थी। वह सफ़ेद कमीज़ और सफ़ेद पैंट पहनता था और हमेशा बड़ी शान से चलता था।

एक दिन वह अचानक आया और कुछ परेशान-सा दिख रहा था। उसने कहा : "आपको अभी मेरे साथ चलना होगा। दिलीप कुमार चाहते हैं कि आप उनकी बहन को देख लें क्योंकि उनको बहुत तेज़ बुख़ार है।"

मुझे तो जैसे झटका लगा। यह दिलीप कुमार को कैसे जानता था, जो उस समय सिनेमा के सबसे बड़े स्टार थे? तब मैंने उससे पहली बार यह पूछा कि वह कौन है और वह दिलीप कुमार को कैसे जानता था। फिर उसने कुछ लजाते हुए मुझसे कहा कि वह दिलीप कुमार का सहायक था।

इससे मुझे समझ में आ गया कि वह सफ़ेद शर्ट और पैंट क्यों पहनता था और दिखावा क्यों करता था। सबसे बड़ी सचाई यह थी कि दिलीप कुमार बड़े विनम्र थे और इतने बड़े स्टार होने के बावजूद उनके ऊपर उसका कोई प्रभाव नहीं था, लेकिन उनके आसपास जो लोग थे, जिनमें उनके भाई भी थे, वे यह जताने में कभी नहीं हिचकते थे कि वे स्टार दिलीप कुमार थे। दिलीप साहब के साथ लम्बे जुड़ाव के दौरान मैंने ऐसे अनेक लोगों को देखा जो सफ़ेद शर्ट पहनते थे, सफ़ेद लम्बे बाज़ू की शर्ट, अपने बाल फहराकर दिलीप कुमार बनने की कोशिश करते थे। मैं इस बात को समझ सकता हूँ कि जिसको आप अपना आदर्श मानते हों, उससे प्रभावित हो जायें। साथ ही चाहने वाले शायद ही यह समझ पाते हैं कि दिलीप कुमार में ख़ूबसूरत दिखने के अलावा भी बहुत कुछ है।

दिलीप साहब की जिस चीज़ में असाधारण प्रतिभा थी, उसके बारे में हम सब जानते हैं। ख़ास बात यह थी कि ईमानदारी, सहिष्णुता और सबके लिए सम्मान जैसे मानवीय गुणों के मामले में भी वे असाधारण थे। यहाँ तक कि उनका कोई साधारण प्रशंसक भी उनकी कार के गेट तक आ जाता था तो उसके साथ प्यार से पेश आते थे।

जब मैं उनके बँगले में पहली बार उनकी बड़ी बहन सक़ीना आपा का इलाज करने पहुँचा तो वे अपने बड़े-से बँगले के आउटहाउस में रहते थे, जबकि उन्होंने अपना सारा बँगला अपने भाइयों और बहनों को दे दिया था ताकि वे आराम और आज़ादी से रहें। वे बरामदे में मेरा इन्तज़ार कर रहे थे। मैं शरमा रहा था क्योंकि वे बहुत बड़े स्टार थे जबकि मुझे यह नहीं पता था कि ऐसे बड़े लोगों के साथ कैसे व्यवहार किया जाता है। उन्होंने मेरी शर्म को भाँप लिया और मेरे साथ मराठी में बात करने लगे। एक पल में मेरी शर्म दूर हो गयी और ऐसा लगा, जैसेकि मैं अपने शहर के किसी पुराने दोस्त से मिल रहा था, किसी सुपरस्टार से नहीं। मैंने कुछ दवाएँ लिखीं और मुझे उनकी चिन्ता का अन्दाज़ा हो गया था क्योंकि वे बार-बार उनके माथे को छूते थे और जता रहे थे कि वह जल्दी ही अच्छी हो जायेंगी।

उन्होंने मुझे विदा किया और मैं अपने घर यही सोचता हुआ गया कि क्या मैं सच में दिलीप कुमार से मिला था, सुपर स्टार दिलीप कुमार से।

उसके बाद उनके भाई-बहन जब भी बीमार होते थे तो मुझे इलाज के लिए बुलाया जाता था। इस तरह से मैं उनको और अच्छी तरह जानने लगा और हम दोस्त हो गये।

मुझे यह बात समझने में अधिक समय नहीं लगा कि वे कितने अच्छे इंसान हैं। एक-दूसरे को कुछ महीने तक जानने और जब उनकी बहन का इलाज करने पहली बार गया था, जिसके लिए उन्होंने अच्छे पैसे दिये थे, कई बार उनके बँगले पर जाने के बाद मैंने उनको यह बताया कि मैं अपनी पत्नी के साथ एक सप्ताह की छुट्टियों पर जा रहा हूँ और इस कारण से मैं मौजूद नहीं रहूँगा। वे सुनकर बहुत ख़ुश हुए और उन्होंने कहा कि यह अच्छा रहेगा कि किसी शान्त स्थान पर जाइये और वहाँ वातावरण के बदलाव का आनन्द उठाइए। मैंने हाथ हिलाया और अपने क्लिनिक आ गया। उसी शाम को उनके यहाँ से एक लिफ़ाफ़ा आया और उसके साथ एक नोट था, लिफ़ाफ़े में उनका साइन किया हुआ एक चेक था और नोट में लिखा था कि "आपकी छुट्टियों को और भी ख़ास बनाने के लिए।" यह बात मुझे छू गयी।

उनके साथ मैं डॉक्टर और दोस्त की तरह कई जगहों पर गया हूँ और मुझे बहुत मज़ा आया। हर जगह उनका जिस तरह से स्वागत होता था, उस बात से पूरी तरह अप्रभावित रहते हुए वे अपने साथ चल रहे सभी लोगों का पूरा ध्यान रखते थे। मैंने यह देखा है कि बड़े-बड़े राजनेता, मन्त्री, उद्योगपति उनसे मिलने को लालायित रहते थे और ऐसे हालात में उनके चेहरे पर अपने महत्त्वपूर्ण होने का कोई भाव नहीं रहता था। वे सब से उसी सम्मान और आदर से मिलते थे।

एक बार सर्दियों में हम ट्रेन से बम्बई से रतलाम जा रहे थे। उज्जैन में एक मन्दिर में मन्नत पूरी करने, जो रतलाम से 110 किलोमीटर की दूरी पर था। उनको देखकर लोगों का जो हुजूम उमड़ा जो अफरा-तफरी मची उस सबका उन्होंने बड़े आराम से सामना किया उसके बाद हम ट्रेन पकड़कर बम्बई आ गये। दिसम्बर का महीना था और बड़ी ठण्ड थी। जब हम बम्बई सेंट्रल स्टेशन पहुँचे तो उनका मन हुआ कि गर्मागर्म चाय पी जाये मैंने उनको सुझाव दिया कि घर जाते हुए हम माहिम में एक ईरानी होटल में रुककर चाय पी सकते थे, जिसके बारे में मुझे पता था कि वह बहुत जल्दी खुल जाता था। उनको यह बात जँच गयी और हम सीधे रेस्तराँ की तरफ़ चले। जब हम अन्दर घुसे तो वेटर ठीक से जगे भी नहीं थे। इसलिए शुरू में उनको यह समझ में नहीं आया कि उनके रेस्तराँ में कौन आया था। फिर उन्होंने दिलीप कुमार को देखा और वे मालिक को बुलाने के लिए भागे, जो हमारी मेज़ के पास आकर खड़ा हो गया और उसको इस बात का विश्वास भी नहीं हो रहा था कि वह क्या देख रहा था। दिलीप साहब ने उसको ऐसे सलाम किया, जैसे हम वहाँ अकसर आते रहे हों और उन्होंने चाय और साथ में बन मस्का के साथ ऑमलेट का ऑर्डर

दिया। दिलीप साहब ने उसके साथ असली ईरानी की तरह बातचीत की और उस आदमी की बाँछें खिल गयीं।

तब तक बात फैल गयी और बाहर थोड़ी भीड़-सी जमा हो गयी। खाने का सामान तैयार होने में वक़्त लग रहा था और इस बीच में भीड़ बढ़ गयी। पुलिस की गाड़ी भी आ गयी। बाहर लोग दिलीप कुमार, दिलीप कुमार चिल्ला रहे थे और उनकी एक झलक पाने को बेचैन थे। मालिक अब थोड़ा डर गया क्योंकि बाहर लोगों की बेचैनी बढ़ रही थी। दिलीप कुमार बाहर जाकर अपने चाहने वालों से मिलने के लिए तैयार थे जो अब उनकी फ़िल्मों के गाने गाने लगे थे। तब सुबह के बस सात बजे थे। पुलिस अन्दर आयी और उसने दिलीप कुमार से यह अनुरोध किया कि वे पिछले दरवाज़े से निकल जायें लेकिन ऐसा करने से वे हिचक रहे थे बल्कि वे दरवाज़े पर गये और उन्होंने वहाँ मौजूद लोगों से बात की, जिनको पुलिस ने घेरा बनाकर रोक रखा था। वहाँ मौजूद लोग जल्दी ही शान्त हो गये और मैं यह देख सकता था कि दर्शक इस बात से कितने ख़ुश हुए थे कि उनका हीरो पिछले दरवाज़े से नहीं भागा।

मैंने हमेशा इस बात को देखा है कि वे अपने मिलने-जुलने वालों से बड़े सम्मान से मिला करते हैं। जब वे उन जगहों पर आकर जुटे रहते थे, जहाँ वे चुनावी जनसभाओं को सम्बोधित करने जाया करते थे। वे सच्चे अर्थों में देशभक्त हैं और धर्म, जाति और भाषा के आधार पर किसी तरह का भेदभाव नहीं करते। बुज़ुर्गों का वे ख़ास ख़याल रखते हैं और बच्चों को प्यार करते हैं। जब भी हम शहर में गाड़ी से निकलते हैं तो वे मुझसे कहते : "श्रीकान्त, हम इन ग़रीब बच्चों का जीवन कैसे बदल सकते हैं और इनको अच्छे घर कैसे दिलवा सकते हैं। नहाने के लिए हर दिन पानी, स्कूल की शिक्षा और सामान्य बचपन?" उनको यह देखकर बहुत दुःख होता है जब सड़क पर छोटे-छोटे बच्चे ट्रैफ़िक सिग्नल पर उनकी गाड़ी रुकने पर मुस्कराते हुए उनकी गाड़ी के शीशे के पास आ जाते हैं और उनको पहचानते हुए कुछ सिक्कों की उम्मीद में उनकी तरफ़ देखने लगते थे। वे उनको उदारतापूर्वक देते थे। भीख माँगने वाले बच्चे यह जानते थे लेकिन वे यह नहीं जानते थे कि उनकी बुरी हालत देखकर उनको बहुत दुःख और चिन्ता होती है।

क़रीब 40 सालों से मैं उनका दोस्त और उनके साथ लगातार चलने वाला रहा हूँ। अपने भाई-बहनों के लिए उनका जो प्यार है, उसे शब्दों में बयान नहीं किया जा सकता है। इसी तरह सायरा जी और उनकी माँ और नानी को लेकर जो उनका प्यार था, वह कहा नहीं जा सकता। उन्होंने दिलीप साहब को बेटे का प्यार दिया है और पाया भी है, दामाद की तरह नहीं।

# कमल हासन

मैंने हमेशा यह बात कही है कि दो एक्टर ऐसे हैं जो मेरे लिए बुनियादी ज्ञान के माध्यम रहे हैं : शिवाजी गणेशन और दिलीप कुमार साहब। मुझे इस बात का थोड़ा-सा अफ़सोस भी है कि दिलीप कुमार साहब की असाधारण एक्टिंग की ख़ूबसूरती का मुझे थोड़ी देर से ज्ञान हुआ क्योंकि तमिलनाडु राज्य में भाषा की राजनीति चल रही थी, जिसकी वजह से कोई हिन्दी फ़िल्म नहीं देख सकता था। 'सागर' फ़िल्म से पहले एक बार रमेश सिप्पी ने मुझसे बातचीत में पूछा कि क्या मैंने 'गंगा जमुना' फ़िल्म देखी थी। मैंने उनसे कहा कि मैंने दिलीप कुमार की शुरुआती सभी क्लासिक फ़िल्में देखी हैं मगर 'गंगा जमुना' नहीं देखी है। उन्होंने कहा : ''क्या बात कर रहे हैं। 'सागर' फ़िल्म में काम शुरू करने से पहले उस फ़िल्म को देख लीजिए, आपको फ़ायदा होगा।'' उनका यह मानना था कि हर कलाकार को यह सीखने के लिए कि परदे पर किस तरह से नाटकीयता पैदा की जाती है, 'गंगा जमुना' ज़रूर देखनी चाहिए। उस बातचीत के बाद मैंने 'गंगा जमुना' देखने में देर नहीं लगायी और वह एक नयी दुनिया के दरवाज़े खुलने जैसा था!

मैं यह कहना चाहता हूँ कि दिलीप कुमार साहब की 'गंगा जमुना', 'मुग़ल-ए-आज़म', 'देवदास', और 'कोहिनूर' जैसी कई यादगार फ़िल्मों को देखने के बाद ही मुझे बारीकी का मतलब समझ में आया। पश्चिम के कलाकारों को और उनकी एक्टिंग की बारीकी को भी मैं उनकी फ़िल्म को देखने के बाद सराहने लगा। मुझे यह बात समझ में आने लगी कि यह माध्यम इतना मुखर है कि महज़ एक बार देखने से या चुप्पी से ही आप बहुत कुछ कह सकते हैं। मैं इस बात से सहमत हूँ कि सभी एक्टरों के लिए यह आसान नहीं होता है कि वे उस ख़ूबसूरती को हासिल कर सकें जो उन्होंने बिना किसी अधिक प्रयास के किये गये हाव-भाव से हासिल की, लेकिन हर एक्टर को उसकी नक़ल करने की कोशिश ज़रूर करनी चाहिए। मेरी एक्टिंग वैसी नहीं हुई होती, अगर मैंने दिलीप साहब की फ़िल्मों को नहीं देखा होता। उनके समय में एक्टर जिस तरह से काम करते थे, उसको बहुत कुछ बदल दिया और उन्होंने बाद के एक्टर्स के लिए भी एक्टिंग के मायने बदल दिये, मैं यह मानता हूँ कि उनमें से एक मैं भी हूँ।

'गंगा जमुना' में कुछ सीन ऐसे हैं जो मेरे दिमाग़ में हमेशा के लिए घर कर गये हैं। मुझे हमेशा इस बात पर आश्चर्य होता रहा है कि जिस तरह वे दर्शकों में

भावनाओं को जगा देते थे, जैसे जब वे शहज़ादे सलीम के रूप में चुपचाप दरबार में बैठे रहते हैं, बिना कुछ बोले या बिना कुछ किये जबकि अनारकली वह गाना गाती है 'प्यार किया तो डरना क्या।' एक एक्टर के रूप में मैं यह जानता हूँ कि यह कितना मुश्किल काम होता है कि ऐसे सीक्वेंस में अपना प्रभाव पैदा करें जिसमें आपको न तो कुछ करना है, न ही कुछ कहना और शहज़ादा सलीम की गरिमा को भी बनाये रखना है। मैं न जाने कितनी ही फ़िल्मों में उनके ऐसे सीक्वेंस के बारे में बता सकता हूँ। एक विद्यार्थी के रूप में मैंने उनसे काफ़ी कुछ सीखा भी है। वे ऐसे एक्टर हैं जो फ्रेम को अपने पूरे क़ाबू में रखते हैं जिसे फ़िल्म 'शक्ति' में देखा जा सकता है। रमेश जी ने मुझे बताया कि वे दो ऐसे एक्टर को साथ लेकर आये जिनमें फ्रेम को थामकर रखने की क़ूवत है, जो कि 'शक्ति' के कई दृश्यों में दिखायी भी देता है, जिनके बारे में बात भी हुई। दिलीप साहब से यह सीखने को मिलता है कि बिल्कुल शान्त रहने में कितनी ताक़त होती है। यह कहा जाता है कि ख़ामोश पानी जो होता है, वह गहरा होता है।

मैं बिना किसी संकोच के यह बात कहूँगा कि मेरे घर की कुछ ईंटें शिवाजी सर की हैं तो कुछ दिलीप साहब की। मैं जब भी दिलीप साहब से मिला तो मैंने उनकी इंसानियत और उनकी गर्मजोशी में कोई अन्तर नहीं पाया। मुझे याद है कि दिलीप साहब 'एक दूजे के लिए' 1981 में प्रदर्शित फ़िल्म के सिल्वर जुबली समारोह में आये थे। मुझे याद है कि जब मेरी फ़िल्म 'थेवर मगन'* की सिल्वर जुबली की ट्रॉफ़ी दी जा रही थी तो वे वहाँ मौजूद थे। मैंने उनके पास जाकर कहा : ''सर, कितनी अच्छी फ़िल्म थी।'' उनको कुछ हैरानी हुई और उनको यह समझ में नहीं आया कि मैं किस फ़िल्म के बारे में बात कर रहा था। तब मैंने कहा कि मैं 'गंगा जमुना' फ़िल्म की बात कर रहा था।

उनको आपके बारे में सब कुछ याद रहता है और आप जब भी उनसे मिलें, वे बड़ी ख़ुशी-ख़ुशी आपके साथ समय बिताते हैं। मैं उनसे दो साल पहले मिला था और वे इतनी गर्मजोशी और प्यार से मिले कि उनसे विदा लेकर घर जा पाना मुश्किल हो गया था। पहले उन्होंने पेशावर में अपने बचपन के बारे में कुछ बताया था। कई बातें उन्होंने इतनी अच्छी तरह से बतायी थीं कि मेरी यादों में वह हमेशा बने रहेंगे। उन्होंने जो विवरण दिया था, उसको मैंने 'विश्वरूपं' फ़िल्म में साकार करने की कोशिश की है। कला और साहित्य का उनका ज्ञान कमाल का है।

मुझे उस किताब का हिस्सा बनकर बहुत ख़ुशी हुई जो कि आप लिख रही हैं। मैं इसे अपने हाथ में लेने के लिए और इन्तज़ार नहीं कर सकता हूँ।

* 1992 में बनी इस फ़िल्म का निर्माण कमल हासन ने किया था और इसमें उन्होंने अपने आदर्श शिवाजी गणेशन के साथ अभिनय किया था।

# फ़रीदा जलाल

मेरे परिवार में मेरा भाई ख़ालिद, मेरी माँ और मैं सभी तभी से दिलीप कुमार के बहुत बड़े प्रशंसक रहे हैं, जब से उनकी फ़िल्म देखनी शुरू की। ख़ालिद और मैं दिलीप साहब की एक्टिंग के बारे में इतने जोश के साथ बातें करते थे कि कई बार हम खाना खाना भी भूल जाते थे। उनके बारे में बातें करना और उनकी फ़िल्मों के दृश्यों को याद करने से ही हमारा पेट भर जाया करता था। मैं यह सब इसलिए बता रहा हूँ ताकि आपको उस बात का प्रभाव समझ में आ सके जब एक सुबह मुझे फ़ोन आया, तब मैं 1960 के दशक के आख़िर में राजेश खन्ना और शर्मिला टैगोर के साथ एक फ़िल्म की शूटिंग कर रही थी। फ़ोन ख़ालिद का था जिसको कुछ विश्वस्त सूत्र से पता चला था कि दिलीप कुमार फ़िल्म 'गोपी' में अपनी बहन की भूमिका के लिए मेरे बारे में सोच रहे थे। पहले तो मुझे लगा कि ख़ालिद मुझे उल्लू बना रहा था। फिर जब ख़ालिद ने ज़ोर देकर यह कहा कि उसे यह बात एक ऐसे दोस्त ने बतायी है जिसकी ऐसी-वैसी बातें बताने की आदत नहीं है, मैं अपनी ख़ुशी रोक नहीं पायी। वह सारा दिन मेरे लिए ऐसे बीता, जैसेकि कोई सपना देख रही हूँ। जब मैं पीछे मुड़कर सोचती हूँ तो मुझे यह समझ में नहीं आता है कि उस दिन का सीन मैंने कैसे किया था।

वह बात सही थी। मैं जैसे ही बम्बई पहुँची, मुझे यह बताया गया कि मैं दिलीप कुमार से उनके बँगले में जाकर मिलूँ। उत्साह और घबराहट के साथ मैं अपनी माँ के साथ निकल पड़ी। जब वे आये और मुझसे और मेरी माँ से बातें करने लगे तो हमें सहज होने में एक मिनट से अधिक का समय नहीं लगा। वे इतने सहज थे और मेरी माँ से इतनी विनम्रता के साथ बात कर रहे थे कि मेरे जैसे नये कलाकार के लिए यह विश्वास करने लायक़ बात नहीं थी।

उन्होंने मुझे रोल के बारे में समझाया, और सबसे मज़ेदार बात यह हुई कि सायरा जी की माँ नसीम बानो कमरे में आयीं और मुझे उनसे मिलवाया गया। उन्होंने कहा कि उस फ़िल्म में मेरे पहनने के लिए जो गाँव के कपड़े बनने थे, वे वही बनाने वाली थीं। मुझे यह विश्वास नहीं हो रहा था कि यह सब हो रहा था।

'गोपी' मेरे लिए सीखने वाला अनुभव था, केवल काम के लिहाज़ से ही नहीं बल्कि निजी तौर पर भी। आत्मविश्वास के साथ एक्टिंग करने को लेकर मेरे अन्दर जो भी अहंकार था वह तब टूट गया, जब मैंने यह देखा कि किस इंसानियत के साथ दिलीप साहब यूनिट के हर आदमी से बातचीत किया करते थे और काम में

सम्पूर्णता लाने के लिए वे कड़ी मेहनत करते थे। कभी-कभी मुझे बड़ी हैरानी होती थी जब मुझे उनके साथ सीन करना होता था और वे रीटेक के लिए कहते थे। मैं यह सोचती थी कि इतना बड़ा एक्टर इतने रीटेक क्यों कर रहा था। मैंने जब उनके सहायक को यह बात बतायी तो उसने हँसते हुए कहा कि वे सभी रीटेक मेरे लिए थे। वे यह चाहते थे कि मेरी प्रतिक्रिया में कुछ और निखार आये और जैसा वे चाहते हैं, वैसा निकलकर आये। मैंने उनसे यह महानता सीखी कि कोई सीन तब तक ऊँचाई पर नहीं पहुँचता है, जब तक कि उसमें शामिल कलाकार अपना बेहतरीन नहीं देता है। ज़्यादातर एक्टर जो होते हैं, उनको अपने काम के स्तर की ही फ़िक्र होती है और वे उस सीन में मौजूद दूसरे एक्टर के स्तर की ज़रा भी परवाह नहीं करते हैं।

मैंने दिलीप साहब से कहा कि क्या मैं उनको भाईजान कह सकती हूँ तो उन्होंने जवाब दिया कि हाँ, क्यों नहीं। तब से मैं उनको भाईजान बुला रही हूँ। मैं उस बँगले में जाती थी, जहाँ भाईजान और सायरा जी मद्रास में रुके हुए थे और मेरा गर्मजोशी से स्वागत किया जाता था। देखते-देखते सायरा बी और मेरी दोस्ती हो गयी। मैं यह समझती थी कि वह दोस्त कम ही बनाती थीं। वे दोनों एक साथ इतने प्यारे लगते हैं।

'गोपी' के बाद मैंने कई फ़िल्में साइन कीं। एक बार कोल्हापुर में गोपी की शूटिंग थी और मैं देर से पहुँची तो भाईजान नाराज़ थे। उन्होंने कहा : ''यह याद रखो कि किसी एक्टर के जीवन में सफलता सबसे अधिक माँग करने वाली होती है। आप जितनी ही सफलता पाते हैं, आपको उतना ही अधिक काम करना पड़ता है, उतना ही ज़िम्मेदार, विनम्र और प्रतिबद्ध होना होता है। इसे दिमाग़ से मत निकलने दो। यह उससे पहले ही आपको गिरा भी सकता है, जब तक कि आप उसके बारे में जान पाते हैं।''

बम्बई में मैं सायरा बी के बँगले के पास एक अपार्टमेंट में रहती थी। मुझे कभी भी उनके घर में आने-जाने की आज़ादी थी क्योंकि सायरा बी और मेरी दोस्ती बरक़रार रही। उस घर में कितनी चहल-पहल रहती थी, और भाईजान के सभी भतीजे-भतीजियाँ वहीं रहते थे, कभी साथ में बैडमिंटन खेलते हुए या कभी ड्रॉइंगरूम में उनके साथ शतरंज खेलते हुए। रसोई से सबके खाने के लिए बढ़िया-बढ़िया चीज़ें आती रहती थीं और भाईजान अपनी प्लेट भरने से पहले हम लोगों की प्लेटें भर दिया करते थे। वे एक ऐसे आदमी हैं जो पाने से अधिक देने में विश्वास रखते हैं। यह काम उन्होंने अपने पूरे जीवन किया है, केवल अपने परिवार में ही नहीं बल्कि उन सबके लिए जो कि उनका परिचित हो।

# अनिल कपूर

मैं यह लेख नहीं लिख रहा होता, अगर मैंने दिलीप कुमार के साथ तीन ख़ास फ़िल्मों में काम नहीं किया होता। सुभाष घई और मैं इस इंडस्ट्री में दो ही ऐसे लोग हैं जो इस ख़ासियत के बारे में बढ़-चढ़कर कह सकते हैं।

मेरे एक्टिंग के कैरियर में दिलीप कुमार का योगदान इतना बड़ा है कि मैं यहाँ तक कह सकता हूँ कि अगर मैं इंडस्ट्री में पूरी निष्ठा और लगन के साथ आज भी काम कर पा रहा हूँ तो इस वजह से कि जो कुछ मैंने उनसे अप्रत्यक्ष रूप से सीखा है और जो उन्होंने मुझे हीरो के रूप में अपनी पहली फ़िल्म 'मशाल' से आज तक सिखाया है।

मैं हमेशा 'शक्ति' के बारे में यह कहता हूँ कि वह मेरी पहली फ़िल्म थी जिसमें एक नये कलाकार के रूप में मेरे ऊपर ख़ास ध्यान गया। मुझे उस दिन की हल्की-सी याद है, जिस दिन उस सीन की शूटिंग होने वाली थी। मैं बहुत उत्साहित भी था और घबराया हुआ भी। मुझे लाइनें बोलनी थीं और मुझे डर इस बात का था कि दिलीप कुमार साहब कि मौजूदगी में मेरी घिग्घी न बँध जाये। साथ में मैं यह भी चाहता था कि उनको प्रभावित कर लूँ और उस पल का आनन्द जीवन भर मनाऊँ। इसलिए आप इस बात को समझ सकते हैं कि मैंने उस शॉट में उनके सामने खड़े होने के लिए कितनी हिम्मत जुटायी होगी।

उस दिन शूटिंग के लिए अमिताभ बच्चन की ज़रूरत नहीं थी लेकिन किसी कारण से उनको रमेश सिप्पी ने सेट पर आने के लिए कहा था। मेरे लिए यह दोहरा दबाव था—दिलीप साहब मेरे सामने, हमेशा की तरह शॉट के लिए पूरी तरह तैयार, और अमिताभ बच्चन गम्भीरता से दूर से देखते हुए। मुझे कुछ याद नहीं है कि मैंने अपनी लाइनें किस तरह से बोलीं। मुझे तो बस अपने दिल की धड़कन सुनायी दे रही थीं और अचानक मैंने यूनिट के लोगों और वहाँ मौजूद लोगों की तालियों की गड़गड़ाहट सुनी। तब मुझे समझ में आ गया कि मैंने अपना पहला शॉट दे दिया था।

दिलीप साहब ने मेरा ख़ूब उत्साह बढ़ाया क्योंकि वे मेरे पिता सुरेन्द्र कपूर को अच्छी तरह जानते थे, क्योंकि वे 'मुग़ल-ए-आज़म' में के. आसिफ़ के असिस्टेंट थे। मैं तब छोटा बच्चा था और मुझे याद है कि कोई शाम ऐसी नहीं बीतती थी, जब मेरे पिता दिलीप साहब के काम की तारीफ़ न करते हों। डैड बहुत अच्छी

तरह बताते थे कि किस तरह का सीन था और दिलीप साहब ने कैसी तैयारी के साथ वह सीन किया था, और वह काम कितना अच्छा बन पड़ा था, हम उत्साहित होकर सुनते थे। डैड हमें साहब की इंसानियत, धीरज, उनके लगन, उनकी निष्ठा के बारे में बताया करते थे। उन्होंने बताया था कि शीशमहल का सेट तैयार करने में छह महीने का वक़्त लग गया था और जब शूटिंग शुरू हुई तो उसमें और देरी हुई क्योंकि निर्देशक ने जो कैमरा क्रू इंग्लैण्ड से बुलवाया था, उससे वह नहीं ले पा रहे थे जो वह चाहते थे। दिलीप साहब ने एक बार भी न तो कोई शिकायत की और न ही अपना आपा खोया।

अपने शुरुआती सालों से, इसीलिए मैं एक तरह से दिलीप कुमार को जीता था और मेरी एक ही ख़्वाहिश थी कि बड़ा होकर दिलीप साहब के काम को देखूँ और वह मौक़ा आया 'मशाल' के साथ। शुरू में मुझे मुख्य रोल के लिए नहीं चुना गया था। मुझे उन लड़कों में से एक लड़के की भूमिका निभानी थी। फिर एक दिन यश जी ने मुझे फ़ोन करके बताया कि मुझे उनके साथ बैंगलोर जाना था। उन्होंने मुझे यह नहीं बताया था कि वे दिलीप कुमार से मिलकर उनकी अनुमति लेना चाहते थे कि वे मुझे मुख्य भूमिका में रख सकें। दिलीप साहब उस समय जिंदल हेल्थ रिसॉर्ट में थे और बड़ी सख़्ती से वज़न कम करने की कोशिश कर रहे थे; उन्होंने मुझे तुरन्त पहचान लिया और हाँ कर दी।

जैसे-जैसे 'मशाल' का पहला शेडयूल नज़दीक आता जा रहा था, वैसे-वैसे घबराहट और उत्साह के मारे मुझे रातों को नींद नहीं आती थी। उस शेडयूल के दौरान एक सीन कैंटीन में फ़िल्माया जाना था जिसमें मैं अपने टपोरी दोस्तों के साथ बैठा हुआ था कि दिलीप साहब मुझे खोजते हुए आते हैं। हम लोगों को ऐसे जताना था कि हमारे ऊपर कोई फ़र्क़ नहीं पड़ता जबकि हम यह अच्छी तरह जानते थे कि वे गुस्से में होंगे क्योंकि हमने उनके घर की खिड़की के शीशे तोड़ दिये थे और उनकी पत्नी को झिड़क दिया था।

रिहर्सल शॉट में दिलीप साहब कैंटीन में तेज़ी से आये और अपने डायलॉग बोलने लगे। मैं उनको नज़रअन्दाज़ करता रहा कि अचानक मैंने सुना : कट, कट, कट! मैं उनके पास गया और उन्होंने कहा : "जब मैं तुमसे बात कर रहा हूँ तो तुम मेरी तरफ़ क्यों नहीं देख रहे हो?"

मैंने कहा : "सर, मेरा किरदार ऐसा है जो बदतमीज़ है, इसलिए मैंने सोचा कि जब आप बोल रहे हों तो मैं आपको सीधे न देखूँ।"

दिलीप साहब ने तत्काल यश जी की तरफ़ मुड़कर कहा : "ठीक है, इस तरह से सीन को कर लेते हैं। मैं कैंटीन में जाता हूँ, सीधा अनिल के पास जाता हूँ, उसके शर्ट की कॉलर पकड़कर उसे उठा लेता हूँ, उसे अपनी तरफ़ घुमाकर उससे बातें करने लगता हूँ।" मुझे और यश जी दोनों को लगा कि यह सही था। उन्होंने यश जी से यह अनुरोध किया कि क्या हम सीधे टेक के लिए जा सकते हैं।

पूरी यूनिट को यह बता दिया गया कि सीधा टेक लिया जायेगा, कोई रिहर्सल नहीं होगा, एकदम ख़ामोशी छा गयी। दिलीप साहब तेज़ी से आये, अपने मज़बूत पठानी हाथों से मेरे कॉलर को पकड़कर उठा लिया। मेरा दम घुट रहा था और मैं काँप रहा था। मैंने उनकी भेदती आँखों में देखा। टेक हो गया! ख़ूब तालियाँ बजीं क्योंकि वह शॉट बहुत शानदार हुआ था। और मेरे चेहरे का हाव-भाव उससे वास्तविक नहीं हो सकता था। लेकिन मुझे पसीने आ रहे थे और अब भी मेरा दम घुट रहा था। साहब ने मेरी हालत देखी और मुझे एक कोने में ले जाकर कहा कि उनको अफ़सोस है लेकिन कभी-कभी इससे अच्छा हो जाता है अगर ऐक्शन थोड़ा वास्तविक हो जाये। उन्होंने कहा : ''जब तुम इस सीन को परदे पर देखोगे और जब इसके लिए तुम्हारी तारीफ़ की जायेगी, तब तुमको समझ में आयेगा कि मेरा क्या मतलब था।' और वे एकदम सही थे!

'मशाल' के दौरान मुझे यह देखने का सौभाग्य मिला कि कितनी मेहनत और लगन के साथ वे अपना काम करते थे। मेरे लिए वे संस्थान, मेरी किताब और मेरे एनसाइक्लोपीडिया सब हो गये थे। मैं कभी नहीं भूल सकता हूँ जब रात को मुम्बई की ख़ाली सड़क पर सबसे यादगार सीन की शूटिंग थी। जब वे आसपास गुज़रती गाड़ियों से यह मिन्नत कर रहे हैं कि वे उनकी मरणासन्न पत्नी को अस्पताल ले जायें। दिलीप साहब उस रात ताज होटल में रुके थे और जब वे आधी रात को शूटिंग के लिए आये तो वे सामान्य थे। मस्त, उत्साह से भरपूर और प्यार से भरे हुए। जब कैमरा रोल हुआ और तब जो हुआ, वह हाड़ कँपा देना वाला था। एक असहाय आदमी किसी तरह अपनी मरती पत्नी को बचाने के लिए कोशिश में लगा हुआ है और जिसको निर्दयता से एक गाड़ी वाला धक्का दे देता है। हम अवाक्, हैरान और आँसुओं में डूबे थे। केवल दिलीप कुमार ही वैसा कर सकते थे।

'कर्मा' की शूटिंग में बड़ा मज़ा आया था और मुझे उसकी कई यादगार घटनाएँ याद हैं। मैंने दिलीप कुमार का मौज-मस्ती वाला रूप देखा था, जब वे ब्रेक के दौरान हमें अपने बचपन और लड़कपन की मज़ेदार कहानियाँ सुनाया करते थे। मेरे पिता सेट पर आते थे और यह देखकर बहुत अच्छा लगता था जब वे अपने पुराने दिनों को याद किया करते थे। एक बात मेरे पिता दिलीप कुमार के बारे में अकसर कहा करते थे कि वे अपने पुराने दोस्तों और सहयोगियों को कभी नहीं भूलते थे और उनको उससे मिलकर बड़ी ख़ुशी मिलती थी—चाहे उनका वह दोस्त या सहयोगी इस दौरान जीवन में किसी भी दर्ज़े में हो। मेरे डैड तब तक के कामयाब निर्माता बन चुके थे लेकिन और लोग भी थे उस दौरान, जो बाद में जीवन में बड़ा नहीं कर पाये। मेरे पिता ने मुझसे यह भी कहा था कि दिलीप साहब कभी बेकार की बातों में समय नहीं गँवाते हैं। वे अपना समय लेखकों और बौद्धिक लोगों के बीच बिताना पसन्द करते थे जिनके साथ वे सार्थक, गम्भीर बातचीत कर सकें, और मुझे उनसे यह सीखना चाहिए।

असल में डैड ने मुझे यह भी बताया था कि दिलीप साहब के अधिक दोस्त इंडस्ट्री से बाहर हैं क्योंकि उनको बेकार की बातें करना पसन्द नहीं हैं और वे लगुओं-भगुओं को बढ़ावा नहीं देते हैं।

आज मैं अपने बच्चों को यह बताता हूँ कि मैंने दिलीप साहब से वह सीखा जो मेरे पिता उनके बारे में हमें तब बताया करते थे, जब मैं और बोनी बच्चे थे। मैं हमेशा अपनी फ़िल्मों के प्रीमियर के लिए दिलीप साहब और सायरा जी को निजी तौर पर बुलाने जाता हूँ क्योंकि उनका आशीर्वाद मेरे लिए बहुत मायने रखता है। मुझे याद है कि जब हमने 'पुकार' फ़िल्म का ख़ास ट्रायल दिलीप साहब के लिए रखा था। जब शो ख़त्म हुआ तो वहाँ इतने लोग उनके आसपास थे कि मैं उनके पास नहीं पहुँच पाया। घर आकर मैं अपने स्टडी में बैठकर यह सोच रहा था कि मेरे काम के बारे में दिलीप कुमार क्या सोच रहे होंगे कि जब मुझे बताया गया कि दिलीप कुमार का फ़ोन था। उन्होंने क़रीब एक घण्टे तक मुझसे बात की, मेरी तारीफ़ों के पुल बाँधते हुए और एक कलाकार के बतौर कुछ मूल्यवान सुझाव देते हुए। उनको मेरा काम पसन्द आया था और यह कहने में उन्होंने कोई कंजूसी नहीं की। उस फ़िल्म में काम के लिए बाद में मुझे राष्ट्रीय पुरस्कार भी मिला था, लेकिन उससे भी बड़ा पुरस्कार वह था जो उस रात दिलीप साहब ने मेरे काम की तारीफ़ की थी। आज भी मैं दुनिया में कहीं शूटिंग कर रहा हूँ और जब मैं कैमरे का सामना करने के लिए तैयार होता हूँ तो वह बातचीत आज भी मेरे कानों में गूँजने लगती है।

## ऋषि कपूर

यूसुफ़ अंकल न तो मुझे ऋषि बुलाते थे और न ही चिंटू। उनके लिए तो मैं 'सन्नी बॉय' था। मेरे दिमाग़ में बचपन की यादें हैं जिनमें यूसुफ़ अंकल चेम्बूर में मेरे घर आते थे, हर महीने के दूसरे इतवार को, जब फ़िल्म के कामगार अपने काम से छुट्टी लेते थे और स्टार्स को भी अपने घर में ही रहना पड़ता था। वे अकसर मेरे सामने से गुज़रते थे, जहाँ मैं अपने

दोस्तों के साथ खेल रहा होता था। वे आते ही मेरे बालों को उड़ाकर पूछते थे, "कैसे हो सन्नी बॉय?"

मुझे यह पता था कि वे सुपरस्टार दिलीप कुमार थे और यह भी कि वे और पापा पेशे में एक जैसे ही थे। मेरे दोस्त उनको देखते थे और वे उनको देखकर बड़े प्यार से मुस्कराते थे। मैं सुनता था कि पापा उनका स्वागत करते हुए कहते थे : "लाले तूने देर कर दी। मैं सुबह से इन्तज़ार कर रहा हूँ..." वे एक-दूसरे के गले लगते और दोपहर में एक-दूसरे के साथ खो जाते थे।

यूसुफ़ अंकल और पापा में अटूट भाईचारा था, जिसके बारे में न कोई सोच सकता था और न ही जिसके बारे में कोई विश्वास कर सकता था। स्टार के रूप में वे एक-दूसरे के मुक़ाबिल होते थे तो भी वे एक-दूसरे से ऐसे प्यार करते थे, जैसे एक ही माता-पिता की सन्तान हों। जब पापा और यूसुफ़ अंकल साथ होते थे तो घर में जैसे उत्सव का माहौल हो जाता था। चूँकि दोनों को खाना बहुत पसन्द था इसलिए मेरी माँ सुबह से रसोई में यह बताती रहती थीं कि दिन के खाने में क्या बनेगा और फिर चाय में क्या बनेगा। पापा पठानी कपड़े पहनकर ऐसे तैयार रहते थे, जैसे कोई उत्साही बच्चा। मुझे लगता है कि दोनों को ही पेशावर में बिताये अपने बचपन के दिनों को याद करके अच्छा लगता था या उन दिनों को जब वे खालसा कॉलेज में पढ़ते थे या जो दिन उन्होंने बम्बई टॉकीज़ में अपने शुरुआती वक़्त में गुज़ारे थे।

मुझे लगता है कि राज कपूर उनको उसी तरह से प्यार करते थे, जिस तरह से वे अपने भाइयों शम्मी और शशि को करते थे। शायद वे अपनी भावनाएँ और अपनी गुप्त इच्छाओं को घर में किसी से भी अधिक यूसुफ़ अंकल के साथ साझा करते थे।

उनके बीच ज़ाहिर है पेशेवर प्रतिस्पर्धा थी। अगर वे पेशेवर तौर पर एक-दूसरे के मुक़ाबिल नहीं आते तो यह असामान्य बात होती। उस प्रतिस्पर्धा की सबसे ख़ूबसूरत बात यह थी कि दोनों में से कोई यह नहीं चाहता था कि कोई सुपरस्टार से नीचे आये। उन दोनों को एक-दूसरे के ऊपर गर्व था और मुझे याद है कि उन दोनों ने आरके के मिनी थियेटर में मेरी पहली फ़िल्म 'बॉबी' के रशेज देखे थे या फ़िल्म 'मेरा नाम जोकर' के, जिस दौरान ये फ़िल्में बनायी जा रही थीं। पापा यूसुफ़ अंकल की बातों को बहुत महत्त्व देते थे। मुझे यह भी याद है कि जब देश में कोई आपदा आयी थी तो वे पापा के ऑफ़िस में बैठकर सरकार के लिए धन उगाही के लिए योजनाएँ बनाते थे। जब वे सारी गतिविधियों को आगे बढ़कर चलाते थे तो उसका मतलब होता था शत-प्रतिशत भागीदारी। उन दोनों को न कौन कह सकता था?

बड़े होने के बाद की मेरी तीन यादें हैं जिनको मैं बिना किसी हिचक के साझा कर रहा हूँ। पहली, वह याद जो आज भी मेरा पीछा करती है।

यह तब की बात है जब पापा आख़िरी बार अस्पताल में भर्ती हुए थे और इंडस्ट्री का लगभग हर जाना-माना आदमी हमें भावनात्मक समर्थन देने के लिए वहाँ आया था। यूसुफ़ अंकल पाकिस्तान में सम्मान समारोह में गये हुए थे, जब पापा को दिल्ली में दिल का दौरा पड़ा था और उनको अपोलो अस्पताल में भर्ती किया गया था। जिस दिन यूसुफ़ अंकल मुम्बई आये, उन्होंने दिल्ली की फ्लाइट पकड़ ली और अस्पताल में भागकर आये। मुझे साफ़ याद है कि वे किस तरह से उस कमरे में आये, जहाँ पापा अचेत पड़े हुए थे और उनके बिस्तर के पास कुर्सी लगाकर बैठ गये और हाथ में पापा का हाथ लेकर बातें करने लगे, "राज आज भी मैं देर से आया। माफ़ कर दो मुझे। मुझे पता है कि तुमको लाइमलाइट में रहना पसन्द था और चाहते थे कि सबका ध्यान तुम्हारे ऊपर रहे। बहुत हो गया। उठो और बैठकर मेरी बातें सुनो। मैं अभी पेशावर से आया हूँ और तुमको लुभाने के लिए चपली कबाब की ख़ुशबू लाया हूँ। हम दोनों साथ-साथ चलेंगे और बाज़ार में चलकर वैसे ही कबाब और रोटी खायेंगे जैसे हम खाते थे। राज अब उठो और यह एक्टिंग बन्द करो। मैं जानता हूँ कि तुम महान अदाकार हो। राज, मैनू ले जाना है तुसी पेशावर दे घर दे आँगन विच।" जब वे बोल रहे थे तो उनकी आवाज़ भर्रा रही थी और आँखों से आँसू निकल रहे थे।

रणधीर और मैं चुपचाप खड़े थे। मैं यूसुफ़ अंकल की उस कातर पुकार को कभी नहीं भूल सकता हूँ और न ही उसको, जिस तरह से उन्होंने हिचकते हुए कमरे को छोड़ा था और दरवाज़े पर जाकर आख़िरी बार अपने सबसे प्यारे दोस्त को घूमकर देखा था जो बिस्तर पर अचेत पड़ा था।

एक और याद है आरके स्टूडियो की, जब हम 'प्रेम रोग' फ़िल्म की शूटिंग कर रहे थे। मुझे अपने चेहरे पर निराश प्रेमी का भाव लाना था और मैं उसे लाने की बहुत कोशिश कर रहा था। निर्देशक राज कपूर को वह भाव नहीं मिल पा रहा था जो उनको चाहिए था, और इस वजह से वे चिढ़ रहे थे। फिर उन्होंने पूरी यूनिट के सामने कहा, "मुझे यूसुफ़ चाहिए। मुझे वह भाव चाहिए जो ऐसी सिचुएशन में यूसुफ़ ने दिया होता। मुझे वह भाव चाहिए जो उसकी आँखों में तब होता था जब वह प्यार, उसकी गहराई और उसकी असलियत को दिखाता था।"

यूनिट ख़ामोश थी। किसी को इस बात पर यक़ीन नहीं हो रहा था कि वे अपने पेशेवर प्रतिद्वन्द्वी दिलीप कुमार के बारे में बात कर रहे थे। मुझे लगता है कि यह अभिनेता निर्देशक राज कपूर का यूसुफ़ अंकल की उस बेमिसाल अदाकारी का सबसे बड़ा स्वीकार था, जब वे प्यार को उसकी सारी पीड़ा और तीव्रता के साथ अभिव्यक्त करते थे। यह इसलिए सम्भव था क्योंकि वे दोनों एक-दूसरे का सच्चा सम्मान करते थे। क्या आप आज यह सुनते हैं कि शाहरुख़ ख़ान ने सलमान ख़ान के बारे में ऐसा कहा हो या सलमान ख़ान ने शाहरुख़ ख़ान के लिए?

एक और घटना वह है जिससे यह पता चलता है कि वे दोनों एक-दूसरे के दिल में किस हद तक थे जब पाकिस्तान की सरकार से 'निशान-ए-इम्तियाज़' लेने के कारण बाला साहेब ठाकरे उनका विरोध कर रहे थे, जो पूरी तरह राजनीति से प्रेरित था। उनके बँगले के बाहर भद्दा प्रदर्शन हुआ था और हमारे इंडस्ट्री के संवेदनहीन व्यवहार के अनुरूप ही हमारी बिरादरी से कोई भी शिवसेना को उसकी जगह बताने के लिए नहीं निकला था। उस समय यूसुफ़ अंकल ने एक इंटरव्यू दिया था जिसमें उन्होंने कहा था, "ऐसे मौक़े पर मैं अपने दोस्त राज कपूर को बहुत याद कर रहा हूँ जो मेरे या किसी भी कलाकार के ख़िलाफ़ हुए प्रदर्शन का जवाब ज़रूर देता। वह मेरे साथ ऐसा नहीं होने देता।"

तब पापा नहीं थे लेकिन उसकी वजह से हमें गर्व हो रहा था कि यूसुफ़ अंकल जैसा विद्वान हमारे पिता को याद कर रहा था और उनको इस बात का श्रेय दे रहा था कि वे किसी से डरने वाले आदमी नहीं थे और हर वक़्त कलाकारों के हित में खड़े रहते थे।

हम यूसुफ़ अंकल और सायरा आंटी से फ़ोन पर सम्पर्क में रहते हैं और पर्व-त्योहारों पर मिलते भी हैं। मुझे याद है मैं और रणधीर अपने छोटे भाई चिम्पू (राजीव कपूर) की शादी के लिए उनको न्योता देने गये थे। यूसुफ़ अंकल हम लोगों को देखकर इतने ख़ुश हो गये कि हम बड़ी देर तक बैठकर बातें करते रहे और सायरा आंटी चाय और स्वादिष्ट नाश्ता पेश करती रहीं। यूसुफ़ अंकल की बातों से हमेशा कुछ-न-कुछ सीखने को मिलता था। जब हम देव आनन्द साहब से मिलने आनन्द स्टूडियो में उनके पेंट हाउस में गये थे और उस सुन्दर मुलाक़ात के बाद यह मुलाक़ात एक अलग तरह का ही अनुभव था। वे खड़े होकर उत्साह के साथ कमरे में इधर-उधर घूमते हुए बातें कर रहे थे। "हाँ चिंटू, क्या चल रहा है और डब्बू तुम्हारा नया क्या चल रहा है..." हम लोगों को देखकर वे उत्साह से भर गये थे और बहुत ख़ुश थे। इससे मैं यह सोचने लगा कि वे कितने अलग थे—भारतीय सिनेमा के तीन महान अभिनेता और तीन सच्चे सुपरस्टार।

मेरी ख़ुशक़िस्मती रही है कि मुझे 'दुनिया' (1984) में यूसुफ़ अंकल के साथ काम करने का मौक़ा मिला, जिसमें अशोक कुमार और प्राण भी थे। एक दिन बहुत मज़ेदार घटना घटी, जब मेरे और यूसुफ़ अंकल के बीच एक नाटकीय सीन की शूटिंग होने वाली थी। वे मेरे पिता की भूमिका कर रहे थे और उस सीन में उनको मेरे ऊपर गुस्सा दिखाते हुए यह कहना था कि मेरे घर से निकल जाओ। सब कुछ तैयार था और यूसुफ़ अंकल भी अपनी लाइनों के साथ पूरी तरह से तैयार थे। पूरी तरह से ख़ामोशी थी और यूसुफ़ अंकल चाहते थे कि सीधा टेक लिया जाये। क्लैप बोर्ड की आवाज़ आयी और निर्देशक रमेश तलवार ने 'ऐक्शन' कहा। जब यूसुफ़ अंकल अपनी लाइनें बोलने ही वाले थे कि अशोक कुमार ने उनके ऊपर चिल्लाते हुए कहा, "यूसुफ़, मैंने सुना कि तूने दूसरी शादी कर ली।

अरे भाई, आदमी एक बीवी को तो मुश्किल से सँभालता है और तुम दो-दो बीवियों को सँभालने निकले। अरे वाह!'' पूरी यूनिट तनाव में आ गयी जबकि यूसुफ़ अंकल ने अशोक कुमार की तरफ़ देखा जो पूरी तरह सहजता से बैठे दिखायी दे रहे थे। यूसुफ़ अंकल ने मुस्कराते ही बड़ी विनम्रता से चिल्लाकर कहा, ''अशोक भैया, क्या इस मसले पर हम सीन के बाद चर्चा कर लें? मैं मानता हूँ कि यह चर्चा का मुद्दा है लेकिन मुझे लगता है हम इतना इन्तज़ार कर सकते हैं!''

हँसी की धारा फूट पड़ी और हम सुन सकते थे कि प्राण और अशोक कुमार दिल खोलकर हँस रहे थे। यह यूसुफ़ अंकल हैं—एक ऐसे इंसान जिनका सेन्स ऑफ़ ह्यूमर बहुत बढ़िया है और एक ऐसे आदमी जो अपने साथी कलाकारों का बहुत सम्मान करते हैं। अशोक कुमार, यूसुफ़ अंकल और प्राण के बीच का दोस्ताना 'दुनिया' की शूटिंग के दौरान देखने लायक़ था। वह मेरे लिए सीखने के क़ाबिल था।

मैं यह बात पूरी ईमानदारी से कहना चाहता हूँ कि हम राज कपूर के बेटे-बेटियाँ उनको यूसुफ़ अंकल बुलाते हैं, लेकिन वे हम सबके लिए पिता समान हैं और हमेशा रहेंगे।

## आमिर ख़ान

जब मैं छोटा बच्चा था, तब से ही यूसुफ़ साहब के काम को परदे पर देखने लगा था। मैं उनकी बेहतरीन अदाकारी के बारे में घर में अपने पिता ताहिर हुसैन, चाचा नासिर हुसैन और उनसे मिलने आने वाले इंडस्ट्री के लोगों के बीच चर्चाएँ सुनता रहता था। मैं इतना बड़ा नहीं हुआ था कि उनकी एक्टिंग की ख़ासियत को समझ पाता, लेकिन इतना तो समझ में आता ही था कि वे बाक़ी एक्टर की तरह नहीं थे जो उस किरदार को निभाने के लिए बहुत दबाव में नज़र आते हैं। दिलीप कुमार लाखों देखने वालों के वही किरदार होते थे जो वे परदे पर निभाते थे और मुझे इस बात के ऊपर बहुत आश्चर्य होता था कि उनको देखकर ऐसा लगता ही नहीं था कि वे एक्टिंग कर रहे थे। यह तब की बात है, जब मैं दस साल का था।

जब मैं कुछ बड़ा हुआ और मेरी सिनेमा की समझ कुछ विकसित हुई तो मैं उनकी फ़िल्मों को उस आदमी की नज़र से देखने लगा जो फ़िल्मों में एक्टर बनना चाहता था। तब मुझे यह बात समझ में आयी कि भारतीय सिनेमा में अदाकारी की दुनिया में उनका योगदान कितना बड़ा रहा है। मैं इस बात को स्पष्ट करूँगा कि मेरा मतलब क्या है।

जब मैं इस पेशे में आया तब तक भारतीय सिनेमा 75 साल का हो चुका था। अब मैं इस पेशे में क़रीब 25 सालों से हूँ। इसलिए जब यूसुफ़ साहब इस पेशे में आये, तब भारतीय सिनेमा महज़ 25 साल पुराना था; यह माध्यम तब अपना रूप ले ही रहा था और उस समय जो कलाकार थे, वे नाटकों की तरह से किरदारों को निभाते थे।

यूसुफ़ साहब एक ऐसे परिवार से आये थे जिसका कोई सम्बन्ध किसी दृश्य कला से नहीं था और उनके लिए सन्दर्भ केवल उनके पहले के कलाकार ही थे। मेरे ख़याल से उनके देखने के लिए अशोक कुमार, मोतीलाल और शायद के.एल. सहगल के ही काम थे। यहाँ तक कि उस समय तकनीक, जैसे—कैमरा, साउण्ड, लाइट भी उतनी उन्नत नहीं थी। ऐसे हालात में वे एक ऐसे कलाकार के रूप में सामने आये जिनकी कला सबसे अलग थी और जो यथार्थ के बहुत क़रीब भी थी। उन्होंने अपने आपको पश्चिम की सिनेमा के किसी कलाकार के अनुसार नहीं गढ़ा या भारतीय सिनेमा के ही किसी कलाकार के अनुरूप नहीं गढ़ा। वे अपने आपमें सबसे अलग थे और उनकी शैली नयी थी।

राज कपूर चार्ली चैप्लिन की नक़ल कर रहे थे। देव आनन्द ग्रेगरी पेक के जैसी एक्टिंग कर रहे थे, लेकिन यूसुफ़ साहब अपनी सहजता के अनुसार काम करते थे और हम जैसे कलाकारों के लिए, जिन्होंने उनकी कला का अनुसरण किया, आश्चर्य की बात यह है कि वे जिस किरदार को निभाते थे, उसमें पूरी शिद्दत से यक़ीन करते थे। मुझे बाद में यह बात समझ में आयी, जब मैं अपनी शुरुआती फ़िल्मों में कैमरे के सामने आया कि यह न तो उतना आसान था और न ही उतनी कम कोशिश वाला जितना कि लगता था। मुझे यह बात समझ में आयी कि एक एक्टर को अपने आपको इस बात के लिए काफ़ी समझाना पड़ता है और उसे भावनात्मक रूप से काफ़ी तैयारी करनी पड़ती है, इस बात में यक़ीन करने के लिए कि वह स्वयं नहीं है बल्कि वह किरदार है और उसे उसके ऐसे अनुभवों से गुज़रना पड़ता है जो अनुभव उसके अपने जीवन में नहीं हुए होते हैं।

मैंने यह पाया कि मैं उनकी फ़िल्मों को बहुत आनन्द के साथ देखता था और दिमाग़ में इस बात को दर्ज करता चलता था कि वे किस विश्वसनीयता के साथ देवदास, गंगा, शहज़ादा सलीम जैसे किरदारों में विश्वसनीयता पैदा करते थे और मैं यह देख सकता था कि वे कितनी शिद्दत से उन किरदारों में

विश्वास करते थे जिनको वे परदे पर ज़िन्दा कर देते थे। इसका श्रेय मैं दे सकता हूँ : (1) उस किरदार को निभाने के लिए उनकी तैयारी और कड़ी मेहनत; (2) उनकी अतुलनीय मानसिक और भावनात्मक शक्ति और (3) अल्लाह की दी हुई प्रतिभा और क्षमता को।

ऐतिहासिक किरदार शहज़ादा सलीम के किरदार को निभाना उनके लिए कितना मुश्किल होगा और वह भी शहंशाह अकबर के रूप में पृथ्वीराज कपूर की मज़बूत मौजूदगी के बावजूद। कोई और एक्टर रहा होता तो वह पृथ्वीराज जी की गुँजाने वाली संवाद अदायगी का मुक़ाबला करने के लिए चीख़ने-चिल्लाने लगा होता। लेकिन यूसुफ़ साहब ने उसके विपरीत रास्ता निकाला, अपनी आँखों से अधिक प्रकट करते हुए और अपनी मुलायम और परिष्कृत आवाज़ में शानदार संवाद अदायगी से। अगर आप ध्यान से उनकी मुस्कान और उनकी चाल को देखें, जो कि उन्होंने नाटकीय दृश्यों में अपनाये हैं, तो वह सब इतना स्वाभाविक लगता है कि आपको यह विश्वास होने लगता है कि वे सच में रोमांटिक शहज़ादा सलीम हैं जो हिन्दुस्तान की बादशाहत के लिए अपने प्यार को क़ुर्बान करने के लिए तैयार नहीं है।

उनके लिए गंगा का किरदार निभाना भी कितना मुश्किल रहा होगा और उस ज़ुबान में बोलना जिसमें उन्होंने बोला है। मेरे ख़याल से 'मुग़ल-ए-आज़म' और 'गंगा जमुना' दोनों की शूटिंग साथ-साथ ही हुई होगी और यह उनके लिए कितना मुश्किल रहा होगा। मैं अपनी मुश्किल को बयान कर सकता हूँ, जब हाल ही में मैं दो अलग तरह की फ़िल्मों की शूटिंग साथ-साथ कर रहा था—धूम-3 और पीके। पीके में मैं भोजपुरी ज़ुबान बोलता हूँ और जब धूम-3 के लिए रिहर्सल करते हुए जब मैं अचानक भोजपुरी बोलने लगता था तो धूम-3 के निर्देशक संजय गढ़वी को बड़ी हैरानी होती थी। इसलिए मुझे बड़ा आश्चर्य होता है कि यूसुफ़ साहब, जो इसके लिए जाने जाते थे कि वे अपने काम के प्रति पूरी तरह समर्पित रहते थे और एक समय में एक ही फ़िल्म पर ध्यान लगाते थे, ने किस तरह से दो अलग-अलग तरह के किरदारों को एक समय में साधा होगा—एक गाँव का किरदार जो क़ानून का भगोड़ा है और दूसरा मुग़ल शहज़ादा!

मुझे 'गंगा जमुना' के एक सीन की हल्की-सी याद है जिसमें वे भागे जा रहे हैं, गाँव से भागे जा रहे हैं और उनको गाँववालों ने घेर रखा है जो उनको पकड़ने आये हैं। वे असहाय महसूस कर रहे हैं कि वे एक बन्दूक़ छीन लेते हैं और ग़लती से उसका ट्रिगर दबा देते हैं और गाँववालों के ऊपर उसका प्रभाव दिखायी देता है जो अब उनसे दूर भागने लगते हैं और वे एक ही साथ आश्चर्यचकित हो जाते हैं और ख़ुशी के मारे उछल पड़ते हैं। तभी दूसरी तरफ़ से वैजयन्तीमाला दौड़ती हुई आती हैं और वे उनकी बाँहों में गिरकर सुबकने लगते हैं और उन्हें बताते हैं कि किस तरह से गाँववालों ने उनको कुत्ते की तरह से खदेड़ा।

मुझे नहीं लगता कि दुनिया में लम्बे समय तक कोई भी ऐसा एक्टर हो सकता है जो वैसा ज़बरदस्त प्रभाव पैदा कर सकता है जैसाकि उन्होंने उस सीन में अपनी नियन्त्रित अदाकारी से पैदा किया।

कुल मिलाकर वे अपने समय से बहुत आगे थे और मुझे लगता है कि हम एक्टर जो विश्वस्तरीय बनने की कोशिश कर रहे हैं, उनसे बहुत पीछे हैं। उन्होंने ऐसी पटकथाएँ और भूमिकाओं को चुनने में भरपूर साहस दिखाया जो एक-दूसरे से बिल्कुल अलग थीं। एक हीरो के रूप में उन्होंने ट्रेजिडी से कॉमेडी का रुख़ किया और 'राम और श्याम' फ़िल्म के बाद फ़िल्म में काम करने वाले नायकों के लिए यह परिपाटी बनायी कि वे अपनी भूमिका में कॉमेडी को भी जोड़ें। उन्होंने जिस भी फ़िल्म का चुनाव किया, वह बहुत ध्यान से किया और अपनी शर्तों पर किया। उन्होंने जानबूझकर अपनी परदे की छवि को लेकर ख़तरा उठाया और उस समय हीरो की भूमिका करने वाले कलाकारों के लिए जो भी अलिखित नियम थे, उनको तोड़कर रख दिया। इसके लिए हिम्मत और अपने ऊपर भरपूर विश्वास की ज़रूरत होती है। हर बार उन्होंने अनजान समुद्र में गोता लगाया और वहाँ से मोती लेकर निकले।

मुझे लगता है कि वे यह सब इसलिए कर पाये क्योंकि पैसा उनके लिए एकमात्र उद्देश्य नहीं था। साथ ही वे उस दबाव के सामने भी नहीं झुके जो स्टारडम के आने पर ज़्यादातर एक्टर्स को महसूस करना पड़ता है। वह दबाव यह होता है कि उस समय जो भी प्रस्ताव आ रहे हों, उन सबको इस डर से स्वीकार कर लेना कि कहीं दौड़ में पिछड़ न जायें या अगर यह सफलता लम्बे समय तक नहीं टिकी तो कहीं गुम न हो जाये। एक एक्टर के रूप में उन्होंने ख़ुद को कभी असुरक्षित महसूस नहीं किया और इस बात से उनके ऊपर कोई फ़र्क़ नहीं पड़ता था कि वे कितने बड़े स्टार हैं और कितने समय तक बने रहने वाले हैं। मुझे लगता है कि उनके लिए यह बात मायने रखती थी कि उनके हाथ में जो काम है, वे उसे कितनी ईमानदारी और शिद्दत के साथ कर पाते हैं। बाद में जब उन्होंने बूढ़े किरदार करने शुरू किये, तब भी अपना चुनाव बहुत ध्यान से किया। हम उनके कुछ चुनावों से असहमत हो सकते हैं लेकिन इस बात की तारीफ़ की जानी चाहिए कि उन्होंने उन फ़िल्मों में इसलिए काम किया क्योंकि वे करना चाहते थे और पैसे या किसी और प्रलोभन के लिए नहीं किया। और उन सभी फ़िल्मों में वे शानदार लगे थे। चाहे मशाल हो या सौदागर, शक्ति या उस दौर की कोई और फ़िल्म, वे कहानी के केन्द्र में थे, हीरो थे। लोग लाइन लगाकर उनको परदे पर देखने के लिए आते थे जबकि उन फ़िल्मों में और लोकप्रिय कलाकार भी होते थे। इसलिए मैं यह नहीं कहूँगा कि दूसरे दौर में उनका काम कमतर था या वे चरित्र अभिनेता के रूप में थे।

मैंने निश्चित तौर पर उनके काम से सीखा है और जिस तरह से वे परदे के बाहर अपना बर्ताव रखते हैं, हर काम बड़ी गरिमा और आत्म-सन्तुष्टि के भाव से करना। वे भारत के सबसे बड़े सुपरस्टार बने हुए हैं और मुझे शक है कि हममें से कोई उनकी बराबरी भी कर सकता है, चाहे हम भविष्य में कितना ही अच्छा काम कर लें।

## अयूब ख़ान*

यूसुफ़ अंकल के साथ गुज़ारे वक़्त की यादें ये रहीं...

इससे पहले मैं अपने बचपन के बारे में कुछ बताना चाहता हूँ ताकि आपको इस बात का अन्दाज़ा हो जाये कि मेरे अंकल के साथ किस तरह के रिश्ते थे, मेरे पिता के बड़े भाई के साथ, हिन्दी फ़िल्म इंडस्ट्री के अब तक के सबसे बड़े सुपरस्टार के साथ, करिश्माई दिलीप कुमार के साथ, मेरे यूसुफ़ अंकल के साथ।

एक घटना है जो सबसे अलग है और जिसका मेरे ऊपर बहुत गहरा प्रभाव पड़ा, वह यह है कि जब मैं महज़ 5 साल का था मेरे पिता (नासिर ख़ान) का देहान्त हो गया। मुझे दिलासा देते यूसुफ़ अंकल की यादें इतनी साफ़ हैं। मुझे याद है कि एक दिन मैं अपने आपको किसी तरह अपने पिता के न होने के लिए दिलासा देने की कोशिश कर रहा था, तो यूसुफ़ अंकल ने खेल-खेल में मुझे आसमान की तरफ़ देखने का इशारा किया, आकाश में ऊदी घटाएँ थीं, उन्होंने सबसे बड़े सफ़ेद बादल की तरफ़ इशारा किया। उन्होंने मुझे कहा कि मेरे अब्बा उसी बादल के पीछे थे और उन्होंने मेरे लिए आकाश में इतने बादल बिखेर दिये हैं। उन्होंने यह कहते हुए मुझे दिलासा देने की कोशिश की कि मेरे अब्बा हर दिन मेरे लिए आकाश को सजाने में लगे रहते हैं।

मैं अवाक् रह गया, मैं अपने प्यारे चाचा से यह नहीं कह सका, जिन्होंने मुझे इतनी अच्छी कहानी से दिलासा दिलाने का काम किया था, मुझे सचाई का अच्छी तरह से पता था। सबसे राहत की बात यह थी कि वह इंसान जिसे पूरा देश आदर्श मानता था, उसके दिल में मेरे प्यारे अब्बा के लिए बहुत गहरा सम्मान था। यह इतनी बड़ी जानकारी थी और देश के लोग भी इस बात को जानते थे कि अब्बा और यूसुफ़ अंकल के बीच बड़ा गहरा रिश्ता था। जब भी

* दिलीप कुमार के भतीजे, नासिर ख़ान के पुत्र।

वे एक की बात करते तो दूसरे को नहीं भुलाते थे। इस दौरान मैं जहाँ भी गया, लोगों ने उन दोनों के बीच के गहरे रिश्ते के बारे में बात की।

यूसुफ़ अंकल के साथ रहने में किसी तरह का बन्धन नहीं होता है। वे हमेशा अपने आसपास के माहौल को जीवन्त बनाये रखते हैं और जब हमारे आसपास बच्चे होते हैं तो बच्चों जैसा माहौल बनाये रखते हैं। चूँकि मेरा बचपन भावनाओं से उथल-पुथल वाला रहा है इसलिए मैं अकसर अपने अन्दर की भावनाओं को जल्दी नहीं प्रकट करता हूँ। मैं जहाँ कहीं भी गया, चाहे फ़िल्म इंडस्ट्री हो या बाहर, हैरान से लोग मेरे आसपास बच्चों की तरह आकर बैठ गये, यह सुनने के लिए कि मैंने अपने रहस्यमय अंकल के साथ कैसा समय बिताया।

उनके साथ रिश्ते की परिवार के ऊपर बहुत गहरी छाप है और फ़िल्म इंडस्ट्री हो या उसके बाहर की दुनिया, उसका हमारे सामाजिक स्तर पर गहरा असर रहा है। लोग हमें राजाओं की तरह से देखते हैं क्योंकि यूसुफ़ साहब ने बड़ी मशक़्क़त से यह दर्जा हासिल किया है।

यूसुफ़ अंकल और सायरा आंटी इस बात को पक्का करती हैं कि जब भी वे हमसे मिलें तो हमारे रिश्ते के बीच में उनकी लोकप्रियता या उनका सामाजिक स्तर न आ पाये, वे बहुत सहजता से मिलते हैं, बातें करते हैं। और अगर वह मुलाक़ात यूँ ही चलते-फिरते हो गयी हो, तब भी उसकी अमिट छाप पड़ती है।

जब मैं उनसे जुड़ी अपनी शुरुआती यादों के बारे में सोचता हूँ तो सिनेमा की तरह से दिमाग़ में छवियाँ आने-जाने लगती हैं। जो सबसे पहली छवि मेरे दिमाग़ में आती है, वह यह है कि मैं सायरा आंटी की छत पर अपने अब्बा के साथ चल रहा हूँ और यूसुफ़ अंकल एक बड़ी-सी पतंग उड़ा रहे हैं। मेरे अब्बा और अंकल के लिए पतंग उड़ाना बहुत बड़ा शौक़ था। मेरे साथ जो भावना आज भी जुड़ी हुई है, वह यह कि हम यह चाहते थे कि मौज-मस्ती में भी हमारे अंकल करिश्माई लगें। उनकी पतंग आकाश में उड़ती थी, सभी पतंगों को काटते हुए न जाने पतंगबाज़ी की कितनी लड़ाइयाँ उन्होंने जीतीं, और जब भी वे जीतते तो मुझे उनकी ठहाकेदार हँसी सुनायी देती थी, जो पूरी छत में फैल जाती थी और मुझे और भी मन्त्रमुग्ध कर जाती थी।

मुझे याद है कि हम सभी भाई-बहनों को बान्द्रा बैंड स्टैंड के एक खुले रेस्तराँ में दावत दी जाती थी जबकि यूसुफ़ अंकल और असलम अंकल के बीच में सीटी बजाने की प्रतियोगिता होती थी। मुझे साफ़ याद है कि यूसुफ़ अंकल ने सीटी बजाने की वह प्रतियोगिता भी जीत ली थी।

मुझे अच्छी तरह से याद है कि हम सारे बच्चों को वे जादू का खेल दिखाने के लिए ले गये थे। मरीन ड्राइव के एक ऑडिटोरियम में पी.सी सरकार का खेल चल रहा था। हम बच्चों को आगे बैठने की जगह दी गयी थी और हमें जादूगर की मर्ज़ी से स्टेज पर जाकर कुछ जादू के खेल में भाग लेने का मौक़ा भी दिया गया था : उस महान आदमी के रिश्तेदार होने के कई फ़ायदों में से एक फ़ायदा

यह भी था। जब यूसुफ़ अंकल ने हम बच्चों की तरफ़ सिर उठाकर देखा तो उनका भतीजा होने के पर गर्व हो आया था।

मुझे यह बात ज़रूर कहनी चाहिए कि अब्बा यूसुफ़ अंकल और सायरा आंटी के दिल के बहुत क़रीब थे। मेरे सामने जो फ़िल्में पड़ी हुई हैं, उनमें मेरी आँखें 'गंगा जमुना' के ऊपर ठहर जाती हैं। यह एक महान फ़िल्म है जिसमें मेरे अब्बा और अंकल ने काम किया था और इस फ़िल्म के माध्यम से अंकल ने मेरे अब्बा के कैरियर को मज़बूत बनाने की कोशिश की थी। मैं यह कहना चाहता हूँ कि मुझे यह फ़िल्म देखना अच्छा लगता है। वह पल कैसा रहा होगा कि अपने महान अंकल के पीछे बैठकर मैंने अपने अब्बा और अंकल को एक ही फ़िल्म में काम करते देखा। हालाँकि अब्बा और उनके प्यारे भाई को एक साथ देखना मेरे युवा दिल के लिए बहुत अधिक था। मैं रोने लगा था।

ईद के दिन हम सारे भाई-बहन यूसुफ़ अंकल और सायरा आंटी के घर पर जुटते थे। ख़ूब बड़ी ईदी लेकर हम बच्चे बँगले के बग़ीचे में चोर-सिपाही का खेल खेलते थे। उस समय दिल में यही भाव होता था कि ईद के दिन इस बँगले से बेहतर कोई जगह नहीं है।

हम भाई-बहन जब बच्चे थे, तब बँगले में एक साथ जुटकर गीत-संगीत की महफ़िल सजाते थे। हममें से कुछ बच्चे यूसुफ़ अंकल की बैठक को उनके लिए ऑडिटोरियम में बदल देते थे। जब वे आते तो उनको खींचकर हम उनको जज की कुर्सी पर बिठा देते थे और फिर हम खिड़की के पास के परदे के पीछे से निकल-निकलकर आते थे और गीत या कव्वाली गा-गाकर यूसुफ़ अंकल को प्रभावित करने की कोशिश करते थे। ज़ाहिर है हमारा मक़सद यह होता था कि यूसुफ़ अंकल अपना बटुआ ढीला करें और हमारे लिए किसी शो का टिकट ख़रीद दें, जो कि उनको ख़रीदनी पड़ती थी। इसके पीछे चाल यह होती थी कि घर के हर सदस्य के लिए उनको टिकट ख़रीदनी पड़ती थी, जिसमें नौकर-चाकर भी शामिल रहते थे। अगर हमारा बस चलता तो पूरे इलाक़े के लिए टिकट ख़रीदवा लेते।

मैंने जब पहली फ़िल्म साइन की तो अंकल को यह बताने के लिए गया कि मैंने एक्टर बनने का फ़ैसला किया है।

मुझे याद है कि मैं निर्माता और निर्देशक को सायरा आंटी के घर यूसुफ़ अंकल से मिलवाने के लिए ले गया था। जब मैं यूसुफ़ अंकल और सायरा आंटी के ऊपर उनके कमरे से निकलकर नीचे बैठक में आने का इन्तज़ार कर रहा था तो मेरी सिट्टी-पिट्टी गुम थी।

मुझे याद है कि जब मैं बग़ीचे की तरफ़ खुलने वाली खिड़की की तरफ़ देखता कमरे में इन्तज़ार कर रहा था तो मुझे पैरों की आहट सुनायी दी, जो मेरे निर्माता और निर्देशकों की थी जो कमरे में यूसुफ़ अंकल के आने पर खड़े हो गये थे। दुआ-सलाम के बाद मेरी टीम ने अंकल को जल्दी से यह बताना शुरू

कर दिया कि उनकी योजना क्या थी : कहानी, शूटिंग का शेड्यूल, प्रचार-प्रसार, वग़ैरह। जिस बात ने मेरा ध्यान खींचा, वह यह कि यूसुफ़ अंकल लगातार मेरी तरफ़ देख रहे थे। उनकी आँखें इतनी स्पष्टता से मुझसे बातें कर रही थीं। मैं यह समझ सकता था कि मुझे लेकर उनकी चिन्ता थी जिसकी वजह से वे मेरी तरफ़ देख रहे थे।

बिना एक भी शब्द कहे यह बात दिखायी दे रही थी कि मैं फ़िल्म इंडस्ट्री में उनकी विरासत का प्रतिनिधि बनता जा रहा हूँ। और मेरे दिल में कहीं गहरे यह बात बहुत स्पष्ट है कि मेरे अंकल की महानता की कोई बराबरी नहीं कर सकता है, मैं क्या हूँ, लेकिन मुझे कम-से-कम उन सिद्धान्तों को अपनाना होगा जो यूसुफ़ अंकल के महान काम में शामिल रहे हैं ताकि कम-से-कम कुछ सार्थक कर सकूँ, अगर कभी मेरा नाम इंडस्ट्री में उनके नाम के साथ लिया गया।

जल्दी ही फ़िल्म का मुहूर्त हुआ और यूसुफ़ अंकल ने क्लैप दिया। सब बहुत धुन्ध भरा था। इतना कुछ हो रहा था। मेरी अम्मा और दोस्त, परिवार के लोग सब उस दिन की घटनाओं को देख रहे थे। मेरे साथ जो रह गया, वह यूसुफ़ अंकल की नज़र थी जो मेरे ऊपर पड़ी थी। मुझे समझ में नहीं आ रहा था कि क्या वे इस रास्ते की बाधाओं या ताक़त को देख पा रहे थे जो मेरे उस रास्ते में आने वाली थीं जिसको मैंने चुना था।

मेरे जीवन में उतार-चढ़ाव आते रहे। मैं आगे बढ़ता गया और अंकल से सम्पर्क बना रहा। एक बात जो इससे अलहदा है, वह मेरी पहली शादी को लेकर है। सायरा आंटी और यूसुफ़ अंकल ने अपने बँगले में मेरे लिए जलसा किया था। इस जलसे के दौरान न तो उन्होंने अपनी कोई ख़्वाहिश मेरे ऊपर थोपी थी और न ही उन्होंने मुझे कुछ करने के लिए दबाव डाला। मैं ज़िम्मेदारियों की दुनिया में जा रहा था और मेरे पास बहुत सीमित साधन थे। जिस बात ने मुझे बहुत साहस दिया, वह बात थी कि मेरे जीवन की सबसे बड़ी घटना में मेरे अंकल और आंटी ने मुझे जो सम्मान दिया। जितनी सहजता से वे मेरे और मेरी अम्माँ के साथ खड़े थे और उसने हमें जो सहयोग दिया उसका मुक़ाबला कुछ भी नहीं कर सकता है।

सायरा आंटी ने हमेशा अंकल के साथ मेरे सम्बन्धों में सहयोग दिया है। उन्होंने हमेशा इस बात की ताकीद की है कि मैं उनके जलसों का हिस्सा रहूँ। हाल में जब दिल की बीमारी की वजह से यूसुफ़ अंकल अस्पताल में भर्ती हुए थे, तब सायरा आंटी ने यह पक्का किया कि मैं उनके साथ शाम में अपने काम से लौटने के बाद बैठूँ, उन्होंने हमेशा इस बात का ख़याल रखा है कि हमारे बीच बातचीत में कोई बाधा न आये।

सच में, सायरा आंटी इस बात को पक्का करती हैं कि यूसुफ़ अंकल अपने परिवार के साथ जुड़े रहें, जिसके लिए मैं हमेशा उनका आभारी रहूँगा।

## सलीम ख़ान

मैं हमेशा सोचता था कि महान इंसान के बारे में लिखना आसान होता है, ख़ासकर दिलीप कुमार के बारे में क्योंकि उनसे जुड़ी घटनाओं, बचपन से लेकर आज तक के संस्मरणों के रूप में उनके बारे में इतनी सामग्री मौजूद है। लेकिन जब मैं यह लेख लिखने के लिए बैठा तो मुझे समझ में नहीं आया कि शुरू कहाँ से करूँ। बहरहाल, मैं पूरी ईमानदारी से कोशिश कर रहा हूँ।

दिलीप साहब के अब्बा मोहम्मद सरवर ख़ान साहब, जो प्रसिद्ध अभिनेता पृथ्वीराज कपूर के पड़ोसी थे, वे फ़िल्मों को नापसन्द करते थे इसलिए वे उनको मौलाना अबुल कलाम आज़ाद के कहने पर बम्बई सेंट्रल स्टेशन पर खींचकर ले आये। आज़ाद ने सरवर ख़ान साहब की बातों को ध्यान से सुना और फिर दिलीप साहब से कहा : ''नौजवान, जो भी करो पूरी ईमानदारी और शिद्दत से करो, जैसे नमाज़ अदा कर रहे हो।'' दिलीप साहब ने वही किया। उन्होंने अदाकारी में ख़ुदाई पाकीजगी पैदा की, अपने पेशे को इबादत बना दिया।

दिलीप साहब ने अपनी अदाकारी के फ़न को धीरे-धीरे कड़ी मेहनत और भरपूर लगन से सान चढ़ाया। उन्होंने अपने पेशे में ऐसी महारत हासिल की, जैसेकि कोई हाल में हो। मिसाल के लिए, उनको 'कोहिनूर' में एक गाने में सितार बजाना था। उन्होंने एक उस्ताद से महीनों सितार बजाना सीखा। अपने फ़न को बेहतर बनाने के लिए उन्होंने अनेक ज़ुबानें सीखीं। वे अंग्रेज़ी, हिन्दी, उर्दू, बांग्ला, मराठी और पश्तो भाषाओं में बात कर सकते हैं। उनकी अदाकारी के बारे में मैं उनके बचपन के दोस्त, उनके सबसे बड़े प्रतिद्वन्द्वी का हवाला देना चाहता हूँ, जिन्होंने रमेश सिप्पी की फ़िल्म 'शक्ति' देखकर उनको बैंगलोर से फ़ोन किया और बोले : ''लाले, आज फ़ैसला हो गया। तुम सबसे बड़े अदाकार हो।'' प्रसंगवश, मैंने और जावेद अख़्तर ने शक्ति फ़िल्म लिखी थी, जिसमें दिलीप साहब, अमिताभ बच्चन, राखी और स्मिता पाटिल ने काम किया था। जब हमने दिलीप साहब को पहले पटकथा सुनायी थी तो दिलीप साहब ने खुलासा किया कि ख़ुदा ने उनको एक्टिंग का हुनर दिया था, वे कभी लिखना नहीं चाहते थे, लेकिन कुछ पटकथाएँ और कुछ डायलॉग इतने बुरे थे कि उनको लिखना पड़ गया। फिर उन्होंने कहा कि हमने बहुत अच्छा काम किया था। हमने बाद में 'क्रान्ति' फ़िल्म लिखी थी जिसमें उनकी अहम भूमिका थी।

जब देविका रानी, बॉम्बे टॉकीज़ की महारानी ने 'ज्वार भाटा' में हीरो के लिए उनको चुना तो उस बड़े से स्टूडियो में सब सदमे में आ गये क्योंकि तब

के मानकों से वे सुन्दर नहीं माने गये थे, लेकिन जल्दी ही उनको ज़बरदस्त कामयाबी मिली।

जब दिलीप साहब 1944 में फ़िल्मों में आये तो उन्होंने पाया कि फ़िल्मों में जो अदाकार होते थे, वे बड़े लाउड और नाटकीय होते थे। उनके ऊपर पारसी थियेटर का असर था। वे उन पहले अदाकारों में थे जिन्होंने संयत तरीक़े से भूमिका निभाना सीखा और अपनी अदाकारी में बारीक नुस्खों को उभारकर लाये। मिसाल के लिए, दो लाइनों के बीच में लम्बी चुप्पी और जानबूझकर चुप रह जाने की उनकी अदा का दर्शकों के ऊपर बड़ा अजीब-सा प्रभाव पैदा होता था। मुझे लगता है कि उन्होंने जवाहरलाल नेहरू के भाषणों को सुना था, जो अंग्रेज़ी में सोचते थे और हिन्दुस्तानी में बोलते थे, इसलिए उनको अनुवाद करने में पल भर लगता था जिसकी वजह से थोड़ी देर की चुप्पी पैदा हो जाती थी। नेहरू जी की जो देशव्यापी लोकप्रियता थी, वह दिलीप कुमार के सिनेमा के दर्शकों के ऊपर गहरे प्रभाव से मेल खा गयी। बाद के सालों में, दोनों एक-दूसरे का सम्मान करने लगे और एक-दूसरे के प्रशंसक हो गये। नौजवान दिलीप कुमार एमिली ब्रोंटे के 1847 में लिखे गये उपन्यास 'वुदरिंग हाइट्स' से बहुत ज़्यादा प्रभावित थे। बाद में उन्होंने ए.आर. करदार की फ़िल्म 'दिल दिया दर्द लिया' में काम किया, जो उसी उपन्यास के ऊपर आधारित था।

दिलीप क़ुमार हमेशा से बहुत ही संवेदनशील क़िस्म के इंसान थे और आत्मपरीक्षण ऐसा नहीं था जिसे वे कभी-कभार करते हों, उनके मन में वह हमेशा चलती रहने वाली प्रक्रिया थी। गहरी भावुकता उनकी जन्मजात विशेषता थी, जो कि उनके काम में लगातार दिखायी देती थी। उनका ज़बरदस्त अभिनय जो बेलगाम ग़ुस्से से भरा हुआ था, जिसके कारण उनकी 1961 की फ़िल्म 'गंगा जमुना' हमेशा बेमिसाल रहेगी। अनेक स्वयम्भू स्टार ने गुस्से को दिखाया, लेकिन अगर उनकी दिलीप कुमार से तुलना करें तो वे सभी क़ाग़ज़ी शेर नज़र आते हैं।

दिलीप कुमार को ऐसे संस्थान का दर्जा दिया जाता है जिसके सभी कुछ वही थे। उनके अनेक समकालीनों और उनके बाद के कई कलाकारों ने उनकी नक़ल करने की कोशिश की लेकिन कोई उनकी बराबरी नहीं कर सका। उनको नक़ल करने की कोशिश करते-करते कई एक्टर सुपरस्टार हो गये। यह कम आश्चर्य की बात नहीं है कि क़रीब छह दशक के कैरियर में उन्होंने साठ से कम ही फ़िल्मों में काम किया? आज नौजवान छह साल में ही 60 फ़िल्में कर लेते हैं। दिलीप साहब ने जितनी फ़िल्में कीं, उससे ज़्यादा के लिए उन्होंने न कह दिया लेकिन तीन फ़िल्मों में काम न कर पाने का उनको अफ़सोस रहा : 'बैजू बावरा' (1952), 'प्यासा' (1957) और हमारी (सलीम-जावेद) 'ज़ंजीर'। अनेक कलाकार अपनी असुरक्षा और डर की वजह से बहुत सारी फ़िल्में साइन कर लेते हैं।

एक बार उन्होंने कहा था कि सिर्फ़ प्रतिभा और ईमानदारी ही डर और सभी प्रकार की असुरक्षा को दूर भगा सकती है।

मैं छह दशक से फ़िल्म उद्योग में हूँ और अनेक तरह के लोगों से मिलना हुआ है लेकिन मैं कभी किसी ऐसे आदमी से नहीं मिला, जो दिलीप कुमार जैसा हो। वे बहुत गहरे तौर पर सुसंस्कृत इंसान थे, काफ़ी पढ़े-लिखे और हद दर्जे के ईमानदार। उनके निजी रिश्ते भावनाओं पर आधारित होते थे, जैसे—प्यार, वफ़ादारी और विश्वास। मुझे इस बात पर गर्व है कि मैं न केवल उनको जानता था बल्कि मैंने उनके साथ काम भी किया था और वे मुझे हमेशा अपना छोटा भाई समझते थे।

यूसुफ़ ख़ान बिन मोहम्मद सरवर ख़ान उर्फ़ दिलीप साहब ने बरसों पहले दर्शकों के साथ एक भावनात्मक रिश्ता क़ायम किया था जिसने जाति, मज़हब, देश, भाषा और क्षेत्र की सभी दीवारों को तोड़कर रख दिया था। जनता के साथ जुड़ाव की इस परिघटना की वजह से जनता ने उनको क़रीब 60 साल तक सुपरस्टार बनाये रखा। फ़िल्म के दर्शक धर्मनिरपेक्ष होते हैं और पक्के भारतीय भी। दिलीप साहब की परिघटना भारत की धर्मनिरपेक्षता का प्रतीक है, जो भारत की अन्दरूनी ताक़त रही है।

मुझे यह बात यहाँ कहने दीजिए : दिलीप साहब सर्वकालिक महान कलाकार हैं। दिलीप साहब ने अपने प्रशंसकों को, जिनमें मैं भी शामिल हूँ, इतनी अधिक ख़ुशी दी है कि हम सब उनके क़र्ज़दार हैं और मैं अल्लाह से यह दुआ करता हूँ कि वह उनके हर प्रशंसक के जीवन का ज़रा-सा हिस्सा उनको दे दे ताकि उनकी उम्र दराज़ हो और वे लम्बे अरसे तक हमारे साथ रहें।

## मनोज कुमार

यह बात सभी जानते हैं कि मनोज कुमार दिलीप कुमार का शिष्य है। मैंने अनेक इंटरव्यू में यह बात कही है कि दिलीप साहब मेरे लिए प्रेरणा के स्रोत रहे हैं। मैं इस लेख में इस बात को सामने रखना चाहता हूँ। जो बात सिनेमा के इतिहास का हिस्सा

हो जायेगी, वे बातें हैं उनके सामान्य इंसानी पहलू जिनको मैंने बरसों बरस के दौरान महसूस किया और जो कि उनको भारतीय सिनेमा को सबसे प्यारा और सम्मानित शख़्सियत बनाता है।

सबसे पहले मैं तहेदिल से यह बात कहना चाहता हूँ कि मेरे माता-पिता और मेरे परिवार के अलावा जिस इंसान ने मुझे प्यार और भावनात्मक सुरक्षा प्रदान की है, वह दिलीप साहब हैं। जब मैं पहली बार उनसे अँधेरे सिनेमा हॉल में मिला था, तब से उन्होंने मुझे एक समान प्यार और कौटुम्बिक सुरक्षा प्रदान की है।

मेरी पहली मुलाक़ात ही अपने आपमें यादगार है और मेरे दिमाग़ में गहरे रची हुई है। मैं तब बम्बई में संघर्ष कर रहा था। मेरे पास कुछ ही बुश्शर्ट थे और जिनको पहनकर मैं कहीं भी जाता था और मैं चप्पल पहनता था क्योंकि जूते महँगे होते थे। मीडिया के लोगों के द्वारा एक फ़िल्म शो का आयोजन किया गया था और उस समय फ़िल्मफेयर मैगज़ीन के सम्पादक एल.पी. राव इंडस्ट्री में नये लोगों के साथ अच्छा बर्ताव करते थे, इसलिए उन्होंने मुझे भी उस शो में बुलाया था। मैं थियेटर में देर से पहुँचा और मैं एक सीट की तलाश में था कि एक हाथ मेरी तरफ़ बढ़ा और जिसने मुझे ख़ाली सीट की तरफ़ रास्ता दे दिया। मैं उस सीट पर बैठ गया और जब मैं यह देखने के लिए मुड़ा कि बग़ल में कौन बैठा हुआ था तो मुझे जैसे अपनी आँखों पर विश्वास ही नहीं हुआ। वे दिलीप कुमार थे। वे उस अँधेरे में भी मुझे देखकर मुस्करा रहे थे। मैंने देखा कि उनकी आँखों में स्वाभाविक अच्छाई की झलक थी। थोड़ी देर में उनकी बहन फ़रीदा दौड़ती हुई अपनी सीट पर बैठने के लिए आयी जो शायद लेडीज़ रूम में गयी हुई थी। उसकी भौंहें चढ़ गयीं, यह देखकर कि एक अजनबी उनके मशहूर भाई की बग़ल में आ बैठा था। दिलीप साहब ने उसको झुकते हुए कहा कि वह पीछे की क़तार में अपने लिए सीट खोज ले और उसने तत्काल उसका पालन किया।

जैसे-जैसे वह फ़िल्म 'द स्टोरी ऑन पेज वन' की कहानी खुलती जा रही थी, जिसमें रीटा हेवर्थ ने काम किया था। दिलीप साहब मुझसे ऐसे बातें कर रहे थे, जैसेकि हम एक-दूसरे को बरसों से जानते हों। जब फ़िल्म समाप्त हुई और बत्तियाँ जलीं तो उन्होंने मुझे अगली सुबह अपने बँगले पर नाश्ते के लिए आमन्त्रित किया। कल्पना कीजिए कि सबसे बड़ा सुपरस्टार एकदम नये-नये आये कलाकार को अपने घर नाश्ते के लिए बुलाये। मैं अगली सुबह उनके बँगले पर गया तो मैंने देखा कि वे कितने साधारण तरीक़े से अपने बड़े परिवार के साथ रहते थे और वे मेरे प्रति इतने दोस्ताना और गर्मजोशी से भरे थे। यह विश्वास करने लायक़ बात नहीं थी। उन्होंने मुझसे मेरी पृष्ठभूमि के बारे में पूछा, मेरे माता-पिता के बारे में, वग़ैरह; उन्होंने कहा कि उनको मेरे पिताजी से मिलकर ख़ुशी होगी जब मैंने उनको यह बताया कि मेरा जन्म अविभाजित उत्तर-पश्चिम सीमा प्रान्त में हुआ था। उन्होंने मुझे बताया कि वे उन दिनों 'गंगा जमुना' फ़िल्म

बनाने में व्यस्त थे और उन्होंने कहा कि मैं जब भी चाहूँ, उनको फ़ोन कर सकता था। उस सुबह को मैं कभी नहीं भूल सकता हूँ।

अगली बार मैं दिलीप साहब के घर तब गया, जब मैं उनको 'काँच की गुड़िया' फ़िल्म के प्रीमियर के लिए आमन्त्रित करने गया था, जिसमें मुझे हीरो के रूप में काम करने को मिला था। स्वाभाविक रूप से मैं उत्साहित था। दिलीप साहब से मिलने कोई ख़ास आदमी आये हुए थे जिनके साथ वे अगले दिन के कार्यक्रम को तय कर रहे थे और वहाँ मैं था, अगली शाम होने वाले प्रीमियर के लिए उनको निमन्त्रण देने गया था। मुझे यह सोचकर दुख हुआ कि वे मेरे निमन्त्रण को स्वीकार नहीं करेंगे क्योंकि कल के लिए सब कुछ पहले से ही तय हो चुका था।

मैं इस बात को समझ सकता था कि वे सचमुच 'गंगा जमुना' की रिलीज़ को लेकर काफ़ी व्यस्त थे। जब उन्होंने मुझे देखा तो उन्होंने मेरा अभिवादन किया और पूछा कि सब कुछ ठीक तो है। मैंने कुछ अजीब ढंग से कहा कि मैं उनसे यह आग्रह करने आया था कि वे मेरी फ़िल्म के प्रीमियर में आयें। मैंने उनसे कहा कि फ़िल्म के निर्देशक एच.एस. रवेल उनसे सम्पर्क करने की कोशिश कर रहे थे और मैं हिम्मत करके आख़िरी मिनट में उनके पास आ गया क्योंकि यह मेरी दिली ख़्वाहिश थी कि वे उस शो में आयें। उन्होंने कहा : "भाई, आपने अभी सुना कि मैंने कल शाम का कार्यक्रम तय कर लिया है।" मेरा दिल टूट गया।

फिर मेरे चेहरे पर निराशा देखकर उन्होंने कहा : "मुझे एक मिनट का समय दो, मैं ऊपर जाकर आता हूँ।" वे एक मिनट में लौटकर आये और उन्होंने अपने छोटे भाई अहसान को फ़ोन लगाकर कहा कि अगले दिन का कार्यक्रम कैंसिल कर दे। "मैं तुम्हारे साथ रहूँगा", उन्होंने कहा और मेरी पीठ को थपथपा दिया। कहने की ज़रूरत नहीं है कि वे प्रीमियर के सबसे बड़े आकर्षण थे। उनके इस बर्ताव को मैं कभी नहीं भूल सकता हूँ।

उनको क़रीब एक दशक तक जानने के बाद मुझे उनके साथ पहली बार काम करने का मौक़ा मिला फ़िल्म 'आदमी' (1968) में। वैसे तो फ़िल्म के निर्देशक भीम सिंह थे मगर फ़िल्म को असल में रूप देने का काम दिलीप साहब कर रहे थे। हम लोग कोयम्बटूर में शूटिंग कर रहे थे, जब दिलीप साहब को निजी काम से बैंगलोर जाना पड़ गया। उन्होंने मुझे लोकेशन पर अपनी तरफ़ बुलाकर कहा कि अगले दिन कुछ सीन की शूटिंग थी और उनको बैंगलोर जाना था। उन्होंने मोटे तौर पर उन सीन्स को लिखा था और वे चाहते थे कि मैं उन सीन को शूट करूँ। अगले दिन मैंने सीन को शूट किया। उनका मुझ पर इतना विश्वास था। 'आदमी' फ़िल्म के बाद मैं उनको अकसर राजा साहब कहकर बुलाया करता था, जो उस फ़िल्म में उनके किरदार का नाम था।

दिलीप साहब की सबसे बड़ी ख़ूबी यह है कि पेशे में किसी की भी कामयाबी की वे दिल खोलकर तारीफ़ करते हैं। जब हम लोग 'क्रान्ति' में कुछ सीन की

शूटिंग जहाज़ पर कर रहे थे तो एक पत्रकार दिलीप कुमार का इंटरव्यू लेने आया। मैंने सुना कि दिलीप कुमार ने अपना नहीं बल्कि राज कपूर का उदाहरण दिया जिनको आने वाली पीढ़ियों को आदर्श के रूप में देखना चाहिए। हमारे इस पेशे में जहाँ बहुत भयानक प्रतिस्पर्धा है, वहाँ इस तरह से किसी साथी कलाकार की उपलब्धियों की तारीफ़ करना बहुत दुर्लभ क़िस्म की बात है। केवल दिलीप कुमार जैसा प्यारा इंसान ही ऐसा कर सकता है।

मैं यह बात ज़रूर कहना चाहता हूँ कि वे इस बात से किस क़दर अप्रभावित थे जब उनको बम्बई का शेरिफ़ बनाया गया था। जब यह ख़बर बम्बई में फैली और इंडस्ट्री के दोस्त उनको फ़ोन करने लगे तो उस समय वह अपनी छत पर पतंग उड़ाकर उसका आनन्द ले रहे थे। दिलीप साहब ऐसे ही हैं—किसी भी तरह के सम्मान, किसी पुरस्कार से उनके पाँव ज़मीन से नहीं उखड़ते।

मैं उनसे मिलने का समय लेकर फ़िल्म 'क्रान्ति' की कहानी के साथ मिला। वह उनसे मिलने का सही वक़्त नहीं था क्योंकि उनके भाई नूर साहब उसी दिन अस्पताल में भर्ती किये गये थे और उनको वहाँ जाने की जल्दी थी। उन्होंने कहा : "मुझे नहीं लगता कि आज मैं कहानी सुनने के लिए तीन घण्टे निकाल पाऊँगा।" मैंने उनसे कहा : "जो कहानी तीन घण्टे लेती है सुनाने में, वो कहानी कहानी नहीं होती है। मैं सिर्फ़ पन्द्रह मिनट लूँगा।" वे बैठ गये और पन्द्रह मिनट तक सुनते रहे। फिर वे अपनी कुर्सी से उठ खड़े हुए, मुस्कराये और बोले : "ज़मीन बहुत उपजाऊ है।" मैं इस बात को समझ गया कि उनको कहानी का सार पसन्द आया था। फिर मैंने कहा : "अगर हल अच्छा चलायेंगे तो फ़सल भी अच्छी हो सकती है।" उन्होंने मुझे आगे बढ़ने का संकेत दे दिया।

'क्रान्ति' फ़िल्म के निर्माण के दौरान उन्होंने सभी कलाकारों को अपने समर्पण और प्रतिबद्धता से प्रेरित करने का काम किया और उन्होंने न तो संवाद में और न ही पटकथा में एक भी शब्द का बदलाव किया। यह एक बार फिर मेरे काम में उनका विश्वास था।

उनकी मेरे पिताजी से अच्छी बनती थी। मेरे पिता उनको पसन्द करते थे और उनके साथ अपनी जन्मभूमि के बारे में बातें करके उनको अच्छा लगता था। एक बार जब मेरे पिताजी अस्पताल में थे तो दिलीप साहब उनसे मिलने गये थे और उन्होंने उनके साथ वहाँ बातें करते हुए कुछ समय बिताया था। जब तक दिलीप साहब ने वहाँ से विदा ली, तब तक मेरे पिताजी बेहतर महसूस करने लगे थे।

दिलीप साहब की जो सबसे अच्छी याद है, वह तब की है जब सायरा को अल्सर हो गया था। वह लन्दन के अस्पताल में सायरा के बिस्तर के बग़ल में बैठे रहते थे। उस समय मैंने सायरा को मुख्य भूमिका में लेकर 'पूरब और पश्चिम' फ़िल्म की घोषणा की थी। मैं दिलीप साहब के चेहरे पर बेचैनी को पढ़ लेता था और मुझे वहाँ के डॉक्टर्स से यह पता चला कि वे पहले हफ़्ते के दौरान एक

मिनट के लिए भी नहीं सोये थे जब हालत ठीक नहीं थी। वह अब उनका ध्यान पूरी श्रद्धा के साथ रख रही हैं। दिलीप साहब और सायरा दोनों एक-दूसरे के लिए ईश्वर का तोहफ़ा हैं। वे आदर्श जोड़ी हैं, एक-दूसरे का ध्यान रखने वाले और बुरे समय में एक-दूसरे को सहारा देने वाले।

## हेमा मालिनी

भारतीय सिनेमा के रत्न, एक ऐसी परिघटना जो कभी-कभी घटित होती है, जैसाकि उनको हमेशा एक्टिंग का संस्थान कहा जाता है।

दिलीप साहब के साथ मेरा जुड़ाव फ़िल्मों में कम और व्यक्तिगत तौर पर अधिक रहा है। वे बहुत उदार क़िस्म के इंसान हैं। उनके व्यक्तित्व में ज्ञान, आकर्षण और सहिष्णुता का समावेश था। मुझे उनके साथ काम करने का मौक़ा बस एक बार मिला 1981 की फ़िल्म 'क्रान्ति' में (हालाँकि यह उनकी हीरोइन का रोल नहीं था) और शूट के समय उनकी उपस्थिति जादुई होती थी उन्होंने अपने प्रोडक्शन के लिए मेरा निर्देशन भी किया था, वह एक टीवी सीरियल था। मैंने महसूस किया कि उनके भीतर कितनी गहराई थी। उनके साथ काम करना अपने आपमें एक अनुभव था, यह कुछ ऐसा है जो मैं अपने जीवन के लिए अमूल्य ख़ज़ाने की तरह सहेजकर रखूँगी।

उन्होंने मेरे जीवन के हर क़दम पर मेरा उत्साह बढ़ाया और ज़हीन बने रहे। मैं इस बात को कभी नहीं भूल सकती हूँ जब मद्रास में मेरी पहली फ़िल्म 'सपनों का सौदागर'* का 1968 में प्रेस सम्मेलन हुआ था, जिसे फ़िल्म के निर्माता बी.अनन्तस्वामी ने आयोजित किया था, जिसमें दिलीप साहब और सायरा जी शामिल हुए थे। सालों पहले मुझे याद है दिलीप साहब ने आगे बढ़कर कितनी गर्मजोशी से मेरा ध्यान रखा था जब मैंने उनके दोस्त राज कपूर की बेटी नन्दा की शादी में अपना कार्यक्रम पेश किया था। उनकी शादी राजन नन्दा के साथ हुई थी। मैं तब नयी थी और वहाँ बहुत भारी भीड़ थी।

* हेमा मालिनी की पहली फ़िल्म, जिसमें राज कपूर हीरो थे।

1990 के दशक के आख़िर में हम उनके घर पर मिले थे, जब हमने उनके अपने प्रोडक्शन हाउस के टीवी सीरियल 'इस दुनिया के सितारे' की पटकथा और उसके विषय के बारे में बात की थी, जो एक साक्षात्कार पर आधारित कार्यक्रम था। उन्होंने कहा था कि इसका आधार शास्त्रीय नृत्य को बनाकर कार्यक्रम के साथ आगे काम करो। वह मेरे दिल के इतने क़रीब था कि हमने उसी हिसाब से शूट किया, जिसमें मुझे घर में भरतनाटयम का अभ्यास करते हुए दिखाया गया था और फिर इंटरव्यू के लिए जाते हुए। यह सफल रहा। एडिटिंग के दौरान उन्होंने मेरी फ़िल्म 'मृगतृष्णा' के नृत्य के साथ इंटर कट किया, जो कि परदे पर मेरे शानदार प्रदर्शनों में से एक था। जब उस सीरियल की शूटिंग मेरे घर में हो रही थी तो मेरी माँ जया चक्रवर्ती, जो कि दिलीप कुमार की बहुत बड़ी प्रशंसिका थीं, को जब यह पता चला कि दिलीप कुमार हमारे घर आ रहे हैं तो वह इतनी उत्साहित हो गयीं कि उन्होंने ख़ासतौर पर उनके लिए पंजाबी खाना बनाने के लिए ख़ानसामों को कहा।

वे इतने भद्र इंसान थे कि उन्होंने हर चीज़ को बहुत पसन्द किया, लेकिन हम लोगों को इसके बारे में उतना पता नहीं था कि मद्रास में रहने और हर दक्षिण भारतीय चीज़ को पसन्द करने के कारण उन्होंने रवा मसाला डोसा और साँभर, चटनी को अधिक पसन्द किया होता।

हम अलग-अलग फ़िल्म समारोहों में एक-दूसरे से मिलते रहे और उस दिन मेरी ख़ुशी की कोई सीमा नहीं रही, जब उन्होंने कहा कि उनको राजिन्दर सिंह बेदी के प्रसिद्ध उपन्यास पर बनी फ़िल्म 'एक चादर मैली सी' में मेरा अभिनय पसन्द आया था। हम लखनऊ में भी एक-दूसरे से मिलते रहे, जब हम चुनाव के दौरान प्रचार कर रहे थे। साहब कांग्रेस के लिए प्रचार कर रहे थे और मैं भाजपा के लिए।

भरतनाटयम की डांसर होने के कारण जब मैंने पहली बार अपने नये बैले 'द्रौपदी' में कत्थक डांस को भी शामिल किया था तो मैंने दिलीप साहब और सायरा जी को उसमें ख़ासतौर पर आमन्त्रित किया था कि वे आकर इसका प्रीमियर देखें। वे पूरे बैले के दौरान बैठे रहे और उन्होंने उसकी तारीफ़ भी की। जून 2012 में जब मेरी बेटी इशा की शादी भरत तख़्तानी के साथ हुई थी, तब दिलीप साहब और सायरा जी तमाम ट्रैफ़िक जाम के बावजूद उसमें शामिल होने आये थे, जिसकी वजह से धरम जी*, जो कि उनको अपने भाई की तरह मानते हैं, और मैं बहुत भावुक हो गये थे। हमारे लिए यह बात बहुत मायने रखती थी कि हमारे बच्चों को दिलीप साहब और सायरा जी का आशीर्वाद मिला।

---

* हेमा मालिनी के पति धर्मेन्द्र।

मुझे सचमुच इस बात की बड़ी ख़ुशी है कि दिलीप साहब दुनिया को अपने शानदार जीवन को लेकर एक दुर्लभ किताब देने वाले हैं।

मैं उनको और सायरा जी को जीवन में शुभकामनाएँ देती हूँ।

## मुमताज़

बॉलीवुड में अदाकारा और स्टार के बतौर मेरा मुक़ाम बना तो इसका श्रेय जाता है दिलीप साहब को। जब कॉमेडियन महमूद ने मेरा नाम दिलीप साहब को फ़िल्म 'राम और श्याम' की एक भूमिका के लिए सुझाया, तब तक मैंने अधिकतर दारा सिंह और महमूद की फ़िल्मों में ही काम किया था। व्यावसायिक शब्दावली में दारा सिंह की फ़िल्में 'सी' वर्ग की मानी जाती थीं जिसका नतीजा यह था कि ऐसे हीरो जो कहीं से भी दिलीप कुमार के आसपास भी नहीं थे,मेरे साथ काम नहीं करना चाहते थे जिनमें जीतेन्द्र, धर्मेन्द्र और शशि कपूर जैसे कुछ नाम थे, जो उन निर्देशकों को यह कहते थे कि किसी और हीरोइन का नाम सोचिए, जो मेरा नाम बतौर हीरोइन सुझाते थे। अगर मुझे जीतेन्द्र के साथ 'बूँद जो बन गयी मोती' फ़िल्म में काम करने का मौक़ा मिला तो वह इस कारण से क्योंकि वरिष्ठ निर्माता-निर्देशक वी. शान्ताराम ने जीतेन्द्र से कह दिया था कि अगर जीतेन्द्र को मेरे साथ काम करने में परेशानी है तो वे किसी और को उस फ़िल्म में हीरो ले लेंगे।

हालत यह थी कि महमूद मेरी फ़िल्मों की रील लेकर मद्रास गये थे दिलीप साहब को दिखाने के लिए, जो कि राम के किरदार के साथ काम करने के लिए गाँव की लड़की का किरदार निभाने वाली एक लड़की की तलाश कर रहे थे। महमूद ने बड़ी परेशानी उठायी जबकि मेरी और महमूद की जोड़ी सफल जोड़ी बन चुकी थी और सामान्य हालात में कोई भी एक्टर ऐसा नहीं करता है कि वह अपनी सफल टीम को तोड़कर अपनी हीरोइन का नाम सुपरस्टार को जाकर सुझाये और उसकी सफलता के लिए रास्ता बनाये।

मैं बहुत भाग्यशाली थी कि दिलीप साहब को उस फ़िल्म में मेरा काम पसन्द आया जो उनको दिखायी गयी थी और उनको लगा कि 'राम और श्याम' में राम की गोलमटोल और ज़िन्दादिल प्रेमिका के रूप में मैं ठीक लगूँगी।

ज़रा उस हालत की कल्पना कीजिए कि जिस अभिनेत्री को ए श्रेणी के कई अभिनेताओं ने ठुकरा दिया हो उसका चयन महान अभिनेता दिलीप कुमार ने अपने साथ काम करने के लिए कर लिया। यह बहुत बड़ी ख़बर थी।

मैं इसके लिए दिलीप साहब की हमेशा आभारी रहूँगी कि उन्होंने मेरे कैरियर की दिशा को बदलकर रख दिया। जब उस फ़िल्म की कास्टिंग की ख़बर मीडिया में आयी तो रातोरात मेरी माँग बढ़ गयी। मेरे अन्दर इतनी परिपक्वता और बुद्धिमानी थी कि मैं सतह पर धीरज के साथ रहूँ, क्योंकि मैं जानती थी कि जो लायक़ होते हैं, उनको अपने लक्ष्य तक पहुँचने के लिए ईश्वर मौक़ा देता है। सचाई यह है कि मुझे हमेशा इस बात पर भरोसा था कि अगर मैंने अपने काम पर ध्यान दिया और ईमानदारी से काम किया तो मेरा दिन भी आयेगा। 'राम और श्याम' में काम मिलने के बाद मुझे पुरस्कार के रूप में कई फ़िल्मों के लिए ऑफ़र मिले।

दिलीप साहब ने जब मुझे 'राम और श्याम' में शामिल किया तो वे यह देखने के लिए नहीं रुके कि मैंने किस हीरो के साथ काम किया था। उनकी चिन्ता बस यही थी कि मैं देखने में उस रोल के लायक़ लगूँ और अपनी अदाकारी से गाँव की उस लड़की को जीवन्त कर दूँ जिसको राम प्यार करता था। यह रोल जो था वह उस शहरी, अमीर लड़की (वहीदा रहमान) के एकदम विपरीत था जो श्याम को शहर में जाने पर मिलती है।

'राम और श्याम' फ़िल्म की शूटिंग मेरे लिए एक सपने की तरह थी। पन्हाला में आउटडोर शूटिंग के दौरान दिलीप साहब और सायरा की तब नयी-नयी शादी हुई थी और हम सबने वहाँ अच्छा समय बिताया। मुझे याद है कि 11 दिसम्बर 1966 को पूरी यूनिट उनके उस बँगले के बाहर जमा हुई थी, जहाँ वे ठहरे हुए थे, दिलीप साहब का जन्मदिन मनाने और वहाँ चर्चा चल रही थी क्योंकि दोनों ने ऊपर के कमरे से नीचे आने में काफ़ी समय लगाया था। सायरा और मेरे बीच दोस्ती हो गयी और हम एक-दूसरे से अपनी बातें साझा करने लगे। आउटडोर शूट के बीच हम लोगों के बीच मज़ेदार बातें होती थीं, जबकि मुकरी अपने क़िस्सों से पूरी यूनिट का मनोरंजन करते थे। बाद में जब 1974 में मैंने मयूर माधवानी से शादी की तो मुझे यह देखकर बहुत अच्छा लगा कि बावजूद इसके कि डॉक्टर्स ने उस समय सायरा को बिस्तर पर आराम करने की सलाह दे रखी थी, तब भी सायरा और दिलीप साहब मेरी शादी के रिसेप्शन में आये थे। कुछ ही दिन पहले मैं काफ़ी दिन बाद उनके यहाँ गयी थी और हमने काफ़ी खुशनुमा शाम साथ-साथ गुज़ारी थी।

दिलीप साहब की महानता उनकी इंसानियत में है और इसमें भी कि वे अपने साथ काम करने वाले कलाकारों को सँवारने में मशक़्क़त करते हैं। 'राम और श्याम' में कास्टिंग के बाद न केवल मेरा दर्जा बढ़ गया बल्कि बड़े-बड़े निर्देशकों ने मुझे उसके बाद आगे बढ़कर अपनी फ़िल्मों में काम दिया।

आख़िरकार, मुझे वही लोग अपने साथ काम करने के लिए खोजने लगे जो पहले मेरे साथ काम करने से मना कर देते थे और मैं भगवान को धन्यवाद ही दे सकती थी कि उन्होंने मुझे जो ख़ुशी दी। निर्माता-निर्देशक एल.वी. प्रसाद ने कई नामों को छोड़कर मुझे फ़िल्म 'खिलौना' के लिए चुना, जिसके लिए मुझे सर्वश्रेष्ठ अभिनेत्री का फ़िल्मफेयर पुरस्कार भी मिला। शशि कपूर ने बड़ी तत्परता से मेरे साथ एन.एन. सिप्पी की फ़िल्म 'चोर मचाये शोर' साइन की और धरम जी ने ख़ुशी-ख़ुशी 'लोफ़र' में मेरे साथ काम किया।

इन सब बातों से मुझे इस बात की शिक्षा मिली कि आत्मविश्वास और विश्वास सच में पर्वत को भी हिला सकता है। जब मैं अपने स्टारडम के शिखर पर थी, तब मैंने मयूर माधवानी के साथ शादी की और इंडस्ट्री को छोड़ दिया। मैं क़रीब 40 सालों से चमकती रोशनियों की दुनिया से दूर हूँ। मैंने जानलेवा बीमारी से लड़ाई लड़ी और एक बार फिर भगवान मेरे साथ रहे। जीवन आपको इस बात की शिक्षा देने से नहीं रोकता कि किस तरह रहना चाहिए और जो तोहफ़े आपको मिले हैं, उसके लिए आभारी रहें।

## लता मंगेशकर

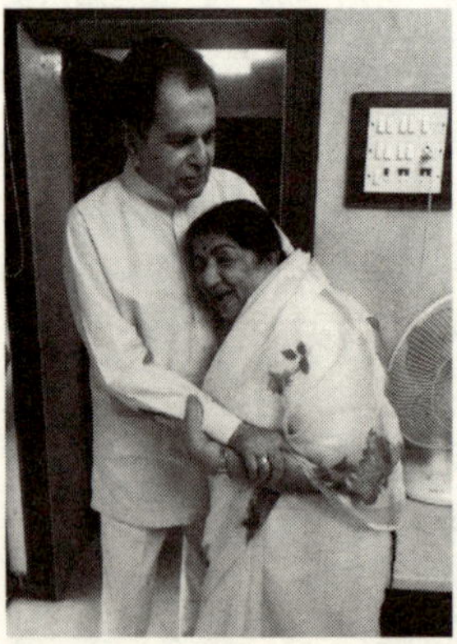

मुझे यूसुफ़ भाई से जाने-माने संगीतकार अनिल विश्वास ने 1947 में किसी समय एक लोकल ट्रेन में मिलवाया था। अनिल दा मुझे लेकर बॉम्बे टॉकीज़ जा रहे थे और जब हम ट्रेन में चढ़े तो यूसुफ़ भाई पहले से ही उस डिब्बे में थे। अनिल दा उनको बहुत अच्छी तरह से जानते थे, इसलिए वे एक-दूसरे से बड़ी गर्मजोशी से मिले। मैंने यूसुफ़ भाई के बारे में सुन रखा था लेकिन वे मेरे बारे में कुछ भी नहीं जानते थे। इसलिए अनिल दा ने उनसे मेरा परिचय करवाते हुए कहा : "यह लता हैं, बहुत अच्छा गाती हैं।" यूसुफ़ भाई ने कहा : "अच्छा, कहाँ की हैं?" तब अनिल दा ने उनको मेरा पूरा नाम बताया, लता मंगेशकर।

जब यूसुफ़ भाई को यह पता चला कि मैं महाराष्ट्र की हूँ तो जो बात

उन्होंने कही थी, वह कुछ ऐसी है जिससे मैं ख़ुश हुई क्योंकि उसकी वजह से मैंने अपनी हिन्दी और उर्दू के उच्चारण को ठीक किया जिसमें तब मैं कमज़ोर थी। उन्होंने बहुत सचाई के साथ कहा कि जो गायक-गायिकाएँ उर्दू ज़ुबान के जानकार नहीं होते हैं, उनका उर्दू शब्दों का उच्चारण सही नहीं होता है और जिसकी वजह से ऐसे सुनने वालों का मज़ा किरकिरा हो जाता है जो संगीत के साथ-साथ गीतों में भी दिलचस्पी रखते हैं। पहले तो मुझे इस बात का दुख हुआ कि उनको ऐसा लग रहा था कि मेरे गाने में कोई कमी थी। बाद में मैंने जब उस टिप्पणी के बारे में सोचा और तब मुझे समझ में आया कि वे सही कह रहे थे कि अगर मैं अपने आपको बेहतर करना चाहती हूँ तो मुझे अपने उच्चारण के पर ध्यान देना चाहिए।

जब मैं घर गयी तो मैंने एक पारिवारिक दोस्त को बुलवाया जो कि उर्दू के माहिर थे और उनसे तत्काल आने के लिए कहा और यह कहा कि मैं तुरन्त उर्दू सीखना शुरू करना चाहती हूँ। मेरे पारिवारिक दोस्त शफ़ी इमाम, जो मेरे लिए भाई जैसा दर्जा रखते हैं, ने एक मौलाना* का इन्तज़ाम किया। जैसे-जैसे मैं उर्दू सीखती गयी, वैसे-वैसे मैंने पाया कि मेरी तारीफ़ और अधिक होने लगी। इस तरह पहली मुलाक़ात में ही यूसुफ़ भाई ने बिना जाने और बिना किसी झिझक के मुझे एक तोहफ़ा दे दिया।

उन दिनों हम अकसर नहीं मिलते थे। हालाँकि जब भी महबूब स्टूडियो में किसी गाने की रिकॉर्डिंग होती थी और यूसुफ़ भाई वहाँ शूटिंग कर रहे होते थे, तो मैं उनसे मिलने का मौक़ा कभी नहीं छोड़ती थी। वे एक सुपरस्टार थे और मैं एक गायिका के रूप में अपना मुक़ाम बना रही थी, लेकिन जब हम मिलते थे तो वे मुझे अपने कलेजे से ऐसे लगा लेते थे, जैसे कोई बड़ा भाई लगाता है और मुझे जो प्यार और इज़्ज़त वे देते थे, वह कोई उनके जैसा सच्चे दिल वाला ही दे सकता था।

एक और प्रतिभाशाली संगीतकार सलिल चौधरी ने मुझे मुसाफ़िर फ़िल्म में यूसुफ़ भाई के साथ गाने का मौक़ा दिया** और यह यादगार अनुभव रहा कि बिना किसी ग़लती के गाने के लिए उन्होंने कितनी मेहनत की। उनकी बड़ी बहन सकीना आपा मुझे बहुत पसन्द करती थीं और मैं उनसे मिलने अकसर जाती थी। कभी-कभार यूसुफ़ भाई वहाँ होते थे तो यह समझ में आता था कि वे अपने परिवार को कितना प्यार करते थे और अपनी बहनों को ख़ुश रखने के लिए वे किसी भी सीमा तक जा सकते थे। मिसाल के लिए, मुझे याद है कि एक शाम कल्याणजी भाई के दफ़्तर में नाश्ते के बाद पान लाया गया, जब मैंने मौक़ा देखकर यूसुफ़ भाई को पान खाने के लिए कहा तो उनके चेहरे की

---

* इस्लामिक विद्वान।

** शैलेन्द्र के लिखे इस गीत की पहली पंक्ति थी : 'लागी नाही छूटे रामा!'

रंगत बदल गयी। उन्होंने कहा : "तुम्हारा ऐसा कहना ठीक नहीं है। आगे से ऐसा कभी मत करना।"

मुझे झटका लगा क्योंकि तब तक मुझे इस बात का कोई इल्म नहीं था कि किसी सभ्य महिला का किसी मर्द को पान खाने के लिए कहना उचित नहीं होता है। मुझे यह भी याद है जब 1974 में लन्दन के रॉयल अलबर्ट हॉल (Royal Albert Hall) में मेरा कार्यक्रम था। यूसुफ़ भाई ने मुझसे कहा कि मैं उनको उन गानों की सूची दे दूँ जो कि मैंने गाने के लिए चुने थे। मैंने बहुत ध्यान से चुना था क्योंकि वह विदेश में मेरा पहला शो था। उस सूची में पहला गाना था—इन्हीं लोगों ने ले लीना दुपट्टा मेरा...जो फ़िल्म 'पाकीज़ा' का है। एक बार फिर मैंने देखा कि उनके माथे पर चिन्ता की लकीरें उभर आयी थीं और उन्होंने पूछा : "तुम यह गाना क्यों गाना चाहती हो?" मैंने उनसे कहा कि यह एक लोकप्रिय गीत है और एशियाई सुनने वालों को यह गीत सुनकर मज़ा आयेगा। वे कुछ देर चुप रहे और फिर अचानक कुछ और बात करने लगे। मैं यह समझ गयी कि उनको इसलिए मेरे उस गात को गाने पर आपत्ति थी उस गाने के बोल ऐसे थे कि वे नहीं चाहते थे कि उनकी बहन उस गाने को गाये।

रॉयल अलबर्ट हॉल (Royal Albert Hall) में यूसुफ़ भाई ने जो भाषण दिया वह अद्‌भुत था। उसके बाद कई बोलने वालों ने उन्हीं अल्फ़ाज़ों को अपने भाषण में बोलने की कोशिश की लेकिन कोई उनके बोलने के करिश्माई अन्दाज़ को छू नहीं सकता है। उन्होंने बड़े आदर के साथ मुझे अपनी छोटी बहन के रूप में बताया और फिर उसी हिसाब से उन्होंने एक-एक शब्द बड़े ध्यान से बोला।

जो बात यूसुफ़ भाई को बाक़ी स्टार्स से अलग करती है, वह है उनकी अप्रभावित इंसानियत और हर व्यक्ति को वे अपने तरीक़े से जो अपनापन देते हैं। वह जो अपनापन देते हैं, वह इतना सच्चा और उनके दिल की गहराइयों से निकला होता है। तहज़ीब, तौर-तरीका और जो गर्मजोशी उनमें दिखायी देती है, वह आजकल मुश्किल से मिलती है और यहाँ तक कि यह पहले के ज़माने में भी दुर्लभ चीज़ थी। मुझे याद है कि पद्‌मिनी कोल्हापुरे के माता-पिता ने एक पाँच सितारा होटल में उनकी शादी का रिसेप्शन दिया था, जिसमें मैंने उनको नमस्कार किया तो उन्होंने बड़ी गर्मजोशी से मेरे नमस्कार का जवाब दिया और मेरी बहन की बेटी रचना* को पहचान भी लिया, जो मेरे साथ वहाँ थी। उससे उसके भाई के बारे में पूछा और कुछ देर तक हम लोगों से बात की। उनसे मिलने वाले ज़्यादातर लोगों के लिए इस बात में विश्वास कर पाना मुश्किल होता है कि उनके जैसा महान व्यक्तित्व, जिसके चाहने वाले दुनिया भर में हैं, वह इतना सादगी से भरा हो सकता है।

---

* मीना मंगेशकर की पुत्री।

एक दिन उन्होंने मेरे एक ग़ज़ल अल्बम को सुनकर फ़ोन किया और कहा कि उनको सुनकर कितना अच्छा लगा। कुछ महीने के बाद मेरा एक और अल्बम आया जिसके ऊपर उनका ध्यान गया और उन्होंने उसे भी सुना। उन्होंने सुना तो उनको अच्छा नहीं लगा। उन्होंने निराशा व्यक्त करने के लिए फ़ोन किया। यूसुफ़ भाई ऐसे ही हैं : बच्चों जैसे, ईमानदार, साधारण और दिल के साफ़।

आख़िर में, जिस बात से उनको बहुत ख़ुशी होती है, वह यह बात है कि उनकी शादी एक ऐसी औरत से हुई है जो उनकी अर्द्धांगिनी ही नहीं है बल्कि उनके जीवन की सबसे बड़ी बात है। वे दोनों एक-दूसरे के लिए बने हैं।

## राम मुखर्जी

यह सच में मेरा सौभाग्य था कि शशधर मुखर्जी साहब ने मुझे 'लीडर' फ़िल्म के निर्देशन का ज़िम्मा दिया क्योंकि यह हर निर्देशक का सपना होता है कि वह दिलीप कुमार को निर्देशित करे।

दिलीप साहब शशधर मुखर्जी साहब को बहुत प्रिय थे। वे हर पेशेवर और निजी मसले पर एक-दूसरे से राय लेते थे और यह साफ़ था कि उन्होंने 'हम हिन्दुस्तानी' में मेरे काम के बारे में चर्चा की थी और उनको मेरा काम पसन्द आया था।

मुखर्जी साहब का मुझसे कहना था कि जितना सम्भव हो सके, उतना समय दिलीप साहब के साथ बिताओ। उन्होंने कहा : "अगर ज़रूरी लगे तो उनके साथ रहो; जितनी देर जगे रहते हो, उनके साथ मिलकर एक स्क्रीनप्ले तैयार करो। जब वह स्क्रीनप्ले तैयार करते हैं तो कमाल का होता है और यह तुम्हारा सौभाग्य है कि तुमको उनके साथ काम करने का मौक़ा मिला।"

मैं दिलीप साहब के पाली हिल के बँगले पर हर दिन जाने लगा। कुछ दिन तक वे जहाँ भी जाते, मैं उनके साथ जाता था–किसी से मिलने के लिए या यूँ ही मोहम्मद अली रोड पर गाड़ी से भटकते हुए, अपनी पसन्दीदा दुकान पर रुककर मीट कबाब पैक करवाते हुए, जो वे बड़ी उदारता से मेरे साथ साझा भी करते थे। लोग उनकी गाड़ी के आसपास जुट जाते थे और वे उन सबसे बिना किसी परेशानी के बातें करते थे। मैं उन लोगों की आँखों में ख़ुशी और सच्ची ख़ुशी को महसूस कर सकता था जो इस आशंका के साथ उनके पास आते थे कि या तो उनको भगा दिया जायेगा या उनको गाड़ी के पास जुटने के कारण बेइज़्ज़त किया जायेगा।

दिलीप कुमार अपने प्रशंसकों को जितना प्यार करते थे, उतना न तो उनके समय का कोई स्टार और न ही बाद का कोई स्टार कर पाया। एक बार उन्होंने मुझसे कहा : "जानते हो रामू, जब कोई अनजान हाथ मेरे हाथों से आकर मिलता है और उन हाथों में जब मैं ईमानदार प्यार की गर्मी देखता हूँ तो मुझे यह गहरे महसूस होता है कि मुझे अपने काम के लिए की गयी कड़ी मेहनत का वह पुरस्कार मिल गया जो किसी भी पुरस्कार से हासिल नहीं हो सकता है। यह सही है कि मंच पर बुलाकर आपको पुरस्कार दिया जाता है और हज़ारों हाथ आपके उस सम्मान के लिए तालियाँ बजाते हैं कि आपने जो हासिल किया है, अपनी लगन से हासिल किया है। लेकिन अगर आप इस बात की तुलना उस ग़रीब आदमी से करें जो आपके पास आता है, उसकी गीली आँखों में इतना कुछ होता है कि मुझे लगता है कि सच्चा पुरस्कार वही है।"

दिलीप साहब पटकथा और स्क्रीनप्ले के ऊपर बिना थके मेहनत करते थे। लिखना, फिर लिखना, मेरे साथ सीन की समीक्षा करना; सेट, कॉस्ट्यूम, मेकअप, पृष्ठभूमि, आउटडोर और इनडोर के बारे में चर्चा करना। कई रात मैं उनके घर में ही रुक जाता था जबकि वे लगातार लिखते रहते थे। जब देर रात उनको नींद आती थी तब मैं गाड़ी से घर जाकर सो जाता था। तब मुझे समझ में आया कि मुखर्जी साहब ने क्यों मुझसे कहा था कि उनके साथ हर वक़्त रहो; यह मेरे शिक्षण के लिए था—उस आदमी की लगन और उसकी शिद्दत से परिचित करवाने के लिए जो अपने काम में सम्पूर्णता लाने के लिए बिना थके, बिना रुके काम करता था।

'लीडर' फ़िल्म की पहले दिन की शूटिंग के लिए फ़िल्मालय स्टूडियो में आने पर मैंने पाया कि जो ख़ास मेकअप रूम दिलीप साहब के लिए सुरक्षित रखा गया था, वह वहाँ शूटिंग कर रहे किसी और स्टार को दे दिया गया था। स्टूडियो का मैनेजर वहाँ आया हुआ था। मैं इतना घबराया हुआ था कि मुझे लग रहा था कि शूटिंग को रोकना पड़ेगा। इस बीच दिलीप साहब आये और अपनी आदत के मुताबिक़ मुखर्जी साहब के दफ़्तर में गये। अब इस बात का कोई सवाल ही नहीं उठता था कि मैं वहाँ जाऊँ और उनको यह बताऊँ कि वहाँ क्या हुआ था।

दिलीप साहब को किसी तरह इस बात का पता चल चुका था; वे दफ़्तर से चुपचाप आये और 'मेरी तरफ़ बढ़े। मुझे अपने माथे पर पसीने की बूँदें महसूस हो रही थीं, क्योंकि तमाम चीज़ों के बावजूद यह मेरी ज़िम्मेदारी थी कि मैं इस बात को सुनिश्चित करूँ कि वह मेकअप रूम किसी और को न दिया जाये। उन्होंने चुपचाप उस कम्पाउंड में खड़े एक पीपल के पेड़ की तरफ़ इशारा करते हुए कहा : "मेरे लिए एक कुर्सी और मेज़ वहाँ लगवा दो। अगर मैं अपना मेकअप वहाँ करूँगा तो तुम्हें कोई परेशानी तो नहीं होगी?" उन्होंने पूछा।

मुझे तो कोई शब्द ही नहीं सूझ रहा था। मुझे सबसे पहले यह सूझा कि मुखर्जी साहब को कैसा लगेगा कि उनके अपने ही स्टूडियो में सबसे बड़े स्टार के लिए उनकी अपनी ही फ़िल्म के लिए कोई मेकअप रूम नहीं है। उन्होंने मेरी उलझन को समझते हुए मुस्कराकर कहा : ''सब मेरे ऊपर छोड़ दो, मेरे लिए टेबल और कुर्सी का इन्तज़ाम करो और थोड़ा-सा साफ़ पानी भी।''

शूटिंग का पहला दिन अपने आपमें ख़ास था। दिलीप साहब की ख़ुशी का हम सबके ऊपर असर हुआ और हमें ऐसे लगा, जैसे मिलजुलकर पिकनिक पर आये हों।

दिलीप साहब के सहयोग से मेरा काम आसान और आनन्ददायक हो गया। उनके पास हर समस्या का समाधान होता था। हालाँकि उन्होंने ख़ुद को उससे दूर कर लिया, जब उनको वैजयन्तीमाला के साथ समस्या होती थी, जो हमारी शूटिंग के लिए देर से आने लगीं क्योंकि वह राज कपूर की फ़िल्म 'संगम' के लिए भी उसी समय शूटिंग कर रही थीं। उन्होंने इस मसले को निपटाने के लिए मुखर्जी साहब के ऊपर छोड़ दिया, जो कि फ़िल्म के निर्माता थे क्योंकि वे राज कपूर के दोस्त थे और यह नहीं चाहते थे कि किसी तरह की ग़लतफ़हमी पैदा हो।

दिलीप साहब के साथ काम करके जितनी ख़ुशी निर्माता को होती थी, निर्देशकों के लिए भी उनके साथ काम करने से उनका सपना पूरा होता था। उन्होंने कभी भी किसी निर्माता को नीचा नहीं दिखाया और न ही उसके अधिकार को चुनौती दी। उन्होंने निर्माताओं के ख़र्चे बचाये और शायद ही कभी यह कहा कि उनका ख़ास ध्यान रखा जाये। जब हम उदयपुर में जहाँ शूटिंग कर रहे थे तो महल के बाहर बड़ी भीड़ जमा हो गयी थी। उनकी चिन्ता पूरे यूनिट की सुरक्षा को लेकर थी और ख़ासतौर पर वैजयन्तीमाला की। उन्होंने मुझे बताया : ''हम पठान हमेशा इस बात की फ़िक्र करते हैं कि औरत और बच्चे सुरक्षित रहें। इसी माहौल में मैं बड़ा हुआ हूँ।''

जब हमारा काम पूरा हुआ तो हमने सुना कि भीड़ बेक़ाबू हो रही थी और वहाँ की पुलिस को उनको क़ाबू में रख पाना मुश्किल हो रहा था। वे दिलीप साहब को देखना चाहते थे। मुझे लगा कि यह सुरक्षित नहीं होगा कि वे बाहर जायें और भीड़ का अभिवादन करें लेकिन उन्होंने कहा कि यह उनका अधिकार है कि वे फ़िल्म स्टार को देखने की माँग करें। उन्होंने वहाँ मौजूद लोगों का अभिवादन किया और माइक लगाकर उनको सम्बोधित भी किया। जब उन्होंने विनम्रता से उनको जाने के लिए कहा तो लोग जाने लगे। स्टार्स के लिए दो कार का इन्तज़ाम किया गया था। दिलीप साहब मेरे साथ एक कार में थे और वैजयन्तीमाला और उनकी नानी दूसरी कार में। जब उनकी गाड़ी बाहर निकली तो एक आदमी अपनी साइकिल से उनकी गाड़ी के सामने इसलिए गिर गया ताकि वह नज़दीक से उनको देख सके या उनको छू सके। सौभाग्य से ड्राइवर ने

सही समय पर ब्रेक लगा दिया; पहले तो दिलीप साहब उस नौजवान पर बहुत नाराज़ हुए लेकिन उन्होंने पुलिस को उसको कुछ करने से रोक दिया। जब दिलीप कुमार उस आदमी की खड़े होने में मदद कर रहे थे तो वह उनको देख रहा था और हैरानी से सिर हिला रहा था।

'लीडर' के लिए हमने जहाँ कहीं भी शूट किया, चाहे वह आगरा में हो या जयपुर में, लोगों को दिलीप कुमार के बारे में पता चल जाता था और वे लोकेशन पर आ जुटते थे। हम एक ऐक्शन सीन की शूटिंग कर रहे थे जिसमें दिलीप कुमार एक बुर्ज पर चढ़ गये थे और यूनिट के लोग और वहाँ मौजूद देखने वाले साँसें रोके देख रहे थे। उन्होंने ज़्यादातर महत्त्वपूर्ण सीनों के लिए डायलॉग शूटिंग के वक़्त ही लिखे थे। उनकी राजनीतिक चेतना ऐसी थी कि उन्होंने अपने लिए ऐसे डायलॉग लिखे, जैसेकि उनके लिए किसी ने भी नहीं लिखे थे।

अगर आप आज 'लीडर' देखें तो आप पायेंगे कि उसमें दिलीप साहब की बोली हुई कई लाइनें आज के राजनीतिक हालात में भी बहुत प्रासंगिक लगती हैं। इससे यह बात साबित होती है कि एक बुद्धिजीवी के रूप में उनकी नज़र कितना आगे देख लेती थी।

## नन्दा

मैं इस बात को कभी भी नहीं भूल सकती हूँ जब मैं पहली बार दिलीप साहब से मिली थी। मैं एक पार्टी में थी, जो भारत भूषण जी ने फ़िल्म 'साक्षी गोपाल' के रिलीज़ से पहले दी थी और अचानक दिलीप साहब आ गये।

जब दिलीप कुमार कमरे में आये तो स्वाभाविक था कि सबका ध्यान उनकी तरफ़ चला गया। यह मेरे लिए सपने के पूरे होने जैसा था कि मैं उनको साक्षात् देख रही थी लेकिन मुझे बहुत शर्म आती थी और मैं कभी भी उनके पास एक फ़ैन की तरह जाकर नहीं मिल सकती थी, नयी आयी हीरोइन के रूप में तो छोड़ ही दीजिए, जिसने हाल ही में फ़िल्म 'तूफ़ान और दिया' से सबको प्रभावित किया था। मैंने भूषण जी से यह अनुरोध किया कि वे उनसे मुझे मिलवा दें, तो उन्होंने यह कहा कि उनके आसपास की

भीड़ छँट जाने दो। मुझे पता था कि यह होने वाला नहीं था क्योंकि लोग उनको कभी अकेला नहीं छोड़ने वाले थे। वे बहुत बड़े स्टार थे और ऐसे आदमी जिनको लोगों के साथ घुलना-मिलना बहुत पसन्द था।

मैं निराश-सी एक कोने में खड़ी थी कि मुझे अपनी आँखों पर भरोसा ही नहीं हुआ, जब मैंने देखा कि दिलीप कुमार मेरी तरफ़ बढ़े आ रहे थे और उनकी आँखों में मुझे पहचानने का भी भाव था। मेरे पास आते हुए उन्होंने पूछा : "क्या तुम मास्टर विनायक की बेटी नहीं हो?"

मेरा दिल धड़कने लगा और मैंने कहा : "जी।"

उन्होंने मुस्कराते हुए मराठी में मेरे पिता के एक फ़िल्म का डायलॉग दोहराया—'धोंडा असेल तर माज्या डोक्यावर मार।' मुझे बड़ी ख़ुशी हुई और मैं अवाक् रह गयी। उन्होंने इतनी सादगी के साथ कहा था कि मेरी ज़ुबान खुल गयी और मैंने कहा कि मैं उनकी फ़ैन थी और यह कि मेरे परिवार में उनकी ही फ़िल्में देखी जाती हैं, वग़ैरह...

दिलीप साहब मुझे लेकर हमेशा बहुत रक्षात्मक रहते थे क्योंकि उनके मन में मेरे पिता के लिए गहरा आदर था। जब भी वे मुझसे इंडस्ट्री के किसी कोष इकट्ठा करने के आयोजन में या किसी और बेनिफिट कार्यक्रम में भाग लेने के लिए कहते थे तो वे अपने सचिव प्रेम जी को मुझे लेने के लिए भेजते थे और इस बात का ख़याल रखते थे कि मेरा ठीक तरह से ध्यान रखा जाये। मुझे लगता है कि इंडस्ट्री की महिलाओं और बुज़ुर्गों को लेकर उनके मन में जो आदर था, उसका कुछ-न-कुछ लेना-देना उनकी पारिवारिक पृष्ठभूमि और उनकी परवरिश से था। वे अपने भाइयों और बहनों के लिए पिता समान थे और उसी वजह से शायद वे विनम्र और दूसरों को लेकर सम्मान के भाव से रहते थे।

मेरी बहन मीना की शादी सी.वी.के. शास्त्री से हुई थी, जो बी.आर. चोपड़ा के निर्माण-सलाहकार थे। दिलीप साहब शास्त्री जी को बढ़िया से जानते थे और जब वे 'गंगा जमुना' का निर्माण कर रहे थे तो वे निर्माण से जुड़े कई मसलों के ऊपर उनसे सलाह-मशवरा करते थे। इसलिए मेरे और दिलीप साहब के परिवार और सायरा जी के बीच का बन्धन और मज़बूत हुआ। समय के साथ सायरा, जो काफ़ी कम उम्र की थीं, मेरी दोस्त हो गयीं और उनके घर मेरा आना-जाना बढ़ गया। असल में, जब मीना और शास्त्री जी के बीच शादी की सालगिरह पर धार्मिक आयोजन हुआ तो दिलीप साहब परिवार के सदस्य की तरह खड़े रहे।

मैंने अपने तरीक़े से ख़ुद को इंडस्ट्री में स्थापित किया और अपने ज़माने के हर बड़े अदाकार के साथ काम किया। बस एक स्टार दिलीप कुमार के साथ मैं काम नहीं कर सकी और मुझे लगता है कि यह दुर्भाग्यपूर्ण था। यह बस हो नहीं पाया। मैं इस बात के लिए कितनी दुआ करती थी कि मुझे दिलीप कुमार

के साथ काम करने का मौक़ा मिल जाये क्योंकि यह सफलता का सबसे बड़ा पैमाना होता था कि आप दिलीप कुमार के साथ काम कर लें।

जब मैंने 1974 में फ़िल्मों से संन्यास ले लिया तो दिलीप कुमार ने मुझसे पूछा कि मैंने काम करना बन्द क्यों कर दिया। मैंने कहा कि मुझे लगा कि जब सूरज चमक रहा हो तब ही विदा ले लेनी चाहिए। वे मुस्कराये और उन्होंने कुछ नहीं कहा। बान्द्रा में मेरे पेरी क्रोस वाले घर के पास जब एक सड़क का नाम मेरे पिता मास्टर विनायक के नाम पर रखा गया तो उन्होंने उसका उद्घाटन किया। मेरे भाई जयप्रकाश ने उनसे आग्रह किया और वे तुरन्त मान गये। वे जब अपने शिखर पर थे, तब भी उनसे मिलने में कोई परेशानी नहीं होती थी। वे, जो उनकी एक्टिंग की नक़ल करते हैं, उनसे इंसानियत और अच्छाई नहीं सीख पाये।

मैं राज कपूर की फ़िल्म 'प्रेम रोग' में कैमरे के सामने आयी, उस समय बी. आर. चोपड़ा साहब 'मज़दूर' फ़िल्म की पटकथा लिख रहे थे। उन्होंने मुझसे पूछा कि क्या मैं दिलीप साहब के सामने एक छोटा-सा रोल करना चाहूँगी। मैंने उस मौक़े को तुरन्त पकड़ लिया। मैंने चोपड़ा साहब से कहा कि अगर पूरी फ़िल्म में दिलीप साहब के साथ एक सीन भी होगा, तब भी मैं करूँगी। मैंने 'मज़दूर' फ़िल्म में दिलीप साहब के साथ काम किया और ख़ुद से कहा : "अब तुम्हारा ट्रैक रिकॉर्ड पक्का हो गया, नन्दा!"

## निम्मी

मुझे इस बात की बड़ी मज़ेदार याद है जब मैंने पहली बार दिलीप कुमार को देखा था। मैं तब 'अन्दाज़' के सेट पर थी, जहाँ महबूब ख़ान राज कपूर और दिलीप कुमार के बीच एक नाटकीय दृश्य की शूटिंग कर रहे थे। मैं उत्तर प्रदेश के एक छोटे-से शहर अबोटाबाद (Abbottabad) जहाँ अपनी माँ की अचानक मौत के बाद मैं जाकर रहने लगी थी, वहाँ से आकर किसी तरह मुम्बई में रहने लगी थी। मेरे मन में फ़िल्मों में काम करने की तमन्ना थी और मेरी मौसी ज्योति, जो फ़िल्मों में काम करती थीं, ने महबूब ख़ान से इस बात की चुपचाप अनुमति ले ली थी कि मैं अन्दाज़ के सेट पर जा सकूँ, जिसकी शूटिंग ताड़देव के सेंट्रल स्टूडियो में चल रही थी।

वह आज़ादी के बाद का दौर था और दिल्ली और उत्तर प्रदेश में महात्मा गाँधी की हत्या के बाद दंगे-फ़साद हो रहे थे। बम्बई में भी कर्फ़्यू लगा हुआ था और आने-जाने पर पाबन्दी लगी हुई थी। राज कपूर और दिलीप कुमार दोनों ही उस समय के बड़े लोकप्रिय सितारे थे और उनको अपने सामने देखकर मुझे बहुत ख़ुशी हो रही थी।

इसलिए मैं पूरी तरह से ध्यान लगाकर देख रही थी, जब महबूब साहब राज कपूर को कुछ समझा रहे थे। हालाँकि वे दिलीप कुमार को नहीं समझा रहे थे और न वे एक्टिंग ही कर रहे थे! उनका चाल-ढाल, देखने और आहिस्ता से बोलने का अन्दाज़ देखकर ऐसा नहीं लगता था कि वे एक्टिंग कर रहे थे। मैं और मेरी नानी दोनों ही इस बात पर हैरान थे कि महबूब साहब ने ऐसे अभिनेता का चुनाव किया था जो यह जानता ही नहीं था कि एक्टिंग कैसे की जाये।

जब वह फ़िल्म रिलीज़ हुई तो हमने उसे पहले ही दिन देखा। मैं न सिर्फ़ दिलीप कुमार को तारीफ़ के भाव से देख रही थी बल्कि जिस तरह से उन्होंने परदे पर किरदार को ज़िन्दा किया था, उसको हैरानी के साथ देख रही थी क्योंकि हर सीन में उन्होंने जैसे दर्शकों को बाँध रखा था, जबकि उनके ऊपर एक्टिंग का कोई दबाव भी नहीं दिखायी दे रहा था। तब मुझे समझ में आया कि मैं कितनी बड़ी बेवकूफ़ थी और एक्टिंग या फिर सिनेमा के बारे में मैं कितना कम समझती थी।

'अन्दाज़' के सेट पर जाने के कारण राज कपूर का ध्यान मेरे ऊपर गया और उन्होंने मुझे 'बरसात' फ़िल्म में दूसरी नायिका की भूमिका दी, जिसके लिए उनको गाँव की सीधी-सादी लड़की की तलाश थी। उन्होंने स्क्रीन टेस्ट के लिए चार लड़कियों का चुनाव किया था और आख़िर में उन्होंने मुझे चुना क्योंकि मैं उनको उस भूमिका के लिए एकदम माक़ूल लगी।

अब मुझे एक्टिंग करनी थी और मैंने यह फ़ैसला किया कि दिलीप कुमार की तरह से मैं कभी एक्टिंग नहीं करूँगी। वह बहुत बड़ी ग़लती थी। राज कपूर मेरे घर कलावा लेकर आये, जो कि पूजा में इस्तेमाल किया जाता है और मुझसे कहा कि मैं बाँध लूँ। मैंने पूछा कि यह क्यों और उनका जवाब था, "आज से तुम मेरी बहन हो। भगवान के लिए एक्टिंग करो और अपने भाई की फ़िल्म को बरबाद मत करो" उससे काम हो गया। मुझे यह बात समझ में आ गयी कि दिलीप कुमार होना इतना आसान नहीं है। दिलीप कुमार को अल्लाह ने ख़ासतौर पर बनाया था और उनके अन्दर जो हुनर था, वह कम लोगों में होता है। मुझ जैसे कमतर कलाकारों को एक्टिंग करनी पड़ती है।

मुझे जिस तरह से राज कपूर ने कहा, मैंने उसी तरह से एक्टिंग की। दर्शकों और फ़िल्मी दुनिया के लोगों ने मेरा स्वागत किया और मुझे फ़िल्मों में हीरोइन के रूप में काम मिलने लगा। अब मेरी ख़्वाहिश थी दिलीप कुमार के

साथ काम करने की और सौभाग्य से मेरी दूसरी ही फ़िल्म उनके साथ हुई! वह 'आन' थी, भारत की पहली टेक्नीकलर फ़िल्म। एक अदाकारा और एक औरत के रूप में मेरी असली शिक्षा 'आन' के साथ शुरू हुई, क्योंकि मैंने एक एक्टर और शानदार इंसान के रूप में दिलीप कुमार की महानता को देखा था।

कास्टिंग की शुरुआत में ही उन्होंने महबूब ख़ान से कहा कि प्रेमनाथ को खलनायक के रूप में ले लें। उस समय प्रेमनाथ बड़े लोकप्रिय हीरो थे और ज़ाहिर था कि उन्होंने मना कर दिया। लेकिन यूसुफ़ साहब की दिली इच्छा थी कि वे उनको उस भूमिका में लें, इसलिए वे उनके घर गये और उनको समझाया कि वे एक बार खलनायक के रूप में काम करके देखें। उन्होंने उनसे यह वादा किया कि पटकथा इतनी अच्छी थी कि उनकी वह खलनायक की भूमिका भी फ़िल्म जगत में चर्चा का विषय बन जायेगी। इस तरह से प्रेमनाथ 'आन' फ़िल्म का हिस्सा बन गये और मुझे याद है कि सीलोन में जहाँ 'आन' का प्रीमियर हुआ था, वहाँ उन्होंने सबके सामने दिलीप साहब का शुक्रिया अदा किया था कि उन्होंने उनको उस फ़िल्म का हिस्सा बनने के लिए तैयार किया।

जो बात मैं कहना चाहती हूँ, वह यह कि यूसुफ़ साहब शायद अकेले ही ऐसे एक्टर हैं दुनिया में जो यह चाहते हैं कि उनके सामने क़ूवत वाले कलाकार आयें। सामान्य परिस्थितियों में एक्टर यह चाहते हैं कि उनके सामने कोई कमज़ोर एक्टर काम करे ताकि सारा ध्यान उनके ऊपर ही बना रहे।

हम सबको 'आन' से बड़ा फ़ायदा हुआ उसी दिन से जिस, दिन से वह सेट पर गयी। महबूब ख़ान यह चाहते थे कि फ़िल्म को टेक्नीकलर में शूट किया जाये लेकिन समझ नहीं पा रहे थे कि कैसे किया जाये। उस समय ठीक से कैमरे भी नहीं थे, प्रोसेसिंग लन्दन में करवानी पड़ती थी, जो कि बहुत महँगी थी और असम्भव भी। यूसुफ़ साहब कई बार फर्दून ए. ईरानी से मिले और उन्होंने उस कुशल कैमरामैन को यह बात समझायी कि वह इस तरह के कैमरामैन हैं जो पूरी फ़िल्म 16 एमएम पर शूटिंग करके उसे 35 एमएम तक ले जा सकते हैं। फर्दून ईरानी ने यूसुफ़ साहब की इस चुनौती को स्वीकार कर लिया।

जब 'आन' लन्दन के टेक्नीकलर लैब में गयी तो वहाँ के जो चीफ़ टेक्नीशियन थे, उन्होंने फर्दून ईरानी से मिलने की इच्छा प्रकट की ताकि वे उनको इस बात के लिए बधाई दे सकें कि उन्होंने इतने पुराने ढंग के कैमरे से फ़िल्म की शूटिंग इतनी अच्छी तरह से की। जब उस फ़िल्म को 35 एमएम तक किया गया तो किसी को भी यह समझ में नहीं आया कि उस फ़िल्म की शूटिंग 16 एमएम के कैमरे से की गयी थी। अपने जीवन भर ईरानी लोगों से यही कहते रहे कि अगर यूसुफ़ साहब ने मेरा उत्साह नहीं बढ़ाया होता तो वह कभी वैसा नहीं कर पाते।

यह यूसुफ़ साहब की बहुत बड़ी ख़ासियत थी। वे लोगों को बहुत अच्छी तरह से प्रेरित किया करते थे। वे हर वह काम करते थे जिससे उनके साथ काम करने वाले एक्टर और तकनीशियन असम्भव को हासिल कर सकें। 'आन' फ़िल्म पूरी दुनिया में सफल रही। लन्दन में जब फ़िल्म का प्रीमियर हुआ तो ब्रिटेन के कलाकार और निर्देशक यूसुफ़ साहब से इतने प्रभावित हुए कि उन्होंने यूसुफ़ साहब से यह कहा कि वे वहीं आकर बस जायें और अंग्रेज़ी फ़िल्मों में काम करें। मुझसे भी यह कहा गया कि क्या मैं इंग्लिश फ़िल्मों में काम करना चाहूँगी लेकिन परदे पर चुम्बन के दृश्य और प्यार-मोहब्बत के सीन की वजह से मेरा बिल्कुल मन नहीं हुआ।

'आन' फ़िल्म का सीलोन में जो प्रीमियर हुआ था, वह सबसे बड़ा इस लिहाज़ से था क्योंकि एयरपोर्ट से लेकर हमारे होटल तक लोग सड़कों के दोनों किनारे पर खड़े थे। वे सभी दिलीप कुमार के फ़ैन थे। लोगों में ऐसा पागलपन था कि लोगों ने उनसे मिलने के लिए एयरपोर्ट पर पुलिस का घेरा तोड़ दिया और होटल में सुरक्षा को तोड़ दिया। इस तरह का पागलपन मैंने कभी नहीं देखा था।

'आन' फ़िल्म की सफलता उन आलोचकों के मुँह पर बहुत बड़ा तमाचा थी जो फ़िल्म की शूटिंग शुरू होने पर यह कहते थे कि 'महबूब ख़ान पागल हो गया है। ट्रेजिडी किंग दिलीप कुमार के हाथ में तलवार दे दी।' 'आन' में दिलीप कुमार ने एक ग़रीब गाँववाले का रोल किया था जो तलवारबाज़ी में माहिर था। फ़िल्म के लन्दन के वितरक ने दिलीप कुमार से यह पूछा था कि उन्होंने तलवारबाज़ी के सीन इतनी अच्छी तरह से कैसे किये थे। वह इतना प्रभावित हुआ था कि वह उसके ठीक बाद भारत आया था और महबूब साहब ने 'अमर' फ़िल्म के क्लैप देने के लिए उनको बुलाया था।

मैंने यूसुफ़ साहब के साथ पाँच फ़िल्मों में काम किया था : 'आन', 'अमर', 'दाग़', 'उड़न खटोला' और 'दीदार'। पत्र-पत्रिकाओं में यह कयास लगाये जाते थे कि इसी हीरोइन के साथ वे बार-बार काम कर रहे थे। वे सुन्दर थे, ज़हीन थे, पढ़े-लिखे थे और आने वाले समय के सबसे बड़े सुपरस्टार थे। वे देखने में शहज़ादों जैसे लगते थे और अंग्रेज़ी और उर्दू दोनों एक जैसी महारत के साथ बोल सकते थे। यह स्वाभाविक था कि उनकी असंख्य महिला प्रशंसिकाएँ थीं बल्कि उनके साथ काम करने वाली हीरोइनों के मन में उनसे शादी करने की ख़्वाहिश रहती थी।

मुझसे अकसर यह बात इधर-उधर पूछी जाती थी कि क्या मैं भी उनमें से एक थी जिसने इस ख़्वाहिश में अपनी नींदें ख़राब कीं कि वे मुझे शादी के लिए पसन्द कर लेंगे। सचाई यह है कि मैं इस बात को जानती थी कि मेरी दाल वहाँ गलने वाली नहीं थी क्योंकि उनके दिलो-दिमाग़ में मधुबाला थी, बल्कि मैं तो यह चाहती थी कि एक बढ़िया पारिवारिक मित्र रहूँ और एक साथी कलाकार जो उनको

मेहनत के साथ काम करके ख़ुश रखे। यूसुफ़ साहब हमेशा यह चाहते थे कि उनके साथ काम करने वाले कलाकार भी उसी लगन के साथ काम करें। अपने काम की उनके मुँह से तारीफ़ सुनकर ऐसा लगता था, जैसे ग्रेजुएशन की डिग्री मिल गयी हो।

मधुबाला के साथ उनका सम्बन्ध टूटना तभी तय हो गया था, जब हमने 'अमर' की शूटिंग पूरी की थी। मुझे लगता है कि यूसुफ़ साहब को इस बात का पता चल गया था कि मधुबाला और प्रेमनाथ के बीच साथ काम करने वाले कलाकार से ज़्यादा कुछ था। यूसुफ़ साहब ने कभी अपनी भावनाओं को सामने नहीं रखा था और हमेशा कम बोलने के कारण वे काम के अलावा और किसी बात के बारे में कम ही बोलते थे।

मैं उनकी बहनों के नज़दीक थी, ख़ासतौर पर सकीना आपा के। मुझे यह पता था कि वे अपने भाई-बहनों से कितना प्यार करते थे। मैं उनकी एकमात्र हीरोइन थी जो उनकी बारात में गयी थी, जबकि बाक़ी सारी दुःख के आँसू रो रही थीं। मुझे सायरा और यूसुफ़ भाई दोनों की तरफ़ से बुलाया गया था क्योंकि सायरा की माँ नसीम बानो मेरी अच्छी दोस्त थीं। उन्होंने मुझे बड़ी गर्मजोशी के साथ बुलाया था लेकिन मैं 48 पाली हिल से 34 पाली हिल तक बारात में शामिल होकर गयी थी।

सायरा बहुत सुन्दर और मासूम लग रही थीं और उनकी आँखें इस ख़ुशी से चमक रही थीं कि उनकी शादी उस आदमी के साथ हो रही थी जिससे वह 12 साल की उम्र से प्यार करती थी। मुझे लगता है अब जब मैं यह देखती हूँ कि सायरा जिस प्यार और समर्पण से उनकी देखभाल करती हैं तो उससे मुझे लगता है कि यूसुफ़ साहब ने कोई नेकी की होगी कि उनको ऐसी बीवी का इनाम मिला।

## बकुल पटेल

मेरे पति रजनी पटेल और दिलीप कुमार पहली बार तब मिले थे जब रजनी पटेल कांग्रेस पार्टी के वी.के. कृष्णमेनन के चुनाव प्रभारी थे, जब 1962 के लोकसभा चुनाव में वे उत्तरी बम्बई से प्रत्याशी थे। यह भारतीय चुनाव के इतिहास में सबसे चर्चा वाला चुनाव था क्योंकि लड़ाई थी कांग्रेस पार्टी के कृष्णमेनन और आचार्य कृपालानी में।

उसी दौरान रजनी और दिलीप कुमार की अटूट दोस्ती शुरू हुई। उसके बाद रजनी दिलीप भाई के बिना कुछ भी करने के बारे में नहीं सोचते थे। कांग्रेस पार्टी के पक्के समर्थक होने के कारण कांग्रेस पार्टी के लिए रजनी कोई भी आन्दोलन चलाते थे या कोई और काम करते थे तो उसमें दिलीप भाई हमेशा रजनी के साथ खड़े रहते थे। दिलीप कुमार को जवाहरलाल नेहरू का प्यार और विश्वास प्राप्त था और बाद में इन्दिरा गाँधी ने पाया कि वे पूरी तरह से स्वार्थरहित थे और जब भी राहत की ज़रूरत होती थी तो वे कांग्रेस पार्टी के कहने पर आ जाते थे। रजनी और दिलीप दोनों ही जवाहरलाल नेहरू के पक्के प्रशंसक थे और इसी वजह से उनके बीच ख़ूब छनती थी, दोनों में चुनाव लड़ने को लेकर कोई महत्त्वाकांक्षा नहीं थी। वे भारी बहुमत से जीत सकते थे और संसद में जा सकते थे, लेकिन दिलीप साहब ने कृष्ण मेनन जैसे उम्मीदवारों को समर्थन देने का फ़ैसला किया और कांग्रेस पार्टी की जीत में एक से अधिक चुनावों में अपनी हिस्सेदारी जतायी। उनका लक्ष्य भी एक ही था कि आम आदमी की सेवा करना और शिक्षा के माध्यम से लोगों को सशक्त बनाना।

इस बात को कम ही लोग जानते हैं कि वर्ली का नेहरू सेंटर रजनी और दिलीप भाई के दिमाग़ की उपज थी। उन्होंने उसका ख़ाका तैयार किया और केन्द्र सरकार की मदद ली। नेहरू सेंटर जवाहरलाल नेहरू और आधुनिक भारत के लिए उनके विचारों को समर्पित था। उसके वास्तुकार भी हमारे सामान्य दोस्त आई.एम. क़ादरी थे।

दिलीप भाई ने अपने आपको कभी फ़िल्मों और एक्टिंग तक ही महदूद नहीं रखा। वे ख़ूब पढ़ाकू थे और कलाओं में उनकी गहरी रुचि थी और उनके हर क्षेत्र के लोगों से दोस्ती थी। इन्हीं मुलाक़ातों के दौरान उनको यह लगा कि एक कल्चर सेंटर होना चाहिए। उन्होंने शास्त्रीय संगीत, डांस, नाटक, साहित्य, संगीत तथा शोध कर आ रहे दोस्तों से इसके बारे में जानकारी ली और फिर ख़ाका तैयार किया। चूँकि रजनी और दिलीप दोनों ने ही नेहरू की 'डिस्कवरी ऑफ़ इण्डिया' पढ़ रखी थी इसलिए दोनों इस बात को लेकर उत्साहित थे कि इसके एक पूरे हिस्से का नाम 'डिस्कवरी ऑफ़ इण्डिया' रखा दिया जाये।

नवम्बर 1972 में उसके शिलान्यास के लिए इन्दिरा गाँधी आयी थीं और रजनी के घर में पार्टी थी, जिसमें रजनी के कुछ करीबी दोस्त और दिलीप भाई आये थे। उस दिन मेरा जन्मदिन था और रजनी ने कहा कि वह मेरा जन्मदिन मनाने जा रहे थे। मैं वहाँ उस पार्टी में रजनी के सहयोगी और दोस्त के रूप में थी—तब मैं वकालत करती थी—वहाँ तब उन्होंने दिलीप भाई से कहा कि वह मुझसे शादी करना चाहते हैं, तो उन्होंने कहा कि ठीक है। और रजनी ने मुझे प्रस्ताव दिया, यह कहते हुए कि शादी उसी रात में होगी। मैं हैरान रह गयी और किसी भी तरह से उनका दिमाग़ नहीं बदला। आधी रात हो चुकी थी और मैंने

अपने माँ पिताजी को बुलाया और अब असली चुनौती इस बात की थी कि इतनी रात में पण्डित कहाँ से लाया जाये जो शादी की रस्म पूरी करवा सके। दिलीप भाई ने किसी को पण्डित लाने का काम सौंपा। अन्त में बाबुलनाथ मन्दिर के पास एक पण्डित को जगाया गया, उसके बाद उन्होंने किसी दुकान को खुलवाया और ज़रूरी सामान ख़रीदा। शादी सम्पन्न हुई जिसमें दिलीप भाई हम दोनों को बड़े भाई की तरह से आशीर्वाद दे रहे थे।

## प्यारेलाल*

साहब के कपड़ों को बहुत ध्यान से धोने की ज़रूरत होती है क्योंकि वे सफ़ेद कपड़े ही पहनते थे और उनको सूती शर्ट पहनना पसन्द था जिसमें एकदम सही मात्रा में माड पड़ी होनी चाहिए और उनके कॉलर में क्रीज नहीं होनी चाहिए।

साहब के पाली माला वाले घर के पास एक अब्दुल भाई रहते थे जो कभी-कभार साहब के बाल काटते थे। अब्दुल भाई को इस बात से बड़ी हैरानी होती थी कि साहब के बाल इतनी जल्दी-जल्दी कैसे बढ़ जाते थे। और वह उन्हें कितनी भी सफ़ाई से काटते थे, माथे के पास बाल खड़े हो जाते थे। जब एक नौजवान उनकी दुकान में आया और बोला कि मुझे दिलीप कुमार जैसे बाल कटवाने हैं तो वे बहुत चिढ़ गये और वे उनकी बात पर विश्वास नहीं करते थे, जब वे कहते थे कि उनके बालों को वे कोई ख़ास स्टाइल नहीं देते थे—वह अपने आप किसी जादू से वैसा हो जाता था।

साहब जब भी मुझसे मिलते तो बड़े अपनेपन से मिलते थे, हमेशा मेरे परिवार के बारे में पूछते थे। वे सुपरस्टार थे और मुझे याद है कि उनकी फ़िल्म बान्द्रा टॉकीज़ में पूरे एक साल तक चली थी और हम उनकी फ़िल्म के रिलीज़ होने का इन्तज़ार कितनी शिद्दत के साथ करते थे क्योंकि वे साल में बस एक ही फ़िल्म बनाते थे। उनके फ़ैन पहले पाली माला और बाद में 48 पाली हिल के बाहर खड़े रहते थे। जब वे अपने घर के गेट पर गाड़ी रोकते थे तो कभी इस बात से नहीं चिढ़ते थे। वे उनको देखने देते थे और कभी-कभी उनसे कुछ बातचीत भी कर लिया करते थे।

* निजी धोबी

मैं साहब और सायरा जी के साथ 50 साल से हूँ। साहब ने मुझे हाल में ही कहा, "हमको कभी छोड़ के नहीं जाना। मेरे भाई जैसे हो तुम।" मुझे उस दिन इतनी ख़ुशी हुई कि रात में नींद नहीं आयी।

## वीरा राव

मैं एक शर्मीली-सी लड़की थी, प्रतिष्ठित टाटा इंस्टीट्यूट ऑफ़ सोशल साइंसेज से जब दिलीप साहब ने नेशनल एसोसिएशन ऑफ़ ब्लाइंड की अध्यक्षता सँभाली, तब मैं पोस्ट ग्रेजुएट की डिग्री लेकर यह चाहती थी कि समाजसेवा और समाज-सुधार के क्षेत्र में अपना मुक़ाम बनाऊँ। वे एक सुपरस्टार थे और हर कोई यह पूछता था कि एनएबी जैसे संस्थान के लिए एक एक्टर क्या करेगा? वे कहते अधिक-से-अधिक साल में एक बार आयेंगे और ऐसे जतायेंगे, जैसे उनको इसकी क़दर है। वे सामान्य अनुभव से यह बात कर रहे थे और उनको ज़ाहिर है यह नहीं पता था कि बाक़ी स्टार और दिलीप कुमार में क्या फ़र्क़ था।

जब दिलीप कुमार ने एनएबी के अध्यक्ष के रूप में काम सँभाला तो सबसे बड़ी चुनौती यह थी कि काम चलाने के लिए किस तरह से धन जुटाया जाये और हमारे एजेंडे में यह था कि नेत्रहीन लोगों की हालत को सुधारा जाये और उनको विशेष तरह की शिक्षा दी जाये। उन्होंने सभी पदाधिकारियों के साथ एक बैठक की और मैंने वहाँ अपना आइडिया पेश किया, जिसको पहले वहाँ के पदाधिकारियों ने मना कर दिया था।

मेरा आइडिया यह था कि जिन दिनों पूना में डर्बी रेस का आयोजन होता है, उन दिनों एक विशेष ट्रेन चलायी जाये और जिसका किराया आम ट्रेन से दोगुना हो और उसका नाम रखा जाये 'एनएबी ट्रेन'। मेरे दिमाग़ में यह आइडिया तब आया, जब मैं एक बार डर्बी के दिनों में पूना गयी हुई थी और मैं वहाँ एक तरह से फँस-सी गयी थी क्योंकि वहाँ से आने के लिए कोई सवारी नहीं मिल रही थी।

मुझे उसी दिन लौटकर आना था क्योंकि मैं अपने छोटे बच्चे को पीछे माँ की देखरेख में छोड़ कर आयी थी। ख़ैर वहाँ के स्टेशन मास्टर ने एक भीड़ भरी ट्रेन में मुझे बैठने के लिए जगह दिला दी।

मैंने एक ट्रेन के बारे में पढ़ रखा था जो क्रिसमस के दिनों में लन्दन में चलती थी, जिसमें उन यात्रियों को ले जाया जाता था जो आख़िरी वक़्त में क्रिसमस की ख़रीदारी करते हैं और उससे जो पैसा आता है, उसको दान में ख़र्च

किया जाता है। मैंने दिलीप साहब के सामने यह आइडिया रखा और बहुत डरते हुए सुझाया कि यह अच्छा रहेगा कि एनएबी ट्रेन चलायी जाये जिसमें लोगों को दिलीप कुमार के साथ सफ़र करने का मौक़ा दिया जाये। दिलीप कुमार को इस आइडिया के लिए हाँ कहने में एक मिनट से अधिक का समय नहीं लगा और उन्होंने कहा कि मैं इसके ऊपर काम शुरू कर दूँ।

वह ट्रेन पहले साल ही ख़ूब सफल रही। दिलीप साहब इस ट्रेन में विक्टोरिया स्टेशन पर चढ़े और हरी झण्डी दिखाकर ट्रेन को रवाना किया। उन्होंने यह घोषणा की इसमें पहला चन्दा वे अपनी तरफ़ से 50 हज़ार रुपये का दे रहे हैं और वे ट्रेन में एक सिरे से दूसरे सिरे तक चलकर गये उन उत्साहित यात्रियों से बातचीत करते हुए, जिन्होंने टिकट ही इसलिए ख़रीदी थी ताकि दिलीप कुमार के साथ सफ़र किया जा सके। बात फैल गयी और हर साल लोग इस विशेष ट्रेन का इन्तज़ार करते थे। दिलीप साहब के लिए लोग इसलिए इतना ध्यान नहीं देते थे कि वे सबसे बड़े स्टार थे बल्कि इसलिए क्योंकि वे इतने विनम्र थे और यात्रियों से आराम से घुल-मिल जाते थे। वे इतना ध्यान रखने वाले थे कि ऐसे किसी भी यात्री को नज़रअन्दाज़ नहीं करते थे जो उनसे बात करना चाहता था। अगर कोई पिछले साल का यात्री अगले साल भी सफ़र करता था तो वे उसे पहचान लेते थे और जहाँ पिछले साल बातचीत का सिरा छूटा था, वहीं से बात शुरू कर देते थे।

यह ट्रेन दस साल तक चली और दिलीप साहब ने कभी भी हमें निराश नहीं किया। उससे जो धन इकट्ठा हुआ, उसका उपयोग करके कई तरह के उपकरण ख़रीदे गये, किताबें ख़रीदी गयीं। दिलीप साहब ने नेत्रहीनों की नौकरी के लिए कई तरह के विचारों के ऊपर काम किया, उनको समाज की मुख्यधारा में लाया जाये। इसके लिए सामाजिक आन्दोलन की शुरुआत की गयी।

जब भी हम दिलीप साहब से किसी अच्छे उद्देश्य के लिए सम्पर्क करते थे तो वे तुरन्त तैयार हो जाते थे। वे किसी तरह के बहाने नहीं बनाते थे। वे हमेशा पहला चन्दा अपनी जेब से ही देते थे। ब्रेबोर्न स्टेडियम में बच्चों के एक बड़े कार्यक्रम में हमने दिलीप साहब और कुछ नये स्टार्स को पुरस्कार वितरण के लिए बुलवाया था। मैंने ध्यान दिया कि दोपहर होने के कारण सभी ने काले चश्मे लगा रखे थे। सिर्फ़ दिलीप साहब ने धूप का चश्मा नहीं लगा रखा था। मुझे समझ में आया कि दिलीप साहब ने कभी काले चश्मे नहीं पहने। मैंने उनसे पूछा कि वे अपनी आँखों को धूप से क्यों नहीं बचाते हैं और उनका जवाब था : "मुझे लोगों के साथ बातचीत करना पसन्द है, वह भी बिना आँख चुराये।"

मैं समाजसेवा के क्षेत्र में दशकों से हूँ। मैं आज तक ऐसे किसी और आदमी से नहीं मिली, जो उतना ही सच्चा और स्वार्थहीन हो जैसेकि दिलीप साहब।

# वहीदा रहमान

दिलीप कुमार साहब के साथ मेरी पहली फ़िल्म थी 'दिल दिया दर्द लिया'। मुझे याद है कि उनके काम करने की शैली के साथ मेल बिठाने में मुझे कुछ समय लगा था। मैंने गुरुदत्त और देव आनन्द के साथ काम किया था और जो अपने काम के लिए जाने जाते थे। दिलीप कुमार के साथ फ़र्क़ यह था कि वे बहुत अधिक तैयारी करते थे और सीन को लेकर सबसे चर्चा करते थे, छोटी-छोटी बातों का ध्यान रखते थे और तब जाकर वे शॉट के लिए तैयार होते थे। मैं एक सहज अभिनेत्री थी और ज़्यादा तैयारी नहीं करती थी। कुल मिलाकर मैं उनके काम करने के तरीक़े से परिचित हो गयी और सब सहज हो गया।

जब मैंने दिलीप कुमार के साथ पहली बार कैमरे का सामना किया तो मेरे पिता की एक सलाह मेरे काम आयी। जब मैं बहुत छोटी थी तो उन्होंने कहा था कि एक कलाकार जब किसी बड़े कलाकार के साथ काम करता है तो उसे उसकी मौजूदगी के प्रभाव में नहीं आना चाहिए। उन्होंने मुझे यह सलाह तब दी थी, जब मुझे भारत के गवर्नर जनरल राजगोपालाचारी के सामने कार्यक्रम पेश करना था। मैं घबराई हुई थी, लेकिन उन्होंने मुझे यह सुझाव दिया कि मैं अपने काम पर ध्यान दूँ और इस बात को लेकर सजग न होऊँ कि वहाँ पर गवर्नर जनरल मौजूद थे। मैंने वही किया।

मैं इस बात से तो परिचित हो गयी कि दिलीप साहब एक्टिंग में वास्तविकता पैदा करने के लिए बड़ी मेहनत करते थे लेकिन मैं अपने ही ढंग से काम करती रही। मैं सीन या रोल में तभी घुसती थी, जब जलती थीं और ऐक्शन कहा जाता था। जब हम 'आदमी' के लिए शूट कर रहे थे तो यह रिवाज था कि सीन और डायलॉग एक दिन पहले दे दिये जाते थे ताकि हम काम के लिए पूरी तरह से तैयार रहें। वैसे निर्देशक तो भीम सिंह थे मगर दिलीप साहब ही काम की निगरानी करते थे। इसलिए जब एक दिन पैकअप के बाद मुझे सीन और डायलॉग नहीं दिया गया तो मैंने दिलीप साहब से पूछा कि मुझे कुछ क्यों नहीं दिया गया। क्या मुझे कल नहीं आना था। उन्होंने कहा : "तुमको आना है लेकिन शॉट में तुमको एक्टिंग नहीं करनी है बल्कि तुमको उसी तरह से प्रतिक्रिया देनी है, जैसेकि तुम असली ज़िन्दगी में करती हो" अपने हाथ हिलाकर और अपने उत्साह को जताने के लिए आँखों से कहने की अदा।"

मुझे कुछ समझ में नहीं आया। अगले दिन जब मैं शॉट के लिए सेट पर आयी, तब उन्होंने मुझे यह याद दिलाया कि मुझे उसी तरह से करना है,

जिस तरह से असली जीवन में वैसे हालात में मैं करती। उन्होंने कहा : ''तुम्हारी यह आदत है कि जब तुम बात करती हो तो हाथ नचाती हो और चेहरे के हाव-भाव से बात करती हो। मुझे शॉट में वही चाहिए।'' यह मेरे लिए एक नया तजरुबा था और न केवल मैंने उस सीन को अच्छे से किया बल्कि उस सीन के लिए मुझे दोस्तों और बुज़ुर्गों की तारीफ़ भी मिली। मेरे ख़याल से 'आदमी' फ़िल्म का यह वह सीन है जिसमें मैं दिलीप कुमार की गाड़ी की तरफ़ इशारा करके टीन का डिब्बा हटाओ कहती हूँ, जिसमें दिलीप साहब अपने घर के पास टहल रहे होते हैं और मुझे लगता है कि वे कोई बाहरी आदमी हैं।

मेरे लिए यह रहस्य था कि दिलीप कुमार ने फ़िल्म के क्रेडिट में अपना नाम निर्देशक के रूप में क्यों नहीं दिया जबकि कैमरे के पीछे उन्होंने बहुत अधिक मेहनत की थी, वे तकनीशियनों और कलाकारों को इसके लिए प्रेरित करते रहते थे कि वे अपना बेहतरीन काम करें। अगर उनके साथ काम करने वाला कोई कलाकार अपनी क्षमता से बेहतर काम कर रहा हो तो इसका मतलब यह होता था कि वे उसको अपने स्तर के काम से चुनौती देते थे और कड़ी मशक़्क़त वे अपने काम को अंजाम देते थे।

हमारे वक़्त में हम जिम वग़ैरह नहीं जाते थे, लेकिन दिलीप साहब इतने शानदार खिलाड़ी थे कि वे कभी भी काम के बाद बैडमिंटन का खेल नहीं छोड़ते थे। जब भी हम आउटडोर शूटिंग के लिए शहर से बाहर जाते थे, वे हमेशा पूछते थे कि हमें कौन-सा खेल पसन्द है, वे हमें खेलने के लिए इसलिए नहीं प्रेरित करते थे कि हम चुस्त-दुरुस्त रहें बल्कि इसलिए भी कि यूनिट में टीम भावना आये। हम मद्रास में लम्बे समय के लिए रहते थे, कभी-कभी एक साथ दो-दो महीने, 'राम और श्याम' और 'आदमी' की साथ-साथ शूटिंग करते थे और हम सब एक ही जगह पर रहते थे, जिसका मतलब था कि काम के बाद भी हम एक-दूसरे से मिलते रहते थे। एक नेता की तरह वे यह देखते थे कि किसी को कोई परेशानी न हो और सब एक-दूसरे के साथ बेहतर ढंग से रहें, एक-दूसरे का सम्मान करें। उनकी सभी फ़िल्मों में सेट पर लोकतान्त्रिक माहौल बना रहता था। वे खाने में हमारे साथ बैठते थे और फिर अचानक उठकर सहायकों के बीच यह देखने के लिए चले जाते थे कि वे क्या खा रहे थे।

एक बार हम ऊटी (हिल स्टेशन जो अब तमिलनाडु में है) में थे और मौसम अचानक ख़राब हो जाने के कारण हम पूरे सप्ताह शूटिंग नहीं कर पाये। हमारे पास कमरे में बैठने के अलावा कोई चारा नहीं था। दिलीप साहब आधे दिन के लिए ग़ायब हो गये और किसी को नहीं पता था कि वे कहाँ गये थे। उनके दोस्त प्राण साहब बहुत परेशान थे। बाद में दोपहर को देर से बहुत सारी किताबें लेकर लौटे। उन्होंने फ़ैसला किया कि हम सब को किताबें बाँटी जायें ताकि हम उसमें डूब जायें। जो कहानी पसन्द करते थे, उनके लिए कहानियाँ थीं और

जो वर्ग पहेली सुलझाने में यक़ीन रखते थे, उनके लिए वैसी किताब थी जबकि चुटकुलों की किताब उनके लिए जिनको उसमें मज़ा आता था...

दिलीप साहब के शानदार कैरियर को लेकर मेरे मन में दो अफ़सोस हैं। जब मैं सत्यजित राय के साथ 'अभिजन' फ़िल्म कर रही थी तो मिस्टर राय ने पूछा कि क्या मैं दिलीप कुमार से बात कर सकती हूँ मेरे पास एक कहानी है जो दिलीप साहब के लायक़ है। मैंने दिलीप साहब से बात की लेकिन उन्होंने कोई जवाब नहीं दिया। वे बस सोच रहे थे। इसलिए मैंने मिस्टर राय से कहा कि वे उनसे बात करें। बाद में मुझे यह पता चला कि दिलीप साहब इसलिए तैयार नहीं हुए क्योंकि उस फ़िल्म में उनको खुले बदन आना था। दूसरा अफ़सोस यह है कि दिलीप कुमार और गुरुदत्त 'प्यासा' (1957) में साथ-साथ काम नहीं कर पाये। वह तब आज से भी बड़ी क्लासिक फ़िल्म साबित हुई होती।

## हरीश साल्वे

जब सायरा जी ने मुझसे कहा कि 1975 की गर्मियों में दिलीप साहब को जिन तकलीफ़देह हालात से गुज़रना पड़ा था, मैं उसके बारे में लिखूँ, तो इससे वे यादें उभर आयीं जो मेरे दिमाग़ में गहरे गुँथी हुई हैं—कुछ साझा खुशियाँ, कुछ साझा दुख, कुछ साझा गुस्सा, कुछ साझा निराशा।

मैं दिलीप साहब से 1970 में मिला था। मई की गर्म सुबह थी, मेरी बहन ने मुझे छुट्टियों की गहरी नींद से जगाते हुए कहा कि मैं उस महान आदमी से मिल लूँ जो वहाँ ख़ुद आये थे। मैं इस बात को नहीं भूल सकता हूँ, जब मैं उनसे पहली बार मिला था। मैंने जैसा उनके बारे में सोचा था, वे वैसे ही थे—बेहद ज़हीन।

जब बातचीत आगे बढ़ी तो यह समझ में आया कि ऊपर से उनका शान्त दिखने वाला रूप अन्दर से कितना चिढ़ा हुआ था।

उनकी परेशानी तब शुरू हुई, जब आयकर विभाग ने यह तय किया कि वे इस बात की जाँच करेंगे कि उनके पास काला धन है, जिसके लिए बॉलीवुड के लोग बदनाम माने जाते रहे हैं। अगर जाँच होती तो न केवल टैक्स न देने के बदले उनके ऊपर भारी जुर्माना भी किया जाता बल्कि टैक्स की चोरी के लिए सज़ा भी हो सकती थी।

ऊपर जिस विभाग की चर्चा की गयी, वह अपने न्याय के लिए नहीं जाना जाता है बल्कि भारत के व्यापारियों ने यह मान लिया है कि भारत में व्यवसाय करने के लिए ये सभी बातें जुड़ी हुई हैं। एक संवेदनशील कलाकार जीवन को दूसरे तरीक़े से देखता है।

मैं देश के एक बड़े टैक्स एकाउंटेंट के घर में बड़ा हुआ था और किसी को टैक्स चोरी के आरोप में घिरे देखना कोई नयी बात नहीं थी। दिलीप साहब ने आने वाले सालों में मुझे उन लोगों की भावनाओं से भर दिया जो इस तरह के आरोपों को तिरस्कार की नज़र से देखते हैं।

मैंने इस बात के ऊपर नज़र रखी कि आने वाले सालों में क्या हुआ—हंगामेदार सत्तर का दशक जून 1975 की घटनाओं का कारण बना।

मैंने चार्टर्ड एकाउंटेंट के आर्टिकलशिप के लिए काम शुरू किया था और टैक्स क़ानून के विद्यार्थी होने के कारण मुझे उस समस्या की बारीकी समझ में आ रही थी। 'दिल दिया दर्द लिया' के असन्तुष्ट निर्माता के यहाँ छापा पड़ा (जो साफ़तौर पर उसने ख़ुद करवाया था), जिसमें इस बात के सबूत मिले कि उसके द्वारा एक गुप्त खाता का संचालन किया जा रहा था जिसमें डीके नाम से 10 लाख रुपये का भुगतान दर्ज था। इस बात का कोई सबूत नहीं दर्ज था कि उसने जो दिया था, उसे दिलीप साहब ने लिया था; न ही कोई ऐसा सबूत मिला था कि निर्माता ने नगदी 10 लाख रुपये दिलीप साहब को दिये थे (जो उस समय के हिसाब से बहुत बड़ी रक़म थी)। तो भी इस तरह के आरोप लगाये गये कि दिलीप साहब के पास गुप्त धन था; पेनल्टी लगायी गयी और इस बात का ख़तरा था कि सज़ा हो सकती थी।

जब आकलन का काम शुरू हुआ, तब दिलीप साहब दिल्ली में उन लोगों के पास पहुँचे जो दोस्त होने का दावा करते थे। उनको उन्होंने अपनी बेगुनाही के बारे में बताया और यह कहा कि इन आरोपों के पीछे ग़लत धारणा थी और उनसे उन्होंने कहा कि उनको इस परेशानी से बचा लिया जाये।

मैंने उनको दिल्ली में अकसर देखा था—कभी उम्मीद में, कभी परेशान हाल, कभी उदासीन, कभी गुस्से में! यह सीखने वाला अनुभव था—एक बात मुझे बहुत कम उम्र में समझ में आ गयी कि राजधानी में कोई दोस्त नहीं होता है!

आकलन हो गया। उन्होंने बड़ी होशियारी के साथ क़ानूनी कार्रवाई का सहारा लिया और कुछ राहत की बात यह थी कि ग़लत तरीक़े से जो उनका आकलन किया गया था, उसके ख़िलाफ़ अपील को मंजूरी दे दी गयी।

दिल्ली में जो सत्ता थी, उसने इस बीच दिलीप साहब से यह वादा किया कि अगर पहली अपील उनके पक्ष में गयी तो व्यवस्था न्याय दिखाते हुए उनके ऊपर से सभी आरोपों को हटा लेगी। यह एक चाल साबित हुई।

1974 के साल उन लोगों को जेल में भेज दिया गया, जिन लोगों के ऊपर

आर्थिक अपराध थे। निजी स्वतन्त्रता को समाजवाद की दिशा में बढ़ते क़दम के कारण बन्धक बना दिया गया और जिन लोगों के ऊपर आर्थिक अपराध के आरोप थे, उनके ख़िलाफ़ अभियान चलाये गये।

ऐसे सरगर्म माहौल में तर्कसंगत और मानवीय समाधान के वादे वैसे ही उड़ गये, जैसेकि गर्मी के मौसम में सुबह की ओस उड़ जाती है।

1975 के आते-आते मुझे याद है कि मेरे पिता एन.के.पी. साल्वे (बाद में केन्द्रीय मन्त्री बने) ने ग़ुस्से में दिलीप साहब से कहा कि उनको लड़ाई के लिए तैयार रहना चाहिए और इनकम टैक्स ट्रिब्यूनल में उनको अपील करनी चाहिए।

मैंने अपना ग्रेजुएशन 1975 में पूरा कर लिया और मेरे पिता ने मुझे इस बात की अनुमति दे दी कि जब तक मैं चार्टर्ड एकाउंटेंट नहीं हो जाता, तब तक उनके साथ फाइल लेकर ट्रिब्यूनल में जा सकता था। और मेरा पहला केस था इनकम टैक्स विभाग बनाम दिलीप कुमार उर्फ़ यूसुफ़ ख़ान, जिसकी सुनवाई जून 1975 में रोज़ के आधार पर होने वाली थी।

सुनवाई जून के दूसरे हफ़्ते के लिए तय की गयी। सुनवाई से पहले के दो हफ़्ते हम बम्बई के ओबेराय होटल के सुइट में बैठकर उस केस की तैयारी करने वाले थे। उस टीम का नेतृत्व मेरे पिता करने वाले थे, उनके साथ उनके विश्वस्त सहयोगी अजय ठाकोर थे, जो कि कुशल टैक्स एकाउंटेंट माने जाते थे।

फिर जी.एन. जोशी थे—दिलीप साहब के विश्वस्त एकाउंटेंट।

एक आदमी जो मुझे बड़े प्यार से याद आते हैं, वे थे पुरोहित जी—एक होशियार बुज़ुर्ग जो फ़िल्म फाइनेस के काम से जुड़े थे, लेकिन वे दिलीप साहब को पिता की तरह से प्यार करते थे।

हमारी बैठक सुबह के 11 बजे शुरू हो जाती थी और जब वह समाप्त होती थी, तब तक सूरज को अरब सागर में डूबे बहुत देर हो चुकी होती थी। दिलीप साहब सारा दिन वहाँ बैठते थे, सभी लोगों की बातचीत को ध्यान से सुनते हुए और जब एकाउंटेंट खुद को किसी मुश्किल में पाते थे तो वे उसका समाधान सुझाते थे—कभी ख़ालिस उर्दू में और कभी ऐसी अंग्रेज़ी में कि जिसके ऊपर रिचर्ड बर्टन भी शर्मिन्दा हों, जो कि प्रसिद्ध ब्रिटिश अभिनेता थे और अपनी बेहतरीन अंग्रेज़ी के लिए जाने जाते थे। उनके साफ़ विचार बहुत शानदार तरीक़े से मुखर होते थे।

सुनवाई शुरू हुई और विभाग के प्रतिनिधियों ने—वरिष्ठ और अनुभवी लोगों ने—बड़ी मेहनत से इस बात की कोशिश की।

और तभी क़यामत आ गयी।

उन्हीं दिनों इलाहाबाद उच्च न्यायालय ने प्रधानमन्त्री इन्दिरा गाँधी के 1971 के लोकसभा चुनाव को रद्द कर दिया और उच्च न्यायालय के जस्टिस कृष्णा अय्यर ने अपने साहस के अनुरूप उसके ऊपर स्टे देने से मना कर दिया।

25 जून को कुख्यात आपातकाल लागू कर दिया गया। मेरे पिताजी को कुछ दिन का स्थगन लेना पड़ा क्योंकि (कांग्रेस के सांसद होने के कारण) उनको एक या दो दिन के लिए दिल्ली जाना था।

मेरा युवा गुस्सा इस बात से और बढ़ गया कि इस महान भारतीय के साथ अन्याय हो रहा था और मुझे लगता था कि संख्या और नारों के शोर में बेईमानी से जनतन्त्र को स्थगित किया गया था—मैं इस बात के ऊपर आज भी क़ायम हूँ।

ऐसे सरगर्म माहौल में सुनवाई तीन हफ़्ते तक चली।

अपने मुवक्किल की बोलने की सम्मोहित कर देने वाली क्षमता को देखते हुए, ज़ाहिर है मेरे पिता ने यह फ़ैसला किया कि किसी समय ट्रिब्यूनल के ऐसे सदस्यों से बात की जाये जिनको सन्देह नहीं है (हालाँकि उन्होंने किया नहीं क्योंकि एक चतुर बात करने वाले ने हमारे सामने उनकी मंशा का खुलासा कर दिया)।

यह मौक़ा एक पल में आ गया जब ट्रिब्यूनल के एक सदस्य ने मेरे पिता से पूछा कि किसी फ़िल्म का निर्माण कैसे किया जाता था। मेरे पिता ने विदा माँगी और अपने मुवक्किल से यह कहा कि वे इस प्रक्रिया को समझाएँ—इसने विभाग के केस को कमज़ोर बना दिया।

उन बेचारों के लिए क्या मौक़ा हो सकता था—जब एक उम्र में उन्होंने हो सकता है अपनी जवानी के दिनों में सुहाना सफ़र गाना गुनगुनाया हो—उस दृश्य के सामने जो उसके बाद उनके सामने खुला।

वह दिन पूरा होते-होते उस केस की क़िस्मत तय हो चुकी थी, हालाँकि बहस चलती रही। दिलीप साहब 40 मिनट तक इस बारे में बोलते रहे कि फ़िल्में किस तरह से बनती हैं और किस तरह से उनको सार्वजनिक तौर पर दण्डित किया गया। इसके बाद दो मिनट की ख़ामोशी रही मानो उस विभाग के केस की मौत पर मातम मनाया जा रहा हो।

दिलीप साहब ने फ़ैसला किया कि उसके जश्न में डिनर का आयोजन किया जाये, हालाँकि एक दिन की सुनवाई और बाक़ी थी। मैं यह बात समझ गया था कि एक आदमी के सम्मान को चोट पहुँचाने के लिए की गयी कड़ी मेहनत का क्या नतीजा था।

वह शाम जादुई रही। पुरोहित जी ने एक और आश्चर्य पेश किया—वे अपने साथ अपने दो बेटों को लेकर आये जो बहुत अच्छी ग़ज़ल गाते थे।

सायरा जी हमेशा की तरह अपने बेहतरीन रूप में थीं। एक बेहतरीन मेज़बान एक रूप में।

और एक व्यक्तिगत बात यह कि मैं दिलीप कुमार के एक ख़ास दोस्त स्वर्गीय सतीश भल्ला से मिला, बाद में उनकी भतीजी मीनाक्षी से 1981 में मेरी शादी हुई।

मैंने 1980 में वकालत शुरू की—और उच्चतम न्यायालय में जिस पहले मुक़दमे के लिए मैं गया था, वह था इनकम टैक्स विभाग द्वारा दिलीप कुमार के

पक्ष में ट्रिब्यूनल के फ़ैसले के ख़िलाफ़ अपील का। मेरे लिए खुशी की बात यह थी कि क़रीब 2 मिनट में ही जज ने उसे ख़ारिज कर दिया।

मुसीबत के वक़्त में जो दोस्ती होती है, वह लम्बे समय तक क़ायम रहती है—दिलीप साहब मेरे पिता के सबसे नज़दीकी दोस्तों में एक थे। मेरी माँ को इंसानों की परख थी और उन्हें प्रभावित कर पाना बहुत मुश्किल काम था—वह हमेशा दिलीप साहब और सायरा जी से मिलकर बहुत ख़ुश होती थीं।

1983 में इन्दिरा गाँधी के मन्त्रिमंडल में मन्त्री बनने के बाद मेरे पिता नयी दिल्ली के औरंगज़ेब रोड पर रहने लगे। पिता के घर में संगीत, शायरी और दिलीप साहब और सायरा जी के साथ की अनेक स्मृतियाँ हैं।

उसके बाद हम अकसर मिलते रहे और जब मेरी शादी मीनाक्षी जी के साथ हुई तो हमारे रिश्ते ख़ास हो गये। सायरा जी और मीनाक्षी बहुत गहरे तौर पर जुड़ी हैं।

दिलीप साहब बहुत बड़े इंसान हैं—एक बड़ी शख़्सियत होने के बावजूद भी एक अच्छे दोस्त। उनकी कई यादें हैं—यह सही ही कहा गया था—

ईश्वर ने अपने बच्चों को याद किया
जिससे जीवन की बगिया में हो सकता है
दिसम्बर में जून हो जाये...

## **सायेशा** (Sayasha)

महान शख़्सियत के साथ नाचते हुए...फुफोनाना। मेरे लिए डांस करना ठीक वैसे ही स्वाभाविक है, जैसे साँस लेना और मैं घर में पक्की डांस करने वाली हूँ। मैं पाँच साल की उम्र से सहज रूप से अपने नाना-नानी और माँ के सामने डांस करती रही हूँ और वे भाव-विभोर होकर देखते रहे हैं। तब मैं यह कहाँ जानती थी कि वह आदमी जो तालियाँ बजाकर, सीटियाँ बजाकर मेरा जोश बढ़ाता है और जिसे मैं आदर से बड़े दादा कहती हूँ, वे भारतीय सिनेमा के सबसे बड़े अदाकार रहे हैं! कितनी ऐसी लड़कियाँ हैं जो यह कह सकती हैं कि परदे पर नहीं बल्कि असल ज़िन्दगी में उनको दिलीप कुमार के साथ डांस करने का मौक़ा मिला! कोई नहीं! सिर्फ़ मैं। यह मुझे ख़ास बनाता है!

वे सबसे प्यारे, बच्चों को प्यार करने वाले दादाजी हैं और अकसर मुझे अपनी मर्सिडीज़ में बिठाकर घुमाने ले जाते हैं, कार के पीछे पुलिस की गाड़ी होती है, कभी-कभी सायरन बजाकर रास्ता साफ़ करती हुई। बच्चों-सी मेरी कल्पना उस समय उफान पर होती है, और मुझे लगा कि यह सारा ताम-झाम मेरे ही लिए था! मुझे सच में ऐसा लगा, जैसेकि मैं कोई राजसी हूँ! जब वे बान्द्रा के जॉगर्स पार्क में टहलने जाते हैं, मैं उनका हाथ थामकर उनके साथ चलने की कोशिश करती हूँ। मैं हमेशा इस बात पर ध्यान देती हूँ कि मेरी दादी पीछे हट जाती ताकि मैं हाथ पकड़ सकूँ। मैंने अपने पति के लिए वैसा समर्पण नहीं देखा, जैसाकि फुफोनानी का है। मुझे ऐसा कोई भी दिन याद नहीं आता है, जब वे दोनों एक-दूसरे से अलग होते हों। जिसकी वजह से उनका रिश्ता अतुलनीय हो जाता है।

मैं उनके और अपनी परनानी के साथ हाथ-में-हाथ डाले 'मुग़ल-ए-आज़म' फ़िल्म के रंगीन रूप के प्रीमियर में गयी थी, तब मुझे यह समझ में आया कि उनको लेकर इतना पागलपन क्यों है और लोग उनका कितना सम्मान करते हैं। इतनी बड़ी शख़्सियत होने के बावजूद ऐसी विनम्रता ने मुझे मन्त्रमुग्ध कर दिया। उस दौरान मुझे समझ में आया कि फुफोनाना मेरे परनाना के अलावा बहुत बड़ी चीज़ हैं।

जब मैं बड़ी हुई तो मैंने कुछ बहुत अच्छे उर्दू के अल्फ़ाज़ उनसे सीखे—उम्दा! मेरे लिए सबसे अच्छा गाना है उनकी फ़िल्म 'दिल दिया दर्द लिया' का 'कोई सागर दिल को बहलाता नहीं, इस गाने को मैंने उनके साथ न जाने कितनी दफा गाया है। उनकी आवाज़ बहुत ख़ूबसूरती के साथ उनकी आँखों के हाव-भाव से मेल खाती है और एक लफ़्ज़ भी वे धुन से बाहर नहीं गाते।

हाल में मैंने उनकी फ़िल्म 'मशाल' देखी और उसका वह मशहूर सीन जिसमें वे आने-जाने वाली गाड़ियों को रोकने की कोशिश कर रहे हैं ताकि अपनी मर रही पत्नी को अस्पताल ले जा सकें। फिर मैंने 'गंगा जमुना' देखी और उनके मरने का सीन देखकर मेरा दिल बैठ गया। मेरे प्यारे और ज़हीन नाना कुछ सेकण्ड में ही इतने बढ़िया अदाकार में बदल जाते थे। उनके लिए कोई सन्दर्भ नहीं था, बस अपने बल पर पढ़ाई करके, विश्वास नहीं होता है। वैसे तो उनको परदे पर सबसे बड़े ट्रेजिडी किंग के रूप में माना जाता था, असल में फुफोनाना को मौज-मस्ती पसन्द है, बच्चों जैसे हैं और हमेशा खेलकूद के लिए तैयार रहने वाले। उनका सेन्स ऑफ़ ह्यूमर बड़ा ख़तरनाक है, जो वे अचानक दिखा देते हैं और वह भी बिना पकड़ में आये।

मुझे याद है कि उन्होंने मुझे सलाह दी है कि धीरे-धीरे बोलो और हमेशा चेहरे पर मुस्कराहट बनाये रखो। उनको मेरे चेहरे पर तनाव बिल्कुल पसन्द नहीं है और वे फ़ौरन मेरी खिंचाई कर देते हैं। उनकी इस तरह की बातें मेरी यादों में हमेशा बनी रहेंगी।

मैं इसके लिए अल्लाह का शुक्रिया ही अदा कर सकती हूँ कि मेरा जन्म ऐसे समय में हुआ, जब मैं उस महान अभिनेता...अपने प्यारे फुफोनाना दिलीप कुमार को देख पायी!

आई लव यू!
**सायेशा**

## शाहीन*

यूसुफ़ अंकल और मैं...

दिलीप कुमार : महान शख़्सियत, रहस्यमयी व्यक्तित्व, महान अदाकार, ट्रेजिडी किंग; उनको बयान करने के कितने सारे शब्द हैं! हालाँकि क़रीब 12 साल की उम्र तक मैंने कभी इस बात को महसूस भी नहीं किया कि मैं इतनी महान शख़्सियत के साथ उसी घर में रह रही हूँ। मेरे लिए वे अंकल हैं जिन्होंने मेरी बुआ सायरा से शादी की और मेरे लिए पिता जैसे बन गये। ऐसे हैं यूसुफ़ अंकल! उनके साथ मेरा रिश्ता बड़ा ख़ास है, क्योंकि मैं उनके सामने बड़ी हुई हूँ। मैंने उनके साथ अपने सारे राज़ साझा किये हैं—अपने नखरे, अपनी चाहतें और वे मेरे लड़कपन के दिनों में मेरे राज़दार रहे हैं।

उनसे जुड़ी मेरी पहली याद धुँधली है, मगर कहते हैं न कि छोटे बच्चे की याद कभी-कभार अजीब-अजीब बातें याद कर लेती है। मुझे याद आता है कि वे मुझे अपनी हथेलियों पर बिठाकर अपने सिर के ऊपर ले जाकर घुमा रहे हैं और मेरी बुआ डर के मारे चीख़ रही हैं : "वो गिर जायेगी, वो गिर जायेगी!" मेरी बुआ बहुत शाइस्ता हैं, दो बच्चों में से एक, वे निश्चित ही हुल्लड़बाज़ हैं, ऐसे परिवार से आने वाले जहाँ इतने लोग थे कि कोई गिनती नहीं कर सकता था!

हममें से बहुत लोगों के लिए स्विट्ज़रलैंड का मतलब यश चोपड़ा की फ़िल्में हैं। लेकिन मेरे लिए यह वह जगह है, जहाँ मैंने अपने परिवार के साथ स्कूल की छुट्टियाँ बितायी हैं। यूसुफ़ अंकल के साथ लेक जेनेवा में नाव में चढ़ना, सचाई यह है कि वे किसी भी चीज़ के लिए पूरे पैसे लेकर नहीं चलते हैं और अगर

* सुलतान की बेटी और सायेशा की माँ।

मेरी बुआ उनके बटुए को हमेशा देखती न रहें तो वे हर जगह फँस जायें, क्योंकि उनको नम्बर याद नहीं रहते हैं और ज़ाहिर है हम लोग उन दिनों की बात कर रहे हैं, जिन दिनों किसी ने मोबाइल फ़ोन के बारे में सुना भी नहीं था।

मुझे एक घटना याद है जब वे इस बात पर ज़ोर देने लगे कि उनकी फ्रेंच इतनी अच्छी है कि फ्रेंच बोलने वाले उसके ऊपर रश्क करें, और वे मुझे अपने साथ गाड़ी में जेनेवा घुमाने ले गये। क़िस्मत से हमारी टैक्सी एक ऐसी औरत चला रही थी जिसको अंग्रेज़ी का एक लफ़्ज़ नहीं आता था। यूसुफ़ अंकल की फ्रेंच कुछ बेहतर थी, और जल्दी ही हम उस महाद से काफ़ी दूर निकल आये जिसके लिए हमने कहा था पूरी रफ़्तार में अनजान जगह पर! उस समय मैं पन्द्रह साल की थी, वैसे शायद मैं उससे बड़ी दिखती थी और उस टैक्सी ड्राइवर ने यह समझ लिया कि एक कम उम्र की लड़की उनके साथ रोमांटिक सफ़र पर थी! भूख, थकान और निराशा के मारे हमने उससे कहा कि वह हमें किसी रेस्तराँ में लंच के लिए ले जाये। जब हमने नदी के किनारे के एक कैफे में मछली के कुछ टुकड़े ही खाये थे कि हमें यह समझ में आया कि उस ड्राइवर ने हमें एक टॉपलेस बीच पर रोक दिया था। यूसुफ़ अंकल की सारी बहादुरी धरी-की-धरी रह गयी और उन्होंने मुझसे कहा कि जल्दी से टैक्सी की तरफ़ भागो, ऐसी हालत में भतीजी के साथ! उनकी हालत देखने लायक़ थी।

मैं चाहती थी कि मेरा बेटा उनके जैसा हो। यूसुफ़ अंकल ख़ास इंसान हैं, मर्दाने, आँखें ऐसी कि किसी का भी दिल पिघल जाये। उनको खेल पसन्द है, वे क्रिकेट मैच या फुटबॉल का खेल कभी नहीं छोड़ते। मेरा बचपन उनकी फिरकी पकड़ने में बीता है जबकि वे पतंग उड़ाते थे। मैंने उनसे पतंग उड़ाना सीखा, हालाँकि मैंने बड़ी कोशिश की लेकिन उनको कभी पतंगबाज़ी में हरा नहीं पायी। वे ऑमलेट ऐसे बनाते हैं कि अच्छे-अच्छे बनाने वाले ख़ानसामे को पैसों की कमी पड़ जाये; उनकी अपनी ख़ास चीज़ों की सूची है जो उनके ऑमलेट को ख़ास बनाता है : जैसे ऑमलेट में अदरक काली मिर्च के साथ! वह औरतों के लिए जिस तरह से साड़ी ख़रीदते हैं, वैसे कोई भी नहीं ख़रीद सकता है। साथ ही एकदम मर्दों की तरह उनको न तो जन्मदिन याद रहता है, न ही एनिवर्सरी। जब अन्य दोस्तों के बुके आने लगते हैं, तब उनको याद आता है कि आज वह दिन है कि उनको भी अपने पैसे ख़र्च करने चाहिए! तब वे मुझे बैंड स्टैंड के फूल वाले के पास भेजते, "शाहीन, मैं तो भूल गया था। ऐसा करो, ज़रा जल्दी जाओ, कुछ फूल बनवा लो, फिर मुझे बुला लेना!" इनके लिए कई बातों का ध्यान रखना पड़ता था ताकि फूलों का बड़ा-सा गुलदस्ता बनवाया जाये, ज़्यादातर ऑर्किड जो उन दिनों में कम आते थे। मुझे उसमें घण्टों लग जाते थे। फिर मैं उनको लैंडलाइन से फ़ोन करती, फिर वे बाहर निकलकर आते और बुके को देखते। आगे दो-एक घण्टे दिलीप कुमार

के निर्देशन में बीतते थे जो उस समय ऐसे व्यवहार करते थे, जैसे वे सीधे इकेबाना के क्लास से आये हों। अच्छी तरह से बुके बनवाकर हम घर पहुँचते और बहुत ही नाटकीय अन्दाज़ में बुआ को फूल दिये जाते, जैसेकि वे कोई सरप्राइज देना चाह रहे हों और वह दिन तो वे कभी भूले ही नहीं थे। मेरी बुआ, जो उनके प्यार की भूखी हैं, हर साल उसके बाद यही कहती कि साहब ने कितना सोच-समझकर दिमाग़ लगाया है।

बच्चे उनको बहुत पसन्द हैं। जब मेरी बेटी सायेशा पैदा हुई तो उन्होंने मुझे कहा कि वे हमेशा सोचते हैं कि बिस्तर में लेटी वह क्या सोचती रहती है, यह सोचते कि काश! उसके सपने को देख पाते! किस वजह से वह सोते में मुस्कराती है। उनका यही उत्सुकता भरा स्वभाव है जिसने लगता है उनको वह बनाया, जो कि वे आज हैं।

उनकी एक आदत है जिससे परिवार के सभी लोग आदी हो चुके हैं कि घर में जब भी कोई पार्टी होती है तो घर के फ़र्नीचर को फिर से ठीक-ठाक करना। यूसुफ़ अंकल हमेशा घर बहुत सारे मेहमानों को लेकर आ जाते हैं, जो कि ज़ाहिर है रात के खाने के लिए रुकते। मेनू साधारण रहता था लेकिन ख़ूब सारी चीज़ें। होटल से खाना मँगवाने का तो सवाल ही नहीं उठता।

मेरी सोलहवीं सालगिरह मेरे लिए सबसे यादगार रहेगी, परिवार के लिए डिनर आयोजित किया गया था और वे घर आये थे मेरे लिए क़रीब 100 मोगरे के गजरे लेकर। यह उनका प्यार था। बैंगलोर की भी ख़ास यादें हैं! मेरी बुआ और फूफा अच्छे अभिभावकों की तरह मुझे एम. जी. रोड पर आइसक्रीम पार्लर लेकर जाते थे। वह वे दिन थे, जब फ़िल्म जगत पर उनका राज चलता था। वे बहुत बड़े थे। यह कहना बेकार है कि जब वे आइसक्रीम पार्लर में जाते थे तो बाहर भीड़ जमा हो जाती थी! हमें बाहर भागना पड़ता, और हम पाते कि हमारा ड्राइवर ग़ायब है! यूसुफ़ अंकल को कभी विचारों की कमी नहीं पड़ती। उन्होंने एक टैक्सी रोकी, उसमें ड्राइवर की सीट पर बैठ गये और लोगों को हैरान करते हुए तेज़ी से गाड़ी दौड़ाकर निकाल ली। वह मेरा सबसे अच्छा टैक्सी सफ़र था।

मैं तो लिख ही सकती हूँ लेकिन मैं हर बात साझा नहीं करना चाहती हूँ। उनके साथ लाखों लोगों की दुआएँ हैं और अल्लाह का आशीर्वाद है। हम खुशक़िस्मत हैं कि हमारे जीवन में वे हैं।

यूसुफ़ अंकल, मैं आपको हमेशा प्यार करती रहूँगी।

## सलीम शरीफ़ी*

मैं दिलीप साहब के साथ अपने रिश्ते के बारे में यही कह सकता हूँ कि यह क़िस्मत की बात है। मैं बचपन के दिनों से ही साहब का फ़ैन था और उनसे व्यक्तिगत रूप से मिलना सपने के सच होने जैसा था। मैंने अपने एक पारिवारिक दोस्त से यह बात कही जो दिलीप कुमार को बहुत अच्छी तरह से जानते थे। उन्होंने कहा कि जब वे बम्बई में रहेंगे, तब वे मुलाक़ात करवाने की कोशिश करेंगे। उन्होंने साहब से यह बात की होगी कि मैं उनका बहुत बड़ा फ़ैन हूँ और मेरी ख़्वाहिश है कि मैं साहब से मिलूँ और फिर एक दिन मेरे जीवन की सबसे यादगार बात हुई, जब मैं बम्बई में किसी ज़रूरी काम से गया हुआ था और दक्षिण मुम्बई के ताज होटल में ठहरा हुआ था। मेरी डायरी में साहब का नम्बर था और मैंने घुमा दिया और दूसरी तरफ़ साहब थे। मैंने अपना परिचय दिया और उन्होंने मुझे फ़ौरन दुबई के नौजवान बैंकर के रूप में पहचान लिया। उन्होंने कहा कि वे दक्षिण मुम्बई में उस दिन किसी से मिलने वाले थे और उन्होंने मुझसे पूछा कि क्या वे मुझसे मिलने आ सकते थे। मुझे कुछ समझ में नहीं आ रहा था और मैंने एक शब्द भी नहीं कहा। फिर मैंने उनको कहा कि यह मेरे लिए गौरव और सम्मान की बात होगी और उन्होंने मेरी आवाज़ में ख़ुशी और घबराहट को भाँप लिया होगा। उन्होंने अपनी ज़हीन आवाज़ में बस इतना ही कहा कि 'जैसे ही मेरी मुलाक़ात ख़त्म होगी, मैं आ जाऊँगा।'

जब मैं कमरे में साहब का इन्तज़ार कर रहा था तो मैं अपने उत्साह को रोक नहीं पा रहा था। मुझे यक़ीन नहीं हो रहा था कि मेरे साथ यह हो रहा था। वादे के मुताबिक़ साहब आये और जब मैंने दरवाज़ा खोला और उनको मैंने सच में अपने सामने पाया, सफ़ेद शर्ट और पैंट पहने तो मेरी ख़ुशी का जैसे ठिकाना नहीं रहा।

हमने एक घण्टे बातचीत में गुज़ारे और मैं अपने आपसे यही पूछता रहा कि क्या यह मेरे साथ हो रहा है?

जिस बात ने मुझे बड़ा मुतास्सिर किया, वह साहब की गर्मजोशी और उनकी इंसानियत थी और जब मैं उनकी कार तक उनको छोड़ने गया तो उन्होंने कहा : "हम बातचीत करते रहेंगे और फिर मिलेंगे।" मुझे तो अपने कानों पर यक़ीन नहीं हो रहा था।

साहब मेरे लिए बड़े भाई जैसे हैं। मुझे लगता है कि हमारा मिलना भाग्य में बदा हुआ था। मुझे याद नहीं आता कि ऐसा कोई ख़ास मौक़ा रहा हो, जब मैं उनके भाइयों के साथ उनकी बग़ल में बैठकर बँगले में मौजूद नहीं रहा होऊँ।

* एक पारिवारिक मित्र और दिलीप कुमार के सच्चे प्रशंसक।

जब कभी-कभार वे हमें यह सौभाग्य देते हैं कि दुबई में हमारे छोटे-से घर में आकर हमें मेहमाननवाज़ी का मौक़ा देते हैं तो बहुत ख़ुशी होती है क्योंकि वे बड़ी सहजता से हम लोगों में से एक बन जाते हैं। मेरे बच्चे उनके आने पर उससे अधिक ख़ुश होते हैं जितना कि अपने दादाजी के आने से।

साहब को अलग-अलग तरह की जगहों पर जाकर छुट्टियाँ बिताने का शौक़ है। एक बार उन्होंने मुझसे जैसलमेर के सरकारी गेस्टहाउस से बात की थी और वे बच्चों जैसे उत्साहित थे। उनको जगह बहुत पसन्द आयी थी और वे उसका भरपूर लुत्फ़ उठा रहे थे। एक बार और मुझे उनकी ओर से न्योता आया कि मैं उनके और सायरा जी के साथ मरकारा में जाऊँ, जो कर्नाटक में कूर्ग ज़िले में है। उनको वहाँ की ख़ूबसूरती बहुत पसन्द आयी और उनको इस बात से बड़ा मज़ा आ रहा था कि बड़ी-बड़ी तितलियों को देखकर सायरा जी को डर लग रहा था।

यहाँ तक कि मुम्बई में भी जब मैं उनसे बान्द्रा में मिलने जाता हूँ तो वे तुरन्त यह सुझाव देते हैं कि लम्बी ड्राइव पर चला जाये और लौटते में ताज में जल्दी डिनर लिया जाये। उनको घर वालों को और क़रीबी दोस्तों को ताज मुम्बई के किसी रेस्तराँ में अचानक पार्टी देना अच्छा लगता है। जब पहली बार साहब मुझे ताज के रांदेवू में लेकर गये थे तो मैं दंग रह गया था क्योंकि जो लोग अपनी-अपनी टेबल पर बैठकर खाना खाने और बातचीत का लुत्फ़ उठा रहे थे उन्होंने खाना छोड़ दिया और उन सबका सर हमारी तरफ़ घूम गया। अब मुझे इस बात की आदत पड़ चुकी है कि साहब जहाँ कहीं भी जाते हैं लोग उसी तरह से देखने लगते हैं। चाहे वह दुबई हो या मुम्बई उनकी मौजूदगी हर जगह के माहौल को बदल देती है। वे शाहाना मिजाज़ के आदमी हैं और जब से मैं उनसे मिला मेरा अपना तौर-तरीका, पहनना-ओढ़ना बदल गया है।

मेरा कोई भी दिन बिना दिलीप कुमार की फ़िल्म देखे नहीं गुज़रता है। मेरे पास उनकी हर फ़िल्म है। मेरी पसन्दीदा 'गंगा जमुना' है। न जाने कितनी बार उस फ़िल्म को देख चुका हूँ मगर आज भी जब उसमें मरने का सीन देखता हूँ तो मेरा गला भर आता है।

## डॉ. आर.सी. शर्मा

मुझे सायरा जी से उनकी कत्थक गुरु रोशन कुमारी जी ने मिलवाया था। यह 1987 की बात है। मुझे सायरा जी की नानी का इलाज करना था। जब मैं

सायरा जी के बँगले में पहुँचा तो मुझे ऊपर अम्माँ जी के कमरे में ले जाया गया। डाइनिंग रूम में मैंने देखा कि दिलीप कुमार साहब सायरा जी और उनकी प्रसिद्ध माँ नसीम बानो के साथ लंच कर रहे थे। वे अपने पहनावे-ओढ़ावे से इतने साधारण लग रहे थे कि फ़िल्म वालों को लेकर मेरे दिमाग़ में जो भी बातें थीं, वे सब हवा हो गयीं। आम आदमी हमेशा इस बात की कल्पना करता है कि स्टार जो होता है, वह हमेशा ही स्टार की तरह से रहता है और यहाँ मैं खड़ा हूँ देश के सबसे आदरणीय स्टार के सामने जो हम लोगों की ही तरह हँस रहा है, मज़ाक़ कर रहा है और उँगलियों से खा भी रहा है।

दिलीप साहब मुझसे गर्मजोशी से मिले, मुझसे माफ़ी माँगी और अपने कमरे में चले गये। मैंने अम्माँ जी का इलाज किया, उनके लिए दवाएँ बतायीं और अपने घर आ गया। जब मैं उनसे अगली बार मिला, तब मुझे यह पता चला कि वे किस तरह के इंसान थे। अम्माँ जी को अचानक कोई मुश्किल आ गयी और मुझे रात के दस बजे बुलवाया गया। जब मैं बँगले में पहुँचा तो वहाँ सबसे बेचैन इंसान दिलीप कुमार थे। वह उनके बिस्तर की बग़ल में खड़े थे, उनके माथे को सहलाते हुए उनसे धीरे-धीरे बातें करते हुए। मैंने एक दवा बतायी जो संयोग से आसपास किसी दवा की दुकान में मौजूद नहीं थी। दिलीप साहब ने मेरा हाथ थाम लिया और कहा : ''डॉक्टर साहब, मैं आपके साथ आ रहा हूँ, मुझे पता है कि कहाँ मिलेगी, आइये चलते हैं।''

हम दवा लेकर लौटे और उनको खिलाया। साहब तब तक चैन से नहीं बैठे, जब तक अम्माँ जी बेहतर महसूस नहीं करने लगीं। उस रात मैंने दिलीप कुमार को नहीं देखा बल्कि एक ऐसे प्यारे इंसान को देखा जो उसके लिए बहुत फ़िक्रमन्द थे, जो उनके लिए बहुत मायने रखती थीं।

जैसे-जैसे साल गुज़रते गये मुझे, उस शानदार एक्टर के कई और रूप देखने को मिले जिनको मैं कॉलेज के दिनों से बहुत पसन्द करता था। वे अपने परिवार, सायरा जी के परिवार और साथ ही नौकरों और ऑफ़िस में काम करने वाले लोगों सबकी चिन्ता किया करते थे। उन्होंने मुझे एक बार से अधिक शुक्रिया कहा, जब मैं रात में उनके इमरजेंसी के बुलावे पर उनके बँगले पर गया। जब मैंने कहा कि मैं तो अपना कर्तव्य पूरा कर रहा हूँ तो उन्होंने कहा : ''डॉक्टर, आप नहीं जानते कि इस बात से कितना सुकून मिलता है कि अगर किसी को कुछ गम्भीर हो जाये तो कोई डॉक्टर है जो आ जायेगा।''

वे ख़ूब पढ़ते हैं, हर विषय की किताबें जिनमें मेडिसिन की किताबें भी होती हैं। उन्होंने एक बार डॉक्टर्स के एक सम्मेलन को सम्बोधित किया था

और हम सभी डॉक्टर मन्त्रमुग्ध होकर उनके भाषण को सुनते रहे, जिसमें इस बात की तमाम सूचनाएँ थीं कि इस क्षेत्र में हाल में क्या-क्या हुआ है। कोई यह नहीं कह सकता था कि वे डॉक्टर नहीं थे और यह उनका क्षेत्र नहीं था।

1999 में हमको इस बात का फ़ैसला लेना था कि उनके ओपन हार्ट सर्जरी के लिए किस अस्पताल का चुनाव किया जाये। उनके सभी दोस्तों ने अमेरिका, इंग्लैण्ड, कनाडा के अस्पतालों के बारे में सुझाव दिये। दिलीप साहब अड़ गये कि उनका ऑपरेशन भारत में ही होगा। उन्होंने कहा : ''मैं हिन्दुस्तानी हूँ और हमारे डॉक्टर दुनिया में बेहतरीन हैं।'' फिर मुम्बई के कई अस्पतालों की तरफ़ से आग्रह आया कि उनको वहाँ दाख़िल करवाया जाये। उन्होंने लीलावती अस्पताल का चुनाव किया और वहाँ डॉ. रमाकान्ता पाण्डा ने उनका ऑपरेशन किया। उन्होंने उस पूरी प्रक्रिया का लुत्फ़ उठाया और अपने दिल के बारे में हमसे मज़ाक़ भी किया। सच में, उनका दिल सोने का है—24 कैरेट शुद्ध!

मैं उनके साथ लगभग हर दिन बान्द्रा के जॉगर्स पार्क में टहलने जाया करता हूँ। हम देर से जाते हैं, 9 बजे ताकि भीड़-भाड़ से बचा जा सके। यहाँ तक कि उस समय भी उनको देखने के लिए लोग खड़े रहते हैं। वे एक दिलदार इंसान हैं जो कभी भी ऐसे आदमी की बात को अनसुनी नहीं करते हैं, जो उनसे कुछ कहना चाहता हो। गेट पर उनका पर्स ज़रूर कुछ ढीला हो जाता है क्योंकि कोई-न-कोई दुखी इंसान उनसे मदद माँगने आ जाता है। जब लोग उनकी तारीफ़ करते हैं तो वे और भी विनम्र हो जाते हैं।

एक बार मैं उनके साथ जयपुर में था। सायरा जी ने मुझे उनका ध्यान रखने के लिए भेजा था क्योंकि वे पूरी तरह से ठीक नहीं थे। वहाँ मुझे यह बुरी ख़बर मिली कि मेरी दादी गुज़र गयीं। उन्होंने तत्काल मेरे लिए गाड़ी का इन्तज़ाम किया और मुझे राजस्थान के उस गाँव में लेकर गये, जहाँ उनका इन्तक़ाल हुआ था। उन्होंने मुझे कभी अपने परिवार के ऐसे डॉक्टर के रूप में नहीं देखा जिसको पैसे दिये जाते थे बल्कि परिवार के एक सदस्य के रूप में देखा। वे मेरे घर के सारे आयोजनों में आये और मेरे नज़दीकी सम्बन्धियों को भी जानते हैं।

वे ऐसे आदमी हैं जिन्होंने जवाहरलाल नेहरू के साथ क़दमताल किया, ऊँचे-ऊँचे सम्मान पाये और आज भी दुनिया उनके क़दमों में है जबकि उन्होंने क़रीब दो दशकों से फ़िल्मों को स्वीकार करना छोड़ दिया, लेकिन उन्होंने आम लोगों से मेलजोल नहीं छोड़ा।

# रमेश सिप्पी

जब मैं छोटा था और फ़िल्मों के आश्चर्यलोक से जुड़ना चाहता था तो मेरे दिल में एक तमन्ना थी कि एक फ़िल्म का निर्देशन करूँ जिसमें दिलीप कुमार एक्टिंग करें। अपनी पीढ़ी के अन्य लोगों की तरह मैं 'गंगा जमुना', 'देवदास', 'आज़ाद', 'कोहिनूर' आदि फ़िल्मों को देखते हुए बड़ा हुआ था, और इस बात पर हैरान होता हुआ कि उन्होंने कितनी अच्छी एक्टिंग की थी।

कुछ फ़िल्में बनाने के बाद और 'शोले' फ़िल्म से पहचान बनाने के बाद मुझे लगा कि मैं अब इसके लिए तैयार हो गया हूँ कि दिलीप कुमार से सम्पर्क करूँ और उनको निर्देशित करूँ। वे और मेरे पिता जी.पी. सिप्पी अच्छे दोस्त थे और जब भी वे मेरे घर आते थे तो ख़ूब गर्मजोशी से मेरा अभिवादन करते थे; वे मेरे बारे में तो पूछते थे मगर कभी मेरे काम के बारे में नहीं, इसलिए मुझे यह समझ में नहीं आता था कि वे मुझे निर्देशक के रूप में कैसा मानते थे।

'शोले' के लेखक सलीम जावेद के पास एक विषय था जो कि उन्होंने तमिल फ़िल्म के आधार पर तैयार किया था और मुझसे कहते रहते थे कि यह फ़िल्म तभी बन सकती थी, अगर इसमें दिलीप कुमार पिता की भूमिका करने के लिए तैयार हो जायें। निर्माताओं मुशीर-रियाज़ को विषय पसन्द था और वे मुझसे कहते रहते थे कि मैं दिलीप कुमार से उसके बारे में बात करूँ।

कुछ झिझक के साथ मैंने साहब से सम्पर्क किया और ऐसा लगा मानो उनको कहानी के बारे में पता था, शायद सलीम ख़ान ने उनको इसके बारे में बताया था। कुछ इधर-उधर की बातचीत के बाद साहब इस विषय के बारे में विचार करने के लिए तैयार हो गये और वे लेखकों से मिलना चाहते थे। मैं इतना ख़ुश हुआ और घर इस भाव के साथ गया, जैसे मैंने दुनिया जीत ली हो इसलिए उतना नहीं कि मिशन पूरा हो गया था बल्कि इसलिए कि साहब ने इस बात की तरफ़ इशारा कर दिया था कि उनको इस बात पर भरोसा था कि मेरे अन्दर इतना हुनर था कि उस विषय में जो भावनात्मक संघर्ष था, मैं उसके साथ न्याय कर सकता था।

हमने साहब को बताया कि हम फ़िल्म में किन कलाकारों को लेना चाहते थे और उन्होंने कहा कि हमें जो भी उस रोल के लायक़ लगे उनको वह मंजूर होगा। हमने अमिताभ बच्चन का नाम लिया और उन्होंने कहा कि उनको पता है कि वह एक अच्छा अभिनेता है।

जब आपकी फ़िल्म में दिलीप कुमार जैसा एक्टर हो तो आपको बाक़ी एक्टर्स

को अधिक कुछ बताना नहीं होता। साहब की इज़्ज़त और उनके लिए प्रशंसा इतनी अधिक है कि एक्टर यह चाहते हैं कि उनके साथ फ़िल्म में आ जायें।

मीडिया में इस बात को लेकर ख़ूब चर्चा थी कि दिलीप कुमार के सामने अमिताभ बच्चन काम करने जा रहे हैं। मैं इसके उलट बात कहता हूँ, चूँकि अमिताभ को ऐसे बेटे की भूमिका निभानी थी जिसके भीतर गहरा गुस्सा था और विद्रोह था और उसको अपने पिता के ख़िलाफ़ खड़ा होना था, जो रोल साहब करने वाले थे। उत्सुकता की बात यह थी कि क्या अमिताभ में वह क़ूवत थी कि वह अपने पिता के ख़िलाफ़ खड़े होने की भूमिका की चुनौती में खरा उतर सकें, जबकि पिता का रोल कहानी में केन्द्रीय था।

फ़िल्म का मुहूर्त शॉट जुहू के पास समुद्र के किनारे लिया गया जिसमें अमिताभ बच्चन और साहब थे। केवल भारत के ही नहीं बल्कि कई विदेशी मीडिया के लोग भी उस ऐतिहासिक पल के साक्षी बनने आये थे कि दिलीप कुमार और अमिताभ बच्चन को एक साथ काम करते देख सकें।

दिलीप साहब ने अपना ही एक सूट पहन रखा था और उनके लिए जुहू बीच के एक होटल में कमरा बुक था। अमिताभ बच्चन ने, जो साहब की दिल से इज़्ज़त करते थे और उनके बहुत बड़े प्रशंसक भी थे, अपने कमरे में मेकअप के लिए जाने से पहले उनके कमरे में जाकर उनका अभिवादन किया। अपने अनेक इंटरव्यू में उन्होंने कहा है कि वे जिस एक्टर को आदर्श मानते थे और जिनका आदर करते थे, उनके साथ कैमरे का सामना करने में उनको घबराहट हो रही थी। लेकिन तब निश्चित ही वे वैसे नहीं लग रहे थे, जब मैंने उस भीड़-भाड़ के बीच, जबकि इतने लोगों का ध्यान उनके ऊपर था, उनको सीन समझाया। वह शॉट ऐसा था कि उसके लिए दोनों से ही सही टाइमिंग और गति बनाये रखने की ज़रूरत थी। इस शॉट में अमिताभ एक हेलिकॉप्टर से उतरकर दिलीप साहब की तरफ़ बढ़ रहे हैं और समुद्र की तरफ़ से तेज़ हवा बह रही थी जिसकी वजह से उनकी चाल लड़खड़ा रही थी। साहब जहाँ खड़े थे, उनको वहीं रहना था। जैसाकि हम सभी अनुभव से जानते थे कि दिलीप साहब को बोलने के लिए शब्दों की ज़रूरत नहीं पड़ती थी। फ्रेम में उनके होने भर से सीन में जान आ जाती थी। सभी की नज़रें अमिताभ के ऊपर टिकी थीं और वे इस बात को जानते थे।

मैं आपसे यह कह सकता हूँ कि उनसे कोई कमतर एक्टर होता तो उतनी उम्मीदों और नज़रों के सामने ठीक से काम नहीं कर पाता। अमिताभ को इस बात का श्रेय जाता है कि उन्होंने भरपूर आत्मविश्वास के साथ काम किया था और वहाँ मौजूद लोग पागल हो उठे थे, जब उन्होंने बिना रिटेक के उस सीन को पूरा किया था।

इंडस्ट्री में इस बात को लेकर कई हफ़्ते तक चर्चा हुई थी। फ़िल्म के निर्माण के दौरान अमिताभ उनको लेकर बहुत सम्मान के भाव में थे और साहब उनको

लेकर बहुत लगाव रखते थे। जब भी कोई गहरा सीन हो जाता तो साहब चुपचाप मुझसे यह कहते थे कि अमिताभ में ग़ज़ब की बात है और एक दिन यह इस इंडस्ट्री पर राज करेगा।

पहले ही दिन से अमिताभ को यह पता था कि उनका किरदार कैसा था और दिलीप कुमार को यह पता था कि उनको अपना किरदार किस तरह से निभाना था। इसको लेकर किसी तरह का ऊहापोह नहीं था। मैं ऐसा इसलिए कह रहा हूँ क्योंकि इस तरह के कयास लगाये जा रहे थे कि अमिताभ बच्चन इस बात को लेकर ख़ुश नहीं थे कि उनका किरदार सही तरीक़े से नहीं बनाया गया था। उनको कभी किसी तरह की ग़लत जानकारी नहीं दी गयी थी। यह सब मीडिया का बनाया हुआ मिथ है। इसके विपरीत वह इस बात से बहुत ही ख़ुश थे कि उनको जाने-माने आलोचकों से संयत अभिनय के लिए बहुत तारीफ़ मिली थी और दिलीप साहब के साथ एक्टिंग करते हुए वे वैसे ही उस स्तर पर खरे उतरे थे, जैसी उनसे उम्मीद की जा रही थी। जैसेकि वह सीन जिसमें जब बेटा घर आता है और उसको बताया जाता है कि उसकी माँ की मौत हो गयी है और वह देखता है कि उसके पिता इससे पूरी तरह से टूट गये हैं। यह एक ऐसा सीन था जिसमें कोई डायलॉग नहीं है। मुझे याद है कि साहब ने रशेज देखकर कहा था कि अमिताभ की एक्टिंग देखकर कितना अच्छा लग रहा था। साहब ने कहा, "जानते हो रमेश, इतने साल इस इंडस्ट्री में हो गये मगर कोई ऐसा एक्टर नहीं देखा जिसने इतनी होशियारी और जज़्बात के साथ कैमरे का सामना किया हो। यह बहुत बड़ी बात होती है कि आप कैमरे के सामने काम कर रहे हों और आपका अवचेतन उसकी तेज़ गति को ध्यान में रख रहा हो।"

मेरे लिए अपने कैरियर का यह सबसे बड़ा अनुभव था कि मैंने साहब को निर्देशित किया। वे समयबद्ध, सहयोग करने वाले, हँसी-मज़ाक़ करने वाले और एक स्टार के रूप में किसी तरह का नख़रा न दिखाने वाले शख़्स हैं। सायरा जी के घर से उनके ख़ानसामे का बनाया हुआ खाना उनके लिए हर रोज़ आता था और हम सबको उसमें भाग लेने का न्योता मिलता था। उनकी अपनी यह शानदार आदत थी कि वे यूनिट के लिए लगाये गये टेबल पर जाकर खाना खाते थे और यूनिट के लोगों के साथ मज़ेदार बातें भी करते थे। वे उनको बहुत प्यार करते थे और हर दिन उस मौक़े का इन्तज़ार करते थे।

केवल एक बार उन्होंने मुझे सीन को बदल देने के लिए कहा और जब मैंने उनको यह बताया कि उसका मतलब किस तरह से कुछ सीन के बाद आने वाले सीन से था तो वे मुस्कराये और उन्होंने मेरे कन्धे पर धौल जजमा दी। वे अकसर अपने लिए तो रिहर्सल करते ही थे बल्कि दूसरे एक्टर के फ़ायदे के लिए भी रिहर्सल करते थे और कभी भी जब दूसरे एक्टर की वजह से रीटेक लेना होता था तो उससे कभी थकते भी नहीं थे। इनडोर शूटिंग के पहले दिन उनका एक

सीन राखी के साथ था। यह सीन था जिसमें वह पुलिस कमिश्नर की रसोई में खाना बना रही हैं और वे भी रसोई में ही हैं कि ड्रॉइंगरूम में फ़ोन बज उठता है। वे कुछ कहते हैं और फ़ोन का जवाब देने चले जाते हैं। उनको उस सीन का 30 बार रीटेक लेना पड़ा था क्योंकि फ़ोन के साथ कुछ-न-कुछ गड़बड़ हो जाता था। जैसाकि अकसर शूट के पहले दिन हो जाता है, इसमें कुछ समय लग गया जब तक कि उसको टेक्नीशियन ने आकर ठीक-ठाक किया। लेकिन साहब हम सबके साथ धीरज के साथ बैठे रहे और टेक्नीशियन के साथ कुछ हँसी-मज़ाक़ भी करते रहे ताकि उनको किसी तरह का तनाव न हो।

जिस समय 'शक्ति' बन रही थी, उस समय साहब के जीवन में उथल-पुथल मची हुई थी। उन्होंने दूसरी शादी कर ली थी और यह बहुत बड़ी ख़बर बन गयी थी। लेकिन वे सेट पर इस सबसे बिना प्रभावित हुए रहते थे और ज़ाहिर है कि उनसे सवाल पूछने की हिम्मत तो किसी को थी नहीं। उन्होंने मुझसे यह अनुरोध किया था कि चौथे खम्भे को वहाँ से दूर रखा जाये और मैंने ख़ुशी-ख़ुशी वह किया।

## शर्मिला टैगोर

कुछ लोग जीवन में ऐसा मुक़ाम बना लेते हैं कि वह अतुलनीय होता है। दिलीप कुमार इस ख़ास तबके से आते हैं। एक बहुत बड़े अदाकार, महान शख़्सियत, हरफ़नमौला, करिश्माई—दिलीप कुमार यह सब हैं और इन सबसे अधिक भी।

उनकी पहली फ़िल्म 'ज्वार भाटा' (1944) को आये सात दशक हो गये और आख़िरी बार वे 16 साल पहले किसी फ़िल्म में परदे पर दिखायी दिये थे, लेकिन आज भी उनकी बात फ़िल्म एक्टिंग में आख़िरी समझी जाती है, जिनका नाम प्रेरणा देता है और सम्मान पैदा करता है। यह मूल रूप से इस कारण है कि दिलीप कुमार के भीतर सम्पूर्णता की ग़ज़ब की भूख है और अपनी कला के प्रति ग़ज़ब का समर्पण है। उदाहरण के लिए, अपने कैरियर में बहुत शुरू में ही उन्होंने यह फ़ैसला कर लिया था कि वे एक समय में एक ही फ़िल्म में काम करेंगे, अपना पूरा ध्यान उस एकमात्र फ़िल्म में लगाये रखेंगे। हमें यह बात भी ध्यान रखना चाहिए कि

उस समय फ़िल्म की मार्केटिंग आज की तरह नहीं होती थी और उनके ज़्यादातर समकालीन कलाकार अपनी सुरक्षा के लिए एक साथ कई फ़िल्मों में काम करते थे। अब चूँकि दिलीप कुमार राज कपूर और देव आनन्द की तरह निर्देशक-अभिनेता नहीं थे, इसलिए यह तरीक़ा बहुत लोगों को बेवकूफी भरा लग सकता था, लेकिन यह बताता है कि दिलीप साहब का अपने ऊपर कितना भरोसा था। वे सबसे पहले एक एक्टर थे, न कि व्यवसायी। कई उदाहरणों से यह समझ में आता है कि सम्पूर्णता को पाने के लिए वे कितने सजग रहते थे—कुछ लोगों को यह अच्छी तरह याद होगा कि 1960 की फ़िल्म 'कोहिनूर' में 'मधुबन में राधिका नाचे रे' गाने में सितार बजाने के लिए उन्होंने उस्ताद अब्दुल हालिम जाफ़र ख़ान के साथ किस तरह का प्रशिक्षण लिया था। वे आसानी से उसमें दिखा सकते थे, जैसाकि अनेक कलाकारों ने किया था, लेकिन उन्होंने शूटिंग से पहले सितार सीखना ज़रूरी समझा। हर चीज़ को सही ढंग से करने की उनकी इच्छा ही थी जिसकी वजह से उनकी एक्टिंग में विश्वसनीयता पैदा हुई। उनका समर्पित दर्शक वर्ग इस बात को समझता था और इसलिए उनको और भी पसन्द करता था।

मोतीलाल और अशोक कुमार जैसे अभिनेता 1940 के दशक के अन्त तक एक्टिंग से नाटकों के पहलू को पहले से दूर करने में लगे हुए थे, लेकिन दिलीप कुमार के बाद वह परिपाटी हो गयी। उन्होंने यह दिखाया कि सुनायी दे इसके लिए आवाज़ ऊँची करने की कोई ज़रूरत नहीं होती है। उन्होंने दिखाया कि शरीर की भाषा कितनी स्वाभाविक हो सकती थी और कई बार चुप्पी से नाटक के हज़ारों हाव-भाव से अधिक बताया जा सकता था। उन्होंने एक नये ढंग की शुरुआत की, जैसे—महत्त्वपूर्ण सीन को करते हुए कैमरे की तरफ़ पीठ कर लेना, केवल अपनी आवाज़ का इस्तेमाल करना। उस समय के जो दर्शक थे, वे मेलोड्रामा को देखने के आदी थे, उनको हाव-भाव अधिक पसन्द थे, उनके लिहाज़ से तो यह क्रान्तिकारी बात थी। अगर वे दुख के भावों को जैसे—दिल का टूटना, दुख, 'फुटपाथ' और 'देवदास' जैसी फ़िल्मों में सहजता से कर सकते थे तो 'आज़ाद', 'कोहिनूर' और 'राम और श्याम' जैसी फ़िल्मों में कॉमेडी के रोल में भी जान डाल सकते थे। उन्होंने अभिनय को परतदार बनाया, जो आज तक भी आत्म-सजग अभिनय के रूप में देखा जाता है। बीते सालों में अनेक कलाकारों ने उनकी एक्टिंग की शैली की नक़ल करने की कोशिश की और मुझे लगता है कि यह उचित भी है क्योंकि उनकी एक्टिंग में सीखने लायक़ काफ़ी कुछ था।

जब मैं पहली बार बम्बई आयी तो मेरे जो दोस्त बने, उनमें यूसुफ़ साहब के छोटे भाई अहसान भी थे। मेरी पहचान उनकी बहनों फ़रीदा और सईदा से हुई। मैं अकसर यूसुफ़ साहब के पाली हिल वाले घर पर जाती थी, जहाँ वे सारे रहते थे। लेकिन मैंने उनको शायद ही कभी देखा। और अगर कभी मैं उनके

सामने पड़ जाती थी तो शर्म के मारे मैं उनसे बात भी नहीं कर पाती थी। बाद में जब मैं कलाकार के रूप में जम गयी और मैं खंडाला में 'अनुपमा' फ़िल्म के गाने 'कुछ दिल ने कहा' गाने की शूटिंग कर रही थी तो हृषी दा ने टाइगर (मंसूर अली ख़ान पटौदी) को लोकेशन पर बुलाया। वहाँ उस होटल में, जहाँ हम ठहरे थे। वहीं दिलीप कुमार और सायरा बानो भी ठहरे थे। यह बहुत अच्छा मौक़ा था जिसे खोया नहीं जा सकता था। टाइगर ने उनको एक नोट भेजा कि उनसे मिलना था और यूसुफ़ साहब ने फौरन हाँ कह दिया। वह एक ख़ुशनुमा शाम थी जिसमें हमने कविता, संगीत, साहित्य सबको लेकर बातचीत की। टाइगर थोड़ा दुखी हो गये कि उनके मेज़बान ने उनको शतरंज के खेल में हरा दिया।

यूसुफ़ साहब को क्रिकेट की न सिर्फ़ अच्छी जानकारी थी बल्कि वे अच्छी तरह से खेल भी सकते थे। मुझे 'दास्तान'(1972, हमने एक ही फ़िल्म में काम किया) की शूटिंग के दौरान इस बात का पता चला कि वे कितने अच्छे बैडमिंटन खिलाड़ी थे। बी.आर. चोपड़ा के घर के पीछे एक बैडमिंटन कोर्ट था (जो बाद में रिकॉर्डिंग स्टूडियो बन गया), और चूँकि उस फ़िल्म के कई सारे सीन उस घर में भी शूट होने वाले थे इसलिए हम अकसर पैकअप के बाद वहाँ बैडमिंटन खेलते थे।

बैडमिंटन खेलने का यह हुनर यूसुफ़ साहब के बहुत काम आया। जब उनका नाम बम्बई जिमखाना की सदस्यता के लिए आया तो कई सवाल उठे : दिलीप कुमार को सदस्यता क्यों दी जाये? इस तरह की ऊँची संस्थाओं का सदस्य कोई अभिनेता कैसे हो सकता है? क्या वह कोई खेल खेलते हैं? जिमखाना क्लब इस बात का बहुत ध्यान रखता है कि उसके सदस्य कम-से-कम एक खेल का हिस्सा ज़रूर बनें। टाइगर और उनके कुछ दोस्तों ने यूसुफ़ साहब के लिए ख़ूब बात कही। यूसुफ़ साहब को सदस्यता देने से कैसे मना किया जा सकता है? उनका यह कहना था। एक तो वे बहुत बड़ी शख़्सियत थे और दूसरे वे बैडमिंटन भी बहुत अच्छा खेलते थे।

मेरे लिए वे तहज़ीब के पुराने दौर, ज़ुबान की ख़ूबसूरती और उसकी शुद्धता के प्रतीक थे। वे हमेशा से एक बहुत अच्छे वक्ता थे जो उर्दू ज़ुबान पर अपनी ज़बरदस्त पकड़ के कारण सुनने वालों को मन्त्रमुग्ध कर देते थे। असल में, वे कई ज़ुबानों में अच्छी तरह बोलते थे। उनको ठेठ पंजाबी बोलते हुए देखना भी बहुत अच्छा लगता था। उनमें और राज कपूर में बड़ी कड़ी प्रतियोगिता थी मगर इससे उनके आपसी रिश्ते ख़राब नहीं हुए। आख़िरकार दोनों एक ही शहर पेशावर से आते थे और एक ही ज़ुबान बोलते थे। हाँ, यह ज़रूर है कि यूसुफ़ साहब थोड़े निजी क़िस्म के इंसान थे जबकि राज जी ख़ूब मिलनसार थे।

जब टाइगर का देहान्त हुआ (22 सितम्बर 2011) तो यूसुफ़ साहब पहले इंसान थे जिन्होंने संवेदना की चिट्ठी भेजी और यह जहमत भी उठायी कि वह मेरे पास हाथ से पहुँचाई जाये। सिवाय इसके कि हमने 'दास्तान' फ़िल्म में साथ-साथ

काम किया था हम शायद ही कभी मिले थे, और एक ही बार हमने ख़ूब बात की थी जब एक शाम हम खंडाला में साथ-साथ थे। लेकिन मैं उनको हमेशा अपना हमदर्द समझती थी।

यह दुख की बात है कि जब उनको पाकिस्तान का सबसे बड़ा नागरिक सम्मान 'निशान-ए-इम्तियाज़' दिया गया तो उनको स्वयम्भू राष्ट्रवादियों द्वारा राष्ट्रद्रोही तक कहा गया और जिसकी वजह से वे विवादों में घिर गये थे। उनके जैसी महान शख़्सियतों को भूगोल में नहीं क़ैद किया जा सकता है, वे सीमाओं को पार कर जाते हैं। वे सबके होते हैं, चाहे कोई भी संस्कृति हो, जाति हो या नस्ल।

भारतीय सिनेमा को दिये गये अपने अतुलनीय योगदान के कारण दिलीप कुमार अमर रहेंगे।

## मणि तलाती*

'केम छे दिकरा' (कैसी हो बच्ची?) दिलीप साहब जब मेरे घर किसी आयोजन में अपनी हमेशा मुस्कराने वाली पत्नी सायरा के साथ मेरे घर आते थे तो मेरा इन्हीं शब्दों से इस्तक़बाल करते थे। उनके आते ही कँपकँपी-सी होने लगती थी और थोड़ी देर में लहर बन जाती थी या तूफ़ान आ जाता था, जिससे वहाँ मौजूद हर आदमी उसके असर में आ जाता था। उनके चाहने वालों का हुजूम उनकी एक झलक पाना चाहता था, उनका अभिवादन करते हुए या अकसर अपनी किसी याद से बोर करने के लिए। जो भी दिलीप कुमार को दुआ-सलाम करता है, उनके पास सबके लिए मुस्कान होती है। वे ऐसा 60 साल से कर रहे हैं।

मुझे याद है मेरी माँ के लिए अन्तिम प्रार्थना पारसी अग्नि मन्दिर में थी। जैसीकि प्रथा है, ग़ैर-पारसियों को उसमें नहीं जाने दिया जाता है। दिलीप साहब को इस बात का पता था, लेकिन तो भी वे सायरा के साथ आये और मन्दिर

* सायरा जी की एक नजदीकी दोस्त।

के बाहर बैठे रहे। पहली बार पारसी मन्दिर का कम्पाउंड गेट दिलीप साहब के लिए खोला गया था। जब यह बात फैली कि दिलीप साहब आये थे, सब उनसे दुआ-सलाम करने के लिए दौड़े, इस बात को भूलते हुए कि वे वहाँ आख़िरी प्रार्थना में हिस्सा लेने आये थे। मुख्य पुजारी की पत्नी ने उनको ख़ुद ही चाय और आलू के चिप्स खाने के लिए दिये जिनको उन्होंने और सायरा जी ने बड़े प्यार से ले लिया और वे दोनों मेरी माँ को याद करते रहे, शायद मृतात्मा को अन्तिम विदा देने का यह सबसे अच्छा तरीक़ा था।

जिस दिन उनकी शादी की 18वीं सालगिरह थी, उस दिन उनको यह पता चला कि मेरी बहन की तबियत ठीक नहीं थी। उन्होंने कोशिश की उसके सही इलाज के लिए क्या हो सकता है, उन्होंने डॉक्टर और होमियोपैथी की दवाइयों के बारे में बताया। अपनी शादी की सालगिरह के जलसे को भूल गये। जब उनकी प्यारी पत्नी कमरे में यह कहने के लिए आयीं कि उनको तैयार हो जाना चाहिए तो मज़ाक़ करते हुए गाने लगे : 'साला मैं तो डॉक्टर बन गया'।

मुझे उनको पारसी गुज़राती में बोलते हुए सुनना अच्छा लगता है। उनके पास मेरी हर समस्या का समाधान होता है। कल्पना कीजिए कि दिलीप कुमार रात के दो बजे तक बैठकर मेरे ऑफ़िस के काग़ज़ात तैयार कर रहे हैं या मेरी बीमार माँ से मिलने जा रहे हैं ताकि उनके चेहरे पर मुस्कान आ जाये या अपने घरेलू डॉक्टर को भेज रहे हैं, मेरे पूरे परिवार की बीमारियों के इलाज के लिए। बक़रीद (बक़र-ईद) के दिन वे बहुत सारा खाने का सामान भिजवाते थे। वे एक ऐसे इंसान हैं जो देने में यक़ीन करते हैं और कुछ भी लेने की उम्मीद नहीं करते हैं। अपने जन्मदिन के दिन भी मैं जो बर्थडे कार्ड उनके लिए लेकर जाती थी, उसको लेकर वे मज़ाक़ किया करते थे। ''अच्छे वाले मेरी बीवी के लिए होते हैं, बचे हुए मेरे लिए, बेगरे दिकरा बो बेइंसाफ़ी छे।''

वे पक्के बहादुर हैं और मैं उनके लिए यह बात कुछ मज़ाक़ में कह रही हूँ। दिल के ऑपरेशन के बाद जब हम उनसे मिलने के लिए अस्पताल में गये तो मुझे लग रहा था कि सर्जरी के कारण वे उदास होंगे, लेकिन मुझे तब अच्छा लगा जब मैंने यह पूछा कि क्या हाल है, उनका जवाब था : ''अब मैं दिल से 30 साल जवान हो गया हूँ'', और सायरा के चेहरे पर शर्म फैल गयी।

उनके बँगले 34बी पाली हिल में हर आयोजन में, जिसमें बड़े-बड़े लोग मौजूद रहते थे, वे हम लोगों का ख़याल रखते, अपने ख़ास पारसी गुजराती में हमारा हाल पूछते। ऐसे आयोजनों में वे अकसर कहा करते थे : ''आज ज़िन्दगी का मज़ा ले लो, ये दिन फिर नहीं आयेंगे।''

अंग्रेज़ी के शब्दकोश में 1 लाख सत्तर हज़ार शब्द हैं जिनमें से क़रीब 50 हज़ार शब्द ऐसे हैं जो किसी इंसान के सकारात्मक पहलुओं के लिए हैं। मुझे कहा गया है कि उस महान इंसान के बारे में 1,000 से कम शब्दों में लिखूँ।

जब उस महान इंसान के बारे में लिखने की बात है तो मैं महज़ एक शब्द कहना चाहूँगी : उस व्यक्ति को जिसको हम दिलीप कुमार के नाम से जानते हैं, उसके लिए 50 हज़ार शब्द भी कम पड़ जायेंगे।

## वैजयन्तीमाला

मैं पूरी ईमानदारी के साथ यह बात कहना चाहती हूँ कि जब तक मैंने दिलीप कुमार के साथ फ़िल्म 'देवदास' में काम नहीं किया था, तब तक मुझे उससे पहले की फ़िल्मों में डांस के लिए ही जाना जाता था। मुझे अभिनेत्री के रूप में गम्भीरता से नहीं लिया जाता था। देवदास से मुझे पहचान मिली और अच्छी अभिनेत्री के रूप में मेरी सम्भावनाओं को देखा जाने लगा क्योंकि यह किसी उपलब्धि से कम नहीं थी कि मुझे दिलीप कुमार के साथ एक भावप्रवण फ़िल्म में काम करने के लिए चुना गया था, जिसे बिमल दा ने निर्देशित किया था। सच्चाई यह है कि बिमल दा मेरे घर आये और उन्होंने कहा कि वे चाहते हैं कि मैं 'चन्द्रमुखी' की भूमिका करूँ उनकी फ़िल्म देवदास में, और फिर उन्होंने हल्के से कहा कि उस फ़िल्म में देवदास का रोल दिलीप कुमार कर रहे हैं तो मैं बहुत ख़ुश हुई और डर भी गयी। ख़ुश इसलिए क्योंकि यह हर हीरोइन का सपना होता था कि अपने फ़िल्मी कैरियर में कम-से-कम एक बार दिलीप कुमार के साथ काम करने का मौक़ा मिले और डर इसलिए क्योंकि वे अपने ज़माने के सबसे बड़े हीरो थे और उनके साथ कैमरे के सामने सीन करने के लिए कुछ आत्मविश्वास की ज़रूरत थी।

मैंने बिमल दा से पूछा कि क्या मैं महत्त्वपूर्ण सीन में दिलीप कुमार के सामने चन्द्रमुखी के रूप में उनकी अपेक्षाओं पर खरा उतर पाऊँगी। बिमल दा मुस्करा दिये और जवाब में बोले के उनको पर विश्वास है, तभी तो वे मेरे पास आये हैं। मुझे इस जवाब से अच्छा लगा। इसका कारण यह था कि उस समय तक मुझे अपने डांस की वजह से तारीफ़ मिल रही थी और मैंने सच में गम्भीर एक्टिंग की कोशिश नहीं की थी। अब मैं पीछे मुड़कर देखती हूँ तो मुझे बड़ा आश्चर्य

होता है कि मैंने दिलीप कुमार के साथ सात सफल फ़िल्मों में काम किया और वे फ़िल्में महत्त्वपूर्ण भी थीं।

मैंने फ़िल्म देवदास में जिस पहले सीन में दिलीप कुमार के साथ एक्टिंग की थी, उसके बारे में बताना चाहती हूँ। वह दिन आया और मेरे पेट में गुदगुदी हो रही थी लेकिन मैं ऊपर से यह दिखाने की कोशिश कर रही थी कि मैं पूरे आत्मविश्वास के साथ थी। उस सीन में मेरे लिए बड़े आसान डायलॉग थे। लाइन इस तरह से थी : 'और मत पियो देवदास।' मुझे यह लाइन तब कहनी थी, जब देवदास नशे में धुत्त होकर आता है। कैमरे में पहले देवदास को आना था, फिर उनके पीछे-पीछे चलता हुआ जब उसका फोकस मेरे ऊपर आता तो मुझे वह लाइन बोलनी थी, चेहरे पर असहायता और दुख के साथ। चूँकि मैं डांसर थी इसलिए मेरे चेहरे पर भाव आसानी से आते थे और मुझे लगता था कि मैं उसे अच्छी तरह से कर लूँगी। जब टेक्निशियंस ने यह घोषणा की कि वे शूटिंग के लिए तैयार थे और बिमल दा ने मुझे कुछ शिकायती लहजे में देखते हुए कहा कि क्या मैं तैयार थी। तब मुझे समझ में आया कि दिलीप कुमार सेट पर नहीं थे।

"वे कहाँ हैं?" मैंने एक सहायक से पूछा और उसने फुसफुसाते हुए कहा कि वे स्टूडियो में तेज़ी से चक्कर लगा रहे थे ताकि उनके चेहरे पर उदासी, थकान का भाव आ सके और उन्होंने कैमरामैन को यह कह रखा था कि वह कैमरा तैयार रखे, जब वे माथे पर पसीने की बूँदें और थकान के भाव के साथ आयें। जब मैंने असिस्टेंट से यह सुना तो मैं घबरा गयी। यहाँ वह एक्टर है जो एक्टिंग में यथार्थ को पैदा करने के लिए इतनी परेशानी उठाता है और एक मैं थी जिसने किसी तरह की तैयारी नहीं की थी और एक ज़बरदस्त एक्टर के साथ कैमरे के सामने काम करने के लिए तैयार थी। जब कैमरा शुरू हुआ और मैंने दिलीप साहब के चेहरे पर, उनकी एक्टिंग में ऐसी पूर्णता देखी तो मैंने बेचारगी में अपनी लाइनें बोल भर दीं : "और मत पियो देवदास।" वही बेचारगी का भाव बिमल दा चाहते थे और वह स्वाभाविक रूप से आ गया।

मुझे दिलीप कुमार और बिमल दा से बधाई मिली लेकिन अपने अन्दर से मैं यह जानती थी कि मुश्किल परीक्षा आने वाली थी। अगर मुझे अपनी एक्टिंग का स्तर दिलीप साहब जैसा करना है तो मुझे कड़ी मेहनत करनी होगी और कोई कसर नहीं छोड़नी होगी। यह मेरे लिए शिक्षा थी। मैं देखती थी कि किरदार में रस पैदा करने के लिए वे इतनी कड़ी मेहनत करते थे और पूरी लगन के साथ काम करते थे। मैंने उनसे यही सीखा कि उन्होंने जो तरीक़ा अपनाया हुआ था, उसकी वजह से ही सारा फ़र्क़ पैदा होता था। मैंने उनसे यह सबक़ सीखा।

यह मेरी ख़ुशक़िस्मती है कि मुझे दिलीप साहब के साथ अलग-अलग तरह के रोल करने को मिले। वे अपने साथी कलाकारों की बहुत मदद करते थे

और कभी रिहर्सल से नहीं थकते थे और अपने साथी कलाकार को वह भाव पैदा करने का भरपूर मौक़ा देते थे जो कि महत्त्वपूर्ण सिचुएशन में ज़रूरी होता था। गम्भीर नाटकीय दृश्यों में और प्यार के सीन में वे सेट पर माहौल बनाने के लिए पूरी मशक़्क़त करते थे, जिससे हर कोई सहज हो जाता था। किसी भी तरह वे प्यार के सीन में इस बात का ध्यान रखते थे कि भाव अच्छी तरह से आयें, न कि शारीरिक निकटता को दिखाया जाये। 'पैग़ाम' का प्रसिद्ध सीन इसका उदाहरण है। उन्होंने वह सीन ख़ुद लिखा था और सिचुएशन को मज़ेदार बनाया था। फिर भी उसमें हीरो और हीरोइन का एक-दूसरे के लिए अबोला प्यार झलकता है।

मैं एक उदाहरण बिमल दा की फ़िल्म 'मधुमती' से देना चाहती हूँ, यह बताने के लिए कि उन्होंने कितने भावपूर्ण ढंग से एक्टिंग की थी। सीन यह है कि जब वह एक आवाज़ सुनते हैं और वे यह खोजते रहते हैं कि वह आवाज़ कहाँ से आयी है। धुन्ध से एक लड़की का चेहरा उभरता है और वे पूछते हैं कि तुम कौन हो? वह जवाब देती है : मधुमती। मेरे ख़याल से यह सीन जिस तरह से किया गया है, वह ज़बरदस्त था। दिलीप साहब हमेशा अपनी आवाज़ का बहुत अच्छा इस्तेमाल करते थे, सिचुएशन के हिसाब से आवाज़ के उतार-चढ़ाव का ध्यान रखते थे।

दिलीप साहब के साथ मेरी सबसे अच्छी फ़िल्म 'गंगा जमुना' है। मैंने उस फ़िल्म में उनकी पत्नी धन्नो का रोल किया है। वे मेरे डायलॉग टेप पर रिकॉर्ड करके दे देते थे ताकि मैं उसको ध्यान से सुनूँ। वे इस बात को समझते थे कि मेरे लिए भोजपुरी बोल पाना कितना मुश्किल काम था। इसलिए वे पहले उन डायलॉग को मुझे अध्ययन करने के लिए देते थे और फिर वे बोलकर सुनाते थे कि हर शब्द को किस तरह से बोलना है और चेहरे पर भाव किस तरह के लाने थे। इससे बहुत मदद मिली। आप जानते हैं कि मैं दक्षिण भारत से हूँ और मेरे लिए उस बोली को समझ पाना कितना मुश्किल काम था जिसे बिना उनकी मदद के मैं नहीं कर सकती थी।

मुझे निजी तौर पर वह सीन पसन्द है, जहाँ वह अपनी पत्नी धन्नो की मौत पर टूट जाते हैं। उनकी एक्टिंग से जो करुणा पैदा हुई है, वह कमाल की है। उनकी सबसे बड़ी ताक़त यह थी कि वे हर किरदार का गहराई से अध्ययन करते थे। हर सीन में वे जिस तरह से सम्पूर्णता लाते थे, उसको शब्दों में नहीं बताया जा सकता है। हर पीढ़ी पर उनका प्रभाव इस तरह का है कि भारतीय सिनेमा के हर सफल अभिनेता में एक दिलीप कुमार है। फिर भी उनका कोई जोड़ नहीं है। यह उनके समर्पण, ईमानदारी और शिद्दत के कारण हुआ और उसकी नक़ल नहीं की जा सकती है।

सच्चाई यह है कि वे पढ़ाकू थे और अलग-अलग देशों के साहित्य को पढ़ते थे। मुझे लगता है कि उनके अवचेतन में किरदारों का भण्डार था जो उन्होंने प्रसिद्ध लेखकों की किताबों में पढ़े थे।

उनके सभी अनुयायियों की तरह मुझे भी वे जिस तरह से निजी जीवन में बोलते हैं, वह पसन्द है। जब वे सहजता से बात करते हैं और तब जिस तरह से वे शब्दों का चुनाव करते हैं, वह अच्छा लगता है। उन्होंने कभी किसी के बारे में अशोभनीय या घटिया शब्दों का इस्तेमाल नहीं किया। दिलीप कुमार सच में ख़ास हैं और जीती-जागती किंवदन्ती हैं।

## जोहा*

यूसुफ़ मामू के बारे में एक या दो पैराग्राफ़ लिखना वैसे ही है, जैसे एक गिलास पानी में समुद्र की जटिलता बताने के लिए कहा जाये। वे बान्द्रा में माउंट मेरी रोड पर हमारे घर आया करते थे। कभी शूट के बाद या पास की बेकरी से गरम-गरम ब्रेड लेकर आते थे जो तब भी गर्म होता था। ऐसा हर मौक़ा ख़ास हुआ करता था इसलिए नहीं कि वे प्रसिद्ध एक्टर दिलीप कुमार थे बल्कि इसलिए क्योंकि वे हमेशा अपने साथ कुछ नया लाते थे, कुछ नयी सम्भावना। जब वे आसपास होते थे तो मैं ख़ुद को सुरक्षित महसूस करती थी। वे हँसाते और भौंहें ऊपर चढ़ाते...और कहीं के लिए ड्राइव पर ले जाते, कोई स्मृति साझा करते या कविता सुनाते...जीवन की भूली हुई सुन्दरता को पहचान मिलती, उनको समझाया जाता और उनकी खोज की जाती थी। उनके आसपास जीवन हमेशा प्यार से भरा होता था, सुन्दर होता था।

वे हमारे घर आते और हमें अपने साथ ड्राइव पर चलने के लिए कहते। ड्राइवर अब्दुल को यह कह दिया जाता था कि वह गाड़ी धीरे चलाये ताकि हम खिड़की के बाहर का नजारा ले सकें। हम बैंड स्टैंड, बान्द्रा में गाड़ी से घूमते थे, सड़क के आख़िर में चर्च तक झाँक आते थे। हम मछुआरों द्वारा तंगी गयी मछलियों के बीच से डूबते सूरज का नज़ारा लेते थे और अगर चाँद दिखायी देता था तो यूसुफ़ मामू कोई कविता सुनाते और अपनी मुलायम आवाज़ में उसके

* दिलीप कुमार की सबसे छोटी बहन ताज की बेटी।

मानी समझाते थे या कोई शास्त्रीय राग गाते थे। हम रुककर गँडेरी (गन्ने का टुकड़ा) ख़रीदते थे, पेट्रोमैक्स की रौशनी में गँडेरी के ठेले लगाये हुए आदमी से। ऐसे रेहड़ी वालों को मामू बड़े अदब से सलाम करते थे, कभी-कभार उनके नाम याद करते थे और उनके घर-परिवार के बारे में पूछते थे।

शानदार मौक़े, जिनके बारे में रंगीन पत्र-पत्रिकाओं में छपा करते थे, मुझे यूसुफ़ मामू उसकी वजह से प्यारे नहीं थे; बल्कि उनकी यह ख़ूबी कि वे साधारण चीज़ों का भी मज़ा उठाते थे, उनके बात करने का सलीक़ा मुझे अच्छा लगता है एक बच्चा, जो मेरे दिल में रह गया है।

❑❑